国家出版基金项目
NATIONAL PUBLICATION FOUNDATION

2017年度国家社科基金重大项目
“秦汉时期的国家构建、民族认同与社会整合研究”丛书

总主编　李禹阶

第四卷

秦汉国家的思想、信仰与皇权政治

刘力　等著

齊魯書社
·济南·

图书在版编目（CIP）数据

秦汉国家的思想、信仰与皇权政治 / 刘力等著. --
济南：齐鲁书社, 2025.1
（“秦汉时期的国家构建、民族认同与社会整合研究”
丛书 / 李禹阶总主编；第四卷）
ISBN 978-7-5333-4844-1

Ⅰ.①秦… Ⅱ.①刘… Ⅲ.①政治思想史－研究－中
国－秦汉时代 Ⅳ.①D092.32

中国国家版本馆CIP数据核字(2024)第090891号

选题策划　傅光中
责任编辑　周　磊　王贵男
装帧设计　亓旭欣

“秦汉时期的国家构建、民族认同与社会整合研究”丛书
李禹阶　总主编
秦汉国家的思想、信仰与皇权政治　第四卷
QINHAN GUOJIA DE SIXIANG XINYANG YU HUANGQUAN ZHENGZHI DISIJUAN
刘力　等著

主管单位　山东出版传媒股份有限公司
出版发行　齐鲁书社
社　　址　济南市市中区舜耕路517号
邮　　编　250003
网　　址　www.qlss.com.cn
电子邮箱　qilupress@126.com
营销中心　（0531）82098521　82098519　82098517
印　　刷　山东新华印务有限公司
开　　本　720mm×1020mm　1/16
印　　张　35.5
插　　页　8
字　　数　545千
版　　次　2025年1月第1版
印　　次　2025年1月第1次印刷
标准书号　ISBN 978-7-5333-4844-1
定　　价　196.00元

周易·六十四卦（长沙马王堆汉墓出土，
湖南博物院藏）

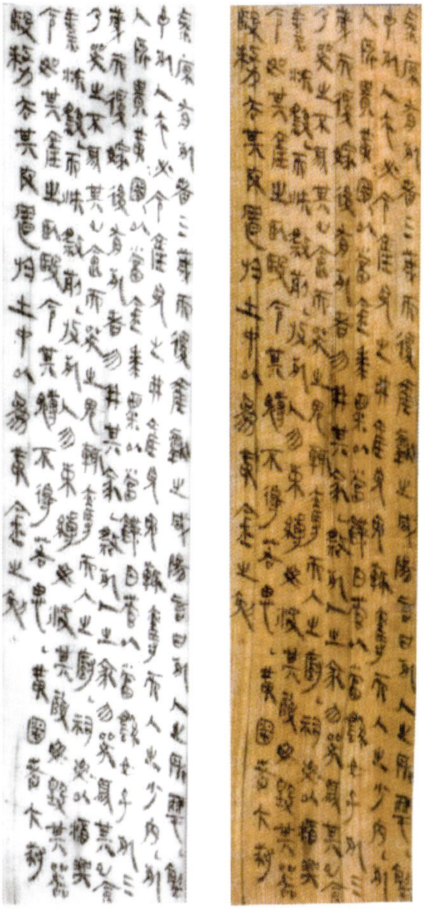

秦代木牍《泰原有死者》及红外照片
（北京大学藏）

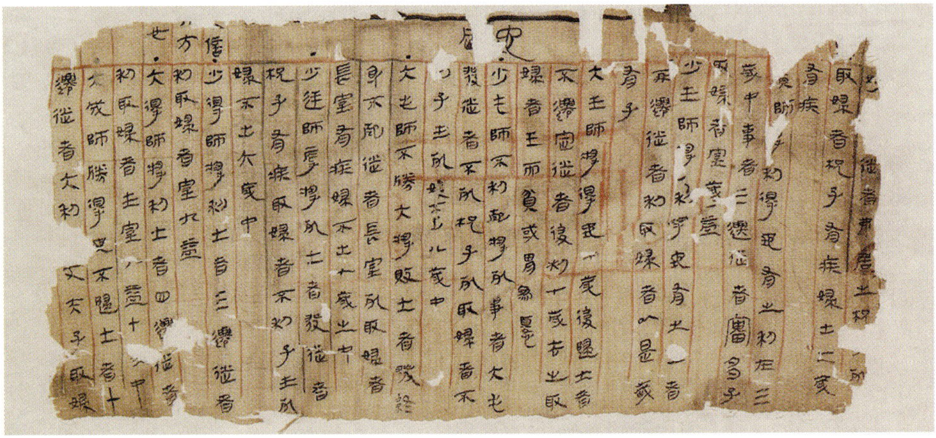

隶书《阴阳五行》（长沙马王堆汉墓出土，湖南博物院藏）

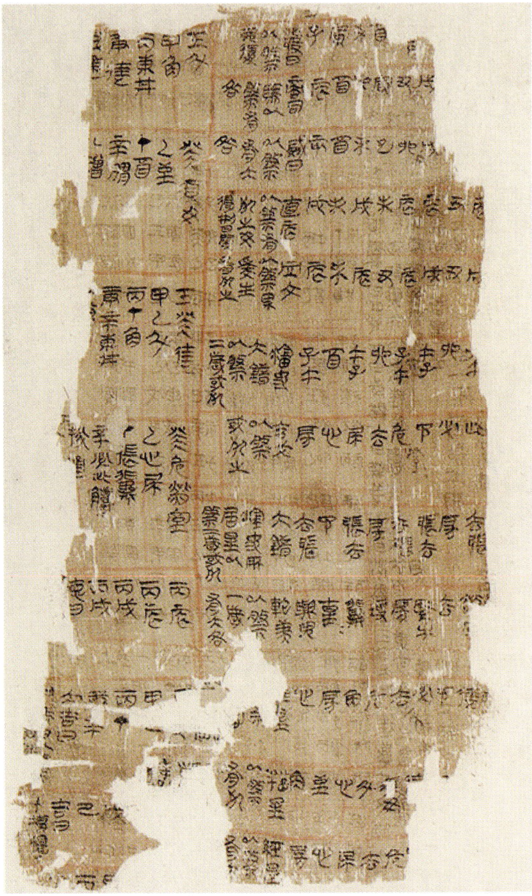

篆书《阴阳五行》
（长沙马王堆汉墓出土，湖南博物院藏）

东汉宜子孙玉壁
（山东青州马家冢子出土,青州博物馆藏）

东汉绿釉陶水榭
（河南灵宝张湾出土，河南博物院藏）

西汉五凤熏炉
（河南焦作嘉禾屯窖藏出土，河南博物院藏）

汉代“千秋万岁”瓦当
（陕西汉阳陵博物馆藏）

长生无极瓦当
（陕西西安秦砖汉瓦博物馆藏）

四神瓦当（汉长安城遗址出土，陕西历史博物馆藏）

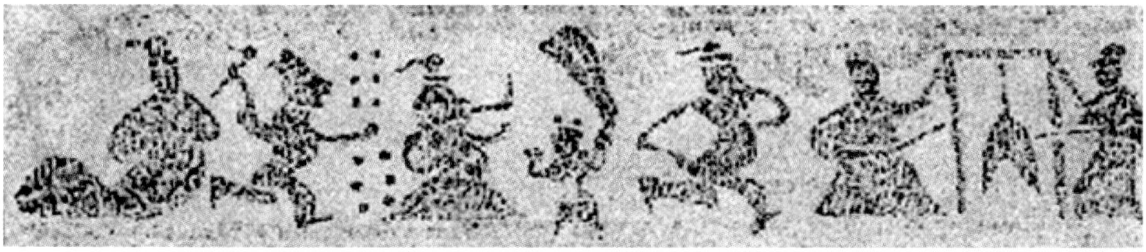

汉代乐舞画像石拓片（原石出土于河南南阳王寨，南阳汉画馆藏）

东汉武梁祠画像石拓片（原石出土于山东嘉祥，嘉祥武氏墓群石刻博物馆藏）

沂南北寨汉墓石刻拓片（原石出土于山东沂南北寨，山东沂南北寨汉画像石墓博物馆藏）

蹴鞠画像石（河南南阳方城东关汉
画像石墓出土，南阳汉画馆藏）

东汉许阿瞿画像石（河南南阳东郊出土，南阳汉画馆藏）

东汉西王母、伏羲、女娲画像石
（山东滕州西户口村出土，山东博物馆藏）

撰稿情况说明

本丛书系2017年度国家社科基金重大项目(17ZDA180)，2023年获得国家出版基金资助，项目负责人李禹阶为丛书总主编。项目子课题负责人刘力（重庆师范大学）为本卷负责人，负责本卷书稿的章节设计、全卷统稿等工作。按章节先后排序，本卷著者依次为：

刘力（重庆师范大学）：第一章至第六章。

崔立军（山东理工大学）：第七章、第八章。

董涛（重庆大学）：第九章至第十一章。

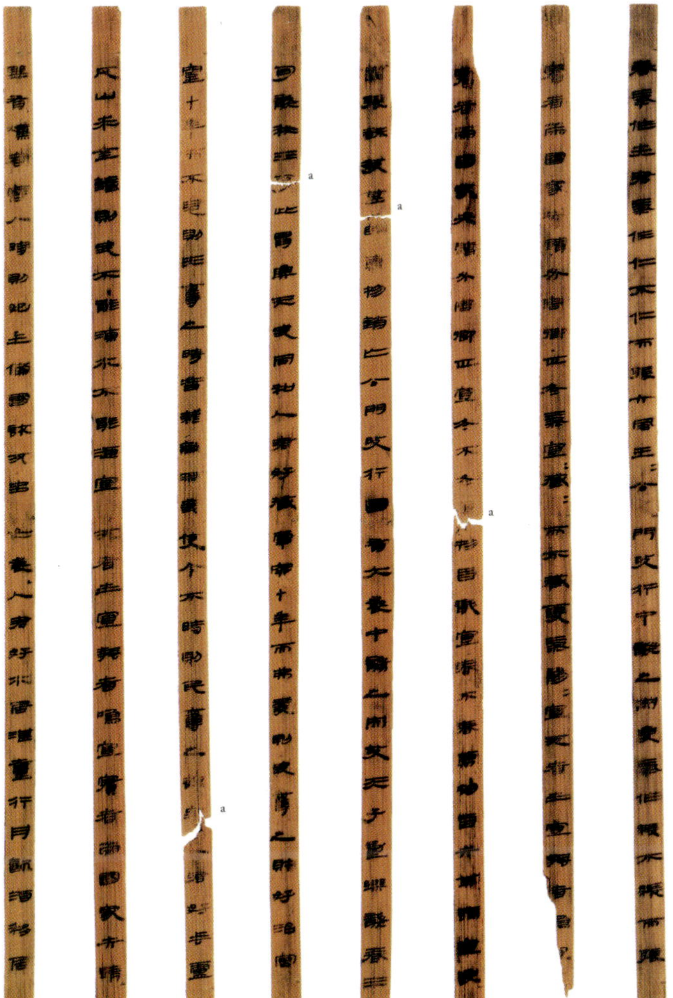

西汉竹书《阴阳家言》（北京大学藏）

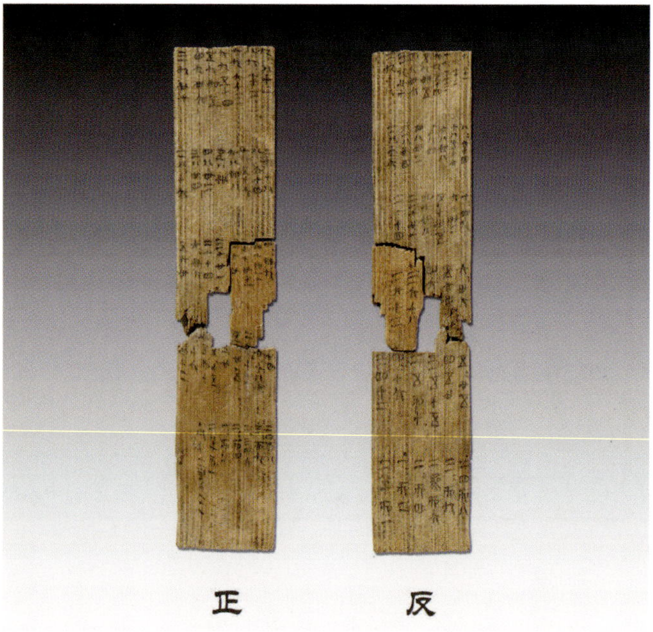

九九乘法口诀表
（湖南龙山里耶古城遗址出土，里耶秦简博物馆藏）

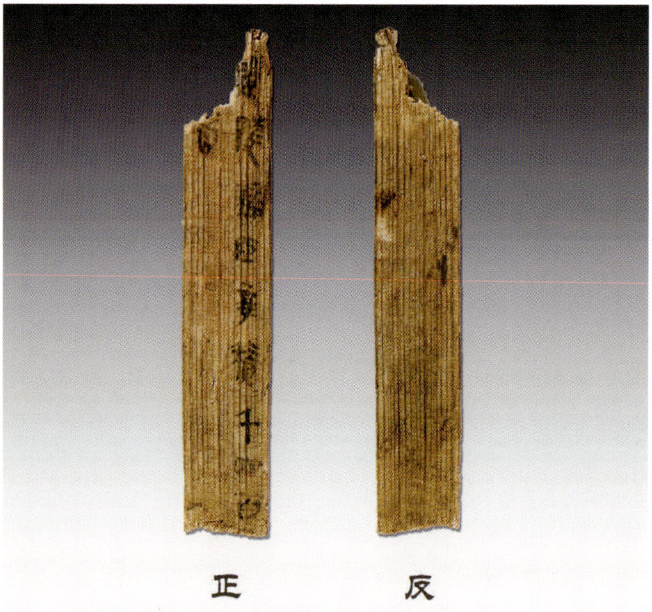

奴隶买卖简
（湖南龙山里耶古城遗址出土，里耶秦简博物馆藏）

正　　反

通关文书简

（湖南龙山里耶古城遗址出土，里耶秦简博物馆藏）

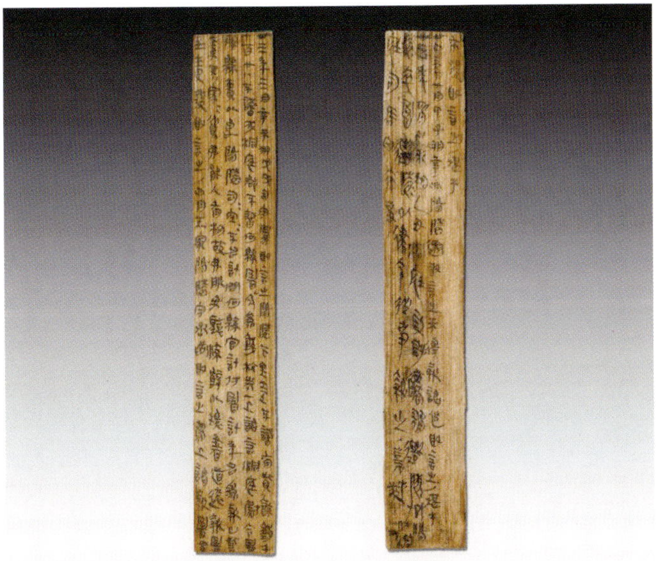

正　　反

追讨欠款案

（湖南龙山里耶古城遗址出土，里耶秦简博物馆藏）

西汉帛画《车马仪仗图》
（长沙马王堆汉墓出土，湖南博物院藏）

马王堆汉墓帛画《导引图》
（复原图，原图出土于长沙马王堆汉墓，湖南博物院藏）

东汉壁画墓星象图
（陕西靖边杨桥畔渠树壕出土，
陕西省考古研究院藏）

T型帛画
（长沙马王堆汉墓出土，湖南博物院藏）

西汉卜千秋壁画墓内景
（河南洛阳烧沟村出土，洛阳古墓博物馆藏）

卜千秋夫妇升仙图局部
（取自《洛阳汉墓壁画》）

卜千秋墓月亮（取自《洛阳汉墓壁画》）

总　序

秦汉是古代中国自夏商周三代以来天翻地覆的时代。秦汉统一国家的建立，是中国统一王朝国家与汉民族形成的新起点，是由宗法分封制国家政体和以“诸夏”为标志的早期华夏民族向统一的君主集权制国家和统一的汉民族转化的枢纽期。它使统一的王朝国家和汉民族在产生、发展的进程中，进入到一种新的国家建构与民族认同的自觉状态，一种对各区域社会的政治、经济、文化、宗教状况的整合，因此具有划时代的里程碑意义。

但是，这种国家构建与民族认同、社会整合的历程并不是直线发展的，而是经历了一个曲折往复的过程。秦汉亘古未有之变局，实质是以新的国家大一统政治、经济、文化、法律的力量对过去分散的区域社会进行全面融汇、整合的重构。它对长期处于宗法血缘等级尊卑制中的关东六国社会的贵族及民众，有一个身份变化、族群认同的转换问题，也存在一个战国以来华夷交错的各区域不同族群、民族向统一的汉民族转型的问题。它使秦汉时代的国家在对各个区域（如秦统一后的关东六国）的民族融合与社会整合中，出现了具有诸多新因素的政治与社会形态。而这种新的政治与社会形态，是在国家、族群、地方社会的矛盾、冲突、博弈，以及作用力与反作用力中展开的。也正是这种矛盾、冲突与博弈，使中国古代国家、民族与社会不断走向新的阶段，并使国家、民族、文化的认同不断趋于一致。

一

从历史唯物主义观点看，世界文明史上的任何一种文明形态，包括政治制度、思想文化、治理模式、社会整合、民族融合等，都不是某个单一要素或单项因果作用的结果，而是若干要素通过合力作用，并以一定形式联系而构成的具有某种新功能的有机整体的演进。在这种动态的系统演进中，各要素之间相互联系，相互制约，相互作用，并产生出某种单个要素在孤立状态下所不能产生出的新要素及其内涵、特征。正是这种新的系统功能性特点，促进了整个社会组织的发展。而在这种社会组织发展中，系统内各要素的博弈、冲突、互补、平衡亦是其最基本的运动状态和特征。它告诉我们，任何政治国家与社会组织，包括民族共同体的建构，都不是平面的或线性的孤立发展的结果，而是呈现着多因素、多线条并相互融通的发展态势。因此，在探讨、分析中国古代的政治国家或社会组织的演进时，我们应该注意这种国家制度、社会结构、民族融合的多要素的合力及其相互间的作用。

从先秦至秦汉时期，中国古代的国家、民族、社会的演变，实际上经历了两大阶段，即通过春秋战国的历史进程，而形成与西周封建制不同的战国时代的新型国家体制，也就是由西周时代的王权与治权分离的政治体制向王权与治权相互合一的君主集权的官僚政治体制的转换。正是这种转换建构着大一统的秦汉帝制国家的政治制度，亦在东亚内大陆形成了一种全新的，具有国家、民族、文化上三位一体的同一性特征的统一王朝。其后，庞大的秦王朝虽然历经二世即轰然坍塌，但是其兴灭忽焉的历史教训，使西汉王朝在国家体制建构中，既注重对秦代君主集权的官僚体制的扬弃，又根据古代中国关东、关西，黄河、长江流域等不同地域的生态环境、风土人情，而通过采用周代宗法礼仪制度，重新构建着新兴的“汉家制度”。实际上，从国家制度、民族关系、社会整合、文化认同等各方面看，秦汉之际都发生了一种巨大的转变。这种否定之否定的转变，奠定了此后数千年中国古代国家、民族、文化的基本格局。

本书即以先秦、秦汉时期的演变历程为主线，以秦汉时代的国家建构、民族认同、社会整合的问题意识为出发点，从纵向与横向两个方面阐释几者之间错综复杂、既对立又统一的关系，由此把握几者在结构、功能、要素等方面的动态演变及其内在原因。应该看到，从西周经春秋、战国而至秦汉，通过王朝权力转移而逐渐诞生出一种新的社会形态，这种新社会形态则对此后几千年的中国古代社会起着重要作用。自平王东迁，昔日赫赫的西周王朝就失去了对“天下”诸侯的号召力，它使周代标志等级分层的礼乐秩序迅速瓦解，一种新型国家体制则在这种“礼崩乐坏”中萌芽、发展。严格来说，这种新型国家体制的产生，既是一种历史和时势的偶然，同时也蕴含着历史与逻辑的必然。从历史与时势的偶然性看，西周“王畿—分封”的政治体制的崩坏，导致了传统的宗法血缘“亲”“尊”制度内的上下陵替。它形成了一个诸侯无统、会盟不信的时代。这个时代使各诸侯国之间，不得不在竞争、冲突、博弈的态势下，为了保持自己的利益而重构一种新型的列国之间互惠、平衡的内外秩序，由此塑造了后西周时代各诸侯国之间一种新的国家间的关系。同时，由于西周王室权力的削弱，导致了从王室至大小诸侯的礼仪秩序的瓦解。它使过去以宗法血缘尊卑等级秩序来规范天下诸侯、公卿、封君、贵戚的外在束缚力量消失，由此触发了各诸侯国内部公室、卿族、大夫、陪臣等阶层间的权力斗争。正是在这种大小相侵的阶层斗争中，新起的权贵大权在握，形成了上下僭替、权臣执政的局面，并最终导致三家分晋、田氏代齐等国家权力的更替。这种权力的更替、转移，虽然是出自统治阶级的贪欲与权力欲，但是它也代表了当时统治阶级中适应社会历史发展的一股新兴力量。正是这种权力转移，产生了对古代中国几千年历史进程影响甚大的国家体制与政治制度，即夺权卿族鉴于权臣当国的史鉴，为了不重蹈覆辙，而产生了对本国旧贵、封君的遏制欲望，并为此而建立了具有抑制意义的系统性政治、军事制度和措施。这种主观欲望与客观的制度、举措，使这些新兴诸侯国逐渐告别旧的封建体制，而形成一种新型的以国君集权为核心的官僚体制以及相应的制度范式。这种新型国家体制与制度范式的出现，为战国时代以“国家本位”为中心的政治体制建构奠定了基础。

二

从历史与逻辑的必然性看，春秋战国时期新型国家体制的产生，既与东亚内大陆的地理生态环境有关，也是中国文明与国家发展的必由之路。东亚内大陆的生态环境，依山带水，西、北至草原、大漠，东及大海，南连百越，西南至滇黔，形成一个相对封闭的广袤区域。在这个广阔地域内，有黄河、长江、淮河、珠江等大河流域相互联系。尤其在中原地区，虽然山川相连，但是在山水相间中又有着开阔的盆地，而各山脉及盆地间有大河或其支流蜿蜒其中，“使这些山间盆地既相对独立，又能通过河流与外界交往，十分便利于古人类的生活”①。这种地理形势既使该地区成为联结黄河、江淮等流域和北方区域的四通八达的文化长廊，同时其深厚的黄土堆积层和河流冲积层也为古代中国的农耕社会提供了适宜耕作的沃土。而在这广袤的大地上，当距今5000—4000年时，在史前“满天星斗”似的区域文化向以中原为中心的多元一体的夏、商、周广域王权国家演进时，作为一个政治文化与制度范式的“中国”，便成为最具吸引力的政治社会形态。实际上，早期“中国”概念的流行，正得益于当时中原王朝这种制度及文化的先进性，以及容纳天下万邦“有容乃大”的特征。故在古人眼中，早期中国第一王朝“夏”即有着大、中心、华美的典型文化特征。《尚书·武成》孔安国云：“冕服采章曰华，大国曰夏。”《正义》引《释诂》：“夏，大也……夏，谓中国也。”② 王念孙《读书杂志》：“雅读为夏，夏谓中国也。”故夏之朝代、族群得名，有同一地域（“中”国）、同一心理（“大”邦）、同一文化（“雅”）的意义。③ 因此，“早期中国”应是一个政治文化与制度范式的观念，而非单纯的地理概念。它之所以被推崇，是由于内蕴着一种政治机制、礼仪文化及价值理念。它通过由启发

---

① 张海：《中原核心区文明起源研究》，上海：上海古籍出版社，2021年，第15页。

② 孔安国传，孔颖达疏：《尚书正义》卷十一《武成》，李学勤主编：《十三经注疏》，北京：北京大学出版社，1999年，第292页。

③ 王念孙：《读书杂志》，南京：江苏古籍出版社，1985年，第647页。

端的“夏”国家，逐步形成由商及周、从“中土”“土中”向四方延伸的“家”—“国”—“天下”的分封式的方国（诸侯国）制度与文化理念。这种制度结构及礼乐文明，既是早期华夏民族、国家、文化的核心组成部分，又成为区别“夷夏”界限的标志。而在周人看来，这种中原王朝的制度范式与文化特色正是其时最具大国文采和生命力的政治社会象征，故武王有“惟我文考，若日月之照临，光于四方，显于西土。惟我有周，诞受多方”[①] 的说法。从某种角度看，这种国家形态显然适应了古代中国广袤大地上具有“同质化”趋向的小农经济与宗法血缘制度。它在古代中国独特的生态与人文环境中，以一种内在的、连续的向心力不断地将王畿周边的方国、小邦联结起来，形成山川同贯、文化相系的广域王权国家。它解决了“同质化”小农经济生产方式所渴望的强大国家政权的护佑问题，故其具有趋向中心的统一性与连续性特征。正是这种国家体制，在西周王朝的礼仪制度失序后，迅速进行了华夏界域内新的政治秩序的重构。这种重构既是在春秋时期的血火交融、刀光剑影中进行，也是在政治理性的利益权衡考量中形成的新的国家关系与政治文化。故春秋二百四十二年，“诸侯无统，会盟不信，征伐屡兴，戎、狄、荆楚交炽……然实开大夫执政之渐，嗣后晋六卿、齐陈氏、鲁三家、宋华向、卫孙宁交政，中国政出大夫，而春秋遂夷为战国矣”[②]。正是在春秋时代的政治风云中，西周时期的“多邦”逐渐演化为战国时代的十余国，呈现出一种统一趋势。战国是一个兼并战争激烈的时代。它不仅加速了春秋时期萌芽的以“国家本位”为中心的新型国家体制的发展，同时也呈现出由“多”趋“一”的大一统的势头。秦的大一统君主集权的官僚体制的建立，意味着一个新兴时代的开端。它既是在东亚这片古老土地上政治体建构逐渐趋一的必然，也为统治这片广袤的土地提供了一套政治文化与制度范式。可以说，秦王朝的大一统，正是顺应了古代中国的生态、人文环境以及小农生产方式而形成的

① 孔安国传，孔颖达疏：《尚书正义》卷十一《泰誓下》，李学勤主编：《十三经注疏》，北京：北京大学出版社，1999 年，第 281 页。

② 顾栋高辑，吴树平、李解民点校：《春秋大事表》，北京：中华书局，1993 年，第 32 页。

国家体制和社会结构。

所以，从春秋战国的时代演变看，它不仅是一种国家体制、政治制度的变革，更重要的还是通过这种统一性政治国家的建构，以政治力量推动了古代中国各区域的族群融合、民族会聚、社会整合及文化认同。这既是由历史与逻辑的必然性所致，也是历史与时势的各种因素相互作用、共同合力的结果。如果我们再对此进行深入分析，就可以看出，当后西周时代陡然失去"周制"内含的政治等级与礼仪秩序的时候，失去"天子"权威制约的各大小诸侯国，内则"征伐屡兴"，外则戎、狄、蛮、夷侵扰"交炽"，使春秋时期成为中国先秦史上十分特殊的时期。这种特殊性表现在政治、民族、文化三方面的互动：其一是后西周时代"礼制"失序，各诸侯国内的公室、卿族、大夫、陪臣等上下阶层的权力斗争，导致西周旧的封君、贵族制向新型官僚体制转化；其二是西周时期各封国乃至边缘区域的华夏族群，亦在这种地缘性国家的建构中，在大小诸侯国的相兼互并中，不断由分散的诸夏向统一的华夏民族形态演进；其三则是在春秋时期的新文化思潮中，开创了一种华夏礼乐文化的新形态、"霸主"政治演绎下的新文化格局。这里尤其要提及的是，春秋时诸侯之间的会盟、礼聘等，通过改革、扬弃西周传统宗法文化，重塑着一种新的国家交往的外交规则和礼仪秩序。更加重要的是，这种新文化风潮通过扬弃西周宗法文化，使周代宗法文化中强调尊卑、等级的刻板而形式化的祭祀、赐命、冠婚、朝觐、迎宾、丧葬等文化形式转为具有文情性、雅致性的诗、礼的朝、觐、聘、享等文化形式，并以优雅的贵族风格形塑了以《诗》、《书》、礼仪等为主的贵族与士阶层的修养和气质，具备"极优美、极高尚、极细腻雅致"① 的华夏文化气质。这种文化气质在各诸侯国内外激烈的斗争中，在旧贵身份下移、士阶层兴起的时代浪潮中，使过去由贵族阶层所垄断的《诗》、《书》、礼仪逐渐普及化，使昔日的周代礼仪文化包括贵族习用的"六艺"教育下至民间，普及士人，开创了一种具有趋同性的新文化格局。

所以，对春秋战国时代的国家建构、民族认同、社会整合等各方面演

---

① 钱穆：《国史大纲》，北京：商务印书馆，1996年，第68页。

进历程的理性认知，既对我们深入认识秦汉时代的大一统原因有着重要价值，也提供了我们进一步认知中国古代的国家、民族、社会、文化等发展的前提与基础。秦王朝的大一统，既是对春秋战国时代政治、经济、文化、民族关系的总结，也是中国统一的王朝国家和汉民族形成的起点。秦王朝在短短十余年中所做的关于维护统一的诸多措施，例如书同文、车同轨、统一度量衡、修建直道、筑长城以拒外敌、凿灵渠以通水系等，都是这种强化国家统一、民族认同、社会整合的举措。但是，秦王朝毕竟诞生于战国时代的列国兼并战争中，它所建构的国家体制、思想文化、郡县制与编户齐民制度，都带有战争时代军事体制的痕迹，可以说承载着战争时代的时势与惯性。尤其是秦国的二十等军功爵制度，经过上百年战争的洗礼，对强化秦国的战争机器及维持民众的"农战"热情有着异乎寻常的重要作用。但是势随时变，当国家承平，在"居马上得之，宁可以马上治之乎"[①] 的时代转型中，秦王朝并没认识到这种时势演变的特征，仍然为南征北伐，修建宫殿、陵墓等进行着庞大的民众动员，使渴望统一的人民依然不能享受大一统带来的安居乐业的益处。正是民众对其的深深失望，注定了它兴灭忽焉的命运。

三

秦汉相续，既是一次王朝的更替，更是一种国家政治体制、思想文化的更新与转型。清人赵翼指出："盖秦、汉间为天地一大变局。"[②] 其所谓"变"，不仅在于汉初布衣将相之局及对秦亡教训的借鉴，更在于时势相异，使西汉统治者不得不在继承秦的基本政治体制的基础上，杂以"周文"而进行大范围的改革、更化。正如熊十力先生所谓："汉以后二千余年之局，实自汉人开之。凡论社会、政治，与文化及学术者，皆不可不着

---

① 司马迁：《史记》卷九十七《郦生陆贾列传》，北京：中华书局，1959 年，第 2699 页。

② 赵翼著，王树民校证：《廿二史札记校证》，北京：中华书局，1984 年，第 36 页。

重汉代也。”① 它开创了一种崭新的“汉家制度”。而这种制度的建构，却是“秦制”与“周制”的有机结合。“汉家制度”的开创并非一帆风顺，而是通过汉代上层统治集团中的冲突、博弈、互融而达成平衡的结果，并在统治者的权力欲与客观政治时势的交汇互融中达到一种新的境界。“汉家制度”适应了中国古代的大一统局面，使汉代的国家、民族、社会、文化逐渐趋于稳定，走向一致性认同，由此奠定了其后两千多年帝制时代的基本政治格局。

其实，周、秦制度的结合，解决了中国古代社会的一个重要问题，即权力的分离问题。从西周到秦汉，古代中国呈现了两次权力的分离现象。第一次是西周王朝分封制中表现的王权与治权的分离。西周分封制虽然适合了其时的政治大势，但是因为这种上下权力的分割，从一开始就蕴含着地方“邦”“国”对中央王朝的离心力，而随着时势变化，最终使西周王朝逐渐走向分崩离析。而秦所建构的君主集权的官僚政治体制，虽然能够克服西周国家体制中呈现的政治离心力问题，却带来了在剥削阶级的私有制社会中国家体制通常内蕴的第二个分离趋势，即皇权与行政权、支配权的分离。由于秦代官僚体制科层结构的刚性特点及所带来的僵化性、脆弱性，尤其是作为国家各级政治、经济权力代理者的各级官吏，由于所有权与受益权的分离，极易出现滥行职权、以权谋私、权力寻租现象。严格来说，自商鞅变法后建立的秦国的官僚体制，尽管破除了封闭的世卿世禄封君制，任用流官作为各级官吏，对于加强社会上下阶层的流动，提高吏、民的作战、务农的积极性有着重要意义，可是由于秦国与西周分封制在所有权上的差异，秦国官僚、吏员仅仅是官僚系统中享受俸禄的权力行使者、代理者，他们尽管有着冲破阶层隔阂而不断上升的自我价值实现感，但是又缺乏西周各级贵族、封君在封地中“权”与“利”相结合的获得感、满足感。这正如韩非所谓：“故君臣异心。君以计畜臣，臣以计事君。君臣之交，计也。害身而利国，臣弗为也；害国而利臣，君不为也。臣之

---

① 熊十力：《读经示要》，萧萐父主编：《熊十力全集》第三卷，武汉：湖北教育出版社，2001年，第766页。

情，害身无利；君之情，害国无亲。君臣也者，以计合者也。”① 故其履行职权的责任心、主动性往往与他们的信仰、道德的素质相关。这就使帝国官僚体制必须注重意识形态领域的建构，注重伦理道德的建设，注重对尚“德”、贤能之士的选拔。刘邦君臣正是看到了这个问题，故汉初政治制度的改革中心，是以大力发展伦理道德为内涵的尚“德”崇“礼”为主的，通过儒家对西周礼制的改造及其教化机制，而提升活跃在这种科层机制中官僚、士人的为“天下”理念并达到至“公”的“圣贤”境界。正是这第二个分离，直接导致了汉代思想意识形态领域的改革：一方面通过汉“以孝治天下”而在思想意识形态领域倡导儒家的“仁义”“礼制”。特别在基层社会中，为了克服大一统国家对乡里社会的直接控制所导致的资源不足的矛盾，它必须通过重建乡里社会的宗法制度，利用血缘宗法这个中介来实行对乡里基层社会的间接控制，由此导致汉代的国家—社会的二元化趋向；另一方面，通过汉代选官制度的改革，建立以“孝”“廉”为内涵的察举、荐举制度推选官员，由此转变秦代“以法为教”“以吏为师”的选官制度。这种重视“仁政”、“德治”和“选贤与能”的思想，是一种为了克服流官体制的弊病而进行的系统性、制度性改革，是试图通过道德、伦理的力量来克服剥削阶级社会中的人性之“恶”，通过儒家教化与“治国平天下”的理念，使在这种科层机制中的官僚、士人能够饱含“平天下”的理念而达到“至公”的境界，故它并不是单纯的权宜之计，更不是可有可无的帝王心血来潮之举。汉文帝时期，青年谋士贾谊所谓“变化因时”“攻守异术”，正蕴含着对秦汉之际“武”（秦制）、“文”（礼文）转换的深刻思想。所以，西汉初期“汉承秦制”与“汉家法周”，其制度建构虽以秦制为基础，但是许多重要制度来自由儒家学者所改造的周代礼制，由此形成法儒交融的“汉家制度”。这种政治体制重构了汉代国家的治理机制与意识形态，并奠定了我国两千年帝制时代的政治制度基础。

汉代国家对思想意识形态的改造，使历史又走了一个否定之否定的轮

---

① 王先慎撰，钟哲点校：《新编诸子集成·韩非子集解》卷五《饰邪》，北京：中华书局，1998 年，第 128 页。

回。传统的“周文”经过儒家学者的改造而重新回到国家上层政治生活中。汉初刘邦、惠、吕时期，鉴于秦亡教训，对于各种政治思想及学术争论抱持比较开放的态度，这就给一直寻求实现自己政治抱负的儒家士人以极大的鼓舞，形成一股儒家的复兴潮流。而儒家学者也深知秦制弊端，故通过对儒家思想的改革、倡扬，即通过汉初颇具热情的“立典”（立“经典”）与“建制”（建“礼制”），而希望获得在王朝里的正统性与合法性。汉武帝时采用公孙弘、董仲舒之议，“罢黜百家，表章六经”就是其结果。值得注意的是，汉帝国除了借助思想文化的“德”“礼”建构，还积极通过“天人合一”“天人感应”等理论，构筑帝国所需的思想意识，实现对民众的思想统治。《左传》云“国之大事，在祀与戎”，汉代亦是这样。统治者充分利用自史前便有的祭祀与天文相结合的对小农社会农耕产业有着重要作用的公共服务功能，通过对天文、历法的告溯颁历，而获得王朝的正统性与合法性。汉文帝时贾谊提倡的“悉更秦之法”，改正朔，易服色，法制度，定官名，兴礼乐，革故鼎新，以及从西汉至新莽、东汉统治者对明堂、辟雍与灵台的重视[①]，都是帝制王朝试图获得“君权神授”的天眷与王朝合法性的政治手段。同时，地大物博的古代中国，由于各地特色的不同，民间诸神亦成为乡里社会的信仰对象。在秦统一前，山川阻隔，言语不通，阻碍着不同地域的文化交流，也使各区域的民间诸神信仰呈现出各自的特点。秦统一后，秦始皇巡游海滨甚至泛舟于海上，迷信方士，追求长生不死，均与燕、齐神仙信仰密不可分。然而，政治权力以维护国家一统及君主权威为己任，追求治理手段的简洁、高效与多样化，必然会通过对地方文化与民间诸神信仰的整合，来塑造、推广更符合统治需要的秦汉文化。例如汉代民间信仰的两大主题：宇宙论、生死观。各地不同的信仰群体而衍生出相异的信仰行为，各地大都以宇宙论、生死观为中轴，辅之以时间和空间问题，由此形成对人的自我价值的思考。这些问题

---

① 在汉代文献之中，明堂、辟雍与灵台也被称为“三雍”或者“三宫”，如《汉书·终军传》说：“建三宫之文质，章厥职之所宜，封禅之君无闻焉。”颜师古注引服虔曰：“三宫，明堂、辟雍、灵台也。”郑氏曰：“于三宫班政教，有文质者也。”

虽然来自汉代“天道”的基本维度，但是从时间和空间的层面对宇宙、生死问题进行解构，使这些问题乃至汉代民间信仰从整体上都带上了“天人合一”的属性，最终达到对“君权神授”的皇权合法化。所以，摆脱肉身—升仙等思想的发展，不仅是一种宇宙论、生死观的价值信念，也是对“天人”关系以及在“天”庇护下的皇权合法性的延伸。中国古代并非没有本土的信仰，只是这种精神信念被分解，并融入到国家政治与社会民众的世俗性的日常中去。它与儒学的“天人合一”“天人感应”学说一起，相互渗透、相互作用，构成了中国本土的文化特色。

自秦转汉，古代基层乡里社会及民众生活亦发生了重要变化。这种变化的实质正如前述，它是在秦汉相继中产生的国家—社会的二元关系，并在这种关系裂变中形成的新因素。秦时商鞅变法以“分异令”强行将民间自然形成的“家”拆分成以父母和未成年子女为主构成的核心小家庭，其目的在于增加国家的“户赋”收入，强化对乡里社会成员的管理、控制，由此以国家力量直接进入到基层乡里民众的公、私生活中。但是当实现大一统时，这种在小农经济上建构的国家—社会的一体化整合方式所存在的显明的政治、经济资源的不足，使汉代统治者希望通过对“周制”的仿效，利用乡里社会既有的宗法资源作为联系中介，来重新构建国家与社会的二元格局。故从西汉起，由秦代的“长序”为先改变为“齿序”与“长序”并重的局面，并使它们成为推动乡里社会整合的两种力量。这种社会整合方式对克服秦政弊病固然有效，但是它又面临另一个问题，即在社会经济发展中，过去实行的分户析产的“小家”制度必然会向“大家”（大家庭、家族）发展、演变，由此破坏承担国家赋税、力役、军役的小农经济基础。尤其是西汉中期以后，社会上的工商业者开始深刻认识到权力对保护财富的重要性，逐渐产生进入官僚系统的强烈愿望，部分商人开始积极与政府合作进入官僚体系，使其政治、经济实力不断膨胀，而导致“大家”（大家庭、家族）的加速发展。这种情况最终导致汉初的“小家”向“豪富大家”的加速蜕变，致使基层社会中编户齐民群体发生了分化，引起从西汉中后期至东汉一代“豪民”向“豪族”的变迁。尤其是东汉察举、征辟的选官制度，以及经学成为重要的政治、文化资源，大批以明经入仕而形成的文化世代传承的经学世家，通过婚姻及师生僚属等关系，在权力资源与文化资源的交互循环中形成世代官宦、累世重权的社会关系网络，使汉代“大家”最终走上士族化的道路，并成为东汉政权分崩离析的催化因素。

秦汉时期的政权建构及其交替，亦使先秦诸夏族群在政治力量的推动和中原先进文化的吸附下，不断形成新的、更大的民族国家，也由此产生了以“诸夏”为标志的早期华夏民族向统一的汉民族的转化。战国时代的诸夏尽管同服、同制、同文、同种，但是齐、秦、魏、楚等列国的“国人”意识使彼此隔阂，虽然同处于一种政治、文化、礼乐制度中，但它毕竟是一种加持了列国认同的“诸夏”意识，是一种诸夏—华夏的“二重认同模式”。但是，从战国至秦代的统一趋势，使东西列国之间占主导地位的“秦人”与“非秦人”的族群区分得到弥合，原来以姬周为核心而展开的“夷夏之辨”的圈层型族群认同格局，被以“秦人”为核心的“华夏”统一的民族认同所取代。直至汉代，齐秦文化的交融，楚汉风俗的聚汇，在民族、文化的认同意义上进一步发展，促进了汉民族的互融、互化、互汇的局面。所以，随着西汉政治、文化的推进，武帝时的政治一统、文化一统、民族一统，形成其后几千年来的中华民族多元一体的格局。直到汉末，“华夏化”浪潮汹涌澎湃，尽管由于汉帝国政治体的盈缩带来了各民族之间复杂交错的情形，但族属和文化意义上的“汉人”已经成为带有开放包容性的稳固的民族共同体，它使华夏一体的国家、民族认同意识更加凸显。

四

从全球史角度看，周秦汉时期正是世界文明发展与繁荣的时期。在此期间，人类早期的几个文明（古希腊文明、古波斯文明、古代印度文明和古代中国文明）不约而同地出现了一个辉煌的文化繁荣时期。德国的卡尔·雅斯贝斯将公元前 800 年到公元前 200 年的历史时段称为“轴心时代”。在这个历史时期，中国、印度与希腊等几大地区先后建立起世界历史中既向多元性开放又能维系普遍历史构思的新的思想文化尺度。“这个时代产生了直至今天仍是我们思考范围的基本范畴，创立了人类仍赖以存活的世界宗教之源端。无论在何种意义上，人类都已迈出了走向普遍性的步伐。”① 这个时代发生的文化精神的变革，使世界各早期文明逐渐确立起不同的宗教—伦理价值系统，并且在其后又都实现了文明形态的自我更新，产生了对德性和理性的尊崇与肯定，对人类自身力量和智慧的自信等。正是在这种时代进步中，古希腊、古中国、古印度等文明共同形成并确认了一些重要的人类普遍原则。在轴心时代之后，东方与西方都进入了一个重要的统一时期，例如在欧亚大陆上先后诞生了强盛一时的罗马帝国、帕提亚帝国、贵霜帝国、汉帝国等。所以，从世界史的视野来看，秦汉国家的发展，正处于世界文明由“轴心时代”向其后的帝国时代发展的一个重要历史阶段。但是，这个时代的中国走出了自己独特的历史演进道路。通过周秦、秦汉的两次国家体制与社会结构的裂变，既使传统中国开创了新的历史进程，又通过全国大一统和民族大融合而导致文明形态的自我更新。

因此，由周至汉，中华文明的递嬗，通过否定之否定的螺旋式上升，而进入到一个新的发展阶段，并具有重要的世界意义。它使世界文明的发展、演变更具有多样性、互鉴性。尤其是在思想文化方面，春秋战国时代以儒家、道家等为代表的文化学派，使中国传统社会的伦理精神得以确立，并培育了一种专注于道德修养和经世致用的现实精神，它不仅对于中国古代思想史，而且对于整个世界文明，都具有颇具东方特征的重要意义。而在政治体制上，春秋战国时期的阶级、阶层的大动荡、大分化，使得远在西隅的秦国迅速崛起，通过商鞅变法而建构了较为完备的君主集权的官僚政体。这种新型国家体制是对周代分封制的否定，从某种角度看，它有效地克服了西周分封制的离心力，使传统中国进入到一种政治一统、民族融合、社会整合的状态。自秦转汉，汉帝国通过“汉承秦制”与“汉

① 卡尔·雅斯贝斯著，魏楚雄、俞新天译：《历史的起源与目标》，北京：华夏出版社，1989年，第9页。

家法周”的改革、“更化”，建构起新的儒法相融的“汉家制度”。由于汉代国家体制适应了传统中国的小生产者渴望强大国家保护的要求，适应了民族格局中多元一体的现实状况，适应了传统中国广袤大地中不同文化区域的风土、人情、习俗的多样性与共融性，故它的儒法相融的政治体制蕴含着内在的统一性、连续性、包容性的特质与力量，并成为其后二千多年中国历代王朝效法的制度范式。所以，当其后腐朽的罗马帝国为四面八方涌入的其他民族所淹没，截断了国家与民族的历史发展进程时，中国则在不断发展，并加快着华夏民族与国家的一体化进程。这说明中国内部有着十分强大的自我调节和应付挑战的机制。

世界历史上不乏一个民族长久地分为多个国家的情形。但是在中国，人们往往将国家作为民族的象征，以民族作为国家的基石，甚至将国家、民族的双重统一看作完成自身生命价值的崇高目标取向。在这里要注意的是，由于国家在民族安全性上所承担的义务和职责，它也被作为华夏（汉）民族价值观的重要组成部分，国家认同甚至常常被作为民族价值观的核心、根本问题来看待。“长驱蹈匈奴，左顾凌鲜卑。弃身锋刃端，性命安可怀”，“捐躯赴国难，视死忽如归”。[①]“英雄未肯死前休，风起云飞不自由。杀我混同江外去，岂无曹翰守幽州。”[②] 民族危难就是国难，在解决民族的危机中，国家认同常常会达成空前一致，并成为人们愿为之赴汤蹈火的生命价值取向。因此，尽管中国古代历史上的分与合常相伴而行，但分总是暂时的，合则是长久的。每一次“分”往往为其后更大的“合”奠定基础，导致更为强大的统一国家和民族共同体的出现。而在这种由冲突向融合转化的必然性背后，一个最为重要的原因就在于我们民族意识中所积淀下来的深层价值结构，即国家认同、民族认同、文化认同的同一性。所以，从全球史的意义看，秦汉国家构筑的民族、国家、文化的三位一体认同，使中华文明有着极强的生命力。正是在这种“分久必合，合久

---

① 曹植：《白马篇》，傅亚庶注译：《三曹诗文全集译注》，长春：吉林文史出版社，1997年，第671页。

② 文天祥：《纪事》，《文天祥全集》，北京：中国书店，1985年，第315页。

必分”的历史进程中，华夏（汉）民族始终保持了国家的统一、民族的团结、文化的连绵不断，由此铸就了一个具有悠久文化传统的久经考验的民族，也造就了一个人口众多、幅员辽阔的泱泱大国。这种情形，正是与秦汉国家的制度构建、民族认同、社会整合分不开的。

以上是本丛书讨论的一些基本问题，也是本丛书的作者对春秋战国暨秦汉递嬗时期政治、经济、文化、社会、民族等问题的探索、研究的心得。事实上，对春秋战国暨秦汉国家、社会、民族之递嬗所形成的剧烈变化，诸多通史著作都已进行了富于特色的研究。本丛书则是在前代学者研究的基础上，通过历史时序与问题意识的结合，特别是通过对问题的阐释、解读而揭示出先秦秦汉时期历史与逻辑演进的因应关系，以更深入地了解、认识中国古代诸多历史问题的本质特征。本丛书的作者群体，既有秦汉史领域的资深学者，也有本世纪成长起来的青年学人。值得欣喜的是，这些经过严格学术训练，颇具学识的一代青年学人，朝气蓬勃，勇于创新，富有探索精神，对先秦秦汉时期的诸多历史问题有自己的独到见解，由此为本丛书的内容增添了生气。

本丛书系 2017 年度国家社科基金重大项目（17ZDA180），2023 年获得国家出版基金项目资助。丛书由总主编李禹阶教授进行指导思想、写作目标、各卷内容的总体设计，并对丛书各卷进行最后的通稿。本丛书共分为六卷，依据时序和内容，分别为：《秦国的国家建构、民族认同和社会整合》（第一卷）；《秦汉国家演进与华夏民族认同》（第二卷）；《西汉王朝的国家建构与社会整合》（第三卷）；《秦汉国家的思想、信仰与皇权政治》（第四卷）；《汉代国家视域下的社会阶层演变》（第五卷）；《礼法之宜：汉代国家法的法理构建与制度整合》（第六卷）。各卷分别由李禹阶、尤佳、徐卫民、刘力、崔向东、汪荣负责具体章节设计、统稿与修改等工作。尤其需要说明的是，在丛书撰写中，得到了王子今、卜宪群、孙家洲、吕宗力、杨振红、李振宏、臧知非、晋文、王彦辉、晁天义、邬文玲等教授、研究员的关心、支持，他们对其中的诸多内容提出了颇具建设性的意见与建议，在此特别要对他们予以衷心感谢。丛书的出版，特别得力于齐鲁书社原总编辑傅光中先生的慧眼识珠，辛勤努力，并对丛书内容提供了十分中肯、宝贵的建议；丛书各卷的编辑老师严谨认真，一丝不苟，为丛书的高质量面世提供了保证。没有齐鲁书社诸位老师的辛勤劳动，本丛书的出版是不可能的。在此亦对以上各位编辑、朋友的帮助表示衷心感谢。

李禹阶

2024 年 5 月 12 日

目 录

下篇　秦汉信仰与社会整合

绪 论

梁漱溟先生曾说："百年前的中国社会，如一般所公认是沿着秦汉以来，两千年未曾大变过的。"① 观之秦汉，其所供给后代的，不单单是大一统中央集权的政治制度形式，还有帝国创生、"型构"中所迸发出的丰富的精神和思想资源。正是因着这些"丰富的精神和思想资源"，这一时期成为继先秦百家争鸣之后的"继发性突破"时代。② 然则，另一方面，皇权所固有的专制性、扩张性和排他性又促使秦汉帝国致力于消弭域内思想文化的边界，实现定于一尊的思想文化格局，以服务于大一统中央集权统治的需要。就是说，作为中国历史上大一统中央集权帝国的开端，秦汉所面临的还在于对帝国境内风俗各异、信仰有差的四方之民进行整合与管控。其中，政治、经济层面的整合可以随着军事力量的强制而完成，但思想文化和宗教信仰等诸方面的整合，更多的只能依靠思想文化和宗教自身的力量去实现。对于拟欲实现长治久安的帝国而言，后者显得更为举足轻重。

时至战国末年，历经数百余年的纷争，一个稳定的统一王朝的出现成为天下人心所向。与此相应，作为思想学术上的代表——先秦诸子们也开始为一个统一王朝的出现做着理论建构上的积极准备。就是说，历经春秋

① 梁漱溟：《中国文化要义》，上海：集成图书公司，1963 年，第 11 页。

② 成祖明：《帝国创生与董仲舒的皇权本体公共性建构》，《哲学研究》，2012 年第 1 期。

战国的争霸与兼并，天下一统格局渐趋出现，诸子各家基于即将来临的政治一统，围绕王权的合法性以及王权秩序构筑等主题，纷纷发表己说，以期为现实中即将出现的皇权政治完成理论形态的建构。其时，以儒家为代表，大力推崇由“圣”而“王”的“圣王”观，期待从道德理性的角度为王权的合法性作论。法家则以韩非为代表，其政治思想重在阐释“君主本位”的建构，从而将商鞅所主张的“国家本位”向“君主本位”转型。被视为诸子杂家的《吕氏春秋》，其旨却是为即将到来的大一统帝国提供“大圜”“大矩”的治国蓝图，即拟将王权主义由观念引向实践。

秦王政二十六年（公元前221年），秦灭六国，建立起中国历史上第一个君主专制集权的大一统帝国。先秦诸子所建构的王权主义理论形态由此变为现实的政治实践。对于用武力完成统一进而建构起皇权政体的秦帝国，其所需要的是一套对以武力所建构起来的政权进行合法性论证的思想学说。该学说的核心功能是要为已然存在的政权或政治秩序的合法性进行解释和论证。换言之，即以武力实现大一统的秦帝国转而需要一套论证、支持帝国统治合法性的信仰系统。因为“任何一种统治的持续行使，总是需要某种对于正当性的成功要求，‘正当性’使统治者拥有来自下层的某种程度的自愿性认同，而不必完全依赖镇压性的统治力量”。也就是说，“任何政权，若想进行有效与稳定的统治，绝不能只诉诸武力，而是要人民承认它的合法性”。[①] 在此视域下，不仅相关名号、制度呈现出系列改变，较之于三代的政治秩序亦发生本质变化。其中尤为核心者，则是塑造出皇权至上的主体形象——皇帝。“水德”之运的获得，为秦帝国皇权政体建构起源自天命的合法性。然则，秦在水德之运视域下的水德之政，最终不仅没有实现帝国统治者所欲达到的“兴太平”，反而导致了由数百年基业所成就的秦帝国二世而亡。由此不仅宣告中国历史上第一个皇权政体皇权政治的失败，而且宣告了王权主义观念与现实政治之间的悬隔，同时还宣告了秦帝国“以法为教”“以吏为师”思想文化整合的失败，透视出

① 林聪舜：《儒学与汉帝国意识形态》，上海：上海人民出版社，2017年，第164，46页。

在初兴的帝国治域下，权力与思想之间内在的张力所在。

“历史常常使人走错房间，秦始皇采纳了李斯的焚书建议，以禁止儒生们以古非今，结果李斯和赵高合演了一出篡权夺嫡的历史活剧，大秦王朝二世而亡。……在秦亡汉兴的历史变局中，儒生们自然而然地加入了亡秦的潮流之中。不过，此时的儒生吸取了在秦朝的政治教训，明白了和帝王打交道不能只凭着自己真理在握就可以颐指气使，以君王的师友自居，还要讲究方式、方法，要意识到君臣有别，明白君尊臣卑，提意见也好，提建议也罢，要根据帝王的知识特点、接受能力、现实需要，提供具体的解决问题的方案，而不是奢谈大道理。也就是说：一切从现实出发，解决现实问题。这是汉初儒生的共同行为特征和思维基点。”① 换言之，秦帝国治域下思想与政治的冲突，成为汉代士人价值观变迁的前提以及思想学说的土壤。就是说，“思想”虽然属于上层建筑，然则创造“思想”的思想家生活于现实之中，“思想家提出的各种主张，无不来自社会生活的实际感受，直接间接地带着阶级或者阶层的历史印记”②。基于此，研究继秦而起的汉代思想，首先要厘清其时思想家所处的时代特点、思想家的社会地位和面临的问题。唯其如此，才能明了思想家的主观追求与其所处的社会现实之间，尤其是现实政治之间存在着什么样的关系，才能真正认识“思想”对当时社会提供了什么样的规范和支持，又在哪些层面为其时之社会提供辩解和批判。③

继之而起的汉王朝在“承秦之制”的同时，深鉴秦之“弊”，故在帝国草创之时，即一方面开始由“马上打天下”向“马下治天下”的思维转型，形成与秦帝国相悬隔的“汉政”，另一方面则是注重对于社会各方面尤其是思想文化与宗教信仰等的整合，从而避免了“曩之为秦者，今转而为汉”结局的出现。

作为西汉王朝的缔造者，刘邦集团出身草莽，囿于文化智识的限制，

---

① 臧知非：《秦思想与政治研究》，西安：西北大学出版社，2021 年，第 199 页。
② 臧知非：《秦思想与政治研究》，西安：西北大学出版社，2021 年，第 4 页。
③ 臧知非：《秦思想与政治研究》，西安：西北大学出版社，2021 年，第 4 页。

故汉帝国最初是“在现实主义的原则和试验的基础上建立起来”[①] 的。处于试验与建构中的帝国在初期奉行黄老之学，行无为而治，这不仅促进了其时社会的休养生息，也带来了较为宽松的政治学术环境，使得西汉初年呈现出一种“后战国时期”的风貌。不仅大量的经典在这一时期被整理恢复和书之竹帛，且围绕着帝国如何构建，各种政治势力和学术力量之间，地方诸侯与中央朝廷之间展开了积极探索，呈现出“帝国创生与精神开放闪亮平行”[②]。在地方，不仅有以河间献王、河间学术中心为代表的河间儒学，秉持“修学好古，实事求是”，更有淮南王领衔编著《淮南子》，奉行黄老道术之学。在中央朝廷，陆贾一方面通过“马上得之，宁可以马上治之乎”的诘问，让在位者逐步由“马上打天下”向“马下治天下”的思维转型；另一方面则是以亡秦为鉴，向刘邦集团提出倡仁义，兴教化，减省刑法，与民休息的“新语”。而以叔孙通为代表的“涉猎之儒”，力求通过简易之“朝礼”凸显皇权之至尊至贵，让最高统治者在感受到“皇帝之为贵”的同时，也意识到儒学长于守成的功效，从而推动思想与权力之间的相向而行。贾谊作为西汉前期儒生的代表，秉承先秦儒者之使命感与责任感的情怀，立足于现实，从具体事务出发，提出改正朔、易服色的系列礼制建设，不仅拟欲使汉政与秦政相区隔，更是要为巩固强化皇权张目，最终旨在使得汉帝国的正统与道统相一致。至董仲舒，“下帷发愤，潜心大业”，不再像“秦代皇帝和汉初诸政治家们满足于从物质的角度，如版图和武功，来为他们行使的权力辩解”[③]，而是致力于从学理上把儒学与汉家政治相结合。董仲舒不仅从“道”的层面改造先秦儒学，更是借助“《春秋》为汉制法”，从学理上论证了以皇权为中心的统治权力的合法性，即“将帝国的统治合法性放在更为悠远绵长的道德和文化传

---

① 崔瑞德、鲁惟一编：《剑桥中国秦汉史：公元前221—公元220年》，北京：中国社会科学出版社，1992年，“导言”第27页。

② 成祖明：《封建、郡县之变中儒学演进的历史考察——层累成长的古史与记忆重构中的今古文经学》，《文史哲》，2017年第5期。

③ 崔瑞德、鲁惟一编：《剑桥中国秦汉史：公元前221—公元220年》，北京：中国社会科学出版社，1992年，第121页。

统——‘天道圣统’中加以解释，来奠定帝国政权神圣德性的根基，以便向德治成功转型”[1]。在位者也通过“表章六经”之道，以思想一统助力政治一统、皇权一统，从而开启了其时思想与皇权政治之间的双向奔赴。

然而，一如学者所揭示的，“帝国统治者乐见和采纳了董仲舒所建构的儒学系统对皇权的神圣化，在意识形态方面对其道德与公性的论述与宣扬，但在实践层面上，专制皇权的扩张本性并不真正情愿接受来自天的或制度的公性约束和规范。换言之，帝国统治者只是从为其所用的角度出发，对董仲舒所建构的儒学系统进行了阉割，将其灵魂抽空而用其文饰”[2]。于是，我们看到，围绕《春秋》三传的议立学官，两汉统治者基于巩固专制皇权之需，呈现给世人一幅学术与政治、思想与皇权间波澜壮阔的纷争画卷。此不仅揭示出皇权对于思想学说的掌控，也揭示出随着专制皇权的巩固与强化，思想对于皇权的依附。时至东汉，随着大一统皇权的进一步强化，思想之间的纷争渐趋消融，走向弥合。最终，以《白虎通》为标志，形成经典与政典、思想与政治的结盟，此不仅标志着自秦而来的大一统中央集权帝国的意识形态的最终构筑成型，而且使得帝国统治者借助思想文化的统合最终实现了社会整合——就价值观而言，则是以秦为鉴，将战国时代势道两分、道高于势的价值追求改造为势道合一、道附于势的价值自觉；就思想学说而言，以儒学为代表，则是由现实权力秩序的批判者变成了现实权力秩序的维护者。

秦汉帝国在社会治理过程中，除了借助对于思想文化的整合而构筑起为帝国所需的意识形态体系，同时还对其时的宗教信仰予以充分整合，从而基于精神情感的信仰与寄托层面实现对于民众的吸附。因为对于普罗大众而言，高深玄妙的学术研究并非生活所必需，也很难解答他们在日常生活中所遇到的种种精神困惑，而宗教信仰的主要功能便是调节大众的心灵

---

① 成祖明:《帝国创生与董仲舒的皇权本体公共性建构》,《哲学研究》, 2012 年第 1 期。

② 成祖明:《帝国创生与董仲舒的皇权本体公共性建构》,《哲学研究》, 2012 年第 1 期。

秩序。因此，探讨古代社会的运行状态、运行机制就无法对其时的宗教信仰视而不见。

观之秦汉宗教信仰，在秦统一前，各国划地而治，由于山川阻隔、言语不通，加之各国对人口、物资出入国境管控甚严，各国之间的往来实在有限，且多维持在外交、贸易层面，人口的流动性极弱。这种封闭隔绝的地缘格局阻碍了不同地域间的文化交流，但也无形中竖起护卫的高墙，维护了各地域文化的专属特色，齐鲁、三晋、关中（秦）、荆楚、吴越等富有鲜明个性的地域文化逐渐成型。作为民众精神世界的重要组成部分，各国的宗教信仰也呈现出各自的特点。当时各地都有自己的地方神祇，尤其是与江河山海及历史人物有关的自然神。比如，楚地信仰极为丰富，楚辞《九歌》中提到的东皇太一、大司命、少司命等即为楚人长期崇祀的鬼神；齐鲁地区则崇拜泰山，并有齐地八神之说，以邹衍为代表的阴阳五行学派的形成、发展更是受到燕齐海滨神仙学说的滋养。秦统一之后，秦始皇巡游海滨甚至泛舟于海上，迷信方士，追求长生不死等均与燕齐神仙信仰密不可分。然则，政治权力以维护国家统一及君主权威为己任，追求治理手段的简洁、高效，必然对地方文化的多样性保持警惕，意图加以整合，塑造、推广更符合统治需要的文化。从秦帝国官方的角度来看，推进文化的统一是确保民心归附、政令通达的必然选择。但在普通民众，尤其是原东方各国民众看来，帝国官员极力推进的文化统一是一种精神上的压迫，此举可能会迫使他们失去原先的精神依赖。如此，官民之间的冲突难以避免，这也迫使秦人作出让步，以一种相对缓和的方式去处理新占地的信仰问题。但由于秦二世而亡，国祚日短，其民间信仰的基本样貌与秦统一前并无大的不同。

秦汉易代并未对民间的信仰秩序造成巨大冲击，因此汉代的民间信仰基本承袭了秦代。随着汉代社会的发展，其民间信仰秩序随之演进以因应现实。其时民间信仰的核心乃两大主题：宇宙论、生死观。前者是为了回答“这个世界是怎么回事”，表达了人们对自身生活环境的疑惑，是一种向外的探求；后者是为了回答“我是谁，从哪里来，到哪里去”的问题，表达了人们对自身的追问，是一种向内的探索。生死问题是民间信仰最为关心的议题，解除生死困惑是人们产生信仰行为的根本出发点，由此出发衍生出一系列的呈网络式联结的信仰行为。时间和空间是人类思考的基本维度，生死问题可以从时间和空间的层面进行解构，于是生死问题乃至汉代民间信仰从整体上被转化为时间观念和空间观念的问题。

置身于其时时空观念之下，秦汉统治者尤其是秦皇汉武都致力于得道求仙，这使得其时的神仙方术获得新的发展机会，许多号称有神异的人士来到统治者身边，很多人因此而获得了巨大的经济和政治利益。这些方术士们发展了神仙理论，其中最为重要的是论证了从人间升仙的可能性，并对仙界景象进行了宜居化的改造，这两项工作完成之后，神仙方术对于渴望升仙的皇帝就有了更大的吸引力。然而另一方面，出于对信仰的控制与整饬的需要，秦汉统治者也注重对于其时方术士的管控。在对于方术士的管理方面，秦始皇采用秦人历来管理技术类人员的法律，而汉武帝则倾向于将对方术士的管理置于国家官僚政治体制之外。秦法的严苛使得方术士们不敢恣意欺瞒，而汉武帝时代的方术士则敢于铤而走险欺骗皇帝，这和汉武帝的管制行为缺乏章法有关。但其中也可见汉武帝对鬼神祭祀管理的思路是和日常政治行为区隔。

至东汉，其信仰的核心着重围绕谶纬展开。我们看到，刘秀在兴起过程中对谶纬符命就一直保持热情的信仰。东汉建立以后首要的问题就是以谶纬文献的相关记载来制定和完善国家的礼仪制度。西汉中后期以后，谶纬文献之中开始出现了关于郊祀制度以及明堂、封禅等更为详细的记载，而且更加关键的是，谶纬文献号称是圣人之言，被东汉统治者奉为治国的宝典，上升为国家的意志，所以谶纬文献中相关的记载被融入礼制中之后，相关的制度很快被接受。东汉时期的礼制建设在汉光武帝刘秀统治时期开始，主要是完成了五郊迎气以及相关的郊祀礼仪，另外在刘秀晚年修建完成明堂、辟雍和灵台等三雍，而这些都与天神方面的祭祀行为有关。到了汉明帝时代，主要是推行了上陵的礼仪，并且在已经修建完成的明堂、辟雍和灵台举行养老礼仪等。如果说刘秀完成的礼仪主要是和天神祭祀有关，那么汉明帝时期的礼仪主要是面向祖先神灵方面。也可以发现，汉明帝的礼仪建设主要突出孝的精神，孝道在这一系列礼仪活动之中发挥了至关紧要的作用，再与当时以孝作为主要考核标准的选官制度进行配合，孝道一时成为东汉时期最具有标志性的社会精神风貌。

其时，与政府统治阶层倾向于用法律和行政制度等强制行为管制信仰相佐，以儒士为代表的知识阶层更注重“信仰重构”，一方面包括对之前的鬼神信仰重新进行解读，即认真讨论鬼神是否会对人们的不合理要求作出回应；另一方面依据儒学的传统建立起新的信仰体系。自西汉中后期以来，儒家士大夫阶层中的一部分人坚持认为社会改革的方向需要复原古代的制度，为此他们热心于复古改制和制礼作乐，有一些激进者甚至提出汉朝应该再次受命等观点。然而士大夫阶层的理想经过王莽改制的失败而彻底覆灭，知识阶层也认识到复古改制在现实政治之中并不具有可行性，所以其中的许多人开始转向，更加务实于现实政治。然而东汉时期的儒家士大夫阶层遭遇到了谶纬问题，事实上也有许多士大夫原本就与谶纬有千丝万缕的联系，例如擅长今文经学的儒生原本就与谶纬有关，而古文经学方面的经师虽然对谶纬提出了批评的意见，但也有一些古文学家认识到谶纬的作用。当然，谶纬可能带来的问题也不是没有人注意，光武帝时期就已经颁布图谶于天下，官方尝试对谶纬行为进行控制，但依靠谶纬进行的谋逆行为也时有发生。另外，谶纬迷信对民众信仰的影响也十分突出，所以也有士大夫阶层开始热心于移风易俗方面的工作，改变民众的信仰习俗，取得了一定的成就，例如应劭对“祀典”的规定，尝试通过整合祭祀对象和祭祀行为，改变“淫祀”对民众社会生活的影响。

要之，本卷旨在透视秦汉大一统治域之下，学术思想、信仰与皇权政治之间的互动与博弈，以及在此过程中最终达成的社会整合，以期揭示思想文化、信仰与国家政权对社会的整合保持一致的立场和逻辑发展。换言之，本卷旨在探究春秋战国时期各分散的区域性思想文化、信仰逐渐被秦汉大一统时代统一的国家宗教、主体意识形态所消弭或者弱化，或者介入、统合的过程，借助这一过程，最终在思想观念形态上达致社会的有效整合。

本卷由刘力（重庆师范大学）、崔立军（山东理工大学）、董涛（重庆大学）共同撰写完成。其中，刘力负责全书的统稿与编排，并撰写一至六章；崔立军撰写第七章和第八章；董涛撰写九至十一章。此外，本卷写作范式的确立、框架结构的拟定，以及一些具体问题的解决，得到李禹阶教授亲力亲为的指导，助力于本卷的最终成型与完稿。华南师范大学的代继华教授对本卷的撰写也给予了颇有裨益的建议。

上篇

秦汉思想与皇权建构

第一章
先秦王权主义的理论建构

刘泽华先生曾谈到，中国传统社会的最大特点是“王权支配社会”[①]。而“王权主义”作为“王权支配社会”各种现象的总称，既不是指社会形态，也不限于通常所说的权力系统，而是指社会的一种控制和运行机制。[②] 作为这一控制和运行机制重要组成部分的观念体系，则体现为以“王权主义”作为整个思想文化的核心。我们以之考诸周秦诸子学说之旨，“各种思想，如果说不是全部，至少是大部，其归宿基本都是王权主义”[③]。

进入战国后期，伴随着秦的车骑兵锋所向，天下一统指日可待。反映在其时的政治思想文化中，则是诸子各家基于即将来临的政治一统，围绕王权合法性、政治秩序构筑等主题，纷纷发表己说。其时，以儒家为代表，大力推崇由“圣”而“王”的“圣王”观，期待从道德理性的角度为王权的合法性作论。以韩非为代表的法家，则是通过将前期商鞅所主张

① 此处，与“王权”意义相同的还有“君权”“皇权”“封建君主专制”等。参考刘泽华：《中国的王权主义》，天津：天津人民出版社，2019 年，“引言”第 1 页。

② 刘泽华先生以为，王权主义这一控制和运行机制可分为三个层次：一是以王权为中心的权力系统；二是以这种权力系统为骨架形成的社会结构；三是与上述状况相对应的观念体系。见刘泽华：《中国的王权主义》，天津：天津人民出版社，2019 年，“引言”第 2 页。

③ 刘泽华：《中国的王权主义》，天津：天津人民出版社，2019 年，“引言”第 3 页。

的“置主法之吏以为天下师”变而为“以法为教”“以吏为师”，由此完成“国家本位”向“君主本位”政治思想的转型。《吕氏春秋》更是由吕不韦以秦相国之尊，召集门客谋士，吸纳诸家，主持编纂，用之“欲以并天下”，为即将到来的大一统帝国提供“大圜”“大矩”的治国蓝图，使得王权主义由观念指向实践。

第一节　圣者为王：王权合法性的建构

“人类思想发展史向我们展现一个极为重要的事实，凡属社会存在的重要现象，人们都要设法为他编织相应的合理与合法的理论，从而获得人们的认同，也使人们的心理得到平衡。君主是社会生活中一种最重要的存在，所以关于君主合理与合法的问题，是人类思维最古老的、最重要的课题之一。在中国古代，任何社会现象的合理性问题莫如君主合理性问题最为重要和突出，在诸多现象的合理性理论中，君主合理性理论又居于主导地位。”[①] 殷商时期，对于君主合理与合法的观念和理论，流行的是“君权神授”，即围绕天命、借助天命为现实君王权力的合法性张目。时至春秋战国，随着社会剧变，思想文化、社会观念亦发生重大变化。其中，对于君王权力的构建尤其是其权力合法性问题更是引发诸多讨论。其时，诸家学派基于各自的立场，针对该问题作出了不同的建构。其中影响最大，逐渐占据主流地位的则是“有道而王”，亦即圣者为王。换言之，时至战国末期，随着天下一统格局的渐趋明朗，人们无不期待一个新王出现，来实现天下一统，构建大一统的政治秩序：

> 追求“天下一统”成为战国思想的“一贯”，该思想发端于春秋时期建构持久的、以多国共处为核心的政治秩序的努力的失败……没有任何一个知名的思想家或政治家，认为多国制度是合法的、值得追求的。问题的关键不是要不要天下统一，而是天下如何统一。就目前的讨论而言，在赞

① 刘泽华：《中国的王权主义》，天津：天津人民出版社，2019年，第303-304页。

> 同统一的趋势中，最关键的一点就是理想“王者”的出现。“王者”将带来天下统一的理念在战国中期出现，并迅速普及于各种政治文献中。尽管思想家们对于“王者”的品质和统治方式各持一词，但是几乎所有人都支持一个救世主般的人将给世间带来统一与和平。①

只是对于该有什么样的“王”来实现天下统一，其时诸子各家纷言已说。其中，由圣而王的“圣王”无疑是人们所期待的理想政治的“救世主”。如果说由“圣”而“王”的圣王是其时人们所期待的理想治世者，而“王”对“圣”的据有，则是其时王权主义为寻求王权合法性、合理性的理论建构之必然。

一、圣人“体道”

在中国传统思想文化观念中，以春秋战国为界，此前多以崇拜天、帝神为主，其后则以崇圣为主。由崇神向崇圣的转变是春秋战国时期社会剧变的产物，更是中国历史上思想文化转型的一大特点。

殷商时期，“殷人尊神，率民以事神，先鬼而后礼”②。其时，“帝是商族的至上神，但确切地说，它是殷王的保护神和象征，换句话说是殷的官方神，不过在表面上它代表并保护整个的殷人”③。周革殷而起，“尊礼尚施，事鬼敬神而远之”④。周人虽然也以“天”或“帝”为至上神，但是强调“惟命不于常”⑤，以德配天，唯德是授，凸显人的主动性和能动

---

① 尤锐著，孙英刚译：《展望永恒帝国：战国时代的中国政治思想》，上海：上海古籍出版社，2013 年，第 37–38 页。

② 郑玄注，孔颖达疏：《礼记正义》卷第五十四《表记》，李学勤主编：《十三经注疏》（标点本），北京：北京大学出版社，1999 年，第 1485 页。

③ 刘泽华主编：《中国政治思想史》（先秦卷），杭州：浙江人民出版社，2020 年，第 4 页。

④ 郑玄注，孔颖达疏：《礼记正义》卷第五十四《表记》，李学勤主编：《十三经注疏》（标点本），北京：北京大学出版社，1999 年，第 1486 页。

⑤ 孔安国传，孔颖达疏：《尚书正义》卷第十四《康诰》，李学勤主编：《十三经注疏》（标点本），北京：北京大学出版社，1999 年，第 372 页。

性。时至春秋战国，历经社会人事剧变，“人”的力量进一步被认知，“国将兴，听于民；将亡，听于神”[①]。正是在“听于民”的认知与观念产生过程中，“圣”亦开始被彰显与崇拜。

就“圣”之初义而言，段玉裁认为与农事有关：“圣，汝颍之间，谓致力于地曰圣。从又、土。”[②] 而顾颉刚先生则认为其初义“只是聪明人的意思”[③]。朱骏声以为：“春秋以前所谓圣人者，通人也。战国以后所谓圣人，则尊崇之虚名也。”[④] 陈仁仁“从圣字的造字本义来看”，认为“圣字初义可能是‘听政’或‘听治’之义”。[⑤] 虽然其义有差别，然对于“圣”之初义，都指向特定个体所具有的超凡的能力，“在中国上古文化中，‘圣’之原初意义是指某种沟通神灵的能力，具体来说，就是听闻神灵声音或命令的能力。‘圣’人，就其原初身份而言，即通神之人”[⑥]。在先秦文献中，尽管对“圣”的论述程度不同，但多以“圣”为至德之人，为社会所夸赞与称誉，更是社会价值取向上的标杆。如“聪作谋，睿作圣”“惟圣罔念作狂，惟狂克念作圣”“人之有技，若己有之；人之彦圣，其心好之，不啻如自其口出……人之有技，冒疾以恶之；人之彦圣，而违之俾不达”[⑦]。《诗经》中则有“汤降不迟，圣敬日跻”[⑧]，“维此圣人，瞻言百里。维彼愚人，覆狂以喜”[⑨]。

作为儒家开创者的孔子，虽然罕言圣，然对“圣”亦是尊崇敬仰有加：“圣人，吾不得而见之矣。得见君子者，斯可矣。”[⑩] 且将能够行“博

---

① 左丘明传，杜预注，孔颖达正义：《春秋左传正义》卷第十“庄公三十二年”，李学勤主编：《十三经注疏》（标点本），北京：北京大学出版社，1999年，第300页。

② 许慎撰，段玉裁注：《说文解字注》，上海：上海古籍出版社，1981年，第689页。

③ 顾颉刚：《“圣”、“贤”观念和字义的演变》，《中国哲学（第一辑）》，北京：生活·读书·新知三联书店，1979年。

④ 朱骏声：《说文通训定声》，北京：中华书局，1984年，第880页。

⑤ 陈仁仁：《“圣”义及其观念溯源》，《伦理学研究》，2011年第6期。

⑥ 白欲晓：《圣、圣王与圣人——儒家“崇圣”信仰的渊源与流变》，《安徽大学学报（哲学社会科学版）》，2012年第5期。

⑦ 皮锡瑞：《今文尚书考证》，北京：中华书局，2015年，第252，397，477页。

⑧ 林义光：《诗经通解》，上海：中西书局，2012年，第438页。

⑨ 林义光：《诗经通解》，上海：中西书局，2012年，第368页。

⑩ 何晏注，邢昺疏：《论语注疏》卷第七《述而》，李学勤主编：《十三经注疏》（标点本），北京：北京大学出版社，1999年，第93页。

施”“济众”的“事仁”称之为“圣”，“子贡曰：‘如有博施于民而能济众，何如？可谓仁乎？’子曰：‘何事于仁！必也圣乎！’”[①]在孔子处，“圣”与“仁”相关联，且“事仁”是“成圣”的前提与内涵。“圣”还与“君”“王”的“富”“贵”相悬隔，“不义而富且贵，于我如浮云”[②]。从孟子开始，这一悬隔在现实政治中进一步被彰显：“孟子见梁惠王。王曰：‘叟，不远千里而来，亦将有以利吾国乎？’孟子对曰：‘王何必曰利，亦有仁义而已矣。’”[③] 相对于梁惠王的“逐利”，孟子更倡导“仁义”：“仁，人之安宅也。义，人之正路也。旷安宅而弗居，舍正路而不由，哀哉！”[④] 由孟子与梁惠王在关注上的分歧可见其时“圣”与“王”在价值观内涵上的差异。孟子强调道德重于权势，“故将大有为之君，必有所不召之臣，欲有谋焉，则就之，其尊德乐道，不如是不足也有为也。故汤之于伊尹，学焉而后臣之，故不劳而王。桓公之于管仲，学焉而后臣之，故不劳而霸”[⑤]。孟子认为国家兴衰在王，但是同时强调：“圣人，人伦之至也”[⑥]，“圣人，百世之师也”[⑦]。拟图“在权力与道德、知识之间建立一个制约圈。君主的权力在现实生活中是至上的，但道德、知识在观念范围内又高于权力，从而给权力以制约。这种权力与道德的二元论在实际上未必有多大作用，但在理论上却有着重要意义。在二元论之中，否定了君主至

---

① 何晏注，邢昺疏：《论语注疏》卷第六《雍也》，李学勤主编：《十三经注疏》（标点本），北京：北京大学出版社，1999年，第83页。

② 何晏注，邢昺疏：《论语注疏》卷第七《述而》，李学勤主编：《十三经注疏》（标点本），北京：北京大学出版社，1999年，第91页。

③ 赵岐注，孙奭疏：《孟子注疏》卷第一上《梁惠王章句上》，李学勤主编：《十三经注疏》（标点本），北京：北京大学出版社，1999年，第2页。

④ 赵岐注，孙奭疏：《孟子注疏》卷第七下《离娄章句上》，李学勤主编：《十三经注疏》（标点本），北京：北京大学出版社，1999年，第199页。

⑤ 赵岐注，孙奭疏：《孟子注疏》卷第四上《公孙丑章句下》，李学勤主编：《十三经注疏》（标点本），北京：北京大学出版社，1999年，第105页。

⑥ 赵岐注，孙奭疏：《孟子注疏》卷第七上《离娄章句上》，李学勤主编：《十三经注疏》（标点本），北京：北京大学出版社，1999年，第189页。

⑦ 赵岐注，孙奭疏：《孟子注疏》卷第十四上《尽心章句下》，李学勤主编：《十三经注疏》（标点本），北京：北京大学出版社，1999年，第388页。

上性，否定了旧传统中有权力即有道德的合二而一论”[①]。

到荀子，更是强调“圣”是秉“道之极”的至上者：

圣人者，道之极也。[②]

涂之人百姓，积善而全尽谓之圣人。彼求之而后得，为之而后成，积之而后高，尽之而后圣。故圣人也者，人之所积也。[③]

修百王之法，若辨白黑，应当时之变，若数一二，行礼要节而安之，若生四枝，要时立功之巧，若诏四时，平正和民之善，亿万之众，而博若一人，如是则可谓圣人矣。[④]

“圣”作为“道之极”的秉承者，一方面着重体现于其为人伦之表率与楷模；另一方面，还表现在于其“知道”（通晓一切事物的道理和规律）、“行道”（把道理和规律与实践结合起来），从而“体道”：

圣人者何？圣者，通也，道也，声也。道无所不通，明无所不照，闻声知情，与天地合德，日月合明，四时合序，鬼神合吉凶。《礼别名记》曰：“五人曰茂。十人曰选。百人曰俊。千人曰英。倍英曰贤。万人曰杰。万杰曰圣。”[⑤]

---

① 刘泽华主编：《中国政治思想史》（先秦卷），杭州：浙江人民出版社，2020 年，第 182-183 页。

② 王先谦：《荀子集解》卷十三《礼论篇第十九》，《诸子集成》（二），北京：中华书局，2006 年，第 237 页。

③ 王先谦：《荀子集解》卷四《儒效篇第八》，《诸子集成》（二），北京：中华书局，2006 年，第 91 页。

④ 王先谦：《荀子集解》卷四《儒效篇第八》，《诸子集成》（二），北京：中华书局，2006 年，第 83 页。

⑤ 陈立撰，吴则虞点校：《白虎通疏证》卷七《圣人》，北京：中华书局，1994 年，第 334-335 页。

“道”字在早期文献中仅指道路，作为人类开辟自然的标志。随着社会认知的发展，人们借用“道”这个字，进行了空前的文化开拓，“道”的含义像“连续乘方”一样扩展它的内涵。春秋战国所有的思想家，尽管因着秉承不同理论、不同价值取向而常常相互攻讦，但无一例外都高扬“道”的旗帜。道家老子谓：“有物混成，先天地生。寂兮寥兮，独立不改，周行而不殆，可以为天下母。吾不知其名，字之曰道。”① 庄子说：“夫道，有情有信，无为无形，可传而不可受，可得而不可见，自本自根，未有天地，自古以固存，神鬼神帝，生天生地，在太极之先而不为高，在六极之下而不为深，先天地生而不为久，长于上古而不为老。”② 儒家孔子说：“朝闻道，夕死可矣。”③ “士志于道，而耻恶衣恶食者，未足与议也。”④ “邦有道，则仕。邦无道，则可卷而怀之。”⑤ 法家韩非认为：“道者，万物之始，是非之纪也。”⑥ “道者，万物之所然也，万理之所稽也。理者，成物之文也；道者，万物之所以成也。故曰：‘道，理之者也。’……万物各异理而道尽。”⑦ “所谓有国之母，母者，道也。道也者，生于所以有国之术，所以有国之术，故谓之有国之母。夫道以与世周旋者，其建生也长，持禄也久，故曰：‘有国之母可以长久。’”⑧ “天下有

---

① 王弼注：《老子道德经》第二十五章，《诸子集成》（三），北京：中华书局，2006年，第14页。

② 王先谦注：《庄子集解》卷二《大宗师》，《诸子集成》（三），北京：中华书局，2006年，第40页。

③ 何晏注，邢昺疏：《论语注疏》卷第四《里仁》，李学勤主编：《十三经注疏》（标点本），北京：北京大学出版社，1999年，第50页。

④ 何晏注，邢昺疏：《论语注疏》卷第四《里仁》，李学勤主编：《十三经注疏》（标点本），北京：北京大学出版社，1999年，第50页。

⑤ 何晏注，邢昺疏：《论语注疏》卷第十五《卫灵公》，李学勤主编：《十三经注疏》（标点本），北京：北京大学出版社，1999年，第209页。

⑥ 王先慎撰，钟哲点校：《韩非子集解》卷第一《主道》，北京：中华书局，1998年，第26页。

⑦ 王先慎撰，钟哲点校：《韩非子集解》卷第六《解老》，北京：中华书局，1998年，第146-147页。

⑧ 王先慎撰，钟哲点校：《韩非子集解》卷第六《解老》，北京：中华书局，1998年，第140-141页。

道，无急患则曰静……天下无道，攻击不休……”① 荀子言：“知道察，知道行，体道者也。”② “故心不可以不知道。心不知道，则不可道而可非道。……以其不可道之心取人，则必合于不道人而不知合于道人。以其不可道之心与不道人论道人，乱之本也。夫何以知？曰心知道然后可道。可道然后能守道以禁非道。以其可道之心取人，则合于道人而不合于不道之人矣。以其可道之心与道人论非道，治之要也。”③ 有学者以为，从政治观念而言，“道”是在春秋战国文化转型过程中，为了突破天神的束缚，张扬理性的形而上学而由“德”之旁生出来的一个新的观念④，并进而“上升为中华文化的核心和理论原点”⑤。从最抽象的意义上说，“道”是有关宇宙（天、地、人）理论体系的一字性凝结和概括，同时又是真、善、美和智慧的最高体现。“道”的理论体系一旦形成，就会成为超越任何具体事物和个人的一种存在，即使是权力无限的君主也难以驾驭。⑥

“道”作为理性的最高范畴和最高境界，其核心所表达的是本体性、必然性、规律性、规范性、决定性、不可超越性等方面的内容，这些东西或者由圣人制定，或者由圣人发现。就是说，凡属能“知道”“得道”“同道”“备道”“体道”“修道”者，就是圣人。同时，唯有圣人能知道、体道。于是，不管借助什么途径，都形成了“道”与“圣人”一体化的关系。由此，崇道必然崇圣，崇圣必然崇道，这成为中国传统中的一条铁则。⑦

---

① 王先慎撰，钟哲点校：《韩非子集解》卷第七《喻老》，北京：中华书局，1998年，第156页。

② 王先谦：《荀子集解》卷十五《解蔽》，《诸子集成》（二），北京：中华书局，2006年，第264页。

③ 王先谦：《荀子集解》卷十五《解蔽》，《诸子集成》（二），北京：中华书局，2006年，第263页。

④ 在此过程中，“道”并没有取代“德”，而是与“德”并存，容纳了“德”，并赋予“德”以新的内容。“道”与“德”的联袂，于是又创造了“道德”这一概念。参见刘泽华：《中国的王权主义》，天津：天津人民出版社，2019年，第296页。

⑤ 刘泽华：《中国的王权主义》，天津：天津人民出版社，2019年，第97页。

⑥ 刘泽华：《中国的王权主义》，天津：天津人民出版社，2019年，第296页。

⑦ 刘泽华：《中国的王权主义》，天津：天津人民出版社，2019年，第321页。

在春秋战国思想文化由神性向理性转变的过程中，“从认识运动看，春秋时期突出圣人，反映了认识的深化，即理性的进一步发展；从历史的运动看，突出圣人，反映了神的功能的下降，人的能动性的上升和对自身力量的信心的增长”[①]。我们看到，在此过程中，其时众多的思想家，包括纵横捭阖的说客，除了把先王和理想中的“圣人”视为“体道”者外，尚未把这项殊荣桂冠戴到任何一位现实王者的头上。但是，在由神性向理性转型过程中，“圣人之治”可谓是诸子百家的共同话题，也是表达其政治理想的主要命题。诸子百家对圣人有各式各样的论说，包含丰富的内容，然而最终都将圣人与“治”相联系，“圣也者，尽伦者也”[②]。“古者未有君臣上下之时，民乱而不治。是以圣人列贵贱，制爵位，立名号，以别君臣上下之义。”[③]“所谓仁义礼乐者皆出于法，此先圣之所以一民者也。”[④]“是以圣人之治，虚其心，实其腹，弱其志，强其骨，常使民无知无欲，使夫智者不敢为也。为无为，则无不治。”[⑤]就是说，“所谓的圣人之治始终是圣人的本质和社会历史功能，也就是说，圣人首先是政治人”[⑥]。“圣人之所以为圣人者，善分民也。圣人不能分民，则犹百姓也。于己不足，安得名圣。是故有事则用，无事则归之于民，唯圣人为善托业于民。”[⑦]“是故圣人精德立中以生正，明正以治国。”[⑧]“圣人之治”无疑具有明显的理想性和设计性，与其时流行的“先王之道”“王道”“先王

---

① 刘泽华：《中国的王权主义》，天津：天津人民出版社，2019年，第318页。

② 王先谦：《荀子集解》卷十五《解蔽》，《诸子集成》（二），北京：中华书局，2006年，第271页。

③ 蒋礼鸿：《商君书锥指》卷五《君臣》，北京：中华书局，1986年，第129页。

④ 戴望：《管子校正》卷十五《任法》，《诸子集成》（五），北京：中华书局，2006年，第256页。

⑤ 王弼注：《老子道德经》第三章，《诸子集成》（三），北京：中华书局，2006年，第2页。

⑥ 刘泽华：《中国的王权主义》，天津：天津人民出版社，2019年，第326页。

⑦ 戴望：《管子校正》卷一《乘马》，《诸子集成》（五），北京：中华书局，2006年，第16页。

⑧ 戴望：《管子校正》卷六《法法》，《诸子集成》（五），北京：中华书局，2006年，第91页。

之治”可谓是同指同价。圣人与现实治理相关联，也就自然与现实政治中的“王”有了不解之缘。

二、王、道的二分与合一

与“圣”始初就具有的超凡性、神性不同，“王”从起初就被视为与现实政治中的“权势”“武威”相关联。徐中舒先生认为，“王”字形“象刃部下向之斧形，以主刑杀之斧钺象征王者之权威”①。“斧钺”更成为“王”的象征，如：“武王载旆，有虔秉钺。如火烈烈，则莫我敢曷。”② 为此，有学者详解道：

> 王字之本义，斧也。……盖古之王者皆以威力征服天下，遂骄然自大，以为在诸侯之上而称王。以王之本义为斧，故斧，武器，用以征服天下。故引申之，凡征服天下者称王，斧形即王字，故绘斧于扆，不啻王字于扆，以表示此为王者。及至后世，虽王者已不尽恃武力，而祖先历世相传之遗制，终不敢忘。故于朝天下、觐诸侯、封藩服、会御事之时，仍设绘斧之扆，以纪念。既以示王者威德，且告人以此为王者。惟王者可设斧扆，则王字之本义为斧益彰明矣。③

与前述的“圣”作为道德人伦的楷模和权威不同，“王”所代表的则是秩序、制度和权力系统。也就是说，“王”作为最高权力者的称谓，同时又代表着以专制权力为中心的社会秩序，以及与这种秩序相对应的观念体系。④ 这就使得其在始初与象征知识、道理和价值合理性系统的“道”相悬隔。

考察先秦诸子文献，其对“王”“道”的论述虽然是各有侧重，但对

---

① 方述鑫、林小安、常正光等编著：《甲骨金文字典》，成都：巴蜀书社，1993 年，第 21 页。

② 林义光：《诗经通解》，上海：中西书局，2012 年，第 441 页。

③ 于省吾主编：《甲骨文字诂林》，北京：中华书局，1996 年，第 3271 页。

④ 刘泽华：《中国的王权主义》，天津：天津人民出版社，2019 年，第 295 页。

于二者，大多数秉持二分认知。即视“道”与“王”所象征的社会权力系统不同，作为价值权威系统的“道”高于现实政治权力系统的“君”。儒家推崇以人伦道德为中心整合、治理社会，故将以宗法血缘为核心的人伦道德体系即“礼”视为“道”的体现，合礼则是道，反之则是无道，“八佾舞于庭，是可忍也，孰不可忍也？”① 孟子言：“天下有道，以道殉身。天下无道，以身殉道。未闻以道殉乎人者也。”② 荀子提出，在“道”与“君”之间发生矛盾时，要以“道”为先为上，“从道不从君”③，“志意修则骄富贵，道义重则轻王公”④。

道家主张“道”法“自然”，且认为作为世界之本原的“道”，是超越、优先于“王”的。“失道而后德，失德而后仁，失仁而后义，失义而后礼。”⑤《易传》言“一阴一阳之谓道”⑥。天为阳，地为阴，“有天地然后有万物，有万物然后有男女，有男女然后有夫妇，有夫妇然后有父子，有父子然后有君臣，有君臣然后有上下，有上下然后礼义有所错”⑦。

即便是大力推崇君主专制的法家学派，其在哲学上也受道家影响，把法制（或“法治”）理性作为“道”的体现，认为法理（法哲学）及体现法理的法、律、令等，都具有规律性和一般性，“法”要顺天道、随时变、因人情、遵事理、量可能，因此常常用“道”“常”“则”“节”“度”

---

① 何晏注，邢昺疏：《论语注疏》卷第三《八佾》，李学勤主编：《十三经注疏》（标点本），北京：北京大学出版社，1999年，第28页。

② 赵岐注，孙奭疏：《孟子注疏》卷第十三下《尽心章句上》，李学勤主编：《十三经注疏》（标点本），北京：北京大学出版社，1999年，第376页。

③ 王先谦：《荀子集解》卷二十《子道》，《诸子集成》（二），北京：中华书局，2006年，第347页。

④ 王先谦：《荀子集解》卷一《修身》，《诸子集成》（二），北京：中华书局，2006年，第16页。

⑤ 王弼注：《老子道德经》第三十八章，《诸子集成》（三），北京：中华书局，2006年，第23页。

⑥ 王弼注，孔颖达疏：《周易正义》卷第七《系辞上》，李学勤主编：《十三经注疏》（标点本），北京：北京大学出版社，1999年，第268页。

⑦ 王弼注，孔颖达疏：《周易正义》卷第九《序卦》，李学勤主编：《十三经注疏》（标点本），北京：北京大学出版社，1999年，第336-337页。

“数”“理”“时”“序”等概念来表达天道、历史、人情、事理与法的内在统一和规律，认为“道”的形而上内容超越于具体的君王。“凡道之情，不制不形，柔弱随时，与理相应。万物得之以死，得之以生；万事得之以败，得之以成。”① 就是说，“道”是有关天地人的统一性（又可称之为宇宙体系或宇宙秩序），以及天地万物本源和规律性的形而上学论②，故提倡“因道”而为。对于“王”，法家主要立足于权势而论，谁拥有最高权势谁就是王。“贤而屈于不肖者，权轻也。不肖而服于贤者，位尊也。尧为匹夫，不能使其邻家。至南面而王，则令行禁止。由此观之，贤不足以服不肖，而势位足以屈贤矣。”③“势者，胜众之资也。”④“故善任势者国安，不知因其势者国危。”“无威严之势，赏罚之法，虽尧、舜不能以为治。”⑤“凡人君之所以为君者，势也。故人君失势，则臣制之矣。”⑥

春秋以前，君王作为被崇拜的对象，不能为人们自由认识。春秋以降，随着“道”的兴起与高扬，出现了“以道事君”的认知与思潮。“以道事君”所彰显的是臣作为道义的承担者，是为道义而仕。在“道”面前，臣与君是平等的，遵循的是合（道）则仕，不合（道）则去，即孔子所说的“邦有道，则仕。邦无道，则可卷而怀之”⑦。“以道事君，不可则止。”⑧“道”被用来作为评判君王贤不肖的标准，倡导明君应以道为

---

① 王先慎撰，钟哲点校：《韩非子集解》卷第六《解老》，北京：中华书局，1998年，第147–148页。

② 刘泽华：《中国的王权主义》，天津：天津人民出版社，2019年，第300页。

③ 慎到撰，钱熙祚校：《慎子·威德》，《诸子集成》（五），北京：中华书局，2006年，第1–2页。

④ 王先慎撰，钟哲点校：《韩非子集解》卷第十八《八经》，北京：中华书局，1998年，第431页。

⑤ 王先慎撰，钟哲点校：《韩非子集解》卷第四《奸劫弑臣》，北京：中华书局，1998年，第101，105页。

⑥ 戴望：《管子校正》卷六《法法》，《诸子集成》（五），北京：中华书局，2006年，第91页。

⑦ 何晏注，邢昺疏：《论语注疏》卷第十五《卫灵公》，李学勤主编：《十三经注疏》（标点本），北京：北京大学出版社，1999年，第209页。

⑧ 何晏注，邢昺疏：《论语注疏》卷第十一《先进》，李学勤主编：《十三经注疏》（标点本），北京：北京大学出版社，1999年，第152页。

上，行王道。“道高于君和以道品分君主在当时形成一股强大的社会思潮，并凝成一种稳定的政治文化，即形成了社会的普遍观念和政治价值准则。在这股劲风面前，许多君主战战兢兢，不能自已，在理性面前能低下高贵的头，程度不同地矫正自己的决策和行为。”[①] 在此思潮之下，“道”在发挥对“王”整合效用的同时，又为王的合法性提供了一个新的武器，即得道者王天下。

前已言及，殷周时期，对于君主合理与合法的观念与理论，是围绕天命而展开的，即所谓的“君权神授”。随着春秋战国思想文化与社会观念的转型，君主合理与合法性问题也发生了重要的变化，“君权神授”与“得道而王”，是其时对王权合法性论说的两条不同路径。“君权神授”崇拜神性，是从“神”处为尘世的君王寻求合理性与合法性；“得道而王”则是崇尚理性，要以人的自我完善，以功业、德政作为合理性与合法性的依据。崇尚神性更多表现为依赖，崇尚理性则强调主观能动性的创造。春秋战国时代，是竞争和角力的时代，需要从社会现实中寻求力量，这是“得道而王”思潮兴起的历史条件与背景。“国将兴，听于民；将亡，听于神。”[②] “尧、舜之道，不以仁政不能平治天下。今有仁心仁闻，而民不被其泽，不可法于后世者，不行先王之道也。”[③]

道家老子较早用“道”论述“王”的合理性：“知常容，容乃公，公乃王，王乃天，天乃道，道乃久，没身不殆。”[④] 庄子言：“得吾道者，上为皇而下为王。失吾道者，上见光而下为土。”[⑤] 儒家孟子强调：“得道者多助，失道者寡助。寡助之至，亲戚畔之。多助之至，天下顺之。以天下

---

① 刘泽华：《中国的王权主义》，天津：天津人民出版社，2019年，第303页。

② 左丘明传，杜预注，孔颖达正义：《春秋左传正义》卷第十“庄公三十二年”，见李学勤主编：《十三经注疏》（标点本），北京：北京大学出版社，1999年，第300页。

③ 赵岐注，孙奭疏：《孟子注疏》卷第七上《离娄章句上》，李学勤主编：《十三经注疏》（标点本），北京：北京大学出版社，1999年，第185页。

④ 王弼注：《老子道德经》第十六章，《诸子集成》（三），北京：中华书局，2006年，第9页。

⑤ 王先谦注：《庄子集解》卷三《在宥》，《诸子集成》（三），北京：中华书局，2006年，第66页。

之所顺，攻亲戚之所畔，故君子有不战，战必胜矣。”[①] “非其道，则一箪食不可受于人。如其道，则舜受尧之天下，不以为泰。”[②] “桀、纣之失天下也，失其民也。失其民者，失其心也。得天下有道，得其民，斯得天下矣。”[③] “规矩，方员之至也。圣人，人伦之至也。欲为君，尽君道；欲为臣，尽臣道：二者皆法尧、舜而已矣。”[④] 法家虽然强调君主利用赏罚对权势的据有，但同样认为王权的合理性也在于“道”：“道者诚人之姓也，非在人也。而圣王明君，善知而道之者也。是故治民有常道，而生财有常法。道也者，万物之要也。为人君者，执要而待之。……是以知明君之重道法而轻其国也。故君一国者，其道君之也。王天下者，其道王之也。大王天下，小君一国，其道临之也。”“君失其道，无以有其国。”[⑤] “母者，道也。道也者，生于所以有国之术，所以有国之术，故谓之有国之母。”[⑥]

先秦思想家们之所以创立“道”，在一定意义上是为了塑造一种与“王”的权威并立的社会性的精神权威，用于重新塑造政治和改造政治。“得道而王”在一方面即旨在彰显“道”具有超越“王”的意义，王要向道靠拢，要主动体认道。然而政治的主体终究是君主，随着“王”对社会支配权的独占，王权固有的专制性是不能容许这种精神权威无限发展和扩充的。既不容许“道”在“王”之外超然独立，必然要设法支配并据有“道”，让“道”为“王”的合理性作论。与此同时，思想家们虽然强调“道”的超然性，却又将之与先王相联系，构建出所谓的先王之道。“先王有服，恪谨天

① 赵岐注，孙奭疏：《孟子注疏》卷第四上《公孙丑章句下》，李学勤主编：《十三经注疏》（标点本），北京：北京大学出版社，1999年，第102页。

② 赵岐注，孙奭疏：《孟子注疏》卷第六上《滕文公章句下》，李学勤主编：《十三经注疏》（标点本），北京：北京大学出版社，1999年，第166页。

③ 赵岐注，孙奭疏：《孟子注疏》卷第七下《离娄章句上》，李学勤主编：《十三经注疏》（标点本），北京：北京大学出版社，1999年，第198页。

④ 赵岐注，孙奭疏：《孟子注疏》卷第七上《离娄章句上》，李学勤主编：《十三经注疏》（标点本），北京：北京大学出版社，1999年，第189页。

⑤ 戴望：《管子校正》卷十《君臣上》，《诸子集成》（五），北京：中华书局，2006年，第166，163页。

⑥ 王先慎撰，钟哲点校：《韩非子集解》卷第六《解老》，北京：中华书局，1998年，第140-141页。

命，兹犹不常宁，不常厥邑，于今五邦。今不承于古，罔知天之断命，矧曰其克从先王之烈？若颠木之有由蘖，天其永我命于兹新邑，绍复先王之大业，底绥四方。"[①]"古我先王，亦惟图任旧人共政。"[②]对于其中的"先王"，《尚书正义》曰"皆谓成汤已来诸贤王也"[③]。"先王"从其一出现，就具有神圣和权威的意义。"从西周以降，先王或先王之道已成为一个十分重要的、内容丰富的政治范畴。先王既是一个具体的概念，又是一个抽象概念。所谓具体，是说在位之王称其先祖为先王。所谓抽象，是说'先王'这个概念已超越具体的王，成为一个泛称。"[④]具体言之，在春秋以前，"先王"这个概念主要是作为行为主体来使用的，当然，在先王的行为中同时也凝结了丰富的政治原则和政治哲理。至春秋战国，这些政治原则和政治哲理被抽象为"先王之道"。在历史演进过程中，人们赋予"先王"和"先王之道"无限的神圣性和权威性。"先王耀德不观兵。"[⑤]"先王非务武也，勤恤民隐而除其害也。"[⑥]"先王知大事之必以众济也，是故祓除其心，以和惠民。考中度衷以莅之，昭明物则以训之，制义庶孚以行之。祓除其心，精也。考中度衷，忠也。昭明物则，礼也。制义庶孚，信也。然则长众使民之道，非精不和，非忠不立，非礼不顺，非信不行。……四者皆弃，则远不至而近不和矣，将何以守国？古者，先王既有天下，又崇立上帝、明神而敬事之，于是乎有朝日、夕月，以教民事君。"[⑦]"故先王以

---

① 孔安国传，孔颖达疏：《尚书正义》卷第九《盘庚上》，李学勤主编：《十三经注疏》（标点本），北京：北京大学出版社，1999年，第225-226页。

② 孔安国传，孔颖达疏：《尚书正义》卷第九《盘庚上》，李学勤主编：《十三经注疏》（标点本），北京：北京大学出版社，1999年，第228页。

③ 孔安国传，孔颖达疏：《尚书正义》卷第九《盘庚上》"正义"，李学勤主编：《十三经注疏》（标点本），北京：北京大学出版社，1999年，第228页。

④ 刘泽华：《中国的王权主义》，天津：天津人民出版社，2019年，第307页。

⑤ 徐元诰撰，王树民、沈长云点校：《国语集解·周语上》，北京：中华书局，2002年，第1-2页。

⑥ 徐元诰撰，王树民、沈长云点校：《国语集解·周语上》，北京：中华书局，2002年，第6页。

⑦ 徐元诰撰，王树民、沈长云点校：《国语集解·周语上》，北京：中华书局，2002年，第32-33页。

土与金木水火杂，以成百物。”①

先秦诸子大多把自己学派的思想主张冠名为先王之道，同时又把先王神圣化，使先王变成一种绝对的权威，并凌驾于现实的政治权威之上。“先王之道”的创设，树立起一个超越现实君王的历史权威和精神权威，人们可以举起先王的旗帜对现实的君王进行某种程度的制约和批判，并借此延伸构建出“王道”。“王道”比“先王之道”更为抽象，更具有普遍意义。《尚书·洪范》载：

> 皇建其有极，敛时五福，用敷锡厥庶民。惟时厥庶民于汝极，锡汝保极。凡厥庶民，无有淫朋，人无有比德，惟皇作极。凡厥庶民，有猷有为有守，汝则念之。不协于极，不罹于咎，皇则受之。而康而色，曰：“予攸好德。”汝则锡之福，时人斯其惟皇之极。无虐茕独而畏高明。人之有能有为，使羞其行，而邦其昌。凡厥正人，既富方谷，汝弗能使有好于而家，时人斯其辜。于其无好德，汝虽锡之福，其作汝用咎。无偏无陂，遵王之义。无有作好，遵王之道。无有作恶，遵王之路。无偏无党，王道荡荡。无党无偏，王道平平。无反无侧，王道正直。会其有极，归其有极。曰皇极之敷言，是彝是训，于帝其训。凡厥庶民，极之敷言，是训是行，以近天子之光。曰天子作民父母，以为天下王。②

《正义》引《释诂》文：“洪，大。范，法也。言天地之大法。”③ 在《洪范》篇有“九畴”，“畴”者，“类也”，即大法九类。“天与禹洛出书，神龟负文而出，列于背，有数至于九。禹遂因而第之，以成九类，常道所以

① 徐元诰撰，王树民、沈长云点校：《国语集解·郑语》，北京：中华书局，2002年，第470页。

② 孔安国传，孔颖达疏：《尚书正义》卷第十二《洪范》，李学勤主编：《十三经注疏》（标点本），北京：北京大学出版社，1999年，第307-312页。

③ 孔安国传，孔颖达疏：《尚书正义》卷第十二《洪范》，李学勤主编：《十三经注疏》（标点本），北京：北京大学出版社，1999年，第297页。

次叙。”“言其每事自相类者有九……此谓九类，是天之常道，既不得九类，故常道所以败也。”[①] 其中第五畴为“皇极”（“皇，大。极，中也。凡立事当用大中之道。”），专论王道，认为王道源自天（上帝），乃“天与禹”，换言之，王是天的化身，是天意的执行者，而王道也就是天道。“王道”不仅仅是通常所说的王之道，其作为一种观念，无疑同具体的王是有分别的。人们不仅希望王实行王道，还常常用王道作为批判某些具体王的理论武器。然则，在王道作为理论批判武器的同时，其也就更加为王所限制，即越是把王道作为一种理论追求，所谓的“道”也就越依附于王。随着“王”“道”的合一，集道德权威与政治权威于一体的“圣王”也就呼之欲出。

三、圣者为王：王权合法性的建构

如果说“王”与“道”之间的关系，其根底在于寻求权威的合法性，那么“王”与“圣”的关系问题则旨在确立权威的理想性。在思想观念中，“道”是最高理性，“圣”是“道”的人格化，是天然的据道者、察道者与体道者。“圣”作为在“王”之旁生出来的一个代表知识和道德体系的人，其与“王”始初是相悬隔的。然而，一方面，拥有无限和至上权力的“王”不能容忍“圣”的无限扩展；另一方面，先秦诸子把圣人、君子视为道之原，同时又把圣人所代表的知识和道德即“道”付诸实现的希望寄托在君王身上，如此，“王”“圣”的结合就成为必然。在春秋战国文化转型中，与崇道并行和相辅相成的是造圣运动和对圣人的崇拜，圣人当王几乎成为共识，“圣王”应时而兴。

从现存文献看，“圣王”出现较早，如《左传·桓公六年》：“夫民，神之主也，是以圣王先成民而后致力于神。”[②] 其指出了“圣王”所当具有的双重属性，即“成民”的事功性（“王”）与“致力于神”的超越性、

---

① 孔安国传，孔颖达疏：《尚书正义》卷第十二《洪范》“正义”，李学勤主编：《十三经注疏》（标点本），北京：北京大学出版社，1999年，第298页。

② 左丘明传，杜预注，孔颖达疏：《春秋左传正义》卷第六“桓公六年”，李学勤主编：《十三经注疏》（标点本），北京：北京大学出版社，1999年，第175页。

至上性（“圣”）。此后，在先秦诸子著作中，《墨子》屡言“圣王”。“逮至昔三代圣王既没，天下失义，诸侯力正。”“古者圣王必以鬼神为（有）。”[①]“故昔三代圣王，禹汤文武。”“上利于天，中利于鬼，下利于人，三利无所不利，故举天下美名加之，谓之圣王。力政者则与此异，言非此，行反此。”[②]彰显出墨家“圣王”观念是与“致力于神”的信仰相组合的。同时，圣王与圣人几乎为同一所指。从历史上看，所谓圣王，也就是唐尧、虞舜、夏禹、商汤、周文王、周武王、周公等先圣、先王。凡属理想政治都是与圣王相连的，圣王是理想政治的实现者，是理想政治能够实现的希望所在。

与《墨子》的以“圣王”为兴不同，《论语》《孟子》均罕言圣王，唯一一处见于《孟子·滕文公下》：“圣王不作，诸侯放恣，处士横议，杨朱、墨翟之言盈天下。天下之言，不归杨则归墨。”[③]礼崩乐坏的社会现状，使得寄托了儒家仁政、德教理念的理想君主——“圣王”不兴。相对于孔孟对于“圣王”的罕言，荀子作为战国末期的大儒，在其著述中，“圣王”却开始频频出现[④]，如：“圣也者，尽伦者也；王也者，尽制者也；两尽者，足以为天下极矣。故学者以圣王为师，案以圣王之制为法。法其法，以求其统类，以务象效其人。”[⑤]“圣王”集“圣”与“王”于一身，不仅是道德楷模，“尽伦者也”，也是政治统帅，“尽制者也”，是“道统”与“政统”的合一，如此，“圣王”也就成为“天下极矣”。然“天下者，至重也，非至强莫之能任；至大也，非至辨莫之能分；至众也，

---

① 孙诒让：《墨子间诂》卷八《明鬼下》，《诸子集成》（四），北京：中华书局，2006年，第138，147页。

② 孙诒让：《墨子间诂》卷七《天志上》，《诸子集成》（四），北京：中华书局，2006年，第120，121-122页。

③ 焦循：《孟子正义》卷六《滕文公章句下》，《诸子集成》（一），北京：中华书局，2006年，第269页。

④ 有学者统计，在《荀子》一书中，“圣王”总共出现了39次。见东方朔：《荀子的“圣王”概念》，《杭州师范大学学报（社会科学版）》，2018年第6期。

⑤ 王先谦：《荀子集解》卷十五《解蔽》，《诸子集成》（二），北京：中华书局，2006年，第271页。

非至明莫之能和。此三至者，非圣人莫之能尽，故非圣人莫之能王”[①]，此不仅强调了“圣”作为“王”的优先与前提条件的存在，同时也为“王”的合法性提供了支撑。对于圣、王的“伦”与“制”，有学者以为，“伦”主要指向道德，“制”主要指向政治。[②] 所谓“圣王”就是圣人与王者的结合，或“德”与“位”的一体，两者缺一不可。如是，圣王作为“圣”与“王”兼具的人格，在语意和逻辑上皆表征着道德权威与政治权威（权力）的统一。

由孔、孟的“‘圣王’不兴”到荀子的“圣王”“足以为天下极矣”，某种程度上是春秋战国时期由诸侯割据到群雄争霸，直至大一统渐成天下之大势的社会现状的折射与反映。春秋战国是中国古代社会的转型期，尤其从战国中期开始，随着社会转型的即将完成，思想的一统和社会的稳定逐渐成为其时思想家思考的大问题。荀子“圣王”的频繁出现即为这种社会现状的反映。“面对社会整体结构上日益强烈的非血缘化色彩，面对愈来愈充分地摆脱了宗法关系束缚的君主专制国家的政治现实，荀子对于血缘宗法伦理原则在社会政治生活中所应起的作用，从孔孟等前此儒家的立场上作了重要的让步。”[③] 然而，即便如此，“荀子之政治哲学，亦以为必圣人为王，方能有最善之国家社会”[④]。

其实，对于孔孟和荀子而言，重建政治秩序是他们所面临的共同的时代课题，其分歧在于如何重建政治秩序。孟子“把理想实现主要寄望于人君之仁心的觉醒与运用上，遵循的是‘由王而圣’或‘有位者有德’的‘王圣’路线。荀子关注理想与政治制度的关联，以为具备礼制设计之能力的仁人的‘在上’才是实现理想的关键，遵循的是‘由圣而王’或

---

① 王先谦：《荀子集解》卷十二《正论》，《诸子集成》（二），北京：中华书局，2006年，第216页。

② 梁启雄谓：“伦，谓人伦，即人生哲学；制，谓制度，即政治哲学。”梁启雄：《荀子简释》，北京：中华书局，1983年，第305页。

③ 韩德民：《荀子与儒家的社会理想》，济南：齐鲁书社，2001年，第170页。

④ 冯友兰：《中国哲学史》（上册），上海：华东师范大学出版社，2000年，第224页。

‘有德者得位’的‘圣王’路线；前一路线与‘人格本位的政治观’相联系，后一路线则与‘客观礼治的政治观’相联系”[①]。换言之，孟子认为人皆有恻隐之心，故寄希望于在位者仁心善性的自我觉醒，以求得政治秩序的实现，走的是一条从道德而说政治的路线；荀子则基于人性恶，以“必将待师法然后正，得礼义然后治”，故转而借由外在的客观礼制以保证有德者有其位，从而有效地重建政治秩序，走的是一条从政治而说道德的路线。就实质而言，孟子寄希望于在位者仁心之觉醒以实现政治秩序的主张，乃混淆了政治与道德，成德活动可只求诸个人，而政治秩序的建立却需出于对各种利益的考量，涉及权力与支配关系；成德活动可依于个人内在心性的自觉，所谓“随感随应，随应随润”，而政治秩序的建立却需有一个法度常轨的形式上的安立。所以，在荀子看来，孟子寄望于人君的内在仁心的觉醒来实现政治秩序的重整，在根本上是错用了方法，“今孟子曰人之性善，无辨合符验，坐而言之，起而不可设张而不可施行，岂不过甚矣哉。故性善则去圣王息礼义矣，性恶则与圣王贵礼义矣”[②]。然则在荀子看来，面对“今圣王没，名守慢，奇辞起，名实乱，是非之形不明，则虽守法之吏，诵数之儒，亦皆乱也”[③]之世，君子欲去乱止争，安立天下，除了要自修其德之外，必须借助“势”（位）以峻其功。所谓“势”（位），就是政治权力。与孟子相比，荀子更为理性地认知到，政治生活的本质乃是权力（势）问题，“大儒者，善调一天下者也，无百里之地，则无所见其功”[④]。如此，仅有有“德”之圣，而无有“势”（位）之王，要想构筑新的理想的政治秩序，无异于以指测河，以戈舂黍，“不可以得之”。“夫遇不遇者时也，贤不肖者材也。君子博学深谋不遇时者多

---

① 王光松：《在“德”、“位”之间》，上海：华东师范大学出版社，2010年，第40-41页。

② 王先谦：《荀子集解》卷十七《性恶》，《诸子集成》（二），北京：中华书局，2006年，第294页。

③ 王先谦：《荀子集解》卷十六《正名》，《诸子集成》（二），北京：中华书局，2006年，第276页。

④ 王先谦：《荀子集解》卷四《儒效》，《诸子集成》（二），北京：中华书局，2006年，第87页。

矣。……今有其人不遇其时，虽贤其能行乎？苟遇其时，何难之有？”[①] 正是有鉴于此，我们看到，较于孔孟对“圣王”的罕言[②]，荀子则是极力推崇“德位合一”的圣王。

历经战国纷争，时局渐趋一统，由谁来实现统一，谁来当王？圣人为王成为当时的一股强大思潮，也是诸子共识。“天下者，至重也，非至强莫之能任；至大也，非至辨莫之能分；至众也，非至明莫之能和。此三至者，非圣人莫之能尽，故非圣人莫之能王。”[③] 与此同时，随着天下一统的渐趋出现，诸子开始将对“圣”的崇奉寄托于现实政治之“王”（君）的身上，“圣人有数不清的品德，最主要的是睿智的理性、无与伦比的创造性和完美的德性。简而言之，即‘体道’和‘至明’。由于圣人的这种品性，人们合乎逻辑地把人类和自身的命运托付给圣人和圣王”[④]。强调体道的“圣”与据权的“君”合一，正是拟图通过对君主的新设计——“圣王”，来进行其政治表达。一方面，将“圣”移之于“王”之身，强调“圣”与“王”的一体观，从而使得原本相区隔的二者合一，揭示出在实际的政治生活中，“圣”终究要寄寓于“王”，方才有助于理想政治秩序的构筑。由此，传统观念中与“霸”和“权”相指称的“君”“王”被披上了道德品性的外衣，成为道德至上的践行者。这不仅由此给予了“君”“王”以更多的合法性，而且有助于强调尊君黜臣的皇权至上思想。另一方面，将“王”推誉为“圣”，希望“君道”（权力法则）能与“圣道”（道义原则）相合，则是希望由“圣道”来约束与制约“君道”，防止君权的过度泛滥不受制约。当然，后者只不过是诸子在进行理论建构时的一厢情愿。

---

① 王先谦：《荀子集解》卷二十《宥坐》，《诸子集成》（二），北京：中华书局，2006年，第345-346页。

② 《论语》一书未言及“圣王”一词，《孟子》一书亦仅见一处，即前文提到的“圣王不作，诸侯放恣，处士横议，杨朱、墨翟之言盈天下”（《孟子·滕文公下》）。

③ 王先谦：《荀子集解》卷十二《正论》，《诸子集成》（二），北京：中华书局，2006年，第216页。

④ 刘泽华：《中国的王权主义》，天津：天津人民出版社，2019年，第99页。

在春秋战国社会文化转型的过程中，先秦诸子在进行王权主义观念形态的构建过程中，不停地制造古久圣王的神和理想境界，同时又呼唤新的圣王的出世。“如果把圣王一词去掉，可以断言，所有思想家的社会政治的论述就失去了主体，就会散架。”① 圣人为王，不仅打通了知识、道德与权力之间的通道，更为核心的则是为王权提供了合理性的言说。就是说，作为“圣者为王”抑或“得道而王”的“圣王”，无疑是融权威性、合法性与理想性于一体，这就为以君主专制为核心的王权主义观念形态的建构提供了道德上的合法性。在圣王这一观念中，既包含了政治理想，又把政治理想与现实权力结合为一体。所以在圣王观念中，理想政治与王权专制是一体化的，不可分割的。

最终，随着战国时代的终结，大一统的秦帝国横空出世，秦始皇成为“圣王救世”理论的现实化与人格化。作为以君主专制为核心的王权主义政治的第一位实践者，秦始皇承继了春秋战国的“造圣”“崇圣”的思想成果，同时予以发展。故我们看到，秦始皇宣布自己是“体道”者（抑或是其时博士的称颂），秦朝一班大臣称秦始皇“原道至明”②。把“至明”基于“原道”，正是先秦思想家们在认识论上收获的一个硕果。先秦思想家把最高智慧用于张扬“道”，制造了对“道”的崇拜，秦始皇毫不犹豫地撷取了这一文化硕果，宣称“朕即道”，用先秦思想文化的核心与智慧的至高点来为自己的胜利做出最合理的论证。

秦始皇的伟大功业是把人们想象的圣王从遥远的古代移到现实中来。秦始皇在和群臣总结自己胜利的原因时，认为核心在于“原道至明”“体道行德”“诛戮无道”，这无疑是诸子所言说的“得道而得天下”的现实实践。也就是说，秦王嬴政的胜利是“道”的胜利。既然“圣人”是“道”的体现者、承载者，作为“体道”者的秦王嬴政称圣也就是顺理成章、合乎逻辑的了。于是，我们看到，圣与王终于在现实政治中合为一体。其所立之法为“圣法”：“大圣作治，建定法度，显箸纲纪。”“圣法

① 刘泽华：《中国的王权主义》，天津：天津人民出版社，2019年，第326页。
② 司马迁：《史记》卷六《秦始皇本纪》，北京：中华书局，1959年，第250页。

初兴，清理疆内，外诛暴强。武威旁畅，振动四极，禽灭六王，阐并天下，灾害绝息，永偃戎兵。”[①]“秦圣临国，始定刑名，显陈旧章。”[②]所做之事为“圣事”：“他时秦地不过千里，赖陛下神灵明圣，平定海内，放逐蛮夷，日月所照，莫不宾服。”[③]“皇帝躬圣，既平天下，不懈于治。”[④]“端平法度，万物之纪。以明人事，合同父子。圣智仁义，显白道理。”[⑤]进行的教化为“圣教”：“宇县之中，承顺圣意。”“训经宣达，远近毕理，咸承圣志。”[⑥]广施“圣恩”：皇帝哀众，振救黔首，解民于倒悬，惠及牛马，“圣德广密，六合之中，被泽无疆”[⑦]。所行之治为“圣治”：“皇帝明德，经理宇内，视听不怠。作立大义，昭设备器，咸有章旗。职臣遵分，各知所行，事无嫌疑。黔首改化，远迩同度，临古绝尤。常职既定，后嗣循业，长承圣治。群臣嘉德，祗诵圣烈。”[⑧]

秦始皇是历史上第一个把自己视为与道同体的君王，认为自己“体道行德”，实现了现实的王、道一体化。现实政治中，帝王对“圣”的占有，是对理性占有的一种表现，是权力支配理性的证明。在中国古代，理性虽然比神性有更突出的地位和发展，然而，理性最终没有摆脱权力婢女的可怜地位。这不仅是中国古代思想史中一个极其重要的特点，也是王权主义的本质使然。

---

① 司马迁：《史记》卷六《秦始皇本纪》，北京：中华书局，1959年，第249，250页。

② 司马迁：《史记》卷六《秦始皇本纪》，北京：中华书局，1959年，第261页。

③ 司马迁：《史记》卷六《秦始皇本纪》，北京：中华书局，1959年，第254页。

④ 司马迁：《史记》卷六《秦始皇本纪》，北京：中华书局，1959年，第243页。

⑤ 司马迁：《史记》卷六《秦始皇本纪》，北京：中华书局，1959年，第245页。

⑥ 司马迁：《史记》卷六《秦始皇本纪》，北京：中华书局，1959年，第249，243页。

⑦ 司马迁：《史记》卷六《秦始皇本纪》，北京：中华书局，1959年，第261－262页。

⑧ 司马迁：《史记》卷六《秦始皇本纪》，北京：中华书局，1959年，第250页。

第二节　“国家本位”向“君主本位”政治思想的转型

——以“置主法之吏以为天下师”与“以法为教”“以吏为师”为中心

历经春秋战国的争霸与兼并，至战国末期，秦渐次吞并六国，统一天下在望。变化的现实政治自然需要与之相适应的思想学说为之鼓噪，为此，以法家为代表，其政治思想上开始由“国家本位”向“君主本位”转型。

一、“置主法之吏以为天下师”

公元前362年，秦孝公即位，向天下发出“求贤令”。于是，商鞅西向秦，开始其在秦的变法。商鞅变法，重“耕”尚“战”，这与已然行之久远的宗法血缘分封制下的世卿世禄制产生利益上的尖锐冲突。故以“耕战”为核心的“初法”何以能够为民众所知晓且遵照执行，深为秦孝公所关注，“欲使天下之吏民皆明知，而用之如一而无私，奈何？”① 对此，商鞅提出“为法令置官吏”，并对其进行了详细的体系化设计。

首先，为“法令”所置“官”“吏”的人员选拔对象必须是“朴足以知法令之谓者”②，也就是通晓朝廷法令的专业人员。在这些熟悉法令的专业人员中进行选拔，并将选拔出来的人员报请天子知晓，“则奏天子”，经过天子审阅后，“受命发官，各主法令之”。③

被选拔出来的“法官（吏）”分设在中央与地方两个层级：

天子置三法官：殿中置一法官，御史置一法官及吏，丞相置一法

① 蒋礼鸿：《商君书锥指》卷五《定分》，北京：中华书局，1986年，第139-140页。

② 蒋礼鸿：《商君书锥指》，卷五《定分》，北京：中华书局，1986年，第140页。

③ 蒋礼鸿：《商君书锥指》，卷五《定分》，北京：中华书局，1986年，第140页。

官。诸侯郡县皆各为置一法官及吏，皆此秦一法官。[①]

通过在中央与地方两级分设“法官”[②]，能够在体制上有效保障朝廷所颁布的各项法令从中枢到地方得以通畅明白地被传达。

这些为“法令”而选拔设置的“法官”“法吏”，较之于其他事务性的官吏，其首要任务是对国家法令的不间断学习以求熟知。就是说，学习熟知掌握“法令”，是这些“法官”“法吏”的“为治之本”。“一岁受法令以禁令”[③]，就是规定“法官”“法吏”每年都需要学习法令或禁令，以保证对于国家所颁行的法令禁令的熟知。云梦秦律《内史杂》规定：“县各告都官在其县者，写其官之用律。”[④]“内史杂”是关于掌治京师的内史职务的各种法律规定。此处的“县”指内史所辖各县，“都官”[⑤]当是依制设在郡县的“法官”或“法吏”。其意即各县应分别通知设在该县的都官，抄写该官府所遵用的法律。[⑥]这里所抄写的法律应是指每年新公布的

---

① 蒋礼鸿：《商君书锥指》卷五《定分》，北京：中华书局，1986年，第143-144页。

② 有学者在对岳麓秦简中多次出现的“执灋”进行探究后认为，“执灋”作为秦代一个常见的官名或官署名，其既可以是朝廷法官，与丞相和御史并列，又可以是郡或县里专管狱状的法官，“执灋”的职权范围大于县官，有专门的官署和署吏。［参陈松长：《岳麓秦简中的几个官名考略》，《湖南大学学报（社会科学版）》，2015年第3期。］据此，我们从“执灋”处似可窥见到商鞅主张在中央和地方分设的“法官”的影子。

③ 蒋礼鸿：《商君书锥指》卷五《定分》，北京：中华书局，1986年，第143页。

④ 睡虎地秦墓竹简整理小组：《睡虎地秦墓竹简》，北京：文物出版社，1978年，第104页。

⑤ 关于“都官”，学界存有不同观点：其一为采邑（封邑）说，以刘森、工藤元男为代表，参见刘森《秦“都官”考》（《人文杂志》，1991年第5期），工藤元男著，广濑薰雄、曹峰译：《睡虎地秦简所见秦代国家与社会》（上海：上海古籍出版社，2010年，第50-72页）；其二为中都官说，以睡虎地秦简整理为代表，参见《睡虎地秦墓竹简》（北京：文物出版社，1978年，第105页）；其三为高恒“都官虽为朝廷列卿所属官署，但并非都设置在京师”说，参高恒《“啬夫”辨正——读云梦秦简札记》（《法学研究》，1980年第3期）；其四为于豪亮“都官只能是中央一级机关”说，参见于豪亮《于豪亮学术文存》（北京：中华书局，1985年，第114页）；其五为江村治樹认为都官既指中央京师各官府，也指其地方的派出机构，参见江村治樹《雲夢睡虎地出土秦律の性格をめぐって（法制史上の諸問題）》（《東洋史研究》第40卷第1号，1981年，第1-26页）。本书从“中都官说”。

⑥ 睡虎地秦墓竹简整理小组：《睡虎地秦墓竹简》，北京：文物出版社，1978年，第105页。

法令。无论是新律还是旧律，每年都要核对，防止在传抄过程中出现错误或者被篡改。为此，《尉杂》规定："岁雠辟律于御史。"① 即每年都要到御史处核对律文。

其次，法官、法吏在熟知各类法、律、令之后，其职责就是向吏、民进行布告，接受吏、民关于法令的问询，释惑：

> 吏民知法令者，皆问法官。②
>
> 诸官吏及民有问法令之所谓也于主法令之吏，皆各以其故所欲问之法令明告之。③

对于通常的官吏与民众针对有关法令的求问，"主法之官"必须严格依照法令给予解答与告知，而不能主观任意曲解，"有敢剟定法令一字以上，罪死不赦"④。如果法令之官、吏不能很好地履职，"不中程"，则会受到相关法令的责罚：

> 主法令之吏不告及之罪而法令之所谓也，皆以吏民之所问法令之罪各罪主法令之吏。⑤

为了约束"法官"认真履行职责，商鞅还特别提出，当吏、民求问于"法官"法令之事时，"法官"应为此留下凭证，当"各为尺六寸之符，明书年、月、日时，所问法令之名以告吏民"。其中，"以左券予吏之问法令者，主法令之吏谨藏其右券，木押（柙）以室藏之，封以法令之长印。即后有物故，以券书从事"。⑥

---

① 睡虎地秦墓竹简整理小组：《睡虎地秦墓竹简》，北京：文物出版社，1978年，第109页。

② 蒋礼鸿：《商君书锥指》卷五《定分》，北京：中华书局，1986年，第144页。

③ 蒋礼鸿：《商君书锥指》卷五《定分》，北京：中华书局，1986年，第141页。

④ 蒋礼鸿：《商君书锥指》卷五《定分》，北京：中华书局，1986年，第141页。

⑤ 蒋礼鸿：《商君书锥指》卷五《定分》，北京：中华书局，1986年，第141页。

⑥ 蒋礼鸿：《商君书锥指》卷五《定分》，北京：中华书局，1986年，第141页。

这种针对每一个法令问题的解答都要留下凭证以备日后查验的方略，对于“法官”“法吏”的认真履职，无疑是一种从制度上的督促监管。如果事后出现吏、民犯罪是因“主法令之吏”没有明确以“法”告之而致，“不告及之罪而法令之所谓也”，那么“皆以吏民之所问法令之罪各罪主法令之吏”，即以吏、民所问而“主法令之吏”未予认真解答的“法令之罪”罪之于“主法令之吏”。[①] 这一制度的出台，无疑是商鞅为保障“初法”能够得以充分为吏、民知晓，且被贯彻执行的有效举措。云梦出土的秦律《法律答问》，就被认为“很可能是商鞅时期制订的原文”[②]，而其既是法官法吏进行法律学习的教材，也是法官法吏回答吏民问题的依据。[③]

商鞅通过“为法令置官吏”，首要的是旨在使“天下之吏民无不知法者”。随着吏、民各已知晓法令，进而达到“吏不敢以非法遇民，民又不敢犯法”的效果，最终则实现社会大治，“名分定，则大诈贞信，民皆愿悫而各自治也”。[④] 在此过程中，“法官”“法吏”“以道之知”，即通过向吏、民传播布告朝廷之法令，使吏、民了解明晓法令，从而“知所避就”。就此而论，“法官”“法吏”无疑充当了“天下师”角色：

> 故圣人必为法令置官也置吏也为天下师，所以定名分也。名分定，则大诈贞信，民皆愿悫而各自治也。夫名分定，势治之道也；名分不定，势乱之道也。[⑤]

“定名分”是“治之道”，“名分已定，贫盗不取”。而“名分”之“定”，则取决于吏、民对于朝廷所行法令的知晓、执行。故从“朴足以知法令之

---

① 蒋礼鸿：《商君书锥指》卷五《定分》，北京：中华书局，1986年，第141页。

② 睡虎地秦墓竹简整理小组：《睡虎地秦墓竹简》，北京：文物出版社，1978年，第149页。

③ 臧知非：《秦“以吏为师、以法为教”的渊源与流变》，《江苏行政学院学报》，2008年第4期。

④ 蒋礼鸿：《商君书锥指》卷五《定分》，北京：中华书局，1986年，第144-146页。

⑤ 蒋礼鸿：《商君书锥指》卷五《定分》，北京：中华书局，1986年，第146页。

谓者”中选拔出来的“法官”“法吏”自然就成为其他吏、民意欲了解知晓朝廷法令的“天下师”。换言之，在商鞅处，其“法官（吏）”作为“天下师”的内涵，主要在于其向吏、民布告宣传解释朝廷即国家法、令。

由上我们可以知悉，商鞅所主张的“为天下师”的“吏”（“官”）仅限于尚在成型过程中的国家官僚系统中“足以知法令之谓者”的部分人员，并不指称整个官吏队伍。这部分带有明显专业化背景的“法官”“法吏”所服务的对象不单单是“民”，同时也包括一同隶属整个官僚系统体制之内的其他“官”“吏”。之所以会出现这一专业化的设置，有学者认为，“社会发展，事物泱繁，分工细密，知识细化，法律规定越来越多，地方长吏也好，中央部门长官也好，都不可能事事精通，而要有专门的司法队伍培养法律人才，解释法律条文，而长吏的责任是实施法律。秦的法官法吏就是应这一客观需求而设的”①。就是说，商鞅的“为法令置官（吏）”且“以之为师”仅仅是在其时秦国官僚系统中实施的更为专门化的一项设置，“师”之身份也仅限于此类具有专业知识背景的“法官”“法吏”，并非指称与“民”相对的整个官僚阶层。

此外，在商鞅处，“法官”“法吏”的功能与职责仅限于对“法”的习知、布告、解答，而不涉及其他“官”或“吏”所担任之事务。在对“法（令）”的传播过程中，“法官（吏）”不能有任何自己的主观思想，“及禁剟一字以上，罪皆死不赦”②。由此，我们看到，商鞅主张的“置主法之吏以为天下师”是以尊“国”之“法”（令）为旨归，对“法”（令）的传播布告也是旨在维护作为诸侯国的国家的最高利益。在这一旨归下，即便是作为国家最高统治者的“君”，也须得和民众一样，共同遵循“法”。但无可否认，“置主法之吏以为天下师”也为其后“皇权化”之吏的出现创造了可能。一旦“法”成为君王意志的体现与专有物，也就是说，当君王意志成为“法权”的唯一来源时，这些“法官”“法吏”无

---

① 臧知非：《秦“以吏为师、以法为教”的渊源与流变》，《江苏行政学院学报》，2008年第4期。

② 蒋礼鸿：《商君书锥指》卷五《定分》，北京：中华书局，1986年，第142-143页。

疑也就演变成了忠实的皇权意志的布告者、解答者，自然也就成为体现皇权意志之吏。

二、“以法为教”“以吏为师”

至韩非，天下大一统的态势已然呈现，故在韩非的著述中，“天下”一语出现最为频繁。其中，“制天下”出现2次：“桀为天子，能制天下，非贤也，势重也。尧为匹夫，不能正三家，非不肖也，位卑也。”① “万乘之主、千乘之君所以制天下而征诸侯者，以其威势也。”② 此外，“治天下”出现8次，“一匡天下”出现5次；另还有“强匡天下”“为天下主”“令行禁止于天下”等用语。由此可知，韩非的思想主张主要是围绕“制天下”这一视域展开。

在韩非看来，“制天下”的核心与关键在于加强专制皇权，确立至高无上的皇权意识形态。为此，韩非主张“以法为教”“以吏为师”：

> 故明主之国，无书简之文，以法为教；无先王之语，以吏为师；无私剑之捍，以斩首为勇。是境内之民，其言谈者必轨于法，动作者归之于功，为勇者尽之于军。③

此处，韩非所言说的“法”，当是作为指导思想层面而论④，指的是以彰显君王旨意，确立君主集权为核心主张的法家之“法”。作为先秦法家集大成者，韩非将儒、墨、道等诸家之说均视作“乱国之术”，认为其会导致

---

① 王先慎撰，钟哲点校：《韩非子集解》卷第八《功名》，北京：中华书局，1998年，第208页。

② 王先慎撰，钟哲点校：《韩非子集解》卷第二十《人主》，北京：中华书局，1998年，第470页。

③ 王先慎撰，钟哲点校：《韩非子集解》卷第十九《五蠹》，北京：中华书局，1998年，第452页。

④ 在具体层面上，韩非也谈“法”，指向的是用之于构筑社会秩序的“法令”，“法者，编著之图籍，设之于官府，而布之于百姓者也”（《韩非子集解·难三》），“法者，宪令著于官府，刑罚必于民心”（《韩非子集解·定法》）。

“国危”“主卑”，“儒以文乱法，侠以武犯禁”[①]，“破国亡主以听言谈者之浮说”[②]。故作为“明主”，应当“远仁义，去智能，服之以法”[③]。身处天下即将一统之时代，韩非主张“以法为教”，一方面是拟以“君王”旨意为教化民众之准绳，使君王旨意成为社会治理与控制的唯一标准；另一方面，则是将为君主集权张目的法家学说确定为唯一可学的对象与内容，而其他诸子学说的“书简之文”则被批为“微妙之言”与“乱国之术”。故而韩非的“以法为教”是摒弃其他思想学说而专任法家的一种思想文化上的专断、专制，其核心在于强化皇权意识形态。

在韩非所构建的以君王为核心的专制主义中央集权的政治体系中，君主掌握最高权力——“君权”，亦即“政权”。而“君权”的实现则需要通过以“吏”为核心的官僚阶层施行“治权”。为此，韩非主张“以吏为师”。在君主集权的政体之下，“吏”因食君王之俸禄，必然担负起了宣讲、执行君王旨意的使命，实质上是唯一使命。韩非主张“以吏为师”，一方面是规定“吏”作为君王的代言人，成为唯一合法的社会传播来源；另一方面则是从制度上保障君王旨意（又被称为“法”）被唯一贯彻执行。

韩非主张的“以法为教”“以吏为师”从思想文化和制度层级上为大一统专制集权张目，故深合秦王嬴政之所好。史载秦王嬴政在见到《孤愤》《五蠹》之时，叹曰：“嗟乎，寡人得见此人与之游，死不恨矣！”[④]如此，韩非所主张的“以法为教”“以吏为师”应该是为秦王嬴政所知晓甚或是采纳的。在睡虎地秦墓出土的竹简中，记载有公元前227年四月初二日南郡的郡守腾颁发给本郡各县、道的一篇文告。在该文告中，作为郡守，腾的宣讲充分彰显着“以法为教”“以吏为师”的主旨：

---

① 王先慎撰，钟哲点校：《韩非子集解》卷第十九《五蠹》，北京：中华书局，1998年，第449页。

② 王先慎撰，钟哲点校：《韩非子集解》卷第十九《五蠹》，北京：中华书局，1998年，第454页。

③ 王先慎撰，钟哲点校：《韩非子集解》卷第十七《说疑》，北京：中华书局，1998年，第400页。

④ 司马迁：《史记》卷六十三《老子韩非列传》，北京：中华书局，1959年，第2155页。

古者，民各有乡俗，其所利及好恶不同，或不便于民，害于邦。是以圣王作为法度，以矫端民心，去其邪避（僻），除其恶俗。……凡法律令者，以教道（导）民，去其淫避（僻），除其恶俗，而使之之于为善殹（也）。[①]

此处，腾作为南郡郡守，不仅“修法律令、田令及为间私方而下之”，同时还“令人案行之，举劾不从令者，致以律，论及令、丞。有（又）且课县官，独多犯令而令、丞弗得者，以令、丞闻”。[②] 我们看到，南郡郡守一方面充任了商鞅所主张的“法官”“法吏”之职，另一方面又肩负着整饬地方风俗，整理（“修”）各类律令，督察考核下属官吏等责，其职责与功能又远远超越了商鞅之“法官”“法吏”，故南郡郡守腾所担负的角色一定程度上是契合韩非所主张的“以吏为师”的。

韩非“以法为教”“以吏为师”的思想主张最终由其同窗李斯向始皇帝嬴政奏请获准而制度化。公元前221年，秦始皇统一六合，建立了历史上第一个专制主义中央集权的大一统帝国。大一统帝国的政治格局，“是以皇帝为中心展开的，皇帝成为凌驾于所有臣民之上的超越的、绝对的、最高的主宰者”[③]，其实质即为“一人专制”[④]。故而秦帝国的一切举措均服务于其首要的根本的目标，即以维护皇权至上为中心的“定于一”。

公元前213年，朝廷内就“分封”与“郡县”再次出现庭争之时，本来应该代表官方学术，体现统治阶层意图的博士却与中央朝廷的政治决策发生分歧，以儒生为代表的博士们站在先秦诸子学术和传统价值观的立场上，对秦帝国的现实政策提出尖锐批评。为此，法家出身的廷尉李斯将之

① 睡虎地秦墓竹简整理小组：《睡虎地秦墓竹简》，北京：文物出版社，1978年，第15页。

② 睡虎地秦墓竹简整理小组：《睡虎地秦墓竹简》，北京：文物出版社，1978年，第15-16页。

③ 李祥俊：《秦汉价值观变迁史论稿》，北京：中国社会科学出版社，2017年，第11页。

④ 徐复观：《两汉思想史》（第一卷），上海：华东师范大学出版社，2001年，第80页。

定性为“以非当世，惑乱黔首”，并视为对“大一统”帝制的挑战与威胁，由此上奏主张施行“法令出一”的“以吏为师”：

> 臣请史官非《秦》记皆烧之。非博士官所职，天下敢有藏《诗》、《书》、百家语者，悉诣守、尉杂烧之。有敢偶语《诗》《书》者弃市。以古非今者族。吏见知不举者与同罪。令下三十日不烧，黥为城旦。所不去者，医药卜筮种树之书。若欲有学法令，以吏为师。①

一方面，李斯基于法家立场，秉承了法家对于《诗》《书》等其他诸子学一以贯之的批判与否定的认知，认为其语“道古以害今，饰虚言以乱实”，无益于统治秩序的构筑；另一方面，李斯立足于大一统帝国“定于一”的政治需要，强调《诗》《书》之学对于皇权之“势”的损害，“如此弗禁，则主势降乎上，党与成乎下”，故基于维护加强皇权所需，“别黑白而定一尊”，当“禁之便”，并奏请“以吏为师”，使其成为社会民众知晓皇帝旨意的唯一有效途径。

对于李斯的建议，始皇帝的回答“制曰‘可’”，不仅标示着由韩非所倡导的“以法为教”“以吏为师”的理论构建在大一统帝国治域下变成了政治现实，而且以政权的力量彰显了帝国的政治价值观，即有违于“定一尊”的都是私学巷议，都属于所禁之列，剩下的只能是为统治者所期许与认可的有助于加强皇权、维护统治秩序的思想学说。而动用国家政权的力量禁止其他诸子学说的并进，且使之制度化，“这就将帝国非道德的文化专制主义施向全国，将帝国的专制、服从、秩序、等级等引进社会的舆论与传播领域，作为全体民众必须遵守的规矩”，从而使其“政治价值系统也就走向了‘以法令为教’的窄胡同”。②“以法为教”的实质是在彰显君权。在天下一统的格局下，只有君主才是最高的立法者和最大的审判

---

① 司马迁：《史记》卷六《秦始皇本纪》，北京：中华书局，1959年，第255页。

② 李禹阶主编：《秦汉社会控制思想史》，北京：中国社会科学出版社，2017年，第57页。

官，“法权”限于君主一人。“皇帝临位，作制明法，臣下修饬”，明确指出“作制明法”的是“皇帝”。

“以吏为师”之所以获得始皇帝首肯且被制度化确立，在于其为专制皇权服务的本质所在。“如何使皇帝观念为社会的全体成员所认同和信仰，是后战国时代意识形态仪式的主要目的。”[①] 随着大一统秦帝国的建立，如何把“皇帝观念”塑造为一种全民信仰甚至是普世价值，就成了其时当政者最为首要急迫的政治事项。这需要“在皇帝与民众之间建立起一种直接性的对应关系，使皇帝成为民众利益的唯一合法代言人和保护者”。“以吏为师”无疑是搭建这种联系的上佳选择，“因为意识形态的本质是尊君，而尊君唯吏最能行之。因吏是吃皇粮的天子吏，非尊君无以生存，非仰君鼻息则无以活之”。[②] 故李斯奏称的“以吏为师”，究其本质，是“以帝王为师”，此一如学者所言，“打出以吏为师的旗帜，帝王们费尽心机所要的也就是‘专制’二字”[③]。

三、“国家本位”向“君主本位”政治思想的转型

上述商鞅变法所提出的“置主法之吏以为天下师”与其后韩非、李斯关于“以法为教”“以吏为师”的主张，从制度层面观之，无疑可视之为法令传播制度向专制皇权制度的演变。而在此演变的背后，则隐显着战国中后期法家思想由国家本位向君主本位的政治思想的转型。就是说，“置主法之吏以为天下师”彰显的是商鞅国家本位视域下的变法主张，而“以法为教”“以吏为师”则是韩非、李斯在大一统视域下，主张专制集权的君主本位思想的反映。

比较《商君书》与《韩非子》两本著述，可以很明显地读出两者基

---

① 雷戈：《意识形态与皇权意识形态：理论与实践的双重建构》，《晋阳学刊》，2006年第4期。

② 雷戈：《意识形态与皇权意识形态：理论与实践的双重建构》，《晋阳学刊》，2006年第4期。

③ 李振宏：《秦至清皇权专制社会说的思想史论证》，《清华大学学报（哲学社会科学版）》，2016年第4期。

于“国本位”与“君本位”的视域差异。就“国”与“君”在两书中出现的频率观之，有学者作了统计，在《商君书》中，“国”字总共出现了295次，“君”字仅出现89次，“人主”一词出现10次。而在《韩非子》一书中，“国”字出现591次，“君”（包含“人主”“明主”相关等同的称谓）字则出现1209次，“国”与“君”的出现频率约有6倍之差。[①] 由此而知，“国”是商鞅政治思想论证的重心，而韩非所关注的核心却在“人君”“君权”，“国”则处于附属地位。此外，从论述主题来看，《商君书》基本上都围绕以“耕”（农）、“战”为中心的“变法”作论，鲜少旁及君权之事，立足于国家“求强”“求富”利益的旨归一目了然；而《韩非子》将近一半的篇幅都在论述如何施行君王南面之术以巩固君主集权。作为先秦法家思想前、后期的代表，商鞅、韩非这种基于“国本位”“君本位”思想上的差异主张，折射出二者因所处时代的不同以及由此所带来的政治思想上的差异化。

商鞅生活的战国中期，正是各诸侯国之间“争地以战”日趋白热化之时。为应对兼并战争的巨大挑战，一些诸侯国相继掀起了以富国强兵为旨归的变法。由于变法的目的都是富国强兵，故其时变法都是在国家本位思想指导下进行的，商鞅在秦的变法，也同样是在这种国家本位思想支配下展开的。

正是基于国家本位之视域，故商鞅的变法是以秦国整体利益为至上，旨在使秦“致强”，进而改变其时“诸侯卑秦”之格局。故《商君书》的“主要篇章反映了商鞅改革制度的一些理论化、系统化的原则以及战国晚期秦国的制度。有些章节体现了秦国实际的政策或者法律，但书中更重要的是那些详加阐释的、一个理想中的诸侯国应持的基本原则”[②]。事实上，在体现商鞅主要变法主张的《商君书》中，“除了坚持君主必须确保他的国家致力于耕、战以及抵御各类寄生虫外，根本没有谈到君主自身的统治技巧或者品性。这和《韩非子》以及大多数区域文化产生的政治哲学类著

---

① 李禹阶：《战国中后期法家政治思想的转型——从〈商君书〉到〈韩非子〉的观察》，《南国学术》，2019年第3期。

② 陆威仪著，王兴亮译：《早期中华帝国：秦与汉》，北京：中信出版集团，2016年，第46页。

作形成了极大的反差。安排给君主的唯一角色是，他本人就是法律的来源”。也就是说，“统治者只扮演法律制定者的角色”。[①]

一方面，商鞅主张设置的“法官（吏）”所习之“法”正是其基于国家本位所提倡的“新法”（“初法”）。商鞅在秦所施行的法，“并非由秦国国君亲自制定，而是来自魏国的李悝……尽管李悝所造的《法经》也可以反映秦国国君的意志，但在立法原则上并不需要谁授予他特权”[②]。换言之，即此时“君王并非最高的立法者”，故“法官”“法吏”由之为“天下师”的“法”，“并非一定由国君或按国君意志制定”，虽然“不能排除某些国君可能亲自制定或命人按自己意志来制定法律。但是这种情况至少表明国君并非法权的唯一渊源”。[③] 这说明，在国家本位思想之下，诸侯之“国”的利益在一定程度上是高于“君王”之旨意，“尊国”是大于“尊君”的。观之此时的秦孝公，其所致力追求的目标亦是“复缪公之故地，修缪公之政令”[④]，打破“诸侯卑秦，丑莫大焉”[⑤] 的现状，实现“强秦”于诸侯。故其对于“法”的期许，更多的也在于借其助秦“致强”，进而改变“诸侯卑秦”之格局。要之，既然秦王的旨意并非商鞅之法唯一的“法权”来源，故其“置主法之吏以为天下师”之内涵更多的当是为“法”在传播、施行过程中提供专业化制度化保障，实为一国家本位意识下的法令传播制度。这当是由其所处时代与各诸侯国所面临的时势格局所决定的。

另一方面，商鞅以“农”“战”为主体的变法却对秦宗法世卿的利益构成了极大的挑战。纵观商鞅在秦变法，不仅先有甘龙、杜挚等大臣的反对，更有“以千数”者“言初令之不便”，后又有太子的“犯法”。[⑥] 故

---

① 陆威仪著，王兴亮译：《早期中华帝国：秦与汉》，北京：中信出版集团，2016 年，第 48 页。

② 林剑鸣：《以君主意志为法权的秦法》，《学术月刊》，1987 年第 3 期。

③ 林剑鸣：《以君主意志为法权的秦法》，《学术月刊》，1987 年第 3 期。

④ 司马迁：《史记》卷五《秦本纪》，北京：中华书局，1959 年，第 202 页。

⑤ 司马迁：《史记》卷五《秦本纪》，北京：中华书局，1959 年，第 202 页。

⑥ 司马迁：《史记》卷六十八《商君列传》，北京：中华书局，1959 年，第 2229，2231 页。

“置主法之吏以为天下师”的主张，一方面是商鞅拟图用国家制度的力量冲破来自世卿世禄制下的阻挠，保障新法的推行；另一方面，则又是以此来强化国家机器的一体化。

对法家的商鞅而言，其认为最重要的问题就在于通过变法来破除秦的传统宗法制，建构以官僚系统为基础的新的国家体系，进而彰显国家威权。“法”作为构建新的国家体制的重要手段，是要为君臣所共同操持遵循的，“国之所以治者三：一曰法，二曰信，三曰权。法者，君臣之所共操也；信者，君臣之所共立也；权者，君之所独制也”①。为此，设置专门的“法官”“法吏”，就成为国家“新法”对传统社会进行全面改造与控制的重要手段和保障。借助“法官”“法吏”所传播布告的“壹法”，实现从上到下的“壹治”，由此实现秦的举国一体，正如学者所说，“它将秦的国家政治、经济、文化要求，作为一种单向的、要求人们必须服从遵循的律规，通过严刑峻法的‘重刑’与‘壹治’，达到统一教化、刑赏、法令的目的，确保国家意志的最大执行力”②。正是基于此，强调“尊国”与“崇法”以保障秦国的整体利益就成为商鞅变法的核心旨归。“国家本位”也就成为商鞅政治思想的立足点与出发点。

至韩非所生活的战国后期，天下即将一统。随着这统一趋势的发展，不仅政治体制发生着变化，“天子”与国家的关系也在发生变化。过去体现君主、宗室、显贵等整体利益的国家本位，逐渐凸显为以君权为主，以“天子执一”为特征，以郡县制为基础的官僚政治体系。“天子”既是新的“天下”一统国家的象征，同时又凌驾于整个官僚体系之上，不仅成为天下的独尊者，更是国家政治、经济、文化、法律的裁断者，其地位高悬于国家之上。“王者执一而为万物正。”“天下必有天子，所以一之也。天子必执一，所以抟之也。一则治，两则乱。”③

---

① 蒋礼鸿：《商君书锥指》卷三《修权》，北京：中华书局，1986年，第82页。

② 李禹阶：《战国中后期法家政治思想的转型——从〈商君书〉到〈韩非子〉的观察》，《南国学术》，2019年第3期。

③ 高诱注：《吕氏春秋》卷第十七《审分览第五》，《诸子集成》（六），北京：中华书局，2006年，第214页。

具体到其时的社会政治格局中，则是经由商鞅变法而致强的秦国在这种趋势中表现出一统六合之现实可行性。故于秦而言，其危机与挑战由先前的“诸侯卑秦”逐渐转化成作为“天下”型国家如何“制天下”，以及应对来自统治集团高层的权力纷争。韩非曾经指出当时国家最高统治群体内部的矛盾与斗争：

> 今有国者虽地广人众，然而人主壅蔽，大臣专权，是国为越也。……今大臣执柄独断而上弗知收，是人主不明也。……是以国地削而私家富，主上卑而大臣重。故主失势而臣得国，主更称蕃臣，而相室剖符。此人臣之所以谲主便私也。①

这一新的社会时局与状况要求对最高权力阶层的政治关系予以重塑，而重塑的核心与重点则是加强对官僚政治体系的总领与控制。由此，强化位居官僚政治体系顶端的君主权力不仅是必须，且具有重要的意义。换言之，为消弭随着天下一统所带来的新危机与挑战——最高权力阶层中体制的矛盾与弊端，强化君主的至尊地位，由国家本位向君主本位转型，就成为不以人的意志为转移，同时也是符合天下统一大势的政治官僚体制演进的必然趋势。

韩非、李斯“以法为教”“以吏为师”的主张正是适应了这一新的社会时局之所需。故我们看到，在“以法为教”“以吏为师”的主张里，韩非、李斯着重考量的是如何将君王旨意用“法”的形式予以呈现，用“法”的形式维护君王的至上权威。“法”成为君主维持专制权力的工具，一切思想、行为均以是否符合君主意志为尺度，如果违背这个尺度，则当坚决禁绝之。正是基于此，韩非子“以法为教”的主张就是将儒墨诸家学说置于法家绝对的对立面，从而使得“以法为教”成为维护君主旨意而排斥其他诸家学说的文化专制制度。“境内之民，其言谈者必轨于法”的规

---

① 王先慎撰，钟哲点校：《韩非子集解》卷第四《孤愤》，北京：中华书局，1998年，第82-84页。

定，揭示了韩非不仅要以“法”统一人们的行动，要求人们在行为上符合法的规范和要求，而且要统一人们的思想和言语，使之必符合“法”也就是君主旨意的要求。故韩非“以法为教”的实质在于确立君王旨意的专制性地位。

不仅如此，君王为了保障其旨意（“法”）得以推行，需握“赏”“罚”之二柄以驭臣，“明主之所导制其臣者，二柄而已矣。二柄者，刑、德也。何谓刑德？曰：杀戮之谓刑，庆赏之谓德。为人臣者畏诛罚而利庆赏，故人主自用其刑德，则群臣畏其威而归其利矣”[①]。在“赏”“罚”二柄之下，“人臣”（吏）只能依附于皇权，成为皇权代理人。如此，“以吏为师”也就成为强化皇权意识形态的制度保障。

此后，“以吏为师”既是制度，更是观念，而且相对于皇权专制来说，它所产生的观念性意义和意识形态价值，要远远胜于制度性价值。由此，“以吏为师”演化为一个思想控制的政治传统，为历代统治者所继承，其主旨是用皇权意志统一民众思想，从而从根本上保障皇权政体的长治久安。

要之，由于所生活时期政治形势的差异，作为先秦法家代表的商鞅、韩非在其思想理论上呈现出差异性。概而言之，商鞅更多的是立足于其时的政治样态，尤其是其时秦国的现实状态，对法的定义主要着眼于法的实际效用上，而韩非则是作为思想家，着眼于思想体系的构筑。从立法的目的看，商鞅立法的目的单一，即致力于秦的由弱而强而王，求的是霸王之道。“使民之所苦者无耕，危者无战。二者，孝子难以为其亲，忠臣难以为其君。今欲驱其众民，与之孝子忠臣之所难，臣以为非劫以刑而驱以赏莫可。……故地少粟多，民少兵强。能行二者于境内，则霸王之道毕矣。”[②] 商鞅实行法治的目的就是使民耕战，使国富强。和商鞅把法看作使民耕战的直接目的不同，韩非认为：“夫立法令者以废私也，法令行而私

---

① 王先慎撰，钟哲点校：《韩非子集解》卷第二《二柄》，北京：中华书局，1998年，第39页。

② 蒋礼鸿：《商君书锥指》卷五《慎法》，北京：中华书局，1986年，第138-139页。

道废矣。私者，所以乱法也。”① “公”是以君主为代表的国家。商鞅也将法与公私联系，如鼓励“公战”，罚禁“私斗”。但商鞅对君主与国家还是有所区别，而韩非子完全把君主等同于国家，甚至使君主高于国家：“国者，君之车也；势者，君之马也。”② 在韩非那里，“法”是为了君主的利益而立：“君无术则弊于上，臣无法则乱于下，此不可一无，皆帝王之具也。”③ 认为法不过是帝王用来防止臣民作乱的重要工具。所以立法的直接目的，就是使法成为君王可以用来统治臣民的有效工具，来保证君王的利益不受侵犯。

此外，商鞅重在论法，鲜少论及“术”“势”。在《韩非子》中，言“术”占全书篇幅60%以上。郭沫若说：“在秦以前，法与术有别，《韩非》书《定法篇》言‘申不害言术，而公孙鞅为法’，韩非则兼而言之，故可以说申子是术家，商君是法家，韩非子是法术家。”④ 出现如此分歧在于：商鞅着重于国，而韩非着重于君。其后果诚如学者所论：

> 《韩非子》用大量篇幅研究“术”，从一种角度看，是补充了法；而从另一种角度看，是冲淡了法，使治理国家的途径有时偏离了公开的法而依靠隐蔽的术，甚至依靠术多于依靠法。其结果使一切好处都归于君主一人。这正是韩非自己感到超过商鞅并引为得意之处，但也为此后中国政治中采用黑暗手段提供了理论依据。初期的法家进一步向“以法治国”，以国为本位发展是一个方向；进一步向用术统治和以君主个人为本位发展又是一个方向。向后者发展的结果就使法家不

---

① 王先慎撰，钟哲点校：《韩非子集解》卷第十七《诡使》，北京：中华书局，1998年，第414页。

② 王先慎撰，钟哲点校：《韩非子集解》卷第十三《外储说右上》，北京：中华书局，1998年，第313页。

③ 王先慎撰，钟哲点校：《韩非子集解》卷第十七《定法》，北京：中华书局，1998年，第397页。

④ 郭沫若：《十批判书》，北京：人民出版社，1982年，第343页。

等于法治，更不是现代意义上的法治。法家与法治表面上都倡导法，其实质却是南辕北辙：法治出于“公”，君主（或国家元首）与众人都要服从法律；而法家则似“公”而“非公”，仅仅为君主个人谋求一切，而在理论上将君主与国合为一体。韩非以前，申不害、慎到都有不少地方讲术，《管子》和《商君书》中也有讲术的成分，但都没有系统地论述过。韩非第一次对于法和术的关系作了理论上的探讨，并且明确地将二者结合起来，再加上阐明了势对法和术的支持作用，将法家的理论推向一个新的高度，但也走上了另一条路线，距离真正的法治却远了。①

要之，商、韩思想的分歧，其间揭示彰显的是先秦法家思想家基于战国中后期社会政治时局的演变而在政治思想上的由“国家本位”向“君主本位”政治思想的转型，从而为即将来临的大一统政治在理论上进行着形塑，即王权主义的构建。秦王政二十六年（公元前221年），秦灭六国，建立起划时代的君主专制集权的大一统帝国。皇权主义由诸子之思想观念而一跃成为现实的实践，相关政治秩序呈现出新的变化。

第三节 “国之一，在于君”：《吕氏春秋》的“欲以定天下”

时至战国晚期，政治一统成为大势所趋，体现在其时的政治思想上，则是由“国家本位”观念所形成的各诸侯国的政治一体化进一步完善，进而向以“天下”一统的“君主本位”转型。在此视域下，秦相吕不韦召集门下诸子宾客，汇集众家之说，“上揆之天，下验之地，中审之人”“纪治乱存亡”，最终成就《吕氏春秋》。

---

① 施觉怀：《韩非评传》，南京：南京大学出版社，2002年，第310-311页。

对于《吕氏春秋》成书之旨，学界论说纷纭[①]。司马迁以为是吕不韦仿效战国四公子所为：

> 当是时，魏有信陵君，楚有春申君，赵有平原君，齐有孟尝君，皆下士喜宾客以相倾。吕不韦以秦之强，羞不如，亦招致士，厚遇之，至食客三千人。是时诸侯多辩士，如荀卿之徒，著书布天下。吕不韦乃使其客人人著所闻，集论以为八览、六论、十二纪，二十余万言。以为备天地万物古今之事，号曰《吕氏春秋》。[②]

司马迁关于吕氏著述目的的论述并不全面。从战国晚期的政治形势看，除秦国外，其他各诸侯国都处于生存自保的境地中，故魏之信陵君、楚之春申君、赵之平原君、齐之孟尝君广招天下士人，一方面固然是为了强化自我的权位，另一方面更重要的还是在当时形势下力求保国图存。而观之吕不韦，其时位居秦相，身处一人之下万人之上，其国亦无危亡之患，吕氏之所处与战国四公子的境况可谓是迥乎不同。故其所成就的《吕氏春秋》也就并非旨在文章上与四公子争雄，而是有着更高的政治指向，实乃其“欲以定天下”之思。

观之《吕氏春秋》，其不仅拟图使“万不同”的百家学说归于“一穴”，以便促成一种“圣人”的理想制度，“夫能齐万不同，愚智工拙皆尽力竭能，如出乎一穴者，其唯圣人矣乎”[③]；而且更是在吸收各家思想的

---

① 牟钟鉴先生言：“吕不韦和刘安写书的志向都很远大，都想凭借学界集体力量，给先秦诸子文化作一次系统全面的总结，并以此为基础进而构造一个能贯通天地人的庞大理论体系，以便为统一的封建帝国提供较为完备的理论学说和治国方案。”（牟钟鉴：《〈吕氏春秋〉与〈淮南子〉思想研究》，济南：齐鲁书社，1987 年，序言第 2-3 页。）王子今先生则认为，《吕氏春秋》作为战国“百家争鸣”所带来的文化交流与融合，是在大一统的政治体制即将形成的时代，为推进这一历史进步所进行的一种文化准备。[王子今：《〈吕氏春秋〉“大忠”“至忠”宣传及其政治文化影响》，《宝鸡文理学院学报（社会科学版）》，2008 年第 1 期。]

② 司马迁：《史记》卷八十五《吕不韦列传》，北京：中华书局，1959 年，第 2510 页。

③ 高诱注：《吕氏春秋》卷第十七《审分览第五》，《诸子集成》（六），北京：中华书局，2006 年，第 214 页。

基础上，通过构建新的思想体系，形成了新的“天下”治理思想。也就是说，《吕氏春秋》一书的主旨，是因应其时即将来临的“天下”一统，在坚持“君主本位”集权体制下[①]，根据新形势而建构的“天下”、国家的治理观念体系。其在政治理想与阐释内容上早已超越了战国时期诸子的社会理想与政治见识。它是站在一个“天下”一统的高度，在更高的水平上对诸子各家加以综合。其有着重新规划与定义新的“天下”治道的宽广情怀。“该书虽然包含的思想很杂，道家、儒家、法家、墨家、阴阳家、名家、农家等等，都包容在内，但它并不是一个杂凑的拼盘，而是有一个鲜明的中心贯穿全书。这个中心就是如何统一天下和治理天下。”[②] 对此，众多学者持论相同。[③] 我们在吕不韦答“良人”之问中也可窥得一斑：

维秦八年，岁在涒滩。秋甲子朔。朔之日，良人请问十二纪。文信侯曰：尝得学黄帝之所以诲颛顼矣，爰有大圜在上，大矩在下，汝

① 在笔者看来，吕不韦在政治上的发展以及《吕氏春秋》的出炉，实为“君主本位”体制的产物。作为《吕氏春秋》的总召集人，吕不韦以重金助力在赵国为人质的秦公子子楚登上王位，结好华阳夫人，私通嬴政母等，而成为秦国权倾一时的权臣，掌握军政大权，实际上也是由内宫而至外朝，由内宠而达丞相之位，并由君主一言以显达。这种经历本身就说明秦国政治制度中君主集权的专断性特征。因此，《吕氏春秋》的撰写自然是脱离不了当时秦国君主集权专制体制的实际。

② 李国娟：《试论〈吕氏春秋〉意识形态构建的尝试与中断》，《理论探讨》，2011 年第 5 期。

③ 王利器道：“《六论》、《十二纪》，吕不韦之帝秦策也。”（王利器：《〈吕氏春秋〉注疏》，成都：巴蜀书社，2002 年，第 18 页。）丁原明指出，吕不韦在“招致宾客撰写《吕氏春秋》”时，在一定程度上“就是为秦国统一天下而制造舆论准备的”。[丁原明：《〈吕氏春秋〉的封建统一说》，《徐州师范学院学报（哲学社会科学版）》，1986 年第 2 期。] 牟钟鉴认为该书作为先秦时期最后一部大型综合性著作，是“为统一的封建帝国提供较为完备的理论学说和治国方案”。（牟钟鉴：《〈吕氏春秋〉与〈淮南子〉思想研究》，济南：齐鲁书社，1987 年，序言第 2–3 页。）周桂钿、李祥俊认为“《吕氏春秋》编撰的目的就是要会通先秦百家之学，为即将到来的大一统帝国提供治国之策”，并指出治国之策的核心内容就是“服务于最高统治者帝王的所谓圣王学说”。[周桂钿、李祥俊：《中国学术通史（秦汉卷）》，北京：人民出版社，2004 年，第 23 页。] 李家骧认为“在中国历史上，这是首部而且是集大成、明确的治国纲领的问世，而成为‘钦天授时立政之典’”，是一部准备“统一天下的整套治国的纲领和理论学说”。（李家骧：《〈吕氏春秋〉通论》，长沙：岳麓书社，1995 年，第 299 页。）

能法之，为民父母。盖闻古之清世，是法天地。凡十二纪者，所以纪治乱存亡也，所以知寿夭吉凶也。上揆之天，下验之地，中审之人，若此则是非可不可无所遁矣。①

考之黄帝，其作为有史记载以来的第一个帝王：

轩辕之时，神农氏世衰。诸侯相侵伐，暴虐百姓，而神农氏弗能征。于是轩辕乃习用干戈，以征不享，诸侯咸来宾从。……轩辕乃修德振兵，治五气，蓺五种，抚万民，度四方，教熊罴貔貅貙虎，以与炎帝战于阪泉之野。三战，然后得其志。蚩尤作乱，不用帝命。于是黄帝乃征师诸侯，与蚩尤战于涿鹿之野，遂禽杀蚩尤。而诸侯咸尊轩辕为天子，代神农氏，是为黄帝。②

在《吕氏春秋》看来，秦统一六国的过程与黄帝之代神农氏时的“诸侯相侵伐”雷同，其言语间毫不掩饰秦将一统天下的目标和决心。由此可知，《吕氏春秋》是旨在为即将来临的现实的政治上的大一统作论，是为君临天下的“大一统”秩序构筑谋划蓝图。

一、“以天为法”的大一统

为了论证“大一统”的合理性，《吕氏春秋》依凭自然季节的变化，以“十二纪”为骨架，构筑起“上揆之天，下验之地，中审之人”的宏大宇宙图式，万事万物均依照“气同则合”的原则被配置到这个整体框架之中：

孟春之月，日在营室，昏参中，旦尾中，其日甲乙，其帝太皞，

① 高诱注：《吕氏春秋》（附考）“序说”，《诸子集成》（六），北京：中华书局，2006年，第339页。

② 司马迁：《史记》卷一《五帝本纪》，北京：中华书局，1959年，第3页。

> 其神句芒，其虫鳞，其音角，律中太蔟，其数八，其味酸，其臭膻，其祀户，祭先脾。东风解冻，蛰虫始振。鱼上冰，獭祭鱼，候雁北。天子居青阳左个，乘鸾辂，驾苍龙，载青旂，衣青衣，服青玉，食麦与羊。其器疏以达。[①]

《吕氏春秋·序说》言："凡十二纪者，所以纪治乱存亡也，所以知寿夭吉凶也。"[②] 对此，有学者指出："当时人君所关心的两种大事，无非是国家的治乱存亡和个人的寿夭吉凶，这说明《十二纪》确是《吕氏春秋》一书的核心所在。总观其书，先言'纪'而后有'览'和'论'，先言天道而后人事，目的是'法天地'，以使'凡举事，无逆天数'，顺序、主次十分明晰，所以，《十二纪》应是'骨'而诸种论说属于'肉'而已，前者为后者所依附。"[③] 在《十二纪》中，以五行统辖四季、时令、方向、神灵、音律、服色、食物、道德，以及王朝帝国的系统和制度等。所有的自然变化与人事活动尤其是天子的活动，全都被配置到由"五行"所分割统领的这个整体框架之中，秩序井然，各安其位。[④] 可以说这是一个形式上较为严整，内容上科学与神学相交织的世界图式。如此完整、系统地搭建宇宙图式，这在中国有文字可考的古史资料中还是第一次[⑤]。

当然，《吕氏春秋》并不止于这种自然宇宙模式的搭建，其构建自然宇宙体系的最终用意是以宇宙的统一本质为即将来临的政治大一统构筑形而上的本体依据。就是说，在《吕氏春秋》中，其"花大力气创立这个自然宇宙体系的最终用意是以宇宙的统一本质为其推行的政治统一奠定不可

---

① 高诱注：《吕氏春秋》卷第一《孟春纪第一》，《诸子集成》（六），北京：中华书局，2006年，第1–2页。

② 高诱注：《吕氏春秋》（附考）"序说"，《诸子集成》（六），北京：中华书局，2006年，第339页。

③ 史党社：《阴阳五行说与秦之关系探析》，《贵州社会科学》，2020年第4期。

④ 我们看到，对于"五行"与"四时"之间的不对应问题，在《吕氏春秋》中并没有得到妥善解决。这反映了其时人对于构筑这个宇宙模式的尝试与粗糙。在随后的《淮南鸿烈》与《春秋繁露》中，这个问题才被得以逐渐解决，五行之"土"亦才得以妥善安放。

⑤ 金禹含：《论〈吕氏春秋〉中的大一统思想》，中共中央党校硕士学位论文，2012年。

撼动的价值依据”，是要为秦国即将实现的政治“大一统”提供源于宇宙天地的理论基础，“以喻‘大一统’是‘法天地’的必然结果”[①]，从而为其凭“力”而成就的“大一统”提供源于天的神圣性、不可抗拒性，“盖闻古之清世，是法天地”[②]。为此，我们看到，在《十二纪》中，《吕氏春秋》于春、夏、秋、冬每纪开篇均言天子的“敬授历数”“敬授民时”：

> 立春之日，天子亲率三公九卿诸侯大夫以迎春于东郊。还，乃赏卿诸侯大夫于朝。命相布德和令，行庆施惠，下及兆民。庆赐遂行，无有不当，乃命太史守典奉法，司天日月星辰之行，宿离不忒，无失轻纪，以初为常。是月也，天子乃以元日祈谷于上帝，乃择元辰，天子亲载耒耜措之，参于保介之御间，率三公九卿诸侯大夫躬耕帝籍田。[③]

《吕氏春秋》通过天子的“敬授历数”“敬授民时”，旨在彰显其“以天为法”。因为在时人的认知中，“历数”不仅是天子施政以及农民进行农事的依据，更是上天给予天子权力合法性的保障，是天子权力的凭借，即所谓“天之历数在尔躬”。正是如此，历代帝王尤其注重“历数”：

> 盖黄帝考定星历，建立五行，起消息，正闰余，于是有天地神祇物类之官，是谓五官。各司其序，不相乱也。民是以能有信，神是以能有明德。民神异业，敬而不渎，故神降之嘉生，民以物享，灾祸不

---

① 金禹含：《论〈吕氏春秋〉中的大一统思想》，中共中央党校硕士学位论文，2012年。

② 高诱注：《吕氏春秋》（附考）“序说”，《诸子集成》（六），北京：中华书局，2006年，第339页。

③ 高诱注：《吕氏春秋》卷第一《孟春纪第一》，《诸子集成》（六），北京：中华书局2006年，第2页。

生，所求不匮。①

少皞氏之衰也，九黎乱德，民神杂扰，不可放物，祸菑荐至，莫尽其气。颛顼受之，乃命南正重司天以属神，命火正黎司地以属民，使复旧常，无相侵渎。②

其后三苗服九黎之德，故二官咸废所职，而闰余乖次，孟陬殄灭，摄提无纪，历数失序。尧复遂重黎之后，不忘旧者，使复典之，而立羲和之官。明时正度，则阴阳调，风雨节，茂气至，民无夭疫。年耆禅舜，申戒文祖，云“天之历数在尔躬”。舜亦以命禹。由是观之，王者所重也。③

先王之正时也，履端于始，举正于中，归邪于终。履端于始，序则不愆，举正于中，民则不惑；归邪于终，事则不悖。④

明乎此，也就明乎《吕氏春秋》以《十二纪》为其首的意蕴了。《十二纪》仿照五帝三皇的政治思想重新修订历法，“这一行为本身就清晰反映了吕不韦把其对于其大一统的政治思想归溯到五帝三皇的传统政治思想路线上去，直指王权政治的核心关键所在，这与春秋战国诸子在政治思想上的发散恰恰有着角度上的区别”⑤。区别在于借助形式上的修订历法，然“其隐含的重点正是统一六国，重建大一统王权政治”⑥。

一如前述，《吕氏春秋》的基本思想在于维护“君主本位”的政治体制，故而十分强调君主集权亦即“执一”。既然涵摄天地万物的宇宙是统一的，“以天为法”的人世政治自然也应是统一的。故《吕氏春秋》突出

① 司马迁：《史记》卷二十六《历书第四》，北京：中华书局，1959 年，第 1256 页。

② 司马迁：《史记》卷二十六《历书第四》，北京：中华书局，1959 年，第 1257 页。

③ 司马迁：《史记》卷二十六《历书第四》，北京：中华书局，1959 年，第 1257-1258 页。

④ 司马迁：《史记》卷二十六《历书第四》，北京：中华书局，1959 年，第 1259 页。

⑤ 金禹含：《论〈吕氏春秋〉中的大一统思想》，中共中央党校硕士学位论文，2012 年。

⑥ 金禹含：《论〈吕氏春秋〉中的大一统思想》，中共中央党校硕士学位论文，2012 年。

强调社会政治体制中的“执一”“不二”：

> 听群众人议以治国，国危无日矣。……有金鼓，所以一耳。必同法令，所以一心也。智者不得巧，愚者不得拙，所以一众也。勇者不得先，惧者不得后，所以一力也。故一则治，异则乱；一则安，异则危。①
>
> 王者执一，而为万物正。军必有将，所以一之也。国必有君，所以一之也。天下必有天子，所以一之也。天子必执一，所以抟（专）之也。一则治，两则乱。②

对于“执一”“守一”的主体，《吕氏春秋》认为唯有“圣人”“天子”能为之：

> 夫能齐万不同，愚智工拙皆尽力竭能，如出乎一穴者，其唯圣人矣乎！③
>
> 今周室既灭，而天子已绝。乱莫大于无天子。无天子，则强者胜弱，众者暴寡，以兵相残，不得休息。④

《吕氏春秋》“以天为法”，为秦的一统天下构筑起形而上的本体依据，从而使得君主“执一”“守一”“大一统”不仅仅是其时现实政治之所趋，更是秉承宇宙法则，故其具有不可置疑的合法性。《吕氏春秋》这种借“天”之名为其政治主张保驾护航的路径亦为西汉董仲舒

---

① 高诱注：《吕氏春秋》卷第十七《审分览第五》，《诸子集成》（六），北京：中华书局，2006年，第213-214页。

② 高诱注：《吕氏春秋》卷第十七《审分览第五》，《诸子集成》（六），北京：中华书局，2006年，第214页。

③ 高诱注：《吕氏春秋》卷第十七《审分览第五》，《诸子集成》（六），北京：中华书局，2006年，第214页。

④ 高诱注：《吕氏春秋》卷第十三《有始览第一》，《诸子集成》（六），北京：中华书局，2006年，第132页。

所秉承：

> 臣谨按《春秋》之文，求王道之端，得之于正。正次王，王次春。春者，天之所为也；正者，王之所为也。其意曰，上承天之所为，而下以正其所为，正王道之端云尔。然则王者欲有所为，宜求其端于天。[①]
>
> 臣谨按《春秋》谓一元之意，一者万物之所从始也，元者辞之所谓大也。谓一为元者，视大始而欲正本也。《春秋》深探其本，而反自贵者始。故为人君者，正心以正朝廷，正朝廷以正百官，正百官以正万民，正万民以正四方。四方正，远近莫敢不壹于正，而亡有邪气奸其间者。……而王道终矣。[②]

有学者以为，董仲舒的诠释可能更为接近《吕氏春秋》命名的真意。在笔者看来，与其说是董仲舒的诠释揭示了《吕氏春秋》的真意，毋宁说是董仲舒沿袭秉承了《吕氏春秋》借助“天”的名义为其“大一统”政治主张张目这一思维路径。正是借由上述的论说，自此之后，“大一统”成为历朝历代统治者所追求的最为核心的政治主张，也成为历朝历代民众的主流认知。因为如若“正不率天，又不由人，则凡事易坏而难成矣”[③]。

二、“以德为行，以道为宗”的君道观

《吕氏春秋》不仅借助“十二纪”构筑起“上揆之天，下验之地，中审之人”的“是非可不可无所遁矣”[④] 的规模恢宏的体系，为秦王朝即将

---

① 班固撰，颜师古注：《汉书》卷五十六《董仲舒传》，北京：中华书局，1962年，第2501-2502页。

② 班固撰，颜师古注：《汉书》卷五十六《董仲舒传》，北京：中华书局，1962年，第2502-2503页。

③ 司马迁：《史记》卷二十六《历书第四》，北京：中华书局，1959年，第1255页。

④ 高诱注：《吕氏春秋》（附考）“序说”，《诸子集成》（六），北京：中华书局，2006年，第339页。

迎来的大一统作论，更是为了谋求“天下”之治，效法《春秋》，推崇“圣王之道”[①]：

> 《吕氏春秋》，亦《春秋》家言而兼存典章者也。当互见于《春秋》《尚书》，而猥次于杂家，亦错误也。古者《春秋》家言，体例未有一定；自孔子有知我罪我之说，而诸家著书，往往以《春秋》为独见心裁之总名。然而左氏而外，铎椒、虞卿、吕不韦之书，虽非依经为文，而宗仰获麟之意，观司马迁叙《十二诸侯年表》，而后晓然也。吕氏之书，盖司马迁之所取法也。十二本纪，仿其十二月纪；八书，仿其八览；七十列传，仿其六论；则亦微有所以折衷之也。四时错举，名曰春秋，则吕氏犹较虞卿《晏子春秋》为合度也。刘知几讥其本非史书，而冒称《春秋》，失其旨矣。[②]

章学诚以《吕氏春秋》“宗仰获麟”之义来释其“独见心裁”之处，明确点出《吕氏春秋》遵循孔子作《春秋》之义旨，意在通过“以文纪事、以义著文”的“春秋家言”，申述其欲昌明“圣王之道”的编撰意图。[③]“名曰春秋，欲以定天下，施政教。”[④] 这与《史记》载吕不韦“招致宾客游士，欲以并天下”[⑤] 之意图相吻合。这就使得《吕氏春秋》在为基于君主本位的政治大一统作论的同时，又对大一统帝国的最高统治者含有训诫的意味，提出其当遵循“以德为行，以道为宗”的“君道”观。

---

① 马彦：《〈吕氏春秋〉之“春秋”义趣考辨》，《福建论坛（人文社会科学版）》，2014 年第 2 期。

② 章学诚：《校雠通义》卷三《汉志诸子第十四》，见章学诚撰，叶瑛校注：《文史通义校注》（下），北京：中华书局，2014 年，第 1219 页。

③ 黄克剑：《从史“义”说思想与社会的互系》，《天津社会科学》，2001 年第 4 期。

④ 许维遹撰，梁运华整理：《吕氏春秋集释》孙人和序，北京：中华书局，2009 年，第 5 页。

⑤ 司马迁：《史记》卷六《秦始皇本纪》，北京：中华书局，1959 年，第 223 页。

所谓“君道”，也就是为君之道，指的是君主应当遵循的原则。[①] 对于《吕氏春秋》的君道观，前人多有研究。[②] 考之《吕氏春秋》，其虽然维护并强调君主集权，但并不像韩非那样，把君权至上极端化，而是认为作为大一统政治形态中的最高统治者——天子或君王，当奉行“以德为行，以道为宗”的君道观，包括“君王自处”与“君王为政”两个层级的内容，以及“天子”何以产生，“君道”之所以“立”的原则抑或准绳。

首先，从上古历史出发，《吕氏春秋》认为天子之所“置”，在于“为天下长虑”：

> 凡人之性，爪牙不足以自守卫，肌肤不足以捍寒暑，筋骨不足以从利辟害，勇敢不足以却猛禁悍。然且犹裁万物，制禽兽，服狡虫。寒暑燥湿弗能害，不唯先有其备而以群聚邪。群之可聚也，相与利之

---

① 刘元彦：《〈吕氏春秋〉：兼容并蓄的杂家》，北京：生活·读书·新知三联书店，1992年，第48-51页。

② 如黄大受把《吕氏春秋》的“为君之道”分为“君主之自处”和“君主之为政”，君主之自处包括审己、兴德、去私尚公、听谏友贤、勿骄、远识，而君主之为政最主要要做到一点，就是无为而治，也就是无为政治，并认为：“《吕氏春秋》中所企望之君主，与柏拉图所想像之哲君相同，柏拉图理想中之哲君，为一全智全能之士。哲君所受之教育极为完美，实为理想之中人物。《吕氏春秋》所言之君，亦为一全能有德之士。”（见黄大受：《吕氏春秋政治思想论》，上海：东方文化社，1947年，第28-38页。）刘元彦指出《吕氏春秋》中的君道思想就是要求天子对人对事要“贵公”“去私”，对自己，则要“贵生”“重己”。贵公、去私与贵生、重己一样，都是君道无为的具体表现，目的也是一样，都是达到无为而治。（见刘元彦：《〈吕氏春秋〉：兼容并蓄的杂家》，北京：生活·读书·新知三联书店，1992年，第64页。）郭沫若认为《吕氏春秋》中的为君之道，就是道家的君道无为思想。（见郭沫若：《十批判书》，北京：东方出版社，1996年，第438页。）牟钟鉴从君臣关系和君民关系对为君之道进行了归纳，指出在君臣关系上，君“应当因而不为，责而不诏，正名审分，任贤使能”，并且君主应该虚心纳谏；在对待民众问题上，君“要注意顺民心，兴民利，借民力，不可专恃威势刑罚”。（见牟钟鉴：《〈吕氏春秋〉与〈淮南子〉思想研究》，济南：齐鲁书社，1987年，第61-63页。）崔存明说《吕氏春秋》的为君之道就是要处理好两种关系，即“天人关系与人人关系”。天人关系上，为君之道“以法天地为指导原则，以无为而行与贵因之道为具体的方法”；在人人关系上，为君之道就是“把处理天人关系得出的原则与方法加以实际运用，处理君臣关系与君民关系”。（见崔存明：《试论〈吕氏春秋〉的君道思想》，《中国社会科学院研究生院学报》，2005年第5期。）

也。利之出于群也，君道立也。故君道立，则利出于群，而人备可完矣。……圣人深见此患也，故为天下长虑，莫如置天子也。为一国长虑，莫如置君也。置君，非以阿君也。置天子，非以阿天子也。置官长，非以阿官长也。德衰世乱，然后天子利天下，国君利国，官长利官，此国所以递兴递废也。①

《吕氏春秋》从人类社会的发展历程出发，认为人是基于“群聚”方得以“裁万物”“制禽兽”“服狡虫”，而人之所以能够“群聚”，则是因为“相与利之”。为“群”之利而设“君”，“为天下虑”故“置天子”。所以其认为，“置天子”的目的非“阿”之，而在于“利天下”，在于为“公”：

昔先圣王之治天下也，必先公。公则天下平矣。……有得天下者众矣。其得之以公，其失之必以偏。凡主之立也，生于公。……天下非一人之天下也，天下之天下也。阴阳之和，不长一类。甘露时雨，不私一物。万民之主，不阿一人。②

就是说，立君王是出于“公天下”“利天下”之“长虑”。如此，所立之君王就应秉持“公”之立场，而非徇一己之私：

天无私覆也，地无私载也，日月无私烛也，四时无私行也。行其德，而万物得遂长焉。……尧有子十人，不与其子而授舜。舜有子九人，不与其子而授禹，至公也。③

① 高诱注:《吕氏春秋》卷第二十《恃君览第八》,《诸子集成》(六),北京:中华书局,2006年,第255-256页。

② 高诱注:《吕氏春秋》卷第一《孟春纪第一》,《诸子集成》(六),北京:中华书局,2006年,第8页。

③ 高诱注:《吕氏春秋》卷第一《孟春纪第一》,《诸子集成》(六),北京:中华书局,2006年,第10页。

非恶其子孙也，非徼而矜其名也，反其实也。[①]

我们看到，对于“天子”之所“立”与“置”，《吕氏春秋》更多的是秉承了上古先圣之说。在先圣看来，以国予贤则国兴，如果将天下视为“私”予以子孙，若子孙不肖，其国必亡，故曰“反其实也”。正是如此，才有“皇天无亲，惟德是辅”之训诫。

其次，《吕氏春秋》吸纳道家的相关主张，强调君王应“以道为宗”，“处虚”“无为”：

夫君也者处虚，素服而无智，故能使众智也。……无智、无能、无为，此君之所执也。[②]

《吕氏春秋》以为，君王日常所处样态当为“无智”“无能”“无为”，唯有如此，方能“知”，方能言“君道”，“得道者必静，静者无知。知乃无知，可以言君道也”[③]。就是说，相对于臣的“有为”，“君道”则当奉行“无为”，“古之王者其所为少，其所因多。因者君术也，为者臣道也。为则扰矣，因则静矣”[④]。“大圣无事而千官尽能。”[⑤] 在《吕氏春秋》看来，作为人君，关键在于“因”与“平”的“处平静”“任德化”“听其要”[⑥]：

---

① 高诱注：《吕氏春秋》卷第二十六《士容论第六》，《诸子集成》（六），北京：中华书局，2006年，第330页。

② 高诱注：《吕氏春秋》卷第二十五《似顺论第五》，《诸子集成》（六），北京：中华书局，2006年，第321页。

③ 高诱注：《吕氏春秋》卷第十七《审分览第五》，《诸子集成》（六），北京：中华书局，2006年，第201页。

④ 高诱注：《吕氏春秋》卷第十七《审分览第五》，《诸子集成》（六），北京：中华书局，2006年，第205页。

⑤ 高诱注：《吕氏春秋》卷第十七《审分览第五》，《诸子集成》（六），北京：中华书局，2006年，第201页。

⑥ 高诱注：《吕氏春秋》卷第十七《审分览第五》，《诸子集成》（六），北京：中华书局，2006年，第207–208页。

故有道之主因而不为，责而不诏。去想去意，静虚以待，不伐之言，不夺之事，督名审实，官复自司。以不知为道，以奈何为实。①

明君者，非偏见万物也，明于人主之所执也。有术之主者，非一自行之也，知百官之要也。知百官之要，故事省而国治也。②

凡主有识，言不欲先。人唱我和，人先我随。以其出为之入，以其言为之名。取其实以责其名，则说者不敢妄言，而人主之所执其要矣。③

《吕氏春秋》指出，如果人君旨在于“用”“动”“作”，则是有违君道，“用则衰，动则暗，作则倦。衰、暗、倦三者，非君道也”④。一方面，人主的“示能”“己为”，实则是在“以其智强智，以其能强能，以其为强为”地做着“处人臣之职也”⑤；另一方面，人主的“有为”会让人臣有可乘之机，“人主好以己为，则守职者舍职而阿主之为矣”⑥。“人主以好暴示能，以好唱自奋；人臣以不争持位，以听从取容；是君代有司为有司也。是臣得后随以进其业。”⑦ 如此，则会导致君臣错位，尊卑失序，难以为治，“而欲无壅塞，虽舜不能为”⑧。

对于身居权力之巅的最高统治者而言，《吕氏春秋》其“无为”自处的

① 高诱注：《吕氏春秋》卷第十七《审分览第五》，《诸子集成》（六），北京：中华书局，2006年，第209页。

② 高诱注：《吕氏春秋》卷第十七《审分览第五》，《诸子集成》（六），北京：中华书局，2006年，第208页。

③ 高诱注：《吕氏春秋》卷第十八《审应览第六》，《诸子集成》（六），北京：中华书局，2006年，第217页。

④ 高诱注：《吕氏春秋》卷第十七《审分览第五》，《诸子集成》（六），北京：中华书局，2006年，第206页。

⑤ 高诱注：《吕氏春秋》卷第二十五《似顺论第五》，《诸子集成》（六），北京：中华书局，2006年，第321-322页。

⑥ 高诱注：《吕氏春秋》卷第十七《审分览第五》，《诸子集成》（六），北京：中华书局，2006年，第202页。

⑦ 高诱注：《吕氏春秋》卷第十七《审分览第五》，《诸子集成》（六），北京：中华书局，2006年，第203页。

⑧ 高诱注：《吕氏春秋》卷第二十五《似顺论第五》，《诸子集成》（六），北京：中华书局，2006年，第322页。

内涵在于“用非其有，如己有之”[①] 的执一用众[②]，“先王不能尽知，执一而万物治”[③]。“君者固无任，而以职受任。工拙下也，赏罚法也，君奚事哉。若是，则受赏者无德，而抵诛者无怨矣。人自反而已，此治之至也。”[④]之所以要强调君王善于用众，是因为“以众者”为“君人之大宝也”：

物固莫不有长，莫不有短，人亦然，故善学者假人之长以补其短，故假人者遂有天下。……天下无粹白之狐，而有粹白之裘，取之众白也。夫取于众，此三皇五帝之所以大立功名也。凡君之所以立，出乎众也。立已定而舍其众，是得其末而失其本。得其末而失其本，不闻安居。……夫以众者，此君人之大宝也。[⑤]

《吕氏春秋》强调的君王“无为”是基于善“使众”而言的，尤其是要善于使用贤能的臣众：

大桡作甲子，黔如作虏首，容成作麻，羲和作占日，尚仪作占月……巫咸作筮。此二十官者，圣人之所以治天下也。圣王不能二十官之事，然而使二十官尽其巧，毕其能，圣王在上故也。圣王之所不能也，所以能之也。所不知也，所以知之也。[⑥]

---

① 高诱注：《吕氏春秋》卷第二十五《似顺论第五》，《诸子集成》（六），北京：中华书局，2006年，第321页。

② 刘元彦以为，所谓“无为”，不是无所作为或什么事也不做，而是指不要做君主不该做的事。见《〈吕氏春秋〉：兼容并蓄的杂家》，北京：生活·读书·新知三联书店，1992年，第51页。

③ 高诱注：《吕氏春秋》卷第二十五《似顺论第五》，《诸子集成》（六），北京：中华书局，2006年，第321页。

④ 高诱注：《吕氏春秋》卷第二十五《似顺论第五》，《诸子集成》（六），北京：中华书局，2006年，第323页。

⑤ 高诱注：《吕氏春秋》卷第四《孟夏纪第四》，《诸子集成》（六），北京：中华书局，2006年，第42-43页。

⑥ 高诱注：《吕氏春秋》卷第十七《审分览第五》，《诸子集成》（六），北京：中华书局，2006年，第206页。

所以，身为人君，虽然是“佚于治事”[①]，然并非无所作事，为君之事就在于“求人”。“贤主劳于求人”[②]：

> 故古之善为君者，劳于论人，而佚于官事，得其经也。不能为君者，伤形费神，愁心劳耳目，国愈危，身愈辱，不知要故也。[③]

如此，人主“养其神修其德而化矣，岂必劳形愁弊耳目哉”[④]。在《吕氏春秋》看来，人君不能“执一”者，主要在于受“物感之也”：

> 通意之悖，解心之缪，去德之累，通道之塞。富贵显严名利六者，悖意者也；容动色理气意六者，缪心者也；恶欲喜怒哀乐六者，累德者也。智能去就取舍六者，塞道者也。此四六者，不荡乎胸中则正，正则静，静则清明，清明则虚，虚则无为而无不为也。[⑤]

君王为了去“物感”之累，就要不断地以德“治身”：

> 凡事之本，必先治身。……昔者先圣王成其身而天下成，治其身而天下治。……为天下者不于天下于身。《诗》曰：淑人君子，其仪不忒。其仪不忒，正是四国。言正诸身也。故反其道而身善矣。行义，则人善矣。乐备君道，而百官已治矣，万民已利矣。三者之成

---

① 高诱注：《吕氏春秋》卷第十二《季冬纪第十二》，《诸子集成》（六），北京：中华书局，2006年，第116页。

② 高诱注：《吕氏春秋》卷第十二《季冬纪第十二》，《诸子集成》（六），北京：中华书局，2006年，第116页。

③ 高诱注：《吕氏春秋》卷第二《仲春纪第二》，《诸子集成》（六），北京：中华书局，2006年，第20页。

④ 高诱注：《吕氏春秋》卷第十七《审分览第五》，《诸子集成》（六），北京：中华书局，2006年，第206页。

⑤ 高诱注：《吕氏春秋》卷第二十五《似顺论第五》，《诸子集成》（六），北京：中华书局，2006年，第321页。

也，在于无为。无为之道曰胜天。义曰利身，君曰勿身。①

汤武修其行而天下从，桀纣慢其行而天下畔。②

尧为善而众善至，桀为非而众非来。③

观之上古先圣，他们之所以能成就王道之业，首要的即在于身正（“于身”），正是因为身正才能天下治。汤武修其仁义之行，故天下顺从之也，而桀纣变易仁义，故天下叛乱。对于如何让身“正”，《吕氏春秋》提出“行义”：

世之所以贤君子者，为其能行义而不能行邪辟也。④

君子责人则以人（仁），自责则以义。责人以人则易足，易足则得人。自责以义则难为非，难为非则行饰（正），故任天地而有余。不肖者则不然。责人则以义，自责则以人。责人以义责难瞻，难瞻则失亲。自责以人则易为，易为则行苟，故天下之大而不容也。身取危，国取亡焉。此桀纣幽厉之行也。⑤

通过行“义”，不仅可以“利身”，同时可“人善”，进而君道“备”。这里的“义”，更多的是儒家所倡导的“仁义”。也就是说，通过“仁义”修身，从而“乐备君道”。对于由“君道”备而成就的王业，《吕氏春秋》进行了大量的论说：

---

① 高诱注：《吕氏春秋》卷第三《季春纪第三》，《诸子集成》（六），北京：中华书局，2006年，第27页。

② 高诱注：《吕氏春秋》卷第二十四《不苟论第四》，《诸子集成》（六），北京：中华书局，2006年，第315页。

③ 高诱注：《吕氏春秋》卷第十三《有始览第一》，《诸子集成》（六），北京：中华书局，2006年，第128页。

④ 高诱注：《吕氏春秋》卷第二十二《慎行论第二》，《诸子集成》（六），北京：中华书局，2006年，第291页。

⑤ 高诱注：《吕氏春秋》卷第十九《离俗览第七》，《诸子集成》（六），北京：中华书局，2006年，第252页。

为国之本在于为身。身为而家为，家为而国为，国为而天下为。故曰：以身为家，以家为国，以国为天下。此四者异位同本，故圣人之事，广之则极宇宙穷日月，约之则无出乎身者也。[①]

圣人组修其身，而成文于天下矣。[②]

圣人行德乎己，而四荒咸饬乎仁。[③]

帝也者，天下之适也。王也者，天下之往也。[④]

由其道，功名之不可得逃。……善为君者，蛮夷反舌殊俗异习皆服之，德厚也。水泉深则鱼鳖归之，树木盛则飞鸟归之，庶草茂则禽兽归之。人主贤则豪杰归之。故圣王不务归之者，而务其所以归。[⑤]

王者厚其德，积众善，而凤皇圣人皆来至矣。[⑥]

汤问于伊尹曰："欲取天下若何？"伊尹对曰："欲取天下，天下不可取。可取，身将先取。"……先圣王成其身而天下成，治其身而天下治。……为天下者不于天下于身。[⑦]

得之于身者得之人，失之于身者失之人。不出于门户而天下治者，其惟知反于己身者乎。[⑧]

---

① 高诱注：《吕氏春秋》卷第十七《审分览第五》，《诸子集成》（六），北京：中华书局，2006年，第214页。

② 高诱注：《吕氏春秋》卷第三《季春纪第三》，《诸子集成》（六），北京：中华书局，2006年，第29页。

③ 高诱注：《吕氏春秋》卷第九《季秋纪第九》，《诸子集成》（六），北京：中华书局，2006年，第92页。

④ 高诱注：《吕氏春秋》卷第十五《慎大览第三》，《诸子集成》（六），北京：中华书局，2006年，第165页。

⑤ 高诱注：《吕氏春秋》卷第二《仲春纪第二》，《诸子集成》（六），北京：中华书局，2006年，第21页。

⑥ 高诱注：《吕氏春秋》卷第二十一《开春论第一》，《诸子集成》（六），北京：中华书局，2006年，第275页。

⑦ 高诱注：《吕氏春秋》卷第三《季春纪第三》，《诸子集成》（六），北京：中华书局，2006年，第27页。

⑧ 高诱注：《吕氏春秋》卷第三《季春纪第三》，《诸子集成》（六），北京：中华书局，2006年，第29页。

相反，忽略修身而自骄、自智、轻物的君王，则很可能遭致“亡国”：

> 亡国之主必自骄，必自智，必轻物。自骄则简士，自智则专独，轻物则无备，无备召祸，专独位危，简士壅塞。欲无壅塞必礼士，欲位无危必得众，欲无召祸必完备。三者，人君之大经也。①

“王国”与“亡国”之分，其要即在于人君之修身与否，“暴虐奸诈之与义理，反也，其埶不俱胜，不两立”②。

观之《吕氏春秋》的君道观，其希望君王通过“执一”，而能“为万物正”，成就圣王之业。因此在《吕氏春秋》中，君王“以道为宗”的“无为”自处应当只是一个原则性的概念，其更为关注的则是“以德为行”，即君王通过修身养“圣德”，最终为“天下正”，正如孔子所言，“为政以德，譬如北辰，居其所而众星共之”③，如此方能无为而天下大治。要之，《吕氏春秋》倾注大量的笔墨阐述其君道观，“其所引述儒家、道家的内容，大体是围绕着圣王修德这一主题展开的，而最终它所描述的圣王之德正是通往天下至治的关键”④：

> 是故圣王之德，融乎若日之始出，极烛六合，而无所穷屈；昭乎若日之光，变化万物，而无所不行；神合乎太一，生无所屈，而意不可障；精通乎鬼神，深微玄妙，而莫见其形。今日南面，百邪自正，而天下皆反其情，黔首毕乐其志，安育其性，而莫为不成。故善为君

① 高诱注：《吕氏春秋》卷第二十《恃君览第八》，《诸子集成》（六），北京：中华书局，2006年，第270页。

② 高诱注：《吕氏春秋》卷第七《孟秋纪第七》，《诸子集成》（六），北京：中华书局，2006年，第72页。

③ 《论语集注》卷一《为政第二》，朱熹：《四书章句集注》，北京：中华书局，1983年，第53页。

④ 马彦：《〈吕氏春秋〉之“春秋”义趣考辨》，《福建论坛（人文社会科学版）》，2014年第2期。

者，矜服性命之情，而百官已治矣，黔首已亲矣，名号已章矣。[①]

《吕氏春秋》所主张的君道圣王观一方面是对先秦诸子所倡导的圣王观的承袭，另一方面又是拟图对秦以力为尚的施政予以修正，旨在通过君王的修身以德而实现“力术止，义术行”。然而，这原本是为秦“长久虑”的主张与秦所奉行的“尚力”政治相左，同时与即将诞生的大一统帝国的第一位天子——始皇帝的预设亦相去甚远，彰显了两者间存在极大张力。

三、“施德于民”的圣王之治[②]

《吕氏春秋》在其所构建的王权主义体系中，一方面认为“国之一，在于君”，强调君王的唯一性与至上性；另一方面，也认为“以全天为故者也”，君王应“施德于民”：

始生之者天也，养成之者人也。能养天之所生而勿撄之，谓之天子。天子之动也，以全天为故者也。[③]

① 高诱注：《吕氏春秋》卷第十七《审分览第五》，《诸子集成》（六），北京：中华书局，2006年，第206-207页。

② 关于《吕氏春秋》的施政方略，学界论说颇多，刘汝霖指出《吕氏春秋》主张德治的思想是吸收了儒家的贤人政治和墨家的尚贤政治。（刘汝霖：《〈吕氏春秋〉之分析》，罗根泽：《古史辨》（六），上海：上海古籍出版社，1982年，第340-354页。）安作璋、孟祥才则认为《吕氏春秋》汇集了儒、道、法、墨、农等诸家的理论，但“德治”是其治国的重要思想。（安作璋、孟祥才：《秦始皇帝大传》，北京：中华书局，2005年，第71-76页。）李宗桂、陈宏敬认为《吕氏春秋》的治国方式就是“接近德主刑辅模式的德刑论”。[李宗桂、陈宏敬：《〈吕氏春秋〉的政治哲学》，《福建论坛（人文社会科学版）》，2001年第3期。] 张富祥认为《吕氏春秋》主张实行“德治”的主旨是尊重民意，注重教化作用；同时指出《吕氏春秋》也讲法治，但是，《吕氏春秋》的“法”的观念相当平和，绝无《韩非子》中的那种连篇累牍的极端言论，故在尊君问题上，就没有法家那么绝对。（张富祥：《王政全书——〈吕氏春秋〉与中国文化》，开封：河南大学出版社，2001年，第125，202-203页。）韩慧指出“《吕氏春秋》一书，提出了清静无为、施仁行义、严明赏罚、重用贤人的治国思想。这些思想主张反映了当时社会的呼声，是较符合时代潮流的施政纲领，同时也对秦自商鞅变法以来的法治传统多所补充和修正”。（韩慧：《〈吕氏春秋〉之治国思想评析》，《政法论丛》，2005年第3期。）

③ 高诱注：《吕氏春秋》卷第一《孟春纪第一》，《诸子集成》（六），北京：中华书局，2006年，第3页。

“全”者，顺也；“故”者，事也。“天子”乃天之所成，故而自当顺“天”行事，亦即所谓“养天之所生而勿撄之”。换言之，在《吕氏春秋》看来，施德于民，“养成”民众是天子顺天而行的应尽使命与职责。其具体内涵，着重于“顺民之欲”以及“于人以仁”。

一方面，基于上古历史，《吕氏春秋》强调欲为天子者，其施政必“察民之所走”“顺民之所欲”：

> 殷汤良车七十乘，必死六千人，以戊子战于郕……遂有夏。桀既奔走，于是行大仁慈，以恤黔首，反桀之事，遂其贤良，顺民所喜。远近归之，故王天下。①
>
> 武王虎贲三千人，简车三百乘，以要甲子之事于牧野而纣为禽。显贤者之位，进殷之遗老，而问民之所欲，行赏及禽兽，行罚不辟天子，亲殷如周，视人如己，天下美其德，万民说其义，故立为天子。②
>
> 先王先顺民心，故功名成。夫以德得民心以立大功名者，上世多有之矣。③
>
> 凡举事必先审民心，然后可举。④
>
> 故民无常处，见利之聚，无之去。欲为天子，民之所走，不可不察。……欲为天子，所以示民，不可不异也。⑤

另一方面，在了解了民之所“欲”所“走”之后，君王就当“仁人之于

---

① 高诱注：《吕氏春秋》卷第八《仲秋纪第八》，《诸子集成》（六），北京：中华书局，2006年，第79页。

② 高诱注：《吕氏春秋》卷第八《仲秋纪第八》，《诸子集成》（六），北京：中华书局，2006年，第79–80页。

③ 高诱注：《吕氏春秋》卷第九《季秋纪第九》，《诸子集成》（六），北京：中华书局，2006年，第86页。

④ 高诱注：《吕氏春秋》卷第九《季秋纪第九》，《诸子集成》（六），北京：中华书局，2006年，第88页。

⑤ 高诱注：《吕氏春秋》卷第二《仲春纪第二》，《诸子集成》（六），北京：中华书局，2006年，第22页。

民也”：

> 圣人南面而立，以爱利民为心。号令未出而天下皆延颈举踵矣，则精通乎民也。……圣人行德乎己，而四荒咸饬乎仁。[①]
>
> 仁于他物，不仁于人，不得为仁。不仁于他物，独仁于人，犹若为仁。仁也者，仁乎其类者也。故仁人之于民也，可以便之，无不行也。……贤人之不远海内之路，而时往来乎王公之朝，非以要利也，以民为务故也。人主有能以民为务者，则天下归之矣。王也者，非必坚甲利兵选卒练士也，非必隳人之城郭杀人之士民也。上世之王者众矣，而事皆不同，其当世之急忧民之利除民之害同。……圣王通士，不出于利民者无有。……利民岂一道哉，当其时而已矣。[②]

所谓的“仁人之于民”，其核心为“利民”，因为“主之本在于宗庙，宗庙之本在于民”[③]，所以“上世之王者众矣，而事皆不同，其当世之急忧民之利除民之害同”。为此，作为“钦天授时立政之典”的《吕氏春秋》，其为秦的最高统治者所进行的政治文化的总体构想是“为天下及国，莫如以德，莫如行义。以德以义，不赏而民劝，不罚而邪止”[④]。“凡用民，太上以义，其次以赏罚。”[⑤] 就是说，治国施政应以“德”“义”为主，“古之君民者，仁义以治之，爱利以安之，忠信以导之”[⑥]。

---

① 高诱注：《吕氏春秋》卷第九《季秋纪第九》，《诸子集成》（六），北京：中华书局，2006 年，第 92 页。

② 高诱注：《吕氏春秋》卷第二十一《开春论第一》，《诸子集成》（六），北京：中华书局，2006 年，第 281-283 页。

③ 高诱注：《吕氏春秋》卷第十三《有始览第一》，《诸子集成》（六），北京：中华书局，2006 年，第 133 页。

④ 高诱注：《吕氏春秋》卷第十九《离俗览第七》，《诸子集成》（六），北京：中华书局，2006 年，第 241 页。

⑤ 高诱注：《吕氏春秋》卷第十九《离俗览第七》，《诸子集成》（六），北京：中华书局，2006 年，第 244 页。

⑥ 高诱注：《吕氏春秋》卷第十九《离俗览第七》，《诸子集成》（六），北京：中华书局，2006 年，第 246 页。

当然，在着力提倡德义为治的同时，《吕氏春秋》也主张辅之以“刑罚”“厚赏”。这首先是基于人性而论的：

凡用民，太上以义，其次以赏罚。……用民有纪有纲，壹引其纪，万目皆起，壹引其纲，万目皆张。为民纪纲者何也？欲也恶也。何欲何恶？欲荣利，恶辱害。辱害所以为罚，充也；荣利所以为赏，实也。赏罚皆有充实，则民无不用矣。①

基于人性之欲、恶，《吕氏春秋》以为，“赏罚信乎民，何事而不成”②。吸纳法家思想，《吕氏春秋》认为这种赏罚之权应牢牢掌握在君王手中：

赏罚之柄，此上之所以使也。其所以加者义，则忠信亲爱之道彰，久彰而愈长，民之安之若性，此之谓教成。教成，则虽有厚赏严威弗能禁。故善教者不以赏罚而教成，教成而赏罚弗能禁。③

人臣以赏罚爵禄之所加知主。主之赏罚爵禄之所加者宜，则亲疏远近贤不肖皆尽其力而以为用矣。……昔者圣王先德而后力。④

然而，赏罚并不是人主施政的目的，只是实现“亲疏远近贤不肖皆尽其力而以为用矣”的手段与措施，故“凡赏非以爱之也，罚非以恶之也。用观归也。所归善，虽恶之，赏；所归不善，虽爱之，罚”⑤。如此，方能

---

① 高诱注：《吕氏春秋》卷第十九《离俗览第七》，《诸子集成》（六），北京：中华书局，2006年，第244-245页。

② 高诱注：《吕氏春秋》卷第二十五《似顺论第五》，《诸子集成》（六），北京：中华书局，2006年，第327页。

③ 高诱注：《吕氏春秋》卷第十四《孝行览第二》，《诸子集成》（六），北京：中华书局，2006年，第146页。

④ 高诱注：《吕氏春秋》卷第二十四《不苟论第四》，《诸子集成》（六），北京：中华书局，2006年，第312页。

⑤ 高诱注：《吕氏春秋》卷第二十四《不苟论第四》，《诸子集成》（六），北京：中华书局，2006年，第313页。

效法“先王之所以治乱安危也”[1]，也就能够完成《吕氏春秋》所主张的君王“以德治民”的施政主张。

四、“以秦之强，羞不如”：《吕氏春秋》的“欲以定天下”

《吕氏春秋》所务之“治”，在意欲上应天道，建立一套“九州”一统的天下至治的社会秩序。这种构建的努力，一方面是基于战国后期秦“君主本位”政治体制的发展，尤其是其时秦已然取得对关东六国的绝对优势，“天下”一体指日可待，故“欲以定天下”；另一方面，又是建立在对先秦诸子百家各种价值求取的融合与措置上。[2] 清代学者汪中《吕氏春秋序》说：“周官失职，而诸子之学以兴，各择其术以明其学，莫不持之有故，言之成理，及比而同之，则仁之与义，敬之与和，犹水火之相反也，最后《吕氏春秋》出，则诸子之说兼有之。”《吕氏春秋》的这种融合与措置，在一定程度上形成了对自商鞅变法以来的秦国传统政策、传统治理方式的变革。

一方面，商鞅、韩非等法家人物极力主张“强国”“弱民”，伸君抑臣。《吕氏春秋》则反其道而行之。在吕氏看来，人的本性是“群”，而群居是人类征服自然、避免危险的最有效的方式。从社会起源看：

> 凡人之性，爪牙不足以自守卫，肌肤不足以捍寒暑，筋骨不足以从利辟害，勇敢不足以却猛禁悍。然且犹裁万物，制禽兽，服狡虫。寒暑燥湿弗能害，不唯先有其备而以群聚邪。群之可聚也，相与利之也。利之出于群也，君道立也。故君道立，则利出于群，而人备可完矣。……圣人深见此患也，故为天下长虑，莫如置天子也。为一国长

---

① 高诱注：《吕氏春秋》卷第二十四《不苟论第四》，《诸子集成》（六），北京：中华书局，2006年，第313页。

② 马彦：《〈吕氏春秋〉之“春秋”义趣考辨》，《福建论坛（人文社会科学版）》，2014年第2期。

> 虑，莫如置君也。置君，非以阿君也。置天子，非以阿天子也。置官长，非以阿官长也。德衰世乱，然后天子利天下，国君利国，官长利官，此国所以递兴递废也。[①]

在这里，《吕氏春秋》提出了与商、韩完全不同的社会发展理论。在《吕氏春秋》看来，由于人所处自然界的险恶，因此必须“群”“聚”才能战胜野兽虫豸等，于是便设立君主、国家。而君主、国家的建立不是为了少数人利益，而是“利民”“利国”乃至“利天下”，因此“置天子，非以阿天子也。置官长，非以阿官长也”。设立天子、建立国家正是为了“利群”，“利之出于群也，君道立也。故君道立，则利出于群，而人备可完矣”。我们看到，《吕氏春秋》对于“君道”“民本”的思想以及对国家建构的价值目标、利益需求等，不仅有自己的独特见解，更从政治哲学上显现出其与商、韩法家的重要区别。

另一方面，商鞅、韩非强调重刑罚，主张以刑为治，《吕氏春秋》也同样强调了法家“法治”理政的重要性，主张将“法”寓于国家治理中，“听群众人议以治国，国危无日矣。……有金鼓，所以一耳。必同法令，所以一心也。智者不得巧，愚者不得拙，所以一众也。勇者不得先，惧者不得后，所以一力也”[②]。《吕氏春秋》认为君主集权是“天下”一统获得大治的根本保证，故尤其强调君主集权体制的权威，主张“王者执一”，“乱莫大于无天子。无天子，则强者胜弱，众者暴寡，以兵相残，不得休息”[③]，认为“国必有君，所以一之也。天下必有天子，所以一之也。天子必执一，所以抟之也”[④]。因此，从天下一统、国家一治的局面看，“一则

---

① 高诱注：《吕氏春秋》卷第二十《恃君览第八》，《诸子集成》（六），北京：中华书局，2006年，第255-256页。

② 高诱注：《吕氏春秋》卷第十七《审分览第五》，《诸子集成》（六），北京：中华书局，2006年，第213-214页。

③ 高诱注：《吕氏春秋》卷第十三《有始览第一》，《诸子集成》（六），北京：中华书局，2006年，第132页。

④ 高诱注：《吕氏春秋》卷第十七《审分览第五》，《诸子集成》（六），北京：中华书局，2006年，第214页。

治，异则乱；一则安，异则危”[①]。然而，《吕氏春秋》与商、韩法家所不同的是，《吕氏春秋》所思的是“天下”之治，是在综合各家、取法各派的基础上，对即将到来的“天下”一统做出的“大策”“大略”，其视域更为高远。即《吕氏春秋》虽然强调君主集权体制的重要性，却也主张以儒家、道家为治国理念的重要补充，以改变酷烈的法家治民之论。

在先秦儒家看来，治世之圣王应该是德性高尚、博施济众的王者。“圣也者，尽伦者也；王也者，尽制者也；两尽者，足以为天下极矣。”[②]《吕氏春秋》亦如此。它主张在新的大一统国家中按照孔孟学说的“德”“仁”加以治理，强调尚德的仁政，用以补救秦任法而治、不重道德伦理的结构性缺陷[③]：

> 五帝先道而后德，故德莫盛焉。三王先教而后杀，故事莫功焉。五伯先事而后兵，故兵莫强焉。当今之世，巧谋并行，诈术递用，攻战不休，亡国辱主愈众，所事者末也。[④]
>
> 为天下及国，莫如以德，莫如行义。以德以义，不赏而民劝，不罚而邪止，此神农黄帝之政也。[⑤]

---

① 《高诱注：吕氏春秋》卷第十七《审分览第五》，《诸子集成》（六），北京：中华书局，2006 年，第 214 页。

② 王先谦：《荀子集解》卷十五《解蔽》，《诸子集成》（二），北京：中华书局，2006 年，第 271 页。

③ 例如其极力倡导儒家的“德”“仁”之治，曰：“为天下及国，莫如以德，莫如行义。以德以义，不赏而民劝，不罚而邪止，此神农黄帝之政也。以德以义，则四海之大江河之水不能亢矣；太华之高会稽之险不能障矣；阖庐之教孙吴之兵不能当矣。故古之王者，德回乎天地，澹乎四海，东西南北，极日月之所烛。天覆地载，爱思不臧。虚素以公，小民皆之。其之敌，而不知其所以然，此之谓顺天。”［《吕氏春秋》卷第十九《离俗览第七》，《诸子集成》（六），北京：中华书局，2006 年，第 241 页。］

④ 高诱注：《吕氏春秋》卷第三《季春纪第三》，《诸子集成》（六），北京：中华书局，2006 年，第 28 页。

⑤ 高诱注：《吕氏春秋》卷第十九《离俗览第七》，《诸子集成》（六），北京：中华书局，2006 年，第 241 页。

帝也者天下之适也。王也者天下之往也。[①]

王者厚其德，积众善，而凤皇圣人皆来至矣。[②]

同时，《吕氏春秋》还对道家“无为”思想大加赞赏，认为道家“无为”乃是“圣王”治国之要，“得道者必静，静者无知，知乃无知，可以言君道也”[③]。其从“天人”观的高度，认为“天无形而万物以成，至精无象而万物以化，大圣无事而千官尽能。此乃谓不教之教，无言之诏……君也者，以无当为当，以无得为得者也。……故善为君者无识，其次无事”[④]。主张人主应该处无为之事，行不言之教，清静而不动，因循而任下。因此，《吕氏春秋》虽然从根本上仍然是维护战国时新型的君主集权国家政体的学说，可是其政治内涵已发生了重大变化。

《吕氏春秋》这种兼容百家、多元价值的交相辐辏，一方面是其时政治即将大一统在意识形态领域内的呈现，它通过对先秦诸子学说的全面整理和继承，构建了一个贯通天地人的庞大理论体系，以适应政治和学术统一的形势要求[⑤]；另一方面，也是其与秦传统政治思想区别变化之所在。从思想主旨来看，《吕氏春秋》是以战国时代新建构的“君主本位”集权体制作为出发点，对即将到来的“天下”一统提出了有别于商鞅、韩非等法家人物所主张的“专任于法”的新的治理思想。就基本内容而言，《吕氏春秋》以尊奉君主集权体制为宗，同时又试图利用诸子百家之说以补秦

---

① 高诱注：《吕氏春秋》卷第十五《慎大览第三》，《诸子集成》（六），北京：中华书局，2006 年，第 165 页。

② 高诱注：《吕氏春秋》卷第二十一《开春论第一》，《诸子集成》（六），北京：中华书局，2006 年，第 275 页。

③ 高诱注：《吕氏春秋》卷十七《审分览第五》，《诸子集成》（六），北京：中华书局，2006 年，第 201 页。

④ 高诱注：《吕氏春秋》卷十七《审分览第五》，《诸子集成》（六），北京：中华书局，2006 年，第 201 页。

⑤ 杨汉民：《〈吕氏春秋〉的政治哲学研究——以天人关系为中心》，苏州大学博士学位论文，2012 年。

法家治国理念之不足。

从秦国发展的实际情况看，商鞅变法不仅改变了“诸侯卑秦”之窘况，而且使秦迅速走向强大。故在此后的历史进程中，法家思想为秦统治者所青睐。[①] 但是，单一的法家思想及其所主张的军功爵或重刑酷法政策，能否有效地延续到新的“天下”一统的帝国实践之中？对此，身居高位且对关东六国有着深切了解的吕不韦并不抱乐观的态度。这是因为身居相位的吕不韦不仅对秦国重武轻文的现实有深刻认识，同时对秦国自昭襄王以来，在迅速扩大的军事胜利面前所涌现出的流弊，以及秦国君主集权专制的“恶”也有敏锐的洞察。因此，从《吕氏春秋》的整体思想来看，它虽然是一种治国理政之说，而且是在更高于诸子学层次上为“天下”一统所创造的未来之学，但是这种学说的建构并非仅仅对秦国传统政治制度、思想的沿袭，而是对“天下”思想、政策的综罗。故它既有对先秦诸子所倡导的“圣”“王”“德”“仁”观的承袭，又试图对秦法家的施政理念及君主集权体制中涌现的“公”“私”“善”“恶”的矛盾予以改造，旨在通过综合法、儒、墨、道、阴阳等各家学说缔造一种为新的“天下”“国家”服务的政治学说。

从吕不韦居官之尊及他对此书所任之重来看，其著该书用意是深刻的，是在“对即将建立的大一统帝国进行的一种文化‘自立’行为”，“可视为一种统一前夕所给出的对未来帝国的文化导向与政策暗示”。在这一文化政策导向抑或倾向的表述中，少却了秦前期商韩“燔书”“禁学”的文化专制色彩，而更多的是一种广涉诸子的文化怀柔，试图为帝国奠定新的则天法地的“大圜”“大矩”。[②] 为了能实现与政治大一统相适应的思想大一统，吕不韦采取了以儒家德义为主，博采先秦各家思想之所长的文化整合态度来从事意识形态构建的尝试。而这与吕不韦早年的经历及其对

---

① 继秦孝公之后的秦孝惠文王，虽然对商鞅施车裂之刑，却不废商鞅之法。至秦王嬴政，读韩非之《孤愤》《五蠹》诸篇，更是叹曰：“嗟乎，寡人得见此人与之游，死不恨矣！”（《史记》卷六十三《老子韩非列传》，北京：中华书局，1959 年，第 2155 页。）

② 李禹阶：《秦始皇“焚书坑儒”新论——论秦王朝文化政策的矛盾冲突与演变》，《重庆师范大学学报（哲学社会科学版）》，2004 年第 6 期。

于关东风俗文化的认知密切相关。郭沫若先生指出，吕不韦经商时的经济活动范围“是跨有现今的山东、河北、河南、山西、陕西各省的。他在当时是真实的一位国际贸易商人”[①]。这无疑奠定了吕不韦较为广阔的视野，也使得其思想认知具有包容性。而在关东的活动又无疑使得其对于以儒家为主的华夏文化有了更多的认知。正因如此，吕不韦对秦国文化底蕴单薄之事实有着清醒的认识，“论秦之德义不如鲁卫之暴戾者”[②]。秦虽然能挟“虎狼之师”，横扫六合，完成军事上的一统，但秦的文化弱势及其法家文化取向，不容易得到被征服诸国的认同。也就是说，秦在完成军事统一的同时，即面临着文化统一的挑战和困境。[③] 正是基于秦国与关东六国相比之下的文化弱势，吕不韦主持编撰《吕氏春秋》，可以说是对即将建立的大一统帝国进行的一种文化“自立”行为。这种“自立”行为，表现在吕不韦“实欲将东方学术思想之全部，移殖西土”[④]。尤其是吕不韦将编纂而成的《吕氏春秋》悬于市门之上，“则是向天下宣布，学术中心在秦国，要知道‘天地万物古今之事’请到秦国来，能‘备天地万物古今之事’者，唯秦而已！”[⑤]

《吕氏春秋》的出炉，一方面说明商鞅变法时期的以“耕战”“军功爵”为主的一些举措已然不适应新形势的发展；另一方面也说明在昭襄王以后，在新的“天下”一统曙光初显中，秦国上层精英集团在思想、政策上已出现两条路线的博弈、冲突。即随着“大一统”曙光的显现，秦国朝廷实际上存在两种“天下”观和国家治理思想的博弈。一种是以吕不韦为代表的，综合了东方六国思想的新的，以法、儒、道、阴阳等学派思想相融合的“天下”治理思想；另一种则是长期弥漫并取得实际效应的以商、韩为代表的，从“国家本位”向“君主本位”过渡的君主集权专制政治思想。应该说，后一种思想更具有秦国的历史传统，并在当时对六国的统

---

① 郭沫若：《十批判书》，北京：人民出版社，1982 年，第 390 页。

② 司马迁：《史记》卷十五《六国年表》，北京：中华书局，1959 年，第 685 页。

③ 李国娟：《国家意识形态的缺失与秦亡的宿命》，《道德与文明》，2011 年第 3 期。

④ 钱穆：《秦汉史》，北京：生活·读书·新知三联书店，2018 年，第 7 页。

⑤ 臧知非：《秦思想与政治研究》，西安：西北大学出版社，2021 年，第 77 页。

一战争中发挥了实际效应。但吕不韦对其集众宾客撰写的《吕氏春秋》是充满了自信的，这是因为：一方面，其时的吕不韦不仅身居秦相之尊，更有着秦王“仲父”之身份，可谓一人之下万人之上；另一方面，吕不韦也十分自信《吕氏春秋》所包含的政治、哲学、文化理念对未来“天下”、国家的极端重要性，认为这将是秦国获取“天下”的治理圭臬。正是因为如此，吕不韦将氏著“布咸阳市门，悬千金其上，延诸侯游士宾客有能增损一字者予千金”[1]。吕不韦对《吕氏春秋》的这种自信，如同商鞅变法“立木为信”一样，正是准备实施其政治抱负、政治理想的前奏。

可以说，在秦昭襄王后期至始皇时期，秦在思想、政策上面临着新的政治抉择，而这种抉择一定程度上将决定古代中国帝制社会的新走向。不幸的是，随着吕不韦在政治上的悲剧谢幕，《吕氏春秋》拟欲通过文化整合的“天下”之治被迫中断。随着秦国兼并“天下”的完成，其“君主本位”体制的集权政治遂得以实现。而“君主本位”政治体制在发展中使得君臣关系、国民关系逐渐失衡，导致秦一统“天下”后政治体制的结构性缺陷[2]，最终二世而亡。

---

① 司马迁：《史记》卷八十五《吕不韦列传》，北京：中华书局，1959年，第2510页。

② 参见李禹阶、赵昆生：《秦帝国统治思想的狭隘性与局限性》，《华南师范大学学报（社会科学版）》，2015年第3期。

第二章

秦王朝皇权主义的观念与实践

僻居西隅之秦奋六世之余烈，最终兼并关东六国，且南平百越，北遏匈奴，创建了中国历史上第一个空前统一的中央集权帝国。然而，作为一度为天下所向，且亦自我期许一世二世至万世而不朽的帝国，最终仅仅存在十五载便二世而亡，卒为天下笑。秦帝国的骤亡留给后世后人许多思考课题，而其皇权主义的观念与实践自当在思考检视之列。

在习惯性认知中，通常认为有秦一朝是个没有思想没有思想家的时代。即便如此，诚如学者所言，没有思想家也不等于没有思想，因为思想不仅仅只是归属于思想家所有。置身于皇权主义的观念—实践关系中，我们可以看到秦帝国的皇权理论样态。“秦始皇虽然没有留下风雅的篇章，但在皇帝理论上，可称得上前所未有的大家。他与他的谋臣所编造的皇帝理论，不仅继往，而且开来。不管后来的帝王与想做帝王的人如何评价秦始皇，但都遵循着秦始皇奠定的皇帝理论。在这一点上，秦始皇可谓历代帝王的‘祖师爷’。”①

① 刘泽华：《中国的王权主义》，天津：天津人民出版社，2019 年，第 97 页。

第一节　“皇帝”诞生：皇权主体形象的塑造

秦王政二十六年（公元前 221 年），秦灭六国，建立起中国历史上第一个君主专制集权的大一统帝国。先秦诸子所建构的王权主义理论形态由此变为现实的政治实践。在此视域下，不仅相关名号、制度呈现出系列改变，较之于三代的政治秩序亦发生本质变化。其中尤为核心与典型彰显者，则为“皇帝”的诞生。[①]

对于皇帝，围绕其名号、制度及相关内涵，学者们基于不同视角不同主题进行了程度不同的探究。其中，白钢的《中国皇帝》[②]，徐连达、朱子彦的《中国皇帝制度》[③] 是以“皇帝”为主题的通论著述。此外，雷海宗早在民国时期即从“名号”出发，对战国君主与秦汉皇帝进行了比较与探讨。[④] 吕思勉则通过对古史所见“三皇五帝”资料的收集、考辨，进而对皇帝名号进行了溯源研究。[⑤] 邢义田在其《中国皇帝制度的建立与发展》一文中，对中国皇帝制度的出现、运作、继承、转移、发展乃至结束，进行了通贯性的考察；并从名号、权力来源及性质、权力及地位的转移、皇帝角色及与人民、皇帝与社会文化传统等方面，将秦汉时期的皇帝与西方同时期的罗马帝国皇帝予以对比。[⑥] 王子今对皇帝称谓的出现再次进行考

---

① “皇帝”一词出现较早，“古‘皇帝’本指上帝……东西民族之上帝本有专名，及春秋战国之世，既皆一变而为人世之古帝，上帝无专名以称之，于是泛称为皇帝，后乃字变而作‘黄帝’，亦转演而为人间之古帝矣”。[杨宽：《中国上古史导论》，《古史辨》（七）（上），上海：上海古籍出版社，1982 年。] 然此语境下的“皇帝”与本文此处所言及的由秦王嬴政所创设的“皇帝”没有任何内在的关联性。作为皇权政体视域下的兼具政治思想史概念和问题的“皇帝”，是秦王嬴政发明和创造的。见雷戈：《秦汉之际的政治思想与皇权主义》，上海：上海古籍出版社，2006 年，第 76 页。

② 白钢：《中国皇帝》，天津：天津人民出版社，1993 年。

③ 徐连达、朱子彦：《中国皇帝制度》，广州：广东教育出版社，1996 年。

④ 雷海宗：《皇帝制度之成立》，《清华学报》，1934 年第 4 期。

⑤ 吕思勉：《三皇五帝考》，《古史辨》（七）（中），上海：上海古籍出版社，1982 年，第 341-345 页。

⑥ 邢义田：《中国皇帝制度的建立与发展》，见《天下一家：皇帝、官僚与社会》，北京：中华书局，2011 年。

察，同时对皇帝名号与执政合法性宣传的联系及其关系进行了论说。[①] 雷戈则基于皇权政体之下皇权意识形态的建构，对皇帝观念的思想史意义及其与皇权的关系进行了思考。[②] 甘怀真通过对基本史料的分析，认为"'帝位'与'皇帝号'是不同的概念与指涉。王之上为'帝位'，应为当时普遍的观念。但'皇帝'作为一种帝号却是专属于秦始皇及其嗣位的子孙"。同时认为汉代学者曾"通过语言诠释，重塑了皇帝一词的意义"。[③] 孙闻博通过梳理几代秦君政治名号的演变，在考察战国至秦统一政治秩序的发展过程的基础上，重新认知"皇帝"名号出现的历史意义。[④] 在笔者看来，"皇帝"的诞生，以及由此形成的皇帝制度、皇帝至上观念，不仅宣告了先秦诸子所建构的王权主义理论形态在现实政治中的实现与践行，更是宣告了皇权政体这一新的政治秩序的出现，并由此开启了中国长达两千多年的君主专制社会。

一、"议帝号"

名号作为"社会地位的规定和抽象"[⑤]，向为在位者所重视。故而我们看到，秦王嬴政初并天下，即下令群臣重新议定名号。《史记·秦始皇本纪》载：

> 秦初并天下，令丞相、御史曰："……寡人以眇眇之身，兴兵诛暴乱，赖宗庙之灵，六王咸伏其辜，天下大定。今名号不更，无以称成功，传后世。其议帝号。"丞相绾、御史大夫劫、廷尉斯等皆曰："昔者五帝地方千里，其外侯服夷服诸侯或朝或否，天子不能制。今

---

① 王子今：《秦制与"皇帝"称谓发明》，《秦汉称谓研究》，北京：中国社会科学出版社，2014 年；《秦始皇议定"帝号"与执政合法性宣传》，《人文杂志》，2016 年第 2 期。

② 雷戈：《秦汉之际的政治思想与皇权主义》，上海：上海古籍出版社，2006 年。

③ 甘怀真：《皇权、礼仪与经典诠释：中国古代政治史研究》，上海：华东师范大学出版社，2008 年，第 341–361 页。

④ 孙闻博：《秦君名号变更与"皇帝"的出现》，见《初并天下——秦君主集权研究》，西安：西北大学出版社，2021 年。

⑤ 刘泽华：《中国的王权主义》，天津：天津人民出版社，2019 年，第 100 页。

陛下兴义兵，诛残贼，平定天下，海内为郡县，法令由一统，自上古以来未尝有，五帝所不及。臣等谨与博士议曰：'古有天皇，有地皇，有泰皇，泰皇最贵。'臣等昧死上尊号，王为'泰皇'。命为'制'，令为'诏'，天子自称曰'朕'。"王曰："去'泰'，著'皇'，采上古'帝'位号，号曰'皇帝'。他如议。"制曰："可。"追尊庄襄王为太上皇。[①]

这段史料为治秦汉史者所熟稔，诸多问题的讨论亦由此开启。《剑桥中国秦汉史》认为，这是秦统治者第一个有记录的行为。其旨在要其大臣们想出一个有别于王的称号，它将更好地表示秦王嬴政作为唯一的统治君主的新地位，以与迄今为止称王的许多统治者相区别。[②]

讨论的过程显示，对于新名号的认知，大臣与秦王之间存在着偏差。大臣们似乎更着重于新名号对"成功"的彰显。依据对秦王"兴义兵，诛残贼，平定天下，海内为郡县，法令由一统，自上古以来未尝有，五帝所不及"的功劳的论定，大臣们择取古史传说中被视为至贵的名号——"泰皇"上奏给秦王，拟将之作为秦王新的名号。由"臣等谨与博士议曰"可以看出，"泰皇"可谓是集合了其时的政治权威与知识权威于一体。然而，大臣们的这一集思广益超越历史纵深而出炉的名号似乎并未能完全契合秦王嬴政对于新名号的期许。最终，秦王去"泰"留"皇"，采上古位号"帝"，创名号曰"皇帝"。秦王嬴政未采纳臣僚们比照"三皇"而进呈的"泰皇"，对此，史家多认为乃其自视德兼三皇、功盖五帝，故单单一个"泰皇"不足以涵盖之。《史记》卷八《高祖本纪》《集解》引蔡邕《独断》曰："上古天子称皇，其次称帝，其次称王。秦承三王之末，为汉驱除，自以德兼三皇、五帝，故并以为号。"[③]

---

① 司马迁：《史记》卷六《秦始皇本纪》，北京：中华书局，1959 年，第 235-236 页。

② 崔瑞德、鲁惟一编：《剑桥中国秦汉史：公元前 221—公元 220 年》，北京：中国社会科学出版社，1992 年，第 68-69 页。

③ 司马迁：《史记》卷八《高祖本纪》，北京：中华书局，1959 年，第 379-380 页。

太史公曰："始皇自以为功过五帝，地广三王，而羞与之侔。"[①] 在笔者看来，其由远非如此。

对于新的名号，秦王嬴政说得很清楚，应是足以"称成功，传后世"的"帝号"。就是说，对于秦王嬴政而言，通过新创定的名号，不仅要承继贯通过去，更要昭示由其"成功"所开创的一种新的以"帝"为核心的政治秩序，并将其传之未来。换言之，秦王嬴政否定大臣所拟定的"泰皇"而自取为"皇帝"，其核心点在于其已然确立的对"帝"的认知与认同。秦王嬴政之所以对"帝"尤为青睐，雷海宗认为有两种可能的解释："一是帝本是公认为'王天下者'的称号；现在秦并六国，当然是帝。第二种解释就是七十年前秦称西帝，始终未正式取消，所以'帝号'一词并无足怪。现在秦王为帝已由理想变成事实，只剩正式规定帝的称号。"[②] 孙闻博则以为，嬴政之所以特别指示"议帝号"，乃是对于时人而言，"'五帝'及'三王'虽可称引，但'三皇'概念所指仍不尽确切，似也未被官方及社会普遍接受。仔细观察，当追述史事、评骘功业时，群臣实际仍多溯至五帝"[③]。故而对于其时的政治叙述而言，依旧还是侧重"五帝三王"或"五帝三代"，而非"三皇五帝"。"恐怕正是基于这一原因，当群臣建言'泰皇'时，秦王政仍然考虑原来的设想，'采上古"帝"位号'。这是'号曰"皇帝"'的依凭，且明确指出'皇帝'仍属'"帝"位号'序列。而'采上古"帝"位号'与群臣'自上古以来未尝有，五帝所不及'的表述，也可呼应。"[④]

在笔者而言，以"泰皇"为最尊的"三皇"多彰显的是事功与道德内涵，而"帝"更为核心的在于揭示与彰显一种权力与权威。这种权力、权威除了具有世俗的权威性外，还融合通"天"之意，故又具有"神性"

① 司马迁：《史记》卷六《秦始皇本纪》，北京：中华书局，1959年，第276页。

② 雷海宗：《皇帝制度之成立》，《清华学报》，1934年第4期。

③ 孙闻博：《初并天下——秦君主集权研究》，西安：西北大学出版社，2021年，第141-142页。

④ 孙闻博：《初并天下——秦君主集权研究》，西安：西北大学出版社，2021年，第143页。

或“神意”。[①] 历经春秋战国的混战与兼并，“在思想史的复杂流变中，‘帝’之真谛乃在于逐渐凸显其神圣性和权威性，而不在于昭示其血缘性。所谓神圣性即为形上之观念，即体现神性或天命；所谓权威性即为形下之权力，即最高世俗权力之标志”[②]。而史无前例的大一统秦帝国的创立，似乎把中国历史推到了一个前所未有的辉煌高度，许许多多的东西一下子都急剧纳入到一个空前庞大的体系之中。它要求必须创造出一种相应的综合性观念，来体现和表征这种至高的皇权尊严和无上的权力威势，表征出皇帝是高出于人间之王，乃是天人合一、神人合一、代天治民、独一无二、拥有无上权威的人世间的主宰。[③]

尤为不可忽视的是，自战国以降，在世俗的观念认知中，“帝”是优于、高于“王”的，故通常将“帝”置于“王”之上。一方面，人们普遍认同“帝”优于“王”，从而纷纷称帝[④]；另一方面，也正因如此，纷纷称帝的局面又必然使得“帝”混同于“王”。尽管如此，就思想逻辑看，“帝”优于“王”始终是一个前提和共识，否则就不会出现多帝并立，帝、王不分的现象。正是基于此，“帝”较之于“王”而获得了更多的政治青睐。如此，就使得秦始皇确信，在代表由自己所新开创的天下最高统治者的名号里面，如果缺少一“帝”字，肯定是极不完美的。这样“帝”就成为秦王嬴政首选的一个标记神圣权威的实存符号。对此，《剑桥中国秦汉史》中论述道：

“帝”字的选用更是巧妙，因为这是一个充满可以追溯到历史黎

---

① 依据学者们的概括与总结，在周代文献中，“帝”有四种用法，(1)“作为从远古到禹的帝王的称呼”；(2) 称呼商代王室祖先，但周人不这样称呼的自己祖先；(3)“有时候作为（大宗）神灵的复数词使用”；(4)“代表上帝”。见艾兰著，杨民等译：《早期中国历史、思想与文化》，沈阳：辽宁教育出版社，1999 年，第 34 页。

② 雷戈：《秦汉之际的政治思想与皇权主义》，上海：上海古籍出版社，2006 年，第 85 页。

③ 徐连达、朱子彦：《中国皇帝制度》，广州：广东教育出版社，1996 年，第 9 页。

④《战国策·燕策一·齐伐宋章》云：“秦为西帝，赵为中帝，燕为北帝，立为三帝而以令诸侯。”何建章注释：《战国策注释》(下)，北京：中华书局，2020 年，第 1214 页。

> 明时期的神秘联想的字眼。在商代，它是一个主神（或诸神）的名称，也许等于商代统治王室的远祖（或诸远祖）。在秦代，甚至在西汉，国家官方的崇拜尊崇称之为“帝”的神。在周代中期，一系列被人们敬畏地视为早期中国文明缔造者的传说中的统治者已经开始被称作帝。然后在公元前3世纪，由于周代诸王的命运每下愈况，王的称号已丧失其威信，这时有的国家的统治者为了表示他们成立帝国的抱负，曾试图自己称帝。
>
> 这种尝试最早发生在公元前288年，当时秦王和齐王拟分别自称西帝和东帝。外来的政治压力迅速促使他们放弃这些称号。还有两次涉及秦王的尝试发生在公元前286年和前257年，但也都失败了。因此当秦始皇在公元前221年称自己为帝时，他正利用了当时已具有浓厚政治色彩，而又保持了与远古的神祇圣哲强烈联想的一个字眼。这个字眼恰当地象征了一个人的政治成就，对他，并且可能对他的臣民来说，这种成就看来几乎是超人的。①

要之，相较于群臣们单纯依据历史纵深的比较而选定的“泰皇”，由秦王嬴政最终去“泰”留“皇”，加之于“帝”所创造的“皇帝”，则包含有更多的政治寓意。“皇帝”名号不但意味着秦始皇对自身所拥有的人世至上权位的绝对自负，同时也暗示着他对自己绝世功德的无比自信。“皇帝”不但意味着至上权力，同时也意味着至高德性。“皇帝”名号包含有一种深刻的“德”的内涵。“皇帝”之“德”，即在于它是天地秩序落实为人间秩序的一种自我创造。“‘皇帝’观中有神性，但突出的是理性、创造性和社会的至上性。”② “皇帝”名号不仅是秦始皇的自我命名，而且也是秦始皇对自身本质的理解和规定。③ 秦始皇与朝臣和儒生在皇帝

① 崔瑞德、鲁惟一编：《剑桥中国秦汉史：公元前221—公元220年》，北京：中国社会科学出版社，1992年，第69页。

② 刘泽华：《中国的王权主义》，天津：天津人民出版社，2019年，第101页。

③ 雷戈：《秦汉之际的政治思想与皇权主义》，上海：上海古籍出版社，2006年，第83页。

名号上的分殊，表现在秦始皇对皇帝概念的理解不仅更具有由过去至未来的历史感，而且更是揭示彰显了一种新的政治秩序即王权主义由观念到现实的实践——皇权政治。

换言之，秦王诏令“议帝号”，不仅在于“帝”优于“王”，秉承了对历史上最高权力拥有者称谓名号的一种历史延续，更昭示着一种超越，代表着未来发展的一种新的政治秩序。相较之下，“皇”仅仅为修饰“帝”之用。① 劳榦先生认为，将被视为是“过去有功和有德的共主（王）”的“帝”，与表示“辉煌”进而被引申用作“古代想象中帝王”的“皇”二者联合起来运用，是秦王朝“新的设计”，故而“皇帝”两个字的连用，代表着一种新制度的开始。② 就是说，“皇帝”所彰显的，不仅是名号的新的设计，更是昭示着一种新的制度，一种新的政治秩序。就“皇帝”所揭示的秩序而言，孙闻博认为，在嬴政发兵攻灭诸侯之前的秦国政治秩序，其外部秩序为“王—诸侯（王）”，内部为“王—郡县/诸侯”。而自嬴政要求“议帝号”，群臣称其“平定天下，海内为郡县”来看，内部秩序已然变为“王—郡县”。这与惠文王以降秦国地方行政的复合制传统是不完全契合的。③ 随着“皇帝”名号的确定，一种帝国新的政治秩序即“皇帝—郡县”政治秩序得到进一步的确定。换言之，所谓“皇帝”，主要应为与一般“帝”号相区分。一般“帝”号仍对应“分天下”政治模式，而“皇帝”号却确定于“秦初并天下”并“海内为郡县”之时。太史公交代撰写《六国年表》之缘故，称“以至于秦，卒并诸夏，灭封地，擅其号”④。相对于周王朝的广行分封，众建诸侯，强调“分天下”，

---

① 《说文·王部》：“皇，大也。从自王。自，始也。”许慎撰，段玉裁注：《说文解字注》，上海：上海古籍出版社，1981 年，第 9 页。王育民谈到，“‘皇’字被用来形容一切大、美、光、天含义之事”，“从秦开始建立的皇帝制，‘皇’为‘帝’的形容词”。（王育民：《秦汉政治制度》，西安：西北大学出版社，1996 年，第 2 页。）

② 劳榦：《秦汉简史》，北京：中华书局，2018 年，第 277 页。

③ 孙闻博：《初并天下——秦君主集权研究》，西安：西北大学出版社，2021 年，第 144-145 页。

④ 司马迁：《史记》卷一百三十《太史公自序》，北京：中华书局，1959 年，第 3303 页。

秦刚刚实现从未有过的“初并天下”之壮举，而“皇帝”是在这空前盛业之上确立的空前盛号。[①]

由此可知，群臣、儒生所拟定的“泰皇”未能被采纳，在于其没能真正理解秦始皇的武功和霸业完全是君权政治的成功。[②] 这种君权政治所要求的不仅仅是儒生所标榜的“三皇”的神圣性，同时还必须具备世俗的绝对权威性。相形之下，“帝”因兼备神圣与权威两义而显得更为适当一些。“‘皇帝’概念即是巧妙兼容王权理念与君权实践的一个极富创造性的皇权政治符号。”[③] 换言之，秦始皇号称“皇帝”，一方面表明他承继了先秦“三皇”“五帝”的“皇”“帝”观念中所蕴含的政治文化，另一方面又表明他对古代帝王的超越，比古代帝王更加受人尊崇[④]，也就实现了新名号“称成功，传后世”之旨。

要之，秦王嬴政以“议帝号”为旨而最终确定的“皇帝”名号，可谓是完成了一件创时代的事，即把最尊崇的名号与最高权力结合为一体，彰显一种新的制度、新的政治秩序，并借此形成一种皇帝至上的新观念。

二、皇帝至上

从政治思想言之，皇帝的诞生，不仅使得先秦诸子所建构的王权主义由理论形态转变为现实的政治实践，而且使理想意义上的三代王权的绝对性通过皇权体制得以充分展示，并使皇帝透过体制而直接彰显出自身的观念实存。如此，呈现在人们面前的就不光是一套制度，而且还是制度的人

---

① 孙闻博：《初并天下——秦君主集权研究》，西安：西北大学出版社，2021年，第144页。

② 王子今先生以为，“嬴政以秦王身份指示丞相、御史讨论‘名号’，然而在讨论之前，所谓‘其议帝号’已经表露对于‘帝’字的特别热爱和明显的倾心。‘丞相绾、御史大夫劫、廷尉斯等’建议‘尊号’‘为“泰皇”’，似乎没有注意到秦王政指示‘其议帝号’的‘帝’字。……号曰‘皇帝’的最高裁定，体现出秦始皇内心对‘上古“帝”位号’的特殊重视”。王子今：《秦始皇议定“帝号”与执政合法性宣传》，《人文杂志》，2016年第2期。

③ 雷戈：《秦汉之际的政治思想与皇权主义》，上海：上海古籍出版社，2006年，第86页。

④ 刘泽华：《中国的王权主义》，天津：天津人民出版社，2019年，第101页。

格化和名号化，即所谓的观念化[①]。而“皇帝”的观念化，又使得王权主义的政治权力对思想观念的控制具有直接性，其核心就是通过皇帝至上观念的塑造完成皇权主义意识形态体制的实践和建构。

皇帝至上，首先体现在“皇帝”名号本身即内蕴着对历史承继与超越的最高价位与政治权威。雷戈言及，“议帝号”过程虽然充满变数，也令李斯等大臣、博士煞费苦心，但其总体思路还是相当清晰的，即在人间所能想象的最高价位上来定位始皇，充分调动和运用全部政治思想资源来创造一种全新的政治权威。[②] 对于人类历史意识而言，其总是随着人类文化的发展而发展，即人类文化越发展，历史意识就越强化，因为其是人们认识自我的重要路径。而“‘三皇’‘五帝’是先秦诸子们讨论的一个关系人类自我历史、理想与批判意识的重大课题”[③]，就是说，在人类自我历史意识的发展过程中，为了构建起自身的历史发展脉络，传说中的英雄人物——“三皇”“五帝”不仅被塑造为伟大的创新者、道德至圣者，更是被视为历史的开创者、理想治世的象征者。“明一者皇，察道者帝，通德者王，谋得兵胜者霸。”[④] “得吾道者，上为皇而下为王。”[⑤] “昔有舜欲服海外而不成，既足以成帝矣。禹欲帝而不成，既足以王海内矣。汤武欲继禹而不成，既足以王通达矣。五伯欲继汤武而不成，既足以为诸侯长矣。”[⑥] 皆主张以三皇五帝为榜样建功立业，“天地大矣，生而弗子，成而

---

① 观念学方法，就是对一个词语、一个概念的根本性解释。它关心的是思想的实质，而非思想的形式。它首先需要分析的是一种观念所能够产生的现实力量和制度创意。见雷戈：《秦汉之际的政治思想与皇权主义》，上海：上海古籍出版社，2006 年，第 88 页。

② 雷戈：《秦汉之际的政治思想与皇权主义》，上海：上海古籍出版社，2006 年，第 79 页。

③ 刘泽华：《中国的王权主义》，天津：天津人民出版社，2019 年，第 100 页。

④ 戴望：《管子校正》卷六《兵法》，《诸子集成》（五），北京：中华书局，2006 年，第 94 页。

⑤ 王先谦注：《庄子集解》卷三《在宥》，《诸子集成》（三），北京：中华书局，2006 年，第 66 页。

⑥ 高诱注：《吕氏春秋》卷第二十六《士容论第六》，《诸子集成》（六），北京：中华书局，2006 年，第 331 页。

弗有，万物皆被其泽，得其利，而莫知其所由始，此三皇五帝之德也”[①]。“故夫三皇五帝之礼义法度，不矜于同而矜于治。故譬三皇五帝之礼义法度，其犹柤梨橘柚邪！其味相反而皆可于口。”[②]“上称三皇五帝之业以愉其意。”[③]换言之，在其时人们已有的认知体系中，“三皇”“五帝”可谓是一种至上至高价位的存在。虽然秦王嬴政没有直接采纳大臣们所上奏的“泰皇”名号，但最终去“泰”留“皇”，创设“皇帝”名号，使得嬴政成为中国历史上第一个把“皇”与“帝”连接起来称“皇帝”的帝王，一方面表明其承继了先秦“三皇”“五帝”的“皇”“帝”观念中所蕴含的全部政治文化，另一方面又在此基础上超越之，无疑是借助新的名号塑造出更高价位、更加至上、更加绝对、更加唯一的政治权威。

在其时而言，皇帝之为皇帝亦即皇帝至上的理论基础，在于始皇帝的功盖一切。泰山刻石颂扬秦始皇为“建设长利”“化及无穷”。琅邪刻石中说秦始皇“皇帝之德，存定四极。诛乱除害，兴利致福。节事以时，诸产繁殖。黔首安宁，不用兵革。六亲相保，终无寇贼”。“功盖五帝，泽及牛马，莫不受德，各安其宇。”……对于这些代表着始皇帝旨意的刻石所载，我们不能单纯视之为始皇帝的自我迷恋与自我颂扬。刘泽华指出，这些颂扬在政治思想上有着极端重要的意义，即“既然秦始皇给天下带来了无限的美好，那么他就有权支配一切，拥有一切。事实上，他正是这样宣传和这样做的”[④]。

我们看到，秦并兼天下，建立帝国后，无论论议、文告，还是刻石所书、诏版所铸，均强调秦统一功绩的归属在始皇帝，“除了赞颂祖宗神灵之助的几句空话之外，并不涉及任何其他超凡入圣之神灵引导他取得成功

---

① 高诱注：《吕氏春秋》卷第一《孟春纪第一》，《诸子集成》（六），北京：中华书局，2006年，第8页。

② 王先谦注：《庄子集解》卷四《天运》，《诸子集成》（三），北京：中华书局，2006年，第91页。

③ 高诱注：《吕氏春秋》卷第七《孟秋纪第七》，《诸子集成》（六），北京：中华书局，2006年，第70页。

④ 刘泽华主编：《中国政治思想史》（秦汉魏晋南北朝卷），杭州：浙江人民出版社，2020年，第2页。

时所起的作用之辞。秦始皇建立地位的基础是他征服了敌国，荡平了所有当时已知的领土，而且在一套唯一而一致的法则的基础上推行中央集权制。有一种说法是吹嘘他的这些成就是史无前例的；这样，这种提法就使他有资格选用‘皇帝’这一足以传之万世的尊号”[①]。秦王嬴政所开创的史无前例的“成功”，使得其不仅有资格选用“皇帝”这一超越“三皇”“五帝”的新的名号，更揭示出皇帝至上，皇帝乃天下的主宰，“六合之内，皇帝之土”，“人迹所至，无不臣者”。这在一定程度上也得到群臣的认同，“今陛下兴义兵，诛残贼，平定天下，海内为郡县，法令由一统，自上古以来未尝有，五帝所不及”[②]。“他时秦地不过千里，赖陛下神灵明圣，平定海内，放逐蛮夷，日月所照，莫不宾服。以诸侯为郡县，人人自安乐，无战争之患，传之万世。自上古不及陛下威德。”[③] 如此，天上地下所有一切都属于皇帝所有，至高无上的权力就是占有、支配一切的最主要的根据。

与“皇帝”伴随而生的是皇帝制度，其作为皇权政体的核心与本质，从制度上保障着皇帝至上在政治生活中的实践。如此，先秦诸子们所建构的王权（皇权）主义思想理论形态也就落地生根，成为制度化的实践。首先，皇帝名号本身就是一种重要的政治资源，谁占有了它，谁就“贵不可言”，拥有行使最高权力[④]的合法性。无论是谁，包括皇帝的父亲“太上皇”[⑤]，在皇帝面前都必须俯首称臣，顶礼膜拜。为了维护皇帝的“贵不可言”，皇权制度包含着系列的专门的名号制度，即通过一系列名与器、礼与法的规定——“定名号”，在观念上和制度上确保君权的尊严，维护皇

---

① 崔瑞德、鲁惟一编：《剑桥中国秦汉史：公元前221—公元220年》，北京：中国社会科学出版社，1992年，第782页。

② 司马迁：《史记》卷六《秦始皇本纪》，北京：中华书局，1959年，第236页。

③ 司马迁：《史记》卷六《秦始皇本纪》，北京：中华书局，1959年，第254页。

④ 权力，“它是指个人、群体和组织通过各种手段以获取他人服从的能力，这些手段包括暴力、强制、说服以及继承原有的权威与法统”。见葛兆光：《中国思想史》（第一卷），上海：复旦大学出版社，2001年，第301页。

⑤ 参见刘力、岑宛聪：《秦、汉“太上皇”政治文化透视》，《人文杂志》，2022年第3期。

帝的至尊地位。“名者，所以别物也。亲者重，疏者轻，尊者文，卑者质。”[1]《史记·礼书》载：

> 人道经纬万端，规矩无所不贯，诱进以仁义，束缚以刑罚，故德厚者位尊，禄重者宠荣，所以总一海内而整齐万民也。人体安驾乘，为之金舆错衡以繁其饰；目好五色，为之黼黻文章以表其能；耳乐钟磬，为之调谐八音以荡其心；口甘五味，为之庶羞酸咸以致其美；情好珍善，为之琢磨圭璧以通其意。故大路越席，皮弁布裳，朱弦洞越，大羹玄酒，所以防其淫侈，救其凋敝。是以君臣朝廷尊卑贵贱之序，下及黎庶车舆衣服宫室饮食嫁娶丧祭之分，事有宜适，物有节文。仲尼曰：“禘自既灌而往者，吾不欲观之矣。”[2]

礼仪名号的核心是尊君抑臣，“至秦有天下，悉内六国礼仪，采择其善，虽不合圣制，其尊君抑臣，朝廷济济，依古以来”。我们看到，自“皇帝”称谓产生以后，除了王、公、侯之类的改为贵族称谓外，其他君主称谓，诸如“天子”，都成为“皇帝”独享与专有的同义词。天子“正号曰皇帝，自称曰朕，臣民称之曰陛下，其言曰制诏，史官记事曰上。车马衣服器械百物曰乘舆，所在曰行在，所居曰禁中，后曰省中，印曰玺。所至曰幸，所进曰御。其命令一曰策书，二曰制书，三曰诏书，四曰戒书”[3]。“谓之‘陛下’者，群臣与天子言，不敢指斥，故呼在陛下者与之言，因卑达尊之意也。”[4]

在周代宗法制与分封制下，诸侯公室贵族及卿大夫共同执掌朝政。

---

① 苏舆撰，钟哲点校：《春秋繁露义证》卷第十七《天道施》，北京：中华书局，1992年，第471页。

② 司马迁：《史记》卷二十三《礼书》，北京：中华书局，1959年，第1157－1158页。

③ 蔡邕：《独断》，《说郛三种》（第3册），上海：上海古籍出版社，2012年，第493页。

④ 司马迁：《史记》卷六《秦始皇本纪》，北京：中华书局，1959年，第237页。

“辨其邦国都鄙之数，制其畿疆而沟封之，设其社稷之壝而树之田主，各以其野之所宜木，遂以名其社与其野。”[①] 在天子之下的诸侯、贵族有着自己独立的政治、经济、军事力量及采邑。他们在天子、诸侯、国君周围，辅佐执政，控制权力。国有大事，天子、国君必征询之。在天子与诸侯的关系上，主要体现的依旧是邦国同盟中盟主与结盟诸邦国的宗法、礼俗、宗教方面的关系。这种情况使王权之外存在着一个公卿、大夫等贵族阶级的制约力量，限制着天子与诸侯国君的权力。随着“皇帝”名号的出现，以皇权至上为核心的皇权政体宣告诞生，过去邦国同盟中盟主与结盟诸邦国的宗法、礼俗、宗教方面的关系有了根本性变化，演变为“帝国—郡县”的政治秩序。在此秩序之下，君主独擅权势，事无大小皆决于上，个人对皇权的依附性增强，由此形成皇帝至上、皇权至上的观念化。

皇帝至上，在上而言表现为皇帝作为天子，是代表“天”君临天下，统治天下的。“天子”之为天子，取其乃“天之子”。即所以称之为天之子，乃是视之为天的代表。皇帝与“天子”的同义，昭示了其至上性与神圣性，这由皇帝（天子）独享祭天之权可窥一斑。天子所以专有祭天之权，其他任何人都无权祭天，就因为只有天子才是天的代表，才有资格直接与天交通。早在商周，“天”作为一种至上神而被广泛信仰，“商周之际，对于天之寅畏虔恭，可谓至极”[②]。对广大民众而言，“天”始终是神秘的，是至上的，“获罪于天，无所祷也”[③]。而“国之大事，在祀与戎”，祭祀作为具有深刻意蕴的政治活动，有着重要的政治象征意义，尤其是祭天之郊祀，“郊者，所以祭天也”。它是权力、地位与身份至上的象征，“中国古代的帝王清楚地知道，郊祀祭天是权力的宣泄和统治者身份的象征，他们把郊祀看作是政治活动的重要组成部分”[④]。其旨在于“向臣民昭

① 郑玄注，贾公彦疏：《周礼注疏》卷第十《大司徒》，李学勤主编：《十三经注疏》（标点本），北京：北京大学出版社，1999 年，第 242 页。

② 梁启超：《先秦政治思想史》，长沙：岳麓书社，2010 年，第 33 页。

③ 何晏注，邢昺疏：《论语注疏》卷第三《八佾》，李学勤主编：《十三经注疏》（标点本），北京：北京大学出版社，1999 年，第 36 页。

④ 刘泽华主编：《中国传统政治哲学与社会整合》，北京：中国社会科学出版社，2000 年，第 32 页。

示君权神授，宣扬在位者的统治合理性”①。此外，“天子祭天地，诸侯祭社稷，诸山川不在封内不祭”② 的祭祀原则则揭示出，“宗教上的属从关系与政治上的统治关系是相辅相成……哪一族掌握了郊祀权，哪一族就拥有了王国的政治权”③。故“天子所祭，莫重于郊”，一方面昭示了“天”这一“百神之大君”的至上性、独尊性；另一方面，更深层的意蕴则在于揭示尘世天子对最高政治地位的拥有，对最高权力的独享。“非天子不得祭天”，即借用“天”的超越性、神圣性保障人世天子的独尊性与至上性。皇帝至上也就在其独拥祭天之权中被论证与认可，进而浸染于人心，成为观念化的信念存在。

皇帝的权力在下表现在为民立极。天子的权力是天授予的，其他大小官吏都是天子获得天所授的管理权以后，再授予相当的权给予各个阶级的官吏。在这个原则下，官吏都是为天服务，而不是为人民服务。官吏都是民的主人，而不是民的雇佣。这是天子、百官、人民相互的基本关系。④“臣下谓之一人何？亦所以尊王者也。以天下之大，四海之内，所共尊者一人耳。”⑤ 故所有臣民都必须按照皇帝的意志和命令行事：

> 皇帝临位，作制明法，臣下修饬。⑥
>
> 皇帝作始。端平法度，万物之纪。⑦
>
> 皇帝躬圣，既平天下，不懈于治。夙兴夜寐，建设长利，专隆教

---

① 刘泽华主编：《中国传统政治哲学与社会整合》，北京：中国社会科学出版社，2000 年，第 35 页。

② 苏舆撰，钟哲点校：《春秋繁露义证》卷第四《王道》，北京：中华书局，1992 年，第 113 页。

③ 刘泽华主编：《中国传统政治哲学与社会整合》，北京：中国社会科学出版社，2000 年，第 32 页。

④ 劳榦：《秦汉简史》，北京：中华书局，2018 年，第 279-280 页。

⑤ 陈立撰，吴则虞点校：《白虎通疏证》卷二《号》，北京：中华书局，1994 年，第 47 页。

⑥ 司马迁：《史记》卷六《秦始皇本纪》，北京：中华书局，1959 年，第 243 页。

⑦ 司马迁：《史记》卷六《秦始皇本纪》，北京：中华书局，1959 年，第 245 页。

诲。训经宣达，远近毕理，咸承圣志。[①]

皇帝的意志就是命令，所有的人必须遵从，从而把皇权至上的思想推到前所未有的高度。“或称天子，或称帝王何？以为接上称天子者，明以爵事天也。接下称帝王者，明位号天下至尊之称，以号令臣下也。”[②]

皇权至上观念，还可以从秦始皇取消谥法表现出来。“朕闻太古有号毋谥，中古有号，死而以行为谥。如此，则子议父，臣议君也，甚无谓，朕弗取焉。自今已来，除谥法。朕为始皇帝。后世以计数，二世三世至于万世，传之无穷。”[③] 在秦始皇的观念中，皇帝是神圣的，生前不能批评，死后也不能议论和评价得失。

秦始皇创设“皇帝”名号，其空前绝后之处在于，使得专制主义的政治权威资源在“皇帝”观念中达到了极致。皇帝成为囊括了中国古代一切社会权威的象征，凝聚着人们的政治信仰和政治价值。在一定意义上可以说，“皇帝”一词集合了传统政治文化的各种要素，并像穹庐一样，笼罩在整个传统思想文化之上，构成泰山压顶之势。[④] 换言之，“皇帝”称谓不仅是人类历史意识发展的呈现，更可谓是集合了各种君权观念，成为各种权威的几何体，充分体现了君主权威的垄断性与至上性、神圣性，“皇帝集天地君亲师的权威于一身，其至上性、独占性、神圣性、绝对性，即使是神明也会自愧不如”[⑤]。“皇帝”名号蕴含了国人的全部政治想象力和制度理念。

皇帝名号的诞生，昭示着皇权政体的建立。中国历史也就进入以专制皇权为中心的集权时代。此后，“两千多年来皇帝制度有其非常特殊的地位，在中国政治制度史上也发挥过极其重要的政治功能。而皇权越来越集

① 司马迁：《史记》卷六《秦始皇本纪》，北京：中华书局，1959年，第243页。

② 陈立撰，吴则虞点校：《白虎通疏证》卷二《号》，北京：中华书局，1994年，第47页。

③ 司马迁：《史记》卷六《秦始皇本纪》，北京：中华书局，1959年，第236页。

④ 刘泽华：《中国的王权主义》，天津：天津人民出版社，2019年，第179页。

⑤ 刘泽华：《中国的王权主义》，天津：天津人民出版社，2019年，第176页。

中则是两千多年来皇帝制度演变的主线”①。从秦始皇开始建立的皇帝制度是一种一元集权化结构,秦王嬴政旋即以中国历史上第一位皇帝——始皇帝之尊，肆意行使其至高无上的皇权。

第二节　“水德”之运：皇权政体合法性的建构

公元前221年，僻居西隅的秦最终实现大一统。作为中国历史上第一个中央集权的大一统帝国，在用武力完成统一之后，更为迫切的则是需要一套对以武力所建构起来的政权进行合法性论证的思想学说。该学说的核心功能是要为已然存在的政权或政治秩序的合法性进行解释和论证。换言之，即以武力实现大一统的秦帝国转而需要一套论证、支持帝国统治合法性的信仰系统。因为任何一种统治的持续行使，总是需要某种对于正当性的成功要求，“正当性”使统治者拥有来自下层的某种程度的自愿性认同，而不必完全依赖镇压性的统治力量。“任何政权，若想进行有效与稳定的统治，绝不能只诉诸武力，而是要人民承认它的合法性。”② 而让民众对于既存统治予以接受与认同，在武力之外，更多的还是需要借助一些思想或学说对于政权予以论说，从而让民众在信仰层面接受政权的合法性存在。一如美国学者杰姆逊所说：“没有任何一个统治阶级能够永远依靠暴力来维护其统治，虽然暴力在社会危机和动乱时刻完全是必须的。恰恰相反，统治阶级必须依靠人们某种形式的赞同，起码是某种形式的被动接受，因此庞大的统治阶级意识形态的基本功能就是去说服人们相信社会生活就应该是如此，相信变革是枉费心机，社会关系从来就是这样，等等。”③

统治者对于思想学说的选择，大多是在已有的思想资源中择取能够与

---

① 倪健民、宋宜昌主编：《国家地理：从地理版图到文化版图的历史考察》，北京：中国国际广播出版社，1997年，第905页。

② 林聪舜：《儒学与汉帝国意识形态》，上海：上海人民出版社，2017年，第46页。

③ 弗雷德里克·杰姆逊著，唐小兵译：《后现代主义与文化理论》，西安：陕西师范大学出版社，1987年，第209页。

统治者意图相契合的学说，用为己用。对于初创的秦帝国而言，同样如此。其时，以儒、法为代表的诸子学说，无一不是拟图行干政之事，希冀在位者接纳自己的主张学说。

一、“五德终始”说的择取

观之其时的诸子学说，法家思想当是最为秦帝国统治者所热衷，亦为秦人所熟悉的。从秦孝公任用商鞅变法始，在内，“行之十年，秦民大说，道不拾遗，山无盗贼，家给人足。民勇于公战，怯于私斗，乡邑大治”[①]；在外，秦由此“兵革大强，诸侯畏惧”[②]，“秦无敌于天下，立威诸侯，功已成”[③]。由此，法家思想在秦逐渐深入人心，“于是法大用”[④]：

> 商君治秦，法令至行，公平无私，罚不讳强大，赏不私亲近，法及太子，黥劓其傅。期年之后，道不拾遗，民不妄取，兵革大强，诸侯畏惧。[⑤]

商鞅的变法不仅实现了秦孝公“强秦”之愿，结束了“诸侯卑秦，丑莫大焉”的窘况，更是取得了“天子致伯”“诸侯毕贺”之荣耀。此后，秦历代统治者无不沿袭法家之治。秦惠文王虽因私恨而杀商鞅，却不废商鞅之法。到秦王嬴政，见到韩非之《孤愤》《五蠹》，更是由衷而叹：“嗟乎，寡人得见此人与之游，死不恨矣！”[⑥] 要之，法家思想于秦而言，不仅

① 司马迁：《史记》卷六十八《商君列传》，北京：中华书局，1959年，第2231页。
② 何建章注释：《战国策注释》卷三《秦策一》，北京：中华书局，2020年，第80页。
③ 何建章注释：《战国策注释》卷五《秦策三》，北京：中华书局，2020年，第223页。
④ 司马迁：《史记》卷五《秦本纪》，北京：中华书局，1959年，第205页。
⑤ 何建章注释：《战国策注释》卷三《秦策一》，北京：中华书局，2020年，第79-80页。
⑥ 司马迁：《史记》卷六十三《老子韩非列传》，北京：中华书局，1959年，第2155页。

是秦国得以扫平其他六国的利器，更为秦统一中国奠定了基础。[①] 甚或有学者以为，“自秦孝公始，法家思想即为秦国的意识形态”[②]。

然则，观之法家学说，无论是商鞅“置主法之吏以为天下师”，还是其后韩非融“法”“术”“势”于一体，主张“以法为教”“以吏为师”的君主集权主张[③]，其要都在于具体治国理政的阐述与主张，而其功效更多的也就是作为国家用于施政之“治”的形而下的具体的工具或手段，即如有学者所言，“商鞅的法治就是实现他的富国强兵的一种治法，一种以富国强兵为选择根据的治法”[④]。而韩非作为先秦法家集大成者，其思想主张的核心更多的在于强化君主集权，存在着“工具性”“狭隘性”等“结构性缺失与偏倚”[⑤] 的不足。如此观之，法家学说虽然助秦致富致强，并在秦统一进程中发挥了重要作用，但其以“力”为尚的主张对于构筑政权合法性是存在明显缺失的，“法家严而少恩”[⑥]，“可以行一时之计，而不可长用也”[⑦]，难以凭之发挥对于大一统帝国合法性的信仰功能[⑧]。

在法家以外，作为先秦另一显学的儒学，亦汲汲于谋求与政权的合作。然而，儒家祖述尧舜，以三代为治，诗书礼乐为要。在诸侯务兼并、凭力胜的周秦之际，儒家学说被视为“博而寡要，劳而少功，是以其事难

---

① 徐进：《商鞅法治理论的缺失——再论法家思想与秦亡的关系》，《法学研究》，1997年第6期。

② 吴圣正：《法家思想的演变与秦王朝的兴亡》，《临沂师范学院学报》，2009年第4期。

③ 参见刘力：《“置主法之吏，以为天下师”和“以法为教”“以吏为师”——先秦法家由“国家本位”向“君主本位”政治思想的转型》，《贵州社会科学》，2020年第4期。

④ 徐进：《商鞅法治理论的缺失——再论法家思想与秦亡的关系》，《法学研究》，1997年第6期。

⑤ 李禹阶：《论商鞅、韩非的国家思想及“法”理念——兼论商、韩法家理论的结构性缺陷》，《暨南学报（哲学社会科学版）》，2015年第1期。

⑥ 司马迁：《史记》卷一百三十《太史公自序》，北京：中华书局，1959年，第3289页。

⑦ 司马迁：《史记》卷一百三十《太史公自序》，北京：中华书局，1959年，第3291页。

⑧ 钱穆先生认为，“荀卿、韩非取径狭，主定于一是，有肃杀之气”。（氏著：《秦汉史》，北京：生活·读书·新知三联书店，2018年，第12页。）这对于新生的秦帝国构筑其所需要的合法性而言，是鲜少裨益的。

尽从”[①]，“迂远而阔于事情”。对于以“重功利，轻仁义”[②] 为文化特点的秦而言，儒学更是无益于人主之国，“国用《诗》、《书》、礼、乐、孝、弟、善、修治者，敌至必削，国不至必贫。国不用八者治，敌不敢至，虽至必却。兴兵而伐，必取，取必能有之；按兵而不攻，必富”[③]。不仅如此，先秦儒学更多关注与强调的还是形而下的人伦道德，对于形而上的“天”，则是持“祭神如神在”之态度。也就是说，其时的儒家学说所关注的重心还在于社会政治中“王道”与“霸道”的具体分隔上，其所追求的“王道主义”也尚未能与形而上的“天道主义”相关联。[④] 如此，其时儒学不仅在内容上不为帝国统治者所喜好，且在信仰层级上也尚难以发挥为秦帝国政权作论的功效。故其时的儒家学说主张与秦帝国统治者的政治诉求相去甚远。

作为先秦诸子学说中的两大学说，法家主以“力”胜的“霸道”，儒家倡“道德”至上的“王道”，两者均更多着墨于在位者具体的施政之举。这对于借“力”而成就的秦帝国转而对其政权合法性予以信仰论证的需要却鲜少助力。而观之先秦其他学说，“墨者俭而难遵”[⑤]，名家“苛察缴绕，使人不得反其意，专决于名而失人情”[⑥]，道家虽被认为是“采儒墨之善，撮名法之要，与时迁移，应物变化，立俗施事，无所不宜”[⑦]，然则，“其术以虚无为本”，且“道家无为，又曰无不为，其实易行，其辞难知”[⑧]。要之，上

---

① 司马迁：《史记》卷一百三十《太史公自序》，北京：中华书局，1959 年，第 3289 页。

② 林剑鸣：《从秦人价值观看秦文化的特点》，《历史研究》，1987 年第 3 期。

③ 蒋礼鸿：《商君书锥指》卷一《去强》，北京：中华书局，1986 年，第 30 页。

④ 转引自刘文瑞：《征服与反抗——略论秦王朝的区域文化冲突》，《文博》，1990 年第 5 期。

⑤ 司马迁：《史记》卷一百三十《太史公自序》，北京：中华书局，1959 年，第 3289 页。

⑥ 司马迁：《史记》卷一百三十《太史公自序》，北京：中华书局，1959 年，第 3291 页。

⑦ 司马迁：《史记》卷一百三十《太史公自序》，北京：中华书局，1959 年，第 3289 页。

⑧ 司马迁：《史记》卷一百三十《太史公自序》，北京：中华书局，1959 年，第 3292 页。

述诸子学说在其时都难以满足秦帝国统治者构筑政权合法性的理论诉求。

钱穆先生曾谈到，晚周学术，大抵荀卿韩非为一派，邹衍吕不韦为一派[①]。既然韩非荀卿一派难以满足秦帝国构筑皇权合法性的理论诉求，剩下的也就只有邹衍吕不韦一派了。据载，战国时齐人邹衍先是以儒术干世主而不为所用，随后乃“深观阴阳消息而作怪迂之变”，遂有“《终始》《大圣》之篇十余万言”。[②] 在这十余万言中，“其语闳大不经，必先验小物，推而大之，至于无垠。先序今以上至黄帝，学者所共术，大并世盛衰，因载其禨祥度制，推而远之，至天地未生，窈冥不可考而原也”[③]。其核心则是“五德终始”说。邹衍用“阴阳消息”“五德转移”来论说王朝之间的更替，并进而用“五德之运”来论证政权的合法性，“夫阴阳四时、八位、十二度、二十四节各有政令，顺之者昌，逆之者不死则亡”[④]，从而使得政权拥有者——诸侯王公们“惧然顾化”。为此，邹衍也摆脱先前“世主不用”的窘境，转而显于诸侯，“适梁，惠王郊迎，执宾主之礼。适赵，平原君侧行撇席。如燕，昭王拥彗先驱，请列弟子之座而受业，筑碣石宫，身亲往师之”[⑤]。这说明，在其时的诸子学说中，“五德终始”说因具有天命本体层级的至上性与涵摄性，故更能契合统治者所需。战国“独有邹衍，明于五德之传，而散消息之分，以显诸侯”[⑥]。

对于邹衍所获得的“游诸侯见尊礼如此”的待遇，司马迁在《史记》中一语中的地指出，其要则在于“作《主运》”[⑦]。对此，司马谈在《论

---

① 钱穆：《秦汉史》，北京：生活·读书·新知三联书店，2018 年，第 12 页。

② 司马迁：《史记》卷七十四《孟子荀卿列传》，北京：中华书局，1959 年，第 2344 页。

③ 司马迁：《史记》卷七十四《孟子荀卿列传》，北京：中华书局，1959 年，第 2344 页。

④ 司马迁：《史记》卷一百三十《太史公自序》，北京：中华书局，1959 年，第 3290 页。

⑤ 司马迁：《史记》卷七十四《孟子荀卿列传》，北京：中华书局，1959 年，第 2345 页。

⑥ 司马迁：《史记》卷二十六《历书》，北京：中华书局，1959 年，第 1259 页。

⑦ 司马迁：《史记》卷七十四《孟子荀卿列传》，北京：中华书局，1959 年，第 2345 页。

六家要旨》中谓："尝窃观阴阳之术，大祥而众忌讳，使人拘而多所畏。"[①] 就是说，邹衍为诸侯王所"尊"，在于"五德终始"说不仅聚焦了王朝的更迭，且更为现实的王朝统治提供了"德运"支撑，而这一"德运"与古来有自的"君权神授"相关联。在中华传统文化中，"君权神授"一直是政治权力来源以及合法性的终极依据。而"五德终始"说以为，某一王朝政权如若被证实据有木、火、土、金、水五德之某一"德运"，即能获得天的授予，自会获得天的庇护。这"恰好为秦王朝向人们提供了信仰上的注释"[②]。一如太史公所说："驺衍其言虽不轨，傥亦有牛鼎之意乎？"[③]

相较于儒、法多偏重于具体施政主张的论说，邹衍的"五德终始"说却是旨在"称引天地剖判以来，五德转移，治各有宜，而符应若兹"[④]。就学理内蕴言之，"五德终始"说有着天命本体层面的至上性与涵摄性，可谓是"取径宽""主兼容并包"且有"浑涵之势"[⑤]，这无疑是契合了秦帝国统治者构筑皇权合法性的期许。

此外，钱穆先生曾谈到：

> 秦自六国时，其接触东方文化之范围，大体限于三晋。齐鲁东方之学，则少所染涉。至吕不韦著《春秋》，使其宾客人人著所闻。其间始多东方学之色彩。即如十二纪，即多取燕齐阴阳家言。然辜较言之，要仍以三晋为主。……然秦既一统，其于东土之学，终不能长拒。于是秦人亦遂稍有取于燕、齐、邹、鲁滨海之学者。始皇二十六年，初并天下，即推终始五德之传，以为周得火德，秦代周，

① 司马迁：《史记》卷一百三十《太史公自序》，北京：中华书局，1959 年，第 3289 页。

② 赵潇：《论五德终始说在秦的作用和影响》，《中国哲学史》，1994 年第 4 期。

③ 司马迁：《史记》卷七十四《孟子荀卿列传》，北京：中华书局，1959 年，第 2345 页。

④ 司马迁：《史记》卷七十四《孟子荀卿列传》，北京：中华书局，1959 年，第 2344 页。

⑤ 钱穆：《秦汉史》，北京：生活·读书·新知三联书店，2018 年，第 12 页。

德从所不胜。[①]

二、“水德”之运与水德之政

“始皇推终始五德之传，以为周得火德，秦代周德，从所不胜。”[②] 依照五德终始说的“五德相胜”，所推论的结果是秦帝国获“水德”之运。秦享“水德”之运，不仅为其变周（火德）而兴的历史现实所佐证，且早有祥瑞征兆，“昔秦文公出猎，获黑龙，此其水德之瑞”[③]。这符合“五德之运”所宣扬的“凡帝王者之将兴也，天必先见祥乎下民”[④] 的祥瑞征兆。由此，被视为获得“水德”之运的秦帝国遂施行系列“水德”之政，行数端“水德”之制，“水气胜，故其色尚黑，其事则水”[⑤]。帝国的一切无不围绕“水德”而运行，甚至将抽象的说教具体化，以实实在在的社会生活中的行为细节来处处体现“水德”：

> 方今水德之始，改年始，朝贺皆自十月朔。衣服旄旌节旗皆上黑。数以六为纪，符、法冠皆六寸，而舆六尺，六尺为步，乘六马。更名河曰德水，以为水德之始。[⑥]
>
> 于是秦更名河曰“德水”，以冬十月为年首，色尚黑，度以六为名，音上大吕，事统上法。[⑦]

---

① 钱穆：《秦汉史》，北京：生活·读书·新知三联书店，2018 年，第 27 页。

② 司马迁：《史记》卷六《秦始皇本纪》，北京：中华书局，1959 年，第 237 页。

③ 司马迁：《史记》卷二十八《封禅书》，北京：中华书局，1959 年，第 1366 页。

④ 高诱注：《吕氏春秋》卷第十三《有始览第一》，《诸子集成》（六），北京：中华书局，2006 年，第 126 页。

⑤ 高诱注：《吕氏春秋》卷第十三《有始览第一》，《诸子集成》（六），北京：中华书局，2006 年，第 127 页。

⑥ 司马迁：《史记》卷六《秦始皇本纪》，北京：中华书局，1959 年，第 237－238 页。

⑦ 班固撰，颜师古注：《汉书》卷二十五上《郊祀志上》，北京：中华书局，1962 年，第 1201 页。

由上述所颁布的各项规制中可见，“水德”之性在秦帝国的社会政治生活中得以充分体现，同时，又借助秦为“水德”的认定与认知，不仅对于统一天下习俗风尚、价值取向能起到整齐划一的作用，更使得人们在对“黑色”的崇尚以及迷恋“六”这一吉祥数的追述中，体会到皇权的神圣性和帝国专制统治的合理性，进而认同于秦帝国的统治。而其中尤为核心的则是依据“水德”之性所确定的“事皆决于法”“事统上法”的施政原则：

> 刚毅戾深，事皆决于法，刻削毋仁恩和义，然后合五德之数。于是急法，久者不赦。[①]

由“水德”之运到“水德”之性再到“事皆决于法”，这一内在逻辑的展开，是其时人们对于宇宙的认知模式与行事理念的一种呈现。因为“水阴，阴主刑杀，故上法”[②]。故当“水用事”，即施之政务人事，则“闭门闾，大搜索，断刑罚，执当罪”[③]。就是说，“事皆决于法”是由秦为“水德”这一上达天命的五德之运所决定的。换言之，秦被推定为“水德”之运，为帝国“事皆决于法”的施政提供了一种哲学本体层面的天命依据。对于此，早有学者认知到，“有人认为，秦法之所以严酷，理论根源在于法家严刑峻法的主张，但人们普遍没有认识到对秦王朝行刑思想起内在决定作用的是阴阳五行学说，尤其是五行学说中的‘五德终始说’，而法家学说只不过对秦朝行刑思想起到外在的影响”，即“秦朝刚毅戾深，刻削毋仁恩和义的行刑思想与水德是一种流和源的关系”。[④] 更有学者指出，“如果说秦始皇称‘皇帝’有取‘皇’至高无上之义、取‘帝’德合天地

---

① 司马迁：《史记》卷六《秦始皇本纪》，北京：中华书局，1959年，第238页。

② 班固撰，颜师古注：《汉书》卷二十五上《郊祀志上》，北京：中华书局，1962年，第1201页“注释七”。

③ 苏舆撰，钟哲点校：《春秋繁露义证》卷第十三《治水五行》，北京：中华书局，1992年，第382页。

④ 张万军、赖世力：《阴阳五行学说对秦汉行刑思想的影响》，《内蒙古电大学刊》，2010年第5期。

之义，带有理性色彩，那么随后所制定的行政取向，完全出于对阴阳刑德学说的接受。……秦行水德而取阴刑之意，推行刻薄寡恩之法政，则出于对阴阳刑德的信从”[①]。要之，人们在批评秦政的“事皆决于法”时，往往指向法家，而忽视了一个史实，即“秦朝严刑峻法的理论基础不是法家学说，而是阴阳五行思想。阴阳五行思想是纲，严刑苛法是目”[②]。

自认为其功勋盖过三皇五帝的始皇帝，却如此崇信以阴阳五行为核心的“五德终始”说。究其根由，自有其作为一个新生的帝国之主对天命授予的渴求与期待。

其一，作为一个曾经“僻在雍州”，遭关东之国“夷翟遇之”[③] 的诸侯国，秦最终凭“力”完成了“统一六合”的伟业，较之于具有道德优越感的东方之国，让新生帝国获得来自“天”的认可似乎显得尤为必须与迫切。既然“五德”之数代表的是天命与天意，因此秉承五德施政无疑是对天命的回应与遵循，为“合五德之数”而颁行的施政原则——“事皆决于法”也就是旨在秉承天意、天命。也就是说，秦帝国“事皆决于法”的施政原则，不过是希望在“合五德之数”的天命庇护下，“后世以计数，二世三世至于万世，传之无穷”[④]。

其二，秦统治者接受以“五德终始”说为核心的阴阳五行说，不仅是因为“五德终始”承载的是“天”的旨意，填补了帝国政权合法性所需要的神性论证，还在于“五德终始”说通过“德运”保障了秦帝国政权不容挑战与觊觎。

作为一个起于西隅，为东方之国“戎狄”视之的政治体，而今骤然一统六合，创建亘古未有之大帝国，仅仅依靠皇权和法律制度是很难令天下心服的。故在对帝国政权合法性的建构过程中，帝国不得不需要超越于“法”与“力”之外的信仰学说来达此目的。面对于此，上达于“天”的“五德终始”说无疑是最佳选择，“借助于五德终始说的神威，以向广大人

① 曹胜高：《阴阳刑德与秦汉秩序认知的形成》，《古代文明》，2017年第2期。
② 臧知非：《秦思想与政治研究》，西安：西北大学出版社，2021年，第80页。
③ 司马迁：《史记》卷五《秦本纪》，北京：中华书局，1959年，第202页。
④ 司马迁：《史记》卷六《秦始皇本纪》，北京：中华书局，1959年，第236页。

民宣告，秦政权建立是顺应天意，是天神授予的”[①]。秦帝国统治者对于“五德终始”说的青睐无疑正是基于希望拥有“某种非人力所能安排的正统性色彩”，因为在这一色彩映衬下，“它使民众对于政权所带来的秩序，衍生的机构有着普遍的承认、尊重和忠诚”。[②]

不仅如此，既然“五德终始”说代表的是上天的旨意，故获天之“德运”者方可为人世之君王，旁者则不得觊觎。当“德运”尚未受天之旨意而转移时，则既有的“德运”拥有者享有天然的合法性，奉此“德运”的天子以及其政权也就天然地享有合法性，这无疑是对于既有政权秩序的一种有效维护。“‘五德终始说’可以对意欲取代现存政权的挑战者有限制的作用”[③]，这或许是帝国统治者对于“五德终始”说厚爱有加的深层要素。

其三，“合五德之数”为秦帝国统治者以法家为尚的价值喜好提供了源自“天”的理论依据。

秦自商鞅变法后，一直奉行法家学说。至秦王嬴政，更是对之推崇有加。随着秦帝国的建立以及秦享“水德”之运的推定与确立，秦统治者崇奉法家学说更由此获得了本体层级的论证，“一方面致使秦始皇更加自觉和坚决地推行急法刻削的方针；另一方面，也为秦始皇滥施刑罚、鱼肉百姓提供了借口和理论依据”[④]。一如学者所指出：“秦王朝施政缘法以治，但其统治思想却并不是单纯的法家思想，阴阳家的五德终始理论，不论对于秦王朝还是秦始皇，都起到了相对于法家思想来说更重要的作用，它所提供给秦始皇的理论自信，成为其严刑重罚、暴虐无度的心理依恃。”[⑤]“水德”之性支持的严刑峻法，正好与秦人崇尚法家的价值取向相吻合，为秦王朝急法刻削的施政提供了源于本体层面的理论根据，还使得原本只

---

① 汤其领：《秦汉五德终始初探》，《史学月刊》，1995年第1期。

② 宫欣旺：《论“五德终始说”的政治意识形态意蕴及其功能》，《中共银川市委党校学报》，2007年第3期。

③ 宫欣旺：《论“五德终始说”的政治意识形态意蕴及其功能》，《中共银川市委党校学报》，2007年第3期。

④ 吕锡琛：《道家、方士与王朝政治》，长沙：湖南出版社，1991年，第69页。

⑤ 乔松林：《秦亡于法家说质疑》，《史学月刊》，2013年第6期。

是作为一种“治”之“术”的法家学说与宇宙、天命相关联，获得了一种上达宇宙本体的地位，同时也为帝国最高统治者的崇奉爱好提供了天命依据。“五德终始”说下的“秦为水德”为帝国统治者构筑出如此多方面的契合，其能够为在位者所青睐也就无足为怪了。

秦始皇是邹衍“五德终始”说的第一个实践者，秦帝国是第一个秉持“五德”之运而施政的王朝。此后，“五行相胜”遂成为有国者用以自持的一种政治言说，“故自秦推五胜以水德自名，由汉以来，有国者未始不由于此说”[①]。然而，历史的吊诡之处在于：“五德终始”视域之下，秦代周而兴，获“水德”之运，是享天命之所授，自当获天命护佑。因崇奉“水德”之运而遵“水德”之性，进而施行的“水德”之政——“事皆决于法”，却最终加速了帝国的短命而亡。诚可谓兴亦“水德”，亡亦“水德”，其间的跌宕转折值得后世者细究之。

第三节　“兴太平”与“焚书”“坑儒”：皇权的政治实践

在对中国历史上第一个统一的专制帝国——秦王朝“短命而亡”的批判中，其作为西戎蛮国的严刑峻法、文化专制往往被置于首要，而典型的例证则是“焚书”“坑儒”。然而，考察秦帝国这一中国历史上第一个专制主义中央集权国家的施政，亦即专制皇权的实践，其也曾拟图通过“悉召天下文学方术士”的文化怀柔而“兴太平”。

一、“悉召天下文学方术士”欲以“兴太平”

在诸侯纷争的战国，“士人”对于诸侯而言，可谓是制胜的重要法宝，“六国之时，贤才之臣，入楚楚重，出齐齐轻，为赵赵完，畔魏魏伤”[②]，故战国时期七国虎争天下，莫不以招四方游士为要。其时秦国虽还是地处

---

① 欧阳修著，李逸安点校：《正统论》（上），《欧阳修全集》卷十六，北京：中华书局，2001年，第269页。

② 王充著，张宗祥校注，郑绍昌标点：《论衡校注》第十三卷《效力》，上海：上海古籍出版社，2010年，第266页。

西隅的一个诸侯国，但“自穆公至于始皇，皆能留心待贤，远求异士，招由余于西戎，致五羖于宛市，取丕豹于晋乡，迎蹇叔于宗里”[①]。相较于关东六国，秦国举贤纳士的力度更大，范围更广，“六国所用相，皆其宗族及国人……独秦不然，其始与之谋国以开霸业者，魏人公孙鞅也。其他若楼缓赵人，张仪、魏冉、范雎皆魏人，蔡泽燕人，吕不韦韩人，李斯楚人。皆委国而听之不疑，卒之所以兼天下者，诸人之力也”[②]。秦重用四方宾客士人最终获得了丰厚回报：

> 昔缪公求士，西取由余于戎，东得百里奚于宛，迎蹇叔于宋，来丕豹、公孙支于晋。此五子者，不产于秦，而缪公用之，并国二十，遂霸西戎。孝公用商鞅之法，移风易俗，民以殷盛，国以富强，百姓乐用，诸侯亲服，获楚、魏之师，举地千里，至今治强。惠王用张仪之计，拔三川之地，西并巴、蜀，北收上郡，南取汉中，包九夷，制鄢、郢，东据成皋之险，割膏腴之壤，遂散六国之从，使之西面事秦，功施到今。昭王得范睢（雎），废穰侯，逐华阳，强公室，杜私门，蚕食诸侯，使秦成帝业。[③]

最终，因着“听众人之策”，秦实现了“乘六世之烈以蚕食六国，兼诸侯并有天下”。所谓的“众人之策”，即来自四方宾客士人的谋略建议。我们可以看见，在成就帝业的过程中，秦国对于各方士人是倚重、礼遇的，即便在因怀疑“诸侯人来事秦者，大抵为其主游间于秦”而意欲“请一切逐客”时，最终考量到如若“疏士而不用，是使国无富利之实而秦无强大之名也”而“乃除逐客之令”。[④] 作为秦帝国的开创者，始皇在其少年之际便开始招纳士人，“年十三岁，庄襄王死，政代立为秦王。……招

① 房玄龄等：《晋书》卷四十八《段灼传》，北京：中华书局，1974年，第1344页。

② 洪迈著，王兴亚注译：《容斋随笔》卷二《秦用他国人》，郑州：中州古籍出版社，2010年，第37页。

③ 司马迁：《史记》卷八十七《李斯列传》，北京：中华书局，1959年，第2541-2542页。

④ 司马迁：《史记》卷八十七《李斯列传》，北京：中华书局，1959年，第2541-2546页。

致宾客游士，欲以并天下”①。

其时士人在建功立业为帝王师的理想憧憬下，亦是欣然西向秦的。李斯，楚国人，却驰骛为秦王“舍人”：

> 斯闻得时无怠，今万乘方争时，游者主事。今秦王欲吞天下，称帝而治，此布衣驰骛之时而游说者之秋也。处卑贱之位而计不为者，此禽鹿视肉，人面而能强行者耳。故诟莫大于卑贱，而悲莫甚于穷困。久处卑贱之位，困苦之地，非世而恶利，自托于无为，此非士之情也。故斯将西说秦王矣。②

作为楚人，李斯却毅然前往西戎之秦，缘由在于秦强王贤，可以成就天下一统的帝业，“自秦孝公以来，周室卑微，诸侯相兼，关东为六国，秦之乘胜役诸侯，盖六世矣。今诸侯服秦，譬若郡县。夫以秦之强，大王之贤，由灶上骚除，足以灭诸侯，成帝业，为天下一统，此万世之一时也”③。成就天下一统的万世之伟业，不仅是统治者的政治憧憬，亦是渴望为帝王师的士人们的政治理想。对于此时秦统治者与士人之间惺惺相惜的关系，有学者以为：“历史的嘲弄常常是双向的。一方面，它固执地将秦的统治者铸于士的对立面，从而与东方那些温良谦逊、恭敬文雅的士的保护人、赞助者明显区别开来。另一方面，在中国历史上自由度相对最大的战国末年，士人们几乎是完全自主地选择了秦王，向他献计献策，帮助他完成统一大业，甚至帮助他灭亡了自己的国家。”④

上述论述说明，在相当一段时间，秦政权虽然奉行商鞅重军功、尚耕战的法家思想，但对于士人是倚重、礼遇的，而士人对被视为西戎的秦国亦是向往的，乃至于认同的。这由作为先秦儒家集大成者的荀子对秦之评价可窥一斑：

---

① 司马迁：《史记》卷六《秦始皇本纪》，北京：中华书局，1959年，第223页。

② 司马迁：《史记》卷八十七《李斯列传》，北京：中华书局，1959年，第2539-2540页。

③ 司马迁：《史记》卷八十七《李斯列传》，北京：中华书局，1959年，第2540页。

④ 于迎春：《秦汉士史》，北京：北京大学出版社，2000年，第4页。

> 应侯问孙（荀）卿子曰："入秦何见?"孙卿子曰："其固塞险，形埶便，山林川谷美，天材之利多，是形胜也。入境，观其风俗，其百姓朴，其声乐不流污，其服不挑，甚畏有司而顺，古之民也。及都邑官府，其百吏肃然，莫不恭俭、敦敬、忠信而不楛，古之吏也。入其国，观其士大夫，出于其门，入于公门；出于公门，归于其家，无有私事也，不比周，不朋党，倜然莫不明通而公也，古之士大夫也。观其朝廷，其间听决百事不留，恬然如无治者，古之朝也。……故曰：佚而治，约而详，不烦而功，治之至也，秦类之矣。"①

公元前221年，当秦最终扫定六国，建立起庞大的武功帝国后，为了弥补自身作为西戎之国在文化历史、文化内涵上的先天不足，对于承载诸子百家之学的士人延续了其一贯的礼遇之策，拟图以此将以齐、鲁为代表的关东六国悠久深厚的文化传承延揽入帝国政权。这种文化怀柔政策表现在博士员的设置上。博士，"秦官，掌通古今，秩比六百石，员多至数十人"②。王国维先生在《汉魏博士考》中指出，秦博士员七十人，"其中盖不尽经术之士……殆诸子诗赋、术数、方伎皆立博士，非徒六艺而已"③。就是说，秦帝国置博士，有儒学之士，亦有方术、道家等其他诸子之士。博士员的设置，是帝国统治者拟图将春秋战国的私家养士制度一变为王朝养士，将以儒生为代表的士人延纳进入大一统的体制之内，从而与帝国政权一统相适应的文化政策上的举措。

秦帝国在设置博士员后，国家凡有大型活动，或者是重要事项的决议，多有博士参与其中。始皇"即帝位三年，东巡郡县……于是征从齐、鲁之儒生博士七十人，至乎泰山下"④。三十四年，"始皇置酒咸阳宫，博

---

① 王先谦：《荀子集解》卷十一《强国篇》，《诸子集成》（二），北京：中华书局，2006年，第202页。

② 班固撰，颜师古注：《汉书》卷十九上《百官公卿表上》，北京：中华书局，1962年，第726页。

③ 王国维：《观堂集林》卷四《汉魏博士考》，北京：中华书局，1959年。

④ 司马迁：《史记》卷二十八《封禅书》，北京：中华书局，1959年，第1366页。

士七十人前为寿"[①]。对于秦政权体制内出现的这一新群体，学者亦认为，"在秦开国时中央官吏还不多的情况下，这应当是一支庞大的在秦宫廷服务的东方文化队伍及文化势力，也是一股言论力量"[②]。由这些史实似可窥得，秦统治者在帝国之初确实打算怀柔法家之外的其他诸子思想。

或许正是秦帝国统一前后对士人的这种文化怀柔，加之其成就的"自上古以来未尝有"的统一伟业，使士人们对这一新的帝国是充满期待与认可的。"天下之士斐然乡风"[③]，莫不宾服。"昔者五帝地方千里，其外侯服夷服诸侯或朝或否，天子不能制。今陛下兴义兵，诛残贼，平定天下，海内为郡县，法令由一统，自上古以来未尝有，五帝所不及。"[④] 此番称颂者，不仅有法家之李斯，亦有"丞相（王）绾、御史大夫（冯）劫"[⑤] 等。不仅如此，在随后的"议刻石""议封禅"之事中，鲁诸儒生参与其中，不仅"说明在'鲁诸儒生'的心目中，秦的统一、秦始皇的功业是'秦德'的体现"，也说明了秦始皇"悉召文学方术士甚众，欲以兴太平"并非完全的自我夸饰，而是以相应的事实基础为依据的。[⑥] 据此，在一定程度上可以说，在帝国之初，政权与士人之间这种双向期待与认知应该算是较为同步的。然而，随着社会矛盾的凸显，专制皇权也就暴露出了其狰狞的面目。

二、处士横议：对皇权的挑战

春秋战国之际，随着"礼乐征伐自天子出"的局面被打破，既有社会秩序遭遇挑战，在流动不已的社会中，处于贵族与庶人交接点上的诸子凭借自己文化传统上的优势，形成士人阶层。[⑦] 士人们往往以帝王师自任，

① 司马迁：《史记》卷六《秦始皇本纪》，北京：中华书局，1959 年，第 254 页。

② 李禹阶：《秦始皇"焚书坑儒"新论——论秦王朝文化政策的矛盾冲突与演变》，《重庆师范大学学报（哲学社会科学版）》，2004 年第 6 期。

③ 司马迁：《史记》卷六《秦始皇本纪》，北京：中华书局，1959 年，第 283 页。

④ 司马迁：《史记》卷六《秦始皇本纪》，北京：中华书局，1959 年，第 236 页。

⑤ 司马迁：《史记》卷六《秦始皇本纪》，北京：中华书局，1959 年，第 236 页。

⑥ 臧知非：《秦思想与政治研究》，西安：西北大学出版社，2021 年，第 115-116 页。

⑦ 王保顶：《游士文化传统及其终结——西汉武帝以前士人阶层的演变》，《江海学刊》，2001 年第 1 期。

游走于诸侯间，他们凭借自身的文化知识言治乱、议政事、论国事，不仅促成了“百家争鸣”的文化繁荣局面，亦形成了“以道自命”的士人品格，“士不可以不弘毅，任重而道远”①，“无恒产而有恒心者，惟士为能”②。春秋战国诸侯争霸，士人们各自为新的政治理想建言献策，为自身在新的政治结构中的最终定位孜孜以求。士人的品格与追求决定了他们热衷于政治批判与政治设计。

历经“周秦之变”，国家—社会从二元一体变为二元对立。“丞相诸大臣皆受成事，倚辨于上”，“天下之事无小大皆决于上”。③ 这是一种绝对服从秩序与专制的政体形式，是一种与“处士横议”的春秋战国迥乎不同的高度集权的专制社会。表现在政治领域是血缘政治的淡化，思想领域的表现则是承担意识形态功能的礼乐与社会现实之间的脱节，出现意识形态危机。④

意识形态是社会对自身的意识与表述，是受到权力支持的占支配地位的信仰系统，其功能是为既存的或构想中的政治秩序的合法性作解释和论证，并为之实现提供策略，它是政治统治的重要工具。⑤ 为此，代周而立的秦帝国需要一套能够论证、支持自己统治的信仰系统，这个系统不强调统治的有效性（实然）而强调它的合法性（应然），这就需要从道义层面来解释、论证秦帝国的合法性。然而，其时帝国采纳的用来论证新帝国合法性的阴阳家的五德终始论不仅忽略了对于权力道德来源的论证，且其“五行相胜”的结果是对法家思想的坚持。之所以要强调权力的道德来源，是因为历史地看，经过周秦之变，西周的宗法制在表层政治结构上被郡县制所取代，但在社会的深层结构中依然具有宗法势力继续存在的土壤，宗

① 《论语集注》卷四《泰伯第八》，朱熹：《四书章句集注》，北京：中华书局，1983年，第104页。

② 《孟子集注》卷一《梁惠王章句上》，朱熹：《四书章句集注》，北京：中华书局，1983年，第211页。

③ 司马迁：《史记》卷六《秦始皇本纪》，北京：中华书局，1959年，第258页。

④ 侯外庐：《中国思想通史》第1卷，北京：人民出版社，1957年，第44页。

⑤ 徐平华：《〈新语〉：汉代儒学意识形态化的先声》，《衡阳师范学院学报》，2005年第4期。

法制社会形成的民众心理对王道政治伦理还保持着相当的认同感。[①] 正是这种认同感，造成了秦帝国中以儒生、方士为代表的士人“异说”。

首先，随着秦帝国的建立，郡县制取代分封制，儒生们安身立命的礼乐文化也遭到为新生帝国立论的五德终始论和法家文化的排斥。在面对“自上古以来未尝有”的秦帝国政权如何建构的问题时，儒生作为西周宗法礼乐文化的承载者，对于滋养礼乐文化的分封制自然青睐有加。为此，儒生们一再向帝国统治者进呈分封制。

帝国之初，作为儒生的丞相王绾就进言：“诸侯初破，燕、齐、荆地远，不为置王，毋以填之。请立诸子，唯上幸许。”儒生们希望新生帝国与故周一样，分封天下。与之相反，作为法家代表的廷尉李斯则曰：“周文武所封子弟同姓甚众，然后属疏远，相攻击如仇雠，诸侯更相诛伐，周天子弗能禁止。今海内赖陛下神灵一统，皆为郡县，诸子功臣以公赋税重赏赐之，甚足易制。天下无异意，则安宁之术也。置诸侯不便。”[②] 两种体制的择取分歧[③]，实则是各自所代表的文化取向（礼乐文化与法家文化）在政治体制上的显现。而始皇帝最终“廷尉议是”的首肯则明确表明了统治者的择取意向。只是，这并没有让儒生士人就此止步，他们依旧固执地呈已所见。乃至其后当仆射周青臣进颂“以诸侯为郡县，人人自安乐，无战争之患，传之万世”时，博士淳于越驳斥其为“面谀以重陛下之过，非忠臣”。[④] 此处，分封与郡县的政见分歧已经演化为基于政治道德评判的人身攻击。

郡县制并非秦帝国创建之后的产物。早在战国诸侯纷争的时候，作为关

---

① 李军靖：《秦汉之际治政方略的变革与调适辨析——从历史观和道德观的双重透视中考察》，《郑州大学学报（哲学社会科学版）》，2005 年第 5 期。

② 司马迁：《史记》卷六《秦始皇本纪》，北京：中华书局，1959 年，第 238–239 页。

③ 亦有学者认为，群臣建言从来没有要恢复“天子—诸侯”政治秩序之意，而是谋议是否应当延续既往“王—郡县/诸侯”（内部）政治秩序，进而在东方偏远之地置王，从而形成升级后的“皇帝—郡县/王侯”秩序。换言之，这是“帝—郡县/诸侯”与“帝—郡县”之争，而非“帝—诸侯”与“帝—郡县”之争。是时，唯李斯窥探上意，揣摩主心，反对在“侯”之上进而封“王”。他所要求的，实际是取消旧有“郡县/诸侯”复合制，继续当时一度出现的单一郡县制，并将后者确立为帝国恒制。（参见孙闻博：《初并天下——秦君主集权研究》，西安：西北大学出版社，2021 年，第 145 页。）

④ 司马迁：《史记》卷六《秦始皇本纪》，北京：中华书局，1959 年，第 254 页。

西一隅的秦国就已经实行之。“年十三岁，庄襄王死，政代立为秦王。当是之时，秦地已并巴、蜀、汉中，越宛有郢，置南郡矣；北收上郡以东，有河东、太原、上党郡；东至荥阳，灭二周，置三川郡。”① 相对于分封制而言，郡县制更能有效地保障最高统治者意志的贯彻与执行，因为在郡县制下，各级官吏不再单纯从血缘亲属中产生，而由皇帝直接任命，对皇帝负责。官吏与皇帝之间首先和主要的是君臣关系。故对于专制集权的秦帝国而言，这是历史的自然的逻辑的选择。所以，对“郡县制”与“分封制”的不同择取，背后实质上隐含着不同的政治取向，“主张郡县制就是拥护中央集权的君主专制主义，主张分封制则有拥护宗法制度下的一定程度上的贵族民主制的意味”②。然而，固守西周礼乐文化的儒生士人却依旧沉湎于分封制所带给他们的“处士横议”的价值存在感，在郡县制已普遍实行，天下已然一统的政治土壤中，诸生依旧喋喋不休地宣讲着分封制，这不仅是对现行制度的轻视，更是对决策者们权威的挑战；任其发展，势必影响到现行法律制度的权威性，同时也威胁到居于权力要津的军功官僚们的既得利益，甚至导致权力结构和利益的调整。这是以李斯为代表的军功官僚们和文法之吏无法接受的，必须予以制止③。故分封制自然成为“异说”。

如果说郡县与分封之争还属于统治阶层内部不同政见的分歧，尚可付之廷议，而其后，对于象征帝国合法性的“封禅”以及针对最高统治者始皇帝出现的讥议，则无疑是对帝国最高政治权威的挑战。

---

① 司马迁：《史记》卷六《秦始皇本纪》，北京：中华书局，1959 年，第 223 页。

② 李祥俊：《秦汉价值观变迁史论稿》，北京：中国社会科学出版社，2017 年，第 11 页。

③ 有学者指出，淳于越以防止“田常、六卿之臣”为依据，再次提出分封皇子为王的问题，无疑是出于巩固统一王朝的一片忠心，但是，主张“师古”无疑会引起秦始皇的不快：既然是功高三皇、德过五帝，周代的分封制何来“师”之价值？反之，以“师古”立说，等于对“皇帝”之“圣德”持怀疑态度。这是秦始皇所不满意的。而“卒有田常、六卿之臣，无辅拂，何以相救哉”，不仅仅怀疑秦始皇所宣称的“大义休明”“训经宣达，远近毕理，咸承圣志”的真实性，更引起以李斯为首的重臣的不满。田常、六卿执掌国政而代齐、分晋，行分封以防备“田常、六卿之臣”，实际上是提醒秦始皇防止身边重臣篡权，警惕宫廷政变。这个“田常、六卿之臣”所指为谁？自然是皇帝身边权力最重的人。其时李斯身为丞相，“掌丞天子，助理万机”，一人之下，万人之上，是百官之首，对于淳于越的主张无论是从思想分歧还是权力之争而言，必然坚决反对。见臧知非：《秦思想与政治研究》，西安：西北大学出版社，2021 年，第 118 页。

史载，“二十八年，始皇东行郡县，上邹峄山。立石，与鲁诸儒生议，刻石颂秦德，议封禅望祭山川之事”①。招揽儒生议决封禅祭祀之事，一定程度上显现了帝国统治者对于儒生以及儒生所承载的礼乐文化的重视。然而，儒生关于封禅却是言人人殊，且“各乖异”“难施用”，因而最终受“绌”，“不得与用于封事之礼”。对此，儒生则以舆论话语“讥之”，回应“既绌”，“闻始皇遇风雨，则讥之”。②

在始皇帝而言，封禅除了是要报功于天、地，更是要昭告天下：自己这个始皇帝是受命之主，有天地神明保佑，大秦帝国千秋万代是上天注定的，其仪典自然神圣而庄严，不应有任何瑕疵，更不应有任何的分歧。因为一旦有了分歧，封禅的神明之光就不那么耀眼了。这对于志得意满、以古今第一圣王自居的秦始皇来说，当然是不能接受。③ 而儒生们因“绌”而讥议封禅这一行为，不仅是对始皇帝所开创的“自上古以来未尝有，五帝所不及”伟业的否认，等于直接宣布秦帝国没有得到天地神祇的承认，更不会得到天地神祇的保佑，这更是对于秦帝国一统太平合法性的质疑，因为“自古受命帝王，曷尝不封禅”，“易姓而王，致太平，必封泰山，禅梁父，何？天命以为王，使理群生，告太平于天，报群神之功”。④ 封禅，不仅是一个国家的祭祀活动，更是国家政权合法性的政治昭告。儒生这一继分封“异说”之后的“封禅”之讥，无疑是直接挑战了帝国一统的政治威权。清人胡秉虔认为，博士讥议封禅，“此焚坑之祸所自起也”⑤。

士人除却对秦帝国体制及合法性进行异说讥议外，还对帝国最高统治者——始皇帝进行道德品评与非议。在帝国统一大业的推进过程中，其时还是秦王的始皇对于大梁人尉缭表现了相当的礼遇，不仅“从其计”，还

---

① 司马迁：《史记》卷六《秦始皇本纪》，北京：中华书局，1959 年，第 242 页。

② 司马迁：《史记》卷二十八《封禅书》，北京：中华书局，1959 年，第 1367 页。

③ 臧知非：《秦思想与政治研究》，西安：西北大学出版社，2021 年，第 41 页。

④ 司马迁：《史记》卷二十八《封禅书》，北京：中华书局，1959 年，第 1355 页。

⑤ 胡秉虔：《西京博士考》，转引自朱国伟：《略论周、淳之争的缘起——也谈焚书坑儒发生的原因》，《北京大学学报（国内访问学者、进修教师论文专刊）》，2000 年。

“衣服食饮与缭同”，可谓“亢礼”。然而，士人尉缭的回应却是：

> 秦王为人，蜂准，长目，挚鸟膺，豺声，少恩而虎狼心，居约易出人下，得志亦轻食人。我布衣，然见我常身自下我。诚使秦王得志于天下，天下皆为虏矣。不可与久游。①

为求长生，始皇帝对于方术之士不仅施与重金，更是有求必应。然侯生、卢生却通过对始皇帝“为人”的非议为自己“求仙药”失败开脱：

> 始皇为人，天性刚戾自用，起诸侯，并天下，意得欲从，以为自古莫及己。专任狱吏，狱吏得亲幸。博士虽七十人，特备员弗用。丞相诸大臣皆受成事，倚辨于上。上乐以刑杀为威，天下畏罪持禄，莫敢尽忠。上不闻过而日骄，下慑伏谩欺以取容。秦法，不得兼方不验，辄死。然候星气者至三百人，皆良士，畏忌讳谀，不敢端言其过。天下之事无小大皆决于上，上至以衡石量书，日夜有呈，不中呈不得休息。贪于权势至如此，未可为求仙药。②

不仅如此，方术之士为逃避惩罚，还借用谶语对于希望“万世而不朽”的秦政权予以诅咒。始皇三十二年之际，燕人卢生因入海求仙不得而还，以鬼神事，因奏录图书，曰“亡秦者胡也”。为破此谶，始皇帝“乃使将军蒙恬发兵三十万人北击胡，略取河南地”。③

其后，或有黔首刻石曰“始皇帝死而地分”，或有人持璧遮使者因言之曰“今年祖龙死”系列诅咒，使得始皇“不乐”“默然良久”，遂一方面以“山鬼固不过知一岁事也”自嘲，另一方面又“卜之”“迁北河榆中三万家。拜爵一级”，拟图化解之。④

---

① 司马迁：《史记》卷六《秦始皇本纪》，北京：中华书局，1959年，第230页。
② 司马迁：《史记》卷六《秦始皇本纪》，北京：中华书局，1959年，第258页。
③ 司马迁：《史记》卷六《秦始皇本纪》，北京：中华书局，1959年，第252页。
④ 司马迁：《史记》卷六《秦始皇本纪》，北京：中华书局，1959年，第259页。

这些来自儒生、方士的“品评”“讥议”抑或是黔首的诅咒，揭示出帝国政权所面临的另一种危机，即对于帝国政权合法性认可的思想危机。这类危机较之于关东六国因国破家亡而滋生的复仇危机更为潜藏，也更具破坏性。此外，还显现出在大一统帝国体制之下，秦政权与士人之间出现的紧张状态。两者关系出现这一状态，除却个体因素之外，主要的在于双方价值取向与价值目标上的差异。以儒者为代表的士人秉承西周政治道德化的理念，即认为政治是道德的延伸，权力的基础是道德而不是暴力。这是他们关于政治的最根本观念，其所有的制度设计都源于这一观念。[①] 当士人秉承这一观念，并用之对新生帝国进行品评乃至批判的时候，权力却露出了另一面目。对于帝国政权而言，其“悉召天下文学方术士”是为了让士人们能够认可且论证帝国政权的合法性与长久性，从而“兴太平”。换句话说，秦始皇统一，以千古圣王自居，同时为了自己的圣王之业而“悉召天下文学方术士”，其旨在寄希望于文学诸生为现行制度的合理性，尤其是皇权的神圣性至上性作论，而不是要改变现行制度，更不是要质疑皇权、分割皇权。让秦始皇没有想到的是，这些文学方术士固然有发自内心地歌颂盛世的，但部分士人依旧保留着以往的习惯，以心中的“王道”衡量现实，对现实评头论足，甚至批判、讥讽、质疑。当由皇权苦心培植的承担教化功能的士人阶层开始成为皇权的反对派，当士人们开始通过控制舆论形成另一个权力中心，质疑和威胁皇权的合法性时，皇权对于士人的礼遇抑或怀柔便不复存在。[②]

正是鉴于上述来自政权统治内外的军事、政治、思想甚至是最高统治者人身安全的现实的危机，帝国统治者采取专制手段以巩固军事上的胜利成果，从而稳定帝国的政治统治。故秦王朝在思想文化融合尝试失败后旋即将秦的法治原则迅速而明白无误地宣告于天下，因为对秦帝国来说，专制皇权的至上性、绝对性是不容分割和质疑的，“焚书”“坑儒”就是秦

---

① 代云：《从“焚书坑儒”到“独尊儒术”——“周秦之变”背景下秦皇汉武统一意识形态的尝试》，《南都学坛（人文社会科学学报）》，2010 年第 5 期。

② 姚静波：《试析东汉末年太学生离心倾向之成因》，《史学集刊》，2001 年第 1 期。

帝国在其威权受到挑战时所露出的权力的狰狞。

三、"焚书""坑儒"：专制皇权的回击

"焚书"与"坑儒"原本是没有直接关联的两个历史事件。"焚书"由儒、法士人就分封与郡县两种体制的屡次争论所引发，是秦帝国针对"诸侯并作"与"法令出一"、"师今"与"学古"的矛盾分歧所采取的一种文化取向。在李斯"焚书论"主张中可以看到，其之所以采取如此的文化取向，是因为王朝欲以经书文学之士"兴太平"的政治实践遭遇了"道古以害今""饰虚言以乱实"的"异议"与批判。这与统治者所期望达到的皇权一统、政令出一、尊卑有序的社会秩序大相径庭。以军功、秩序、服从以及文化禁锢政策而横扫六合、一统天下的秦帝国面对这种"心非""巷议"的社会"异议"与批判，武器的批判必将显露出对批判的武器的专横及专制，秦帝国将此局面归咎为"私学而相与非法教"，于是，"历史在这里拐了个急弯，即帝国建立初期企图以人文'道''德'、经书文学补'法'，以此'兴太平'，倡文教的指导思想，迅速演变为对诸子之学、百家语义禁忌的文化专制政策。秦帝国在文化政策上又露出始于商鞅的'燔诗书而明法令'的一贯政策取向"[①]。

"焚书"后一年的"坑儒"成为秦帝国爆发的又一个重大政治与文化事件。如果说"焚书"起于制度之争，针对的是儒生的以古非今的对帝国大一统政权不识时务的批判，而"坑儒"则直接起于方士诸生对于始皇帝的欺骗与非议，是始皇帝因对于方士诸生施与重金却遭遇背叛的一种惩戒，"今闻韩众去不报，徐市等费以巨万计，终不得药，徒奸利相告日闻。卢生等吾尊赐之甚厚，今乃诽谤我，以重吾不德也。诸生在咸阳者，吾使人廉问，或为訞言以乱黔首"，遂"自除犯禁者四百六十余人，皆坑之咸阳"。[②]

---

① 李禹阶：《秦始皇"焚书坑儒"新论——论秦王朝文化政策的矛盾冲突与演变》，《重庆师范大学学报（哲学社会科学版）》，2004 年第 6 期。

② 司马迁：《史记》卷六《秦始皇本纪》，北京：中华书局，1959 年，第 258 页。

焚书坑儒的结果不在于具体燔焚了多少诗书，坑杀了多少诸子士人，因为就事实而论，历经焚书坑儒之祸后，诗书、儒生并未就此绝迹于当朝。东汉王充就言："秦虽无道，不燔诸子，诸子尺书，文篇具在。"[①] 在笔者看来，"焚书""坑儒"揭示的是秦帝国起初意欲实施的文化怀柔政策发生了转向。"焚书""坑儒"并非有预谋的政治事件。翦伯赞先生认为，秦代的政府不是一开始就准备对于古典文献，不分青红皂白，非秦者烧；对于知识分子，不问轻重首从，反秦者坑。他们曾经从六国的宫廷和民间搜集了几乎是全部的古典文献，征聘了七十位老学者，授以博士之官，又召集了两千以上的诸生，要他们在皇家图书馆进行古典文献的审查工作。焚书坑儒并不是秦代政府预定的计划之执行，而是逐渐演进出来的。[②] 由此可见，秦帝国政权对街谈巷议、偶语《诗》《书》、以古非今者所施行的"焚书""坑儒"是与秦统一之初的政治、文化政策有极大差异的。它标志着秦帝国在统一全国后政治、文化取向发生的一个重大转折。这就将秦的文化专制主义施向全国，将帝国的专制、服从、秩序、等级、军功引进文化领域。帝国初始的文化怀柔政策被原西秦的"燔诗书而明法令"的文化禁锢所取代，在国家层面终止了诸子思想在民间的传播进程，把那些对秦朝统治持期盼、观望态度的士人推向了反面。同时也宣告帝国初期企图以怀柔文化而"兴太平"，以文治天下的政策取向的彻底破产。虽然位居博士员的经术文学之士还保留持有与议论《诗》《书》的权利，但在全国焚书的高压下，这一权利形同虚设。[③]

此外，"焚书""坑儒"揭示了春秋战国时期士人与政权两者相互认可的礼遇关系开始向"威权"政治利用专制体制的强力迫使士人"承意顺命"转化。春秋战国之际，以孔子为代表的儒家士人继承了凝聚着三代之

---

① 王充著，张宗祥校注，郑绍昌标点：《论衡校注》第二十八卷《书解》，上海：上海古籍出版社，2010 年，第 560 页。

② 翦伯赞：《秦汉史》，北京：北京大学出版社，1999 年，第 84-86 页。

③ 李禹阶：《秦始皇"焚书坑儒"新论——论秦王朝文化政策的矛盾冲突与演变》，《重庆师范大学学报（哲学社会科学版）》，2004 年第 6 期。

治的上古文献，运用阐释权，取得评价现实权力的合法性依据，成为此后中国社会价值的提供者和道义的承担者。其时出现的“处士横议”，一定程度上就是士人利用自己掌握的道德文化资源品评时政的社会状态。春秋战国的诸侯纷纷礼遇宾客游士，实则就是为了获得士人对其政权合法性的认同。从理论层面观之，两者此时呈现的是一种“道”凌驾于“势”的态势，故士人亦常以帝王师自居。然历经周秦之变，大一统的专制政权取代诸侯割据，政治一统也就注定了士人们已经失去了“处士横议”的土壤。尽管秦帝国之初“悉召天下文学方士术”的怀柔与礼遇一度让士人“斐然乡风”，但政权统治者的这种怀柔与礼遇是以士人对于新生帝国的认同与归顺为前提的。然而，我们看到，在现实的以暴力为基础的新政统与强调权力道德基础的旧道统之间，却呈现出既格格不入又必须合作的局面。从以淳于越为代表的儒生的言论中，我们看不到对于新生政权合法性的承认，相反的依旧还是拟图以理想规范政治现实的强烈冲动。为此，有学者认为，“焚书”“坑儒”是秦始皇以国家暴力夺取舆论控制权、统一意识形态的一个举动。其结果是宣告了儒生与新王朝磨合的失败，是儒家士人以王道政治理想规范政治现实的失败。① 焚书坑儒表明中国帝制下的文化定位不仅有了“独尊一术”的取向，而且士人群体所承载的“道”与专制政体威权二者间的关系也出现了新的关联维度。春秋战国所有的“以道抗势”在专制帝制下开始向“承意顺命”倾斜，曾经为帝王师的士人必须逐渐开始接受专制政权下为君之臣的身份与现实。其后叔孙通以“圆滑”著称于世，就是士人群体在权势高压下对专制政体所采取的态度与对策。

黑格尔曾说：“在历史里面，人类行动除掉产生它们目的在取得的那种结果——除掉他们直接知道欲望的那种结果之外，通常又产生一种附加的结果。他们满足了他们自己的利益；但是还有潜伏在这些行动中的某些东西，虽然它们没有呈现在他们的意识中，而且也不包括在他们的企图

---

① 代云：《从“焚书坑儒”到“独尊儒术”——“周秦之变”背景下秦皇汉武统一意识形态的尝试》，《南都学坛（人文社会科学学报）》，2010 年第 5 期。

中，却也一起完成了。”[1]“焚书”“坑儒”在钳制士人之口的同时，却也断送了帝国统治者拟欲“兴太平”，进而实现帝国由“二世三世至于万世”的憧憬与宏愿。同时也宣告了中国历史上第一个皇权政体的首次实践以失败告终，这或许是始皇帝所始料不及的。

① 黑格尔：《历史哲学讲演录》，见北京大学哲学系外国哲学史教研室编译：《十八世纪末—十九世纪初德国哲学》，北京：商务印书馆，1975 年，第 480 页。

第三章
汉初的无为而治与郡国之学

有学者谈到，严格来说，“无为而治”不是一个政治命题，而只是一个思想命题。在汉初，无为而治作为一种思想实验，是皇权主义初期一个意外的尝试。其前提是后战国时代的郡国并行制度架构。[①]

第一节　无为而治：汉初皇权主义的意外尝试

秦帝国大一统中央集权制的创立，使得由春秋中后期即开始在各诸侯国内开展的郡县化进程最终得以全部完成。“虽然郡县制度的发展已势不可挡，但因其从一开始就与专制主义连体共生，故伴随着内在的紧张、矛盾和困境，在秦短暂的实践中更暴露出血腥、残忍和虚弱。”[②] 所以，对于郡县制正当性、合法性的质疑抑或批判可谓是伴随秦帝国始终[③]。革秦而

---

① 雷戈：《秦汉之际的政治思想与皇权主义》，上海：上海古籍出版社，2006 年，第 68-69 页。

② 成祖明：《帝国创生与董仲舒的皇权本体公共性建构》，《哲学研究》，2012 年第 1 期。

③ 对于“郡县”与“封建”之争，在秦帝国创立之初即已出现，不仅先有作为儒者的丞相王绾与法家出身的廷尉李斯之间的纷争，其后更是有仆射周青臣与博士淳于越之间的驳难。见司马迁：《史记》卷六《秦始皇本纪》北京：中华书局，1959 年，第 238-239，254-255 页。

起的汉初统治者，基于亡秦之鉴，不得不重新审视秦帝国之政，在实践中小心翼翼地进行政治“实验”与“摸索”，最终确立郡国并行的双轨之策。在此制度架构下，“无为而治”也就成为皇权主义在汉初的一种意外尝试，为之作论的则是黄老之学。

一、承秦之制视域下的汉初黄老之学

黄老思想形成于战国时期，和其他学派诸如阴阳家、纵横家、兵家、法家等一样，是春秋向战国转变视域下社会大变革的产物，是其时社会阶级结构剧烈变化的结果，更是其时兼并战争连绵不断、以“力”为尚在思想方面的反映。

从形式上看，黄老之学主要表现为以《老子》为代表的道家“道”论和法家的“法”论两方面。就实质而言，黄老之学则是试图以道家“清静”“无为”的方略建立新的统一趋势下的“王制”社会。不过，黄老所谓的“清静”“无为”并非纯粹的“无为而治”，它既包括了大一统王权在治理国家中的法律制度，也内含了法家提倡的“势”与“术”，故黄老之学属左右于“霸道”与“无为”两端的学派思想。在战国激烈的兼并战争中，黄老学说不如单纯强调“霸道”的法家学说那样直截了当，从而受到急于富国强兵的列国君主的青睐，但是它所反映的“道”“法”相杂的思想，却对战国时代法家学说的发展起到了重要作用，之后更是在西汉前期的“汉承秦制”中一领风骚。换言之，黄老学说成为西汉前期显学，本质上是“汉承秦制”的表现。就是说，黄老之学的精神实质在于倡导大一统君主集权政治，这与皇权主义所追求的内在实质是相契合的。

自秦始皇创建中国历史上第一个大一统专制皇权政体伊始，一方面，以皇帝制度为核心的皇权政体亦即秦制，恰是“当时中国最适当的法度”[①]。因着秦制在其时的“合于时代”性，故承秦帝制也就成为西汉王朝在“再造帝业”过程中“合于时代”的应然之举。就是说，秦制虽然随着秦帝国的灭亡而逐渐淡出历史舞台，但是其核心部分，即由“秦制”

---

① 劳榦：《秦汉简史》，北京：中华书局，2018 年，第 21 页。

所发展出的“皇权”与“治权”合一的君主专制体制与大一统政治精神，以及以“尊卑”“贵贱”等级为核心的律令制度，却成为一种不可逆转的大趋势，为汉君臣在国家建构过程中所承袭，此也是“汉承秦制”最为核心的所在。

另一方面，“皇帝”因其“把最尊崇的名号与最高权力结合为一体”①，不仅浓缩为皇权政体的核心，更是成为时人所追逐与觊觎的对象。对于“皇帝”，不仅身为贵族的项羽意欲“取而代也”②，连佣耕之陈涉，也同样存有“富贵”“鸿鹄之志”③，待得称王，更是“夥，涉之为王沈沈者”④。刘邦在尚为匹夫时亦认为“大丈夫当如此矣”⑤！也就是说，刘邦虽然平民出身，但“意识中却很清楚的仍然愿做旧时的贵族”⑥，也更想做至尊至贵的皇帝。这由其初登帝位，看到昔日一同打天下的兄弟而今的群臣在朝堂上“饮酒争功，醉或妄呼”，甚或“拔剑击柱”时心里的“患之”“厌之”可窥得一斑。待得叔孙通定朝仪，“诸侍坐殿上皆伏抑首，以尊卑次起上寿……无敢讙哗失礼者”，刘邦则发出“吾乃今日知为皇帝之贵也”的由衷兴叹。⑦ 汉高祖刘邦虽由布衣起家，然而其登基为帝，面对昔日“提三尺之剑”一起打天下的兄弟伙而今的功臣们在朝堂之上“妄呼”，却是深感不适甚至“患之”。在刘邦看来，朝堂之上的“醉或妄呼”“拔剑击柱”乃是对“皇帝”之神圣性、至上性、绝对性的挑战。这与“皇帝”名号抑或“皇帝”制度所内蕴的政治价值形态是不相吻合的。随后叔孙通“起朝仪”，通过规范朝廷秩序，不仅让最高统治者感知“为皇

---

① 刘泽华：《中国的王权主义》，天津：天津人民出版社，2019 年，第 101 页。

② 司马迁：《史记》卷七《项羽本纪》，北京：中华书局，1959 年，第 296 页。

③ 班固撰，颜师古注：《汉书》卷三十一《陈胜项籍传》，北京：中华书局，1962 年，第 1785 页。

④ 班固撰，颜师古注：《汉书》卷三十一《陈胜项籍传》，北京：中华书局，1962 年，第 1795 页。

⑤ 班固撰，颜师古注：《汉书》卷一上《高帝纪上》，北京：中华书局，1962 年，第 3 页。

⑥ 劳榦：《秦汉简史》，北京：中华书局，2018 年，第 19 页。

⑦ 司马迁：《史记》卷九十九《刘敬叔孙通列传》，北京：中华书局，1959 年，第 2722-2723 页。

帝之贵”，而且以礼制而非威权重塑了皇帝的至上性。正是在“朝仪”的施行过程中，“皇帝”所蕴含的政治文化被以礼制的面貌予以充分彰显与释放。如此，也才有了刘邦那句出自肺腑的感叹——“吾乃今日知为皇帝之贵也”。对此，有学者揭示道：“凡作群众领袖的，不论他原来所属的阶级高低，他们最终的目的都是为个人爬上更高的阶级，为取得富贵。得到富贵以后，自然成为贵族，不论何人并无任何的阶级自觉。”① 也就是说，“刘邦在未做皇帝之前，固能‘与天下同利’；做了皇帝之后，就不然了”②。从人性的贪欲与权力欲的视角来看，集天下财富，独制天下，当是刘邦以及其所属利益集团心之所系。如此，西汉王朝承秦之制尤其是承袭以“皇帝”为核心的大一统中央集权的君主专制制度，也就成为基于人性对于权势觊觎的必然择取。在汉代帝业的建设中，刘邦君臣也像商鞅变法后的秦国一样，“虽然开创一个新社会，他并不要打破阶级制度，只想改变封建阶级的内容而已”③。司马迁评价法家时说：“法家不别亲疏，不殊贵贱，壹断于法，则亲亲尊尊之恩绝矣，可以行一时之计，而不可长用也，故曰‘严而少恩’。若尊主卑臣，明分职不得相逾越，虽百家不能改也。”④ 司马迁的评价，正道出了“汉制”对“秦制”继承的本质，即君主专制体制下皇权与治权融为一体、不可分割的政治格局，以及从秦国君主本位体制中形成的片面强调尊卑、贵贱的等级制度。之所以如此，在于秦制符合了刘邦君臣伴随战争胜利而膨胀的权力欲与贪欲⑤。“人分尊卑贵贱是当时普遍存在的社会事实”，而“在尊卑贵贱中，思想家们几乎一致认

---

① 劳榦：《秦汉简史》，北京：中华书局，2018 年，第 18-19 页。

② 张荫麟：《中国史纲》，天津：天津人民出版社，2016 年，第 172 页。

③ 杜正胜：《编户齐民：传统政治社会结构之形成》，台北：联经出版事业有限公司，1988 年，第 335 页。

④ 班固撰，颜师古注：《汉书》卷六十二《司马迁传》，北京：中华书局，1962 年，第 2713 页。

⑤ 在古代帝制国家中，这种情形多见。例如《类说》卷五十三引宋杨亿《谈苑》：“开宝中王师围金陵，李后主遣徐铉入朝，对于便殿，恳述江南事大之礼甚恭，徒以被病，未任朝谒，非敢拒诏。太祖曰：‘不须多言，江南有何罪，但天下一家，卧榻之侧，岂可许他人鼾睡。’”便形象地说明了此意。见曾慥编：《类说》，《景印文渊阁四库全书》第 873 册，台北：台湾商务印书馆，1986 年，第 915-916 页。

为君主是至尊至贵者”。[1] 如此，西汉王朝承秦之制尤其是承袭以“皇帝”为核心的大一统中央集权的君主专制制度也就成为合乎观念的逻辑的必然。

观之黄老学说，其倡导大一统中央集权，强调尊君卑臣的等级观念，无疑契合了汉代君主集权制的发展之所需。《黄帝四经》主张臣下对君王无条件地尊崇顺服：“臣不亲其主，下不亲其上，百族不亲其事，则内理逆矣。逆之所在，谓之死国，伐之。反此之谓顺之所在，谓之生国，生国养之。”[2] 这种对君臣关系的告诫，正是汉初帝业初建时君王所需要的尊君屈臣的关系。特别是汉代“布衣将相”之局，在其合理性尚未得到官僚、民众承认的前提下，构筑君尊臣卑之局乃皇权之所急需。此外，《黄帝四经》强调的“道”论，主要是以“天道”论证“人道”，其根本落脚点在于树立以“人道”为中心的“王道”的权威，建立一种大一统趋势下的新的社会秩序。这也正是西汉前期君主集权所急需的理论。“黄老学派的一个重要理论特征就是以天道推演人事，以形上学为治国之术确立理论根据。由于法律、政令均由道所派生，从而道的属性与运行规律决定了法律、政令的属性及其所应遵从的规律。”[3] 此外，《黄帝四经》强调运用“王术”驾驭臣下，提出君驾驭臣的六逆、六顺，反复强调“主惠臣忠者，其国安。主主臣臣，上下不趆者，其国强，主执度，臣循理者，其国霸昌”[4]，但同时也注意君臣双方的“无为而无不为”。曹参正是参透了此中微妙，继萧何为相之后，“日夜饮醇酒。卿大夫已下吏及宾客见参不事事，来者皆欲有言。至者，参辄饮以醇酒，间之，欲有所言，复饮之，醉而后去，终莫得开说”[5]。更为甚者，“相舍后园近吏舍，吏舍日饮歌呼。从吏

① 刘泽华：《中国的王权主义》，天津：天津人民出版社，2019 年，第 92 页。

② 国家文物局古文献研究室编：《马王堆汉墓帛书（壹）》，北京：文物出版社，1980 年，第 54 页。

③ 谷斌、张慧姝、郑开注译：《黄帝四经注译·道德经注译》，北京：中国社会科学出版社，2004 年，第 11 页“注释一”。

④ 国家文物局古文献研究室编：《马王堆汉墓帛书（壹）》，北京：文物出版社，1980 年，第 49 页。

⑤ 司马迁：《史记》卷五十四《曹相国世家》，北京：中华书局，1959 年，第 2029 页。

恶之，无如之何，乃请参游园中，闻吏醉歌呼，从吏幸相国召按之。乃反取酒张坐饮，亦歌呼与相应和"[1]。当这种不理政事的态度遭遇汉惠帝问责时，史载曹参与惠帝之对话：

"陛下自察圣武孰与高帝?"上曰："朕乃安敢望先帝乎!"曰："陛下观臣能孰与萧何贤?"上曰："君似不及也。"参曰："陛下言之是也。且高帝与萧何定天下，法令既明，今陛下垂拱，参等守职，遵而勿失，不亦可乎?"惠帝曰："善。君休矣!"[2]

以上可以说明，黄老之学不仅以清静无为为治国之策，更是以权术作为君驾驭臣之道。它提倡的君尊臣卑理论，正迎合了皇权对中央权力控制的需求。

在西汉政权中，曹参是第一个正式提倡黄老之学并且加以政治实践的人。曹参担任齐相，一反汉初军功将相起自匹夫、身居高位的粗野与蛮横作风，循守以"马下治天下"的思想，"礼下贤人"[3]，尽召长老诸生，问所以安集百姓之策：

闻胶西有盖公，善治黄老言，使人厚币请之。既见盖公，盖公为言治道贵清静而民自定，推此类具言之。参于是避正堂，舍盖公焉。其治要用黄老术，故相齐九年，齐国安集，大称贤相。[4]

曹参以黄老术治齐取得了很大功效。从曹参采用盖公之言起，黄老之学就

---

① 司马迁：《史记》卷五十四《曹相国世家》，北京：中华书局，1959年，第2030页。

② 司马迁：《史记》卷五十四《曹相国世家》，北京：中华书局，1959年，第2030页。

③ 班固撰，颜师古注：《汉书》卷四十五《蒯伍江息夫传》，北京：中华书局，1962年，第2166页。

④ 司马迁：《史记》卷五十四《曹相国世家》，北京：中华书局，1959年，第2029页。

开始正式登上了汉代的政治舞台，并引起统治者注意。后来曹参入汉廷代萧何为相，萧规曹随，一遵旧制：

> 参代何为汉相国，举事无所变更，一遵萧何约束。择郡国吏木诎于文辞，重厚长者，即召除为丞相史。吏之言文刻深，欲务声名者，辄斥去之。[①]

所谓萧规曹随，其一在于曹参所主张的黄老思想与萧何的治国理念本身就有相互契合之处，否则就不能达到曹参对萧何“举事无所变更，一遵萧何约束”的完全依循；其二则是萧何虽然以宽松之政策补秦法之不足，但是萧何执政定制，缺乏为其制度作论的理论学说。黄老学派虽然自为一家，且承接老子“道”论而有“出世”之嫌，但它毕竟是集道家、法家为一体的思想学派，可以在理论上对汉初草创制度给予论证。

黄老学说在曹参为相后登堂入室，在西汉朝廷中得到发展。曹参以后，黄老之学继续在以窦太后为首的汉廷统治阶层流行，窦太后“好黄帝、老子言，帝及太子诸窦不得不读《黄帝》《老子》，尊其术”[②]。基于此，其时拟欲与黄老分庭抗礼之儒学，亦招致窦太后的“不说”，“太皇窦太后好老子言，不说儒术……尽下赵绾、王臧吏，后皆自杀。申公亦疾免以归”[③]。特别是在汉文帝（公元前179—公元前157年在位）和汉景帝（公元前156—公元前141年在位）两朝的几十年时间，黄老学派成为朝廷显学。

二、无为而治：皇权主义的一种意外尝试

追求权力的独享，是皇权主义内在的本质属性，也是皇权政体的核心

---

① 司马迁：《史记》卷五十四《曹相国世家》，北京：中华书局，1959年，第2029页。

② 司马迁：《史记》卷四十九《外戚世家》，北京：中华书局，1959年，第1975页。

③ 司马迁：《史记》卷一百二十一《儒林列传》，北京：中华书局，1959年，第3122页。

诉求所在。观之汉初统治者的无为而治，可谓是皇权主义的一种意外尝试。探究其由，在于汉初平民性的皇权政体，以及郡国并行的双轨制的政治“试验”。

汉代秦而兴，打破夏商周三代乃至春秋战国各诸侯国以及秦帝国由来已久的贵族统治，创建中国历史上首个“平民王政”①。作为开国之君的刘邦，不过是秦制下的一个泗水亭长，“好酒及色”，乃十足布衣。② 其家世，史称其“父曰太公，母曰刘媪”③，即“父无名字，母无氏族”④，其家庭之孤微可知⑤。相较秦“续六世之余烈”而使得“天下大定”⑥，建立起亘古未有之帝国，西汉帝国的建立并非如刘邦事后所言说的“父有天下传归于子”所得，而是有赖于其“以布衣提三尺取天下”⑦，角逐群雄而骤登皇帝宝座。考刘邦之为皇帝，史载：

> （五年）正月，诸侯及将相相与共请尊汉王为皇帝。汉王曰：“吾闻帝贤者有也，空言虚语，非所守也，吾不敢当帝位。”群臣皆曰：“大王起微细，诛暴逆，平定四海，有功者辄裂地而封为王侯。大王不尊号，皆疑不信。臣等以死守之。”汉王三让，不得已，曰：“诸君必以为便，便国家。”甲午，乃即皇帝位氾水之阳。⑧

对此，《汉书》记载为：

---

① 雷戈：《秦汉之际的政治思想与皇权主义》，上海：上海古籍出版社，2006 年，第 49 页。

② 司马迁：《史记》卷八《高祖本纪》，北京：中华书局，1959 年，第 342-343 页。

③ 司马迁：《史记》卷八《高祖本纪》，北京：中华书局，1959 年，第 341 页。

④ 钱穆：《秦汉史》，北京：生活·读书·新知三联书店，2018 年，第 35 页。

⑤ 劳榦先生言：“项羽是有强烈楚国气息的，汉高帝刘邦却代表着一统下的人民。刘邦出身是一个完全的庶人阶级，他的先世得姓的来源是无从稽考的，后来的传说完全不可相信。”见劳榦：《秦汉简史》，北京：中华书局，2018 年，第 23 页。

⑥ 司马迁：《史记》卷六《秦始皇本纪》，北京：中华书局，1959 年，第 236 页。

⑦ 班固撰，颜师古注：《汉书》卷一下《高帝纪下》，北京：中华书局，1962 年，第 79 页。

⑧ 司马迁：《史记》卷八《高祖本纪》，北京：中华书局，1959 年，第 379 页。

于是诸侯上疏曰："……先时秦为亡道，天下诛之。大王先得秦王，定关中，于天下功最多。存亡定危，救败继绝，以安万民，功盛德厚。又加惠于诸侯王有功者，使得立社稷。地分已定，而位号比拟，亡上下之分，大王功德之著，于后世不宣。昧死再拜上皇帝尊号。"……诸侯王皆曰："大王起于细微，灭乱秦，威动海内。又以辟陋之地，自汉中行威德，诛不义，立有功，平定海内，功臣皆受地食邑，非私之也。大王德施四海，诸侯王不足以道之，居帝位甚实宜，愿大王以幸天下。"①

我们可以看到，"汉祖以匹夫起事，角群雄而定一尊"②，被共推为皇帝，凭的是其"高材疾足"，"繇一剑之任"③ 的"功"最"盛"，以及其"有功者辄裂地而封为王侯""与天下同利也"④ 的"德"最"厚"。即便如此，初为皇帝的刘邦，内心似乎并不具有秦王嬴政"今名号不更，无以称成功，传后世。其议帝号"⑤ 的自信与当仁不让，反而是在诸侯上疏"拜上皇帝尊号"时"三让"，甚或有"寡人闻帝者贤者有也，虚言亡实之名，非所取也。今诸侯王皆推高寡人，将何以处之哉"⑥ 的些许惶恐。就是说，其时虽然有了皇帝制度，但"皇权体制还远未达到充分稳定的程度"，更重要的是，其时"与皇权政体相匹配的帝制社会还处于缓慢形成过程当中。皇权政体的人为架构与帝制社会的自然秩序还需要长时间的相互磨合。凌空高架的皇权体制由于还没有深深扎根于帝制社会的土壤之中，一有变故就立刻变得岌岌可危"。⑦ 换言之，"汉初的'布衣将相之局'使得汉高祖刘邦此时还仅仅只是'身'居帝位，享有皇帝之名号，却

① 班固撰，颜师古注：《汉书》卷一下《高帝纪下》，北京：中华书局，1962 年，第 52 页。

② 赵翼著，王树民校证：《廿二史札记校证》，北京：中华书局，2013 年，第 37 页。

③ 班固撰，颜师古注：《汉书》卷十三《异姓诸侯王表·叙》，北京：中华书局，1962 年，第 364 页。

④ 司马迁：《史记》卷八《高祖本纪》，北京：中华书局，1959 年，第 381 页。

⑤ 司马迁：《史记》卷六《秦始皇本纪》，北京：中华书局，1959 年，第 236 页。

⑥ 班固撰，颜师古注：《汉书》卷一下《高帝纪下》，北京：中华书局，1962 年，第 52 页。

⑦ 雷戈：《秦汉之际的政治思想与皇权主义》，上海：上海古籍出版社，2006 年，第 48 页。

还未能尊享皇帝制度原本所内涵的秩序性、权威性、至上性”[①]。故面对“群臣饮争功，醉或妄呼，拔剑击柱”的混乱无序，“上患之”[②]。虽然同样是登皇帝位，但基于建国方式的差异，故相较于始皇帝的自信与欢悦，刘邦则多了些许惶恐与“患之”。这揭示汉初帝国的匹夫天子、布衣将相之局，虽然一方面前所未有地终结了三代以来的贵族统治，“此尤当时民间心理所未始逆料也”[③]；另一方面，相较于秦的春秋贵族家父长专制统治，汉帝国的创建则是“编户齐民与士人的胜利”，故其“在很长一段时间内不得不与平民共享权力”[④]。这使得汉初皇权事实上只能是一种“相对性有限皇权”，即在中央由武力功臣把持了公卿要职，在地方则以军吏卒为主体，形成了一“拥有强大的政治势力和经济基础，具有高等社会身份的新的社会集团”。[⑤]

汉初相对性有限皇权的结果是权力共享，是汉初统治者在政治实践中选择郡、国并行的政治“试验”。一方面，郡县制作为家父长专制统治共生的产物，自春秋战国以降获得快速发展，最终随着秦帝国的创生而在帝国境内得以全部建立，并获得皇权政体的青睐。然而，秦的二世而亡，又暴露出郡县制的固有缺陷，即造成皇权孤悬在上，“内亡骨肉本根之辅，外亡尺土藩翼之卫”。另一方面，基于施行郡县制最终却二世而亡的秦帝国之鉴，汉初社会民众出现“集体无意识的复古和‘封建’情结”，“至于发生在庙堂之上郡县、封建之争的背后，更是对这一制度合理性、正当性的拷问，借着古典的制度来表达对理想德治的诉求”。[⑥]

① 刘力、李烁：《叔孙通“起朝仪”的礼乐之制与皇帝制度的重塑》，《重庆师范大学学报（社会科学版）》，2020 年第 6 期。

② 班固撰，颜师古注：《汉书》卷四十三《郦陆朱刘叔孙传》，北京：中华书局，1962 年，第 2126 页。

③ 钱穆：《秦汉史》，北京：生活 · 读书 · 新知三联书店，2018 年，第 35 页。

④ 成祖明：《封建、郡县之变中儒学演进的历史考察——层累成长的古史与记忆重构中的今古文经学》，《文史哲》，2017 年第 5 期。

⑤ 李开元：《汉帝国的建立与刘邦集团——军功受益阶层研究》，北京：生活 · 读书 · 新知三联书店，2000 年，第 143，54 页。

⑥ 成祖明：《帝国创生与董仲舒的皇权本体公共性建构》，《哲学研究》，2012 年第 1 期。

“封建”与“郡县”是周、秦留给汉初统治者可供选择的两种政治制度模式。对于汉初统治者而言，郡县制不仅能满足其平民王政的政治素养，更能契合其皇权主义的内在诉求。一方面，汉初“布衣将相”的人员构成特征使其在文化视野上出现一定程度的局限，“三代世侯、世卿之遗法始荡然净尽”①。作为布衣天子的刘邦，“他不惟不是六国的世族，因而对于过去六国的文化，没有甚么温情的留恋；他并且是曾任过秦代吏职的人，对于秦代的制度，反而觉得熟悉和方便”②。刘邦曾为秦帝国基层一亭长，故相对于上古抑或三代的文化传统而言，其对于秦帝国的施政更为熟悉，认知亦更为真实切近，兴趣亦更为浓厚。③ 对军功大臣而言，在汉初将相中，张良、萧何、韩信三人，刘邦称之为“人杰”，认为正是用此三人方得最终战胜项羽而有天下。④ 然则观此三人出身家世，除了张良算得上是没落贵族⑤外，作为汉初开国功臣、帝国第一任丞相的萧何，不过是“以文毋害为沛主吏掾”⑥。而其后被封为齐王的韩信则更是“家贫无行”，只能“常从人寄食”，甚或“其母死无以葬”。⑦ 相较于久远而自身又缺乏认知的三

① 赵翼著，王树民校证：《廿二史札记校证》，北京：中华书局，2013 年，第 38 页。

② 劳榦：《秦汉简史》，北京：中华书局，2018 年，第 24 页。

③ 当汉初叔孙通向高祖刘邦提出“起朝仪”时，身为皇帝的刘邦，对“朝仪”这一重大事项，其要求仅仅是“可试为之，令易知，度吾所能行为之”，呈现出其对于三代礼乐之制认知的欠缺。参考刘力、李烁：《叔孙通“起朝仪”的礼乐之制与皇帝制度的重塑》，《重庆师范大学学报（社会科学版）》，2020 年第 6 期。

④ “夫运筹帷幄之中，决胜千里之外，吾不如子房；填国家，抚百姓，给饷馈，不绝粮道，吾不如萧何；连百万之众，战必胜，攻必取，吾不如韩信。三者皆人杰，吾能用之，此吾所以取天下者也。”见班固撰，颜师古注：《汉书》卷一下《高帝纪下》，北京：中华书局，1962 年，第 56 页。

⑤ “张良字子房，其先韩人也。大父开地，相韩昭侯、宣惠王、襄哀王。父平，相釐王、悼惠王。悼惠王二十三年，平卒。卒二十岁，秦灭韩。良少，未宦事韩。”见班固撰，颜师古注：《汉书》卷四十《张陈王周传》，北京：中华书局，1962 年，第 2023 页。

⑥ 班固撰，颜师古注：《汉书》卷三十九《萧何曹参传》，北京：中华书局，1962 年，第 2005 页。

⑦ 班固撰，颜师古注：《汉书》卷三十四《韩彭英卢吴传》，北京：中华书局，1962 年，第 1861 页。

代传统之制，基于现实认知出发，军功将相们也更愿意择取所熟悉的秦制。另一方面，从皇权主义而言，春秋以降的郡县制，作为家父长统治的伴生物，使得国家与社会在结构上演变为一个“逐渐抽去了世袭贵族一层，剩下的只是君主与被统治者两橛，没有中间许多阶层的逐级分权”① 的单一的二元性组织。这一组织体系，使“世族于其封域以内，固俨然君也。其家臣及私属心目中，只知有家主，而不知有国君”② 的局面荡然无存，这不仅有助于君权的强化，更符合以天下私于一人的皇权政体的内在诉求，更适合已获得最高统治权的“帝者”“王者”集天下富贵于其身、于其家的心理，自然也就为汉帝国统治者所青睐。

然而，郡县制虽然有助于专制皇权的巩固与强化，但其又呈现出重大的结构性缺陷，即具有强烈的负作用，着重表现为其片面强调功利原则以及“力”的作用，忽视对于民众道德价值观念的引导；专注治法（治律）效用，忽略了国家治理中的多样性特点。如此，这种纯粹单一的凭借武力与严法的社会统治，只能使得民众流于形式地遵从，而鲜少主动、自觉地去遵守社会秩序与规范。这种迫于外在强力而非基于内心认同的形式上的遵从，最终必然使得“事逾烦天下逾乱，法逾滋而天下逾炽，兵马益设而敌人逾多”③。故当“瓮牖绳枢之子，甿隶之人，而迁徙之徒，才能不及中人，非有仲尼、墨翟之贤，陶朱、猗顿之富，蹑足行伍之间”的陈胜“斩木为兵，揭竿为旗”的时候，遂有“天下云集响应，赢粮而景从，山东豪俊遂并起而亡秦族矣”。④ “秦王怀贪鄙之心，行自奋之智，不信功臣，不亲士民，废王道，立私权”，最终“孤独而有之，故其亡可立而待”。⑤

---

① 许倬云：《历史分光镜》，上海：上海文艺出版社，1998 年，第 46 页。

② 孙曜：《春秋时代之世族》，上海：广文书局，1996 年，第 32 页。

③ 王利器撰：《新语校注》卷上《无为第四》，北京：中华书局，2012 年，第 71 页。

④ 司马迁：《史记》卷六《秦始皇本纪》，北京：中华书局，1959 年，第 281-282 页。

⑤ 司马迁：《史记》卷六《秦始皇本纪》，北京：中华书局，1959 年，第 283 页。

亡秦之痛，殷鉴不远。汉最高统治者即使出于其自身考虑——“欲私其子孙以长存”，也不得不思考久安之策，在实践中更是小心翼翼地进行政治的“试验”。为此，我们看到，在汉初国家制度的建构过程中，汉君王在青睐郡县制的同时，又接续周统，拟图用周礼分封制以弥补秦制“孤独而有之”的制度性缺陷。所谓的周礼分封制，即将国家与宗法相结合，构造以宗法血缘为核心的各层级“邦家”组成的广域王权国家。在这个广域王权国家中，宗族成员的贵贱尊卑以和该“邦家”宗子的血缘亲疏来决定。即使与西周姬姓没有血缘关系，也可通过政治婚姻结为甥舅联盟，形成各级大大小小的封建领主。故周礼分封制实质是一种“位关系”，即“用模拟血缘的方式，将没有血缘关系的人放到家族性血缘亲属的‘位’上”①。而这种“位关系”则是周代礼制的核心内容。用周礼作为一种政治建构，将导致权力分配具有两种特征：一是治权的逐级分割，二是主权与治权的相对分离。然而，周礼也是一种以血缘亲疏与等级尊卑为核心的伦理规范。这种伦理制度以“礼”的制度形式，塑造了一个家族、宗族、国家的道德规范体系。由此，周代国家治理不仅有着层次化的特征，更具有伦理化、柔性化的特征，这与秦国商鞅变法后的国家本位覆盖宗族本位有着极大区别。正是如此，“周制”分封遂成为在汉初“过秦”思潮中，针对“秦制”郡县所存在的制度性缺陷而予以弥合之的首选：

> 乡使二世有庸主之行，而任忠贤，臣主一心而忧海内之患，缟素而正先帝之过，裂地分民以封功臣之后，建国立君以礼天下，虚囹圉而免刑戮，除去收帑污秽之罪，使各反其乡里，发仓廪，散财币，以振孤独穷困之士，轻赋少事，以佐百姓之急，约法省刑以持其后，使天下之人皆得自新，更节修行，各慎其身，塞万民之望，而以威德与天下，天下集矣。即四海之内，皆欢然各自安乐其处，唯恐有变，虽

① 李若晖：《放逐君主：周礼权力结构解析》，《政治思想史》，2017 年第 2 期。

有狡猾之民，无离上之心，则不轨之臣无以饰其智，而暴乱之奸止矣。[①]

贾谊所谓的“裂地分民以封功臣之后，建国立君以礼天下”，可谓是深刻洞悉秦之“废王道，立私权”的制度性缺陷，而希望用“殷周之迹，以制御其政”，从而实现“三王之建天下，名号显美，功业长久”。[②] 刘邦吸取亡秦孤立之败及“咸阳遂危……列郡不相亲，万室不相救也”[③] 的教训，以郡、国并行的双轨制重建从中央到地方的政治结构，弥补秦郡县制的制度性缺陷。[④] 强秦以单纯的郡县制而“激秦孤立亡藩辅”，项羽以醉心西楚霸业的分封制而失败，这种现实困境使刘邦认真考虑结合“帝业”与“王业”，以分封制与郡县制相结合的办法进行国家政治架构的改造。

汉初统治者施行无为之治，表面上是因着奉行黄老之学，实则是其时郡、国双轨并行的政治“试验”的政治形势使然。尽管无为而治从表面上看似乎与皇权主义背道而驰，然而，考虑到汉初时局，亦可谓是皇权主义的一种“意外”的尝试。也正是在此“意外”的尝试与“试验”下，汉帝国不仅获得了休养生息的社会发展，“黎民得离战国之苦，君臣俱欲休息乎无为，故惠帝垂拱，高后女主称制，政不出房户，天下晏然”[⑤]，同时催生了后战国时期的精神迸发，助推了其时学术思想的繁荣。

---

① 司马迁：《史记》卷六《秦始皇本纪》，北京：中华书局，1959年，第283-284页。

② 司马迁：《史记》卷六《秦始皇本纪》，北京：中华书局，1959年，第283页。

③ 班固撰，颜师古注：《汉书》卷五十一《贾邹枚路传》，北京：中华书局，1962年，第2338页。

④ 汉初郡国并行制问题亦可参看陈苏镇：《〈春秋〉与“汉道”：两汉政治与政治文化研究》第三章，北京：中华书局，2011年。

⑤ 司马迁：《史记》卷九《吕太后本纪》，北京：中华书局，1959年，第412页。

第二节　“治道非礼乐不成”：河间王国与河间儒学

历秦季战火，加之四年楚汉之争，待汉兴之初，天下民生凋敝，“天子不能俱醇驷，而将相或乘牛车”。汉统治者鉴秦二世而亡，思反秦之弊，故奉黄老之学，行无为之政，“与民休息，凡事简易，禁罔疏阔”①。汉初的休养生息一方面促进了社会经济整体上的复苏与发展，出现了史称的“文景之治”；另一方面，也形成了较为宽松的政治思想学术氛围。“游仕食客散走于封建诸王间，以辞赋导奖奢侈，以纵横捭阖是非。”② 将相、诸侯更是承先秦养士之风，广招谋士宾客，形成一个个主旨意趣各不相同的中心。例如，以淮南王为首的淮南学术中心奉行黄老道学，而以河间王刘德为首的河间学术中心则以复兴儒学为要。其中，由河间学术中心所形成的河间儒学，不仅“对景武之世儒学的发展与变迁起到了极为重要作用，是这一时期中国学术由子学时代向经学时代过渡的关键环节，对汉代学术的演变产生了深刻的影响”，而且由于刘德身处中国由封建制向郡县制转型时代，作为封建的信仰者和鼓吹者，其学术活动与中央朝廷在一系列问题上都发生了尖锐的冲突，最终，不仅导致了河间献王刘德个人的悲剧性人生结局，还使得汉代儒学“在冲突中逐渐形成了河间与中央两大儒学系统，即后世所谓的‘今古文经学’”。③

一、河间献王与河间儒学

汉文帝前元二年（公元前178年），以赵国的河间郡置河间国，封赵王刘遂之弟刘辟彊为河间王。汉文帝前元十五年（公元前165年），河间王辟彊死，无后，国除，其所辖领地被分为河间、广川和渤海三郡，属

① 班固撰，颜师古注：《汉书》卷八十九《循吏传》，北京：中华书局，1962年，第3623页。

② 钱穆：《国史大纲》（上册），北京：商务印书馆，1996年，第142页。

③ 成祖明：《河间献王与景武之世的儒学》，《史学集刊》，2007年第4期。

汉。汉景帝前二年（公元前155年）春三月，颁诏立五个皇子为王。其中，复以河间郡置国，立子刘德为王，史称河间献王刘德。河间献王刘德在位二十六年，史书评价其“身端行治，温仁恭俭，笃敬爱下，明知深察，惠于鳏寡”[①]，故其死后被谥以“献”，以彰其“聪明睿智”[②]。同时，在景帝十三王中，相较于其他诸侯王的“率多骄淫失道”[③]，唯有河间献王刘德“卓尔不群”[④]，“礼乐是修”，“贤明”“为汉宗英”[⑤]。故《史记》《汉书》均将河间献王刘德立为景帝十三王之首。清四库馆臣更是赞其“议论醇正，不愧儒宗”[⑥]。

汉初，“承百王之弊，高祖拨乱反正，文景务在养民，至于稽古礼文之事，犹多阙焉”[⑦]。就是说，匹夫为天子，公卿大臣乃军功出身，质多文少，故黄老之学得以大行其道，“窦太后好黄帝、老子言，帝及太子诸窦不得不读《黄帝》《老子》，尊其术”[⑧]。朝廷虽承秦设有博士官，但多为具官待问。对于儒家所强调的礼乐之治，“亦未尊录，谓之余事而已，则我先王之道，焰焰其不息者无几矣”[⑨]。唯待景武之世，河间献王刘德“筑日华宫，置客馆二十余区以待学士，自奉养不逾宾客”[⑩]。于

① 班固撰，颜师古注：《汉书》卷五十三《景十三王传》，北京：中华书局，1962年，第2411页。

② 班固撰，颜师古注：《汉书》卷五十三《景十三王传》，北京：中华书局，1962年，第2411页。

③ 《汉书·叙传》称：“鲁恭馆室，江都訬轻；赵敬险诐，中山淫醟；长沙寂寞，广川亡声；胶东不亮，常山骄盈。”《汉书》卷一百下《叙传下》，北京：中华书局，1962年，第4253–4254页。

④ 班固撰，颜师古注：《汉书》卷五十三《景十三王传》，北京：中华书局，1962年，第2436页。

⑤ 班固撰，颜师古注：《汉书》卷一百下《叙传下》，北京：中华书局，1962年，第4254页。

⑥ 永瑢等：《四库全书总目》卷九一，北京：中华书局，2003年，第772页。

⑦ 班固撰，颜师古注：《汉书》卷六《武帝纪》“赞”，北京：中华书局，1962年，第212页。

⑧ 司马迁：《史记》卷四十九《外戚世家》，北京：中华书局，1959年，第1975页。

⑨ 司马光：《河间献王赞》，见《传家集》卷六十六，《景印文渊阁四库全书》（第1094册），台北：台湾商务印书馆，1986年，第614页。

⑩ 葛洪：《西京杂记》卷四，《四部丛刊》影印明嘉靖本，第5页a–b。

是，不仅“山东诸儒多从之游”[①]，且“天下雄俊众儒皆归之”[②]，形成河间学术中心：

> 汉有贤王，厥名曰德。胙土分茅，形胜之域。建国河间，屏藩帝室。力学好古，世莫之与匹。求典籍于四方，盖金帛之弗恤。是以先秦旧书罗列于前，而百无一失。较夫淮南之所好，则不啻彼虚而此实。既搜异书，复求君子。海内英流闻风兴起，彼齐鲁之鸿儒，吴越之硕彦，莫不连袂于燕南赵北之间，而趋之如流水。……计其附宫之馆，盖廿有余区，专以迓君子之车辙。而且莳名葩，植异卉，弱柳垂青，乔松挺翠。……盖参酌于华朴之交，以听诸君子之朝游而暮憩。方其散处于馆也，或订古礼，或考古乐，各有所思，神情隐约。[③]

这段描述虽然带有文学性，但据此我们似可窥得其时河间学术中心的空前盛况，实为“趋之如流水”。由此也可以想象其时河间学术中心亦为天下儒士之聚集中心。尽管《汉书》《史记》中不曾具体完全记载其时究竟有哪些儒士在河间国往来交游且被尊为博士，然而检诸文献，可知晓毛公、贯公等都曾为河间博士。“毛公，赵人也。治诗，为河间献王博士，授同国贯长卿。”[④]

此外，有学者推论，孔安国也可能“曾到过河间且与河间之学有很深的渊源”，韩婴“也曾游于河间，至少其后学从河间献王游，当无疑问”。[⑤] 甚或后来被誉为汉儒之宗的董仲舒也曾游学于河间。河间献王与董

---

① 司马迁：《史记》卷五十九《五宗世家》，北京：中华书局，1959年，第2093页。

② 司马迁：《史记》卷五十九《五宗世家》，《集解》引《汉名臣奏》杜业奏语，北京：中华书局，1959年，第2094页。

③ 杜甲修：《河间府新志·典文志·艺文下》，清乾隆二十五年刻本。

④ 班固撰，颜师古注：《汉书》卷八十八《儒林传》，北京：中华书局，1962年，第3614页。

⑤ 成祖明：《西汉景武之世的河间学术》，《河北学刊》，2005年第4期。

仲舒之间不仅围绕《孝经》有问与对[1]，而且河间献王所倡导的“儒术”对董仲舒是有影响的。董仲舒作“贤良对”在河间献王薨前三年，故河间学术对儒学的表章，一定程度上可以认为是董仲舒“表章六经”的先声。[2]所不同者，其思想的主导权则是由王国转移到了王朝中央。

其时在河间国之所以能形成规模空前的学术盛况，主要在于河间献王刘德自身的修学好古、笃敬爱下、礼遇儒士，同时也是汉初的后战国时代特征使然。汉初奉行黄老学说指导下的无为而治，促进了社会经济的复苏与发展，迎来了“文景之治”，而“挟书律”的废除，也使得其时的思想文化迎来“后战国时代”的短暂盛况。加之其时郡、国并行，故而沿袭战国时代而来的养士之风也盛行一时。《汉书·卢绾传》载，代相陈豨“常称慕魏公子”，故广招宾客，出现“宾客随之者千余乘，邯郸官舍皆满”之盛况。吴王刘濞不仅招揽文学之士，更是招募亡命之徒。景帝之弟梁孝王武招延四方豪杰，“自山东游士莫不至”。“此类宾客、游士乃属社会上比较富有活力的一群，他们之所集聚，同时也是社会名誉流布之集聚。若诸侯王乃雄图大略之辈，其门下之宾客，往往是其谋变图反的策动者和协助者。但若诸侯王是好学自修之人，则其所集者多在学术上有某种成就之士；于是宾客之所集，常成为某种学术的活动中心，这时他们或整理国故，或著书立说。……于是便形成一种‘学派’的人文景观。”[3] 诸侯王国热衷于广揽天下才智士人，游士们亦凭借自身才智为诸侯王出谋划策，以求自我价值的实现。“但毕竟此时已非复战国之世，诸侯王没有独立的地位，便不可能明目张胆地以‘富国强兵’为号召，士人们也只能从纵横之士向宫廷士人转化，除了政事的建议批评之外，更多地以学术或者文学活动，为诸

① 《春秋繁露·五行对》记载河间献王问董仲舒：“《孝经》曰：夫孝，天之经、地之义，何谓也？”董仲舒以五行对。成祖明认为，董仲舒早在景帝时已经为《春秋》经博士，这说明河间献王刘德与董仲舒是有过交往，其时代或在景帝时代或在汉武初年。“河间献王问董仲舒《孝经》事发生在河间最为可能。”见成祖明：《西汉景武之世的河间学术》，《河北学刊》，2005 年第 4 期。

② 成祖明：《西汉景武之世的河间学术》，《河北学刊》，2005 年第 4 期。

③ 陈开先：《汉初帝国文化建构及思想专制景观下的河间学术》，《孔子研究》，1998 年第 1 期。

侯王提供精神享受。汉初几个重要的诸侯王治下的宾客群体都属于这种情况，依诸侯王的喜好而各有侧重，形成不同的团体。梁孝王刘武为首的文学团体、淮南王刘安为首的学术兼文学团体和河间王刘德为首的学术团体都是在这种氛围中形成发展起来的。”[①] 河间学术团体“以河间献王刘德为中心而展开”[②]，通过搜求整理典籍，兴修礼乐，在其时更是形成河间儒学。

一方面，河间献王广泛搜求整理先秦典籍旧书。史载，“及至秦之季世，焚《诗》《书》，坑术士，六艺从此缺焉”[③]。待景武之世，河间王刘德以王国之力，搜集天下遗书，并对其进行“聚残补缺，校实取正”[④]：

> 河间献王德以孝景前二年立，修学好古，实事求是。从民得善书，必为好写与之，留其真，加金帛赐以招之。繇是四方道术之人不远千里，或有先祖旧书，多奉以奏献王者，故得书多，与汉朝等。是时，淮南王安亦好书，所招致率多浮辩。献王所得书皆古文先秦旧书，《周官》《尚书》《礼》《礼记》《孟子》《老子》之属，皆经传说记，七十子之徒所论。[⑤]

在河间学术中心存留的二十六年间，河间献王刘德和河间众儒对先秦典籍进行了广泛的搜求整理。由此，不仅《周官》《毛诗》《左氏春秋》《礼》《礼记》《孟子》《老子》为河间献王所属，其后的《仪礼》、大小戴《礼记》，亦多采自献王之《古文礼》与《记》。[⑥] 唐世隆更是认为：“天不丧

---

① 孙光：《河间献王学术团体弘经模式与文化贡献》，《北方论丛》，2017 年第 3 期。

② 徐复观：《两汉思想史》(第一卷)，上海：华东师范大学出版社，2001 年，第 109 页。

③ 司马迁：《史记》卷一百二十一《儒林列传》，北京：中华书局，1959 年，第 3116 页。

④ 司马光：《河间献王赞》，见《传家集》卷六十六，《景印文渊阁四库全书》（第 1094 册），台北：台湾商务印书馆，1986 年，第 614 页。

⑤ 班固撰，颜师古注：《汉书》卷五十三《景十三王传》，北京：中华书局，1962 年，第 2410 页。

⑥ 戴震：《河间献王传经考》，《戴震全集》（第 3 册），北京：清华大学出版社，1994 年，第 1249-1250 页。

斯文，乃有河间献王德者出，修学好古，被服儒术，招集四方文学之士，购求遗书，献雅乐，补《周礼》，慨然以斯道为己任焉。”[①] 历经秦末人祸与战火，先秦的经传说记凭借河间团体的搜求整理不仅得以重见天日，更是成为汉代学术的重要组成部分。河间献王此举，是在黄老之学依旧大行其道的景武之世，实可谓是开启了汉初儒学复兴的先河，使得学统和传统文化得以延续。诚如学者所言：“没有献王和河间儒者的努力，汉代儒学和中国学术文化的发展是不可想象的。”[②]

冯友兰曾谈到：“在中国哲学史上，自孔子至淮南王为子学时代，自董仲舒至康有为为经学时代。在经学时代中之诸哲学家，无论有无新见，皆须依傍古代哲学家之名，大部分依傍经学之名，以发布其所见；其所见亦须以古代即子学时代之哲学术语表现之。此时诸哲学家所酿之酒，无论新旧，皆装于古代哲学，大部分为经学之旧瓶内。”[③] 就是说，依傍经典阐发自己的思想是汉代之后哲学家们进行理论创设的主要方法，这就使得河间献王学术中心整理保存下来的典籍弥足珍贵，避免了“断层”之厄运，不仅保存了古代典籍，更保存了古代之文化。这些经典既是前代文化的精华，更是后代学者思想的基础。

另一方面，由于河间献王“以为治道非礼乐不成”[④]，故而河间学术中心在搜集整理典籍文献的同时，还对残灭已久的周代礼乐系统进行了大规模的修复和制作：

> 其学举六艺，立《毛氏诗》《左氏春秋》博士。修礼乐，被服儒术，造次必于儒者。……武帝时，献王来朝，献雅乐，对三雍宫（应劭曰：“辟雍、明堂、灵台也。雍，和也，言天地君臣人民

① 《明唐世隆修河间献王陵庙碑》，见杜甲修：《河间府新志·典文志·艺文下》，乾隆二十五年刻本。

② 成祖明：《河间献王与景武之世的儒学》，《史学集刊》，2007年第4期。

③ 冯友兰：《三松堂学术文集》，北京：北京大学出版社，1984年，第195-196页。

④ 班固撰，颜师古注：《汉书》卷二十二《礼乐志》，北京：中华书局，1962年，第1070页。

皆和也。")及诏策所问三十余事。其对推道术而言，得事之中，文约指明。[1]

西汉草创，叔孙通为之“起朝仪”，开帝国礼乐制度建设之先河。然其时叔孙通所进行的礼乐之制更多的是一种解燃眉之急，是因应由布衣将相之局所带来的朝堂之上的“无序”样态，以及消释高祖刘邦的“厌之”“患之”的心态。故叔孙通的制礼重在“正君臣之位”[2]，最直接的后果也就是让匹夫天子刘邦感受到“为皇帝之贵也”[3]。礼未尽备而叔孙通终，对于朝廷而言，其时的重心还在于日不暇给的“拨乱反正”[4]。文帝时，虽然有贾谊以为“汉承秦之败俗，废礼义，捐廉耻”，故提出“宜定制度，兴礼乐”，并“草具其仪”，然而遭遇“大臣绛、灌之属害之，故其议遂寝”。[5] 直至景武之世，“河间献王采礼乐古事，稍稍增辑，至五百余篇”[6]，成就汉代关于“礼仪”的古礼文献。其中，尤为要者则为《周官》。《隋书·经籍志》载：“汉时有李氏得《周官》。《周官》盖周公所制官政之法，上于河间献王，独阙《冬官》一篇。献王购以千金不得，遂取《考工记》以补其处，合成六篇奏之。”[7]

河间儒学不仅传“礼”，还重在修“乐”。《汉书·艺文志》：“武帝时，河间献王好儒，与毛生等共采《周官》及诸子言乐事者，以作《乐

---

① 班固撰，颜师古注：《汉书》卷五十三《景十三王传》，北京：中华书局，1962年，第2410-2411页。

② 班固撰，颜师古注：《汉书》卷二十二《礼乐志》，北京：中华书局，1962年，第1030页。

③ 参见刘力、李烁：《叔孙通“起朝仪”的礼乐之制与皇帝制度的重塑》，《重庆师范大学学报（社会科学版）》，2020年第6期。

④ 班固撰，颜师古注：《汉书》卷二十二《礼乐志》，北京：中华书局，1962年，第1030页。

⑤ 班固撰，颜师古注：《汉书》卷二十二《礼乐志》，北京：中华书局，1962年，第1030页。

⑥ 班固撰，颜师古注：《汉书》卷二十二《礼乐志》，北京：中华书局，1962年，第1035页。

⑦ 魏徵等：《隋书》卷三十二《经籍志》，北京：中华书局，1973年，第925页。

记》，献八佾之舞，与制氏不相远。”[①] 对于河间献王聘求幽隐所修兴的雅乐，其时大儒如董仲舒、公孙弘等“皆以为音中正雅”[②]。河间献王及其团体经过长达二十六年的努力，终于修复成就《乐记》。故有元光五年（公元前130年），献王朝觐武帝，将这些古乐大礼进献给中央，希望中央朝廷能够采纳推行。尽管河间献王朝觐后归不久即薨，但正如《汉书》所言，“然诗乐施于后嗣，犹得有所祖述”[③]。此当归功于河间献王及河间儒学对于古代礼乐文化的保存和传播。一如学者所论：“因条件所限，西汉礼乐制度建设缓慢，礼乐文化不兴。叔孙通为汉高祖制礼定乐，是西汉礼乐文化建设的第一人，河间献王是其后的又一人。从二人所本来看，河间献王承袭的是儒家雅乐，而叔孙通是承袭秦乐，最多是《国风》中的一种。从礼乐的正统性而言，河间礼乐更胜一筹。”[④]

河间献王与河间儒者除了搜求整理文献，制作礼乐，还对这些经典和礼乐的义理进行发明绍述。《汉书》言河间献王“修学好古，实事求是”，不仅概括了以献王为首的河间儒者整理文献的态度，也精准概括了其儒学思想。“修学好古”是一种学术取向，即指其对古代文化典籍的热忱态度；“实事求是”是一种学术态度，是河间献王及其河间学术中心在整理和解说古代经典时所采用的阐释模式。“实事”是经典的本义，“求是”则是通过解说来呈现本义。

对于河间王刘德的“修学好古，实事求是”，颜师古注云：“务得事实，每求真是也。”这种学术态度落实到实际研究中，就是立足于经典文本，重视文字训诂，力求探寻经典原义。这成为其后今古文经博弈过程中古文经学的阐释模式，也开启了其后经学中理学和朴学之解经模式。对

① 班固撰，颜师古注：《汉书》卷三十《艺文志》，北京：中华书局，1962年，第1712页。

② 班固撰，颜师古注：《汉书》卷二十二《礼乐志》，北京：中华书局，1962年，第1071页。

③ 班固撰，颜师古注：《汉书》卷二十二《礼乐志》，北京：中华书局，1962年，第1070页。

④ 聂济冬：《西汉河间献王的学术与政治倾向》，《东方论坛》，2016年第2期。

此，明唐世隆从道统的高度赞扬河间献王及河间儒学“修学好古，实事求是”的发明绍述之功，认为其于其后的关闽濂洛诸儒“固不多让”：

> 当是时，学士大夫咸知宗旨，而毛苌、贯长卿博士各相师授，亦有所据而发明之。卒使尧舜禹汤文武周孔相传之道，载于《诗》《书》《礼》《乐》《周易》《春秋》者，既晦而复明，既坠而复续。万世而下得有所见闻，人心赖以私淑，风俗赖以维持，道统之在天下，后世殆犹木之有根干，枝万叶而延蔓者之可寻也。犹水之有源干，流万派而潆洄者之可宗也。夫以世远言湮，经残教弛之后，犹能有功于道统如此，其视关闽濂洛诸儒，发明绍述之功，固不多让。[①]

曾国藩指出：“近世乾嘉之间，诸儒务为浩博。惠定宇、戴东原之流钩研诂训，本河间献王实事求是之旨，薄宋贤为空疏。夫所谓事者，非物乎？是者，非理乎？实事求是，非即朱子所称即物穷理者乎？名目自高，诋毁日月，亦变而蔽者也。”[②] 时至今日，“实事求是”仍为我们所大力提倡，且其范围不仅仅限于学术之研究，这当归功于河间献王及其河间学术中心留下的宝贵财富。

二、河间儒学与汉武之学

以“祖述尧舜，宪章文武”为旨的儒学，作为先秦之显学，遭受暴秦之压制，又历经秦季汉初之乱，一度沉寂。时至景武之世，河间献王凭借其诸侯王的身份与财力，以及“身端行治”的感召力，使得“天下雄俊众儒皆归之”，形成河间学术团体。同时广泛搜求整理遭受战火焚毁的典籍文献，举六艺，修礼乐，倡导“治道非礼乐不成”，形成河间儒学。对于河间献王复兴儒学之功，司马光在《传家集·河间献王赞》中说：

---

① 《明唐世隆修河间献王陵庙碑》，见杜甲修：《河间府新志·典文志·艺文下》，乾隆二十五年刻本。

② 曾国藩：《书学案小识后》，见《曾文正公诗文集文集》卷二，《四部丛刊》本。

是时列国诸侯苟不以宫室相高狗马相尚，则衮奸聚猾僭逆妄图。唯献王厉节治身爱古博雅，专以圣人法度遗落为忧，聚残补缺，校实取正，得《周官》《左氏春秋》《毛氏诗》而立之。《周礼》者，周公之大典，毛氏言《诗》最密，《左氏》与《春秋》为表里，三者不出，六艺不明。噫！微献王，则六艺其遂曀乎！故其功烈至今赖之。[①]

相较于献王"乐正道"的"知之明而信之笃，守之纯而行之勤者"，武帝的"好儒"则显得"好其名而不知其实，慕其华而废其质"。故在司马光看来，河间献王的"好儒"可谓是"愈于文景而德业后之"。甚或提出：

向若遵大义，属重器，用其德，施其志，必无神仙祠祀之烦，宫室观游之费，穷兵黩武之劳，赋役转输之敝。宜其仁丰义洽，风移俗变，焕然帝王之治复还，其必贤于文景远矣。嗟乎！天实不欲礼乐复兴邪？抑四海自不幸而已矣。[②]

对于司马光之论，清人李光地亦认同之，认为："当日以汉文帝为君，以董子为相，而以河间献王调停其间，三代庶可复乎！"[③] 更有学者评论说："是他（河间献王）将浩劫之后的儒家旗帜，从久布尘埃的角落里清理出来，抖落了沾染的灰垢，补缀好破碎的洞，又一次重新竖在了思想的祭坛上。"[④]

在思想学术史上获得高度认同与评价的河间献王，最后却在正值盛年之时离世，而曾经盛极一时的河间学术中心也随着刘德的离世而解

---

① 司马光：《河间献王赞》，见《传家集》卷六十六，《景印文渊阁四库全书》（第1094册），台北：台湾商务印书馆，1986年，第614页。

② 司马光：《河间献王赞》，见《传家集》卷六十六，《景印文渊阁四库全书》（第1094册），台北：台湾商务印书馆，1986年，第615页。

③ 李光地著，陈祖武点校：《榕村续语录》，北京：中华书局，1995年，第655-656页。

④ 卢仁龙：《河间献王与汉代儒学》，《河北学刊》，1990年第3期。

散，彪炳史册的河间儒学在其后很长一段时间也幽隐不发。对此，我们可以将河间献王与河间团体的儒学复兴活动放在其所处的景武之世中予以考察，抽取其在学术上与中央之学的“异趣”，也就可以洞悉其悲剧命运的必然性。

一种国家政治制度必然要求有配套的文教制度。相较于其时不断强化的中央皇权而言，兴起于景武之世的河间儒学，已然属于中央皇权所追求的与政治大一统相匹配的思想大一统的离心力。公元前221年，秦帝国创建起中国历史上第一个大一统中央集权帝国，“既标志着家父长专制统治在帝国全境内完成，也标志着社会整体的编户齐民化完成”。在帝制之下，“一方面从春秋有力世族而来的家父长专制统治空前加强，以帝制君临天下，视天下臣民为私臣属役，不惜民力任意役使；一方面则是普遍的平民意识的觉醒，其精英力量——士人集团的壮大，要求天下为公，选贤与能，君主与庶民共享权力，即‘天下非一人之天下也，天下之天下也’。两方矛盾的激化，秦最高统治者不但不顺时而变，仍严刑峻法……最终葬送了这个新生的郡县制帝国”。[①] 由此，承周、秦而起的西汉王朝，其所面临的也就是周、秦所留下的两种模式——封建与郡县。但是，反观周、秦历史，两种单一的模式似乎又都不太成功，周王朝所采取的封建制最终导致春秋战国长达数百年的兼并战争，秦帝国以周为鉴，所彻底施行的郡县制却被史家认为是“内亡骨肉本根之辅，外亡尺土藩翼之卫”，从而使得皇权孤弱，成为帝国二世而亡的一个因素。诚如论者所道，“在这个时期的开始，尚不能肯定一个中央集权国家会被认为是统治人民的理想的典范”[②]。故对于代秦而起的西汉王朝而言，“封建、郡县两政体之争论乃当时最要一大事”[③]。对于皇权而言，究其本质，自然希望施行彻底的郡县制，以巩固且强化专制皇权。但是，汉初布衣将相之局决定了汉初皇权事

---

① 成祖明：《封建、郡县之变中儒学演进的历史考察——层累成长的古史与记忆重构中的今古文经学》，《文史哲》，2017年第5期。

② 崔瑞德、鲁惟一编：《剑桥中国秦汉史：公元前221—公元220年》，北京：中国社会科学出版社，1992年，第27页。

③ 钱穆：《国史大纲》，北京：商务印书馆，1996年，第121页。

实上只能是一种“相对性有限皇权”，即在中央有武力功臣把持公卿要职，在地方则以军吏卒为主体形成了一“拥有强大的政治势力和经济基础，具有高等社会身份的新的社会集团”①。最终，基于“现实主义的原则和试验的基础上建立起来”② 的汉帝国选择了郡县与封建并行的双轨制。即在中央皇权直接管辖的区域内施行郡县制，同时迫于“有限皇权”之现状，先后分封八个异姓诸侯王。但是，自秦始皇创设皇帝制度，创建起中国历史上第一个大一统中央集权的专制皇权帝国伊始，“保存中央集权国家成为每个有野心的政治家的自然的和公认的目标”③。于是，我们看到，中央王朝随后一方面采取各种措施剪除异姓诸侯王；同时，另一方面又基于“汉兴之初，海内新定，同姓寡少，惩戒亡秦孤立之败”④，“故大封同姓，以填天下”⑤，“尊王子弟，大启九国”⑥，以为藩辅。

与汉初处于封建、郡县并行的试验和建构中的帝国相伴随的，则是指导思想上的黄老无为，以及由此带来的相对稳定的政治学术环境、宽松的文化政策，这些为其时学术文化的再度活跃与繁荣创造了条件，出现了学界所称的后战国时代⑦。在这个时期，围绕着帝国如何构建，各种学术力量和政治势力展开了积极的探索，呈现出“帝国创生与精神开放闪亮平行”⑧。“汉初诸王招致游士，最先称盛者如吴王濞，有邹阳、严忌、枚乘

① 李开元：《汉帝国的建立与刘邦集团——军功受益阶层研究》，北京：生活·读书·新知三联书店，2000 年，第 143，54 页。

② 崔瑞德、鲁惟一编：《剑桥中国秦汉史：公元前 221—公元 220 年》，北京：中国社会科学出版社，1992 年，第 27 页。

③ 崔瑞德、鲁惟一编：《剑桥中国秦汉史：公元前 221—公元 220 年》，北京：中国社会科学出版社，1992 年，第 27 页。

④ 班固撰，颜师古注：《汉书》卷十四《诸侯王表》，北京：中华书局，1962 年，第 393 页。

⑤ 班固撰，颜师古注：《汉书》卷三十八《高五王传》，北京：中华书局，1962 年，第 2002 页。

⑥ 班固撰，颜师古注：《汉书》卷十四《诸侯王表》，北京：中华书局，1962 年，第 393 页。

⑦ 参见雷戈：《秦汉之际的政治思想与皇权主义》，上海：上海古籍出版社，2006 年。

⑧ 转引自成祖明：《封建、郡县之变中儒学演进的历史考察——层累成长的古史与记忆重构中的今古文经学》，《文史哲》，2017 年第 5 期。

诸人。吴既败，继起者为梁孝王，邹、枚诸人皆去吴归梁。又有羊胜、公孙诡之属。再下则有淮南王安，招致宾客方术士数千人，著《淮南王书》，已在武帝世。此为南方之一系，大抵皆辞赋、纵横文辩之士也。”① 与南方淮南之学遥相呼应的，则是北方河间儒学的兴起。

汉初帝国分封同姓诸侯王，原本是旨在用以拱卫中央。然而如同一把双刃剑一样，汉初所奉行的黄老无为，虽然换来了整个社会的休养生息，促进了社会生产的恢复与发展，但同时也放任了军功集团和诸侯王势力在中央和地方的滋长，使其渐成为中央皇权之离心力。思想上，“游仕食客散走于封建诸王间，以辞赋导奖奢侈，以纵横捭阖是非，依然是走的破坏统一的路。文学之与商贾、游侠，同样为统一政府之反动”②。为此，文帝时的贾谊，景帝时的晁错，先后上书请求削藩，以避免诸侯王国的尾大不掉之势。最终，汉景帝时爆发的“七国之乱”，不仅标志着汉帝国封建制试验的失败，而且加速了帝国统治者借以削弱诸侯王、加强中央皇权的步伐。“文帝采贾生之议分齐、赵，景帝用晁错之计削吴、楚。武帝施主父之册，下推恩之令，使诸侯王得分户邑以封子弟，不行黜陟，而藩国自析。……景遭七国之难，抑损诸侯，减黜其官。武有衡山、淮南之谋，作左官之律，设附益之法，诸侯惟得衣食税租，不与政事。”③ 随着“抑损”“减黜”乃至“推恩”等系列措施的推行，至景武之世，郡县制已然在帝国境内占据优势。随着郡县制在帝国境内占据绝对优势，“其后诸侯唯得衣食租税，贫者或乘牛车”④，宣告了中央皇权的巩固。

与加强中央皇权相伴随的，则是意识形态上的调整，即皇权开始在功臣和宗室之外寻找新的依靠力量，以求进一步巩固。“无尺土之功，主张文治、有所作为的士人贤良集团便成为皇室招徕的对象。汉初几次贤良选

---

① 钱穆：《国史大纲》，北京：商务印书馆，1996 年，第 142 页。

② 钱穆：《国史大纲》，北京：商务印书馆，1996 年，第 142 页。

③ 班固撰，颜师古注：《汉书》卷十四《诸侯王表》，北京：中华书局，1962 年，第 395 页。

④ 班固撰，颜师古注：《汉书》卷三十八《高五王传》，北京：中华书局，1962 年，第 2002 页。

举正是围绕着这一政治意识形态斗争的背景展开。在这一斗争中贤良集团起到了重要的作用，军功集团和宗室诸王的势力受到抑制和削弱，皇室权力实现了逐步扩张，而帝国的意识形态也在斗争中从黄老向儒术缓慢转变。”[1] 只不过，帝国意识形态所需的仅仅是为皇权张目的“儒者”与“儒术”，而非如河间献王那样的“修学好古，实事求是”之儒，更不是以周制为楷模的河间儒学。

观河间儒学，其主导者是被皇权猜忌的地方诸侯王河间献王[2]，虽然其重在“修学好古，实事求是”，但对于专制皇权而言，学术探索尤其是思想探索乃是思想专制之大敌，是触犯专制者之大忌。对此，徐复观指出：

> 景帝时代，朝廷猜防的重点在诸侯王的领土与职权。至武帝，则诸侯的领土与职权已不成问题；于是猜防的重点特转向到诸王的宾客上面，尤其是转向到有学术意义的宾客上面。而能招致才智及在学术上有所成就之士的诸侯王，其本身必有相当的才智，在学术上也有相当的修养；而其生活行为，也多能奋发向上，可以承受名誉。这更触犯了专制者的大忌。换言之，专制皇帝，只允许有腐败堕落的诸侯王，而决不允许有奋发向上的诸侯王。附丽在专制皇帝的周围，以反

---

① 成祖明：《诏策贤良文学制度背景下的“天人三策”》，《历史研究》，2012 年第 4 期。

② 献王与武帝的猜忌与矛盾自可追溯至献王母栗姬与武帝母王夫人的后位之争。据《汉书·外戚传》，献王母栗姬遭遇幽死，其兄原本的栗太子荣被废，王夫人后位身份和武帝太子地位的取得，不仅与王夫人和长公主的阴谋相关联，更是以献王母和兄的死、废为代价的。《汉书·卫绾传》载，在这场太子争夺战中，“栗卿之属”并遭诛戮。作为“栗卿之属”的献王幸免于难，自然最为清楚其中的“阴私”。而他的存在对于武帝母子而言，始终就是道德心理上的压力。且栗太子被废及死后，献王在景帝诸子中最长，对于帝位来之非正的武帝来说，无疑更加深了其对献王的猜忌。所以钱穆言：“献王之见忌于武帝，盖视淮南尤益甚矣。考景帝子十四人，唯献王与栗太子同母。栗太子废而献王于诸子年最长，又得贤名。武帝之忌献王，有以也。献王即以来朝之年正月薨，其时朝十月，盖归而即卒，杜业之奏，非无据矣。”见钱穆：《秦汉史》，北京：生活·读书·新知三联书店，2018 年，第 76 页。

> 映专制皇帝神圣身份的诸侯王，只准其坏，不准其好；“禽兽行”的罪恶，绝对轻于能束身自好而被人所称道的罪恶，这是专制政体中的一大特色。[①]

故当“身端行治”的河间献王入朝奏献雅乐时，即遭致汉武帝的“艴然难之”，谓献王曰：“汤以七十里，文王百里，王其勉之。”这也就注定了献王悲剧性命运的必然，“王知其意，归即纵酒听乐，因以终”[②]。

此外，尽管都倡兴儒学，但在河间儒学与汉武中央儒学之间，却存在着明显的取向“异趣”。

> 汉武帝之所以决定提倡崇儒，其中一个重要原因即是，儒者在朝廷礼仪和行政制度方面有长期传统，儒学的尊君、礼制等级和忠孝思想有助于维护君主权威，儒家的德治教化则是束缚人们思想的重要手段。对于专制统治者来说，严密控制人的思想意志与约束人的行为同等重要。儒家的德治仁政学说又能为君主政治进行某种修饰和补充，特别是儒家的各种仪制典章，可以将专制主义暴力统治装点得温情脉脉。因而，汉武帝之崇儒，并非以儒学政治学说作为全部政策的出发点，而是出于制度建设之需，以及实用、功利之目的。[③]

观之河间儒学的兴起，首要的在于河间献王“身端行治”的礼学修养以及复兴儒学之使命。无论是搜求整理经典，兴修礼乐，还是发明绍述，其所有学术活动都是紧紧围绕周制和周代的礼乐文化展开的，注重的是“修学好古，实事求是”。“与河间重文献本身，重先王之古

---

① 徐复观：《两汉思想史》（第一卷），上海：华东师范大学出版社，2001年，第107页。

② 司马迁：《史记》卷五十九《五宗世家》，北京：中华书局，1959年，第2094页裴骃《集解》引杜业语。

③ 黑琨：《论河间学术与汉代中央学术的关系》，《河北学刊》，2006年第6期。

礼、雅乐不同，汉武帝重礼乐的目的就是为了维护和协调封建等级中亲疏、贵贱、尊卑的社会关系，以礼为辅助法治的手段，他所重视的是实践。”[①] 观汉武中央儒学，“其主要是在郎官侍从的中大夫阶层及博士官署中孕育发展起来，一开始就不自觉地带有家父长维护王权的主从性特征”，“他们站在郡县制中央皇权的立场上，以皇权为核心，宗先秦孔孟而来的德治主义之学，强调人君的德性，将人君的德性神圣化和意识形态化”，“在宣扬德政、仁政的同时也为家父长皇权的专制统治披上了天然合理化的法衣”。[②]

由此，儒学在景武之世逐渐形成了两大系统：一是以献王为宗的河间儒学，其核心是周制、周礼，被长期抑制在民间。其所遵循的是先秦原儒的“游文于六经之中，留意于仁义之际，祖述尧舜，宪章文武，宗师仲尼，以重其言，于道最为高”[③]。一是汉武皇权凭借中央王朝的有利条件，分化和培植一批愿与朝廷合作的儒学精英，进行与郡县大一统相适应的新儒学的建构，最终形成以董仲舒为宗的中央儒学，其核心是大一统，强干弱枝，尊君卑臣。

汉武帝建元六年（公元前 135 年），黄老之学在朝廷的护卫者窦太后离世，儒学得到进一步发展。随着汉武帝“罢黜百家，独尊儒术”，设五经博士，不仅开启了儒学作为朝廷官方之学的历程，也开启了两大儒学系统争立博士官的冲突与斗争，即“经今古文之争”。

第三节　黄老道治：淮南王国与《淮南子》

对于汉初统治者而言，秦二世而亡的教训是真切的，故如何在总结秦亡的教训与汉初政治的经验中，确立一条适应西汉王朝需要的长

① 黑琨：《论河间学术与汉代中央学术的关系》，《河北学刊》，2006 年第 6 期。

② 成祖明：《封建、郡县之变中儒学演进的历史考察——层累成长的古史与记忆重构中的今古文经学》，《文史哲》，2017 年第 5 期。

③ 班固撰，颜师古注：《汉书》卷三十《艺文志》，北京：中华书局，1962 年，第 1728 页。

治久安之道遂成为时代主题。其时，作为淮南王的刘安，“不满足于陆贾、贾谊等人一事一议的政论方式，而希望用更为系统、全面的一整套治国理论来影响作为最高统治者的天子”①，故有《淮南鸿烈》（简称《淮南子》）成。《淮南子》坚持汉初以来黄老之学的总体发展方向与路径，并综合当时流行的各家学说，尝试以此指导和影响西汉统治者的治国实践，以期从根本上实现道家化“道治良序”的善政治世理想②。

一、“无为者，道之宗”

作为汉代黄老政治理念的新阐释，《淮南子》最为关切的就是“道”“事”之间的现实沟通与实现，即“道”何以“务于治”的“道治”问题。“百家殊业，而皆务于治。”③ 在《淮南子》看来，以黄老为核心的“道治”，其要旨则是“无为”。

为了论证“无为而治”的必然性，《淮南子》首先基于天道本体作论。为此，《原道训》被作为篇首而被安置，高诱释之为：“原，本也。本道根真包裹天地以历万物，故曰原道，因以题篇。”④ “道”在《淮南子》中首先是作为包裹宇宙的一种本原存在：

> 天道玄默，无容无则，大不可极，深不可测。尚与人化，知不能得。⑤

---

① 戴黍：《经典的源流及其意义——从思想史的角度看〈淮南子〉》，《学术研究》，2005 年第 6 期。

② 高旭：《汉代黄老新“道治”的历史阐说——论〈淮南子〉著述意图、文本结构、思想体系及其政治理想》，《南昌大学学报（人文社会科学版）》，2017 年第 5 期。

③ 高诱注：《淮南子》卷十三《氾论训》，《诸子集成》（七），北京：中华书局，2006 年，第 213 页。

④ 高诱注：《淮南子》卷一《原道训》，《诸子集成》（七），北京：中华书局，2006 年，第 1 页。

⑤ 高诱注：《淮南子》卷九《主术训》，《诸子集成》（七），北京：中华书局，2006 年，第 127 页。

> 夫道者，覆天载地，廓四方，柝八极，高不可际，深不可测，包裹天地，禀授无形，原流泉浡，冲而徐盈，混混滑滑，浊而徐清。故植之而塞于天地，横之而弥于四海，施之无穷，而无所朝夕。舒之幎于六合，卷之不盈于一握，约而能张，幽而能明，弱而能强，柔而能刚，横四维而含阴阳，纮宇宙而章三光。甚淖而滒，甚纤而微。山以之高，渊以之深，兽以之走，鸟以之飞，日月以之明，星历以之行，麟以之游，凤以之翔。[①]
>
> 道至高无上，至深无下，平乎准，直乎绳，圆乎规，方乎矩，包裹宇宙而无表里，洞同覆载而无所碍。[②]

这里，“道”不仅是一种哲学本原性的存在，更是宇宙万有之根本的“关于世界统一性的概念”[③]。“道者，一立而万物生矣。是故一之理，施四海；一之解，际天地。其全也，纯兮若朴；其散也，混兮若浊。……万物之总，皆阅一孔；百事之根，皆出一门。”[④] 同时，“道”还是涵括宇宙万物、人间政事的至高至大、无穷无尽的现实存在，是万物之所生所出的存在：

> 夫太上之道，生万物而不有，成化像而弗宰。跂行喙息，蠉飞蠕动，待而后生，莫之知德。待之后死，莫之能怨。得以利者不能誉，用而败者不能非，收聚畜积而不加富，布施禀授而不益贫。[⑤]

---

① 高诱注：《淮南子》卷一《原道训》，《诸子集成》（七），北京：中华书局，2006年，第1页。

② 高诱注：《淮南子》卷十《缪称训》，《诸子集成》（七），北京：中华书局，2006年，第153页。

③ 雷健坤：《〈淮南子〉的中心思想及其理论架构》，《天府新论》，2002年第5期。

④ 高诱注：《淮南子》卷一《原道训》，《诸子集成》（七），北京：中华书局，2006年，第12页。

⑤ 高诱注：《淮南子》卷一《原道训》，《诸子集成》（七），北京：中华书局，2006年，第2页。

在《淮南子》中，万物禀道而生，“道”游走于宇宙、人生、社会各个领域，既是形而上的本体存在，同时也是无所不摄无所不能的现实存在。这个无所不摄无所不能的“道”的内涵是“无为”，“至道无为”①，“无为为之而合于道”②，“无为者，道之宗。故得道之宗，应物无穷”③。“无为者，道之体也。”④“达于道者，反于清净。究于物者，终于无为。”⑤故对人而言，“执道要之柄，而游于无穷之地。是故天下之事不可为也，因其自然而推之。万物之变不可究也，秉其要归之趣”⑥。所谓的“要归之趣”，则是“守清道而抱雌节，因循应变，常后而不先，柔弱以静，舒安以定。攻大礦坚，莫能与之争”⑦。对圣人而言，更是不应以人事乱其身，不以身为物役，不以欲乱其清净之性、中和之道，“故圣人不以人滑天，不以欲乱情”⑧，“圣人不以身役物，不以欲滑和”⑨。

《淮南子》的“无为”主张，很大程度上乃吸收先秦道家尤其是老子之思想资源。其旨近《老子》，淡泊无为：

> 道常无为而无不为。侯王若能守之，万物将自化。化而欲作，吾

---

① 高诱注：《淮南子》卷二《俶真训》，《诸子集成》（七），北京：中华书局，2006年，第23页。

② 高诱注：《淮南子》卷一《原道训》，《诸子集成》（七），北京：中华书局，2006年，第2页。

③ 高诱注：《淮南子》卷九《主术训》，《诸子集成》（七），北京：中华书局，2006年，第131页。

④ 高诱注：《淮南子》卷十四《诠言训》，《诸子集成》（七），北京：中华书局，2006年，第246页。

⑤ 高诱注：《淮南子》卷一《原道训》，《诸子集成》（七），北京：中华书局，2006年，第6页。

⑥ 高诱注：《淮南子》卷一《原道训》，《诸子集成》（七），北京：中华书局，2006年，第3页。

⑦ 高诱注：《淮南子》卷一《原道训》，《诸子集成》（七），北京：中华书局，2006年，第10页。

⑧ 高诱注：《淮南子》卷一《原道训》，《诸子集成》（七），北京：中华书局，2006年，第7页。

⑨ 高诱注：《淮南子》卷一《原道训》，《诸子集成》（七），北京：中华书局，2006年，第13页。

> 将镇之以无名之朴。无名之朴，夫亦将无欲。不欲以静，天下将自定。①
>
> 天下之至柔，驰骋天下之至坚。无有入无间，吾是以知无为之有益。②

先秦道家的“无为”思想，在汉初成为统治者推行“无为”政治的指导思想，对汉初社会的安定、经济的恢复曾起过积极作用。观《淮南子》，其开篇即提出：

> 执道要之柄，而游于无穷之地。是故天下之事不可为也，因其自然而推之。万物之变不可究也，秉其要归之趣。③
>
> 万物固以自然，圣人又何事焉。……达于道者，反于清净。究于物者，终于无为。④
>
> 是故圣人内修其本，而不外饰其末，保其精神，偃其智故，漠然无为而无不为也，澹然无治也而无不治也。⑤

“为”者，“治”也。圣人执“道要之柄”，“漠然无为而无不为也”：

> 若吾所谓无为者，私志不得入公道，嗜欲不得枉正术，循理而举事，因资而立权，自然之势，而曲故不得容者，事成而身弗伐，功立

---

① 王弼注：《老子道德经》第三十七章，《诸子集成》（三），北京：中华书局，2015年，第21页。

② 王弼注：《老子道德经》第四十三章，《诸子集成》（三），北京：中华书局，2015年，第27页。

③ 高诱注：《淮南子》卷一《原道训》，《诸子集成》（七），北京：中华书局，2006年，第3页。

④ 高诱注：《淮南子》卷一《原道训》，《诸子集成》（七），北京：中华书局，2006年，第6页。

⑤ 高诱注：《淮南子》卷一《原道训》，《诸子集成》（七），北京：中华书局，2006年，第8页。

而名弗有。[1]

就是说，所谓“无为”，并非完全的绝对的无所行为，“《淮南子》的‘无为’绝非单纯的‘无为’，而是‘无为’与‘有为’的调和”[2]，是“不先物为”，是要“顺物之性”的“因物之所为”[3]，“因其自然而推之”[4]。

在先秦老子处，其论说“无为”与“无不为”，前者是后者的条件，后者是前者的结果。因此，“无为与无不为可以视为是具有逻辑先后的两个阶段或两种态度”[5]。然而在《淮南子》中，“无为”与“无不为”，“无治”与“无不治”“不再是特殊行为与其结果的关系，而统统变成了视条件而定的行为本身”[6]。“无为”是“不先于物”的“为”，“无不为”则是“因物之所为”的“为”，“无为与无不为根本是同一的”[7]。此处，由于用“因”来说明无为，所以强调了“无为”在不争主动、不改本然的情况下应物而动的理论含义。《淮南子》之所以如此，旨在强调作为王朝的统治者，当“无为为之而合于道”“执道要之柄”[8]，以“因其自然而推之”[9]，进而达到“与道为一”的理想状态：

因天下而为天下也。天下之要，不在于彼而在于我，不在于人而

---

① 高诱注：《淮南子》卷十九《修务训》，《诸子集成》（七），北京：中华书局，2006 年，第 333 页。

② 林聪舜：《西汉前期思想与法家的关系》，台北：大安出版社，1992 年，第 117 页。

③ 高诱注：《淮南子》卷一《原道训》，《诸子集成》（七），北京：中华书局，2006 年，第 8 页。

④ 高诱注：《淮南子》卷一《原道训》，《诸子集成》（七），北京：中华书局，2006 年，第 3 页。

⑤ 雷健坤：《〈淮南子〉的中心思想及其理论架构》，《天府新论》，2002 年第 5 期。

⑥ 雷健坤：《〈淮南子〉的中心思想及其理论架构》，《天府新论》，2002 年第 5 期。

⑦ 雷健坤：《〈淮南子〉的中心思想及其理论架构》，《天府新论》，2002 年第 5 期。

⑧ 高诱注：《淮南子》卷一《原道训》，《诸子集成》（七），北京：中华书局，2006 年，第 2-3 页。

⑨ 高诱注：《淮南子》卷一《原道训》，《诸子集成》（七），北京：中华书局，2006 年，第 3 页。

在于我身，身得则万物备矣。彻于心术之论，则嗜欲好憎外矣，是故无所喜而无所怒，无所乐而无所苦，万物玄同也。无非无是，化育玄耀，生而如死。夫天下者亦吾有也，吾亦天下之有也。天下之与我，岂有间哉。夫有天下者，岂必摄权持势，操杀生之柄，而以行其号令邪。吾所谓有天下者，非谓此也。自得而已。自得则天下亦得我矣，吾与天下相得，则常相有已，又焉有不得容其间者乎？所谓自得者，全其身者也。全其身则与道为一矣。①

二、君人之道，修身自得

观之先秦诸子百家，多为通过学术思想的构筑来表达其政治理想。尽管诸子“言之异路”，但“务为治者”是其共同憧憬：“百川异源，而皆归于海。百家殊业，而皆务于治。”②《淮南子》亦然，其“体道”“和道”“执道”的最终要旨亦是“归于治”。“故著书二十篇，则天地之理究矣，人间之事接矣，帝王之道备矣。”③ 考《淮南子》所主张之“治”，则是君无为臣有为的“君臣异道”。即一方面强调君王“静以修身”的体道怀德，行无为之为；另一方面，主张“君无为臣有为”的“异道而治”，认为如果君王事必躬亲，行“有为”之政，则会出现“谗生”“谀起”；“是故君人者无为而有守也，有为而无好也。有为则谗生，有好则谀起。”④

“治身”是先秦诸子都十分关注的话题。以老庄为代表的先秦道家在论道中亦兼及治身，认为君主只要贵其身，全其德，就能收到天下大治的

① 高诱注：《淮南子》卷一《原道训》，《诸子集成》（七），北京：中华书局，2006年，第15页。

② 高诱注：《淮南子》卷十三《氾论训》，《诸子集成》（七），北京：中华书局，2006年，第213页。

③ 高诱注：《淮南子》卷二十一《要略》，《诸子集成》（七），北京：中华书局，2006年，第373页。

④ 高诱注：《淮南子》卷九《主术训》，《诸子集成》（七），北京：中华书局，2006年，第143页。

效果："故贵以身为天下，若可寄天下；爱以身为天下，若可托天下。"[①]儒家重修身，以之为治国之前提与根本："物格而后知至，知至而后意诚，意诚而后心正，心正而后身修，身修而后家齐，家齐而后国治，国治而后天下平。自天子以至于庶人，壹是皆以修身为本。"[②]"知所以修身，则知所以治人；知所以治人，则知所以治天下国家矣。"[③]

《淮南子》继承先秦儒、道两家关于修身的主张，强调君主首要的在于慎守"三关"："夫目妄视则淫，耳妄听则惑，口妄言则乱。夫三关者，不可不慎守也。"[④]专以"自得"从而至"有天下"：

> 吾所谓有天下者，非谓此也。自得而已。自得则天下亦得我矣，吾与天下相得，则常相有已，又焉有不得容其间者乎？所谓自得者，全其身者也。[⑤]

强调君主修身"自得"，从而"得天下""有天下"。而所谓"自得者"，亦即"全其身者""与道为一矣"[⑥]。认为身与天下原本是一体，若能自得，则天下亦因我之自得而亦各得其得。对于君主而言，君主全其身就可以使天下臻于至治：

> 欲成霸王之业者，必得胜者也。能得胜者，必强者也。能强者，必用人力者也。能用人力者，必得人心者也。能得人心者，必自得者

① 王弼注：《老子道德经》第十三章，《诸子集成》（三），北京：中华书局，2006年，第7页。

② 《大学章句》，朱熹：《四书章句集注》，北京：中华书局，1986年，第4页。

③ 《中庸章句》，朱熹：《四书章句集注》，北京：中华书局，1986年，第29页。

④ 高诱注：《淮南子》卷九《主术训》，《诸子集成》（七），北京：中华书局，2006年，第127页。

⑤ 高诱注：《淮南子》卷一《原道训》，《诸子集成》（七），北京：中华书局，2006年，第15页。

⑥ 高诱注：《淮南子》卷一《原道训》，《诸子集成》（七），北京：中华书局，2006年，第15页。

也。故心者，身之本也，身者，国之本也，未有得己而失人者也，未有失己而得人者也。①

所谓有天下者，非谓其履势位，受传籍，称尊号也。言运天下之力，而得天下之心。②

认为君王修身正己是治国理民的关键所在：

未尝闻身治而国乱者也，未尝闻身乱而国治者也。矩不正，不可以为方，规不正，不可以为员。身者事之规矩也，未闻枉己而能正人者也。原天命，治心术，理好憎，适情性，则治道通矣。原天命，则不惑祸福；治心术，则不妄喜怒；理好憎，则不贪无用；适情性，则欲不过节。……凡此四者，弗求于外，弗假于人，反己而得矣。③

在《淮南子》中，“不仅治身与经世的方法相结合，而且治身的过程同时就是经世的过程。因为人们反性体道，舍欲归情，结果既强壮了身体，又端正了处世态度和行为，社会自然得到治理。特别是作为国家领导人，其心静身治，则为民众树立榜样，‘而天下自服’”④。治身的路径是通向经世治国的，两者密不可分。既然修身在治国中有如此重要的地位，那么君主应当如何来修身正己呢？《淮南子》认为，“君人之道，处静以修身”。具体言之，则是“清静而不动”“行为仪表于天下”，以此来“行不言之教”。

《淮南子》认为，修身就是返“初心”，归清静恬愉之“本性”。“性

① 高诱注：《淮南子》卷二十《泰族训》，《诸子集成》（七），北京：中华书局，2006年，第360页。

② 高诱注：《淮南子》卷二十《泰族训》，《诸子集成》（七），北京：中华书局，2006年，第361页。

③ 高诱注：《淮南子》卷十四《诠言训》，《诸子集成》（七），北京：中华书局，2006年，第236页。

④ 胡奂湘：《〈淮南子〉的人体观和养生思想》，收录于杨儒宾主编《中国古代思想中的气论与身体观》，台北：巨流图书公司，1993年，第512页。

者所受于天也”[1]，即“人的性命秉自道与天地，先天上具有得自天、地之道的遗传特质。天地道之性清静、安宁，人之性也应该是清静、安宁”[2]：

> 清静恬愉，人之性也。[3]
>
> 静漠恬澹，所以养性也。[4]
>
> 是故不闻道者，无以反性。故古之圣王，能得诸己，故令行禁止，名传后世，德施四海。是故凡将举事，必先平意清神。神清意平，物乃可正。[5]
>
> 是故清静者，德之至也；而柔弱者，道之要也；虚无恬愉者，万物之用也。[6]

牟钟鉴先生对于《淮南子》所言的“人性本静”作了这样的解释：“所谓人性静愉，其含义有二：从意识上说，人的本性好内静而不喜外动，不急躁、无偏见、平和清醒乃是精神的理想状态；从情感上说，人的本性少欲寡求，自足自得，没有激动的情绪起伏，不沉湎于名利享乐。这是汉初道家的思想，源于《庄子》。《天道》中就有这样的话：‘虚静恬淡寂寞无为者，天地之平而道德之至。’道家认为，人性来自天道，天道自然无为，故人性亦应仿效之。”[7] 既然与“道”合一的人性是本静的，那么对

① 高诱注：《淮南子》卷十《缪称训》，《诸子集成》（七），北京：中华书局，2006年，第162页。

② 陈丽桂：《淮南子论修养》，《台湾图书馆馆刊》，1986年第1期。

③ 高诱注：《淮南子》卷十八《人间训》，《诸子集成》（七），北京：中华书局，2006年，第305页。

④ 高诱注：《淮南子》卷二《俶真训》，《诸子集成》（七），北京：中华书局，2006年，第31页。

⑤ 高诱注：《淮南子》卷十一《齐俗训》，《诸子集成》（七），北京：中华书局，2006年，第173页。

⑥ 高诱注：《淮南子》卷一《原道训》，《诸子集成》（七），北京：中华书局，2006年，第11页。

⑦ 牟钟鉴：《〈吕氏春秋〉与〈淮南子〉思想研究》，济南：齐鲁书社，1987年，第221页。

于君王而言，就当静以修身，其要则在“节欲”“反性”“去载”[①]。《淮南子》指出，正是对外的嗜欲扰乱了人清静恬愉的本性：“人性安静，而嗜欲乱之”[②]；“嗜欲者，性之累也”[③]；“人性欲平，嗜欲害之”[④]。“人生而静，天之性也。感而后动，性之害也。物至而神应，知之动也。知与物接，而好憎生焉。好憎成形，而知诱于外，不能反己，而天理灭矣。”[⑤] 所以《淮南子》认为：“是故至人之治也，掩其聪明，灭其文章，依道废智，与民同出于公。约其所守，寡其所求，去其诱慕，除其嗜欲，损其思虑。”[⑥] 君主只有节制自己的嗜欲，返回到恬淡无欲的素朴本性，才能达到治国理民的实效：

> 故古之王者，冕而前旒，所以蔽明也；黈纩塞耳，所以掩聪；天子外屏，所以自障。故所理者远，则所在者迩；所治者大，则所守者小。夫目妄视则淫，耳妄听则惑，口妄言则乱。夫三关者，不可不慎守也。若欲规之，乃是离之。若欲饰之，乃是贼之。[⑦]
>
> 凡以物治物者，不以物以睦。治睦者不以睦以人。治人者不以人以君。治君者不以君以欲。治欲者不以欲以性。治性者不于性以德。

---

① “为治之本，务在于安民；安民之本，在于足用；足用之本，在于勿夺时，勿夺时之本，在于省事；省事之本，在于节欲；节欲之本，在于反性；反性之本，在于去载；去载则虚，虚则平；平者，道之素也；虚者，道之舍也。”（《淮南子》卷十四《诠言训》，第236-237页。）

② 高诱注：《淮南子》卷二《俶真训》，《诸子集成》（七），北京：中华书局，2006年，第29页。

③ 高诱注：《淮南子》卷一《原道训》，《诸子集成》（七），北京：中华书局，2006年，第12页。

④ 高诱注：《淮南子》卷十一《齐俗训》，《诸子集成》（七），北京：中华书局，2006年，第173页。

⑤ 高诱注：《淮南子》卷一《原道训》，《诸子集成》（七），北京：中华书局，2006年，第4页。

⑥ 高诱注：《淮南子》卷一《原道训》，《诸子集成》（七），北京：中华书局，2006年，第12页。

⑦ 高诱注：《淮南子》卷九《主术训》，《诸子集成》（七），北京：中华书局，2006年，第127页。

治德者不以德以道。[①]

《淮南子》强调君王“节欲”“反性”“去载”的“静以修身”，是基于巩固统治者的政权，让国家长治，社会安定而论的，是为了“安民”。因为在其看来，国家昏乱的主要原因就在于君主奢侈无度、挥霍浪费、横征暴敛、嗜欲无厌。其言：

是故人主好鸷鸟猛兽，珍怪奇物，狡躁康荒，不爱民力，驰骋田猎，出入不时，如此则百官务乱，事勤财匮，万民愁苦，生业不修矣。……处人主之势，则竭百姓之力，以奉耳目之欲，志专在于宫室台榭，陂池苑囿，猛兽熊罴，玩好珍怪，是故贫民糟糠不接于口，而虎狼熊罴厌刍豢，百姓短褐不完，而宫室衣锦绣。人主急兹无用之功，百姓黎民憔悴于天下，是故使天下不安其性。[②]

百姓不能安其性命，国家就不会安定，政权也不会巩固。故而《淮南子》说：

夫水浊则鱼噞，政苛则民乱。故夫养虎豹犀象者，为之圈槛，供其嗜欲，适其饥饱，违其怒恚。然而不能终其天年者，形有所劫也。是以上多故则下多诈，上多事则下多态，上烦扰则下不定，上多求则下交争。不直之于本，而事之于末，譬犹扬堁而弭尘，抱薪以救火也。故圣人事省而易治，求寡而易澹。[③]

---

① 高诱注：《淮南子》卷十一《齐俗训》，《诸子集成》（七），北京：中华书局，2006年，第172页。

② 高诱注：《淮南子》卷九《主术训》，《诸子集成》（七），北京：中华书局，2006年，第138-139页。

③ 高诱注：《淮南子》卷九《主术训》，《诸子集成》（七），北京：中华书局，2006年，第128页。

君主的奢侈腐化，纵欲无度，会导致民不聊生，天下大乱。所以君主要“处静以修身，俭约以率下”①，因为“静则下不扰矣，俭则民不怨矣”②。为此，《淮南子》更是提出了一个由“守道”“全性”“原心”“修身”“治家”从而“有国”“有天下”的过程：

> 能有天下者，必不失其国；能有其国者，必不丧其家；能治其家者，必不遗其身；能修其身者，必不忘其心；能原其心者，必不亏性；能全其性者，必不惑于道。故广成子曰：“慎守而内，周闭而外，多知为败，毋视毋听，抱神以静，形将自正。”不得之己而能知彼者，未之有也。……能得人心者，必自得者也。③

这一过程与儒家的正心、诚意、修身、齐家、治国、平天下的路径可谓是殊途同归，但其又融入了道家的内容。对此，有学者予以揭示：“这种由‘全性’而‘原心’而‘修身’，而‘治家’，而‘有国’，而‘有天下’的次序，在形式上与《大学》的政治纲领近似，不过《淮南子》中，‘修身’的内容是虚、平，亦即是‘无为’，由‘修身’而‘有天下’的过程是‘无为而无不为’，不是儒家由道德实践而来的德化政治。”④ 还有学者指出：“《淮南鸿烈》的家国同构和儒家的家国同构在原则上有所不同，就是贯通家国的原则不同。儒家的家国同构，贯穿的原则是伦理原则，而《淮南鸿烈》贯穿的则是自然原则。……家国同构只是说明自然原则不但可以用来修身，而且可以用来齐家治国。”⑤ 就是说，《淮南子》“在成德过程中主张顺其自然、不刻意外求，以道家式的‘内得诸己’作为成德的

---

① 高诱注：《淮南子》卷九《主术训》，《诸子集成》（七），北京：中华书局，2006年，第138页。

② 高诱注：《淮南子》卷九《主术训》，《诸子集成》（七），北京：中华书局，2006年，第138页。

③ 高诱注：《淮南子》卷十四《诠言训》，《诸子集成》（七），北京：中华书局，2006年，第237页。

④ 林聪舜：《西汉前期思想与法家的关系》，台北：大安出版社，1992年，第116页。

⑤ 陆玉林：《论〈淮南鸿烈〉的道儒整合》，《中国人民大学学报》，1993年第2期。

基础”[①]，“由虚静自得、道我合一，而至于反己正身，此显见鸿烈之兼和道儒”[②]。故其最终落脚于“能得人心者，必自得者也”。

我们看到，《淮南子》所强调的君王“静以修身”，并不是单纯的“治身”，而是与其“治国”“得天下”紧密相联的。《淮南子》认为“治身”即“治国”，而“治国”之要就在“本任于身”：“未尝闻身治而国乱者也，未尝闻身乱而国治者也。故本任于身。”[③]“天下之要，不在于彼而在于我，不在于人而在于我身，身得则万物备矣。”[④]就是说，在上者唯有以“体道”“与道合一”来“治身”，方能“治国”。“故有道以统之，法虽少，足以化矣。无道以行之，法虽众，足以乱矣。治身，太上养神，其次养形。治国，太上养化，其次正法。神清志平，百节皆宁，养性之本也。肥肌肤，充肠腹，供嗜欲，养生之末也。”[⑤]对于此，有学者以为，是《淮南子》试图基于“治君者不以君，以欲”的政治认识，影响汉武帝的政治实践，促其继续践行黄老思想。[⑥]“故以智为治者，难以持国。唯通于太和，而持自然之应者，为能有之。”[⑦]

三、“爱秘之”与“妄作妖言”

《淮南子》主张“君道无为”的帝王之道与汉初实行休养生息的“无为而治”所带来的成功政治紧密相关。故其全部努力就在于，试图通过系

① 戴黍：《从“德性”到“德行”：试析〈淮南子〉中作为治国之本的“德”》，《学海》，2006年第1期。

② 陈丽桂：《〈淮南鸿烈〉思想研究》，台湾师大国文研究所博士学位论文，1983年。

③ 高诱注：《淮南子》卷十二《道应训》，《诸子集成》（七），北京：中华书局，2006年，第196页。

④ 高诱注：《淮南子》卷一《原道训》，《诸子集成》（七），北京：中华书局，2006年，第15页。

⑤ 高诱注：《淮南子》卷二十《泰族训》，《诸子集成》（七），北京：中华书局，2006年，第356页。

⑥ 高旭：《论〈淮南子〉对秦王朝的政治省思》，《光明日报》，2013年3月4日第016版“国学”。

⑦ 高诱注：《淮南子》卷六《览冥训》，《诸子集成》（七），北京：中华书局，2006年，第92页。

统化的理论把黄老学的“无为而治”确定为汉王朝长治久安的治国之道。为了表明“无为而治”是最理想的治国之道，《淮南子》以“无为者，道之宗”作哲学本原上的论述，为其“无为”论作论，同时还用“受之于天”的人性相佐证，“清净恬愉，人之性也”。并总结历史上的圣王之治，皆为“故圣人不以人滑天，不以欲乱情，不谋而当，不言而信，不虑而得，不为而成，精通于灵府，与造化者为人。……治在道，不在圣”①。“是故圣人内修其本，而不外饰其末，保其精神，偃其智故，漠然无为而无不为也，澹然无治也而无不治也。”②《淮南子》基于自然、人性和历史三方面展现“道”之“无为”的特征，从不同角度对“无为而治”的必然性与合理性作出系统论证。此外，为了证明“无为而治”有实现的可能性，《淮南子》还用具体事例、名言、神话传说等阐述“无为而治”的实际内容，使“道”最终落实于现实政治。有学者统计，“《淮南子》全书约有三分之二的篇幅在讲论‘无为而治’的实现问题”③。如此，“无为而治”就不仅成为人君所必须遵循的治世手段，而且代表了最理想的社会治世。

《淮南子》所主张的君道无为是与汉初休养生息政策相匹配的政治理论。“《淮南子》的精髓，就是对汉初70年，特别是‘文景之治’40年黄老道家治政的理论总结，并为汉朝长治久安构建了一套新的理论体系。”④换言之，《淮南子》所主张的君道无为是汉初以来流行的黄老学说在治道上的反映。西汉前期，社会休养生息的现实之需，以及其时布衣将相的政治格局，使得黄老思想位居主流。然而，诚如劳榦先生所言，“一个学说的产生，只是前一个时期的反映”，“汉初黄老的为皇室所信仰，自然因为它有利于皇室或王朝”，但它“并非后一个时代的预言”。它的形式和内

① 高诱注：《淮南子》卷一《原道训》，《诸子集成》（七），北京：中华书局，2006年，第7页。

② 高诱注：《淮南子》卷一《原道训》，《诸子集成》（七），北京：中华书局，2006年，第8页。

③ 雷健坤：《〈淮南子〉与〈春秋繁露〉的思想比较》，《晋阳学刊》，2002年第6期。

④ 陈广忠：《试析刘安冤案》，《安徽大学学报（哲学社会科学版）》，2007年第4期。

容，绝非为后一时代而设，“因此汉初黄老的被采用着，虽然有时势的要求，却不完全是必然或命定的现象”。[①] 尤其是黄老放任的政治滋生了许多潜伏的危机，各种社会矛盾开始凸现，土地兼并和财富集中的问题越来越严重，贫富的差距增大，中央皇权与地方诸侯王的矛盾加剧，汉王朝日益不能忍受匈奴等族的威胁，统治者的权势欲不可能长期被无为政治所约束，而且继续提倡无为而治的主张只能有利于地方诸侯的发展，这就使得黄老学说所主张的与民休息的无为而治与在位者的诉求相去甚远。黄老思想理论已远不能适应统治者的需要，也无法担负这样的任务。尤其是历经汉初数十年的休养生息，至汉武帝时期，社会经济获得巨大发展：

> 至今上（指汉武帝，笔者注）即位数岁，汉兴七十余年之间，国家无事，非遇水旱之灾，民则人给家足，都鄙廪庾皆满，而府库余货财。京师之钱累巨万，贯朽而不可校。太仓之粟陈陈相因，充溢露积于外，至腐败不可食。众庶街巷有马，阡陌之间成群，而乘字牝者傧而不得聚会。守闾阎者食粱肉，为吏者长子孙，居官者以为姓号。[②]

变化了的社会需要与之变化相适应的治国方略，“因此朝廷的改制便势在必行了”[③]。故此，汉武帝登基伊始即开始了儒家思想取代黄老的步骤。在其即位之初，即重用主张加强王权的儒士出任将相，“魏其、武安俱好儒术，推毂赵绾为御史大夫，王臧为郎中令。迎鲁申公，欲设明堂……以礼为服制，以兴太平”[④]。次年，便又下诏将相大臣举荐“贤良方正”“直言极谏之士”，其“原意当然是要网罗儒家的人才”[⑤]。同时，“外事四夷，内兴功利”，对内进一步削弱诸侯藩国的势力以加强中央集权，对外则连

---

① 劳榦：《秦汉简史》，北京：中华书局，2018 年，第 37 页。

② 司马迁：《史记》卷三十《平准书》，北京：中华书局，1959 年，第 1420 页。

③ 劳榦：《秦汉简史》，北京：中华书局，2018 年，第 37 页。

④ 司马迁：《史记》卷一百七《魏其武安侯列传》，北京：中华书局，1959 年，第 2843 页。

⑤ 劳榦：《秦汉简史》，北京：中华书局，2018 年，第 38 页。

续发动战争。①

尽管《淮南子》所主张的君道无为因为吸纳了儒、法等思想主张从而在一定程度上被赋予了积极的内涵，但其主张的君道无为终究是与汉武帝时期拟欲加强并巩固大一统皇权的积极有为的政治主张大相径庭。“汉兴已六十岁余矣，天下乂安，荐绅之属皆望天子封禅改正度也。”②

对于汉武帝，《汉书》赞其为“雄材大略，不改文景之恭俭以济斯民，虽《诗》《书》所称何有加焉！”③ 大力称颂其事功伟业。观之汉武帝，登基伊始，即策诏天下：

> 朕获承至尊休德，传之亡穷，而施之罔极，任大而守重，是以夙夜不皇康宁，永惟万事之统，犹惧有阙。故广延四方之豪俊，郡国诸侯公选贤良修洁博习之士，欲闻大道之要，至论之极。……三代受命，其符安在？灾异之变，何缘而起？性命之情，或夭或寿，或仁或鄙，习闻其号，未烛厥理。④

前已言及，至汉武帝时，汉帝国社会经济获得巨大发展，不仅民众“人给家足”，且“都鄙廪庾皆满，而府库余货财”⑤；但与此同时，繁盛的社会又潜伏着巨大的危机，不仅有“兼并豪党之徒，以武断于乡曲。宗室有土公卿大夫以下，争于奢侈，室庐舆服僭于上，无限度”⑥，更有日渐强大日渐离心的诸侯国成为大一统中央王朝之头等心患。面对这些，无为而治实难以为治，故而有了汉武帝的“夙夜不皇康宁”，欲闻“大道之要”“至论之极”，“永惟万事之统”的积极有为。

---

① 朱维铮：《中国经学史十讲》，上海：复旦大学出版社，2002 年，第 74 页。

② 司马迁：《史记》卷十二《孝武本纪》，北京：中华书局，1959 年，第 452 页。

③ 班固撰，颜师古注：《汉书》卷六《武帝纪》，北京：中华书局，1962 年，第 212 页。

④ 班固撰，颜师古注：《汉书》卷五十六《董仲舒传》，北京：中华书局，1962 年，第 2495-2496 页。

⑤ 司马迁：《史记》卷三十《平准书》，北京：中华书局，1959 年，第 1420 页。

⑥ 司马迁：《史记》卷三十《平准书》，北京：中华书局，1959 年，第 1420 页。

然而，观之《淮南子》，其欲进献给汉武帝的“帝王之道”却是以“无为”为指导原则来替代高度集权的“有为”，正如熊礼汇先生所言：“可以说，刘安的写作动机，和窦太后督导刘彻（武帝）读黄老而尊其术的愿望是一致的。都是希望武帝能以黄老之术治身治国。”[①] 这一主张明显是与汉武帝的施政相背离的。《史记·孝武本纪》索隐述赞言：

> 孝武纂极，四海承平。志尚奢丽，尤敬神明。坛开八道，接通五城。朝亲五利，夕拜文成。祭非祀典，巡乖卜征。登嵩勒岱，望景传声。迎年祀日，改历定正。疲耗中土，事彼边兵。日不暇给，人无聊生。俯观嬴政，几欲齐衡。[②]

将汉武帝与始皇帝嬴政相等同，虽多含批判意味，却从另一方面揭示了汉武帝是拟图通过君道有为来实现“万事之统”。

在统治者眼里，“学说的价值，要看它对于君主专制统治的有用程度而转移。旧扫帚使用年代久了，他们决不惮于再换一把”[③]。时至汉武帝时期，当统治者愈来愈需要粉饰绝对君权的理论的时候，所谓黄老学说却愈来愈显得不中用。“黄老一家虽然是西汉初年的显学，但他们的人生观，最后还是空虚无主，破坏性多而建设性少。他们的政治理论更对于大帝国组织的巩固，大帝国前途的开展，不但毫无用处，而且流弊日渐显著，绝无再能继续的可能。”[④] 就是说，“《淮南子》问世时，黄老思想在政治上已经不占支配地位”[⑤]，如此，主张君道无为的《淮南子》注定了其必然不能为其时最高在位者所接纳，因为“不是意识决定生活，而是生活决定意识”[⑥]。明乎此，也就明白了缘何淮南王刘安将“人间之事接矣，帝王之

---

① 熊礼汇：《新译〈淮南子〉》，“导读”，台北：三民书局，1997 年，第 8 页。
② 司马迁：《史记》卷十二《孝武本纪》，北京：中华书局，1959 年，第 486 页。
③ 朱维铮：《中国经学史十讲》，上海：复旦大学出版社，2002 年，第 73 页。
④ 劳榦：《秦汉简史》，北京：中华书局，2018 年，第 39-40 页。
⑤ 翦伯赞：《中国史纲要》（第一册），北京：北京大学出版社，2006 年，第 196 页。
⑥ 马克思、恩格斯：《德意志意识形态》，北京：人民出版社，1961 年，第 20 页。

道备矣”[①]、“其义也著，其文也富”[②] 的《淮南子》献给汉武帝之后，史载汉武帝虽“爱”却“秘之”。待得“淮南王谋反案”发，更是指斥其“妄作妖言”。

---

① 高诱注：《淮南子》卷二十一《要略》，《诸子集成》（七），北京：中华书局，2006年，第373-374页。

② 高诱注：《淮南子》“叙”，《诸子集成》（七），北京：中华书局，2006年，第1页。

第四章
汉初儒学复兴与皇权主义的形塑

对于起自草莽布衣的西汉王朝，如何构建其政权的合法性以及如何实现社会整合，是当权者所面临的当务之急，也是其时的时代命题。为此，儒家所变革的周代“礼文”作为弥补君主集权官僚政治制度的另一精神与文化制度的来源，开始登上汉代的政治舞台。由此引来儒学在汉代的复兴。汉代儒学的复兴贯穿于高祖至武帝的时代，着重表现在“立典”（树立“经典”）与“建制”（建构“礼制”）两方面。儒家“立典”主要表现在从高祖至武帝时便持续不断地对《诗》《书》等典籍进行整理与传播，“建制”则表现为高祖时叔孙通以“起朝仪”为核心的“礼仪”构筑，汉文帝时贾谊的“改制”“更化”，武帝时董仲舒对国家意识形态及相关制度的改革。汉代儒学通过“立典”与“建制”，一方面对帝国统治者所青睐的皇权主义予以形塑，另一方面自身获得“独尊”地位，使得思想与政治在此时期呈现出双向奔赴。

第一节　汉初儒学复兴与经典的确立

一、汉初儒学典籍的重现与传授

自汉初以来，随着挟书令的废除，“大收篇籍，广开献书之路”，众多经籍被发现与收集。而大量儒学典籍的重现，更是直接推动了其时儒学的传播。关于此盛况，《汉书·儒林传》记曰：

> 汉兴，言《易》自淄川田生；言《书》自济南伏生；言《诗》，于鲁则申培公，于齐则辕固生，燕则韩太傅；言《礼》，则鲁高堂生；言《春秋》，于齐则胡毋生，于赵则董仲舒。①

从《汉书·儒林传》记载来看，儒学的兴起热潮首先应该在齐、鲁等地。其时不仅是像《孝经》这样的社会教化实用性经典，就是如《易》《尚书》《礼》等经籍，也都为社会重视，广泛流传：

> 孔子纯取周诗，上采殷，下取鲁，凡三百五篇，遭秦而全者，以其讽诵，不独在竹帛故也。汉兴，鲁申公为《诗》训故，而齐辕固、燕韩生皆为之传。或取《春秋》，采杂说，咸非其本义。与不得已，鲁最为近之。三家皆列于学官。又有毛公之学，自谓子夏所传，而河间献王好之，未得立。②
>
> 《书》之所起远矣，至孔子纂焉，上断于尧，下讫于秦，凡百篇，而为之序，言其作意。秦燔书禁学，济南伏生独壁藏之。汉兴亡失，求得二十九篇，以教齐鲁之间。讫孝宣世，有《欧阳》《大小夏侯氏》，立于学官。③
>
> “礼经三百，威仪三千。”及周之衰，诸侯将逾法度，恶其害己，皆灭去其籍，自孔子时而不具，至秦大坏。汉兴，鲁高堂生传《士礼》十七篇。④

---

① 班固撰，颜师古注：《汉书》卷八十八《儒林传》，北京：中华书局，1962年，第3593页。

② 班固撰，颜师古注：《汉书》卷三十《艺文志》，北京：中华书局，1962年，第1708页。

③ 班固撰，颜师古注：《汉书》卷三十《艺文志》，北京：中华书局，1962年，第1706页。

④ 班固撰，颜师古注：《汉书》卷三十《艺文志》，北京：中华书局，1962年，第1710页。

及秦燔书，而《易》为筮卜之事，传者不绝。汉兴，田何传之。讫于宣、元，有施、孟、梁丘、京氏列于学官，而民间有费、高二家之说。①

故自黄帝下至三代，乐各有名。……周衰俱坏，乐尤微眇，以音律为节，又为郑卫所乱故无遗法。汉兴，制氏以雅乐声律，世在乐官，颇能纪其铿锵鼓舞，而不能言其义。六国之君，魏文侯最为好古，孝文时得其乐人窦公，献其书，乃《周官·大宗伯》之《大司乐》章也。②

《论语》者，孔子应答弟子时人及弟子相与言而接闻于夫子之语也。当时弟子各有所记。夫子既卒，门人相与辑而论纂，故谓之《论语》。汉兴，有齐、鲁之说。传《齐论》者，昌邑中尉王吉、少府宋畸、御史大夫贡禹、尚书令五鹿充宗、胶东庸生，唯王阳名家。传《鲁论语》者，常山都尉龚奋、长信少府夏侯胜、丞相韦贤、鲁扶卿、前将军萧望之、安昌侯张禹，皆名家。张氏最后而行于世。③

同时，汉初各地儒家经籍传授之风高潮迭起，形成一股经籍、经义授受风潮。例如文帝时期就收集、整理了《礼》之一部、窦公之《大司乐》章和北平侯张苍之《春秋左氏传》等除《易》之外的“五经”，景帝时期则在鲁、韩两派《诗》基础上确立了齐《诗》，将《春秋》学扩大到了左氏与公羊氏。尤其在齐、鲁一带，儒学传授规模亦大。《汉书》记《尚书》讲授、流传之昌盛，“山东大师亡不涉《尚书》以教”④，而申公家居

① 班固撰，颜师古注：《汉书》卷三十《艺文志》，北京：中华书局，1962年，第1704页。

② 班固撰，颜师古注：《汉书》卷三十《艺文志》，北京：中华书局，1962年，第1711-1712页。

③ 班固撰，颜师古注：《汉书》卷三十《艺文志》，北京：中华书局，1962年，第1717页。

④ 班固撰，颜师古注：《汉书》卷八十八《儒林传》，北京：中华书局，1962年，第3603页。

讲学时，“弟子自远方至受业者千余人”[①]，可谓儒风盛行。

儒家这种经籍传授之风甚至影响到当时的刘氏皇室诸王。例如高祖同父少弟楚元王刘交，《汉书·楚元王传》记曰：刘交“好书，多材艺。少时尝与鲁穆生、白生、申公俱受《诗》于浮丘伯。伯者，孙卿门人也”[②]。汉立国后，刘交封为楚王，“元王既至楚，以穆生、白生、申公为中大夫”，文帝时，“闻申公为《诗》最精，以为博士。元王好《诗》，诸子皆读《诗》，申公始为《诗》传，号《鲁诗》。元王亦次之《诗》传，号曰《元王诗》，世或有之”。[③] 可见楚元王家族喜好诗学，其诗学不仅传承于战国儒学大师荀子，而且还以楚为中心，聚集了以当时诗学大家如穆生、白生、申公为首的一批儒学之士。刘交后代刘辟彊等皆传承了楚元王注重诗书、尊经崇儒的传统。“辟彊字少卿，亦好读《诗》，能属文。武帝时，以宗室子随二千石论议，冠诸宗室。”[④]

《汉书·艺文志》曾经对汉代流行的经书给予了阐述：

> 昔仲尼没而微言绝，七十子丧而大义乖。故《春秋》分为五，《诗》分为四，《易》有数家之传。战国从衡，真伪分争，诸子之言纷然淆乱。至秦患之，乃燔灭文章，以愚黔首。汉兴，改秦之败，大收篇籍，广开献书之路。[⑤]

---

① 班固撰，颜师古注：《汉书》卷八十八《儒林传》，北京：中华书局，1962年，第3608页。

② 班固撰，颜师古注：《汉书》卷三十六《楚元王传》，北京：中华书局，1962年，第1921页。

③ 班固撰，颜师古注：《汉书》卷三十六《楚元王传》，北京：中华书局，1962年，第1922页。

④ 班固撰，颜师古注：《汉书》卷三十六《楚元王传》，北京：中华书局，1962年，第1926页。

⑤ 班固撰，颜师古注：《汉书》卷三十《艺文志》，北京：中华书局，1962年，第1701页。

其时，儒家典籍之所以广泛流传，根由在于汉初官方对各家之言兼容并蓄的文化包容性政策，使许多儒家经籍在民间被发掘、收集，并且在“汉制”建构中被允许参言、进谏，建立学派的“经典”系列。在此过程中，不仅仅是像《孝经》这样的实用性经典，就是如《易》《书》《礼》《乐》《论语》《春秋》等经籍，也都开始担负起社会教化或收拾人心的道德义务，从而为统治阶级所重视。

当然，儒学典籍功效的达成，还在于汉初以陆贾、叔孙通等为代表的士人的努力。汉初儒士明白：刘邦是在马上取天下的，“汉大臣皆故高帝时将”[①]，有着缺乏文化教养的粗鄙特质。对于一个缺乏文化素养，没有清晰历史意识的执政集团，不可能由其自身来独立完成对社会政治的改善和转型。历史的、文化的视野限制了汉初君臣对古圣先王政治理论的认识，就需要有深厚儒学涵养的儒士通过政治文化知识的普及，使汉初统治者认识到《诗》《书》等经籍的治国功用。故汉初儒士积极推动统治者对古圣先贤文化知识的学习、认知。

二、陆贾称引《诗》《书》

汉初儒生们所面对的西汉王朝，是一个由布衣草莽所组成的“军功受益阶层”[②]，即一个起于底层，在共起亡秦的过程中，原本仅仅追求富贵[③]，崇尚“马上打天下”的这样一个军功集团所创建的帝国政权。较之于三代以及奋六世余烈方成就的秦帝国所具有的历史文化积累而言，西汉王朝这一政治结构的格局使得汉初统治阶层在文化智识上出现明显的缺

---

① 班固撰，颜师古注：《汉书》卷四《文帝纪》，北京：中华书局，1962年，第105页。

② 参见李开元：《汉帝国的建立与刘邦集团——军功受益阶层研究》，北京：生活·读书·新知三联书店，2000年。

③ 《史记》卷八《高祖本纪》载：“高祖曰：‘……吾所以有天下者何？项氏之所以失天下者何？’高起、王陵对曰：‘陛下慢而侮人，项羽仁而爱人。然陛下使人攻城略地，所降下者因以予之，与天下同利也。项羽妒贤嫉能，有功者害之，贤者疑之，战胜而不予人功，得地而不予人利，此所以失天下也。’”在此回答中，可知其时的起义人士多以求富贵功名为目的。

失，不仅是“三代世侯、世卿之遗法始荡然净尽”[①]，且对承载传统文化的儒生缺乏起码的礼遇，“沛公不好儒，诸客冠儒冠来者，沛公辄解其冠，溲溺其中。与人言，常大骂”[②]。故对于时时前说称《诗》《书》的陆贾，刘邦惯常“骂之曰”：“乃公居马上而得之，安事《诗》《书》!”[③] 在最高统治者刘邦其时的认知中，《诗》《书》是无益于其“得天下”的。面对刘邦的“骂之”，陆贾从容应曰：

> 居马上得之，宁可以马上治之乎？且汤武逆取而以顺守之，文武并用，长久之术也。昔者吴王夫差、智伯极武而亡；秦任刑法不变，卒灭赵氏。乡使秦已并天下，行仁义，法先圣，陛下安得而有之？[④]

观之陆贾所答，一方面承认汉“居马上得之”的逆取之功，但另一方面又强调在逆取天下之后当以仁义“顺守”。陆贾认为，这种以“仁义”为核心的“顺守”不仅可以使代秦而起的西汉与秦的“暴行”相区隔，同时也能通过为汉帝国建立深层的稳定机制来避免与秦雷同的短命而亡。对于陆贾的应答，有学者认为，陆贾“将仁义等功能重新定位，是将儒学的角色做一彻底的转换。此一转换放弃了以仁义取天下的先秦旧说，反而使儒学变成具有现实感，能对帝国迫切需要的治国方略提供具竞争力的建言”[⑤]。换言之，较之于叔孙通让刘邦获得“吾乃今日知为皇帝之贵也”的个人尊崇感，陆贾则是通过《诗》《书》“新语”的文化启蒙，推动汉初统治者由“马上得天下”向“马下治天下”的思维认知转型，旨在以“仁义”顺守为西汉帝国构筑稳定统治的“长久之术”。

---

① 赵翼著，王树民校证：《廿二史札记校证》，北京：中华书局，2013 年，第 38 页。

② 司马迁：《史记》卷九十七《郦生陆贾列传》，北京：中华书局，1959 年，第 2692 页。

③ 司马迁：《史记》卷九十七《郦生陆贾列传》，北京：中华书局，1959 年，第 2699 页。

④ 司马迁：《史记》卷九十七《郦生陆贾列传》，北京：中华书局，1959 年，第 2699 页。

⑤ 林聪舜：《儒学与汉帝国意识形态》，上海：上海人民出版社，2017 年，第 64 页。

陆贾向汉初统治者进献“仁义”顺守的统治方略，其核心就在于以“五经”为治国之经典，“仁义”“礼乐”为治国之则，即通过经艺的道德伦理教化构筑起伦理与社会秩序，以之作为稳定帝国统治的深层机制，“故圣人防乱以经艺”[①]。

陆贾向汉初统治者宣讲，儒家所宣扬的仁义礼智信的道德伦常乃“先圣”“仰观天文，俯察地理，图画乾坤”[②]而“定”的“人道”，是本诸天地的。然而，随着“后世衰废”，礼崩乐坏，于是乃有“后圣”“定五经，明六艺，承天统地”“以绪人伦”。[③]这包含着双重意思，其一，五经六艺的“经艺”亦是由“圣人”所“定”，这就使得其与也由“圣人”所定的“人道”在层级上同源；其二，“后圣”所定的“五经”“六艺”旨在仿效“先圣”“承天统地”“以绪人伦”，就是说，“五经”“六艺”就是用来承载“天地”“人伦”，亦是承载“仁义”的。“六艺者，王教之典籍，先圣所以明天道，正人伦，致至治之成法也。”[④]

在陆贾处，“五经”是圣人根据“天道”而立，承载着“人道”的典籍。其只能由圣人来完成，其因在于道德（仁义）难知难识，“达幽洞冥，听之无声，视之无形，世人莫睹其兆，莫知其情”[⑤]，故圣人校修“五经”，并彰显识别之，“校修‘五经’之本末，道德之真伪，既□其意，而不见其人”[⑥]。而圣人校修“五经”，又是依循天道的，故而“五经”源于“天道”，“合道德，采微善……与道为依”[⑦]。如此，“五经”“六艺”（经艺）就不仅被升华为治世原典，是“承天统地”“穷事察微”的天地大则，拥有至上性与权威性，也成为治世的唯一性。这成为其后“罢黜百

---

① 王利器撰：《新语校注》卷上《道基第一》，北京：中华书局，2012年，第34页。

② 王利器撰：《新语校注》卷上《道基第一》，北京：中华书局，2012年，第10页。

③ 王利器撰：《新语校注》卷上《道基第一》，北京：中华书局，2012年，第21页。

④ 班固撰，颜师古注：《汉书》卷八十八《儒林传》，北京：中华书局，1962年，第3589页。

⑤ 王利器撰：《新语校注》卷上《术事第二》，北京：中华书局，2012年，第43页。

⑥ 王利器撰：《新语校注》卷上《术事第二》，北京：中华书局，2012年，第43页。

⑦ 王利器撰：《新语校注》卷上《慎微第六》，北京：中华书局，2012年，第111页。

家，表章六经”的滥觞。尽管如此，圣人所校修的“经艺”并非高悬于世，而是面向凡众的，“盖力学而诵《诗》《书》，凡人所能为也”[①]。以经艺兴教化，通过对经艺的学习让民众内生出对礼乐所规范的“序”与“和”的认同，继而生出对统治秩序的认同感。对于儒家而言，礼乐所代表的是天地之“序”与“和”，是天地所内蕴的基本精神的化身。故通过经艺以兴的礼乐教化，旨在使得人们对礼序尤其是统治秩序秉持敬畏，从而严格遵循。“礼乐皆得，谓之有德。德者，得也”[②]，就是说，如果能通过教化让民众将礼乐全都真正掌握，对于统治者而言，就可以获得社会的稳定与发展这一巨大事功价值，就是“德”，亦即“得”。

正是鉴于诗书经艺的如此功效，陆贾进一步主张以经艺兴教化，即通过经艺的“治情性，显仁义”，使每个人能从“好利恶难，避劳就逸”，由此所形成的人与人相搏相食的混乱中摆脱出来，不仅消解继秦世而来的不同社会阶层之间的紧张与矛盾，而且可以借此构筑起全社会的一种“礼乐之统”，确保统治政权的长久稳定。对于一个政权而言，要想拥有长久的稳定，必须使统治阶级与被统治阶级之间“由压制的关系，改变为在合理基础上彼此可以互相承认，可以互相信赖的关系；即是说，要有五伦中的君臣（加上民）之义，政权才能安定下来”[③]。因为“君臣之义，不是孤立突出可以成立的，必须在包括整个社会的其他四伦中运转。也即是说，政治与社会是不可分的。在没有同情、爱护之心的政治、社会里面，在没有自制与负责的共同标准的政治社会里面，在人与人相接，没有一种合理的行为形式的政治社会里面，必定成为人与人相搏相噬的政治与社会”[④]。正是基于此，陆贾着力鼓吹其时统治者以经艺兴教化，大力施行仁

---

① 王利器撰：《新语校注》卷上《慎微第六》，北京：中华书局，2012 年，第 104 页。

② 王文锦译解：《礼记译解》（下）《乐记第十九》，北京：中华书局，2020 年，第 546 页。

③ 徐复观：《两汉思想史》（第二卷），上海：华东师范大学出版社，2001 年，第 59-60 页。

④ 徐复观：《两汉思想史》（第二卷），上海：华东师范大学出版社，2001 年，第 60 页。

义之治，因为“对统治者而言，五经六艺，是经验的积累，智慧的扩充。而时有古今，政治、社会、人生的形态及所因应的问题有变化，但成败兴亡的最后决定，必以是否在仁义的轨迹上运行为断，则是无间于古今远近的。所以对于五经六艺之教，是要‘思之于身’‘达之于心’而断之于事”①。当以“仁义”为内核的经艺与统治政权的安稳密切相关之后，其自然为政权拥有者所高度重视。

为促进“立典”，层出不穷的儒生推经艺而解之。辕固、韩生推《诗》之意而解之，“或取春秋，采杂说，咸非其本义”②。伏生得《尚书》二十九篇教张生及欧阳生后，“《尚书》滋多于是矣”③。《礼》自孔子时其经不具，而高堂生之后，《礼》篇数日多。同时，为了西汉国家制度构建及政治意识形态服务，推动统治者认识儒学政治与治国的作用的汉儒也不断涌现。通过发现与传播儒家经典，他们别具一格的思想学说受到了帝王的重视。例如汉文帝时置《书》《诗》博士，并立诸子传记博士。景帝时，又置《春秋》博士。这说明此时儒家在学官已占有重要地位。由于“五经”为三代典籍，讲述的是三代政治、宗法、血缘、社会、民间风俗，将其列入学官，并作为国家治政理财行礼的政典，是“周道”经改造后融入汉制的重要体现。尽管西汉前期儒家“五经”对汉国家制度建设的影响还是有限的，但是其对汉代国家道德、礼仪、文化建设的作用不可低估。正如清代学者皮锡瑞所说：“经学不明，则孔子不尊。孔子不得位，无功业表见，晚定六经，以教万世。……天子得之以治天下，士庶得之以治一身，有舍此而无以自立者。此孔子所以贤于尧、舜，为生民所未有，其功皆在删定六经。……汉初诸儒深识此义，以六经为孔子所作，且谓孔子为汉定道。……此汉代人才所以极盛而治法最近古，由明经术而实行孔教之

① 徐复观：《两汉思想史》（第二卷），上海：华东师范大学出版社，2001年，第60-61页。

② 班固撰，颜师古注：《汉书》卷三十《艺文志》，北京：中华书局，1962年，第1708页。

③ 司马迁：《史记》卷一百二十一《儒林列传》，北京：中华书局，1959年，第3125页。

效也。”[①] 所以贾谊认为，“《书》《诗》《易》《春秋》《礼》《乐》六者之术以为大义，谓之六艺”[②]，“是故，著此竹帛谓之《书》。《书》者，此之著者也；《诗》者，此之志者也；《易》者，此之占者也；《春秋》者，此之纪者也；《礼》者，此之体者也；《乐》者，此之乐者也”[③]。它说明儒家士人已将“五经”提高到政治哲学与道德本体地位，并已有着很大影响。

三、董仲舒“推明孔氏，抑黜百家”

如果说“五经”地位的提高表现了西汉前期统治者开放言禁而导致治国理论的多样化，那么“五经”作为“经典”的建立则标志着汉代政治、道德、法律、礼仪已开始向儒家为主体的政治理论转型。我们看到，继陆贾之后，董仲舒更是进一步假“天”之名号，提升儒家经艺的权威性。在第三次《举贤良对策》中，董仲舒向汉武帝提出：

> 《春秋》大一统者，天地之常经，古今之通谊也。今师异道，人异论，百家殊方，指意不同，是以上亡以持一统；法制数变，下不知所守。臣愚以为诸不在六艺之科孔子之术者，皆绝其道，勿使并进。邪辟之说灭息，然后统纪可一而法度可明，民知所从矣。[④]

这段话简明扼要地表达了董仲舒是要通过尊崇儒学来达到意识形态控制的目的。即董仲舒以成就“大一统”为悬鹄，向统治者献策，主张对“六艺之科”“孔子之术”以外的其他诸子思想“皆绝其道”“勿使并进”，由此

---

① 皮锡瑞：《经学通论·序》，北京：中华书局，1954 年，第 1 页。

② 贾谊撰，阎振益、钟夏校注：《新书校注》卷第八《六术》，北京：中华书局，2000 年，第 316 页。

③ 贾谊撰，阎振益、钟夏校注：《新书校注》卷第八《道德说》，北京：中华书局，2000 年，第 325 页。

④ 班固撰，颜师古注：《汉书》卷五十六《董仲舒传》，北京：中华书局，1962 年，第 2523 页。

使得儒学成为帝国体制内的唯一显学，占据帝国意识形态之位。

透过政权的力量，达到统纪、法度的齐一，这并非始于董仲舒，亦并非始于儒家，实则首创于法家。在商鞅、韩非外，其典型则是秦王朝时期李斯的奏请：

> 古者天下散乱，莫之能一，是以诸侯并作，语皆道古以害今，饰虚言以乱实，人善其所私学，以非上之所建立。今皇帝并有天下，别黑白而定一尊。私学而相与非法教，人闻令下，则各以其学议之，入则心非，出则巷议，夸主以为名，异取以为高，率群下以造谤。如此弗禁，则主势降乎上，党与成乎下。禁之便。臣请史官非秦记皆烧之。非博士官所职，天下敢有藏《诗》、《书》、百家语者，悉诣守、尉杂烧之。有敢偶语《诗》《书》者弃市。以古非今者族。吏见知不举者与同罪。[①]

比较董仲舒的对策与李斯的上奏，二者可谓殊途同归。无论是李斯所强调的“别黑白而定一尊”，还是董仲舒希望的“持一统”，都是旨在维护巩固大一统。所不同的则是，李斯给秦帝国开出的药方是“以法为教”，希望用“法”来作为唯一的价值规范；而董仲舒认为秦恰恰就是因“师申商之法，行韩非之说”，使得百官“外有事君之礼，内有背上之心”，而“百姓散亡，不得从耕织之业，群盗并起”，故最终二世而亡。[②] 鉴于此，董氏认为宜“养其德”：“臣闻圣王之治天下也，少则习之学，长则材诸位，爵禄以养其德，刑罚以威其恶，故民晓于礼谊而耻犯其上。”[③] 即应用儒家的“德教”“德政”来兴“更化”，扫除秦乱世之迹，最终实现王道善治。而要施行“德政”，则需“德教”先行。为此，承载“孔子之术”

---

① 司马迁：《史记》卷六《秦始皇本纪》，北京：中华书局，1959年，第255页。

② 班固撰，颜师古注：《汉书》卷五十六《董仲舒传》，北京：中华书局，1962年，第2510-2511页。

③ 班固撰，颜师古注：《汉书》卷五十六《董仲舒传》，北京：中华书局，1962年，第2510页。

的“六艺之科”理当被尊显。

为了“推明孔氏，抑黜百家”[①]，董仲舒进一步抬升孔子“素王”之位。对公羊学者而言，孔子不仅是儒学的开创者，更是“西狩获麟”者。“麟”在传统文化中为“非常之兽”，实则“受命之符”“帝王之瑞”[②]，“有王者则至，无王者则不至”[③]。“臣闻天之所大奉使之王者，必有非人力所能致而自至者，此受命之符也。天下之人同心归之，若归父母，故天瑞应诚而至。”[④] 由此揭示孔子为王的天命性。确立孔子的地位，也就自然确立了经孔子删减而成的“六艺”以及儒术的地位。如此，“这就解决了孟轲所遇到的矛盾，也弥补了《中庸》所说的缺陷。孔丘是既有其德又有其位。所以有资格为中国封建社会制定上层建筑”[⑤]。尽管孔子在现实政治生活中终未能王之，但其以《春秋》等六艺行“天子之事”，作“素王”之法，“素，空也，谓空设一王之法也，即孟子云‘有王者起，必来取法’之意”[⑥]。也就是说，“六艺”乃孔子为万世立法以垂教。

时至西汉，诸儒“深识此义，以六经为孔子所作，且谓孔子为汉定道。太史公谓：‘言六艺者折衷于孔子，可谓至圣。’”[⑦] “六艺者，王教之典籍，先圣所以明天道，正人伦，致至治之成法也。”[⑧] 对儒者而言，“六艺”不仅是承载着圣人之意的经典，更蕴藏着治世的王道。“孔子不得位，无功业表见，晚定六经以教万世，尊之者以为万世师表。自天子以至于士庶，莫不读孔子之书，奉孔子之教。天子得之以治天下，士庶得之以

① 班固撰，颜师古注：《汉书》卷五十六《董仲舒传》，北京：中华书局，1962年，第2525页。

② 杜预：《左传集解序》正义，见皮锡瑞著，吴仰湘点校：《经学通论》，北京：中华书局，2018年，第378页。

③ 皮锡瑞著，吴仰湘点校：《经学通论》，北京：中华书局，2018年，第405页。

④ 班固撰，颜师古注：《汉书》卷五十六《董仲舒传》，北京：中华书局，1962年，第2500页。

⑤ 冯友兰：《中国哲学史新编》（第三册），北京：人民出版社，1995年，第46页。

⑥ 皮锡瑞著，吴仰湘点校：《经学通论》，北京：中华书局，2018年，第365页。

⑦ 皮锡瑞著，吴仰湘点校：《经学通论》，北京：中华书局，2018年，“自序”。

⑧ 班固撰，颜师古注：《汉书》卷八十八《儒林传》，北京：中华书局，1962年，第3589页。

治一身，有舍此而无以自立者。此孔子所以贤于尧、舜，为生民所未有，其功皆在删定六经。”[①]“《礼》以节人，《乐》以发和，《书》以道事，《诗》以达意，《易》以道化，《春秋》以道义。”[②]至董仲舒，承袭先秦儒家所主张的“南面而治天下，莫不以教化为大务”[③]，而用之以教化者，则为“六艺”：

> 君子知在位者之不能以恶服人也，是故简六艺以赡养之。《诗》《书》序其志，《礼》《乐》纯其美，《易》《春秋》明其知。六学皆大，而各有所长。《诗》道志，故长于质。《礼》制节，故长于文。《乐》咏德，故长于风。《书》著功，故长于事。《易》本天地，故长于数。《春秋》正是非，故长于治人。[④]

在其时儒者看来，六经者，实乃“圣化”：“圣人所以统天地之心，著善恶之归，明吉凶之分，通人道之正，使不悖于其本性者也。故审‘六艺’之指，则人天之理可得而和，草木昆虫可得而育，此永永不易之道也。”[⑤]如此，意欲实现圣治的人主，不可不兴“六艺”。

汉武帝“览其对而异焉”[⑥]，遂有“诸不在六艺之科孔子之术者，皆绝其道，勿使并进”[⑦]。在此过程中，我们看到，学术、思想能够充分为现

---

① 皮锡瑞著，吴仰湘点校：《经学通论》，北京：中华书局，2018年，“自序”。

② 班固撰，颜师古注：《汉书》卷六十二《司马迁传》，北京：中华书局，1962年，第2717页。

③ 班固撰，颜师古注：《汉书》卷五十六《董仲舒传》，北京：中华书局，1962年，第2503页。

④ 苏舆撰，钟哲点校：《春秋繁露义证》卷第一《玉杯第二》，北京：中华书局，1992年，第35-36页。

⑤ 班固撰，颜师古注：《汉书》卷八十一《匡张孔马传》，北京：中华书局，1962年，第3343页。

⑥ 班固撰，颜师古注：《汉书》卷五十六《董仲舒传》，北京：中华书局，1962年，第2506页。

⑦ 班固撰，颜师古注：《汉书》卷五十六《董仲舒传》，北京：中华书局，1962年，第2523页。

实政治服务是其能够为统治者接纳的核心要素。此后，“儒家经典成为儒家学派建构和展开理论体系的重要依据，成为社会政治统治合法性和权威性的重要来源，经学成为统治思想和官方学术，成为封建思想文化的核心和意识形态的基础”①。董仲舒基于自己儒者的立场，通过对先秦儒学的“更化”，最终使其成为政治舞台上的思想标杆，从而改变先秦孔子之时“累累若丧家之犬”的窘态与困境。董仲舒不仅开辟了儒学发展的官途，奠定了儒学由诸子学至经学的基石，更是使得儒学开始成为其后国人数千年立身处世的学说。“自汉武用董仲舒之策，‘诸不在六艺之科、孔子之术者，皆绝其道，勿使并进’，于是中国大部分之思想统一于儒，而儒家之学，又确定为经学。自此以后，自董仲舒至康有为，大多数著书立说之人，其学说无论如何新奇，皆须于经学中求有根据，方可为一般人所信受。”②

先秦“五经”是经过孔子所删定的“经书”，它所提倡的政治、礼仪制度，在汉代儒家学者手中逐渐转变为现实的治国理政之学和“孝”“忠”“节”等双向型伦理范畴体系。武帝时董仲舒著《春秋繁露》明确提出三纲原理和五常之道，将儒家的道德原则、伦理规范按照新的社会政治背景作了发挥，主张“天不变道亦不变”，其实是对西汉前期儒家作为的继续。正是儒家积极地“立典”，才使汉武帝“罢黜百家，表章六经”有了“经典”基础。而儒家推崇的“周道”则随着这种趋势不断渗透进“汉家制度”。西汉末期王莽倡导的“奉古改制”，就是沿着这种推崇“五经”、神化儒学的道路继续发展的结果。“莽意以为制定则天下自平，故锐思于地里，制礼作乐，讲合《六经》之说。”③ 并且“以《周官》《王制》之文，置卒正、连率、大尹，职如太守”④，由此定制官职。王莽所称

① 张涛：《经学与汉代社会》，石家庄：河北人民出版社，2001 年，第 43 页。

② 冯友兰：《中国哲学史》（上册），北京：中华书局，1961 年，第 485 页。

③ 班固撰，颜师古注：《汉书》卷九十九中《王莽传》，北京：中华书局，1962 年，第 4140 页。

④ 班固撰，颜师古注：《汉书》卷九十九中《王莽传》，北京：中华书局，1962 年，第 4136 页。

"礼"，就是从称谓到实际中完全复古的《周礼》。而王莽的失败并不在于他利用了"五经"，而是复古太过，缺乏政治理想与现实政治、经济的接轨。其后刘秀重倡"五经"，修正了王莽迷信"周礼"的弊政。所以，从一个长时段看，正是西汉前期儒士们的不懈努力，促进了儒学及其经典与现实政治，特别是与官方权力的结合。

第二节　汉初皇权主义视域下的礼制建构

处在汉初新"帝业"制度建构中，儒士们作为承载思想文化的知识群体，怀着深切的以天下为己任的心情，一方面深感"得失之道，权要在主"，故开始做出改造先秦儒学、使儒学适应新"帝业"的努力。另一方面，又基于"礼制中的诸符号不只是政治权力的反映、工具与装饰，其本身就是权力"，"权力是必须借由礼仪符号以展示"[①] 的认识，故着力于礼制建构，使其成为皇权主义的文化符号，从而得以彰显。

一、叔孙通"起朝仪"与皇帝制度的重塑

汉初政权"布衣将相"的人员构成让帝国统治面临诸多的现实问题：首要的就是这些在秦末群雄逐鹿争夺天下过程中的布衣、草莽甚或亡命无赖人员在进入西汉政权之后，一方面以功臣将相位居朝堂之上，另一方面又留存着与已然变化的角色身份不相适宜的"醉或妄呼，拔剑击柱"[②] 等行为乱象。面对这一状况，已然身居皇帝位的刘邦开始"益厌之"。

刘邦之"厌"，从表层言之，可谓是由身份角色的变化而引发的一种最直观的心理状态。对于刘邦而言，自身已经由布衣而为皇帝。然而，在君臣二元对立的朝堂之上，和其一同打天下的部属们，虽然已经受封为王侯将相，但对于专制集权的核心秩序——君尊臣卑却鲜少遵奉，所呈现的

---

① 甘怀真：《皇权、礼仪与经典诠释：中国古代政治史研究》，上海：华东师范大学出版社，2008 年，第 4 页。

② 班固撰，颜师古注：《汉书》卷四十三《郦陆朱刘叔孙传》，北京：中华书局，1962 年，第 2126 页。

依旧是上下无序的混乱样态。对于其缘由，最根本的当在于汉初君臣均出身布衣、草莽甚或是亡命无赖，这就使其在文化视野上存在局限，对于三代礼法认知更是缺失，“三代世侯、世卿之遗法始荡然净尽”[①]。这直接导致已经身为臣子的诸侯将相们对于君尊臣卑政治秩序观念的认知淡漠。正是对于“秩序”观念的漠视以及认知上的缺失，使得朝堂之上的君臣之间未见君臣之序与君臣之礼。

换言之，汉初的“布衣将相”之局使得汉高祖刘邦此时还仅仅是“身”居帝位，享有皇帝之名号，却还未能尊享皇帝制度原本所内含的秩序性、权威性、至上性。正是由此，当面对昔日一同出生入死的兄弟而今政权内的功臣“拔剑击柱”等乱象时，刘邦始“益厌之”。从政治言，“秦朝许多政策与实践走到了极端，是背谬的，但它所建立的一整套以王权为中心的基本政治制度，却是所有做皇帝的人都不愿抛弃的”[②]。究其心理而言，有学者指出，刘邦也是想当贵族，想为人之贵的，故当其看到秦宫室时，他说“大丈夫居宜如是”。此诚如学者所论：“所以凡是当时的领袖，不论他原来出身怎样，到了可以做贵族时，他当然是贵族的意识。”[③]虽然刘邦是由布衣而为天子，“但并非说当了天子还可代表布衣”[④]。刘邦的“厌之”，揭示出代秦而兴的西汉王朝亟待重塑以尊君卑臣为核心的专制集权政治秩序。

如果说军功大臣们因为自身文化素养的缺失，抑或文化视野的局限而导致汉初朝堂之上君臣尊卑之序无存，使得刘邦“益厌之”，还只是一种心理情愫的表达，而西汉政权乃刘邦与其布衣将相们凭武力“逐鹿”获胜所得，由此所延伸出来的关于西汉政权（本质亦即刘氏皇权）合法性以及长久性的问题实为刘邦所“患之”。就是说，由布衣集团所创建的西汉政权，其合法性的缺失是刘邦更为深层的“患”之所在。

---

① 赵翼著，王树民校证：《廿二史札记校证》，北京：中华书局，2013年，第38页。

② 刘泽华主编：《中国政治思想史》（秦汉魏晋南北朝卷），杭州：浙江人民出版社，2020年，第9页。

③ 劳榦：《秦汉简史》，北京：中华书局，2018年，第21页。

④ 劳榦：《秦汉简史》，北京：中华书局，2018年，第21页。

就传统认知而论，西汉政权缺乏可资享用的资源。在传统三代，对于皇权（王权）合法性的信仰，血缘是一种不言自明的论证。“自古皆封建诸侯，各君其国，卿大夫亦世其官，成例相沿，视为固然。”[①] “成例相沿”的“继体之主”是三代政权被认同的一个重要因素。刘邦作为西汉第一位皇帝，既非“成例相沿”，又非“继体之主”，乃是逐鹿凭“力”而得。而西汉政权从皇帝到将相的统治集团，也几乎全部出身草莽，这就使得西汉政权（或刘氏皇权）被屏蔽了由血缘上获得不言自明依据的通道[②]。

就其时现实而言，对于西汉政权的建立，时人大多认为源于“秦失其政”，引发群雄“逐鹿”，“秦之纲绝而维弛，山东大扰，异姓并起，英俊乌集。秦失其鹿，天下共逐之”[③]。在此过程中，“汉祖以匹夫起事，角群雄而定一尊”[④]。刘邦布衣草莽集团能够成为最终胜利者，凭的是“高材疾足”，“繇一剑之任”[⑤]。就是说，秦末争相“逐鹿”乃其时的现实，而西汉帝国的创立则是在“逐鹿”过程中，凭借“角群雄”的“人力”“定一尊”，并非承圣王之烈，更非享天命之所授，“汉亡尺土之阶”[⑥]。对此，有学者认为，鹿喻帝位，将争夺天下（帝位）比作逐鹿，“会带来意想不到的联想。逐鹿可反复进行，此番失手，下次努力或会有所得”[⑦]。

对于西汉最高统治者自身而言，同样认为政权乃凭“力”而得，“人为”所致。高祖五年（公元前 202 年），刘邦置酒洛阳南宫，令列侯诸将

---

① 赵翼著，王树民校证：《廿二史札记校证》，北京：中华书局，2013 年，第 37 页。

② 依照韦伯对于“正当性支配”的三种划分：法制型支配、传统型支配、卡里斯玛支配。林聪舜先生认为，在打天下时期的刘邦属于卡里斯玛式的领袖，即刘邦身上具有普通人所不能具有的超凡的特殊而神圣的特质。见林聪舜：《儒学与汉帝国意识形态》，上海：上海人民出版社，2017 年，第 46-52 页。

③ 司马迁：《史记》卷九十二《淮阴侯列传》，北京：中华书局，1959 年，第 2629 页。

④ 赵翼著，王树民校证：《廿二史札记校证》，北京：中华书局，2013 年，第 37 页。

⑤ 班固撰，颜师古注：《汉书》卷十三《异姓诸侯王表·叙》，北京：中华书局，1962 年，第 364 页。

⑥ 班固撰，颜师古注：《汉书》卷十三《异姓诸侯王表·叙》，北京：中华书局，1962 年，第 364 页。

⑦ 侯旭东：《逐鹿或天命：汉人眼中的秦亡汉兴》，《中国社会科学》，2015 年第 4 期。

言刘、项得、失天下缘由。诸人言毕，刘邦则强调在这场秦末群雄逐鹿过程中，是自己知人善任的“人为”，使其最终在与项羽的决斗中胜出。“夫运筹策帷帐之中，决胜于千里之外，吾不如子房。镇国家，抚百姓，给馈饷，不绝粮道，吾不如萧何。连百万之军，战必胜，攻必取，吾不如韩信。此三者，皆人杰也，吾能用之，此吾所以取天下也。项羽有一范增而不能用，此其所以为我擒也。”[①] “陆生时时前说称《诗》《书》。高帝骂之曰：‘乃公居马上而得之，安事《诗》《书》！’”[②] 史载刘邦死后，吕后与审食其密谋欲尽诛功臣，根由就在于其内心的忧患：“诸将与帝为编户民，今北面为臣，此常怏怏，今乃事少主，非尽族是，天下不安。”[③] 吕后所言，不仅揭示了刘邦集团逐鹿得天下，创建西汉帝国，使得原本是同一层级的“编户民”而今分化为君臣的政治现状，同时揭示了逐鹿而来的西汉政权所潜隐着的“天下不安”。“夫秦失其政，诸侯豪桀并起，人人自以为得之者以万数，然卒践天子之位者，刘氏也，天下绝望。”[④] “天下绝望”一方面道出了逐鹿争雄过程中失利者的感受，但另一角度言之，也同样会激发出心怀企图者的欲望与觊觎，“天下锐精持锋欲为陛下所为者甚众，顾力不能耳”[⑤]。而这种由“角群雄而定一尊”带来的“不安”凸显了构筑西汉政权合法性的现实紧迫性，也构成了已经身为皇帝的刘邦最为深层的“患之”。

正是如此，相较于朝堂之上君臣尊卑无序的乱象让刘邦“益厌之”，如何防患与杜绝其他失利者染指西汉政权亦即让刘氏皇权得以永固，才更为刘邦所忧之，“患之”。由此，尽快构筑起西汉政权即“皇权”在制度信仰层面的权威性与合法性无疑是身为皇帝的刘邦更为核心与本质的关注。因为“任何政权，若想进行有效与稳定的统治，绝不能只诉诸武力，

① 司马迁：《史记》卷八《高祖本纪》，北京：中华书局，1959年，第381页。

② 司马迁：《史记》卷九十七《郦生陆贾列传》，北京：中华书局，1959年，第2699页。

③ 司马迁：《史记》卷八《高祖本纪》，北京：中华书局，1959年，第392页。

④ 司马迁：《史记》卷十《孝文本纪》，北京：中华书局，1959年，第413页。

⑤ 司马迁：《史记》卷九十二《淮阴侯列传》，北京：中华书局，1959年，第2629页。

而是要人民承认它的合法性”，“因此政权寻求合法性是普通的历史现象”。[①] 就是说，在经逐鹿获得天下统治权后，刘邦作为西汉政权的最高统治者，其所面临的就是政治形态上的改弦更张，即陆贾所诘问的“居马上得之，宁可以马上治之乎”，而“治之”的首要则是如何让功臣宿将与民众认可其政治统治的合法性与正当性。

为了说明政治权力的来源及其使用的正当性，就必须构筑一整套规范体系，并对这一整套规范体系的合理性进行论证。最高权力的来源是政府行使合法权力的最终保证，这在传统社会中是通过对于皇权的论证实现的。故对于起自草莽布衣的西汉王朝，其时迫切需要解决的问题就在于，对于以皇权为中心的尊君卑臣政治秩序的重塑亦即刘氏家族统治合法性的论证。叔孙通以“起朝仪”为核心的礼乐之制正是在此背景下应运而生。叔孙通以“起朝仪”为核心的系列制礼，“就是要建立刘家这个统治家族的神圣地位，由礼仪制度来保障统治秩序的维持与统治传统的建立”[②]。

史载，“叔孙通知上益厌之”，于是向高帝提出“起朝仪”，获得允准，“可试为之，令易知，度吾所能行为之”。获得最高统治者允准之后，叔孙通遂带领弟子，“采古礼与秦仪杂就之”，经过月余的操练，形成一套简便易行的朝仪：

仪：先平明，谒者治礼，引以次入殿门，廷中陈车骑步卒卫宫，设兵张旗志。传言“趋”。殿下郎中侠陛，陛数百人。功臣列侯诸将军军吏以次陈西方，东乡；文官丞相以下陈东方，西乡。大行设九宾，胪传。于是皇帝辇出房，百官执帜传警，引诸侯王以下至吏六百石以次奉贺。自诸侯王以下莫不振恐肃敬。至礼毕，复置法酒。诸侍坐殿上皆伏抑首，以尊卑次起上寿。觞九行，谒者言“罢酒”。御史

---

① 张端穗：《天与人归：中国思想中政治权威合法性的观念》，见黄俊杰主编：《中国文化新论思想篇（一）：理想与现实》，台北：联经出版事业公司，1982年，第98页。

② 林聪舜：《儒学与汉帝国意识形态》，上海：上海人民出版社，2017年，第54页。

执法举不如仪者辄引去。竟朝置酒，无敢讙哗失礼者。[①]

叔孙通“起朝仪”，将群臣身体言行置于礼制规约之下，用礼来约束王侯将相，借此凸显维护天子至高无上的地位。朝仪的效果不仅深合高祖之意，“上既观，使行礼，曰：‘吾能为此。’”亦让高祖分外欣喜，“吾乃今日知为皇帝之贵也”。高帝由之前的“厌之”“患之”，到欣慰感叹“为皇帝之贵也”，其间，正是通过“朝仪”这一带有强制性的礼乐制度给予保障的。对此，有学者以为，被严格执行的朝仪实则是作为一套对身体进行训练的“纪律”而存在。纪律作为对身体的一种“训练”，“在纪律里头，若能取得对于姿态、行为和活动的精密控制，那么就能对身体加以限制”，“在使它变成更加有用的时候”，变成“更加驯从”。[②] 因此，纪律是把人安置在“他们的”位置上，纪律作为一种从属过程确实把每一个人跟认同紧紧地套在一起。[③] 叔孙通的“起朝仪”施行后，朝会气氛得到明显转变，充分显示出以“礼”为核心的朝仪对人的严格限制与强大的束缚力，也使得“礼”实则发挥了福柯所阐述的“纪律”的功能。

高祖刘邦之欣喜，不仅仅在于“朝仪”发挥了“纪律”的强制性功效，让军功大臣们在“他们的”“位置”上变得“驯从”；更深层的则在于“杂古礼”而成就的“朝仪”，使得君臣之位得“正”：“汉兴，拨乱反正，日不暇给，犹命叔孙通制礼仪，以正君臣之位。”[④] 换言之，叔孙通以朝仪之“礼”构筑起皇帝的至高无上性，不仅整拾了布衣将相们在朝堂之上“醉或妄呼”“拔剑击柱”的混乱无序，也在一定程度上消解了秦末之乱中人人皆可“起而代之”的“逐鹿”思想，这是一种较之强制性的纪

① 司马迁：《史记》卷九十九《刘敬叔孙通列传》，北京：中华书局，1959年，第2723页。

② 林聪舜：《儒学与汉帝国意识形态》，上海：上海人民出版社，2017页，第57页。

③ 麦克唐纳著，陈璋津译：《言说的理论》，台北：远流出版事业公司，1990年，第138页。

④ 班固撰，颜师古注：《汉书》卷二十二《礼乐志》，北京：中华书局，1962年，第1030页。

律规约更为内在亦更为有效的观念认同。借助这种社会认同，西汉政权弥补了其血缘传统缺失的不足，而从礼乐之制中为其政权的合法性寻得传统久远的资源，从而让布衣出身的刘邦统治家族建立起了神圣地位，并由制度来保障统治秩序的维持与统治传统的建立。

前已言及，凭借血缘的“继体之主”是三代以降政权合法性的一个传统，而这一传统对于起自草莽布衣的西汉王朝的刘氏统治家族而言是缺失的。为此，叔孙通借助传统礼乐资源，进一步制定宗庙祭祀等相关礼仪，在慎终追远的宗庙祭祀中强化刘氏统治家族的神圣地位：

> 高祖时，叔孙通因秦乐人制宗庙乐。大祝迎神于庙门，奏《嘉至》，犹古降神之乐也。皇帝入庙门，奏《永至》，以为行步之节，犹古《采荠》《肆夏》也。乾豆上，奏《登歌》，独上歌，不以管弦乱人声，欲在位者遍闻之，犹古《清庙》之歌也。《登歌》再终，下奏《休成》之乐，美神明既飨也。皇帝就酒东厢，坐定，奏《永安》之乐，美礼已成也。[①]

叔孙通制宗庙乐，秉承的当是三代以降的“国之大事，在祀与戎”的传统理念。“因秦乐人”而制的宗庙乐，说明宗庙乐与“起朝仪”一样，一定程度上都是对秦制的继承，而其所继承的核心均是基于对最高统治者——皇帝以及皇帝家族至上性唯一性的彰显。在宗庙乐中，正是通过独享的宗庙祭祀礼仪，凸显出皇帝统治家族的神圣性与根本性，“六经之道同归，而礼乐之用为急。……为国者一朝失礼，则荒乱及之矣”[②]。而“安危荣辱之本在于主，说（主）之本在于宗庙”[③]。

---

① 班固撰，颜师古注：《汉书》卷二十二《礼乐志》，北京：中华书局，1962年，第1043页。

② 班固撰，颜师古注：《汉书》卷二十二《礼乐志》，北京：中华书局，1962年，第1027页。

③ 高诱注：《吕氏春秋》卷第十三《有始览第一》，《诸子集成》（六），北京：中华书局，2006年，第133页。

叔孙通不仅制宗庙乐，还定宗庙仪法。囿于文献，叔孙通所定的“宗庙仪法”具体内容已不得而知[①]。然而，借助旁涉记载，我们却可以得窥其时宗庙仪法对于天子的规约以及天子对于宗庙仪法的信奉与遵循。其时，汉惠帝为了经常朝见太后于长乐宫，但又怕皇帝辇车来往频繁，烦扰百姓，故另作一“复道”，以通长乐宫。由于此道筑于武库南，于宗庙仪法有碍，遂遭叔孙通之谏：“陛下何自筑复道高寝，衣冠月出游高庙？高庙，汉太祖，奈何令后世子孙乘宗庙道上行哉？”[②] 惠帝听后，“大惧”，拟“急坏之”。叔孙通却因“人主无过举”，而谏以“愿陛下为原庙渭北”，“益广多宗庙，大孝之本也”。[③]

根据这段文献记载，可探究出叔孙通两方面的考量：其一，宗庙是神圣不可侵犯的，“敬宗庙，大礼也。圣人之所谨也”[④]；其二，“天子”也是神圣“无过举”的。为了向全天下宣称刘氏统治家族的神圣地位，叔孙通旨在“预设宗庙极端神圣，人主也极端神圣完美”[⑤]。而“益广多宗庙”的建议则是“把统治集团的神圣性推广出去，用制度神圣化统治家族”[⑥]。前已述及，刘邦以布衣而皇帝，其统治基础较之三代抑或是秦等统治家族百年的根基而言，缺乏传统的血缘血统上的支撑，这也成为刘邦所“患”。由此，为了维护汉帝国统治秩序的稳定，就只有依靠制度的设计来构筑起刘氏统治家族的神圣地位，并建立起神圣的统治传统。“立郡国庙的措施，正是透过神化统治家族的神圣仪式，宣示刘家不容觊觎的独特地位，并且把此一宣示，透过礼制传达到全帝国的神经末梢，伸展到广大帝国的每一角落，这一措施有助于争取

---

① 其中诸如“诸果之献”的规定，《汉书》卷四十三《郦陆朱刘叔孙传》载：“古者有春尝果，方今樱桃孰，可献，愿陛下出，因取樱桃献宗庙。”

② 司马迁：《史记》卷九十九《刘敬叔孙通列传》，北京：中华书局，1959 年，第 2725 页。

③ 司马迁：《史记》卷九十九《刘敬叔孙通列传》，北京：中华书局，1959 年，第 2725-2726 页。

④ 苏舆撰，钟哲点校：《春秋繁露义证》，北京：中华书局，1992 年，第 441 页。

⑤ 林聪舜：《儒学与汉帝国意识形态》，上海：上海人民出版社，2017 年，203 页。

⑥ 林聪舜：《儒学与汉帝国意识形态》，上海：上海人民出版社，2017 年，203 页。

天下臣民对刘姓天下的效忠。”[①]“以立郡国庙的方式，透过宗教的仪式，将刘家神圣化的权威植入政治力一时尚无法完全进入的地区，是皇家主权的宣示，也是伸张刘家统治权力的一种权宜方式。”[②]

叔孙通还对天子“所服”进行规范。考虑到“天子所服，以安治天下”[③]，故叔孙通认为天子所穿衣服，应当遵循“奉宗庙安天下之大礼”，即“春夏秋冬天子所服，当法天地之数，中得人和”[④]。对于天子“所服”，实行“四人各职一时”：“中谒者赵尧举春，李舜举夏，兒汤举秋，贡禹举冬。”[⑤] 这一奏议，立即得到汉高帝刘邦的赞同，于是，则有所谓《施行诏书第八天子所服》[⑥]。此外，叔孙通更著有《傍章》《汉礼器制度》，从礼乐层面对社会大众做出较为详尽的规制。“汉萧何作《九章律》，益以叔孙通《傍章》十八篇及张汤《越宫律》二十七篇，赵禹《朝律》六篇，合六十篇，是为《汉律》。”[⑦] 根据沈家本先生的整理研究，《傍章》所制定的仪礼，关系到天子、诸侯、列侯、大臣公卿、基层官吏、祭祀人员、百姓、妇女等等，并依次有免职、遣归、夺爵、废国、治罪、警告、论杀等刑罚，涉及面广，影响大，对于从王侯、官吏到百姓形成一种严格的约束与限制。

叔孙通所著《汉礼器制度》已亡佚，篇目也无从考辑。有学者从《周礼》《仪礼》《礼记》的有关注疏中窥其相关规定，可知在叔孙通所制定的礼仪中，从天子、诸侯、卿大夫、士乃至庶民，所用器具服冕，无论是质或者是量，都是有尊卑、贵贱、上下差别的。“叔孙通所定礼仪，不仅在尊严、荣誉上有严格区分，就是在穿戴的衣帽、享用的乐器、用具上，

---

① 林聪舜：《儒学与汉帝国意识形态》，上海：上海人民出版社，2017年，205页。

② 林聪舜：《儒学与汉帝国意识形态》，上海：上海人民出版社，2017年，206页。

③ 班固撰，颜师古注：《汉书》卷七十四《魏相丙吉传》，北京：中华书局，1962年，第3140页。

④ 班固撰，颜师古注：《汉书》卷七十四《魏相丙吉传》，北京：中华书局，1962年，第3140页。

⑤ 班固撰，颜师古注：《汉书》卷七十四《魏相丙吉传》，北京：中华书局，1962年，第3140页。

⑥ 班固撰，颜师古注：《汉书》卷七十四《魏相丙吉传》，北京：中华书局，1962年，第3139页。

⑦ 程树德：《九朝律考》，北京：中华书局，2003年，第76页。

也予以一一区别，以显示出不同的等级，不同的社会地位。”[①] 此外，更为重要的是这种礼仪的界限是不可僭越的。如果天子与诸侯颠倒了，或者公卿、士大夫乃至庶民混淆了，不仅仅是违礼，更会受到法律上的惩罚。[②] “叔孙通所撰礼仪，与律令同录，藏于理官。”[③]

我们看到，鉴于暴秦二世而亡的教训，故与秦用威权构筑“皇帝至上”不同，叔孙通“起朝仪”则是基于传统“礼乐”，从另一个视角重新构筑起“皇帝至上”的制度与观念。刘邦以布衣登皇帝位，由起初的“患之”到感知其所贵，一个最为根本的要素在于通过“起朝仪”使得君尊臣卑的政治秩序得以整合与重塑。只有在有序的秩序之内，皇帝之“贵”方能得以体现与保障。虽然权力的威慑性是保障秩序的有力手段，但是秦的短命而亡又告诫着西汉统治者对于“力”“刑罚”的慎行。面对于此，在先秦的思想文化资源中，儒家所倡导的“礼乐”通过“序君臣父子之礼，列夫妇长幼之别”所构筑的社会人伦秩序就更易为民众所接受与认同，从而发挥一种内在控制的功效。

叔孙通“起朝仪”，以“礼乐”的形式规范诸侯将相的言行举止，从而将“纪律”“法”乃至“皇权至上”的威慑力隐藏于“礼乐”这一“天鹅绒的手套里”。其正如弗兰克·帕金在揭示韦伯思想时所言说：“在那些和谐与秩序明显占上风的地方，权力的威慑性运用从未彻底消失过。天鹅绒的手套里面，总是有一只铁拳。”[④] 就是说，在叔孙通“起朝仪”和谐秩序的背后，隐藏的则是皇权至上这一“权力的威慑性”，“有尊尊敬上之心，为制朝觐之礼”[⑤]。在历经暴秦统治所引发的天怒人怨之后，叔孙通借

---

① 华友根：《叔孙通为汉定礼乐制度及其意义》，《学术月刊》，1995 年第 2 期。

② 孔维京、王燕：《汉初礼法流变探微——以叔孙通“制礼作乐”为中心》，《大连大学学报》，2017 年第 4 期。

③ 班固撰，颜师古注：《汉书》卷二十二《礼乐志》，北京：中华书局，1962 年，第 1035 页。

④ 弗兰克·帕金著，刘东、谢维和译：《马克斯·韦伯》，成都：四川人民出版社，1987 年，第 101-102 页。

⑤ 班固撰，颜师古注：《汉书》卷二十二《礼乐志》，北京：中华书局，1962 年，第 1028 页。

助“朝仪”将“皇权至上”的内涵隐藏于礼乐这一“天鹅绒的手套里”，这不仅与暴秦相区隔，也由此重塑起以皇权至上为核心的政治统治秩序。叔孙通“起朝仪”，重正皇帝名号，重塑皇权至上，不仅让刘邦充分感受到为皇帝之贵，更使得布衣皇帝真切感受到“礼”较之于“力”的效能，从而彰显“礼乐”的功效性：“六经之道同归，而礼乐之用为急。治身者斯须忘礼，则暴嫚入之矣；为国者一朝失礼，则荒乱及之矣。”[①]“乐以治内而为同，礼以修外而为异；同则和亲，异则畏敬；和亲则无怨，畏敬则不争。揖让而天下治者，礼乐之谓也。”[②]

西汉初年，面对布衣将相这一亘古未有之政治格局，“起朝仪”重塑皇帝制度，使得皇帝至上观念借助礼乐之制被确定与固化。而“皇帝至上”的确立与贯彻，对于其时尚处于混乱状态的社会的整合，以及社会秩序的构筑是具有积极功效的。其正如学者所揭示的，“从全社会的政治心理层面来看，民众需要一个长期稳定、可以集中理解和想象的具有象征意味的聚焦，如同国徽、国旗、国歌这样可以形成认同、建立归宿感的符号。……‘慎终追远，民德归厚矣’”[③]。“无论天子还是皇帝其实就是一个制度，而不是某个自称或被称为天子或皇帝的个人；它是社会秩序的保障，有着无可替代的社会功能。”[④]对于大一统中央集权的封建社会而言，“皇帝”无疑是最具有象征意味的“聚焦”，也是足以引发民众认同并产生归属感的政治符号，因为“古代中国并没有其他超越地区的政治、经济组织机构或个人，唯一可能代表整个国家和社会的只有皇帝；并且也只有皇帝这样一个人才是普通人可以想象并在社会心理上可接受的统治者”[⑤]。正是如此，故而《吕氏春秋》言：“乱莫大于无天子。无天子则强者胜弱，众者暴寡，以兵相残，不

---

① 班固撰，颜师古注：《汉书》卷二十二《礼乐志》，北京：中华书局，1962年，第1027页。

② 班固撰，颜师古注：《汉书》卷二十二《礼乐志》，北京：中华书局，1962年，第1028页。

③ 苏力：《作为制度的皇帝》，《法律和社会科学》，2013年第12卷，第167页。

④ 苏力：《作为制度的皇帝》，《法律和社会科学》，2013年第12卷，第166页。

⑤ 苏力：《作为制度的皇帝》，《法律和社会科学》，2013年第12卷，第169页。

得休息。”[1] 就此言之，叔孙通“起朝仪”为核心的系列礼乐之制所重正的皇帝名号抑或重塑的皇帝制度，其功效不仅仅在于重新构筑起了尊君卑臣的政治统治秩序，还在于推动了西汉社会的整合。

明乎此，也就知晓了刘邦登基为帝之后，面对昔日一同打天下的功臣们在朝堂之上“妄呼”的不适与“患之”。在刘邦看来，朝堂之上的“妄呼”“拔剑击柱”乃是对“皇帝”之神圣性、至上性、绝对性的挑战。这与“皇帝”名号抑或“皇帝”制度所内含的政治价值形态是不相吻合的。叔孙通“起朝仪”，通过规范朝廷秩序，不仅让最高统治者感知“为皇帝之贵”，更是以礼制而非威权来保障皇帝的至上性。正是在“朝仪”的施行过程中，“皇帝”所蕴含的政治文化被以礼制的面貌予以充分的彰显与释放。如此，也才有了刘邦那句出自肺腑的感叹，“吾乃今日知为皇帝之贵也”。

叔孙通以“起朝仪”为核心的系列礼乐之制，在完成对于皇帝制度的重塑亦即政治统治秩序的构筑外，另一旨归则在于为西汉政权统治的合法性提供血缘传统之外的资源。前面言及，血缘贵族是三代以降政权合法性的一个传统，而这一传统对于西汉王朝起自草莽布衣的刘氏统治家族而言，是匮乏的。此外，秦的暴刑之治导致其二世而亡的教训也使得代秦而兴的后继者在表面上必须选择与秦仪、法家相区隔，如此，以先秦儒家所倡导的“礼乐”作为形式上的统治资源，就有了现实上的必要性。叔孙通的系列礼乐之制，实质是借助三代以降的神圣传统——“礼乐”，为西汉政权的统治提供合法性资源，同时也是要建立与秦的威权统治相区别的新的礼乐统治，“确信渊源悠久的传统之神圣性，及根据传统行使支配者的正当性”[2]。对于缺乏血缘传统的西汉政权而言，为了在形式上与暴秦的统治相区隔，“礼治”无疑就成为其不可多得的可资利用的“渊源悠久”的

---

① 高诱注：《吕氏春秋》卷第十三《有始览第一》，《诸子集成》（六），北京：中华书局，2006 年，第 132 页。

② 韦伯著，康乐编译：《支配的类型：韦伯选集三》，台北：允晨文化实业公司，1985 年，第 29 页。

神圣传统。也就是说，礼乐之制不仅赋予西汉政权统治合法性、正当性，并且使其时统治基础仍然相当薄弱的西汉王朝在“礼乐”这一神圣传统的保护下，建立起自己的统治传统。故范晔对于叔孙通的礼乐之制，评为“汉初天下创定，朝制无文”，赖其“适物观时，有救崩敝”。[①]

要之，叔孙通“起朝仪”、定宗庙乐、制宗庙仪法以及天子所服等系列礼乐之制，其旨在于重正皇帝名号或重塑皇帝制度，在于通过“起朝仪”确立君尊臣卑这一专制集权社会最为核心的政治秩序，以及通过对宗庙祭祀这类为三代礼乐传统最为看重的行为、服饰予以规范，就是“要建立刘家这个统治家族的神圣地位”，并最终“由礼仪制度来保障统治秩序的维持与统治传统的建立”[②]，从而用与暴秦“威虐”相区别的“礼乐”来为代秦而兴的西汉政权构筑起统治的合法性。换言之，就是借助“起朝仪”等系列“礼制”的建立，“利用渊远悠久的神圣传统‘礼乐’，赋予刘家统治的正当性，并且使统治基础相当薄弱的刘家在神圣传统的保护下，建立自己的神圣传统，并加强对臣属的意识形态说服工作，培养他们的效忠心理以稳定统治秩序”[③]。在其时“乱莫大于无天子”“国不可一日无君”的观念之下，皇帝制度的重塑在一定程度上发挥了“将沙子揉成团”的社会整合功效，对于其时社会秩序的构筑与整合有着巨大的助推作用。叔孙通“起朝仪”的系列礼乐之制，提出一切必须依礼而行，促使整个社会从上到下在礼乐之制下逐渐形成一种规范行为与规范认知，对于整顿其时的社会秩序、维护人伦纲纪意义极大，极大地推动了汉初社会的整合，可视为西汉王朝在秦之废墟上努力建立新的统治秩序，实现社会整合的举措。

此外，叔孙通“起朝仪”为核心的系列礼乐之制，让最高统治者感知到“为皇帝之贵”，从而也使得最高统治者在“马下治天下”的过程中，感受到“礼”较之于“力”的更为显著的功效，由此推动其对儒家仁义

---

① 范晔撰，李贤等注：《后汉书》卷三十五《张曹郑列传》，北京：中华书局，1965年，第1205页。

② 林聪舜：《儒学与汉帝国意识形态》，上海：上海人民出版社，2017年，第54页。

③ 林聪舜：《儒学与汉帝国意识形态》，上海：上海人民出版社，2017年，第205页。

礼治作用的认知从思想观念层面落实到现实的政治生活，也开启了西汉统治“并成大业”的序幕：“高祖以征伐定天下，而缙绅之徒骋其知辩，并成大业。”[①] 对此，李宗桂先生认为：“班固的这个结论过去人们并不在意，今天看来则颇有深意，也颇有见地。通过刘邦之类的政治家运用行政力量，思想家和政治家合作，形成了初步的礼治的局面，所谓‘并成大业’，即此之谓也。”[②] 而叔孙通“遇其时”的“舍枹鼓而立一王之仪”[③] 的礼乐之制无疑是“并成大业”的一个重要因素。

最终，叔孙通因“知时变”而被冠以“汉家儒宗”之名号。探析之，在于其如学者所言，“善于窥伺时机，揣摩君主心理，制定出一套形古实今的朝仪，博得既服膺秦制又想表现否定秦制的汉高祖龙心大悦，为儒家在汉朝统治集团中争得了一席之地”[④]。叔孙通以“起朝仪”为核心的系列制礼之举，其动因源自其时朝堂之上众臣“醉或妄呼”“拔剑击柱”的君臣无序的政治乱象，旨在消除由布衣而为皇帝的刘邦内心的“厌之”与“患之”。叔孙通的制礼虽然也在一定程度上让统治者初步感受到了“礼”较之于“力”的功效，然就性质而言，其尚为一解燃眉之急的制度举措：“叔孙通作汉礼仪，因为奉常，诸弟子共定者，咸为选首，然后喟然兴于学。然尚有干戈，平定四海，亦未皇庠序之事也。”[⑤] 就是说，对于其时统治者而言，其重心还在“平定四海”的干戈之事上，尚未及从理论形态亦即意识形态层面就帝国政权何以长治久安予以深思。叔孙通“起朝仪”虽然让汉初统治者初步感受到了“儒者难与进取，可与守成”的效用，然而，一如学者所指出的，“叔孙通的所谓‘礼治’还只局限在制度方面，特别是定朝仪，以达到尊君之势的目的。……叔孙通的那一套，也未从如

① 班固撰，颜师古注：《汉书》卷四十三《郦陆朱刘叔孙传》，北京：中华书局，1962年，第2131页。

② 李宗桂：《汉代礼治的形成及其思想特征》，《哲学研究》，2007年第10期。

③ 班固撰，颜师古注：《汉书》卷四十三《郦陆朱刘叔孙传》，北京：中华书局，1962年，第2131页。

④ 朱维铮：《中国经学史十讲》，上海：复旦大学出版社，2002年，第11页。

⑤ 班固撰，颜师古注：《汉书》卷八十八《儒林传》，北京：中华书局，1962年，第3592页。

何进行统治的指导思想高度解决问题”[①]。从政治统治而言，“凡是一个统一国家，一定要有立国的最高原则，否则沦于散乱无章”[②]。叔孙通未曾完成的使命，有待于贾谊以“礼”为治的定立经制。

二、贾谊以“礼”定经制

观陆贾“新语”，其要在给予汉初统治者一种思想文化的启蒙，推动汉初统治者由“马上得天下”向“马下治天下”思维转型，进而确立“仁义”顺守的治世方略，是一种关于汉帝国统治稳定的长久之术，故其更多的是在宏观层面上构筑起以儒家仁义学说为主的一种政治理论体系。至贾谊，则是针对其时汉帝国的社会政治生态提出以“礼”治世，拟图构筑起一个“礼治”帝国，从而不仅确保汉帝国的长久稳定，更期望实现儒家的理想之治。诚如有学者所言，“如果说陆贾是汉代文化重建的奠基者，据现存文献来看，那么贾谊则是提出对汉初政治、文化全面改造的第一人”[③]。

和陆贾一样，贾谊亦是主张“取与、攻守不同术也”“夫并兼者高诈力，安危者贵顺权”。[④] 认为在兼并进取的时代，法术诈力是必要的，但统一以后，为了巩固政权，就应该改弦更张，施仁心，行仁政，以仁义为本。[⑤] 贾谊批判当时宣扬“礼谊之不如法令，教化之不如刑罚”[⑥] 的重法思想，指出：“汤武置天下于仁义礼乐，而德泽洽，禽兽草木广裕，德被蛮貊四夷，累子孙数十世，此天下所共闻也。秦王置天下于法令刑罚，德泽亡一有，而怨毒盈于世，下憎恶之如仇雠，祸几及身，子孙诛绝，此天下之所

---

① 王兴国：《贾谊评传》，南京：南京大学出版社，1992 年，第 355 页。

② 劳榦：《秦汉简史》，北京：中华书局，2018 年，第 39 页。

③ 白效咏、黄朴民：《贾谊：西汉政治与文化重建第一人》，《文史知识》，2016 年第 8 期。

④ 贾谊撰，阎振益、钟夏校注：《新书校注》卷第一《过秦下》，北京：中华书局，2000 年，第 14 页。

⑤ 金春峰：《汉代思想史》，北京：中国社会科学出版社，1997 年，第 88 页。

⑥ 班固撰，颜师古注：《汉书》卷四十八《贾谊传》，北京：中华书局，1962 年，第 2253 页。

共见也。”[①] 认为人主治世，不仅当“引殷、周、秦事以观之也”[②]，更应明晓“礼”“法”治之的不同：

> 夫礼者禁于将然之前，而法者禁于已然之后，是故法之所用易见，而礼之所为生难知也。若夫庆赏以劝善，刑罚以惩恶，先王执此之政，坚如金石，行此之令，信如四时，据此之公，无私如天地耳，岂顾不用哉？然而曰礼云礼云者，贵绝恶于未萌，而起教于微眇，使民日迁善远罪而不自知也。[③]

“法”与“礼”一样，“法”是必要的。二者原本都是先王用以执之为政的手段。所不同者，“礼”重在“禁于将然之前”“贵绝恶于未萌，而起教于微眇”，重在“劝善”；而“法”则重在“禁于已然之后”，旨在“惩恶”。在贾谊看来，“礼义”能为人们提供外在的行为规范和内在的价值取向，人们在这种行为规范和价值取向的约束和引导下，必将“日迁善远罪而不自知”。“礼”的这一优势，是“法”所望尘莫及的。礼更多是依凭文化上的向心力、凝聚力，追求一种基于内在精神认同的价值秩序，而法却是以外在强制力为保障的有序化模式。所以，人们对礼是一种主动的服膺，对法是一种被动的服从。因着“礼以顺人心为本”[④]，先王以礼为治，则政“坚如金石”。所以对于人主而言，“莫如先审取舍”：

> 以礼义治之者，积礼义；以刑罚治之者，积刑罚。刑罚积而

① 班固撰，颜师古注：《汉书》卷四十八《贾谊传》，北京：中华书局，1962 年，第 2253 页。

② 班固撰，颜师古注：《汉书》卷四十八《贾谊传》，北京：中华书局，1962 年，第 2253 页。

③ 贾谊撰，阎振益、钟夏校注：《新书校注》附录一《礼察》，北京：中华书局，2000 年，第 413 页。

④ 王先谦：《荀子集解》卷十九《大略篇》，《诸子集成》（二），北京：中华书局，2006 年，第 324 页。

民怨背，礼义积而民和亲。故世主欲民之善同，而所以使民善者或异。或道之以德教，或驱之以法令。道之以德教者，德教洽而民气乐；驱之以法令者，法令极而民风哀。哀乐之感，祸福之应也。[①]

秉承儒家传统观念，贾谊认为，唯有“积礼义”“道之以德教”，方能使得“民气乐”，故而作为人主，为了“不失其民”，应当“欲民之善同”，以礼为治，因为“君者，群也，无人谁据？”基于此，贾谊一再奏疏汉文帝以礼定经制，以“建久安之势，成长治之业”，“立经陈纪，轻重周得，后可以为万世法程，后虽有愚幼不肖子嗣，犹得蒙业而安”。[②] 认为“此业一定，世世常安，而后有所持循矣”[③]。相反，捐礼而行，“若夫经制不定，是犹渡江河无维楫，中流而遇风波也，船必覆败矣”[④]。贾谊认为，秦王朝二世而亡一个重要的因素就在于其自“商君遗礼义，弃仁恩”，使得“秦俗日败”，且“功成求得矣，终不知反廉愧之节，仁义之厚”，依旧“信并兼之法，遂进取之业”，遂终“天下大败”。[⑤]

有学者指出，“贾谊自我认同是以儒者自许，这种自我认同表现在社会政治实践上尤为明显”，即“他经常以儒、法对比，或以儒家理想的汤、武等盛世与秦对比，标榜他崇儒贬法的主张”[⑥]。其中尤其体现在其秉承荀

---

① 贾谊撰，阎振益、钟夏校注：《新书校注》附录一《礼察》，北京：中华书局，2000 年，第 413-414 页。

② 贾谊撰，阎振益、钟夏校注：《新书校注》卷第一《数宁》，北京：中华书局，2000 年，第 31 页。

③ 贾谊撰，阎振益、钟夏校注：《新书校注》卷第三《俗激》，北京：中华书局，2000 年，第 92 页。

④ 贾谊撰，阎振益、钟夏校注：《新书校注》卷第三《俗激》，北京：中华书局，2000 年，第 92 页。

⑤ 班固撰，颜师古注：《汉书》卷八《贾谊传》，北京：中华书局，1962 年，第 2244 页。

⑥ 林聪舜：《儒学与汉帝国意识形态》，上海：上海人民出版社，2017 年，第 130 页。

子对礼的认同以及以礼为治的推崇[①]，“礼者，所以固国家，定社稷，使君无失其民者也”[②]。秉承先秦儒家的礼论观，贾谊认为“礼”是“君之为君”的必然因素。即“礼”不仅能“正民”“整民”，“夫礼，所以整民也”[③]；且以礼为治，能“使君无失其民”，“礼，所以守其国，行其政令，无失其民者也”[④]；甚至有利后嗣，“礼，经国家，定社稷，序民人，利后嗣者也”[⑤]。

以“礼”为治不仅可以保障君之为君，而且还可以“守尊卑之经、强弱之称”：

> 主主臣臣，礼之正也；威德在君，礼之分也；尊卑大小，强弱有位，礼之数也。礼，天子爱天下，诸侯爱境内，大夫爱官属，士庶各爱其家，失爱不仁，过爱不义。故礼者，所以守尊卑之经、强弱之称者也。……君惠臣忠，父慈子孝，兄爱弟敬，夫和妻柔，姑慈妇听，礼之至也。君惠则不厉，臣忠则不贰，父慈则教，子孝则协，兄爱则友，弟敬则顺，夫和则义，妻柔则正，姑慈则从，妇听则婉，礼之质也。[⑥]

---

① 贾谊的学说受荀子影响甚大，是学界公认的事实。如侯外庐等认为：“贾谊必深得荀子一派儒学的教养。”［侯外庐：《中国思想通史》（第二卷），北京：人民出版社，1957年，第66页。］冯友兰认为：“贾谊对于‘礼’的理论……同荀况是一致的……是接着荀况讲的。”［冯友兰：《中国哲学史新编》（第三册），北京：人民出版社，1985年，第26页。］金春峰指出：“贾谊希望在汉代以荀子《礼论》思想为蓝图，建立起地主阶级的礼治的等级秩序井然不紊的社会，荀子的‘礼论’思想成为贾谊建设社会秩序的基本指导思想。”（金春峰：《汉代思想史》，北京：中国社会科学出版社，1997年，第91页。）

② 贾谊撰，阎振益、钟夏校注：《新书校注》卷第六《礼》，北京：中华书局，2000年，第214页。

③ 杨伯峻编著：《春秋左传注》（一）“庄公二十三年”，北京：中华书局，2018年，第245页。

④ 杨伯峻编著：《春秋左传注》（五）“昭公五年”，北京：中华书局，2018年，第1401页。

⑤ 杨伯峻编著：《春秋左传注》（一）“隐公十一年”，北京：中华书局，2018年，第82页。

⑥ 贾谊撰，阎振益、钟夏校注：《新书校注》卷六《礼》，北京：中华书局，2000年，第214-215页。

礼借助其“正”“分”“数”“至”与“质”，“对各种地位的人，承认其适当的存在，而不可对之加以凌越侵犯；要求对他人尽其所应尽的义务，而不可片面地自私。由此以建立相对的伦理关系，亦即是建立人与人的合理关系”[①]。尤其是礼之“质”所涵摄的“君惠则不厉，臣忠则不贰，父慈则教，子孝则协，兄爱则友，弟敬则顺，夫和则义，妻柔则正，姑慈则从，妇听则婉”，实则也就是儒家所指称的“道”，“修身践言，谓之善行。行修言道，礼之质也”[②]。如此，“礼”与“道”等同，以礼为治，也就是率道而行。

贾谊对“礼”的强调，旨在说明“礼的实用范围包括了社会生活的一切方面，事人事鬼，事君事亲均离不开礼的规范”[③]：

> 道德仁义，非礼不成；教训正俗，非礼不备；分争辩讼，非礼不决；君臣、上下、父子、兄弟，非礼不定；宦学事师，非礼不亲；班朝治军、莅官行法，非礼威严不行；祷祠祭祀，供给鬼神，非礼不诚不庄。是以君子恭敬、撙节、退让以明礼。[④]

“礼”涵盖了道德、教化、法律、政治、宗法、礼仪、教育、军事、祭祀等人类群体生活的诸多方面。没有“礼”的规范性与秩序性，社会将难以维系。一如《礼记》所载：“丘闻之，民之所由生，礼为大。非礼无以节事天地之神也，非礼无以辨君臣、上下、长幼之位也，非礼无以别男女、父子、兄弟之亲，婚姻、疏数之交也。”[⑤] 为此，贾谊强调圣王的以礼为

---

① 徐复观：《两汉思想史》（第二卷），上海：华东师范大学出版社，2001年，第88页。

② 王文锦译解：《礼记译解》（上）“曲礼上第一”，北京：中华书局，2020年，第2页。

③ 王兴国：《贾谊评传》，南京：南京大学出版社，1992年，第91页。

④ 贾谊撰，阎振益、钟夏校注：《新书校注》卷第六《礼》，北京：中华书局，2000年，第214页。

⑤ 王文锦译解：《礼记译解》（下）“哀公问第二十七”，北京：中华书局，2020年，第756页。

治，率道而行。

在贾谊看来，其时西汉王朝所面临的“事势”“可为痛哭者一，可为流涕者二，可为长太息者六，若其它背理而伤道者，难遍以疏举”[①]。所谓“可为痛哭者”，旨在言“诸侯王僭拟，地过古制”[②]、“事诸侯王乃事皇帝也”[③] 的君臣尊卑等级不分；“可为流涕者”，着重言西汉王朝与匈奴关系，因“匈奴强”，屡屡“侵边”[④]，使得“天下之势方倒县”[⑤]；而“可为长太息者”，意指其时社会之败俗，“今世以侈靡相竞，而上亡制度，弃礼谊，捐廉耻，日甚”[⑥]。基于此，贾谊“因陈治安之策”[⑦]，拟图以礼为治，解决其时汉帝国所面临的三大主要问题——诸侯王僭拟、匈奴侵边以及“汉承秦之败俗”，最终构筑起以“礼制”为核心的“世世常安”的社会统治秩序。

首先，面对其时诸侯藩国的“僭拟”，贾谊强调以“礼”强化大一统政治秩序。自秦始皇创建以皇权为核心的大一统中央集权政治伊始，对于代秦而兴的汉帝国而言，中央集权的大一统政治亦是理想政治秩序的范本[⑧]。在贾谊看来，理想的政治秩序应具有完备的政治形态，即“定于一

① 班固撰，颜师古注：《汉书》卷四十八《贾谊传》，北京：中华书局，1962 年，第 2230 页。

② 班固撰，颜师古注：《汉书》卷四十八《贾谊传》，北京：中华书局，1962 年，第 2230 页。

③ 贾谊撰，阎振益、钟夏校注：《新书校注》卷第一《等齐》，北京：中华书局，2000 年，第 46 页。

④ 班固撰，颜师古注：《汉书》卷四十八《贾谊传》，北京：中华书局，1962 年，第 2230 页。

⑤ 班固撰，颜师古注：《汉书》卷四十八《贾谊传》，北京：中华书局，1962 年，第 2240 页。

⑥ 班固撰，颜师古注：《汉书》卷四十八《贾谊传》，北京：中华书局，1962 年，第 2244 页。

⑦ 班固撰，颜师古注：《汉书》卷四十八《贾谊传》，北京：中华书局，1962 年，第 2230 页。

⑧ 刘泽华主编的《中国政治思想史》中曾论及，“秦朝许多政策与实践走到了极端，是背谬的，但它所建立的一整套以王权为中心的基本政治制度，却是所有做皇帝的人都不愿抛弃的。汉初，在基本的政治制度上是继承秦制，‘循而为改’”。见氏著：《中国政治思想史》（秦汉魏晋南北朝卷），杭州：浙江人民出版社，2020 年，第 9 页。

尊的大一统的皇权专制的政治形态”。其中，皇帝不仅应该是政治结构的顶尖，更是政治的中心。[①] 然而，观之其时的政治，“天下之势方病大瘇。……亲者或亡分地以安天下，疏者或制大权以逼天子”[②]。就是说，其时因诸侯藩国强大而出现的“事诸侯王乃事皇帝也”[③] 的政治生态，结果使得本细末大、尊卑不分、上下不别，进而严重威胁着以皇权为核心的大一统中央集权政治秩序。为此，“贾谊要求纠正这种状况，迅速建立等级分明的礼制，以强化专制统治秩序，加强皇帝的权势”[④]。

为了确立皇权的至尊至上性，贾谊提出政治秩序中的“阶级”[⑤] 观念：

> 人主之尊，辟无异堂。阶陛九级者，堂高大几六尺矣。若堂无陛级者，堂高治不过尺矣。天子如堂，群臣如陛，众庶如地，此其辟也。故陛九级上，廉远地则堂高；陛亡级，廉近地则堂卑。高者难攀，卑者易陵，理势然也。故古者圣王制为列等，内有公卿大夫士，外有公侯伯子男，然后有官师小吏，施及庶人，等级分明，而天子加焉，故其尊不可及也。[⑥]

贾谊借建筑物之“堂”“陛”“地”之物象，通过三者之间的层层阶级，将统治者（君）与被统治者（臣）的阶级界限予以严格区分，不仅彰显君尊臣卑的政治等级，更是以此烘托出皇权（天子）至高无上的地位，从而确立“人主之尊”。

---

① 徐复观：《两汉思想史》（第二卷），上海：华东师范大学出版社，2001 年，第 81 页。

② 班固撰，颜师古注：《汉书》卷四十八《贾谊传》，北京：中华书局，1962 年，第 2239 页。

③ 贾谊撰，阎振益、钟夏校注：《新书校注》卷第一《等齐》，北京：中华书局，2000 年，第 46 页。

④ 金春峰：《汉代思想史》，北京：中国社会科学出版社，1997 年，第 77 页。

⑤ 贾谊撰，阎振益、钟夏校注：《新书校注》卷第二《阶级》，北京：中华书局，2000 年，第 79 页。

⑥ 贾谊撰，阎振益、钟夏校注：《新书校注》卷第二《阶级》，北京：中华书局，2000 年，第 79-80 页。

贾谊着力凸显人主之尊，是基于其时“藩强”“藩伤”所引发的中央王朝统治危机的政治现状而论。西汉初年，出于拱卫帝国之考量，在消灭异姓诸侯王的同时，刘邦又大肆分封同姓子弟为王。然而，随着诸侯国势力的发展壮大，其成为大一统中央皇权最为直接的威胁。贾谊痛陈其时之势：

> 今或亲弟谋为东帝，亲兄之子西向而击，今吴又见告矣。天子春秋鼎盛，行义未过，德泽有加焉，犹尚若此，况莫大诸侯权势十此者乎！①
>
> 诸侯王虽名为人臣，实皆布衣昆弟之心，虑无不帝制而天子自为者。擅爵人，赦死罪，甚者或戴黄屋，汉法非立，汉令非行也。②

贾谊的痛陈揭示出其时政治形势的危机四伏，本细末大，“弛必至心”③，亟待强化大一统中央皇权的政治秩序，“上弗蚤图，疑且岁闻所不欲焉”④。为此，以礼重塑君尊臣卑的政治秩序，进而巩固中央集权的皇权统治就成为贾谊实施礼治主张所要解决的首要任务。针对其时藩国势强，“下数被其殃，上数爽其忧”⑤，贾谊认为，“欲天下之治安，天子之无忧，莫如众建诸侯而少其力”，即依礼“割地定制”：

> 割地定制，齐为若干国，赵、楚为若干国，制既各有理矣。

---

① 贾谊撰，阎振益、钟夏校注：《新书校注》卷第一《宗首》，北京：中华书局，2000年，第25页。

② 贾谊撰，阎振益、钟夏校注：《新书校注》卷第三《亲疏危乱》，北京：中华书局，2000年，第120页。

③ 贾谊撰，阎振益、钟夏校注：《新书校注》卷第一《大都》，北京：中华书局，2000年，第43页。

④ 贾谊撰，阎振益、钟夏校注：《新书校注》卷第一《宗首》，北京：中华书局，2000年，第25页。

⑤ 贾谊撰，阎振益、钟夏校注：《新书校注》卷第一《藩伤》，北京：中华书局，2000年，第36页。

> 于是齐悼惠王之子孙王之，分地尽而止，赵幽王、楚元王之子孙，亦各以次受其祖之分地，燕、吴、淮南佗国皆然。其分地众而子孙少者，建以为国，空而置之，须其子孙生者，举使君之。诸侯之地其削颇入汉者，为徙其侯国及封其子孙于彼也，所以数偿之。故一寸之地，一人之众，天子无所利焉，诚以定治而已，故天下咸知陛下之廉。[①]

“割地定制”的实质虽然也在于通过运用天子的权势强行令之，从而削弱诸侯藩国而强化巩固大一统的中央皇权，然而与秦借助严刑酷法以强化皇权的路径不同，贾谊则是希望借助先秦儒家所倡导的“正经界”之礼制的施行，强化与彰显皇权。一如学者所指出，贾谊的“割地定制”，乃继承了孟子“正经界”的思想，是基于仁政目的而发的[②]。就是说，贾谊所主张的对诸侯藩国施行“割地定制”，其理论依据“是‘礼’，是礼制，即‘天子地方千里’，‘公侯地百里’”[③]。再者，“定经制”除了可以强化、巩固皇权外，还可以“活大臣”“全爱子”，避免君臣、骨肉相残以破坏亲亲之礼。且“制定之后，下无倍背之心，上无诛伐之志，上下欢亲，诸侯顺附，故天下咸知陛下之仁”[④]。如此，既避免了与藩国臣下相残，符合儒家所主张的“亲亲”，遵循了儒家仁义礼治的治国方略，又可保天子无忧。“地制一定，卧赤子天下之上而安，植遗腹，朝委裘，而天下不乱，社稷长安，宗庙久尊，传之后世，不知其所穷。故当时大治，后世诵圣。”[⑤] 故“（贾生）……所主分封之办法实不失‘仁义恩厚’之意。与晁

---

① 贾谊撰，阎振益、钟夏校注：《新书校注》卷第二《五美》，北京：中华书局，2000 年，第 67 页。

② 王兴国：《贾谊评传》，南京：南京大学出版社，1992 年，第 159 页。

③ 唐雄山：《贾谊礼治思想研究》，广州：中山大学出版社，2005 年，第 204 页。

④ 贾谊撰，阎振益、钟夏校注：《新书校注》卷第二《五美》，北京：中华书局，2000 年，第 67 页。

⑤ 贾谊撰，阎振益、钟夏校注：《新书校注》卷第二《五美》，北京：中华书局，2000 年，第 68 页。

错削诸侯支郡之计有别”[①]。此外，“众建诸侯而少其力”不仅符合儒家的亲亲尊尊之礼，更是基于上古王道理想以及西汉社会政治之实际而设。对此，萧公权先生指出，“贾生此论欲兼用封建郡国之长，盖亦根据汉代之实际经验以立言，又非纯惩秦弊矣”[②]。

此外，针对其时藩国势力强大，出现与中央王朝“等齐”的僭越行为，造成“形势”上的主臣不分、臣僭主位，贾谊主张严格实施“制服之道”，以强化君尊臣卑、强干弱枝的政治秩序。

观之西汉王朝其时的政治样态，原本为“臣”的诸侯王国与作为“主”的中央王朝在置官名号、车骑服饰诸方面均为“等齐”：

> 诸侯王所在之宫卫，织履蹲夷，以皇帝所在宫法论之；郎中、谒者受谒取告，以官皇帝之法予之；事诸侯王或不廉洁平端，以事皇帝之法罪之。曰一用汉法，事诸侯王乃事皇帝也。谁是则诸侯之王乃将至尊也。然则，天子之与诸侯，臣之与下，宜撰然齐等若是乎？天子之相，号为丞相，黄金之印；诸侯之相，号为丞相，黄金之印，而尊无异等，秩加二千石之上。……天子亲，号云太后；诸侯亲，号云太后。天子妃，号曰后；诸侯妃，号曰后。然则，诸侯何损而天子何加焉？妻既已同，则夫何以异？……天子卑号皆称陛下，诸侯卑号称陛下。天子车曰乘舆，诸侯车曰称舆，乘舆等也。衣被次齐贡死经纬也，苟工巧而志欲之，唯冒上轶主次也。然则，所谓主者安居，臣者安在？[③]

依照礼制，服章号令原本是用以“等上下而差贵贱”[④]，即“所持以

① 萧公权：《中国政治思想史》（上册），北京：商务印书馆，2019年，第289页注释④。

② 萧公权：《中国政治思想史》（上册），北京：商务印书馆，2019年，第289页。

③ 贾谊撰，阎振益、钟夏校注：《新书校注》卷第一《等齐》，北京：中华书局，2000年，第46-47页。

④ 贾谊撰，阎振益、钟夏校注：《新书校注》卷第一《服疑》，北京：中华书局，2000年，第53页。

别贵贱，明尊卑者”。而今等齐无别，“事诸侯王乃事皇帝也”，造成“尊无异等”，上下无别，君不尊臣不卑，“君臣同伦，异等同服，则上恶能不眩于其下”①？更甚者，下者凌上，卑者争尊：

> 衣服疑者，是谓争先；厚泽疑者，是谓争赏；权力疑者，是谓争强；等级无限，是谓争尊。彼人者，近则冀幸，疑则比争。②

在贾谊看来，其时君臣同伦，异等同服，诸侯王与天子等尊，“事诸侯王乃事皇帝也”，不仅使得上下相眩，造成天子威严的旁落下坠，更使得大一统中央集权的皇权统治秩序遭遇挑战乃至觊觎，“下恶能不疑其上”③。为此，应充分发挥礼制所强调的“制服之道”：

> 制服之道，取至适至和以予民，至美至神进之帝。奇服文章，以等上下而差贵贱。是以高下异，则名号异，则权力异，则事势异，则旗章异，则符瑞异，则礼宠异，则秩禄异，则冠履异，则衣带异，则环佩异，则车马异，则妻妾异，则泽厚异，则宫室异，则床席异，则器皿异，则食饮异，则祭祀异，则死丧异。④

在传统社会，衣服并非只是单纯如墨子所说，“适身体和肌肤而足矣”⑤。更多的时候，“服装是一种权力，等级服饰的结构就是一个权力

---

① 贾谊撰，阎振益、钟夏校注：《新书校注》卷第一《等齐》，北京：中华书局，2000年，第47页。

② 贾谊撰，阎振益、钟夏校注：《新书校注》卷第一《服疑》，北京：中华书局，2000年，第53页。

③ 贾谊撰，阎振益、钟夏校注：《新书校注》卷第一《等齐》，北京：中华书局，2000年，第47页。

④ 贾谊撰，阎振益、钟夏校注：《新书校注》卷第一《服疑》，北京：中华书局，2000年，第53页。

⑤ 孙诒让：《墨子间诂》卷一《辞过第六》，《诸子集成》（四），北京：中华书局，2006年，第19页。

结构，或权力结构的一个‘元件’”[①]。附加在这个“元件”上的，就是智力、道德和社会地位方面的优越性。这种优越性在民智未开、民心未化之时，就是社会上一种默认的共识。此亦管子所说的“度爵而制服”：

> 修生则有轩冕服位谷禄田宅之分。虽有贤身贵体，天子服文有章，而夫人不敢以燕以飨庙将军大夫以朝官吏，以命士止于带缘，散民不敢服杂采，百工商贾不得服长鬈貂，刑余戮民不敢服絻。[②]

即根据人们身份尊卑的不同确定与其身份等级相应的服饰，以此达到“天下见其服而知贵贱，望其章而知其势”[③]，从而“使人定其心，各著其目”[④]，“是以等级分明，则下不得疑；权力绝尤，则臣无冀志”[⑤]。最终“则人伦法矣”，“乱无由生”。[⑥]

贾谊主张严格区分等级、势力、衣服、号令，旨在“借此规范诸侯王，确立上下秩序，达到天子独尊的目的”[⑦]，“故天子之于其下也，加五等已往，则以为臣例；臣之于下也，加五等已往，则以为仆。仆则亦臣礼也，然称仆不敢称臣者，尊天子，避嫌疑也”[⑧]。贾谊借助礼制所要彰显的是大一统中央集

---

① 阎步克：《分等分类视角中的汉唐冠服体制变迁》，见《官阶与服等》，上海：复旦大学出版社，2010 年，第 106 页。

② 戴望：《管子校正》卷一《立政第四》，《诸子集成》（五），北京：中华书局，2006 年，第 24 页。

③ 贾谊撰，阎振益、钟夏校注：《新书校注》卷第一《服疑》，北京：中华书局，2000 年，第 53 页。

④ 贾谊撰，阎振益、钟夏校注：《新书校注》卷第一《服疑》，北京：中华书局，2000 年，第 53 页。

⑤ 贾谊撰，阎振益、钟夏校注：《新书校注》卷第一《服疑》，北京：中华书局，2000 年，第 53 页。

⑥ 贾谊撰，阎振益、钟夏校注：《新书校注》卷第一《服疑》，北京：中华书局，2000 年，第 54 页。

⑦ 林聪舜：《儒学与汉帝国意识形态》，上海：上海人民出版社，2017 年，第 125 页。

⑧ 贾谊撰，阎振益、钟夏校注：《新书校注》卷第一《服疑》，北京：中华书局，2000 年，第 53 页。

权的皇权统治秩序，“善守上下之陛者，虽空名弗使逾焉”[①]。“主之与臣，若日之与星以。臣不几可以疑主，贱不几可以冒贵。下不凌等则上位尊，臣不逾级则主位安。”[②] 要之，就政治诉求而言，贾谊是想“借着‘礼’建立以尊君为核心的政治秩序，并解决诸侯王僭越的问题，完成中央集权的目标”[③]。“因卑不疑尊，贱不逾贵，尊卑贵贱，明若白黑，则天下之众不疑眩耳。”[④]

贾谊虽然旨在为大一统中央集权的皇权统治搭建起君尊臣卑、上下有序的政治秩序，然而，出于儒者的身份认同[⑤]，其在巩固并强化皇权的同时亦要求君王遵守礼制规范，尤其是礼遇师友群臣，认为如此方能“帝王之业可得而行也”：

> 王者官人有六等：一曰师，二曰友，三曰大臣，四曰左右，五曰侍御，六曰厮役。……取师之礼，黜位而朝之。取友之礼，以身先焉。取大臣之礼，皮币先焉。取左右之礼，使使者先焉。取侍御之礼，以令至焉。取厮役之礼，以令召焉。师至，则清朝而侍，小事不进。友至，则清殿而侍，声乐技艺之人不并见。大臣奏事，则俳优侏儒逃隐，声乐技艺之人不并奏。左右在侧，声乐不见。侍御者在侧，子女不杂处。……然后而帝王之业可得而行也。[⑥]

贾谊不仅强调以礼为治，构筑尊卑有序的统治秩序，同时亦要求国君人主

---

① 贾谊撰，阎振益、钟夏校注：《新书校注》卷第二《审微》，北京：中华书局，2000年，第74页。

② 贾谊撰，阎振益、钟夏校注：《新书校注》卷第一《服疑》，北京：中华书局，2000年，第54页。

③ 林聪舜：《儒学与汉帝国意识形态》，上海：上海人民出版社，2017年，第122页。

④ 贾谊撰，阎振益、钟夏校注：《新书校注》卷第一《数宁》，北京：中华书局，2000年，第30-31页。

⑤ 萧公权先生认为，“贾生论政体，纯袭儒家”。见氏著：《中国政治思想史》（上册），北京：商务印书馆，2019年，第286页。

⑥ 贾谊撰，阎振益、钟夏校注：《新书校注》卷第八《官人》，北京：中华书局，2000年，第292-293页。

遵守礼制之规范，“礼者，所以恤下也”“礼者，自行之义，养民之道也”。[①] 防止人主因其至尊无上而破坏礼制，进而破坏整个政治秩序，如孔子所言说的“人而不仁，如礼何”。对于贾谊的主张，徐复观先生谈到：“贾谊的政治思想，表现在他所创意的政治结构之中。为实现此种政治结构，并作合理的运行，更需要建立上下共同遵循的规范，以形成共同的精神纽带。这即是他所突出的儒家所说的礼。”[②]

其次，在贾谊看来，秦之所以二世而亡，其中一个重要因素在于其风俗日败：

> 商君遗礼义，弃仁恩，并心于进取，行之二岁，秦俗日败。故秦人家富子壮则出分，家贫子壮则出赘。借父耰锄，虑有德色；母取箕帚，立而谇语。抱哺其子，与公并倨；妇姑不相说，则反唇而相稽。其慈子耆利，不同禽兽者亡几耳。……功成求得矣，终不知反廉愧之节，仁义之厚。信并兼之法，遂进取之业，天下大败；众掩寡，智欺愚，勇威怯，壮陵衰，其乱至矣。[③]

秦俗之败，在于人与人尤其是家庭成员之间“遗礼义，弃仁恩”[④]。而汉承秦旧制，亦“信并兼之法”：

> 曩之为秦者，今转而为汉矣。然其遗风余俗，犹尚未改。今世以侈靡相竞，而上亡制度，弃礼谊，捐廉耻，日甚……今其甚者杀父兄矣。

---

① 贾谊撰，阎振益、钟夏校注：《新书校注》卷第六《礼》，北京：中华书局，2000年，第215，216页。

② 徐复观：《两汉思想史》（第二卷），上海：华东师范大学出版社，2001年，第86页。

③ 班固撰，颜师古注：《汉书》卷四十八《贾谊传》，北京：中华书局，1962年，第2244页。

④ 有学者以为，贾谊对商君变法后秦俗的批判，是为实现“移风易俗，天下向道”的治国目标，是源自其主张以“礼义治国”。在秦速亡的背景下，其对商鞅的批评更多的是儒、法治国理念冲突的表现，因而具体指摘颇有偏见。[见钟良灿：《“移风易俗，天下向道”：贾谊对商君变法后秦俗的批判》，《中国矿业大学学报（社会科学版）》，2016年第6期。]

> 盗者剟寝户之帘，搴两庙之器，白昼大都之中剽吏而夺之金。矫伪者出几十万石粟，赋六百余万钱，乘传而行郡国，此其亡行义之尤至者也。[①]

贾谊以为，其时“俗流失，世坏败矣”[②]，主要体现在“君臣相冒，上下无别，天下困贫，奸诈盗贼并起，罪人蓄积无已者也”[③]。针对于此，作为人主，“不可不急速救也”[④]：

> 凡民函五常之性，而其刚柔缓急，音声不同，系水土之风气，故谓之风；好恶取舍，动静亡常，随君上之情欲，故谓之俗。孔子曰：“移风易俗，莫善于乐。”言圣王在上，统理人伦，必移其本，而易其末，此混同天下一之虖中和，然后王教成也。[⑤]

所急速救者，尤当以礼义为先，“移风易俗，使天下回心而乡道”[⑥]。有鉴于“秦虽离战国而王天下，其道不易，其政不改，是以其所以取之也，孤独而有之”[⑦]，以及其时“君臣乖而相攘，上下乱僭而无差，父子六亲殃僇而失其宜”，最终导致“奸人并起，万民离叛”[⑧] 的“邪

---

① 班固撰，颜师古注：《汉书》卷四十八《贾谊传》，北京：中华书局，1962 年，第 2244 页。

② 贾谊撰，阎振益、钟夏校注：《新书校注》卷第三《俗激》，北京：中华书局，2000 年，第 91 页。

③ 贾谊撰，阎振益、钟夏校注：《新书校注》卷第三《瑰玮》，北京：中华书局，2000 年，第 104 页。

④ 贾谊撰，阎振益、钟夏校注：《新书校注》卷第三《瑰玮》，北京：中华书局，2000 年，第 104 页。

⑤ 班固撰，颜师古注：《汉书》卷二十八下《地理志下》，北京：中华书局，1962 年，第 1640 页。

⑥ 班固撰，颜师古注：《汉书》卷四十八《贾谊传》，北京：中华书局，1962 年，第 2245 页。

⑦ 贾谊撰，阎振益、钟夏校注：《新书校注》卷第一《过秦下》，北京：中华书局，2000 年，第 14 页。

⑧ 贾谊撰，阎振益、钟夏校注：《新书校注》卷第三《俗激》，北京：中华书局，2000 年，第 92 页。

俗日长”[①]，贾谊以为，对于人主而言，当“设廉耻礼义以遇其臣”，“遇之有礼，故群臣自憙；厉以廉耻，故人务节行”。[②] 如此，通过“化成俗定”，则为人臣者，必“主丑亡身，国丑亡家，公丑忘私，利不苟就，害不苟去，唯义所在”[③]，即所谓“顾行而忘利，守节而服义”[④]；人主亦“可以托不御之权，可以托五尺之孤”[⑤]。而这一切的实现，全在于人主的“厉廉耻、行礼义之所致也”[⑥]，即所谓“主上之化也”[⑦]。

贾谊主张人主“设廉耻礼义以遇其臣”，这实则是对先秦儒家关于“君使臣以礼”君臣关系的一种承袭与拓展：

> 定公问君使臣，臣事君，如之何？孔子对曰：“君使臣以礼，臣事君以忠。”[⑧]
>
> 君之视臣如手足，则臣视君如腹心；君之视臣如犬马，则臣视君如国人；君之视臣如土芥，则臣视君如寇仇。[⑨]

---

① 贾谊撰，阎振益、钟夏校注：《新书校注》卷第三《俗激》，北京：中华书局，2000年，第91页。

② 贾谊撰，阎振益、钟夏校注：《新书校注》卷第二《阶级》，北京：中华书局，2000年，第82页。

③ 贾谊撰，阎振益、钟夏校注：《新书校注》卷第二《阶级》，北京：中华书局，2000年，第82页。

④ 贾谊撰，阎振益、钟夏校注：《新书校注》卷第二《阶级》，北京：中华书局，2000年，第82页。

⑤ 贾谊撰，阎振益、钟夏校注：《新书校注》卷第二《阶级》，北京：中华书局，2000年，第82页。

⑥ 贾谊撰，阎振益、钟夏校注：《新书校注》卷第二《阶级》，北京：中华书局，2000年，第82页。

⑦ 贾谊撰，阎振益、钟夏校注：《新书校注》卷第二《阶级》，北京：中华书局，2000年，第82页。

⑧ 刘宝楠：《论语正义》卷四《八佾第三》，《诸子集成》（一），北京：中华书局，2006年，第62页。

⑨ 焦循：《孟子正义》卷八《离娄章句下》，《诸子集成》（一），北京：中华书局，2006年，第322页。

至贾谊，则有：

> 故人主遇其大臣如遇犬马，彼将犬马自如也；如遇官徒，彼将官徒自为也。顽顿无耻，奊茍无节，廉耻不立，则且不自好，苟若而可，见利则逝，见便则夺。主上有败，则因而推之矣；主上有患，则吾苟免而已，立而观之耳；有便吾身者，则欺卖而利之耳。……但无耻，但苟安，则主罢病。[①]

基于先秦儒家“君使臣以礼，臣事君以忠”的认知，贾谊认为，人主以“礼”遇之，不仅可以避免秦之“上下相遁”“刑僇相望于道”[②]，同时也可避免人主的“孤独而有之”。由此，君臣上下相安，皇权以固，整个社会亦可有效整合。

除了统治阶级内部要构筑其“厉廉耻、行礼义”的政治生态外，针对其时社会上“以侈靡相竞，而上亡制度”的败俗，贾谊同样主张当以礼为治，移风易俗，“使天下回心而乡道”。

汉初的黄老无为而治，在恢复社会经济生产的同时，也使得大批商人涌现出来。富人大贾在获得大量财富后，往往不安于政治上的庶人身份，不仅表现出破坏礼制，因而破坏社会等级秩序的行为，而且富商大贾的竞相侈靡，使得整个社会背本趋末，弃礼义，尚侈靡，这“打乱了贾谊心目中理想的社会秩序”[③]：

> 欲交，吾择贵宠者而交之；欲势，择吏权者而使之。取妇嫁子，非有权势，吾不与婚姻；非贵有戚，不与兄弟；非富大家，不与出入。因何也？今俗侈靡，以出伦逾等相骄，以富过其事相竞。今世贵

① 贾谊撰，阎振益、钟夏校注：《新书校注》卷第二《阶级》，北京：中华书局，2000 年，第 81 页。

② 贾谊撰，阎振益、钟夏校注：《新书校注》卷第一《过秦下》，北京：中华书局，2000 年，第 15 页。

③ 林聪舜：《儒学与汉帝国意识形态》，上海：上海人民出版社，2017 年，第 127 页。

> 空爵而贱良，俗靡而尊奸；富民不为奸而贫为里侮也，廉吏释官而归为邑笑；居官敢行奸而富为贤吏，家处者犯法为利为材士。故兄劝其弟，父劝其子，则俗之邪至于此矣。[①]

为此，贾谊主张以礼为治，使得“天下回心而乡道”。一方面，针对背本趋末不仅使得耕者寡食者众，且“即遇凶旱，必先困穷迫身，则苦饥甚焉”，还使得生之者少而靡之者多，世以俗侈相夸耀，最终“夫奇巧末技、商贩游食之民，形佚乐而心县愆，志苟得而行淫侈”，贾谊主张，应当“驱民而归之农”，使“皆著于本”，令“天下各食于力。末技、游食之民转而缘南亩”。如此“则民安性劝业而无县愆之心，无苟得之志，行恭俭蓄积而人乐其所矣”。[②] 另一方面，针对“今唯刑余鬻妾下贱，衣服得过诸侯、拟天子，是使天下公得冒主而夫人务侈也”[③]，甚或是“主帝之身，自衣皂绨，而靡贾侈贵，墙得被绣”[④] 的上下“相冒”，贾谊主张“去淫侈之俗，行节俭之术，使车舆有度，衣服器械各有制数”[⑤]。即通过“订立礼制，透过服饰、章旗等标志来加以区分、节制，借此维护等级秩序”[⑥]。依照礼制，对于社会人而言，因其身份等级不同，故而服章不同，“故高则此品周高，下则此品周下。加人者品此临之，埤人者品此承之”[⑦]。同时，随着身份的“迁”“绌”变化，服饰亦随之改变，“迁则品此者进，

---

① 贾谊撰，阎振益、钟夏校注：《新书校注》卷第三《时变》，北京：中华书局，2000 年，第 97 页。

② 贾谊撰，阎振益、钟夏校注：《新书校注》卷第三《瑰玮》，北京：中华书局，2000 年，第 103 页。

③ 贾谊撰，阎振益、钟夏校注：《新书校注》卷第三《瑰玮》，北京：中华书局，2000 年，第 103 页。

④ 贾谊撰，阎振益、钟夏校注：《新书校注》卷第三《孽产子》，北京：中华书局，2000 年，第 107 页。

⑤ 贾谊撰，阎振益、钟夏校注：《新书校注》卷第三《瑰玮》，北京：中华书局，2000 年，第 104 页。

⑥ 林聪舜：《儒学与汉帝国意识形态》，上海：上海人民出版社，2017 年，第 128 页。

⑦ 贾谊撰，阎振益、钟夏校注：《新书校注》卷第一《服疑》，北京：中华书局，2000 年，第 53 页。

绌则品此者损"[1]，始终遵循"贵贱有级，服位有等"[2]。彼此之间不能僭越，否则即会遭遇礼制的惩治，"等级既设，各处其检，人循其度。擅退则让，上僭则诛"[3]。如此，整个社会秩序即进入尊卑著、上下分的一种有序化样态，"故众多而天下不眩，传远而天下识祗。卑尊已著，上下已分，则人伦法矣。""谨守伦纪，则乱无由生。"[4]"乱无由生"亦是贾谊所欲借礼治实现的长治久安的帝王之业。

有学者指出，"像贾谊这样对礼的作用作出如此全面的论述，在中国思想史上还是第一次"[5]。贾谊以"礼"为治的思想不仅仅是基于哲学本体与现实政治层面，更是在与"吏治刻深"的法治和标榜"清静无为"的"黄老之学"作斗争中发展起来的[6]。作为贾谊思想的核心，"礼"不仅是"人的行为规范"，更是"政治结构中、社会结构中的精神纽带及组织原理"[7]。贾谊不仅欲借"礼"解决其时西汉帝国面对的各种现实问题，更是拟欲由"礼"为西汉皇权统治者搭建起"世世常安"的理想治世。诚如学者所言，贾谊的礼治思想既是对秦暴政的批判，又是对秦与汉初"乱政"的抨击。贾谊政治新思维的基本要点是，在承认秦汉一脉相承的大一统帝国制度的前提下，变"攻取之术"为"守成之术"，变政刑法治为礼治儒术为本。"贾谊通过汉初20多年的实践，提出了不同于陆贾仁义论的礼义主张。他的言论，无疑具有为汉立国本、定国是的性质。嗣后董仲舒的思想实际上是贾谊新思维的发展。"[8]就是说，在汉初叔孙通定朝仪

① 贾谊撰，阎振益、钟夏校注：《新书校注》卷第一《服疑》，北京：中华书局，2000年，第53页。

② 贾谊撰，阎振益、钟夏校注：《新书校注》卷第一《服疑》，北京：中华书局，2000年，第53页。

③ 贾谊撰，阎振益、钟夏校注：《新书校注》卷第一《服疑》，北京：中华书局，2000年，第53页。

④ 贾谊撰，阎振益、钟夏校注：《新书校注》卷第一《服疑》，北京：中华书局，2000年，第54页。

⑤ 王兴国：《贾谊评传》，南京：南京大学出版社，1992年，第91页。

⑥ 王生平：《贾谊的"礼"治思想》，《社会科学》，1990年第2期。

⑦ 徐复观：《两汉思想史》（第二卷），上海：华东师范大学出版社，2001年，第86页。

⑧ 马育良：《汉初治政与贾谊的礼治思想》，《孔子研究》，1993年第4期。

凸显皇帝尊贵、陆贾称说《诗》《书》推动在位者由“马上打天下”向“马下治天下”思维转型的基础上，贾谊的礼治思想还按照“礼”的规定搭建起以巩固大一统皇权为核心的等差有序的社会秩序，这为其以礼为治的治国方略由理论形态变为现实奠定了基础。就此而论，贾谊“可算是董仲舒的先驱，他提出的‘礼’，就历史的阶段功能而言，正代表儒者企图建立帝国意识形态的尝试”[①]，而其“企图建立的‘礼’秩序，可以代表儒者建立帝国意识形态的预备工作”[②]。

西汉前期以叔孙通、陆贾、贾谊为代表的儒者的努力，使得汉初统治者在一定程度上调整了对儒学价值与功能的认知，正是如此，始有汉武帝时期采纳董仲舒之奏，“表章六经”，独尊儒术之举。

第三节 儒学用世与皇权主义的形塑

西汉初年，以叔孙通、陆贾、贾谊为代表的儒生从不同的角度向帝国统治者展现儒学之“长于守成”的统治功效[③]。至董仲舒，更是充分展现儒学的用世功能，尝试构筑起以儒学为主导的新的统治秩序。一方面构筑起以“天”为至上本体的天人相应的哲学体系，进而以“天道”为西汉王朝“大一统”的合法性作论。董仲舒基于其时百姓对天的绝对信仰——敬畏天命，遂以“天”作为西汉政权合法性的保障与来源，因为“利用主观信仰对社会主体及各类社会关系进行控制是古代封建专制主义集权下一种重要的控制手段”[④]；另一方面，又依“《春秋》改制”为儒家的王道主张张目，由此不仅消解了从上至下对于西汉政权合法性缺失的焦虑与疑惑，更使得先秦迂远而阔于事情的儒学华丽转身，在西汉王朝乃至

① 林聪舜：《儒学与汉帝国意识形态》，上海：上海人民出版社，2017年，第142页。

② 林聪舜：《儒学与汉帝国意识形态》，上海：上海人民出版社，2017年，第151页。

③ 叔孙通“起朝仪”让刘邦“吾乃今日知为皇帝之贵也”，陆贾“马上得天下，岂可马上治天下”的诘问开启了帝国统治者的文化启蒙，贾谊的“以礼治之”则是进一步推动去秦之弊。

④ 李禹阶主编：《秦汉社会控制思想史》，北京：中国社会科学出版社，2017年，第237页。

其后两千多年封建社会中位居意识形态主导地位。换言之，董仲舒适应其时西汉帝国的政治需求，努力把儒家思想变成国家意识形态，使其成为全社会的指导思想，然后通过制度建设和核心价值观的构建，通过行政系统的中介，把儒家思想落到了实处，使先秦儒家孔孟荀的理想在汉代变成了现实[①]。

一、"奉天""法古"：汉政权合法性的构筑

为了缓解西汉统治者对于其政权合法性缺失的焦虑，董仲舒首先做的就是假时人对"天"的信仰，以及作为经艺之首的《春秋》的权威，对西汉皇权以及其大一统政权的合法性予以论说。董仲舒一方面通过"天子受命于天"的论说，使原本凭"逐鹿"假力而获得的皇权变而为君权神授，从而为其合法性张目；另一方面，又通过《春秋》大一统，为原本为布衣之政的西汉王朝的合法性作论。

首先，在董仲舒的思想体系中，"天"是作为至上本体而存在，是宇宙间所有秩序的本原与依据：

> 天者，百神之大君也。[②]
> 天者万物之祖，万物非天不生。[③]
> 天地者，万物之本，先祖之所出也。[④]

"天"不仅是宇宙间的最高主宰与至上神灵，更是宇宙万物的母体与缔造者，尤其是人之成为人的本原和依据所在：

---

① 李宗桂：《不再误读董仲舒》，《北京日报》，2019年6月10日第015版"文史"。

② 苏舆撰，钟哲点校：《春秋繁露义证》卷第十四《郊语》，北京：中华书局，1992年，第398页。

③ 苏舆撰，钟哲点校：《春秋繁露义证》卷第十五《顺命》，北京：中华书局，1992年，第410页。

④ 苏舆撰，钟哲点校：《春秋繁露义证》卷第九《观德》，北京：中华书局，1992年，第269页。

人之所由受于天也。[①]

为生不能为人，为人者天也。人之人本于天，天亦人之曾祖父也。此人之所以乃上类天也。[②]

在董仲舒处，强调“天”作为人之“曾祖父”的拟人化存在，旨在凸显人乃“天”所“为”，天人实乃同类、合一，进而由天及人，落脚到“天”是天子之为天子、王之为王的本原与依据：

天子者，则天之子也。[③]

天子号天之子也。[④]

一方面，中国上古政治信仰的兴衰历程表明，有政治就需要有政治权威认同，而依靠神灵作为虚幻的政治主宰，使人们的思想凝固起来，从而实现思想的统一和政治的稳定则是封建统治者惯常的策略。正是这一特定的政治文化背景，促成了董仲舒对“天”的绝对意志与至上权威的喋喋不休的论说。在这一表层的背后，实质是为了论证“天子”在人世所拥有的绝对权威。因为在专制主义的封建时代，“无论在什么地方行使政治权力，都好似必须将之置于终极意义的范围，也就是说，用一系列具有超人类意义的神话和象征来确立它”[⑤]。既然时人对天有着虔诚而真挚的信仰，则对“天之子”的人世君王、天子的“忠”也就成为逻辑的顺延。董仲舒的这

① 苏舆撰，钟哲点校：《春秋繁露义证》卷第十六《循天之道》，北京：中华书局，1992年，第456页。

② 苏舆撰，钟哲点校：《春秋繁露义证》卷第十一《为人者天》，北京：中华书局，1992年，第318页。

③ 苏舆撰，钟哲点校：《春秋繁露义证》卷第十四《郊语》，北京：中华书局，1992年，第399页。

④ 苏舆撰，钟哲点校：《春秋繁露义证》卷第十五《郊祭》，北京：中华书局，1992年，第404页。

⑤ 转引自刘泽华、张分田等：《思想的门径：中国政治思想史研究方法论》，天津：天津古籍出版社，2006年，第129-130页。

一思维路径，印证了恩格斯的论述：没有统一的君主就决不会出现统一的神。至于神的统一性不过是统一的东方专制君主的反映。考董仲舒思想的逻辑理路："天"是宇宙万物的本原性存在，同时又是至上性存在，而人世社会的君王因着"德侔天地"，故"皇天右而子之，号称天子"[①]。就是说，人世的君王是作为"天"之"子"，代"天"立言，其自然也就成为人世社会的最高主宰：

> 天子受命于天，诸侯受命于天子。[②]
> 唯天子受命于天，天下受命于天子，一国则受命于君。[③]
> 是故天执其道为万物主，君执其常为一国主。[④]

董仲舒借助时人对"天"的普遍信仰，不遗余力地大肆渲染"天"作为"百神之大君"的至上性、主宰性、绝对性，旨在通过"天"的权威树立人间君王——天子的权威，移人们对"天"的虔诚为对君王的"忠心"。"人之得天得众者，莫如受命之天子。下至公、侯、伯、子、男，海内之心悬于天子，疆内之民统于诸侯。"[⑤] 因此，臣民对"受命"的君主，当"犹众星之共北辰，流水之宗沧海也"[⑥]。天子的合法性也就在其乃"天之子也"的主观认定中，在时人基于对"天者万物之祖"的信仰中被确立。这样，原本草莽出身的西汉皇权统治者转变为"君权神授"之天

---

① 苏舆撰，钟哲点校：《春秋繁露义证》卷第十五《顺命》，北京：中华书局，1992年，第410页。

② 苏舆撰，钟哲点校：《春秋繁露义证》卷第十五《顺命》，北京：中华书局，1992年，第412页。

③ 苏舆撰，钟哲点校：《春秋繁露义证》卷第十一《为人者天》，北京：中华书局，1992年，第319页。

④ 苏舆撰，钟哲点校：《春秋繁露义证》卷第十七《天地之行》，北京：中华书局，1992年，第459页。

⑤ 苏舆撰，钟哲点校：《春秋繁露义证》卷第九《奉本》，北京：中华书局，1992年，第278页。

⑥ 苏舆撰，钟哲点校：《春秋繁露义证》卷第九《观德》，北京：中华书局，1992年，第270页。

子，从而为亘古未有的西汉布衣王朝构筑起源自天的本原依据。如此，原本是凭“力”而获得天子位的西汉刘氏政权也就拥有了为天所予的合法性。于是，尊天子、忠君王就成为逻辑的顺延，并在“天者，百神之大君也。事天不备，虽百神犹无益也”①、“不畏敬天，其殃来至暗”② 的信念中被强化。

另一方面，身为儒者，董仲舒在为西汉皇权合法性作论，促进儒学用世的同时，亦强调作为天之子的“天子”尚须法则天地，参天而治，顺天而行，承天意以从事，“为人君者，其法取象于天”③，即以天道为王道、君道，“深居隐处，不见其体，所以为神也；任贤使能，观听四方，所以为明也；量能授官，贤愚有差，所以相承也；引贤自近，以备股肱，所以为刚也；考实事功，次序殿最，所以成世也；有功者进，无功者退，所以赏罚也”④。因为“与天同者大治，与天异者大乱。故为人主之道，莫明于在身之与天同者而用之”⑤。而观之天意天道，则是“天地之常，一阴一阳。阳者天之德也，阴者天之刑也。迹阴阳终岁之行，以观天之所亲而任。……圣人之治，亦从而然”⑥。“达阳而不达阴，以天道制之也。”⑦ “天道”是“近阳而远阴，大德而小刑也”，“好仁而近，恶戾之变而远”⑧，“是故仁

---

① 苏舆撰，钟哲点校：《春秋繁露义证》卷第十四《郊语》，北京：中华书局，1992年，第398页。

② 苏舆撰，钟哲点校：《春秋繁露义证》卷第十四《郊语》，北京：中华书局，1992年，第396页。

③ 苏舆撰，钟哲点校：《春秋繁露义证》卷第十七《天地之行》，北京：中华书局，1992年，第458页。

④ 苏舆撰，钟哲点校：《春秋繁露义证》卷第十七《天地之行》，北京：中华书局，1992年，第458-459页。

⑤ 苏舆撰，钟哲点校：《春秋繁露义证》卷第十二《阴阳义》，北京：中华书局，1992年，第341-342页。

⑥ 苏舆撰，钟哲点校：《春秋繁露义证》卷第十二《阴阳义》，北京：中华书局，1992年，第341页。

⑦ 苏舆撰，钟哲点校：《春秋繁露义证》卷第十一《阳尊阴卑》，北京：中华书局，1992年，第325页。

⑧ 苏舆撰，钟哲点校：《春秋繁露义证》卷第十一《阳尊阴卑》，北京：中华书局，1992年，第327页。

义制度之数，尽取之天"[①]。"察于天之意，无穷极之仁也。人之受命于天也，取仁于天而仁也。"[②] 所谓的天道，与儒家所倡导的以"仁""孝"为内涵的王道名异实同，因此，人主参天道而治就被置换成了依儒家的王道主张而施政。借此，先秦迂远而阔于事情的儒家学说，就在"顺天而治，逆天而乱"的近乎紧箍咒的论说中有了被施行的可能。治则"天"降祥瑞，乱则"天"降灾异，而祥瑞灾异又是"天"是否"永保是家"的征兆，"祥瑞和灾异成了君主政治的风向标和紧箍咒，借此知道政令的善否和上天的态度"[③]。

观之上述论说，作为儒者的董仲舒，其无疑是认识到，"当时在皇帝支配体制内部建立专制权力的牵制与均衡机制是不可能的"，这种情况下"只能寄托于已得到权威认可的神圣的'天命'和'天道'"[④]，让君主认识到其对于天的责任在于实行德政（仁政），"故天子命无常，唯命是德庆"[⑤]。就此言之，董仲舒的"天"诚如李泽厚先生所论，"更多是一种与其它许多因素相联系相配合的结构体"[⑥]，就是说，很多时候，董仲舒的"天"是根据其学说建构的需要而赋予其意义，而学说的建构从根本上又是为其时政治服务的。

其次，《诗》《书》《礼》《乐》《易》《春秋》作为上古先秦文献，原本为其时诸子各家共同所习，只不过在经孔子删《诗》《书》，定《礼》《乐》，修《春秋》之后，这些文献遂成为儒学经典，"成为儒家学派传播文化知识及其自身学派价值理想的媒介"[⑦]：

---

① 苏舆撰，钟哲点校：《春秋繁露义证》卷第十二《基义》，北京：中华书局，1992年，第351页。

② 苏舆撰，钟哲点校：《春秋繁露义证》卷第十一《王道通三》，北京：中华书局，1992年，第329页。

③ 刘泽华主编：《中国传统政治哲学与社会整合》，北京：中国社会科学出版社，2000年，第13页。

④ 李润和：《董仲舒的"王道"》，《衡水学院学报》，2019年第2期。

⑤ 苏舆撰，钟哲点校：《春秋繁露义证》卷第七《三代改制质文》，北京：中华书局，1992年，第187页。

⑥ 李泽厚：《中国古代思想史论》，北京：人民出版社，1985年，第146页。

⑦ 李祥俊：《秦汉价值观变迁史论稿》，北京：中国社会科学出版社，2017年，第60页。

《易》著天地阴阳四时五行，故长于变；《礼》纲纪人伦，故长于行；《书》记先王之事，故长于政；《诗》记山川溪谷禽兽草木牝牡雌雄，故长于风；《乐》乐所以立，故长于和；《春秋》辩是非，故长于治人。[①]

其中，《春秋》以行“天子之事”被视为更具深意：

世衰道微，邪说暴行有作，臣弑其君者有之，子弑其父者有之。孔子惧，作《春秋》。《春秋》，天子之事也。是故孔子曰：“知我者其惟《春秋》乎！罪我者其惟《春秋》乎！”……孔子成《春秋》而乱臣贼子惧。[②]

至董仲舒，更是因“《春秋》修本末之义，达变故之应，通生死之志，遂人道之极者也”[③]，以之为经典之首：

仲尼之作《春秋》也，上探正天端王公之位，万民之所欲，下明得失，起贤才，以待后圣。[④]

《春秋》之道，视人所惑，为立说以大明之。[⑤]

据《春秋》公羊学者而言，孔子之“作”《春秋》，旨在“以《春秋》当新王”[⑥]，即要用之来一统天下。故在回答汉武帝策问时，董仲舒选择“谨案

① 班固撰，颜师古注：《汉书》卷六十二《司马迁传》，北京：中华书局，1962年，第2717页。

② 焦循：《孟子正义》卷六《滕文公章句下》，《诸子集成》（一），北京：中华书局，2006年，第266—271页。

③ 苏舆撰，钟哲点校：《春秋繁露义证》卷第一《玉杯》，北京：中华书局，1992年，第39页。

④ 苏舆撰，钟哲点校：《春秋繁露义证》卷第六《俞序》，北京：中华书局，1992年，第158—159页。

⑤ 苏舆撰，钟哲点校：《春秋繁露义证》卷第一《玉杯》，北京：中华书局，1992年，第43页。

⑥ 苏舆撰，钟哲点校：《春秋繁露义证》卷第七《三代改制质文》，北京：中华书局，1992年，第198页。

《春秋》之文”[①]，以《春秋》为汉制法，用《春秋》论证“支持汉武帝完成的国家统一体制”[②]。董仲舒在回答汉武帝策问的总结陈词中更是直言道：“《春秋》大一统者，天地之常经，古今之通谊也。”[③]

基于为西汉王朝合法性论证的政治所需，董仲舒着力于阐释《春秋》所载之“王正月”：

> 《春秋》曰：“王正月。”《传》曰：“王者孰谓？谓文王也。曷为先言王而后言正月？王正月也。”何以谓之王正月？曰：王者必受命而后王。王者必改正朔，易服色，制礼乐，一统于天下，所以明易姓，非继人，通以己受之于天也。王者受命而王，制此月以应变，故作科以奉天地，故谓之王正月也。[④]

董仲舒不仅承袭公羊学“王正月”之旨，凸显“王正月”与“大一统”之间的关联性[⑤]，同时还以“天”予“王”，为大一统的西汉政权构筑起

① 班固撰，颜师古注：《汉书》卷五十六《董仲舒传》，北京：中华书局，1962 年，第 2501 页。

② 铃木由次郎：《董仲舒》，见宇野精一主编，洪顺隆译：《中国思想（一）：儒家》，台北：幼狮文化事业公司，1977 年，第 110-112 页。

③ 班固撰，颜师古注：《汉书》卷五十六《董仲舒传》，北京：中华书局，1962 年，第 2523 页。

④ 苏舆撰，钟哲点校：《春秋繁露义证》卷第七《三代改制质文》，北京：中华书局，1992 年，第 184-185 页。

⑤ 对于《公羊传》由“王正月”而发“大一统”之说，有学者指出，实则在于春秋时期，其时有夏（以现在农历正月为岁首）、商（以现在农历十二月为岁首）、周（以现在农历十一月为岁首）“三正”流行，而诸侯各国之间所行历法并不一致，有的用夏历（以现在的农历正月为岁首），诸如《左传》记晋国事时常用夏历，说明晋在其时当是采用的夏历。《春秋》本是鲁国国史，而鲁国所用当为周历，故《春秋》用周正，称“王正月”。但是，这一原本因所据国不同而择取历法不同的记载模式在公羊学看来，却是大有深意。因为既然诸侯都以周为天下共主，故“书‘王正月’就是奉周王之‘统’或‘正朔’；各国都奉周之统，于是‘统’就为‘一’。所以，书‘王正月’就是要强调‘一统’的重要性”。实“欲张大王者之纲纪，以为上自诸侯、大夫，下至士庶，皆当奉周之正朔，而一统于天子也”。如此，原本单纯的史书所纪年，却为公羊学阐释为王者改元，成为象征着“大一统”的价值规范。[见刘家和：《史学、经学与思想》，北京：北京师范大学出版社，2005 年，第 371 页；曾亦、郭晓东：《春秋公羊学史》（上），上海：华东师范大学出版社，2017 年，第 235 页。]

源自天的神圣性与合法性。即，王者的改正朔、易服色、制礼乐诸般举措，除了昭显其革故鼎新，一统天下之外，更深的意蕴则在于其所隐显的“通以己受之于天”，而“非继人”：

> 是故《春秋》之道，以元之深正天之端，以天之端，正王之政，以王之政正诸侯之即位，以诸侯之即位正竟内之治。五者俱正，而化大行。①

在董仲舒看来，《春秋》所强调的“元”，不仅是“始”是“大”是“一”是“天之端”，更是“本”是“正”，即其“不仅是时间性概念，更关联政治合法性问题；元，不仅有开端义，更有贯彻终始义；元，不仅意味着对超越之天的敬畏，更意味着对个体德性的尊重”②。《春秋》所记载的“元年”，即君王元年，“与干支纪年的自然性相比，君王纪年凸显的是政治意味。与干支之循环无端比较，君王纪年更为重视循环的突破——改元、建元。君王纪年起始处的改元、建元，表征新王的确立，关联着祭祀等相关仪式，这是自上而下地意识形态的渗透，宣示着君王统治的合法性”③。也就是说，董仲舒以为，《春秋》正是借助对君王之“始年”的注重与强调，旨在凸显“尊君”（尊王），宣扬大一统。故在其思想体系中，董仲舒也尤为彰显与阐发此“大义”，这是其学说能为当权者所接纳的根由所在。

对于董仲舒的这一理路，早有学者指出，“《公羊传》从‘王正月’直接就到了‘大一统’，期间未涉及天命；而董生则以为，‘王正月’是王者受天命必改正朔以应变、以奉天地的结果。所以改正朔‘一统于天下’者，不仅是天子与臣民的关系，而且首先是天子与天的（受天命）的关系。这样，董生就把公羊家的一统说纳入了他的天人合一的思想体系”④。就是说，董仲舒

---

① 苏舆撰，钟哲点校：《春秋繁露义证》卷第三《玉英》，北京：中华书局，1992年，第70页。

② 李元：《〈春秋〉“元”义的多重内涵及其张力》，《理论界》，2016年第7期。

③ 李元：《〈春秋〉“元”义的多重内涵及其张力》，《理论界》，2016年第7期。

④ 刘家和：《史学、经学与思想》，北京：北京师范大学出版社，2005年，第373-374页。

把对大一统合法性的论证置于其天人之学的思想体系中，借助其时天人相应的认知学说，通过神道设教，从逻辑环节上更为严密地论证了西汉帝国大一统政权的合法性源自“天”之所授，而非人力所得。

董仲舒对《春秋》“大一统”的发展，实则是出于对西汉政权合法性的自觉构建，“即强调以天规范人间之政治伦理，王者上承天道，依天时而施政，而诸侯以下则各自遵守王政，如此上下构成一个依循天道的政治体制”①。董仲舒据《春秋》发论，为“大一统”“尊君”张目，不仅契合了汉帝国统治者的现实所需，更满足了在位者对于政权合法性、神圣性构筑的需求，故为在上者所青睐与倚重，从而使得两者之间相向而行。董仲舒正是借助《春秋》对于“一统”与“尊君”的强调，从而使得其“学说能打动帝王，继而扮演帝国意识形态的角色”。其中，“尊君与大一统的主张应是最直接的因素，此一主张最直接反映了汉朝廷的基本利益与迫切需求”。②

要之，董仲舒秉承的是春秋公羊学对于“大一统”的主张与阐释，所不同的是，在“传统的春秋公羊学中，并没有对‘天’的本原性和超越性的探讨，不过，这些构成了春秋董氏学的重要内容，或者说，是董仲舒对于春秋学的发展”③。“《春秋》之法，以人随君，以君随天。……故屈民而伸君，屈君而伸天，《春秋》之大义也。”④ 董仲舒根据其所处时代的思想背景，将“大一统”的政治理想与其时流行的天道论体系相关联。在其思想体系中，“天既是宇宙的本源，又是王道的本源，天、王合一，尊天、法古合一，这从表面上看是向上古三代天命论和先秦儒家天道论的回归，而实质上则是对以《吕氏春秋》为代表的天道论和以《春秋公羊传》为代表的王道论的综合”⑤。正是通过这种融合与构筑，让“《春秋》之道，

---

① 曾亦、郭晓东：《春秋公羊学史》（上），上海：华东师范大学出版社，2017 年，第 238 页。

② 林聪舜：《儒学与汉帝国意识形态》，上海：上海人民出版社，2017 年，第 176 页。

③ 干春松：《董仲舒与儒家思想的转折——徐复观对董仲舒公羊学的探究》，《衡水学院学报》，2018 年第 4 期。

④ 苏舆撰，钟哲点校：《春秋繁露义证》卷第一《玉杯》，北京：中华书局，1992 年，第 31–32 页。

⑤ 李祥俊：《秦汉价值观变迁史论稿》，北京：中国社会科学出版社，2017 年，第 65 页。

奉天而法古"[①]，从而真正达到了司马迁所言的"究天人之际，通古今之变，成一家之言"，"为秦汉以降统一的大帝国构画了较为完备的世界图景"[②]。也正是通过这种"奉天"与"法古"的融合，董仲舒论证了由草莽而至天子的西汉皇权的正当性，不仅契合了当权者之所需，也为儒学在汉代的发展拓宽了路径。在天人哲学体系之下，董仲舒通过阐发《春秋》微言至要，尤其是借助《春秋》"立新王事""为汉制法"，更是"完美地解释汉政权的合法性问题，并在此基础上改造了汉王朝的王道观"[③]。

二、"兴礼乐""行教化"：帝国长治久安之术

汉初，以叔孙通、陆贾、贾谊为代表的儒生从不同的角度向帝国统治者展现儒学之"长于守成"的统治功效。至董仲舒，更是拟欲建立以儒学为主导的新的统治秩序，主张"兴礼乐"以行教化，"应其治时，制礼作乐以成之"[④]。"圣王已没，而子孙长久安宁数百岁，此皆礼乐教化之功也。""教化已明，习俗已成，子孙循之，行五六百岁尚未败也。"[⑤]

董仲舒提出以礼乐教化治之的主张，是基于其人性认知而论的。董仲舒认为人性有三品，"圣人之性不可以名性，斗筲之性又不可以名性，名性者，中民之性"[⑥]。故所谓的"性"，主要是针对"中民"而言的，"名性，不以上，不以下，以其中名之"[⑦]。对于"中民之性"而言，乃"如

---

① 苏舆撰，钟哲点校：《春秋繁露义证》卷第一《楚庄王》，北京：中华书局，1992年，第14页。

② 李祥俊：《秦汉价值观变迁史论稿》，北京：中国社会科学出版社，2017年，第66-67页。

③ 林丛：《论〈春秋〉"为汉制法"的三重功能》，《孔子研究》，2018年第3期。

④ 苏舆撰，钟哲点校：《春秋繁露义证》卷第一《楚庄王》，北京：中华书局，1992年，第20页。

⑤ 班固撰，颜师古注：《汉书》卷五十六《董仲舒传》，北京：中华书局，1962年，第2499，2504页。

⑥ 苏舆撰，钟哲点校：《春秋繁露义证》卷第十《实性》，北京：中华书局，1992年，第312页。

⑦ 苏舆撰，钟哲点校：《春秋繁露义证》卷第十《深察名号》，北京：中华书局，1992年，第300页。

茧如卵。卵待覆二十日而后能为雏，茧待缲以涫汤而后能为丝，性待渐于教训而后能为善。善，教训之所然也，非质朴之所能至也，故不谓性”[①]。“中民”之“性”中蕴藏着“善”之质，但尚未成其为善，“可谓有善质，而不可谓善”[②]，“善出于性，而性不可谓善”[③]。要使其中的“善”得以呈现，则非教化不成，“教之然后善”[④]，所谓“性待渐于教训而后能为善”，“善如米，性如禾。禾虽出米，而禾未可谓米也。性虽出善，而性未可谓善也”[⑤]。与“性”相对的则是“人欲”之情，在董仲舒看来，万民对于“人欲”是难以“自止”的，唯有“度制”约束之，“人欲之谓情，情非度制不节”[⑥]。而此处所谓的“度制”，则是儒家所倡导的礼乐之制。董仲舒在回答汉武帝的策问中说：

> 天令之谓命，命非圣人不行；质朴之谓性，性非教化不成；人欲之谓情，情非度制不节。是故王者上谨于承天意，以顺命也；下务明教化民，以成性也；正法度之宜，别上下之序，以防欲也：修此三者，而大本举矣。[⑦]

探究此段话，有两重内涵：其一，“天令之谓命，命非圣人不行”，将“命”说成是上天赋予圣人或王者的专门使命。之所以对“圣人”不言

---

① 苏舆撰，钟哲点校：《春秋繁露义证》卷第十《实性》，北京：中华书局，1992年，第312页。

② 苏舆撰，钟哲点校：《春秋繁露义证》卷第十《深察名号》，北京：中华书局，1992年，第297页。

③ 苏舆撰，钟哲点校：《春秋繁露义证》卷第十《实性》，北京：中华书局，1992年，第312页。

④ 苏舆撰，钟哲点校：《春秋繁露义证》卷第十《深察名号》，北京：中华书局，1992年，第297页。

⑤ 苏舆撰，钟哲点校：《春秋繁露义证》卷第十《实性》，北京：中华书局，1992年，第311页。

⑥ 班固撰，颜师古注：《汉书》卷五十六《董仲舒传》，北京：中华书局，1962年，第2515页。

⑦ 班固撰，颜师古注：《汉书》卷五十六《董仲舒传》，北京：中华书局，1962年，第2515–2516页。

“性”而名之以“命”，在于天之所为“以性为善，此皆圣人所继天而进也，非情性质朴之能至也，故不可谓性”①；其二，“天生民性有善质，而未能善”②与“民之情，不能制其欲，使之度礼”③的现状，则是上天为“圣人”（或王者）预留了用武之地，“天所为，有所至而止。止之内谓之天，止之外谓之王教”④。“天生民性有善质，而未能善，于是为之立王以善之，此天意也。民受未能善之性于天，而退受成性之教于王。王承天意，以成民之性为任者也。”⑤圣人或王者的使命就在于，一方面通过明教化，以成万民（亦即“中民”）之“性”善；另一方面，借助礼乐实施“正法度之宜，别上下之序”，并以之防人情之“欲”。董仲舒从人性出发，归教化之责于王，使得政教合一，圣王合一。

正是基于“性待教而为善”的认知，故对圣人、王者而言，其要就在于明教化，以成其性，“今万民之性，待外教然后能善，善当与教”⑥。前已述及，孔子以“素王”为后世立法（亦有直言“为汉立法”），而六艺就是承载孔子之术的主要载体，故“王承天意，以成民之性为任者”。所教之内容，则无出六艺之学，“君子知在位者之不能以恶服人也，是故简六艺以赡养之”⑦。性有善质，但未能全善，不教则习近于恶，故以六艺养其德性。

董仲舒基于“性”待教而善的论说，就使得兴礼乐行教化成为“承天

① 苏舆撰，钟哲点校：《春秋繁露义证》卷第十《实性》，北京：中华书局，1992年，第311页。

② 苏舆撰，钟哲点校：《春秋繁露义证》卷第十《深察名号》，北京：中华书局，1992年，第302页。

③ 苏舆撰，钟哲点校：《春秋繁露义证》卷第十七《天地施》，北京：中华书局，1992年，第470页。

④ 苏舆撰，钟哲点校：《春秋繁露义证》卷第十《实性》，北京：中华书局，1992年，第311页。

⑤ 苏舆撰，钟哲点校：《春秋繁露义证》卷第十《深察名号》，北京：中华书局，1992年，第302页。

⑥ 苏舆撰，钟哲点校：《春秋繁露义证》卷第十《深察名号》，北京：中华书局，1992年，第303页。

⑦ 苏舆撰，钟哲点校：《春秋繁露义证》卷第一《玉杯》，北京：中华书局，1992年，第35页。

意”而为政的统治者的应然选择，因为兴礼乐行教化是“化民成性”的不二法门：

夫为国，其化莫大于崇本，崇本则君化若神，不崇本则君无以兼人。……何谓本？曰：天地人，万物之本也。天生之，地养之，人成之。天生之以孝悌，地养之以衣食，人成之以礼乐，三者相为手足，合以成体，不可一无也。无孝悌则亡其所以生，无衣食则亡其所以养，无礼乐，则亡其所以成也。三者皆亡，则民如麋鹿，各从其欲，家自为俗。父不能使子，君不能使臣。[1]

道者，所繇适于治之路也，仁义礼乐皆其具也。故圣王已没，而子孙长久安宁数百岁，此皆礼乐教化之功也。王者未作乐之时，乃用先王之乐宜于世者，而以深入教化于民。教化之情不得，雅颂之乐不成，故王者功成作乐，乐其德也。乐者，所以变民风，化民俗也；其变民也易，其化人也著。[2]

承担礼乐教化之任的主体是“承天意”的“王者”。对于身负“明教化民”之任的王者而言，其要则是“显德以示民”：“先王显德以示民，民乐而歌之以为诗，说而化之以为俗。故不令而自行，不禁而自止，从上之意，不待使之，若自然矣。”[3] 具体言之，则是施行“仁义法”：

仁谓往，义谓来，仁大远，义大近。爱在人谓之仁，义在我谓之义。仁主人，义主我也。故曰仁者人也，义者我也，此之谓也。君子求仁义之别，以纪人我之间，然后辨乎内外之分，而著于顺逆之处

① 苏舆撰，钟哲点校：《春秋繁露义证》卷第六《立元神》，北京：中华书局，1992年，第168页。

② 班固撰，颜师古注：《汉书》卷五十六《董仲舒传》，北京：中华书局，1962年，第2499页。

③ 苏舆撰，钟哲点校：《春秋繁露义证》卷第九《身之养重于义》，北京：中华书局，1992年，第265页。

也。是故内治反理以正身，据礼以劝福。外治推恩以广施，宽制以容众。①

董仲舒基于"《春秋》之所治，人与我也。所以治人与我者，仁与义也。以仁安人，以义正我"②，提倡王者要"以仁治人。义治我，躬自厚而薄责于外"③。此处，董仲舒以"义"治"己"，可谓是创说，"'义'本作'宜于社会'解释"，经过董仲舒的"一番改变"，"变成了以正我为主"。④"古释仁为爱人，无异说也。惟义训我，则董创说。"⑤ 董仲舒认为王者的"化民成性"，首要在于"以仁安人，以义正我"的"显德以示民"，一方面，这是对先秦儒家强调自我主体精神的继承与弘扬，"孔子曰'人能弘道，非道弘人'也。故治乱废兴在于己"⑥。"孔子曰：'君子之德风，小人之德草，草上之风必偃。'故尧舜行德则民仁寿，桀纣行暴则民鄙夭。夫上之化下，下之从上，犹泥之在钧，唯甄者之所为；犹金之在镕，唯冶者之所铸。'绥之斯俫，动之斯和'，此之谓也。"⑦ 同时亦是董仲舒对儒学王道主张的承袭："我不自正，虽能正人，弗予为义。人不被其爱，虽厚自爱，不予为仁。……质于爱民，以下至于鸟兽昆虫莫不爱。不爱，奚足谓仁？"⑧ 另一方面，则是其基于现实政治而对最高统治者所提

---

① 苏舆撰，钟哲点校：《春秋繁露义证》卷第八《仁义法》，北京：中华书局，1992年，第254页。

② 苏舆撰，钟哲点校：《春秋繁露义证》卷第八《仁义法》，北京：中华书局，1992年，第249页。

③ 苏舆撰，钟哲点校：《春秋繁露义证》卷第八《仁义法》，北京：中华书局，1992年，第255页。

④ 周辅成：《论董仲舒思想》，上海：上海人民出版社，1961年，第98页。

⑤ 苏舆撰，钟哲点校：《春秋繁露义证》卷第八《仁义法》"注"，北京：中华书局，1992年，第249页。

⑥ 班固撰，颜师古注：《汉书》卷五十六《董仲舒传》，北京：中华书局，1962年，第2500页。

⑦ 班固撰，颜师古注：《汉书》卷五十六《董仲舒传》，北京：中华书局，1962年，第2501页。

⑧ 苏舆撰，钟哲点校：《春秋繁露义证》卷第八《仁义法》，北京：中华书局，1962年，第251页。

出的希冀与诫勉，“此恐施政者偏于治人而不知自治，故著其法”[①]。对于董仲舒的以“义”正“己”，有学者以为，“在中央集权的大一统时代，作这种改变，是一种发展，也是一种进步。他要求统治者用封建伦理严格约束自己，限制穷侈极奢的愿望与行为”[②]。我们看到，董仲舒所主张的“兴礼乐行教化”，其突出特点就是“注重启发人们的道德自觉”[③]，尤其是对于“承天意”担负“化民之性”使命的王者而言，就更应该“先自正而后正人”“躬自厚而薄责于人”。董仲舒的这一理路秉承的是儒家所倡导的以德修身路径。如此，作为代天而为之治的“天子”（王者）自然要成为道德的化身与楷模，由此“以德善化民”。

兴礼乐行教化是达王道致太平的方略，除了要求在位者施行“仁义法”外，董仲舒认为还应在制度上采取举措以为保障，即“立辟雍庠序，修孝悌敬让，明以教化，感以礼乐”[④]：

> 陛下亲耕藉田以为农先，夙寤晨兴，忧劳万民，思惟往古，而务以求贤，此亦尧舜之用心也，然而未云获者，士素不厉也。夫不素养士而欲求贤，譬犹不琢玉而求文采也。故养士之大者，莫大虖太学；太学者，贤士之所关也，教化之本原也。……愿陛下兴太学，置明师，以养天下之士，数考问以尽其材，则英俊宜可得矣。[⑤]

通过设置太学，以求贤养士，确立教化之本。如此，方能实现变民风，化

---

① 苏舆撰，钟哲点校：《春秋繁露义证》卷第八《仁义法》，北京：中华书局，1962年，第248页。

② 周桂钿：《秦汉思想史》，石家庄：河北人民出版社，2000年，第140页。

③ 陈苏镇：《〈春秋〉与“汉道”：两汉政治与政治文化研究》，北京：中华书局，2011年，第184页。

④ 苏舆撰，钟哲点校：《春秋繁露义证》卷第六《立元神》，北京：中华书局，1992年，第169页。

⑤ 班固撰，颜师古注：《汉书》卷五十六《董仲舒传》，北京：中华书局，1962年，第2512页。

民俗。对于董仲舒而言，基于古之王者“南面而治天下，莫不以教化为大务”①，故自当“立大学以教于国，设庠序以化于邑”②，因为学校是“贤士之所关”，教化之本原，“仁义礼乐皆其具也”③。通过学校体系化的教育教化手段，将儒家所倡导的礼乐规范灌输至万民，“渐民以仁，摩民以谊，节民以礼”④，从而达到“天下人同心归之”，实现尧舜之用心。

除了“立辟雍庠序”，董仲舒还提出举茂才孝廉以“修孝悌敬让”：

> 夫长吏多出于郎中、中郎，吏二千石子弟选郎吏，又以富訾，未必贤也。……臣愚以为使诸列侯、郡守、二千石各择其吏民之贤者，岁贡各二人以给宿卫，且以观大臣之能；所贡贤者有赏，所贡不肖者有罚。夫如是……天下之士可得而官使也。遍得天下之贤人，则三王之盛易为，而尧舜之名可及也。⑤

董仲舒将修行儒学主张与禄利之路相捆绑联系，借助仕宦之路的引诱，推动全体民众投身于儒学的学习行列，“自武帝立《五经》博士，开弟子员，设科射策，劝以官禄，讫于元始，百有余年，传业者浸盛，支叶蕃滋，一经说至百余万言，大师众至千余人，盖禄利之路然也”⑥。在全社会也树立起以儒学为尚的新的价值导向，“不但儒家的教化逐渐普及，儒家经典也为全国上下所必读，上至帝王太后、下至公卿大臣无不读经，甚至平民读

---

① 班固撰，颜师古注：《汉书》卷五十六《董仲舒传》，北京：中华书局，1962年，第2503页。

② 班固撰，颜师古注：《汉书》卷五十六《董仲舒传》，北京：中华书局，1962年，第2503页。

③ 班固撰，颜师古注：《汉书》卷五十六《董仲舒传》，北京：中华书局，1962年，第2499页。

④ 班固撰，颜师古注：《汉书》卷五十六《董仲舒传》，北京：中华书局，1962年，第2503页。

⑤ 班固撰，颜师古注：《汉书》卷五十六《董仲舒传》，北京：中华书局，1962年，第2512–2513页。

⑥ 班固撰，颜师古注：《汉书》卷八十八《儒林传》，北京：中华书局，1962年，第3620页。

经以求进阶者亦蔚为风气”[1]。

随着“儒经成为全国上下的共同读物，甚至是生活教科书后，它在意识形态的说服上所能发挥的影响力是相当可观的”[2]。依照董仲舒所说，则是“统纪可一而法度可明，民知所从矣”。即通过政治力的介入，让儒家的价值观成为全社会的规范，儒学义理成为政治社会活动的杠杆与指南。自此，“儒学提供了帝国的价值规范，而且帝国的一切行动也都尽量在儒学中找到正当性，儒学成为一种意识形态，它一方面充当帝国的守护者，一方面则排斥‘异端’的干扰”[3]。而这一切，都源自董仲舒所倡导的兴礼乐行教化的“尊儒”：“及仲舒对册，推明孔氏，抑黜百家。立学校之官，州郡举茂材孝廉，皆自仲舒发之。”[4] 随着儒学为全社会所尊崇，儒学所倡导的规范与主张也就逐渐演化为全社会所共同遵奉的价值规范，在日常生活中更是形成以“三纲”“五常”为核心的社会秩序与行事规范。

三、三纲五常：社会秩序与行事规范的构筑

在董仲舒的理论体系中，无论是“天子受命于天”，还是王者“承天意”兴礼乐行教化，最终都是旨在为西汉王朝的长治久安构筑起井然有序的社会政治秩序，同时实现儒家所憧憬的王道太平之世。

（一）王道之三纲：社会秩序的构筑

“三纲”，是其时社会最主要的三种人伦关系，即君臣、父子、夫妇。早在先秦，法家代表人物韩非就曾论道：“臣事君，子事父，妻事夫，三者顺则天下治，三者逆则天下乱。此天下之常道也，明王贤臣而弗易也。”[5] 韩非对于君臣、父子、夫妻三者关系的论说，不仅奠定了封建人伦

---

① 林聪舜：《儒学与汉帝国意识形态》，上海：上海人民出版社，2017 年，第 168 页。

② 林聪舜：《儒学与汉帝国意识形态》，上海：上海人民出版社，2017 年，第 169 页。

③ 林聪舜：《儒学与汉帝国意识形态》，上海：上海人民出版社，2017 年，第 169 页。

④ 班固撰，颜师古注：《汉书》卷五十六《董仲舒传》，北京：中华书局，1962 年，第 2525 页。

⑤ 王先慎撰，钟哲点校：《韩非子集解》卷第二十《忠孝》，北京：中华书局，1998 年，第 466 页。

关系的基础，更是将之与天下治乱紧密相连，由此凸显三者在社会政治生活中的重要性。随着大一统中央集权秦帝国的建立，以及皇帝制度的确立，它为封建社会的君臣关系提供了一个现实的典型。西汉初年，叔孙通的“起朝仪”以及高祖“吾乃今日知为皇帝之贵也”的感叹、兴奋，使得君臣间的尊卑等级关系以礼仪的形式固定下来。随后，贾谊的“岂且为人子背其父，为人臣因忠于主哉？岂为人弟欺其兄，为人下因信其上哉”[①]对封建社会的父子关系给予了特别的关注，并以之为君臣上下关系的基础。“令主主臣臣，上下有差，父子六亲各得其宜”[②]，则是企图把封建政治等级关系与宗法伦理关系相融合。

董仲舒一方面吸收了先秦以来诸子关于君臣、父子等关系的思想，另一方面又将之与天之阴阳进行关联比附，使得“王道之三纲，可求于天”：

> 凡物必有合。合，必有上，必有下，必有左，必有右，必有前，必有后……此皆其合也。阴者阳之合，妻者夫之合，子者父之合，臣者君之合。物莫无合，而合各有阴阳。阳兼于阴，阴兼于阳，夫兼于妻，妻兼于夫，父兼于子，子兼于父，君兼于臣，臣兼于君。君臣、父子、夫妇之义，皆取诸阴阳之道。君为阳，臣为阴；父为阳，子为阴；夫为阳，妻为阴。阴道无所独行。其始也不得专起，其终也不得分功，有所兼之义。是故臣兼功于君，子兼功于父，妻兼功于夫，阴兼功于阳，地兼功于天。……天为君而覆露之，地为臣而持载之；阳为夫而生之，阴为妇而助之；春为父而生之，夏为子而养之……王道之三纲，可求于天。[③]

---

① 贾谊撰，阎振益、钟夏校注：《新书校注》卷第三《俗激》，北京：中华书局，2000年，第91页。

② 贾谊撰，阎振益、钟夏校注：《新书校注》卷第三《俗激》，北京：中华书局，2000年，第92页。

③ 苏舆撰，钟哲点校：《春秋繁露义证》卷第十二《基义》，北京：中华书局，1992年，第350–351页。

在上述大段话中，如果说“凡物必有合”的论述还彰显出一些辩证的内涵与因素，然而一具体到社会人事的伦理道德层面，学理上的论述则演变为社会政治关系的绝对化。本当是阴阳相合互兼，一旦有了君、父、夫为阳，臣、子、妇为阴的类别划分，阴阳关系便演化为阴独“兼于阳”。于是，臣独兼于君，子独兼于父，妻独兼于夫。在另一处，董仲舒更是明白无误地说道：“达阳而不达阴，以天道制之也。丈夫虽贱皆为阳，妇人虽贵皆为阴。阴之中亦相为阴，阳之中亦相为阳。诸在上者皆为其下阳，诸在下者皆为其上阴。”① 董仲舒用阴阳论证君臣、父子、夫妇伦理关系，使得阴阳伦理化、人情化。同时又使伦理三纲阴阳化，上达于天地之道而永恒化、神秘化。其中，“君为臣纲”不仅为三纲之首，也是大一统帝国中最重要最核心的政治关系：

> 天地之行美也。是以天高其位而下其施，藏其形而见其光，序列星而近至精，考阴阳而降霜露。……为人君者，其法取象于天。……是故天执其道为万物主，君执其常为一国主。②
>
> 地卑其位而上其气，暴其形而著其情，受其死而献其生，成其事而归其功。……为人臣者，其法取象于地。……是故地明其理为万物母，臣明其职为一国宰。③

把一国之君比为天，臣喻为地。天有尊贵、神、明之美行，故君也就具备了仁、神、明、贵的尊贵之性。地之位卑，职在事天之尊，故臣之位下，职在事君之贵。

为了说明君为臣纲，董仲舒进一步阐述：“一国之君，其犹一体之心也。

---

① 苏舆撰，钟哲点校：《春秋繁露义证》卷第十一《阳尊阴卑》，北京：中华书局，1992年，第325页。

② 苏舆撰，钟哲点校：《春秋繁露义证》卷第十七《天地之行》，北京：中华书局，1992年，第458-459页。

③ 苏舆撰，钟哲点校：《春秋繁露义证》卷第十七《天地之行》，北京：中华书局，1992年，第459-460页。

隐居深宫，若心之藏于胸；至贵无与敌，若心之神无与双也。……是故君臣之礼，若心之与体，心不可以不坚，君不可以不贤；体不可以不顺，臣不可以不忠。”[①] 君之于臣，是心之于体的关系。心坚君贤，体顺臣忠。此外，“天下之尊卑随阳而序位。……不当阳者臣子是也，当阳者君父是也。是故人主南面，以阳为位也”[②]。君是阳，至尊至贵，臣为阴，至卑至顺，此乃“天之制也”。在喋喋不休的论证中，只为灌输一个理念：君尊臣卑，卑臣应绝对忠于君。“风雨者，地之所为。地不敢有其功名，必上之于天。命若从天气者，故曰天风天雨也，莫曰地风地雨也。勤劳在地，名一归于天，非有至义，其孰能行此？故下事上，如地事天也，可谓大忠矣。”[③]

为维护君主的尊严和威信，董仲舒提出臣子所当遵循之准则：

> 是故《春秋》君不名恶，臣不名善，善皆归于君，恶皆归于臣。[④]
>
> 人臣之行，贬主之位，虽不篡杀，其罪皆宜死。[⑤]
>
> 且《春秋》之义，臣有恶，擅名美。故忠臣不显谏，欲其由君出也。《书》曰：“尔有嘉谋嘉猷，入告尔君于内，尔乃顺之于外，曰：此谋此猷，惟我君之德。”此为人臣之法也。[⑥]

董仲舒基于君为阳、臣为阴所宣扬的“君为臣纲”旨在神化皇权，宣扬绝对的忠君思想，强化巩固封建的政治等级秩序，维护大一统的君主专制集

---

① 苏舆撰，钟哲点校：《春秋繁露义证》卷第十七《天地之行》，北京：中华书局，1992年，第460–461页。

② 苏舆撰，钟哲点校：《春秋繁露义证》卷第十一《天辨在人》，北京：中华书局，1992年，第336–337页。

③ 苏舆撰，钟哲点校：《春秋繁露义证》卷第十《五行对》，北京：中华书局，1992年，第316页。

④ 苏舆撰，钟哲点校：《春秋繁露义证》卷第十一《阳尊阴卑》，北京：中华书局，1992年，第325页。

⑤ 苏舆撰，钟哲点校：《春秋繁露义证》卷第一《楚庄王》，北京：中华书局，1992年，第4–5页。

⑥ 苏舆撰，钟哲点校：《春秋繁露义证》卷第二《竹林》，北京：中华书局，1992年，第53页。

权。忠君大义有利于专制皇权的加强，适应了大一统政治的需要。因为它源于天道，法于阴阳，故在历史的沉淀中，其演化为一种“心理定势”，被视为“当然”的事实，一个无须也不应被置疑的“前提”。其后两千年的封建社会中，我们常可听到“皇上圣明，臣罪当诛”“君要臣死，臣不得不死”的“精忠”之言。对此，董仲舒可谓是“功”不可没。

“父为子纲”中所涉及的父子关系，原本仅仅是一种家庭血缘伦理的关系，然而，在儒家思想体系中，它却是“君为臣纲”的前提和基础。早在孔子，就有“孝慈，则忠”①、“其为人也孝弟，而好犯上者，鲜矣；不好犯上，而好作乱者，未之有也”② 的论说，即已把孝与忠联系起来，把血缘宗法与封建政治结合起来，“以孝事君则忠”③。董仲舒继承上述思想，并进一步从天道阴阳本体论上给予论证：

> 父为阳，子为阴。④
>
> 是故父之所生，其子长之；父之所长，其子养之；父之所养，其子成之。诸父所为，其子皆奉承而续行之，不敢不致如父之意，尽为人之道也。……由此观之，父授之，子受之，乃天之道也。故曰：夫孝者，天之经也。⑤
>
> 土者，火之子也。五行莫贵于土。土之于四时无所命者，不与火分功名。……忠臣之义，孝子之行，取之土。……此谓孝者地之义也。⑥

---

① 刘宝楠：《论语正义》卷二《为政第二》，《诸子集成》（一），北京：中华书局，2006 年，第 35 页。

② 刘宝楠：《论语正义》卷一《学而第一》，《诸子集成》（一），北京：中华书局，2006 年，第 3 页。

③ 李隆基注，邢昺疏：《孝经注疏》卷二《士章第五》，李学勤主编：《十三经注疏》（标点本），北京：北京大学出版社，1999 年，第 14 页。

④ 苏舆撰，钟哲点校：《春秋繁露义证》卷第十二《基义》，北京：中华书局，1992 年，第 350 页。

⑤ 苏舆撰，钟哲点校：《春秋繁露义证》卷第十《五行对》，北京：中华书局，1992 年，第 315 页。

⑥ 苏舆撰，钟哲点校：《春秋繁露义证》卷第十《五行对》，北京：中华书局，1992 年，第 316-317 页。

父者，子之天也……子不奉父命，则有伯讨之罪。[①]

政有三端：父子不亲，则致其爱慈；大臣不和，则敬顺其礼；百姓不安，则力其孝弟。孝弟者，所以安百姓也。[②]

董仲舒把父子关系确定为“父为子纲”，父与子是阳与阴，尊与卑，火与土。并由此确定了一系列关于孝道的封建伦常，完成了对孝道的逻辑论证、理论论证，使人们从思想上把握了孝的精神的各种道德规范。

董仲舒大力论证孝道，从社会历史背景而言，首先，“孝”适应了小农经济生产方式的需要。秦汉以个体家庭为单位的小农经济成为社会主要的经济形式，讲求孝道使家长成为家庭的中心，人力、物力、财力高度集中，“父母存，不许友以死，不有私财”[③]。这不仅有助于增强家庭成员之间的凝聚力，维护家庭的和睦与稳定，而且有助于提高社会生产力，维护社会稳定，于国、于家均大有裨益。其次，“孝”适应了宗法等级制度的需要。随着地缘性的以一族一姓为组织形式的家庭宗法制度代替了原有的氏族宗法制度，宗法共同体成为社会的基本组织形式，其稳定和发展有利于社会的长治久安。这客观上需要在宗法共同体内部强化孝道，维护家庭内部尊卑有序的等级秩序，决不容许任何等级僭越。最后，“孝”适应了君主专制统治的需要。秦汉之际，郡县制代替了分封制，君主专制主义的中央集权统治得以确定，国与家、忠与孝开始分离，君臣关系脱离了血缘关系的纽带。这种转变并未改变家庭作为社会生活的基本单位及整个社会的现实基础的事实。为了强化政治道德，也为了润饰露骨的政治等级关系，董仲舒利用“天道阴阳”为“移孝于忠”作论证，把“孝”移植进了政治领域，君臣关系不仅披上了天地之道的外衣，还披上了温情脉脉的

---

① 苏舆撰，钟哲点校：《春秋繁露义证》卷第十五《顺命》，北京：中华书局，1992年，第410–412页。

② 苏舆撰，钟哲点校：《春秋繁露义证》卷第十一《为人者天》，北京：中华书局，1992年，第319页。

③ 王文锦译解：《礼记译解》（上）《曲礼上第一》，北京：中华书局，2020年，第9页。

宗法等级制度的外衣。孝的政治化使“孝”成为加强中央集权统治的有力思想武器，因为“夫孝之义不立，则忠之说无所附”[①]。这也是董仲舒“父为子纲”的真谛所在。

“父为子纲”与“君为臣纲”作为维系封建社会人伦关系密不可分的两个方面，二者内在贯通，“忠孝之道，退家则尽心于亲，进宦则竭力于君”[②]。从根本上讲，封建社会的“国”就是大化的“家”，“普天之下，莫非王土，率土之滨，莫非王臣”表明的就是家天下的性质。董仲舒只是更为精确地为此披上了一层神秘的关系：“唯天子受命于天，天下受命于天子，一国则受命于君。”[③]“天若不予是家，是家者安得立为天子？立为天子者，天予是家。天予是家者，天使是家。天使是家者，是家天之所予也。”[④]故皇帝、天子是最大的家长，“天子作民父母，以为天下王”[⑤]。父是一个家庭的“君”，君则是一个国的“家长”。为人者，在家对父是子，需行“孝”，在国是臣，对君当尽忠。整个封建社会从上至下就笼罩在这种血缘宗法之网中，看不见赤裸裸的等级压迫，有的只是尽孝尽忠的道德规范。听不到武力统治的叫嚣，有的只是血缘亲情的融合……“在家为孝子，入朝做忠臣”则为儒生千年理想人格。

“夫为妻纲”作为三纲之一，揭示出夫妇关系不仅是男女之别，更是一种重要的社会人伦关系，是“礼”之根本，“礼始于谨夫妇”。故其一直为历代儒者所重：“君子之道，造端乎夫妇；及其至也，察乎天地。”[⑥]“男女有别而后夫妇有义，夫妇有义而后父子有亲，父子有亲而后君臣有

① 吴虞：《家族制度为专制主义之根据论》，《吴虞文录》（卷上），合肥：黄山书社，2008年。

② 班固撰，颜师古注：《汉书》卷七十六《赵尹韩张两王传》，北京：中华书局，1962年，第3219页。

③ 苏舆撰，钟哲点校：《春秋繁露义证》卷第十一《为人者天》，北京：中华书局，1992年，第319页。

④ 苏舆撰，钟哲点校：《春秋繁露义证》卷第十五《郊祀》，北京：中华书局，1992年，第409页。

⑤ 孔安国传，孔颖达疏：《尚书正义》卷第十二《洪范第六》，李学勤主编：《十三经注疏》（标点本），北京：北京大学出版社，1999年，第312页。

⑥ 《中庸章句》，朱熹：《四书章句集注》，北京：中华书局，1986年，第23页。

正。故曰：‘昏礼者，礼之本也。’”[①] 董仲舒以天道之“阴从于阳”为基础，提出“夫为阳，妻为阴”，故“夫为妻纲”。而且依据“阴之中亦相为阴，阳之中亦相为阳”，判定“丈夫虽贱皆为阳，妇人虽贵皆为阴”，从而使得“夫为妻纲”永恒化、固定化。

如此，“三纲”不仅仅是惯常的日常人伦关系，更是关系到治乱兴衰的政治关系。董仲舒通过将“三纲”比于阴阳、达于天道而使之天意化、神圣化。到宋、明，“三纲”更被作为至明“天理”深嵌于士民之心，成为规范民众日常的基本信条。

（二）“五常之道”：行为规范的确立

董仲舒以“三纲”为大一统中央集权统治构筑起以“尊君”为核心的社会等级秩序；与此同时，又用“五行”配以儒家所主张的道德原则——仁、义、礼、智、信，以之为“五常之道”。

作为道德伦理范畴，仁义礼智信在先秦儒家著述中都已经出现[②]，然其时尚未见以“五常”论之者。时至西汉初年，始有陆贾云“天道调四时，人道治五常”[③]。但陆贾亦没有确切说明此“五常”之所指。到董仲舒，明确提出“仁谊（义）礼知（智）信五常之道”[④]，认为其是继天地、体阴阳、顺五行的大道。“董仲舒则开始将它们整合在一起，与五行相匹配，纳入天地人三才一体的构架之中，使仁、义、礼、智、信有了天道的形而上依据和天经地义的神圣性质，并初步形成了相互对应的思想结构。”[⑤] 在董仲

---

① 王文锦译解：《礼记译解》（下）《昏义第四十四》，北京：中华书局，2020 年，第 945 页。

② 诸如孔子主要讲“仁”：“孝弟也者，其为仁之本与。”“君子笃于亲，则民兴于仁。”见刘宝楠：《论语正义》，《诸子集成》（一），北京：中华书局，2006 年，第 4，156 页。孟子则将“仁、义、礼、智”并提，阐发其内在的心性基础：“恻隐之心，仁也；羞恶之心，义也；恭敬之心，礼也；是非之心，智也。仁、义、礼、智，非由外铄我也，我固有之也。”见焦循：《孟子正义》卷十一《告子章句上》，《诸子集成》（一），北京：中华书局，2006 年，第 446 页。

③ 王利器撰：《新语校注》卷上《术事第二》，北京：中华书局，2012 年，第 48 页。

④ 班固撰，颜师古注：《汉书》卷五十六《董仲舒传》，北京：中华书局，1962 年，第 2505 页。

⑤ 韩星：《董仲舒三才构架下的仁学构建》，《唐都学刊》，2017 年第 2 期。

舒看来，“夫仁谊礼知信五常之道，王者所当修饬也；五者修饬，故受天之祐，而享鬼神之灵，德施于方外，延及群生也”[①]。“五常之道”是“君王治国理民的核心价值观，它不仅直接决定着生民百姓的命运，也决定着国家政治的兴衰，王者应该对它大力提倡、培养、整饬”[②]。

观之董仲舒的思想体系，天之“五行”不仅确立起了儒家所主张的仁义礼智信五常之道，更是规定了君王行为举止上的慎行“五事”：

> 五事，一曰貌，二曰言，三曰视，四曰听，五曰思。何谓也？夫五事者，人之所受命于天也，而王者所修而治民也。故王者为民，治则不可以不明，准绳不可以不正。[③]

五行代表天道，五行之性象征了天道之性，故“受天而治”的君王遵五行“承天意以行事”，自当以“五事”作为君王治民之“准绳”：

> 王者貌曰恭，恭者敬也。言曰从，从者可从。视曰明，明者知贤不肖，分明黑白也。听曰聪，聪者能闻事而审其意也。思曰容，容者言无不容。恭作肃，从作乂，明作哲，聪作谋，容作圣。何谓也？恭作肃，言王者诚能内有恭敬之姿，而天下莫不肃矣。从作乂，言王者言可从，明正从行而天下治矣。明作哲，哲者知也，王者明则贤者进，不肖者退，天下知善而劝之，知恶而耻之矣。聪作谋，谋者谋事也，王者聪则闻事与臣下谋之，故事无失谋矣。容作圣，圣者设也，王者心宽大无不容，则圣能施设，事各得其宜也。[④]

---

① 班固撰，颜师古注：《汉书》卷五十六《董仲舒传》，北京：中华书局，1962 年，第 2505 页。

② 韩星：《董仲舒以经学为基础构建儒学思想体系》，《衡水学院学报》，2019 年第 2 期。

③ 苏舆撰，钟哲点校：《春秋繁露义证》卷第十四《五行五事》，北京：中华书局，1992 年，第 389-390 页。

④ 苏舆撰，钟哲点校：《春秋繁露义证》卷第十四《五行五事》，北京：中华书局，1992 年，第 390-391 页。

依五行遵五事，如此“王者能治”：“为人主者，予夺生杀，各当其义，若四时；列官置吏，必以其能，若五行；好仁恶戾，任德远刑，若阴阳。此之谓能配天。天者其道长万物，而王者长人。人主之大，天地之参也；好恶之分，阴阳之理也；喜怒之发，寒暑之比也；官职之事，五行之义也。以此长天地之间，荡四海之内。”①

天之“五行”不仅要求君王类“五常”行“五事”，还应配“五官”：

> 东方者木，农之本。司农尚仁……
> 南方者火也，本朝。司马尚智……
> 中央者土，君官也。司营尚信……
> 西方者金，大理司徒也。司徒尚义……
> 北方者水，执法司寇也。司寇尚礼……②

这里，木—司农—仁，火—司马—智，土—司营—信，金—司徒—义，水—司寇—礼，五常顺于五行，天之五行各有其性，“比相生而间相胜也”。这要求顺于五行的五官恪遵职守，依五行而治，“故为治，逆之则乱，顺之则治”③。以司农为例，司农属木，“尚仁”，其职是“进经术之士，道之以帝王之路，将顺其美，匡救其恶”④；若司农为奸，“朋党比周，以蔽主明，退匿贤士，绝灭公卿，教民奢侈，宾客交通，不劝田事，博戏斗鸡”，“则命司徒诛其率正矣。故曰金胜木”。⑤ 其他四行、四官亦然。

---

① 苏舆撰，钟哲点校：《春秋繁露义证》卷第十七《天地阴阳》，北京：中华书局，1992 年，第 467-468 页。

② 苏舆撰，钟哲点校：《春秋繁露义证》卷第十三《五行相生》，北京：中华书局，1992 年，第 362-365 页。

③ 苏舆撰，钟哲点校：《春秋繁露义证》卷第十三《五行相生》，北京：中华书局，1992 年，第 362 页。

④ 苏舆撰，钟哲点校：《春秋繁露义证》卷第十三《五行相生》，北京：中华书局，1992 年，第 362 页。

⑤ 苏舆撰，钟哲点校：《春秋繁露义证》卷第十三《五行相胜》，北京：中华书局，1992 年，第 367 页。

董仲舒把产生于封建社会生产关系中的三纲五常一套伦理道德规范以及政治等级秩序移植于“天”之麾下，归于“阴阳五行”之性。而后又反转来说王道之三纲、仁义五常之道源于天，法于阴阳五行，以“天”“阴阳五行”作为人间道德伦常规范的取法目标、终极依据，把目的变成了手段。如此，使得天人相与的宇宙模式成为与民众日常生活、社会政治相连，内含儒家王道理想的道德律令、政治信仰。在此过程中，儒家所主张的道德伦理、仁政德治因实现了“与天地参”，其价值观念与意义准则被提升到了绝对的高度，为其推广施行提供了不言自明的合理性。诚如学者所言，“一种思想，要能成功扮演帝国意识形态的功能，就要渗透到社会各个角落，作为行动的指导原则。董仲舒提出的‘三纲’等伦理原则，即具有此一功能”[①]。董仲舒构建了以三纲五常为核心的价值体系，为封建社会的长期稳定发展创造了条件。无论如何改朝换代，无论朝廷是谁家的，刘家的汉朝、李家的唐朝、赵家的宋朝、朱家的明朝，都得按照礼治的要求办事，都得按照仁义一体的价值准则来实行礼治，而这个是由董仲舒奠定的。[②] 正是董仲舒把前人探讨过而没有实现的王霸之道和思想统一的理想，具体落实为社会制度和行为规范，完成了思想统一的最后乐章，真正实现了天下一统。[③]

观之董仲舒思想体系，一方面，其异于先秦儒学之处在于，董仲舒立足于建立大一统中央集权的时代主题，强调整体上的国家主义、君权至上，这是首要的，绝对的。另一方面，其在具体的施政，尤其是基层管理以及意识形态教化方面，又借助的是儒家经艺所强调的血缘宗法主义，以宗法主义服从国家主义。国家主义肯定、保障了君权独尊，强调君主权威的至上性、绝对性，强调政治秩序的等级性，这顺应了时代主题，故为在位者所喜，从而保障了其学说的被接纳，“天子览其对而异焉”。经董仲舒改造后的儒学也由此为官方独尊，发挥上悦君主、下慑万民的强大意识形态的功效。

---

① 林聪舜：《儒学与汉帝国意识形态》，上海：上海人民出版社，2017 年，第 186 页。

② 李宗桂：《荀子对中国文化的贡献》，《中华文化论坛》，2005 年第 1 期。

③ 李宗桂：《董仲舒：秦汉思想的统一者》，《中国人文社会科学博士硕士文库》编委会：《中国人文社会科学博士硕士文库：哲学卷（下）》，杭州：浙江教育出版社，1998 年，第 1469–1514 页。

第五章
《春秋》三传与两汉政治

如果说在春秋战国，诸子百家还只是思想、学说或理论，其目的在于驳斥对手，游说君主，期待为在上者所用；而随着秦汉皇权政体的建立以及皇权意识形态的建构，诸家学说的性质和功能则悄然发生变化。皇权主义意识形态体制作为一整套控制社会成员思想的制度和机制，它必然要对各种思想学说在现行行政体制中的地位和功能做出不同的安排和规定。故而，皇权主义意识形态的基本特点之一就是使原本平等的思想变得不平等，即思想本身之间出现了等级。这种等级是由权力的介入，并因权力的取向而定位的，即围绕着帝国皇权的政治需要来重新估定不同思想学说的实际意义和实用价值。不同的思想学说在权力的安排之下，被赋予了不同的价值，并因而具有了不同的身份。“一旦皇权意识形态体制建立起来，诸家思想的差异就不仅仅是思想自身的事情，而必须与整个政治秩序的安排相吻合。”①

换言之，随着皇权主义意识形态的确立，作为皇权政体主角的皇帝，就得以从容而自由地居间选择一家最能令自己称心如意的学说，来作为统合整个社会思想的基本工具；同时，也可以凭借自己的私人

① 雷戈：《秦汉之际的政治思想与皇权主义》，上海：上海古籍出版社，2006年，第67页。

爱好和政治需要而随时调整和改变对各种思想的态度，见机行事或便宜从事。比如，提倡原来弱势的学说，使之变成一种新的强势思潮；或者反过来，有意压制一下某种出于强势地位的学说，使之处于一种屈尊的位置。以此观之《春秋》三传，其在两汉政治进程中的演变，亦莫不如此。

自汉武帝接受董仲舒“诸不在六艺之科孔子之术者，皆绝其道，勿使并进”[1] 之“对策”，于建元五年（公元前 136 年）立五经博士，儒家的六艺之学遂获得官方独尊的地位[2]，成为经学。此后的两汉，经学不仅是学术，更是政治，“统治者大力倡导经学，着眼点只在于其中能履行统治思想职能的一部分内容，而不是单纯从学术的角度关心如何对五经进行解说”[3]。其中，《春秋》因“立新王事”，更是被视为经典中的经典[4]，为士子所推崇。“公孙弘以《春秋》白衣为天子三公，封以平津侯。天下之学士靡然乡（向）风矣。”[5] 由此，不仅催生了《春秋》三传之间的纷争博弈，更是开启了《春秋》三传与两汉政治的亲疏离合，“然则三家之传，是非无取，自汉以来，废兴由于好恶而已”[6]。

观之两汉，其所呈现出来的《春秋》三传之纷争乃至兴衰演变，无不

---

① 班固撰，颜师古注：《汉书》卷五十六《董仲舒传》，北京：中华书局，1962 年，第 2523 页。

② “此亦被认为是经学正式确立的标志。”见姜广辉主编：《中国经学思想史》（第二卷），北京：中国社会科学出版社，2010 年，第 7 页。

③ 张涛：《经学与汉代社会》，石家庄：河北人民出版社，2001 年，第 70 页。

④ 冯友兰指出：“在汉朝，《春秋》仿佛是一部宪法。凡有政治上和法律上的重大问题，都引《春秋》解决。”（冯友兰：《中国哲学史新编》，北京：人民出版社，1995 年，第 51 页。）李源澄指出：“西汉之经学，可谓之《春秋》时代之经学也。”［李源澄：《经学通论》三《论经学流变》，见林庆彰、蒋秋华主编：《李源澄著作集（一）》，台北：“中研院”中国文哲研究所，2008 年，第 21 页。］

⑤ 司马迁：《史记》卷一百二十一《儒林列传》，北京：中华书局，1959 年，第 3118 页。

⑥ 范宁集解，杨士勋疏：《春秋穀梁传注疏》“春秋穀梁传序”，李学勤主编：《十三经注疏》（标点本），北京：北京大学出版社，1999 年，第 3 页。

是与其时汉廷政策的重大转折相关联①。这揭示出两汉学术与政治之间既相互合作又相互博弈的样态。

第一节 “立新王事”:《公羊春秋》与汉武之政

史载,“孔子至圣,却观无穷,知秦无道,将必燔书,故《春秋》之说口授子夏”②。后“子夏传与公羊高,高传与其子平,平传与其子地,地传与其子敢,敢传与其子寿”③,遂有公羊一门。在秦汉之前,《公羊春秋》均系口授相传,“度秦至汉,乃著竹帛”④。“寿乃其弟子齐人胡毋子都著于竹帛。”⑤

一、《公羊春秋》得立学官

《公羊》之兴,始于汉武。汉武帝建元五年春,“置五经博士”,使受

---

① 英国学者鲁惟一指出,西汉政治舞台上存在两大对立派别,一是“时新派”(modernist),二是“改造派”(reformist)。在学术上,时新派偏重今文家、《公羊》家,改造派则偏重古文家、《穀梁》家。在政治上,时新派继承秦朝的传统,强调国家对人力、物力的控制和利用,强调君权的至高无上和官吏的奉法行事。改造派则继承周代的传统,崇拜天并相信灾异,反对对百姓的过度控制,强调皇帝的道德表率作用。宣帝以前时新派居主导地位,元帝以后改造派居主导地位,因而使西汉前、后期的政策表现出明显的不同。(参崔瑞德、鲁惟一编:《剑桥中国秦汉史:公元前221—公元220年》,北京:中国社会科学出版社,1992年,第122-126页。)中国学者马勇则认为,汉武帝独尊儒术“就其内涵而言是《公羊》学得道”,宣帝时《穀梁》学兴起,“分享一部分最高法典的解释权”,西汉末年《左传》学兴起,“在刘秀时取得学官地位”,从而将两汉政治和学术思想的变迁大致分为三个阶段。(见马勇:《汉代〈春秋〉学研究》,成都:四川人民出版社,1992年。)

② 公羊寿传,何休解诂,徐彦疏:《春秋公羊传注疏》“监本附音春秋公羊传注疏序”,李学勤主编:《十三经注疏》(标点本),北京:北京大学出版社,1999年,第3页。

③ 公羊寿传,何休解诂,徐彦疏:《春秋公羊传注疏》“监本附音春秋公羊传注疏序”,李学勤主编:《十三经注疏》(标点本),北京:北京大学出版社,1999年,第3-4页。

④ 公羊寿传,何休解诂,徐彦疏:《春秋公羊传注疏》“监本附音春秋公羊传注疏序”,李学勤主编:《十三经注疏》(标点本),北京:北京大学出版社,1999年,第3页。

⑤ 公羊寿传,何休解诂,徐彦疏:《春秋公羊传注疏》“监本附音春秋公羊传注疏序”,李学勤主编:《十三经注疏》(标点本),北京:北京大学出版社,1999年,第4页。

《穀梁春秋》的江公与习《公羊春秋》的董仲舒辩“议”，因“江公呐于口”，故“不如仲舒”，加之“丞相公孙弘本为《公羊》学”，最终“比辑其议，卒用董生”。[①]“用董生”即为尊《公羊》，“于是上因尊《公羊》家，诏太子受《公羊春秋》，由是《公羊》大兴”[②]。表面上看，《穀梁》落败在于江公的不善言辞，“呐于口”，以及其时丞相公孙弘的“本为《公羊》学”，然而深入探究之，其由主要有二：

其一，比较而言，其时《公羊》学的师徒传授更为系统与广大。对于《公羊》，后汉戴宏说：“子夏传与公羊高，高传与其子平，平传与其子地，地传与其子敢，敢传于其子寿。至汉景帝时，寿乃与齐人胡毋子都著于竹帛。”[③]尽管崔适对此表示怀疑：“自子夏至公羊寿，甫及五传，则公羊氏世世相去六十余年，又必父享耄年，子皆夙慧，乃能及之。其可信乎！”[④]然而从学说的师徒传承而言，至少其时的《公羊》较之《穀梁》的师徒传授更为系统与广大。这在其时而言乃是极为重要的[⑤]。对于西汉《公羊》学的发展，有三个人物可谓是功勋卓著，即胡毋子都、董仲舒与公孙弘。

胡毋子都在《公羊》学发展史上贡献极大，其不仅协助公羊寿将原本口耳相传的《公羊》学“著于竹帛”，遂始得有今文经《公羊传》，且其在景帝时已为博士，传授《公羊》学，扩大了《公羊》学的影响，齐之言《春秋》者多受于胡毋生。

董仲舒，汉景帝时“和胡毋生为《春秋》博士，传《春秋》公羊家学”[⑥]。武帝时，董仲舒通过“对策”，“推明孔氏，抑黜百家。立学校之

---

① 班固撰，颜师古注：《汉书》卷八十八《儒林传》，北京：中华书局，1962年，第3617页。

② 班固撰，颜师古注：《汉书》卷八十八《儒林传》，北京：中华书局，1962年，第3617页。

③ 永瑢等：《四库全书总目》，北京：中华书局，1965年，第210页。

④ 崔适：《春秋复始》（卷一），沈阳：沈阳古籍出版社，1991年，第18页。

⑤ 韩维志、李华雍：《试析西汉学坛今文〈春秋〉内部公羊、谷梁两派势力的消长》，《华中学术》，第14辑。

⑥ 劳榦：《秦汉简史》，北京：中华书局，2018年，第119页。

官，州郡举茂材孝廉，皆自仲舒发之”①，推动儒学独尊。不仅如此，董仲舒“下帷讲诵，弟子传以久次相授业”②，从而门徒众多，其中“弟子遂之者，兰陵褚大、东平嬴公，广川段仲，温吕步舒。大至梁相，步舒丞相长使，唯嬴公守学不失师法，为昭帝谏大夫，授东海孟卿、鲁眭孟”③。在其学生中，“为郎、谒者、掌故者以百数”，兰陵褚大官至梁相，吕步舒最受武帝赏识，官“至长史，持节使决淮南狱，于诸侯擅专断，不报，以《春秋》之义正之，天子皆以为是”。④

此外，《公羊春秋》得立学官，由布衣而封侯拜相的公孙弘在其中亦当是发挥了重要作用。《汉书》言其“年四十余，乃学《春秋》杂说”⑤。公孙弘所学《春秋》，当为《公羊》，史载“（胡毋生）年老，归教于齐，齐之言《春秋》者宗事之，公孙弘亦颇受焉”⑥。公孙弘从胡毋子都受学，尽管“治《春秋》不如仲舒，而弘希世用事，位至公卿”⑦。这对于儒学在西汉的发展，以及《公羊》学在与《穀梁》学争立学官的过程中胜出，无疑是发挥了重要作用的。也就是说，汉武帝最终“尊《公羊》家”，虽然最直接的缘由在于江公表现“不如仲舒”，然而另一要素还在于“丞相公孙弘本为《公羊》学”。而公孙弘通过研习《公羊》学由布衣至封侯拜相的经历，对士子也更具吸引力。故有学者以为，武帝时期，“普天下学

① 班固撰，颜师古注：《汉书》卷五十六《董仲舒传》，北京：中华书局，1962 年，第 2525 页。

② 班固撰，颜师古注：《汉书》卷五十六《董仲舒传》，北京：中华书局，1962 年，第 2495 页。

③ 班固撰，颜师古注：《汉书》卷八十六《儒林传》，北京：中华书局，1962 年，第 3615-3616 页。

④ 司马迁：《史记》卷一百二十一《儒林列传》，北京：中华书局，1959 年，第 3129 页。

⑤ 班固撰，颜师古注：《汉书》卷五十八《公孙弘卜式兒宽传》，北京：中华书局，1962 年，第 2613 页。

⑥ 班固撰，颜师古注：《汉书》卷八十八《儒林传》，北京：中华书局，1962 年，第 3616 页。

⑦ 班固撰，颜师古注：《汉书》卷五十六《董仲舒传》，北京：中华书局，1962 年，第 2525 页。

子争相研习公羊家《春秋》，与其说是胡毋子都和董仲舒的功劳，毋宁说是公孙弘的模范导引。毕竟，现实的功利，才是普通士子学习最大的动机”[1]。“公孙弘以《春秋》白衣为天子三公，封以平津侯。天下之学士靡然乡风矣。”[2]

相较于其时《公羊》的门徒众多，《穀梁》却显得不得其人。整体观之，武帝时治《穀梁春秋》的博士都是兼治别经，没有一个专治《穀梁春秋》的。“汉初治《穀梁》者，盖出于申公也。”[3] 而作为汉初传授《穀梁》之先师的申公，其似乎并不以《穀梁》为其专门，司马迁《史记》未言申公治《穀梁》，却言其“独以《诗经》为训以教”[4]。“申公，鲁人也。少与楚元王交，俱事齐人浮丘伯受《诗》。……申公独以《诗经》为训故以教，亡传。”[5] 言治《穀梁春秋》者，唯及瑕丘江生而已[6]。而瑕丘江公也并非专治《穀梁春秋》，“瑕丘江公受《穀梁春秋》及《诗》于鲁申公”[7]。较之《公羊》学的专门，《穀梁》学多为儒者兼及。如此，在学术思想的习得以及影响力而言，遂有了董仲舒的“善属文”与江公的“呐于口”之别，以及随之而来的《公羊》“立于学官”与《穀梁》“浸微”的差异处境。

其二，就内容主旨上观之，《公羊》学说更契合了其时最高统治者之所需。虽然同为解《春秋》之传，然《穀梁》的释传较之《公羊》却是

---

① 韩维志、李华雍：《试析西汉学坛今文〈春秋〉内部公羊、谷梁两派势力的消长》，《华中学术》，第 14 辑。

② 司马迁：《史记》卷一百二十一《儒林列传》，北京：中华书局，1959 年，第 3118 页。

③ 曾亦、郭晓东：《春秋公羊学史》（上），上海：华东师范大学出版社，2017 年，第 128 页。

④ 司马迁：《史记》卷一百二十一《儒林列传》，北京：中华书局，1959 年，第 3121 页。

⑤ 班固撰，颜师古注：《汉书》卷八十八《儒林传》，北京：中华书局，1962 年，第 3608 页。

⑥ 司马迁：《史记》卷一百二十一《儒林列传》，北京：中华书局，1959 年，第 3129 页。

⑦ 班固撰，颜师古注：《汉书》卷八十八《儒林传》，北京：中华书局，1962 年，第 3617 页。

甚为不同。在《春秋》三传中，蒋庆把《公羊春秋》归类为“典型的制度性焦虑”，认为这种“制度性焦虑”关注的焦点往往是“政治秩序的合法性问题，政治制度的变革存废问题，历史中的公正问题，行为规范与政治制度重建的问题”等与现实政治秩序稳定、政治制度创新密切相关的问题。[①] 而《穀梁》“在解《春秋》经时，不发‘微言’，仅叙‘大义’。有时甚至连‘大义’也论说不清，含糊其辞”[②]。这与汉武帝置五经博士，召贤良文学之士所欲解决的“大道”“大义”相去甚远。与之形成鲜明对比的则是其时的《公羊》学，尤其是经由董仲舒所阐发的《公羊》学，在“天”之赋予下，以“尊君”为核心的“大一统”的学说主旨似乎更契合了汉武帝时期的政治所需[③]，《公羊》则大力阐发“微言大义”，故以得用[④]。

武帝继位，其雄才大略必然使其统治方略与“高祖拨乱反正，文景务在养民”[⑤] 有所不同。一方面，汉武帝继续加强对汉王朝统治合法性的构建，而以董仲舒为代表的《公羊》学者所主张的“《春秋》为汉制法”以及“三统”说无疑满足了其政治诉求。董仲舒认为，王者必受命而后王。王者之“王”，并非由己之人力所致，而是由于天意，受天之命而行，上应天意，从而赋予王神圣性以及其统治的合理性。另一方面，董仲舒认为，《春秋》作新王之事——王鲁、亲周、故宋，以殷、周为王者之后，与己并为三王，绌夏谓之帝。在三王的体系内，有白统、赤统、黑统三统，三统循环不已。三王与三统是相应的，每一统都有它自己的一套相应

① 蒋庆：《公羊学引论》，沈阳：辽宁教育出版社，1995 年，第 2-3 页。

② 汤其领：《〈谷梁春秋〉归属管窥》，《许昌师专学报（社会科学版）》，1987 年第 4 期。

③ 有学者指出，董仲舒春秋公羊学的形成，完成了儒学从批判现实到服务现实的历史转变。亦即不再以三皇五帝仁德之世为镜子批评现实，而是论证现实就是天定的理想盛世。见臧知非：《“义不讪上，智不危身”发微——董仲舒春秋公羊学与汉代儒生的人格蜕变》，《苏州大学学报（哲学社会科学版）》，2000 年第 4 期。

④ 汤其领：《〈谷梁春秋〉归属管窥》，《许昌师专学报（社会科学版）》，1987 年第 4 期。

⑤ 班固撰，颜师古注：《汉书》卷六《武帝纪》，北京：中华书局，1962 年，第 212 页。

的制度。王者受命而后王。既然《春秋》是为汉制法，那就代表了西汉政权的合法性与神圣性[①]。要之，《公羊》说中的"《春秋》为汉制法"不仅有效论证了汉帝国政权的合法性与神圣性，同时也以其"大义"成为指导王朝政治的一个很重要的内容。此外，武帝需要开创其文治武功，对以匈奴为主的四夷用兵，而《公羊》学的"夷夏之辨"亦恰好为之提供了理论依据。

无论哪一种思想或学说，只有不断适应不同时代的需求，解决时代课题，才会被不同的时代接纳，从而彰显其自身持续的生命力。就《春秋》经而言，与《左传》侧重于对《春秋》的史事性解说不同，《公羊传》重在开掘和阐发《春秋》的"微言大义"。蒋庆在《公羊学引论》中曾论述道："孔门弟子沿着孔子确立的理路，根据自己所处时代的具体境况，并在同其他思想的激荡中，不断阐述公羊学的义理，从而不断完善公羊学，最后把公羊学发展成了一门能够解决时代问题的新儒学。"[②] 西汉初年至汉武帝时期，最主要的时代命题就是论证刘姓皇权的合法性与皇权大一统的问题。而"公羊学的三世说，被董仲舒改造成为三统说后，就成为了汉祚永存的重要根据。汉武帝要实现封建中央一统，公羊学就在《春秋》中发现了大一统；武帝要确立皇权的绝对地位，抗击匈奴，公羊学就从《春秋》中发现了尊王攘夷；武帝要改变汉初以来的政策，公羊学就讲《春秋》有新王必改制的理论"[③]。《公羊传》不仅借《春秋》之"大义"有效论证了汉帝国政权的合法性与神圣性，同时也以其"微言"成为指导王朝政治的很重要的内容。而这正是其能优先于《穀梁》得立学官的内在根由。

---

① 然而，依据"三统"说，天命并非授于一姓，凡得天命者皆可为王，这使得其学说在为汉王朝的受命和巩固提高理论依据的同时，又为汉王朝的颠覆同样埋下了伏笔。后世鼓吹的"再受命""禅让"，就是以此为基础的。就是说，对汉王朝来说，《公羊》说在巩固加强自己的同时，也扶植了埋葬自己的势力，这是创立三统说之人所始料未及的。

② 蒋庆：《公羊学引论》，沈阳：辽宁教育出版社，1995 年，第 86-87 页。

③ 蒋晓华：《从经学博士看汉代社会》，《四川大学学报（哲学社会科学版）》，1989 年第 1 期。

二、"大一统":《公羊春秋》之大义

思想者的思维方式、思考内容、思考目的取决于思想环境。当统一已经成为现实，其也就成为思想家们思考问题的出发点和归宿。探讨巩固统一之道，这是西汉前期学术的特点。故在其时《公羊》学者而言，《春秋》之大义，当首推其"大一统"的主张。其所彰显者，在于《春秋》之"王正月"。

"王正月"在《春秋》一书中，凡九十七见①。开篇即为"元年，春，王正月"。对此，《公羊传》释云：

> 元年者何？君之始年也。春者何？岁之始也。王者孰谓？谓文王也。曷为先言王而后言正月？王正月也。何言乎王正月？大一统也。公何以不言即位？成公意也。②

在《公羊》学者看来，"唯天子乃得称元年，诸侯不得称元年"③。故此处"王"当指周文王，"文王，周始受命之王，天之所命，故上系天端。方陈受命制正月，故假以为王法。"然而，《春秋》开篇所言，实则当为"隐公元年"。鲁隐公原本只是一方诸侯，德能平平，又未能善终，何以配称"元年"？这是因为，面对王道衰微而勃兴艰难的现实，孔子只有著《春秋》而托于王鲁，虚设一位受天命之王，以存亡继绝，"《春秋》托新王受命于鲁，故因以录即位，明王者当继天奉元，养成万物"④。一年之计，春天最重要，而在春天当中，正月又最重要。正月为岁首，是建元、更元的起点。"四时等也，而春最先。十二月等也，而正月最先。德等也，则

① 刘尚慈译注：《春秋公羊传译注》，北京：中华书局，2010年，第2页。

② 公羊寿传，何休解诂，徐彦疏：《春秋公羊传注疏》卷第一《隐公元年》，李学勤主编：《十三经注疏》（标点本），北京：北京大学出版社，1999年，第6-10页。

③ 公羊寿传，何休解诂，徐彦疏：《春秋公羊传注疏》卷第一《隐公元年》，李学勤主编：《十三经注疏》（标点本），北京：北京大学出版社，1999年，第6页。

④ 公羊寿传，何休解诂，徐彦疏：《春秋公羊传注疏》卷第一《隐公元年》，李学勤主编：《十三经注疏》（标点本），北京：北京大学出版社，1999年，第6页。

先亲亲。”[①] 故正月不仅是一年一岁之根本，更是天下有道，不失“纪序”之表现。“夏正以正月，殷正以十二月，周正以十一月。盖三王之正若循环，穷则反本。天下有道，则不失纪序；无道，则正朔不行于诸侯。”[②]“凡岁之要，在正月也。法正之道，正本而末应，正内而外应，动作举错，靡不变化随从，可谓法正也。”[③] 正朔之建与不建，直接关涉到天下秩序有无。显然，建正朔，是天下有道的最重要标志之一。在《公羊》家那里，岁初年头决非仅仅是一个单纯的时间刻度，不能被匀质化为一种枯燥的时间单位，而是意味着王道政治的开端，甚至还蕴含着激发人们希望与理想的生活信念。[④]

在董仲舒而言，《春秋》强调“王正月”，且加“王”于“正”之上，其旨在于“大一统”。何休《解诂》曰：“统者，始也，总系之辞。”统即事物的纲领、纲要、统率、总领。董仲舒道：“正者，正也，统致其气，万物皆应，而正统正，其余皆正。”[⑤] 由“王正月”而发“大一统”之说，实“欲张大王者之纲纪，以为上自诸侯、大夫，下至士庶，皆当奉周之正朔，而一统于天子也”[⑥]：

> 臣谨案《春秋》之文，求王道之端，得之于正。正次王，王次春。春者，天之所为也；正者，王之所为也。其意曰，上承天之所为，而下以正其所为，正王道之端云尔。然则王者欲有所为，宜求其

---

① 苏舆撰，钟哲点校：《春秋繁露义证》卷第九《观德》，北京：中华书局，1992年，第272页。

② 司马迁：《史记》卷二十六《历书》，北京：中华书局，1959年，第1258页。

③ 苏舆撰，钟哲点校：《春秋繁露义证》卷第七《三代改制质文》，北京：中华书局，1992年，第197页。

④ 余治平：《“王正月”与“〈春秋〉新王”论——董仲舒〈春秋〉思想略论》，《河北学刊》，2014年第1期。

⑤ 苏舆撰，钟哲点校：《春秋繁露义证》卷第七《三代改制质文》，北京：中华书局，1992年，第197页。

⑥ 曾亦、郭晓东：《春秋公羊学史》（上），上海：华东师范大学出版社，2017年，第235页。

端于天。①

是故《春秋》之道，以元之深正天之端，以天之端，正王之政，以王之政正诸侯之即位，以诸侯之即位正竟内之治。五者俱正，而化大行。②

董仲舒将“元年春”与“王正月”相结合，借助对君王之始年——“元年”的注重与强调，不仅彰显《春秋》大一统主张，还进一步突出了“大一统”说之“奉天”义：“《春秋》之序辞也，置王于春正之间，非曰上奉天施而下正人，然后可以为王也云尔。”③

据董仲舒所论，“大一统”当包括元年、春、王、正月、公即位。何休将之总结为“五始”，以“正五始”显明《春秋》“大一统”之义。其以“君之始年”释“元年”：

以常录即位，知君之始年。君，鲁侯隐公也。年者，十二月之总号，《春秋》书十二月称年是也。变一为元，元者，气也，无形以起，有形以分，造起天地，天地之始也，故上无所系，而使春系之也。不言公，言君之始年者，王者诸侯皆称君，所以通其义于王者，惟王者然后改元立号。《春秋》托新王受命于鲁，故因以录即位，明王者当继天奉元，养成万物。④

以“岁之始也”释“春”云：

---

① 班固撰，颜师古注：《汉书》卷五十六《董仲舒传》，北京：中华书局，1962年，第2501–2502页。

② 苏舆撰，钟哲点校：《春秋繁露义证》卷第三《玉英》，北京：中华书局，1992年，第70页。

③ 苏舆撰，钟哲点校：《春秋繁露义证》卷第二《竹林》，北京：中华书局，1992年，第62页。

④ 公羊寿传，何休解诂，徐彦疏：《春秋公羊传注疏》卷第一《隐公元年》，李学勤主编：《十三经注疏》（标点本），北京：北京大学出版社，1999年，第6页。

以上系“元年”在“王正月”之上，知岁之始也。春者，天地开辟之端，养生之首，法象所出，四时本名也。①

用“文王”释“王”云：

以上系王于春，知谓文王也。文王，周始受命之王，天之所命，故上系天端。方陈受命制正月，故假以为王法。不言谥者，法其生，不法其死，与后王共之，人道之始也。②

释“正月”云：

以上系于王，知王者受命，布政施教所制月也。王者受命，必徙居处，改正朔，易服色，殊徽号，变牺牲，异器械，明受之于天，不受之于人。夏以斗建寅之月为正，平旦为朔，法物见，色尚黑；殷以斗建丑之月为正，鸡鸣为朔，法物牙，色尚白；周以斗建子之月为正，夜半为朔，法物萌，色尚赤。③

最后，以“王正月”释“大一统”云：

统者，始也，总系之辞。夫王者，始受命改制，布政施教于天下，自公侯至于庶人，自山川至于草木昆虫，莫不一一系于正月，故云政教之始。④

---

① 公羊寿传，何休解诂，徐彦疏：《春秋公羊传注疏》卷第一《隐公元年》，李学勤主编：《十三经注疏》（标点本），北京：北京大学出版社，1999年，第7页。

② 公羊寿传，何休解诂，徐彦疏：《春秋公羊传注疏》卷第一《隐公元年》，李学勤主编：《十三经注疏》（标点本），北京：北京大学出版社，1999年，第8页。

③ 公羊寿传，何休解诂，徐彦疏：《春秋公羊传注疏》卷第一《隐公元年》，李学勤主编：《十三经注疏》（标点本），北京：北京大学出版社，1999年，第8页。

④ 公羊寿传，何休解诂，徐彦疏：《春秋公羊传注疏》卷第一《隐公元年》，李学勤主编：《十三经注疏》（标点本），北京：北京大学出版社，1999年，第10页。

在何休看来，之所以要书“王正月”，旨在“重人君即位之年矣”①。之所以要强调“即位”，其旨在于：

> 即位者，一国之始，政莫大于正始，故《春秋》以元之气，正天之端；以天之端，正王之政；以王之政，正诸侯之即位；以诸侯之即位，正竟内之治。诸侯不上奉王之政，则不得即位，故先言正月，而后言即位。政不由王出，则不得为政，故先言王，而后言正月也。王者不承天以制号令，则无法，故先言春，而后言王。天不深正其元，则不能成其化，故先言元，而后言春。五者同日并见，相须成体，乃天人之大本，万物之所系，不可不察也。②

如此，在《公羊》学者看来，《春秋》所载“元年，春，王正月”，并非简简单单的编年纪事，而是蕴含“大一统”之大义，而此义恰好与西汉大一统现实政治遥相呼应。“《春秋》大一统者，天地之常经，古今之通谊也。”③

历经春秋战国，时至秦汉，“大一统”成为社会共识。其时的思想论著中频繁出现“制天下”“治天下”“一匡天下”“为天下主”等术语，无一不是对“大一统”的憧憬与折射。秦帝国的创建，将“天下一统”由观念变成了现实。西汉代秦而兴，尽管在其初年，郡县、封建并存使得皇权有限，然而，在思想观念上，地方应悉奉号令于中央，如臂之使指，被视为“大一统”之当然。“《春秋》所以大一统者，六合同风，九州共贯也。”④《公羊春秋》释“大一统”为《春秋》之要义，不仅给予了由匹夫

---

① 公羊寿传，何休解诂，徐彦疏：《春秋公羊传注疏》卷第一《隐公元年》，李学勤主编：《十三经注疏》（标点本），北京：北京大学出版社，1999 年，第 10 页。

② 公羊寿传，何休解诂，徐彦疏：《春秋公羊传注疏》卷第一《隐公元年》，李学勤主编：《十三经注疏》（标点本），北京：北京大学出版社，1999 年，第 10 页。

③ 班固撰，颜师古注：《汉书》卷五十六《董仲舒传》，北京：中华书局，1962 年，第 2523 页。

④ 班固撰，颜师古注：《汉书》卷七十二《王贡两龚鲍传》，北京：中华书局，1962 年，第 3063 页。

而为天子的西汉皇权正当性、神圣性，更是论证了西汉大一统中央王朝政权的合法性，满足了西汉统治者的政治所需。

董仲舒依托《春秋》，结合当时的政治需要，阐发《公羊》大义，消释了汉武帝之困惑，为《公羊春秋》立于学官、成为官方统治学说奠定了基础。具体言之，其《春秋》"大一统"的主张，强调了天子作为天下共主的至上地位和至高权力的不容置疑性，适应了当时加强中央集权之需要，为汉武帝着手削夺诸侯王权力提供了理论依据；而对"天人合一"之阐发，则是从"道"的层面改造儒学，从学理上论证了以皇权为中心的权力秩序的正义和永恒，增加了皇权的神秘性，更加强了从思想上对百姓的控制。至于其以《春秋》决狱，讲求"诛心"之说，更为统治者排斥异己提供了具体之措施。《史记·儒林列传》载董仲舒弟子吕布舒"持节使决淮南狱，于诸侯擅专断，不报，以《春秋》之义正之，天子皆以为是"①。可以说，由于《公羊春秋》以阐发大义为主，具有较大灵活性，能切合当时之政治需要，加之有董仲舒这样的大儒因时制宜的阐发，同时又有善于"缘经书以饰吏治"的公孙弘的身体力行，其立于学官亦势所必然。②

董仲舒的主张对武帝时期的政治统治产生了重要影响。元鼎四年（公元前113年），汉武帝"以三十里地封周后为周子南君，以奉先王祀焉"③。汉武帝此举表明汉朝才是周的正式继承者，汉继周而王，并非继秦。此外，武帝改正朔、易服色、封禅等无一不在彰显西汉王朝的天命观，强调其统治的合法性。④"王者存二王之后，使统其正朔，服其服色，行其礼乐，所以尊先圣，通三统，师法之义，恭让之礼，于是可得而观之。"⑤最

---

① 司马迁：《史记》卷一百二十一《儒林列传》，北京：中华书局，1959年，第3129页。

② 李卫军：《略论汉代政治对〈左传〉学废兴之影响》，《河南教育学院学报（哲学社会科学版）》，2010年第1期。

③ 司马迁：《史记》卷十二《孝武本纪》，北京：中华书局，1959年，第461页。

④ 吴涛：《西汉政治变迁与〈春秋〉三传影响的消长》，《郑州大学学报（哲学社会科学版）》，2012年第4期。

⑤ 公羊寿传，何休解诂，徐彦疏：《春秋公羊传注疏》卷第二《隐公三年》，李学勤主编：《十三经注疏》（标点本），北京：北京大学出版社，1999年，第35页。

具象征意义的则是太初元年（公元前 104 年）的改历，正式废止颛顼历，“以正月为岁首，色上黄，数用五，定官名，协音律”[①]。这不仅表明汉与秦的决裂，而且确立了西汉政权的历史合法性。

三、“尊王”：《公羊春秋》之微言

《公羊春秋》为其时西汉统治者所青睐，除了其所倡导的“大一统”要义外，还在于其所秉持并大力论证、构筑的以“尊君”为核心的尊君卑臣的社会政治等级秩序。据《公羊》学者论，孔子作《春秋》，是基于春秋之世礼崩乐坏，周室衰微，故拟图通过正名，让乱臣贼子惧，以重建尊君卑臣之序，“《论语》中孔子讥讽季氏‘八佾舞于庭’，又讥‘三家以《雍》彻’，又叹诸夏不如‘夷狄之有君’，可知孔子欲诸侯尊王业”[②]。孔子言“政者，正也”[③]，而其所谓“正”，则是以“尊王”为之要。

《春秋》载：“（僖公二十八年）五月，癸丑，公会晋侯、齐侯、宋公、蔡侯、郑伯、卫子、莒子盟于践土。……公朝于王所。”[④] 对此，《公羊传》云：“曷为不言公如京师？天子在是也。天子在是，则曷为不言天子在是？不与致天子也。”[⑤]《春秋》云：“冬，公会晋侯、齐侯、宋公、蔡侯、郑伯、陈子、莒子、邾娄子、秦人于温。天王狩于河阳。”《公羊传》云：“狩不书，此何以书？不与再致天子也。”[⑥]

依照“尊王”之礼制，诸侯当朝周王于京师，而晋文公为求谋霸，乃

---

① 班固撰，颜师古注：《汉书》卷六《武帝纪》，北京：中华书局，1962 年，第 199 页。

② 曾亦、郭晓东：《春秋公羊学史》（上），上海：华东师范大学出版社，2017 年，第 69 页。

③ 《论语集注》卷六《颜渊篇》，朱熹：《四书章句集注》，北京：中华书局，1986 年，第 137 页。

④ 公羊寿传，何休解诂，徐彦疏：《春秋公羊传注疏》卷第十二《僖公二十八年》，李学勤主编：《十三经注疏》（标点本），北京：北京大学出版社，1999 年，第 258 页。

⑤ 公羊寿传，何休解诂，徐彦疏：《春秋公羊传注疏》卷第十二《僖公二十八年》，李学勤主编：《十三经注疏》（标点本），北京：北京大学出版社，1999 年，第 258 页。

⑥ 公羊寿传，何休解诂，徐彦疏：《春秋公羊传注疏》卷第十二《僖公二十八年》，李学勤主编：《十三经注疏》（标点本），北京：北京大学出版社，1999 年，第 260 页。

使天子先致于践土，再致于河阳，“失礼莫甚，自是诸侯不系于天子，而系于伯主”[①]。如此，《春秋》为尊者（周王）讳，曲笔书之，故何休谓《春秋》言狩者，是为了“深正其义”，其义即“尊王”也。

西汉初年，中央与地方诸侯之间的矛盾是其时西汉统治者所面临的最为主要的矛盾。诸侯势大使得其时的皇权式微。《公羊传》主张的尊君卑臣不仅呼应了大一统专制集权下的皇帝制度，在理论上助推了皇权的加强，有助于中央集权的巩固，而且更为解决其时西汉王朝所面临的中央与地方之间的矛盾问题提供了理论依据。对此，有学者揭示：武帝时期，公羊学兴起，不仅是为了加强对人民的控制，同时也是政治上处理同姓诸侯和中央皇权之间的剧烈矛盾的需要。公孙弘以《春秋》决狱，董仲舒著《公羊董仲舒治狱》，董仲舒弟子“吕步舒持斧钺治淮南狱，以《春秋》谊颛断于外”[②]，广事株连，显示出汉代公羊经学的本来面目与实际应用。[③]

不仅如此，《公羊》学所阐发的“夷夏之别”理论上支持了汉武帝的出兵匈奴。西汉帝国经过汉初数十年的休养生息，国力获得显著增强。至汉武帝时，秉承休养生息的黄老之术已完成了自己的历史使命，年轻的皇帝急需一种理论来为自己从无为向有为的转变提供指导。武帝即位伊始的频频策问，即表明了这位少年天子的困惑与迫切。[④] 而从无为向有为的转化，表现在其时帝国对外政策上，首先要提的就是对匈奴用兵。

《公羊》学派的夷狄观充分肯定了诸夏对夷狄的反击，如《庄公十八年》有“夏，公追戎于济西”，《公羊传》对此曰：

> 此未有言伐者，其言追何？大其为中国追也。此未有伐中国

---

① 曾亦、郭晓东：《春秋公羊学史》（上），上海：华东师范大学出版社，2017 年，第 70 页。

② 班固撰，颜师古注：《汉书》卷二十七上《五行志上》，北京：中华书局，1962 年，第 1333 页。

③ 金春峰：《汉代思想史》，北京：中国社会科学出版社，1997 年，第 322 页。

④ 李卫军：《略论汉代政治对〈左传〉学废兴之影响》，《河南教育学院学报（哲学社会科学版）》，2010 年第 1 期。

者，则其言为中国追何？大其未至而豫御之也。其言于济西何？大之也。[①]

基于以诸夏为本的立场，出于“豫御之”亦可对“戎”出兵，这是为《春秋》所认同的，故而“大之也”。这就使得西汉帝国对于其时位居西北而时常骚扰汉帝国边境的匈奴游牧民族用兵有了理论上的支撑。

当汉帝国与匈奴之间的战争进行了数十年后，反对用兵的呼声开始高涨，《公羊》学的复仇论又为汉武帝再次出兵提供了依据：“高皇帝遗朕平城之忧，高后时单于书绝悖逆。昔齐襄公复九世之仇，《春秋》大之。”[②]《公羊》学正是因为适应了其时政治统治的需要，从思想理论上解决了统治者所迫切需要解决的时代课题，故而才会被汉政权所接纳。这彰显出了其服务于政治的生命力之所在。“惟《公羊》知《春秋》是素王改制，为能发明斯义，惟汉人知《春秋》为汉定道，为能实行斯义。”[③] 即唯有《公羊传》充分发挥《春秋》之微言大义。“以《公羊》陈义最高，且书法曲折，思辨入微，遂得先立于学官”[④]，由经典转而成为政典。这也正是《公羊传》在《春秋》三传中先立于学官，获得显尊的内在奥妙所在。

考之《公羊春秋》在汉代的兴盛，赵伯雄从“以《春秋》说灾异”“以《春秋》之义为政治原则”“以《春秋》议礼”“以《春秋》决狱”四个方面论说了《公羊春秋》在汉代政治中所扮演的重要角色和所发挥的巨大功能，认为其为其他儒家经典所无法比肩。[⑤] 也就是说，《公羊春秋》的先立学官，一方面源于它对于《春秋》“大义”予以充分阐发的政治

① 公羊寿传，何休解诂，徐彦疏：《春秋公羊传注疏》卷第八《庄公十八年》，李学勤主编：《十三经注疏》（标点本），北京：北京大学出版社，1999 年，第 157 页。

② 班固撰，颜师古注：《汉书》卷九十四上《匈奴传上》，北京：中华书局，1962 年，第 3776 页。

③ 皮锡瑞著，吴仰湘点校：《经学通论》，北京：中华书局，2018 年，第 383 页。

④ 曾亦、郭晓东：《春秋公羊学史》（上），上海：华东师范大学出版社，2017 年，第 40-41 页。

⑤ 赵伯雄：《春秋学史》，济南：山东教育出版社，2014 年，第 74-94 页。

性。"《春秋》，天子之事也。……孔子成《春秋》而乱臣贼子惧。"[①]"夫《春秋》，上明三王之道，下辨人事之纪，别嫌疑，明是非，定犹豫，善善恶恶，贤贤贱不肖，存亡国，继绝世，补敝起废，王道之大者也。……拨乱世反之正，莫近于《春秋》。"[②] 另一方面，《公羊春秋》善"权变"，即善于因应西汉新的政治时势需求，顺势而为，诸如阐发"《春秋》为汉制法"之"微言"，从而为汉帝国统治者从思想理论上解决时代课题提供了依据，这也使其在汉武帝时期能脱颖而出。

四、"宣汉"与"退汉"

《公羊春秋》得立学官，在于其"《春秋》为汉立法"的释义，这一"宣汉"的释义为西汉政权的合法性提供论证。诚如冯友兰先生所说：

> 公羊春秋为中国的封建社会制定了一套上层建筑，巩固了中国封建社会的经济基础，为中国封建社会的长期存在准备了条件。它相信中国的封建社会可以长期存在。董仲舒说："天不变，道亦不变。"这句话就是公羊春秋学的信念的表现，但公羊春秋学并不认为封建统治阶级的统治集团或家族是可以长期不变。公羊春秋学认为封建统治集团或家族是必然要变的。公羊春秋认为这一种变是合乎规律的，而且它已经发现了这个规律。这就是它所宣扬的"三统"说。照它的说法，每一个朝代，在开始的时候，都是"受天命为新王"。过了一定时期，"天"就要"另"命一个新王，开始一个新朝代。在汉朝开始的时候，这种说法当然是当时的统治集团所欢迎的，因为它对他们的新政权是一个理论的基础。[③]

---

① 《孟子集注》卷六《滕文公章句下》，朱熹：《四书章句集注》，北京：中华书局，1986年，第272-273页。

② 司马迁：《史记》卷一百三十《太史公自序》，北京：中华书局，1959年，第3297页。

③ 冯友兰：《中国哲学史新编》（第三册），北京：人民出版社，1995年，第210-211页。

这个时候，思想与政权之间可谓是相向而行，相互合作，思想为政权作论，政权立思想为学官。

然而，随着人们对西汉政权失望情绪的出现，思想与政治之间亦开始渐行渐远，由“宣汉”到主张“禅让”。《公羊》学者在为汉王朝合法性作论的同时，也提出了自己的理想目标——“太平世”。且经由其时《公羊》学者的大力提倡，“《公羊》三世说”成为西汉的普遍信仰，人们认为“太平世”将在不远的将来出现[①]。而通往太平之路则需将承秦而来的汉制进行改弦更张式的变革——“更化”，即施行“王道”。这与其时最高统治者的施政方略相悬隔。汉武帝接纳了《公羊》学关于政权合法性的论说，却忽略了其要求施行王道的主张。“表章六经”后仅一年，元光二年（公元前133年）就发动了对匈奴的长期战争，“全部国家生活实际上转入了战时体制”[②]。“霸道”成为汉武帝必不可少的统治手段。正是如此，汉武帝与《公羊》学者的矛盾也不断上升。《公羊》学者试图用灾异说限制皇帝，“人主既不受人的牵制，又不受法的拘束，于是董仲舒就于天子之上，置之以天”[③]。董仲舒曾欲借辽东高庙灾而批评时政，结果差点招致一场牢狱之灾，遂“不敢复言灾异”。汉武帝的高压政治暂时掩盖了二者（思想与皇权）间的矛盾。

《公羊》学所宣扬的王道理想与西汉王朝所执行的霸道政治之间的矛盾，在汉昭帝始元六年（公元前81年）的盐铁会议上得到充分体现。由全国各地征召而来的“贤良文学”（被称为“文学”）和执行汉武帝财政政策的御史大夫桑弘羊等人（被称为“大夫”）就国家盐铁政策进行辩论，史称“盐铁会议”。《盐铁论》全书共引用《春秋》52次，其中“文学”一方32次，“大夫”一方20次。“文学”对《春秋》的引用以《公羊传》为主，着重表现为：其一，表明“贤良文学”即儒者所坚持的道义立场；其二，对于以武帝为代表的统治者施政的批判；其三，对汉武帝匈奴政策

---

① 陈苏镇：《〈春秋〉与汉道：两汉政治与政治文化研究》，北京：中华书局，2011年，第238-239页。

② 金春峰：《汉代思想史》，北京：中国社会科学出版社，1997年，第302页。

③ 萨孟武：《中国政治思想史》，北京：东方出版社，2008年，第169页。

的批评；其四，引用《公羊传》以强调任贤的重要性；其五，批判汉武帝“改制”有名无实；其六，对执政大臣的批判；其七，借《公羊传》正面肯定儒家道义的效用，表达对统治者实行霸道政治的不满；其八，对酷吏政治的批判；其九，指出朝廷政策可能导致的严重后果。“大夫”对《公羊传》引用19次，主要体现为：其一，强调权变；其二，强调严刑重法；其三，为自身辩护；其四，拒绝对现行政策改变；其五，强调对外战争的重要。“贤良文学”和“大夫”虽然都以《春秋》为据，然引经据典的目的却不同。前者以之来批判现实，批判执政大臣不能协助圣王实现王道理想，期待王道之治；“大夫”则延续汉武帝思路，以之缘饰既定方针政策。

盐铁会议之后，尽管朝廷对经济财政政策进行了局部调整，但本质上依旧沿袭的是汉武帝时期的霸道政策，王道政治的局面仍未出现，这使得儒生对现实不满的情绪进一步激发。广泛接受《公羊》学王道理想的儒生与西汉政治之间的矛盾不断激化，甚而出现要求汉帝退位的呼声。眭弘，作为董仲舒再传弟子，于元凤三年（公元前78年），根据一些怪异现象认为汉朝天数已终，遂上书要求汉昭帝退位。“先师董仲舒有言，虽有继体守文之君，不害圣人之受命。汉家尧后，有传国之运。汉帝宜谁差天下，求索贤人，禫以帝位，而退自封百里，如殷周二王后，以承顺天命。”①“退封百里”，据《汉书补注》引叶德辉之说，正是《公羊》学中的新周、故宋之义②。“汉家尧后”说起初由《公羊》学家提出并加以运用，实则是为论证西汉天子血统的高贵及其政权的合法性，最终却又演变为要求汉帝禅让退位之论说，“这一疯狂之举实则延续了盐铁会议上‘贤良文学’们对西汉政权的批评，并进一步走向极端，认为汉朝皇帝已不能实现王道理想，不能负起兴太平之责。怪异天象使他认定刘氏天命已终，于是为理想而奋不顾身地要求当朝皇帝退位。这表明《公羊》学派已对西汉政权的

---

① 班固撰，颜师古注：《汉书》卷七十五《眭两夏侯京翼李传》，北京：中华书局，1962年，第3154页。

② 王先谦补注：《汉书补注》，北京：书目文献出版社，1995年，第1369页。

合法性公开质疑，《公羊》学不利于维护统治的一面开始突显”[①]。而眭弘最终以妖言罪被处死，不仅揭示了作为思想学说的《公羊春秋》说与西汉中后期政治之间的渐行渐远，更揭示了帝国政权对于以《春秋》学为核心的儒学的规定，即“作为官方经学家，必须想方设法将孔子之道，解释得与本朝制度和现行政策绝对一致，而不许违背乃至相反”[②]。

范文澜先生曾说：“汉武帝独尊儒家，归根到底是尊《公羊》。”[③] 之所以尤尊《公羊》，在于“《公羊》陈义最高，且书法曲折，思辨入微，遂得先立于学官”[④]。所谓的“陈义最高”，实则是指契合了汉武帝拟建功立业之所需。蒋庆在《公羊学引论》中也曾论述道：“孔门弟子沿着孔子确立的理路，根据自己所处时代的具体境况，并在同其他思想的激荡中，不断阐述公羊学的义理，从而不断完善公羊学，最后把公羊学发展成了一门能够解决时代问题的新儒学。”[⑤] 公羊学通过自身的不断完善，解决了其时西汉王朝所面临的时代问题，契合了时代政治之所需。《公羊春秋》率先得立学官，对于汉武政治亦产生了相当影响：

> 观乎有汉一代之政治施设，虽颇仍秦旧，然其大纲，毕竟由《公羊》绎出。其后两千年间，《公羊》虽未尽为独尊，学者亦不尽自为颛门之学，然上至朝廷之议论，至于政治之规摹，下及百姓之日用，概莫不见《公羊》施化之溥博矣。[⑥]

---

① 吴涛：《西汉政治变迁与〈春秋〉三传影响的消长》，《郑州大学学报（哲学社会科学版）》，2012年第4期。

② 朱维铮：《音调未定的传统》，沈阳：辽宁教育出版社，1995年，第78页。

③ 中国社会科学院近代史研究所编：《范文澜历史论文选集》，北京：中国社会科学出版社，1979年，第310页。

④ 曾亦、郭晓东：《春秋公羊学史》（上），上海：华东师范大学出版社，2017年，第40-41页。

⑤ 蒋庆：《公羊学引论》，沈阳：辽宁教育出版社，1995年，第86-87页。

⑥ 曾亦、郭晓东：《春秋公羊学史》（上），上海：华东师范大学出版社，2017年，第40-41页。

随着汉武帝开疆拓土的霸道政策与《公羊》学者“太平之世”的理想出现隔阂，两者亦渐行渐远。《公羊春秋》也由“宣汉”到“退汉”，由大力论证西汉政权的合法性到主张汉统治者的禅让退位，透视出两者之间的张力。随着《公羊传》的思想主张与西汉政权之间的矛盾日益凸显，“到了汉朝中叶以后，随着阶级矛盾的激化，社会危机严重，统治集团就开始恐慌了，它害怕有别人受天命作新王”[①]。至汉宣帝，则采取措施，削弱春秋公羊学的影响，遂有甘露三年的“诏诸儒讲五经异同”的石渠阁会议。会议的结果，“乃立梁丘易，大小夏侯尚书，谷梁春秋博士”，即“在太学中设立谷梁春秋博士，这就叫‘立于学官’以与公羊春秋相对抗”[②]。基于《公羊春秋》的兴盛与衰微，我们看到，在帝制之下，思想学术的兴盛与否，很大程度上取决于其为政权服务的程度。

第二节　“得立学官”：《穀梁春秋》与汉宣之政

《穀梁春秋》之成，通常被视为源于“穀梁子”[③]。“穀梁子，名俶，字元始，一名赤。受经于子夏，为经作传。”[④] 其传，起先亦和《公羊》一样，乃师徒口耳授传，“（穀梁）传孙卿，孙卿传鲁人申公，申公传博士江翁”[⑤]。经过数代相传，至汉初，习《穀梁》者多出于申公，“瑕丘江公

---

① 冯友兰：《中国哲学史新编》（第三册），北京：人民出版社，1995 年，第 210-211 页。

② 冯友兰：《中国哲学史新编》（第三册），北京：人民出版社，1995 年，第 210-211 页。

③ 桓谭《新论》、蔡邕《正交论》、应劭《风俗通义》俱以为“穀梁赤”。王充《论衡·案书》作“穀梁寘”，阮孝绪《七录》作“穀梁俶”。颜师古注《汉志》云：“名喜。”钱大昭《汉书辨疑》则以为“喜”当作“嘉”。杨士勋疏云：“穀梁子，名俶，字元始。鲁人，一名赤。”是则穀梁子实则一人而数名也。皮锡瑞《春秋通论》云：“抑如《公羊》之祖孙父子相传，非一人乎？”其以为，非一人有数名，实则是穀梁氏一门数人共传《穀梁》也。

④ 范宁集解，杨士勋疏：《春秋穀梁传注疏》“四库提要”，李学勤主编：《十三经注疏》（标点本），北京：北京大学出版社，1999 年，第 1 页。

⑤ 范宁集解，杨士勋疏：《春秋穀梁传注疏》“序”，李学勤主编：《十三经注疏》（标点本），北京：北京大学出版社，1999 年，第 3 页。

受《穀梁春秋》及《诗》于鲁申公”[①]。

在《春秋》三传中，《穀梁》与《公羊》同被视为今文经，同为释经之传，亦同出子夏，不论内容与形式，皆极相近。且二者俱传《春秋》，皆得圣人之旨言[②]。然在其后的传授过程中，两者之义却呈现不同，“《公羊传》兼具诛乱和立法，重点在立法；《穀梁》则从阐扬儒家宗法伦理出发，以强调王道纯治、正统礼治为主，重点在礼”[③]。故“《穀梁》以卫辄拒父为尊祖，不纳子纠为内恶”[④]。随着汉武帝“置五经博士”，以利禄相劝诱，《公羊》《穀梁》二传亦相纷争。

一、《穀梁春秋》得立学官

《汉书·艺文志》在说明《邹氏春秋》未能立为学官的原因时云：“四家之中，公羊、穀梁立于学官，邹氏无师。”[⑤] 所谓的“无师”，应该是指没有成熟的传授系统。换言之，某个学说若想立为学官，在一般情况下，至少要具备两点：一是这个学说能够有机会参加官方组织的公开辩难，并得到肯定，二是此学说已经具有了比较成熟的且得到官方承认的传授系统。[⑥] 以之观《穀梁》，也是如此。前述汉武帝时，瑕丘江公在与董仲舒的辩论过程中，因“呐于口”而落败。其后，《穀梁》虽得到太子的“私问”且“善之”，然随着卫太子遭逢巫蛊之祸，《穀梁》学“唯鲁荣广王孙、皓星公二人受焉”[⑦]。相较于《公羊》的动辄“弟子

---

① 班固撰，颜师古注：《汉书》卷八十八《儒林传》，北京：中华书局，1962 年，第 3617 页。

② 曾亦、郭晓东：《春秋公羊学史》(上)，上海：华东师范大学出版社，2017 年，第 146 页。

③ 林琳：《两汉〈春秋〉穀梁学研究》，山东大学硕士学位论文，2010 年。

④ 范宁集解，杨士勋疏：《春秋穀梁传注疏》“序”，李学勤主编：《十三经注疏》(标点本)，北京：北京大学出版社，1999 年，第 9 页。

⑤ 陈国庆编：《汉书艺文志注释汇编》，北京：中华书局，1983 年，第 74 页。

⑥ 杨思贤：《制度、信仰与思维方式：两汉〈左传〉命运之再考察》，《江苏社会科学》，2010 年第 3 期。

⑦ 班固撰，颜师古注：《汉书》卷八十八《儒林传》，北京：中华书局，1962 年，第 3617 页。

百余人”[①]，《穀梁》实为“浸微”。如此，《穀梁》欲得立为学官，其首要则在于人才之培养与储备。这有赖于汉宣帝的“善《穀梁》说”。

《汉书》载，“初，宣帝不甚从儒术，任用法律，而中书宦官用事”[②]。汉宣帝之“善《穀梁》说”，《汉书》载其由：

> 宣帝即位，闻卫太子好《穀梁春秋》，以问丞相韦贤、长信少府夏侯胜及侍中乐陵侯史高，皆鲁人也，言穀梁子本鲁学，公羊氏乃齐学也，宜兴《穀梁》。[③]

宣帝之“善《穀梁》说”，一则在于“闻卫太子好《穀梁春秋》”，二则在于时为丞相的韦贤、长信少府夏侯胜及侍中乐陵侯史高皆以鲁人故，遂向宣帝推介“宜兴”本鲁学的《穀梁》。考宣帝所询问者，丞相韦贤治《诗》，长信少府夏侯胜治《书》，皆非治《穀梁》者[④]。其所同者，乃“皆鲁人也”，其所称宜兴《穀梁》，其由仅仅在于“穀梁子本鲁学，公羊学乃齐学也”。就是说，诸大臣对《穀梁》的推介，主要是基于“皆鲁”之由，尚不涉及学说思想上的秉持与分歧。

此后，汉宣帝遂召见《穀梁》学家蔡千秋等，使之与《公羊》学家并说，擢蔡千秋为谏大夫给事中：

---

① 班固撰，颜师古注：《汉书》卷八十八《儒林传》，北京：中华书局，1962年，第3616页。

② 班固撰，颜师古注：《汉书》卷七十八《萧望之传》，北京：中华书局，1962年，第3284页。

③ 班固撰，颜师古注：《汉书》卷八十八《儒林传》，北京：中华书局，1962年，第3618页。

④ “韦贤治《诗》，事大江公（即瑕丘江公也）及许生，又治《礼》，至丞相。传子玄成，以淮阳中尉论石渠……由是《鲁诗》有韦氏学。”“欧阳生字和伯，千乘人也。事伏生，授倪宽。宽又受业孔安国，至御史大夫……宽有俊才，初见武帝，语经学。上曰：‘吾始以《尚书》为朴学，弗好，及闻宽说，可观。’乃从宽问一篇。欧阳、大小夏侯氏学皆出于宽。”“胜传从兄子建，建又事欧阳高。胜至长信少府，建太子太傅……由是《尚书》有大小夏侯之学。”见《汉书》卷八十八《儒林传》。

> 时千秋为郎，召见，与《公羊》家并说，上善《穀梁》说，擢千秋为谏大夫给事中，后有过，左迁平陵令。复求能为《穀梁》者，莫及千秋。上愍其学且绝，乃以千秋为郎中户将，选郎十人从受。汝南尹更始翁君本自事千秋，能说矣，会千秋病死，征江公孙为博士。刘向以故谏大夫通达待诏，受《穀梁》，欲令助之。江博士复死，乃征周庆、丁姓待诏保宫，使卒授十人。自元康中始讲，至甘露元年，积十余岁，皆明习。①

宣帝之“善《穀梁》说”，除了使其与《公羊》家“并说”外，还“选郎十人从受”千秋。此后，又征江公孙为博士，同时，“刘向以故谏大夫通达待诏，受《穀梁》，欲令助之”。此外，“征周庆、丁姓待诏保宫，使卒授十人”。如此，经过长达十余岁的人才培养，《穀梁》说“皆明习”。

在经过十余年的人才培养之后，汉宣帝遂诏令“平《公羊》《穀梁》同异”：

> 乃召五经名儒太子太傅萧望之等大议殿中，平《公羊》《穀梁》同异，各以经处是非。时《公羊》博士严彭祖、侍郎申輓、伊推、宋显，《穀梁》议郎尹更始、待诏刘向、周庆、丁姓并论。《公羊》家多不见从，愿请内侍郎许广，使者亦并内《穀梁》家中郎王亥，各五人，议三十余事。望之等十一人各以经谊对，多从《穀梁》。由是《穀梁》之学大盛。②

相较于汉武帝时的江公与董仲舒之辩，此次“平《公羊》《穀梁》同异”不仅规模更为宏大，双方“各五人”，且等级规格更高，由太子太傅萧望之主持，汉宣帝最终“亲称制临决”。双方“各以经谊对”。最终，经过

---

① 班固撰，颜师古注：《汉书》卷八十八《儒林传》，北京：中华书局，1962年，第3618页。

② 班固撰，颜师古注：《汉书》卷八十八《儒林传》，北京：中华书局，1962年，第3618页。

石渠阁会议的平议，“乃立梁丘易、大小夏侯尚书、穀梁春秋博士”。《穀梁春秋》终得立学官。

我们看到，在《穀梁》得立学官的过程中，政权的力量尤其是来自最高皇权的力量格外凸显。《穀梁》得立学官，政治因素大于其本来的思想经义，这在其后的发展历程中可窥得一斑。《穀梁》借宣帝之势而立为博士，然随着宣帝朝的结束又走向衰微。时至东汉光武时期，设有十四博士，《公羊》有严、颜二博士，《穀梁》却未得立[①]。灵帝时，所立熹平石经有《公羊传》，但不见《穀梁传》[②]。《后汉书 · 灵帝纪》灵帝光和三年（180 年），“诏公卿举能通《古文尚书》《毛诗》《左氏》《穀梁春秋》各一人，悉除议郎”。然其时几无应征者，足见《穀梁》于东汉已见颓势。至东晋，荀崧上奏以为“三传虽同曰《春秋》，而发端异趣，案如三家异同之说，此乃义则战争之场，辞亦剑戟之锋，于理不可得共。博士宜各置一人，以博其学”。尽管“议者多请从崧所奏”，最终却是诏曰：“《穀梁》肤浅，不足置博士，余如奏。”[③] 足见《穀梁》经义之不足。对此，清皮锡瑞有云：

> 《穀梁》在前汉尝立学官，有博士。而后汉十四博士止有《公羊》严、颜二家，而无《穀梁》，则《穀梁》虽暂立于宣帝时，至后汉仍不立，犹《左氏》虽暂立于平帝与光武时，至其后仍不立也。……然则《穀梁》虽暂盛于宣帝之时，而汉以前盛行《公羊》，汉以后盛行《左氏》。盖《穀梁》之义，不及《公羊》之大，事不及《左氏》之详，故虽监省《左氏》《公羊》立说，较二家为平正，卒不能与二家鼎立。[④]

---

① 《后汉书 · 贾逵传》载，章帝建初元年，贾逵上疏云：“至光武皇帝，奋独见之明，兴立《左氏》《穀梁》，会二家先师不晓图谶，故令中道而废。”

② 曾亦、郭晓东：《春秋公羊学史》（上），上海：华东师范大学出版社，2017 年，第 147 页。

③ 房玄龄等：《晋书》卷七十五《荀崧传》，北京：中华书局，1974 年，第 1978 页。

④ 皮锡瑞著，吴仰湘点校：《经学通论》，北京：中华书局，2018 年，第 390 页。

二、《穀梁春秋》与汉宣之政

《穀梁》的兴废，更多取决于在位者。宣帝着力扶持《穀梁》说，其缘由通常被视为有以下方面：

其一，因卫太子所“善”而善之。对此，有两种说法，一说以宣帝早在民间闻其祖父（卫太子）好《穀梁》，因而自幼就独自诵习《穀梁》：

> 孝武皇帝好《公羊》，卫太子好《穀梁》，有诏诏太子受《公羊》，不得受《穀梁》。孝宣帝在人间时，闻卫太子好《穀梁》，于是独学之。及即位，为石渠论而《穀梁氏》兴。①

另一通行说法则是宣帝即位之后听闻《穀梁》为卫太子所好：

> 宣帝即位，闻卫太子好《穀梁春秋》，以问丞相韦贤、长信少府夏侯胜及侍中乐陵侯史高，皆鲁人也，言穀梁子本鲁学，公羊氏乃齐学也，宜兴《穀梁》。时千秋为郎，召见，与《公羊》家并说，上善《穀梁》说，擢千秋为谏大夫给事中，后有过，左迁平陵令。②

然而，对于即位前的曾皇孙，《汉书》所载则是：“受《诗》于东海澓中翁，高材好学，然亦喜游侠，斗鸡走马，具知闾里奸邪，吏治得失。”③ 其后，霍光奏议荐其继皇帝位，对其的评价亦是：“师受《诗》《论语》《孝经》，操行节俭，慈仁爱人，可以嗣孝昭皇帝后，奉承祖宗，

① 范晔撰，李贤等注：《后汉书》卷三十六《郑范陈贾张列传》，北京：中华书局，1965年，第1231页。

② 班固撰，颜师古注：《汉书》卷八十八《儒林传》，北京：中华书局，1962年，第3618页。

③ 班固撰，颜师古注：《汉书》卷八《宣帝纪》，北京：中华书局，1962年，第237页。

子万姓。”[①] 其中对于宣帝即位前的受学情况，均不曾言及有对《穀梁》说的涉猎。相反的是，受巫蛊之祸戾太子事件所波及，《穀梁》学在其时自然是更趋“浸微”，故流落民间的曾皇孙“独学”《穀梁》的可能性似乎不大。再则，考量宣帝即位后的“善《穀梁》说”，除却“闻卫太子好《穀梁春秋》”外，似乎还在于丞相诸臣多“鲁人”，由此基于地域认同而上奏的“宜兴”之言。就此而论，汉宣帝本人对于《穀梁》说是否真如卫太子之“善”，似乎难觅端倪。

其二，或认为是《穀梁》说在经学思想上的特征和优势成为其被立为学官的原因[②]。诸如《穀梁》较《公羊》更重视伦理道德方面的弘扬，更重视劝导统治者在为政的实践中注意“高明柔克”的特点。金春峰认为，汉宣帝时期，《穀梁》受到重视，与这一时期开始重视礼制的建设有关[③]，“宣帝重视《穀梁》，当不只是秉承祖父的遗爱，关键是《穀梁》有利于加强宗法礼仪的控制力量，纠正《公羊》学片面强调法治所已经导致和可能引起的弊端”[④]。其在比较《公羊》与《穀梁》后认为：

> 《公羊》学虽也强调宗法等级制度的建设，但《公羊春秋》突出宣传的思想是拨乱世，反诸正，大义灭亲，要求对乱臣贼子毫不留情地进行镇压。其矛头是针对诸侯王的叛乱活动的，目的是强化中央集权的等级制度的权威。这种法治精神盛行的结果，一方面加强了中央的专制集权和大一统，但同时也使宗法伦理、温情脉脉的一面大为削弱，以致不仅淮南狱广事株连，空前残酷，最后连武帝父子之间也以兵戎相见，骨肉情恩扫地以尽。宣帝精于政治，看出了一味强调法治

---

① 班固撰，颜师古注：《汉书》卷八《宣帝纪》，北京：中华书局，1962年，第238页。

② 余全介：《经学与政治——论刘贺立而复废与〈谷梁春秋〉增立博士的关系》，《辽宁教育行政学院学报》，2005年第1期。

③ 金春峰：《汉代思想史》，北京：中国社会科学出版社，1997年，第324页。

④ 金春峰：《汉代思想史》，北京：中国社会科学出版社，1997年，第326页。

的弊端，所以虽然强调法治，但儒家思想的另一面：重礼义教化，重宗法情谊，他也是十分重视的。这是缓和统治集团内部矛盾的需要，也是稳定封建统治的长远利益的需要。而和董仲舒的《公羊》学相比较，《穀梁春秋》正是强调后一方面的。[①]

无论《穀梁》和《公羊》各自主旨如何，两者都是以解《春秋》经的儒学著述而呈现于其时其世的。宣帝一朝不重儒生毋需赘述，因为此类记载在《汉书》中大量存在，如："时，上（元帝，笔者注）好儒术文辞，颇改宣帝之政，言事者多进见，人人自以为得上意。"[②]从汉元帝的"好儒术文辞"被视之为是对宣帝之政的"颇改"，可知宣帝对儒术的态度。此外，宣帝的不用儒术也曾遭到其时儒生的抨击："是时上方用刑法，信任中尚书宦官，宽饶奏封事曰：'方今圣道浸废，儒术不行，以刑余为周召，以法律为《诗》《书》。'"[③]"初，宣帝不甚从儒术，任用法律，而中书宦官用事。"[④]而最能体现汉宣帝对儒术的态度，莫过于其与其时太子的对话：

（孝元皇帝）年二岁，宣帝即位。八岁，立为太子。壮大，柔仁好儒。见宣帝所用多文法吏，以刑名绳下，大臣杨恽、盖宽饶等坐刺讥辞语为罪而诛，尝侍燕从容言："陛下持刑太深，宜用儒生。"宣帝作色曰："汉家自有制度，本以霸王道杂之，奈何纯任德教，用周政乎！且俗儒不达时宜，好是古非今，使人眩于名实，不知所守，何足委任！"乃叹曰："乱我家者，太子也！"繇是疏太子而爱淮阳王，曰："淮阳王明察好法，宜为吾子。"而王母张倢伃尤幸。上有意欲用淮阳

① 金春峰：《汉代思想史》，北京：中国社会科学出版社，1997年，第324-325页。
② 班固撰，颜师古注：《汉书》卷八十一《匡张孔马传》，北京：中华书局，1962年，第3338页。
③ 班固撰，颜师古注：《汉书》卷七十七《盖诸葛刘郑孙毋将何传》，北京：中华书局，1962年，第3247页。
④ 班固撰，颜师古注：《汉书》卷七十八《萧望之传》，北京：中华书局，1962年，第3284页。

王代太子，然以少依许氏，俱从微起，故终不背焉。[①]

此外，考诸宣帝之施政，无不以汉武帝为取法目标与榜样。首先，就其拟欲达致的政治理想而论，其与汉武帝可谓是殊途同归。汉武帝在元光元年（公元前134年）五月诏贤良时曰：“何行而可以章先帝之洪业休德，上参尧舜，下配三王！”[②] 而宣帝在黄龙元年（公元前49年）的诏书中云：“将欲配三王之隆，明先帝之德也。”[③] 两者均以“三王”为政治之极。其次，虽然意欲同汉武帝一样“章先帝之洪业休德”，然而汉宣帝的“明先帝之德”，其所指向的无疑是被视为“功德茂盛，不能尽宣”的汉武帝：

宣帝初即位，欲褒先帝，诏丞相御史曰：“朕以眇身，蒙遗德，承圣业，奉宗庙，夙夜惟念。孝武皇帝躬仁谊，厉威武，北征匈奴，单于远遁，南平氐羌、昆明、瓯骆两越，东定薉、貉、朝鲜，廓地斥境，立郡县，百蛮率服，款塞自至，珍贡陈于宗庙；协音律，造乐歌，荐上帝，封太山，立明堂，改正朔，易服色；明开圣绪，尊贤显功，兴灭继绝，褒周之后；备天地之礼，广道术之路。上天报况，符瑞并应，宝鼎出，白麟获，海效巨鱼，神人并见，山称万岁。功德茂盛，不能尽宣。”[④]

再次，在处理汉匈关系方面，汉宣帝所遵循的依旧是《公羊》说之论。《汉书》载：

---

① 班固撰，颜师古注：《汉书》卷九《元帝纪》，北京：中华书局，1962年，第277页。

② 班固撰，颜师古注：《汉书》卷六《武帝纪》，北京：中华书局，1962年，第161页。

③ 班固撰，颜师古注：《汉书》卷八《宣帝纪》，北京：中华书局，1962年，第273页。

④ 班固撰，颜师古注：《汉书》卷七十五《眭两夏侯京翼李传》，北京：中华书局，1962年，第3156页。

> （甘露二年冬十二月）匈奴呼韩邪单于款五原塞，愿奉国珍朝三年正月。诏有司议。咸曰："圣王之制，施德行礼，先京师而后诸夏，先诸夏而后夷狄。《诗》云：'率礼不越，遂视既发。相土烈烈，海外有截。'"①

而观之《公羊传》成公十五年十一月："《春秋》，内其国而外诸夏，内诸夏而外夷狄。王者欲一乎天下，曷为以外内之辞言之？言自近者始也。"对此，何休注："内其国者，假鲁以为京师也。诸夏，外土诸侯也。"② 刘向《说苑·指武》篇云："内治未得，不可以正外；本惠未袭，不可以制末。是以《春秋》先京师而后诸夏，先诸华而后夷、狄。"③ 就是说，宣帝朝所言的先"京师"而后"诸夏"而后"夷狄"的施德行礼，与《公羊传》所主张的"新王""异内外"的施政如出一辙。而《公羊传》正因其"大义"为汉武帝所青睐。如此可知宣帝之治对于汉武帝之政的承袭。

可以看到，无论是在施政所效法的目标抑或是在对外的方略上，汉宣帝更多是取法"功德茂盛，不能尽宣"的汉武帝。汉宣帝基本继承了汉武帝的霸政之治，"汉家自有制度，本以霸王道杂之，奈何纯任德教，用周政乎！"④ 如此，汉宣帝的施政不可能从根本上背离汉武帝时由《公羊》说所确立的大政方略。就是说，汉宣帝时《穀梁》虽得立学官，然公羊仍是《春秋》三传中影响最大的。对此，段熙仲先生有精辟的分析：

> 传言萧望之善张禹言《左氏》，上书数以称说，且荐禹于宣帝，

① 班固撰，颜师古注：《汉书》卷八《宣帝纪》，北京：中华书局，1962年，第270页。

② 公羊寿传，何休解诂，徐彦疏：《春秋公羊传注疏》卷第十八《成公十五年》，李学勤主编：《十三经注疏》（标点本），北京：北京大学出版社，1999年，第400-401页。

③ 刘向撰，向宗鲁校证：《说苑校证》，北京：中华书局，1987年，第369页。

④ 班固撰，颜师古注：《汉书》卷九《元帝纪》，北京：中华书局，1962年，第277页。

然余考《汉书》望之本传，五凤中对问因匈奴坏乱举兵灭之议，乃曰："《春秋》晋士匄帅师侵齐，闻齐侯卒，引师而还，君子大其不伐丧，以为恩足以服孝子，谊足以动诸侯。"按：《左氏》但言"礼也"，未言大其不伐丧，《穀梁》则非其专君命，惟《公羊》有"大其不伐丧"之明文。而"恩足以服孝子，谊足以动诸侯"，乃与何君《解诂》"恩动孝子之心，义服诸侯之君"同。何君此语必本先师之说，是以与望之所称引者合。望之用《公羊》，未从《左》《穀》，安在而见其上书数以称说也？本传又云望之以中书政本，用宦者违古不近刑人之义，此又《公羊》义也。

孔光家世大夏侯学，师丹亦治《齐诗》，而皆不之许，是知甘露三年之平议，特以依违宣帝意故耳。刘向之明《穀梁》由于受诏，然其上元帝封事，举周大夫祭伯出奔于鲁及尹氏世卿专恣，多用《公羊》义，不用《穀梁》《左氏》说。其说灾异，时与董君说合，与其子歆异，《汉书·五行传》详之矣。①

其认为，《汉书》所谓佑护《穀梁》学与《左氏》学的一些大师如萧望之、孔光、师丹、刘向等，其论学旨归仍是《公羊》学。翻检史书可知，宣帝即位后，虽然竭力提倡《穀梁》，但对于《公羊》学者，并不存在排斥，如：

严彭祖字公子，东海下邳人也。与颜安乐俱事眭孟。孟弟子百余人，唯彭祖、安乐为明……孟死，彭祖、安乐各颛门教授。由是《公羊春秋》有颜、严之学。彭祖为宣帝博士，至河南、东郡太守。以高第入为左冯翊，迁太子太傅。②

至宣帝时，汝南桓宽次公治《公羊春秋》，举为郎，至庐江太守

① 段熙仲著，鲁同群等点校：《春秋公羊学讲疏》，南京：南京师范大学出版社，2002年，第42页。

② 班固撰，颜师古注：《汉书》卷八十八《儒林传》，北京：中华书局，1962年，第3616页。

> 丞，博通善属文。①

由此，探究宣帝扶持《穀梁》进而将之立为学官，更深层的缘由当在于其时现实政治之所需，即其旨在用《穀梁》抗衡《公羊》，维护汉政权的合法性，巩固强化皇权。石渠阁会议的中心是“平《公羊》《穀梁》同异”。就现有的《公羊春秋》《穀梁春秋》而言，冯友兰先生认为：

> 其同在于两“传”都认为《春秋》中有孔丘的“微言大义”，而它们都记载了那些“微言大义”。其异在于谷梁中没有孔丘“受天命为新王”之说。例如《春秋》在哀公十四年记载“西狩获麟”。《公羊传》认为这是孔丘受天命为新王的信号（“受命之符”）。《谷梁传》没有这个说法。《左传》更是平平淡淡地一笔带过。石渠会议用《谷梁传》代《公羊传》就是要否定“受天命为新王”之说。②

前已言及，汉武帝时期，《公羊》说因其以“大一统”“三统说”为核心的释义，不仅论证了西汉王朝的合法性，也契合了其时最高统治者之需，故被立于学官而大盛。然《公羊》“三统说”是把双刃剑。当人们对西汉王朝充满希望时，它可以为西汉政权的合法性提供论证。反之，它又被用以论证汉朝当亡。事实也确实如此。时至昭帝时期，曾经构筑起汉政权合法性的《公羊》说，开始出现了不利于汉政权的声音：

> 孝昭元凤三年（公元前 78 年）正月，泰山莱芜山南匈匈有数千人声，民视之，有大石自立，高丈五尺，大四十八围，入地深八尺，三石为足。石立后有白乌数千下集其旁。是时昌邑有枯社木卧复生，又上林苑中大柳树断枯卧地，亦自立生，有虫食树叶成文字，曰“公

---

① 班固撰，颜师古注：《汉书》卷六十六《公孙刘田王杨蔡陈郑传》，北京：中华书局，1962 年，第 2903 页。

② 冯友兰：《中国哲学史新编》（第三册），北京：人民出版社，1995 年，第 211 页。

孙病已立”，孟推《春秋》之意，以为“石柳皆阴类，下民之象，泰山者岱宗之岳，王者易姓告代之处。今大石自立，僵柳复起，非人力所为，此当有从匹夫为天子者。枯社木复生，故废之家公孙氏当复兴者也”。孟意亦不知其所在，即说曰：“先师董仲舒有言，虽有继体守文之君，不害圣人之受命。汉家尧后，有传国之运。汉帝宜谁差天下，求索贤人，禧以帝位，而退自封百里，如殷周二王后，以承顺天命。”……时，昭帝幼，大将军霍光秉政，恶之，下其书廷尉。奏赐、孟妄设祆言惑众，大逆不道，皆伏诛。后五年，孝宣帝兴于民间，即位，征孟子为郎。[1]

作为《公羊》学者的代表——董仲舒，其再传弟子眭孟借灾异为说，提出汉统治者应实行禅让。这不仅反映了其时的《公羊》学者对于武帝以来所施政策的失望，更揭示了《公羊》学说与政治之间出现渐趋分疏的样态。

汉宣帝效法汉武帝，继续推行霸道政治，此与以《公羊》学家为代表的儒生所倡导的王道理想并不相容。故宣帝在位期间，批评之声仍旧不绝于耳。路温舒上疏：“臣闻秦有十失，其一尚存，治狱之吏是也。”[2] 王吉认为宣帝“霸王道杂之”，造成“《春秋》大一统”所宣扬的“六合同风，九州共贯”[3] 久久不能实现。其后，更有盖宽饶上书要求汉宣帝退位之事的发生：

是时上（汉宣帝）方用刑法，信任中尚书宦官，宽饶奏封事曰：“方今圣道浸废，儒术不行，以刑余为周召，以法律为《诗》《书》。”又引《韩氏易传》言：“五帝官天下，三王家天下，家以传子，官以

① 班固撰，颜师古注：《汉书》卷七十五《眭两夏侯京翼李传》，北京：中华书局，1962年，第3153-3154页。

② 班固撰，颜师古注：《汉书》卷五十一《贾邹枚路传》，北京：中华书局，1962年，第2369页。

③ 班固撰，颜师古注：《汉书》卷七十二《王贡两龚鲍传》，北京：中华书局，1962年，第3063页。

传贤，若四时之运，功成者去，不得其人则不居其位。”书奏，上以宽饶怨谤终不改，下其书中二千石。时执金吾议，以为宽饶指意欲求禮，大逆不道。①

此外，对于汉宣帝而言，《公羊》说之不合时宜，还在于儒生借《公羊》义对于卫太子的否定：

始元五年（公元前82年），有一男子乘黄犊车，建黄旐，衣黄襜褕，著黄冒，诣北阙，自谓卫太子。公车以闻，诏使公卿将军中二千石杂识视。长安中吏民聚观者数万人。右将军勒兵阙下，以备非常。丞相御史中二千石至者并莫敢发言。京兆尹不疑后到，叱从吏收缚。或曰：“是非未可知，且安之。”不疑曰：“诸君何患于卫太子！昔蒯聩违命出奔，辄距而不纳，《春秋》是之。卫太子得罪先帝，亡不即死，今来自诣，此罪人也。”遂送诏狱。②

隽不疑此处引用的“春秋”即《公羊春秋》。卫太子被其比作春秋时期的蒯聩。据《公羊》家的解说，曾被立为太子的蒯聩违命出奔，故不应该立为卫公。因此，隽不疑认为即便来人就是真正的卫太子刘据，也是“罪人”，没有理由继承皇位，更不允许对汉昭帝的政权构成威胁。这种勇于维护中央政府的稳定和安全的行动在其时得到了霍光和汉昭帝的嘉奖鼓励，“天子与大将军霍光闻而嘉之，曰：‘公卿大臣当用经术明于大谊。’繇是名声重于朝廷，在位者皆自以不及也。大将军光欲以女妻之，不疑固辞，不肯当”③。然而，此次事件中，利用《公羊》说否定卫太子的合理

① 班固撰，颜师古注：《汉书》卷七十七《盖诸葛刘郑孙毋将何传》，北京：中华书局，1962年，第3247页。

② 班固撰，颜师古注：《汉书》卷七十一《隽疏于薛平彭传》，北京：中华书局，1962年，第3037页。

③ 班固撰，颜师古注：《汉书》卷七十一《隽疏于薛平彭传》，北京：中华书局，1962年，第3038页。

性和正统性旨在维护汉昭政权的合理性与合法性，就维护既有统治政权而言，《公羊》说当是发挥了正向的功能；但是，《公羊》说的这一观点与立场在随之而来的汉宣帝即位后，却变得尴尬与不合时宜。因为，否定卫太子的正统地位也就否定了“意外”即位的宣帝的正统位置，直接对宣帝政权的合法性造成了危害。诸如面对宣帝的即位，作为汉武帝之子的广陵王刘胥就感到不可思议：“太子孙何以反得立？”[①] 此语一定程度上道出了宣帝政权在其时并非完全名正言顺。

正是基于此，如何确定宣帝当政的正统性和合法性就显得格外重要。对于其时政权统治者这一政治诉求，《公羊春秋》不仅没有发挥作用，还曾经否定卫太子（也就连带否定了其后嗣）的正统性，这就在一定程度上宣告了汉宣政权与《公羊春秋》之间的悬隔。然而，作为后继之主，汉宣帝又不便于完全废除汉武帝支持的《公羊春秋》，只好通过增立和支持它的对立方来达到削弱的目的。如此，我们就可以理解，为什么汉宣帝在增立《春秋》博士的时候要把《穀梁春秋》与卫太子联系起来——确定卫太子与《穀梁春秋》之间的联系对于汉宣政权极富深意：

> 首先，它可以帮助宣帝利用倾向于卫太子的民间舆论和社会思潮，为自己的正统地位加上一块砝码。作为卫太子孙子的宣帝，在个人对经学的爱好和选择上与刘据保持一致，在感情上可以拉近与那些同情卫太子的人的距离，并进而在政治上赢得更多来自卫太子阵营的支持。这样一来……极有利于提高刘询政权的威信和合法性。其次……在尊重和继承卫太子爱好的口号下增立《春秋谷梁传》的博士会为汉宣帝赢得一个“孝”并富有人情味的好印象。同时，也达到了削弱《春秋公羊传》的目的。[②]

---

① 班固撰，颜师古注：《汉书》卷六十三《武五子传》，北京：中华书局，1962 年，第 2761 页。

② 余全介：《经学与政治——论刘贺立而复废与〈谷梁春秋〉增立博士的关系》，《辽宁教育行政学院学报》，2005 年第 1 期。

要之，一方面，《公羊》说的“禅让”思想整体上有损于西汉王朝的长久之治；另一方面，《公羊》说对卫太子的否定一定程度上削弱了宣帝政权的合法性与正统性。不仅如此，汉宣政治与《公羊》学者所期待的王道理想背道而驰，引起了以《公羊》学者为代表的儒生对西汉王朝的极大失望。继眭弘之后，儒生中怀疑汉朝皇帝在位合法性的想法更加广泛，而“《公羊》三统说”等“非常异义可怪”之论则是这些思想的理论根源所在。就是说，时至汉宣，《公羊春秋》呈现出与当朝政权不相适宜的状况。而《公羊》说又是汉武帝立于学官的，不便公然废止。基于此，将同样以阐释《春秋》经义的《穀梁》立于学官，以之来消解《公羊》的影响也就成为政治与学术之间合作的上佳之选。汉宣帝希望用《穀梁》来冲淡《公羊》的影响，用《穀梁》继续为“霸王道”施政作理论上的支撑。“霸王道杂之”也揭示出在位者尚需要用王道来粉饰抑或掩盖其霸道，故用《穀梁》代《公羊》成为最简单易行的举措。

概而言之，汉宣帝采取立《穀梁》为学官之策用以削弱制衡《公羊》，究其实，在于《公羊春秋》的主张不再符合变化了的统治者的政治需要。《穀梁春秋》的增立亦并不能表明它从此就受到统治者的信奉和支持，更不能由它被增立为博士这个结果就去倒推它在思想上有什么原因。增立《穀梁春秋》博士很大程度是出于政治的目的，即用之来抗衡削弱《公羊春秋》，因为终宣帝之世，《穀梁春秋》并没有受到尊崇，《春秋》学领域依然是《公羊春秋》一统天下，皇帝的诏书和大臣的上奏里面仍然较多地采用《公羊春秋》的学说[①]。《穀梁》得立学官，与其说是源于宣帝的“善之”，毋宁说是其基于政治需要的“用之”。换言之，汉宣帝起于民间，为巩固其统治，登基以后必然要广泛寻求朝臣的支持。由于武帝以来公卿多儒生，因而，新起的数家经学派别实际上都代表着一股政治势力。以卫太子好《穀梁》说而增立《穀梁》为学官，无疑会获得同情卫太子的政治力量的支持。此外，我们也看到，汉宣帝

① 余全介：《经学与政治——论刘贺立而复废与〈谷梁春秋〉增立博士的关系》，《辽宁教育行政学院学报》，2005年第1期。

亲临称制也并非仅立《穀梁》说，与其同立的还有“梁丘易”“大小夏侯尚书”。《穀梁》说只是所立诸博士中的一家而已。对于起初“不甚从儒”的宣帝而言，不顾师法原则大增经学博士，正是为了借助各家各派的相互制衡，在此过程中求得各家各派政治势力对其的支持。而立《穀梁》为学官，更多的还在于用之发挥抗衡《公羊》的功效。对此，诚如冯友兰先生所言：

> 汉宣帝是一个英明的皇帝。他大概意识到这种影响可能发生的后果。在他的晚年他就采取措施，削弱春秋公羊学的影响。他在甘露三年“诏诸儒讲五经异同。……乃立梁丘易，大小夏侯尚书，谷梁春秋博士”。[①]

第三节　“引传文以解经”：《春秋左氏传》与两汉政治

自汉武帝立五经博士，“劝以官禄”，“学术既然定于一尊，经学遂成了利禄的捷径，学术的正宗与政权的正统互相利用，搅在一起了”[②]。随着“学术”与“政权”“利禄”的密切关联，也就开启了争立学官的经学之争。在古文经学兴起以前，经学之争主要在于“今文学内部的《公羊》与《穀梁》之争，遂致宣帝时《穀梁》博士之增设”[③]。刘歆的《移让太常博士书》“标志着第一次今、古文经学之争的正式开始和整个经学发展演变的重大转折，当然也标志着潜滋暗长多时的《左传》学的异军突起”[④]。换言之，自哀、平以后，以刘歆争立古文经于学官开其端，“遂启今古之

① 冯友兰：《中国哲学史新编》（第三册），北京：人民出版社，1995年，第210–211页。

② 侯外庐等：《中国思想通史》（第二卷），北京：人民出版社，2004年，第313页。

③ 曾亦、郭晓东：《春秋公羊学史》（上），上海：华东师范大学出版社，2017年，第201页。

④ 黄觉弘：《左传学早期流变研究》，北京：中国社会科学出版社，2010年，第172页。

隙，今文家乃有同仇敌忾之心，尤强调《公羊》与《左氏》之不同”，“学者更是党同伐异，各执己见，遂使得今古之争成水火之势”。[①] 诚如有学者所言：“《左传》从战国到西汉传承不绝，《公羊》学是西汉的官学，《穀梁》学得以附骥，《左传》只在民间流传。……《左传》学在西汉不绝如缕，始终没有受到重视，直到刘歆出来大喊大叫以后才开始立于博士，与《公》《穀》形成分庭抗礼之势。”[②]

一、“引传文以解经”：刘歆争立古文经于学官与哀平之政

刘歆，字子骏，刘向之子，“少以通《诗》《书》能属文召……河平中，受诏与父向领校秘书，讲六艺传记，诸子、诗赋、数术、方技，无所不究”[③]。由此可知，刘歆少时实为博览群经[④]，无所不究，并无特别的立场偏好。及“领校秘书”，得见古文《春秋左氏传》，歆遂“大好之”，加之与上“亲近”，故“欲建立《左氏春秋》及《毛诗》《逸礼》《古文尚书》皆列于学官”。[⑤] 哀帝令之与《五经》博士“讲论其义”，由此揭开了经学史上今古文之争的大幕。

尽管有汉哀帝的支持，刘歆之举却遭遇今文经诸博士强烈反对，“不肯置对”。刘歆遂“移书太常博士”以“责让之”：

> 昔唐虞既衰，而三代迭兴，圣帝明王，累起相袭，其道甚著。周室既微而礼乐不正，道之难全也如此。是故孔子忧道之不行，历国应聘。自卫反鲁，然后乐正，《雅》《颂》乃得其所；修《易》，序

---

① 曾亦、郭晓东：《春秋公羊学史》（上），上海：华东师范大学出版社，2017 年，第 201 页。

② 沈玉成、刘宁：《春秋左传学史稿》，南京：江苏古籍出版社，1992 年，第 79 页。

③ 班固撰，颜师古注：《汉书》卷三十六《楚元王传》，北京：中华书局，1962 年，第 1967 页。

④ 刘歆不仅通《诗》《书》，史书还载“歆及向始皆治《易》”。见《汉书》卷三十六《楚元王传》。

⑤ 班固撰，颜师古注：《汉书》卷三十六《楚元王传》，北京：中华书局，1962 年，第 1967 页。

《书》，制作《春秋》，以纪帝王之道。及夫子没而微言绝，七十子终而大义乖。①

及鲁恭王坏孔子宅，欲以为宫，而得古文于坏壁之中，《逸礼》有三十九，《书》十六篇。天汉之后，孔安国献之，遭巫蛊仓卒之难，未及施行。及《春秋》左氏丘明所修，皆古文旧书，多者二十余通，臧于秘府，伏而未发。孝成皇帝闵学残文缺，稍离其真，乃陈发秘臧，校理旧文，得此三事，以考学官所传，经或脱简，传或间编。传问民间，则有鲁国桓公、赵国贯公、胶东庸生之遗学与此同，抑而未施。此乃有识者之所惜闵，士君子之所嗟痛也。往者缀学之士不思废绝之阙，苟因陋就寡，分文析字，烦言碎辞，学者罢老且不能究其一艺。信口说而背传记，是末师而非往古，至于国家将有大事，若立辟雍封禅巡狩之仪，则幽冥而莫知其原。犹欲保残守缺，挟恐见破之私意，而无从善服义之公心，或怀妒嫉，不考情实，雷同相从，随声是非，抑此三学，以《尚书》为备，谓左氏为不传《春秋》，岂不哀哉！②

今圣上……下明诏，试《左氏》可立不，遣近臣奉指衔命，将以辅弱扶微，与二三君子比意同力，冀得废遗。今则不然，深闭固距，而不肯试，猥以不诵绝之，欲以杜塞余道，绝灭微学。……且此数家之事，皆先帝所亲论，今上所考视，其古文旧书，皆有征验，外内相应，岂苟而已哉！③

夫礼失求之于野，古文不犹愈于野乎？往者博士《书》有欧阳，《春秋》公羊，《易》则施、孟，然孝宣皇帝犹复广立《穀梁春秋》《梁丘易》《大小夏侯尚书》，义虽相反，犹并置之。何则？与其过而

---

① 班固撰，颜师古注：《汉书》卷三十六《楚元王传》，北京：中华书局，1962年，第1968页。

② 班固撰，颜师古注：《汉书》卷三十六《楚元王传》，北京：中华书局，1962年，第1969–1970页。

③ 班固撰，颜师古注：《汉书》卷三十六《楚元王传》，北京：中华书局，1962年，第1970–1971页。

> 废之也，宁过而立之。……今此数家之言所以兼包大小之义，岂可偏绝哉！若必专己守残，党同门，妒道真，违明诏，失圣意，以陷于文吏之议，甚为二三君子不取也。①

考之刘歆所论，虽然并非专及《左传》，但其在强调《逸礼》《书》《左传》之古文旧书真实可信的同时，重在论及《春秋》乃左丘明所修，以及《左氏》传《春秋》，这与其时大行其道的《公羊春秋》的主张相背。

首先，刘歆强调左丘明修《春秋》，此说与《公羊》家所主张的《春秋》乃孔子“为汉制法”大相径庭：

> 从传统叙述中的体现孔子之“义”转变为存春秋时代之“事”，孔子从文本的中心走向了边缘。从汉代经学史的视域来看，这一转变非同小可，刘歆所构建的这一叙述逻辑，正是自《孟子》以来儒生极力避免落入的窠臼，除非刘歆对于《孟子》以来的《春秋》学史毫无了解，否则，我们很难说这一叙述没有与西汉《春秋》学传统叙事“针锋相对”的意味。②

《公羊》学者之所以特别强调孔子是《春秋》的“作者”，很重要的原因就在于其对于《春秋》“微言大义”的所有探讨，包括辞例、义法等，都是建立在一个基础之上，即这一文本中的所有细节，包括是否记异，是否书“即位”，是否书地、书名、书氏、书爵、书人、书国、书葬、书时月日等等，都是由一个“作者”精心设定的，而正是因为这个“作者”本身已经是体悟天道的圣人，所以通过对于《春秋》的精细研读，才可能透过文本去体悟“圣心”和“天心”。③ 在此认知之下，刘歆将并无“圣人”

---

① 班固撰，颜师古注：《汉书》卷三十六《楚元王传》，北京：中华书局，1962年，第1971页。

② 程苏东：《史学、历学与〈易〉学——刘歆〈春秋〉学的知识体系与方法》，《中国文化研究》，2017年冬之卷。

③ 程苏东：《史学、历学与〈易〉学——刘歆〈春秋〉学的知识体系与方法》，《中国文化研究》，2017年冬之卷。

色彩的左丘明加入编《春秋》的名单，“不仅破坏了孔子与《春秋》之间封闭的私属关系，更破坏了公羊、穀梁各家几乎全部的解经前提。当孔子与左丘明并置之时，孔子的身份不再是圣人，而是志在存古的士人，他所整理的文本也就失去了隐藏‘圣心’的权威性和神秘性”[①]。明乎此，也就明晓刘歆之奏议缘何引发诸儒极大愤慨，“诸儒皆怨恨”[②]。其时名儒、光禄大夫龚胜“以歆移书上疏深自罪责，愿乞骸骨罢”，儒者、大司空师丹更是“大怒”，“奏歆改乱旧章，非毁先帝所立”。[③]

其次，刘歆强调《左氏》亦发明《春秋》“义理”。

《汉书·楚元王传》载：“初《左氏传》多古字古言，学者传训故而已。”[④] 这是自贾谊以来直到刘歆以前的基本状况[⑤]。“及歆治《左氏》，引传文以解经，转相发明，由是章句义理备焉。”[⑥] 就是说，自刘歆始，“才模仿《公羊》《穀梁》两家的做法，‘引传文以解经’，使《左氏》学具有了时人公认的《春秋》学形态，创建了一套《左氏》学的‘章句义理’”[⑦]。换言之，由刘歆始，《左传》方比附《公羊》《穀梁》解经，以

① 程苏东：《史学、历学与〈易〉学——刘歆〈春秋〉学的知识体系与方法》，《中国文化研究》，2017年冬之卷。

② 班固撰，颜师古注：《汉书》卷三十六《楚元王传》，北京：中华书局，1962年，第1972页。

③ 班固撰，颜师古注：《汉书》卷三十六《楚元王传》，北京：中华书局，1962年，第1972页。

④ 班固撰，颜师古注：《汉书》卷三十六《楚元王传》，北京：中华书局，1962年，第1967页。

⑤ 戴维言，刘歆以前，尹更始尝有改造《左氏》之努力。《汉书·儒林传》云：“尹更始为谏大夫、长乐户将，又受《左氏传》，取其变理合者以为章句。”据此，戴维以为，尹氏取《左氏》事以释《春秋》经，而刘歆不过由此更进一步，完全将《左氏》“传”化而已。后来刘歆争立《左氏》，有房凤等数人赞成，而房凤为尹更始弟子，与尹咸、翟方进谊属同门，可见，刘歆为《左氏》争立博士，亦非个人之举，实尹更始一派将《左氏》“传”化努力之一部分，刘歆不过是总其大成而已。（戴维：《春秋学史》，长沙：湖南教育出版社，2004年，第92页。）

⑥ 班固撰，颜师古注：《汉书》卷三十六《楚元王传》，北京：中华书局，1962年，第1967页。

⑦ 陈苏镇：《〈春秋〉与汉道：两汉政治与政治文化研究》，北京：中华书局，2011年，第357页。

合于当时的思维习惯，也为其传播铺平道路。

刘歆努力建立《左传》之“事”与《春秋》之“义”的联系。一方面，其强调孔子乃据事以立义，“据行事，仍人道，因兴以立功，就败以成罚，假日月以定历数，借朝聘以正礼乐”，而非空言说经，以论证《左传》“史事”对于解释经义的重要性[①]。另一方面，刘歆所不同于以往学者之处在于，他开始从《左传》“发明”《春秋》“义理”，建立起基于《左传》立场的《春秋》大义。旧治《左氏》者，不过以“传训故而已”为旨趣，至刘歆，乃“引传文以解经”，且“转相发明”，使得《左氏传》“由是章句义理备焉”。[②]

再次，刘歆着力彰显古文经学之优势。一方面，“夫子没而微言绝，七十子终而大义乖”，由此，“亲见夫子”的左丘明基于“好恶与圣人同”，自然较“七十子后”的公羊、穀梁有着“传闻之与亲见之，其详略不同”[③] 的差别，甚或有着“安其意”“保其真”与“退而异言”“口说流行”之别[④]。此着重强调了《左传》对于《春秋》之“安其意”“保其真”之优势。另一方面，博士学官所依据的今文经因秦火与禁书之故，实则是“经或脱简，传或间编”，加之博士们的抱残

---

① 吴秉坤：《事与义之间——〈左传〉与〈春秋〉之间的张力》，《郧阳师范高等专科学校学报》，2006 年第 4 期。

② 班固撰，颜师古注：《汉书》卷三十六《楚元王传》，北京：中华书局，1962 年，第 1967 页。

③ 班固撰，颜师古注：《汉书》卷三十六《楚元王传》，北京：中华书局，1962 年，第 1967 页。

④ 《汉书》载：“周室既微，载籍残缺，仲尼思存前圣之业，乃称曰：‘夏礼吾能言之，杞不足征也；殷礼吾能言之，宋不足征也。文献不足故也，足则吾能征之矣。’以鲁周公之国，礼文备物，史官有法，故与左丘明观其史记，据行事，仍人道，因兴以立功，就败以成罚，假日月以定历数，借朝聘以正礼乐。有所褒讳贬损，不可书见，口授弟子，弟子退而异言。丘明恐弟子各安其意，以失其真，故论本事而作传，明夫子不以空言说经也。《春秋》所贬损大人当世君臣，有威权势力，其事实皆形于传，是以隐其书而不宣，所以免时难也。及末世口说流行，故有《公羊》《穀梁》《邹》《夹》之传。四家之中，《公羊》《穀梁》立于学官，邹氏无师，夹氏未有书。”此亦言《左传》较之“口说流行”的《公羊》《穀梁》更为近圣人之意，保其真。（《汉书》卷三十《艺文志》，北京：中华书局，1962 年，第 1715 页。）

守缺，其学不免“学残文缺，稍离其真”也。与之相反，“其古文旧书，皆有征验，外内相应”，故其欲为“古文经争立博士，不过闵秦季道术之绝灭耳”[①]。此外，议立《左氏》等古文经学乃“奉指衔命”，旨在“辅弱扶微”。且此举并非首创，在前已有宣帝增设《穀梁春秋》等成例可借鉴。

对于刘歆争立学官之举，一部分学者认为主要是出于禄位之争[②]。亦有学者认为，其是想“补救今文经学的缺失疏漏，增强经学的思想活力、学术内涵，从而强化经学的权威地位和政治功能”[③]。汉哀帝也以“歆欲广道术，亦何以为非毁哉”[④] 为之辩护。当然，对于哀帝而言，刘歆争立《左传》等古文经于学官的意图是否真为“欲广道术”，非其所关切。其之所以支持刘歆增立古文经的建议，首要的还是拟图借助《左传》“深于君父之义”的礼制，重塑皇权。

自经学独尊后，“经学不仅是学术，而且首先是政治。统治者大力倡导经学，着眼点只在于其中能履行统治思想职能的一部分内容，而不是单纯从学术的角度关心如何对五经进行解说”[⑤]。汉武帝时，为立《春秋》学官，仅让习《穀梁春秋》的江公与习《公羊春秋》的董仲舒辩论，而其时，《左传》已有广泛流传，却未能参与此次辩论。对于其中缘由，史载：

杜业奏曰：“河间献王经术通明，积德累行，天下雄俊众儒皆归之。孝武帝时，献王朝，被服造次必于仁义。问以五策，献王辄对无穷。孝武帝艴然难之，谓献王曰：‘汤以七十里，文王百里，王其勉

① 曾亦、郭晓东：《春秋公羊学史》（上），上海：华东师范大学出版社，2017 年，第 201 页。

② 侯外庐：《中国思想通史》（第二卷上），北京：生活·读书·新知三联书店，1950 年，第 312 页。张岱年：《汉代的古文经学和今文经学》，《学术月刊》，2006 年第 4 期。

③ 惠吉兴：《汉代经今古文之争新探》，《人文杂志》，2004 年第 2 期。

④ 班固撰，颜师古注：《汉书》卷三十六《楚元王传》，北京：中华书局，1962 年，第 1972 页。

⑤ 张涛：《经学与汉代社会》，石家庄：河北人民出版社，2001 年，第 70 页。

> 之。’王知其意，归即纵酒听乐，因以终。”①
>
> 汉兴，鲁申公为《诗》训故，而齐辕固、燕韩生皆为之传。或取《春秋》，采杂说，咸非其本义。与不得已，鲁最为近之。三家皆列于学官。又有毛公之学，自谓子夏所传，而河间献王好之，未得立。②

四家《诗》中，最得《诗经》本义者，当推《毛诗》，三家《诗》皆得立于学官而《毛诗》独不得立，探究其因，皆在于“河间献王好之”。为什么河间献王喜欢《毛诗》就不得立？根由当在于不仅“山东诸儒多从之游”，且“天下雄俊众儒皆归之”。③ 在大一统专制皇权之下，这实为犯“干上”之大忌，故才有“孝武帝艴然难之”。如此，已被河间献王立为博士的《毛诗》《左传》，自然在一并冷落废除之列④。诚如蒙文通先生所道：“汉之绌古文，疑又以献王故也。”⑤ 由此可知，是否得立学官，实取乎政治。同样的，汉哀帝对于《左传》的支持，亦缘于政治的考量。

首要的，当是基于强化皇权的考量。西汉自元帝以后，皇室权威日渐式微，宦官、外戚专权，甚至出现了臣子们只知有臣而不知有君的局面。哀帝自即位便欲改变元、成二帝以来皇权式微、政归外戚的局面，想要重树皇室的权威。史家称其“自为藩王及充太子之宫，文辞博敏，

---

① 司马迁：《史记》卷五十九《五宗世家》，北京：中华书局，1959 年，第 2094 页“集解”。

② 班固撰，颜师古注：《汉书》卷三十《艺文志》，北京：中华书局，1962 年，第 1708 页。

③ 司马迁：《史记》卷五十九《五宗世家》，北京：中华书局，1959 年，第 2093-2094 页。

④ 李卫军：《略论汉代政治对〈左传〉学废兴之影响》，《河南教育学院学报（哲学社会科学版）》，2010 年第 1 期。

⑤ 蒙文通谓古学之遭摈，不得已而行于民间；至于今文家之“道一风同”，实以其同居于学官也。故古文家与之同仇，实因共同之政治命运相结合，而与整个今文家相抗衡，其渊源皆始于武帝之忌献王也。（蒙文通：《经学抉原》，成都：巴蜀书社，1995 年，第 67-68 页。）

幼有令闻。睹孝成世禄去王室，权柄外移，是故临朝娄诛大臣，欲强主威，以则武、宣”[1]。为此，汉哀帝采取系列措施，尤为显著者包括打压王氏家族，夺其权力，大司马王莽被罢归就第等当被视为此背景下的举措。

为了强化皇权，首要的是重建君臣父子尊卑之“礼制”。对于来自皇权的这一政治需求，今文学家们却是“纷纷不定”。其因在于“礼文缺微，古今异制，各为一家，未易可偏定也”[2]。各家抱残守缺，“至于国家将有大事，若立辟雍封禅巡狩之仪，则幽冥而莫知其原”[3]。相较之下，《左传》在《春秋》三传中则是以“礼”见长[4]，尤其是强调父子、君臣间尊卑之礼。“《左氏》义深于君父。”[5]“今《左氏》崇君父，卑臣子，强干弱枝，劝善戒恶，至明至切，至直至顺。”[6] 正是基于《左传》的以“礼”见长，想要重新强化君王权威的哀帝意欲立其为学官，就成为政治所需的应然之举。汉哀帝支持刘歆争立古文经学，是汉哀帝、刘歆欲借鉴较今文经更为详尽的古文经中有关春秋礼制的记载，恢复因外戚擅权而遭僭越、践踏的礼制，以意识形态领域的改革，推动加强皇权诸项政治措施的顺利实施。[7]

其次，除了强化皇权之所需外，还“主要是为了打破博士官学系统对六艺经典解释权的垄断，从而建立符合自身利益的新‘官学’体

---

① 班固撰，颜师古注：《汉书》卷十一《哀帝纪》，北京：中华书局，1962年，第345页。

② 班固撰，颜师古注：《汉书》卷七十三《韦贤传》，北京：中华书局，1962年，第3130-3131页。

③ 班固撰，颜师古注：《汉书》卷三十六《楚元王传》，北京：中华书局，1962年，第1970页。

④ 参见陈苏镇：《〈春秋〉与汉道：两汉政治与政治文化研究》，北京：中华书局，2011年，第351页。

⑤ 范晔撰，李贤等注：《后汉书》卷三十六《郑范陈贾张列传》，北京：中华书局，1965年，第1236页。

⑥ 范晔撰，李贤等注：《后汉书》卷三十六《郑范陈贾张列传》，北京：中华书局，1965年，第1237页。

⑦ 边家珍：《礼制的重建：刘歆争立古文经的再认识》，《河南科技大学学报（社会科学版）》，2003年第1期。

系"[①]。上述言哀帝为重振皇权，遂在即位之初即采取系列措施，其中一方面就是迅速扶持亲信势力，以取代王氏，主要任用的都是哀帝母家及外家丁、傅家族之人。另一方面则是尊傅太后为恭皇太后、丁姬为恭皇后，且去"定陶"藩国之名，更提出为生父定陶王（尊号恭皇）立庙京师。这样的要求是非常大胆无礼的，去恭皇太后的"定陶"字样，便意味着其不再作为诸侯国的太后身份，而与汉帝国的太皇太后等齐同尊。为定陶恭王立庙京师，同样意味着定陶恭皇由诸侯变而为天子，这与儒家的庙制君统原则严重不符。哀帝有意为之，将此议交予大臣们讨论。然而这些政治举措未能得到当时的博士官学系统的支持，反而被其全力阻挠。[②]

正是因为孔光、师丹等官学出身的知名大儒和大臣的反对，哀帝在上其祖母尊号和立其父庙于京师的问题上，"猗违者连岁"。而刘歆等人欲增立几部古文经典于学官正在"猗违者连岁"期间。故对于汉哀帝而言，支持古文经典就并非学术的考量，更多是在政治。也就是说，哀帝即位后，所有的政治举措和意图都得不到现有学官知识体系的支持，而在此时，刘歆等人提出欲立《左氏传》《古文尚书》《逸礼》等私学经典为学官，旋即得到哀帝的支持。从一定程度上言之，当是哀帝欲通过支持刘歆建立古文经学的方式，削弱或打击博士官学体系对六艺经典解释权的垄断，即对"真理"的垄断权，从而建立符合自身利益的"新官学"[③]。"古文学既有如上优势，在西汉后期特定历史条件下，便不可避免地要登上历史舞台，为推进和完成改制运动发挥作用。"[④]

围绕《左传》的第一次今古文之争尽管有汉哀帝为之庇护，然而，因

---

① 曹海琴、张立克：《文与政之间：西汉今古文学之争的另一种解读——兼论争立"古文"学并非始于刘歆》，《河南师范大学学报（哲学社会科学版）》，2017年第2期。

② 曹海琴、张立克：《文与政之间：西汉今古文学之争的另一种解读——兼论争立"古文"学并非始于刘歆》，《河南师范大学学报（哲学社会科学版）》，2017年第2期。

③ 曹海琴、张立克：《文与政之间：西汉今古文学之争的另一种解读——兼论争立"古文"学并非始于刘歆》，《河南师范大学学报（哲学社会科学版）》，2017年第2期。

④ 陈苏镇：《〈春秋〉与汉道：两汉政治与政治文化研究》，北京：中华书局，2011年，第355页。

着奉行今文经的诸儒大臣的反对，最终依旧未能立于学官。刘歆也“由是忤执政大臣，为众儒所讪”“惧诛”，遂“求出补吏”①，宣告《左传》第一次争立学官的失败。但刘歆争立之举无疑是壮大了《左传》等古文经的声势和影响。元寿二年（公元前1年），哀帝崩，平帝立。太后王政君临朝称制，委政于王莽，而“莽少与歆俱为黄门郎，重之”，故“白太后。太后留歆为右曹太中大夫，迁中垒校尉”。② 随着刘歆从出外补吏到复起，《左氏》等古文经传卷土重来。最终，平帝时，在王莽支持下，《左传》等古文经终于得立学官，“平帝时，又立《左氏春秋》、《毛诗》、逸《礼》、古文《尚书》，所以罔罗遗失，兼而存之，是在其中矣”③。不仅如此，在刘歆之后，《左传》研习者更是大师辈出：“（郑兴）将门人从刘歆讲正大义，歆美兴才，使撰条例、章句、传诂，及校《三统历》。”“世言《左氏》者多祖于兴……（众）从父受《左氏春秋》。”④ 贾逵之父贾徽“从刘歆受《左氏春秋》”⑤，贾逵“悉传父业，弱冠能诵《左氏传》及《五经》本文”“尤明《左氏传》”⑥。这为其后《左传》的发展奠定了雄厚的师承基础。也正是基于此，在接下来的东汉一朝，《春秋左氏传》迎来其发展的黄金时段。

二、“《左氏》不祖孔子”与“丘明至贤，亲受孔子”：光武帝建武年间范升与韩歆、陈元的辩难

光武中兴，以古文经之立乃王莽、刘歆所为，皆罢之。时五经博士共

---

① 班固撰，颜师古注：《汉书》卷三十六《楚元王传》，北京：中华书局，1962年，第1972页。

② 班固撰，颜师古注：《汉书》卷三十六《楚元王传》，北京：中华书局，1962年，第1972页。

③ 班固撰，颜师古注：《汉书》卷八十八《儒林传》，北京：中华书局，1962年，第3621页。

④ 范晔撰，李贤等注：《后汉书》卷三十六《郑范陈贾张列传》，北京：中华书局，1965年，第1217，1223-1224页。

⑤ 范晔撰，李贤等注：《后汉书》卷三十六《郑范陈贾张列传》，北京：中华书局，1965年，第1234页。

⑥ 范晔撰，李贤等注：《后汉书》卷三十六《郑范陈贾张列传》，北京：中华书局，1965年，第1235页。

十四人，全为今文经学家。随后，有尚书令韩歆上疏，“欲为《费氏易》《左氏春秋》立博士”[①]。光武帝“下其议”，并于建武四年（28年）正月，“朝公卿、大夫、博士，见于云台”，令今文博士范升“可前平说”。[②]范升“起对曰”：

> 《左氏》不祖孔子，而出于丘明，师徒相传，又无其人，且非先帝所存，无因得立。[③]

由此开端，围绕《左氏》是否当立学官，拉开了东汉一朝针对《左氏》《公羊》义之长、短的辩难，“（升）遂与韩歆及太中大夫许淑等互相辩难，日中乃罢”[④]。

为了捍卫今文经的立场与主张，范升退而进一步上奏之：

> 臣闻主不稽古，无以承天；臣不述旧，无以奉君。陛下愍学微缺，劳心经蓺，情存博闻，故异端竞进。近有司请置《京氏易》博士，群下执事，莫能据正。《京氏》既立，《费氏》怨望，《左氏春秋》复以比类，亦希置立。《京》《费》已行，次复《高氏》，《春秋》之家，又有《驺》《夹》。如令《左氏》《费氏》得置博士，《高氏》《驺》《夹》，《五经》奇异，并复求立，各有所执，乖戾分争。从之则失道，不从则失人，将恐陛下必有猒倦之听。……今《费》《左》二学，无有本师，而多反异，先帝前世，有疑于此，故《京氏》虽立，辄复见废。疑道不可由，疑事不可行。《诗》《书》之作，其来

① 范晔撰，李贤等注：《后汉书》卷三十六《郑范陈贾张列传》，北京：中华书局，1965年，第1228页。

② 范晔撰，李贤等注：《后汉书》卷三十六《郑范陈贾张列传》，北京：中华书局，1965年，第1228页。

③ 范晔撰，李贤等注：《后汉书》卷三十六《郑范陈贾张列传》，北京：中华书局，1965年，第1228页。

④ 范晔撰，李贤等注：《后汉书》卷三十六《郑范陈贾张列传》，北京：中华书局，1965年，第1228页。

已久。孔子尚周流游观，至于知命，自卫反鲁，乃正《雅》《颂》。今陛下草创天下，纪纲未定，虽设学官，无有弟子，《诗》《书》不讲，礼乐不修，奏立《左》《费》，非政急务。孔子曰：“攻乎异端，斯害也已。”传曰：“闻疑传疑，闻信传信，而尧舜之道存。”愿陛下疑先帝之所疑，信先帝之所信，以示反本，明不专己。天下之事所以异者，以不一本也。《易》曰：“天下之动，贞夫一也。”又曰：“正其本，万事理。”《五经》之本自孔子始，谨奏《左氏》之失凡十四事。[①]

观之范升所奏，其反对立《左氏春秋》博士的理由有四：其一，从正本而论，“《五经》之本自孔子始”，这是以《公羊》学为代表的今文学家思想立论的前提。在此前提下，“不祖孔子，而出于丘明”的《左氏》自然被视为旁支异端的“末学”，既“无有本师”，又“多反异”；其二，从治道而言，一旦立得《左氏》，则“《五经》奇异，并复求立”，将立不胜立，“从之则失道，不从则失人，将恐陛下必有猒倦之听”；其三，从政务缓急而言，其时天下初定，庶事草创，纲纪未立，“奏立《左》《费》，非政急务”；其四，治道应“疑先帝之所疑，信先帝之所信”，“以示反本，明不专己”。先帝前世因有疑于“《费》《左》二学，无有本师，而多反异”，虽立，“辄复见废”。故不当得立。

就今文学而言，“五经”皆为孔子所作，其中尤以《春秋》为要。随着《公羊春秋》率先立为学官，《春秋》与汉帝国的关系更显密切。但是，这种密切的合作是在一个既定前提之下的，即强调孔子是《春秋》的“作者”，是“为汉立法”。就是说，自汉武帝立五经博士，“孔子在汉代已经获得圣人的地位，可作为论说的依据”，“以孔子思想为据，则是所有学者的共识”[②]。在此背景下，“不祖孔子，而出于丘明”的《左氏》一旦

---

① 范晔撰，李贤等注：《后汉书》卷三十六《郑范陈贾张列传》，北京：中华书局，1965年，第1228-1229页。

② 郜积意：《经义之争的立场与逻辑——以何休、郑玄之分为例》，《中国文化》第二十二期。

立于学官，无疑是对今文经学所奉行的“以孔子为尊”这一基本立场的颠覆。冯友兰先生说，汉朝“定‘孔子之道’为一尊。孔丘获得了在学术文化方面崇高的地位。他的地位虽然崇高，但他毕竟还是一个人，不是一个受天命的王，更不是一个神。孔丘究竟是一个学者，还是一个受天命的王，这是古文经学和经文经学的一个根本分歧之点”①。正是基于此，“祖孔子”“以孔子为尊”便成为今文经学所要捍卫的最基本的立场。今文经学便也在“祖孔子”名义之下垄断了博士职官或经学进入仕途的门户，“学术思想上的大一统格局、政治生活中的独断权才是今古文经学争论的焦点和实质。换言之，今文学派想垄断的不仅是几个博士职位，或由经学进入仕途的门户，而是由今文经学主宰的思想学术上的一统格局，以及经学在国家政治生活中的权威地位”②。任何挑战博士职官的行为，都被视为是对“孔子之道”的挑战，必然遭致今文学者的群起攻之。

继韩歆之后，更有陈元③上书“讼《左氏》”④。陈元听闻范升以“《左氏》浅末，不宜立”，乃诣阙上疏：

> 陛下拨乱反正，文武并用，深愍经蓺谬杂，真伪错乱，每临朝日，辄延群臣讲论圣道。知丘明至贤，亲受孔子，而《公羊》《穀梁》传闻于后世，故诏立《左氏》，博询可否，示不专已，尽之群下也。今论者沈溺所习，玩守旧闻，固执虚言传受之辞，以非亲见实事之道。《左氏》孤学少与，遂为异家之所覆冒。夫至音不合众听，故伯牙绝弦；至宝不同众好，故卞和泣血。仲尼圣德，而不容于世，况

---

① 冯友兰：《中国哲学史新编》（第三册），北京：人民出版社，1995年，第245页。

② 惠吉兴：《汉代经今古文之争新探》，《人文杂志》，2004年第2期。

③ “字长孙，苍梧广信人也。父钦，习《左氏春秋》，时黎阳贾护，与刘歆同时而别自名家。王莽从钦受《左氏》学，以钦为猒难将军。元少传父业，为之训诂，锐精覃思，至不与乡里通。”（《后汉书》卷三十六《郑范陈贾张列传》，北京：中华书局，1965年，第1230页。）

④ 范晔撰，李贤等注：《后汉书》卷七十九下《儒林列传下》，北京：中华书局，1965年，第2587页。

于竹帛余文，其为雷同者所排，固其宜也。非陛下至明，孰能察之！①

陈元秉承刘歆之论，强调左丘明“亲受孔子”，较《公羊》《穀梁》的“传闻于后世”实为“亲见实事之道”。此外，针对范升奏“《左氏》之失凡十四事”“《左氏春秋》不可录三十一事”②，陈元驳斥道：

> 臣元窃见博士范升等所议奏《左氏春秋》不可立，及太史公违戾凡四十五事。案升等所言，前后相违，皆断截小文，媟黩微辞，以年数小差，掇为巨谬，遗脱纤微，指为大尤，抉瑕擿衅，掩其弘美，所谓“小辩破言，小言破道”者也。升等又曰：“先帝不以《左氏》为经，故不置博士，后主所宜因袭。”臣愚以为若先帝所行而后主必行者，则盘庚不当迁于殷，周公不当营洛邑，陛下不当都山东也。往者，孝武皇帝好《公羊》，卫太子好《穀梁》，有诏诏太子受《公羊》，不得受《穀梁》。孝宣皇帝在人间时，闻卫太子好《穀梁》，于是独学之。及即位，为石渠论而《穀梁氏》兴，至今与《公羊》并存。此先帝后帝各有所立，不必其相因也。孔子曰，纯，俭，吾从众；至于拜下，则违之。夫明者独见，不惑于朱紫，听者独闻，不谬于清浊，故离朱不为巧眩移目，师旷不为新声易耳。方今干戈少弭，戎事略戢，留思圣蓺，眷顾儒雅，采孔子拜下之义，卒渊圣独见之旨，分明白黑，建立《左氏》，解释先圣之积结，洮汰学者之累惑，使基业垂于万世，后进无复狐疑，则天下幸甚。③

陈元以宣帝立《穀梁》有违于武帝之立《公羊》之成例，反驳范升之

① 范晔撰，李贤等注：《后汉书》卷三十六《郑范陈贾张列传》，北京：中华书局，1965年，第1230页。

② 范晔撰，李贤等注：《后汉书》卷三十六《郑范陈贾张列传》，北京：中华书局，1965年，第1229页。

③ 范晔撰，李贤等注：《后汉书》卷三十六《郑范陈贾张列传》，北京：中华书局，1965年，第1230-1231页。

“非先帝所存，无因得立”。其效用与汉景帝时黄生与辕固生之辩可谓如出一辙。

范升、陈元之间的辩难，前后达十余次之多。最终，光武帝“立《左氏》学”，并令太常提出四名博士候选人，陈元位列第一。然因陈元与人论争树敌太多，光武帝遂将第二名候选人李封立为博士①。光武帝尽管采取了调和之策，但仍然遭到今文学者的强烈反对，“诸儒以《左氏》之立，论议讙哗，自公卿以下，数廷争之”②。因着今文学者的“数廷争之”，恰逢李封去世，光武帝遂复废《左传》博士。“及封卒，光武重违众议，而因不复补。”③ 此后终汉之世，《左传》未再立为学官，未置博士。

对于此次争论与辩难，皮锡瑞以为范氏是旨在杜绝、防范“各怀其私”的争立学者：

> 据范氏说，可见汉时之争请立学者，所见甚陋，各怀其私。一家增置，余家怨望。有深虑者，当预绝其萌，而不可轻开起端矣。④

钱穆则认为今文学者旨在杜防基于利禄“日出而无穷”的“经说新异”：

> 盖博士设官既为利禄之途，朝廷苟不加以限断，则经说新异，势必日出而无穷，范升之争非为无见，固不得全以党同门，妒道真责之。⑤

---

① “太常选博士四人，元为第一。帝以元新忿争，乃用其次司隶从事李封。”（《后汉书》卷三十六《郑范陈贾张列传》，北京：中华书局，1965年，第1233页。）

② 范晔撰，李贤等注：《后汉书》卷三十六《郑范陈贾张列传》，北京：中华书局，1965年，第1233页。

③ 范晔撰，李贤等注：《后汉书》卷七十九下《儒林列传下》，北京：中华书局，1965年，第2587页。

④ 皮锡瑞著，周予同注释：《经学历史》，北京：中华书局，2004年，第50页。

⑤ 钱穆：《两汉博士家法考》，《两汉经学今古文平议》，北京：商务印书馆，2001年，第234页。

观《左传》在东汉初年政治舞台上的第一次争立学官，尽管其因着光武帝基于调和之策而得以短暂立于学官，然终究是旋即“复废”。探究其实，在于其时《左传》所主张的“不言谶”与光武帝“宣布图谶于天下”[①] 相区隔，即其时的《左传》尚未能与朝廷统治者之所需相契合，故也就注定了其难以得到在位者的认同。史载郑兴“好古学，尤明《左氏》”[②]。“帝尝问兴郊祀事，曰：‘吾欲以谶断之，何如？’兴对曰：‘臣不为谶。’帝怒曰：‘卿之不为谶，非之邪？’兴惶恐曰：‘臣于书有所未学，而无所非也。’帝意乃解。兴数言政事，依经守义，文章温雅，然以不善谶故不能任。”[③] 其时的《左传》不明图谶，当是其未能获得最高统治者青睐的内在缘由。[④]

三、“《公羊》理短，《左氏》理长”：汉章帝建元初年贾逵、李育之辩

围绕《春秋左氏传》的第三次辩难，起于汉章帝的“降意儒术，特好《古文尚书》《左氏传》”，其中尤“善逵说”。[⑤]

建初元年（76 年），汉章帝诏贾逵“入讲北宫白虎观、南宫云

---

① 范晔撰，李贤等注：《后汉书》卷一下《光武帝纪下》，北京：中华书局，1965 年，第 84 页。

② 范晔撰，李贤等注：《后汉书》卷三十六《郑范陈贾张列传》，北京：中华书局，1965 年，第 1223 页。

③ 范晔撰，李贤等注：《后汉书》卷三十六《郑范陈贾张列传》，北京：中华书局，1965 年，第 1223 页。

④ 自汉成、哀帝之际兴起后，谶纬之学迅速传播、上扬，并很快深入社会肌体；它与灾异、五德终始学说的结合，更使其不可遏制地溢出单纯的学术、思想范畴，成为紧密牵扯汉代社会、政治神经的“隐性势力”。两汉之际凭恃谶纬而起的天命竞夺以及由此所致的“篡汉”“复汉”过程，使光武帝充分意识到谶纬神学对维护“汉家”神圣法统的关键作用。所以，光武帝刘秀不仅亲自研读谶纬（还曾痴读谶纬至中风），甚至在人事任免、国家典礼制定、官学统一、机构名称的废立等方面亦无不以谶纬为根本依据。（冯渝傑：《汉末经学通纬旨趣探微：以郑玄、何休为中心》，《经学文献研究集刊》，第十七辑。）

⑤ 范晔撰，李贤等注：《后汉书》卷三十六《郑范陈贾张列传》，北京：中华书局，1965 年，第 1236 页。

台。……使发出《左氏传》大义长于二传者”[1]。贾逵于是具条奏之：

> 臣谨擿出《左氏》三十事尤著明者，斯皆君臣之正义，父子之纪纲。其余同《公羊》者什有七八，或文简小异，无害大体。至如祭仲、祭季、伍子胥、叔术之属，《左氏》义深于君父，《公羊》多任于权变，其相殊绝，固以甚远，而冤抑积久，莫肯分明。[2]
>
> 臣以永平中上言《左氏》与图谶合者，先帝不遗刍荛，省纳臣言，写其传诂，藏之秘书。建平中，侍中刘歆欲立《左氏》，不先暴论大义，而轻移太常，恃其义长，诋挫诸儒，诸儒内怀不服，相与排之。孝哀皇帝重逆众心，故出歆为河内太守。从是攻击《左氏》，遂为重雠。至光武皇帝，奋独见之明，兴立《左氏》《穀梁》，会二家先师不晓图谶，故令中道而废。凡所以存先王之道者，要在安上理民也。今《左氏》崇君父，卑臣子，强干弱枝，劝善戒恶，至明至切，至直至顺。且三代异物，损益随时，故先帝博观异家，各有所采。《易》有施、孟，复立梁丘，《尚书》欧阳，复有大小夏侯，今三传之异亦犹是也。又《五经》家皆无以证图谶明刘氏为尧后者，而《左氏》独有明文。《五经》家皆言颛顼代黄帝，而尧不得为火德。《左氏》以为少昊代黄帝，即图谶所谓帝宣也。如令尧不得为火，则汉不得为赤。其所发明，补益实多。[3]

贾逵受业《左氏》，可谓源自家学。史载，逵之“九世祖谊”曾习《左传》，“父徽，从刘歆受《左氏春秋》……作《左氏条例》二十一篇”[4]。至

① 范晔撰，李贤等注：《后汉书》卷三十六《郑范陈贾张列传》，北京：中华书局，1965年，第1236页。

② 范晔撰，李贤等注：《后汉书》卷三十六《郑范陈贾张列传》，北京：中华书局，1965年，第1236页。

③ 范晔撰，李贤等注：《后汉书》卷三十六《郑范陈贾张列传》，北京：中华书局，1965年，第1237页。

④ 范晔撰，李贤等注：《后汉书》卷三十六《郑范陈贾张列传》，北京：中华书局，1965年，第1234页。

逵，“悉传父业，弱冠能诵《左氏传》及《五经》本文，以《大夏侯尚书》教授，虽为古学，兼通五家《穀梁》之说”。[①] 贾逵“尤明《左氏传》”，早在汉明帝永平中，“为之《解诂》五十一篇”，并“上疏献之”。显宗“重其书，写藏秘馆”。[②]

正是基于对《左传》的精深识读，贾逵在所上奏疏中，着重论及《左传》“尤著明”者在于“君臣之正义，父子之纪纲”，即所谓的“义深于君父”。相较之下，《公羊》“多任于权变”。《左传》较之《公羊》更重“君臣之正义，父子之纪纲”，而这也正是统治者为维护其政权统治所最为倚重与需要的。贾逵“对《左传》和《公羊》的定性，显然也代表了皇帝的看法，明白了这一点就不难理解为什么汉哀帝、光武帝到汉章帝都对《左传》情有独钟了”[③]。也正是如此，贾逵继而感叹刘歆之失在于“不先暴论大义”，而“轻移太常，恃其义长，诋挫诸儒”，致使“诸儒内怀不服，相与排之”，最终落入门户之争。由此，贾逵将西汉末以来《公羊》《左传》基于立场、学官设立与否的纷争引向义理经艺层面的短、长之辩。

其次，针对《左传》“先师不晓图谶”，导致在政治上式微[④]，“令中道而废”，贾逵指出，《左氏》实与图谶合。为此，贾逵以“《五经》家皆无以证图谶明刘氏为尧后者”，唯“《左氏》独有明文”。其先是通过对《左传》中所提到的远古帝王谱系的排列，证明尧在五行之中居火。旋即通过对《左传》“其处者为刘氏”的曲解和附会，证明了刘氏乃尧的后

---

① 范晔撰，李贤等注：《后汉书》卷三十六《郑范陈贾张列传》，北京：中华书局，1965 年，第 1235 页。

② 范晔撰，李贤等注：《后汉书》卷三十六《郑范陈贾张列传》，北京：中华书局，1965 年，第 1235 页。

③ 吴涛：《东汉〈春秋〉学发展史上的三次纷争》，《洛阳师范学院学报》，2014 年第 12 期。

④ “帝尝问兴郊祀事，曰：‘吾欲以谶断之，何如？’兴对曰：‘臣不为谶。’帝怒曰：‘卿之不为谶，非之邪？’兴惶恐曰：‘臣于书有所未学，而无所非也。’帝意乃解。兴数言政事，依经守义，文章温雅，然以不善谶故不能任。”（《后汉书》卷三十六《郑范陈贾张列传》，北京：中华书局，1965 年，第 1223 页。）

人，从而不仅为汉家皇室找到显赫的祖宗，更使得作为尧之后人的汉家王朝获得五行德运中的“火德”。如此，也就证明了东汉政权的合法性。对贾逵所发《左氏》长义，班固论曰：“贾逵能附会文致，最差贵显。世主以此论学，悲矣哉！”[①] 较之于班固的评定，后世学者似更洞悉贾逵之用意，认为其上章帝书与董仲舒上《天人三策》，用心相同，“即都是通过挖掘经传的大义，发挥经传的政治功用”[②]。

贾逵此次条奏，与此前刘歆、韩歆自发争立不同，其乃“奉诏”所为。同时，贾逵更多在于对《左氏》“长义”之发掘，鲜少争立学官之言语举措，故此次条奏不仅获得章帝“嘉之”，亦未见《公羊》家的反击。此后，章帝更是“令逵自选《公羊》严、颜诸生高才者二十人，教以《左氏》，与简纸经传各一通”[③]。

观之章帝此举，一方面当是针对《左传》之前被责难为“孤学少与”“无有本师”“师徒相传，又无其人”的状况，效法汉宣帝立《穀梁春秋》之故事，从《左传》的师承传授系统方面下功夫。另一方面，汉章帝让贾逵从《公羊》学派严、颜两家中选择二十名高才生教授《左传》，不仅使得《左传》开启了为官方所认可的传授系统[④]，而且“自选《公羊》严、颜诸生高才者二十人，教以《左氏》”之举措，也推动了《公羊》《左传》二者间会通兼容的趋向，为其后白虎观会议的召开奠定了基础。

建初四年（79年），章帝下诏“讲议《五经》同异”于白虎观。汉章帝如“孝宣甘露石渠故事”，“亲称制临决”。白虎观会议的主旨在于“讲议《五经》同异”，其所针对的是“《五经》章句烦多，议欲减省”，即更

---

① 范晔撰，李贤等注：《后汉书》卷三十六《郑范陈贾张列传》，北京：中华书局，1965年，第1241页。

② 尹雪华：《试论两汉〈左传〉经典化过程》，《洛阳师范学院学报》，2009年第6期。

③ 范晔撰，李贤等注：《后汉书》卷三十六《郑范陈贾张列传》，北京：中华书局，1965年，第1239页。

④ 杨思贤：《制度、信仰与思维方式：两汉〈左传〉命运之再考察》，《江苏社会科学》，2010年第3期。

多的是针对《公羊》学的一些“非常异义可怪之论”，欲“共正经义，颇令学者得以自助”。[①] 如此，“质朴”的古文经学自然在被提倡之列。在此过程中，李育受诏，“与诸儒论《五经》于白虎观”，“以《公羊》义难贾逵”。[②] 据史书记载，作为“通儒”的李育，不仅“少习《公羊春秋》……博览书传”，同时“颇涉猎古学。尝读《左氏传》，虽乐文采，然谓不得圣人深意，以为前世陈元、范升之徒更相非折，而多引图谶，不据理体，于是作《难左氏义》四十一事”。[③] 李育以“《公羊》义难贾逵”，认为《传》“多引图谶，不据理体”。据此，有学人以为，“这次今古文之争的性质，已由西汉末年利禄之途的争夺转变为学术道统之争了”，缘在东汉朝廷“对今古文学者一视同仁地重视和利用，利禄之途已开，因此是否立学官，已经没有什么实际意义”。[④]

白虎观会议之后的建初八年（83 年），汉章帝又下诏称：“五经剖判，去圣弥远，章句遗辞，乖疑难正，恐先师微言将遂废绝，非所以重稽古，求道真也。其令群儒选高才生，受学《左氏》《穀梁春秋》《古文尚书》《毛诗》，以扶微学，广异义焉。”[⑤] 同时，“皆拜逵所选弟子及门生为千乘王国郎，朝夕受业黄门署，学者皆欣欣羡慕焉”[⑥]。不需要立为学官，读古文经典也可以做官，这一点不仅对时人产生了很强的示范作用，同时也进一步推动了古文经学的发展。在其后的今古文经的辩难过程中，也由先前基于意气立场的门户之争，更多转向经传义理的辩难，从而推动了今古文经的融合。

---

① 范晔撰，李贤等注：《后汉书》卷三《肃宗孝章帝纪》，北京：中华书局，1965 年，第 138 页。

② 范晔撰，李贤等注：《后汉书》卷七十九下《儒林列传下》，北京：中华书局，1965 年，第 2582 页。

③ 范晔撰，李贤等注：《后汉书》卷七十九下《儒林列传下》，北京：中华书局，1965 年，第 2582 页。

④ 杨天宇：《略论汉代今古文经学的斗争与融合》，《经学探研录》，上海：上海古籍出版社，2003 年，第 105，106 页。

⑤ 范晔撰，李贤等注：《后汉书》卷三《肃宗孝章帝纪》，北京：中华书局，1965 年，第 145 页。

⑥ 范晔撰，李贤等注：《后汉书》卷三十六《郑范陈贾张列传》，北京：中华书局，1965 年，第 1239 页。

四、“康成入吾室，操吾矛，以伐我乎”：何休、郑玄之辩

何休，东汉末的《公羊》学家，史载其“精研《六经》，世儒无及者”[①]。其师从博士羊弼，尤善《公羊》，“作《春秋公羊解诂》，覃思不窥门，十有七年”[②]。何休作为东汉末年的经学大家，言及《公羊》学在当时的困境：不仅内有《公羊》学者“倍经、任意、反传违戾者。其势虽问不得不广，是以讲诵师言至于百万犹有不解，时加让嘲辞”，或“援引他经失其句读，以无为有，甚可闵笑者，不可胜记也”，在外更有《左氏》学者如贾逵“缘隙奋笔，以为《公羊》可夺，《左氏》可兴”。[③] 有鉴于此，一方面，何休遂覃思发奋著书立说，“作《春秋公羊解诂》”，拟图对《公羊》学派庞杂的学说进行精简，通过该书，将《公羊》学条理化、规范化，去除《公羊》学中的“非常异义可怪之论”，重塑统治者对《公羊》学的信任[④]。“以《春秋》驳汉事六百余条，妙得《公羊》本意。”[⑤] 另一方面，为了对抗《左氏》渐兴之势，何休又与其师博士羊弼，“追述李育意以难二传，作《公羊墨守》《左氏膏肓》《穀梁废疾》”[⑥]。

针对何休的发难，古文学者亦予以回击，其中服虔撰有《春秋左氏传解》，“以《左传》驳何休之所驳汉事六十条”[⑦]。其后更有郑玄针对何休

---

① 范晔撰，李贤等注：《后汉书》卷七十九下《儒林列传下》，北京：中华书局，1965年，第2582页。

② 范晔撰，李贤等注：《后汉书》卷七十九下《儒林列传下》，北京：中华书局，1965年，第2583页。

③ 公羊寿传，何休解诂，徐彦疏：《春秋公羊传注疏》“序”，李学勤主编：《十三经注疏》（标点本），北京：北京大学出版社，1999年，第4-6页。

④ 白虎观会议上提出“《五经》章句烦多，议欲减省”，一定程度上即《公羊》学的现状与所呈现的弊端。

⑤ 范晔撰，李贤等注：《后汉书》卷七十九下《儒林列传下》，北京：中华书局，1965年，第2583页。

⑥ 范晔撰，李贤等注：《后汉书》卷七十九下《儒林列传下》，北京：中华书局，1965年，第2583页。

⑦ 范晔撰，李贤等注：《后汉书》卷七十九下《儒林列传下》，北京：中华书局，1965年，第2583页。

之所著，乃“发《墨守》，针《膏肓》，起《废疾》”①。

何休与郑玄间辩难，重在经义学术②。之所以如此，一方面源自辩难双方的经学素养。考之何休，史载其“精研《六经》，世儒无及者”③。郑玄，“始通《京氏易》《公羊春秋》《三统历》《九章算术》。又从东郡张恭祖受《周官》《礼记》《左氏春秋》《韩诗》《古文尚书》”④。双方都是博古通今之儒，不仅对于《公羊》或《左氏》的学说有覃深研究，对于所批判方所持经义亦有相当了解。诸如郑玄，在习得《左氏春秋》之前，更是已通《公羊春秋》。也正是这种知己知彼，才能在辩难过程中，入《公羊》之室，操《公羊》之矛，以之伐《公羊》。另一方面，则在于此次的辩难较之前面数次的纷争而言，没有最高统治者的直接介入抑或干预⑤。何休与郑玄之辩难虽然不能彻底去掉政治因素，然通观之，何休、郑玄之争不存在权力干预或追求利禄的动因。对于何休而言，其首先发难之“争”，实有振起学统的使命。从何休所争的问题看，其有两重意义：其

① 范晔撰，李贤等注：《后汉书》卷三十五《张曹郑列传》，北京：中华书局，1965年，第1208页。

② 如何休在其《左氏膏肓》中针对《左氏》载“士逾月”而云：“礼，士三月葬，今言逾月”，以为与礼制不合，并借此以“《左氏》为短”。据此，郑玄驳云，《春秋左传》的“逾月”之说，实则亦是三月。只不过依照礼制，其计数方式有别，“人君殡数来日，葬数往月；大夫殡葬皆数来日来月；士殡葬皆数往日往月”，数来日来月，即合死月，此月计，而数往日往月则不含死月、此月，故前者的三月即后者的逾月，“士之三月，大夫之逾月也”。杜预也以为“逾月，度月也”。取义与郑玄同。孔颖达亦疏之，认为《左传》之所以有表述上的差异，是因为大夫和士的不同政治身份，虽然大夫和士均是三月而葬，但《传》以“三月”“逾月”来区分大夫和士葬之期，是基于大夫和士的尊卑不同，“士与大夫不异，而别设文者，以大夫与士名位既异，因其名异，示为等差，故变其文耳，其实月数同也”。[左丘明传，杜预注，孔颖达正义：《春秋左传正义》卷二《隐公元年》，李学勤主编：《十三经注疏》（标点本），北京：北京大学出版社，1999年，第58页。]

③ 范晔撰，李贤等注：《后汉书》卷七十九下《儒林列传下》，北京：中华书局，1965年，第2582页。

④ 范晔撰，李贤等注：《后汉书》卷三十五《张曹郑列传》，北京：中华书局，1965年，第1207页。

⑤ 刘歆有汉哀帝的支持。东汉初兴，虽然《左传》因王莽缘故而被罢废，然光武帝内善之。汉章帝不仅“善逵说”，更是大力扶持《左传》等古文经学，助其构筑成熟的师承传授系统。何休“与其师博士羊弼，追述李育意以难二传”，其对李育意的承袭使得其与郑玄的驳难一定程度上难以避免意识形态的因素。

一，争以致用。其二是探求历史之真实。[①] 郑玄的回应基本亦是围绕经义而展开。“从何休、郑玄的分歧来看，经学作为官方意识形态的‘身份’有了转移，一则分歧不再关涉到利禄，或争立博士官的动因，二则分歧也无须由皇帝亲自裁决。这使得经学之争能够摆脱官方意识形态的要求，而具备知识学的色彩。”[②] 这也就使得此次围绕今古文经义的争论本身所包含的逻辑特征就有可能在更大程度上得到彰显。[③] 辩难的结果，一方面“由是古学遂明”[④]，另一方面则是推动了今古文经的融合。于是至汉灵帝熹平四年（175 年）春三月，则有“诏诸儒正《五经》文字，刻石立于太学门外”[⑤]。光和三年（180 年）六月，“诏公卿举能通《古文尚书》《毛诗》《左氏》《穀梁春秋》各一人，悉除议郎”[⑥]。

《左传》由西汉时备受排斥到东汉末的兴盛，并成为官方作史的典范，除了皇权的介入外，有学者以为，此得益于两汉时人们思维特征的转变：由信仰变为理性，变为学术，人们对历史的回顾不再是为了乞灵于神圣，而是希望在事实中寻找经验教训[⑦]。并认为，时至东汉，这种思维方式发生了很多转变，“王莽的失败导致西汉末年巨大的社会变动，而儒生和士人们面对崩溃的世局，自然会对既定的价值和固有的结构产生疑问，于是经验与知识、逻辑与理智逐渐代替了信仰而成为评价一切的标准”[⑧]。对

---

① 许雪涛：《何休〈左氏膏肓〉与公羊、左氏之争》，《中国哲学史》，2010 年第 2 期。

② 郜积意：《经义之争的立场与逻辑——以何休、郑玄之分为例》，《中国文化》，第二十二期。

③ 郜积意：《经义之争的立场与逻辑——以何休、郑玄之分为例》，《中国文化》，第二十二期。

④ 范晔撰，李贤等注：《后汉书》卷三十五《张曹郑列传》，北京：中华书局，1965 年，第 1208 页。

⑤ 范晔撰，李贤等注：《后汉书》卷八《孝灵帝纪》，北京：中华书局，1965 年，第 336 页。

⑥ 范晔撰，李贤等注：《后汉书》卷八《孝灵帝纪》，北京：中华书局，1965 年，第 344 页。

⑦ 杨思贤：《制度、信仰与思维方式：两汉〈左传〉命运之再考察》，《江苏社会科学》，2010 年第 3 期。

⑧ 杨思贤：《制度、信仰与思维方式：两汉〈左传〉命运之再考察》，《江苏社会科学》，2010 年第 3 期。

此，葛兆光言道："在注释经典的形式中强调的不是神秘体验也不是任意想象，不是对圣贤哲理的敬虔心情也不是对微言大义的钩玄索隐，而是历史、事物以及语言文字的确定性知识，是对经典的学术性诠解。"①

此外，自刘歆与太常博士之争始，至何休与郑玄的关于《春秋》三传之分，汉代的今、古文经之争发生了明显变化。从争论的主题看，刘歆与太常博士的争论关乎史实的有无问题，而何休、郑玄之争则关乎解释的有效问题。后者基于解释的有效性的辩难，使得讨论围绕着经义而展开，并因此显现逻辑的展开过程。这是史实之争所缺乏的，也是经学自身的"学问"特色愈趋明显的彰显。尤其是何休、郑玄围绕《春秋》三传之分的往来"驳难"，更多的倾注于经传自身"逻辑的自洽、知识的准确等诸多解释学的问题"②，显现出历经三百余年的发展，经学发展主题的演变。"作为学术，经学面对的是逻辑和知识的问题；而作为意识形态，经学和权力结合紧密，它或指经学为王权稳固提供解释依据，或指经学之争借助权力而进行裁决。"③

① 葛兆光：《中国思想史》（第一卷），上海：复旦大学出版社，2001 年，第 309 页。

② 郜积意：《经义之争的立场与逻辑——以何休、郑玄之分为例》，《中国文化》，第二十二期。

③ 郜积意：《经义之争的立场与逻辑——以何休、郑玄之分为例》，《中国文化》，第二十二期。

第六章
“永惟后世则”：《白虎通》与汉王朝意识形态的构筑

随着秦汉大一统中央集权帝国的创建，构筑为大一统帝国服务的指导思想即意识形态遂成为时代使命。其时，除了以叔孙通、陆贾、贾谊、董仲舒为代表的儒生士人向在位者献计献策，阐述各自的主张与思想外，更有权臣、王侯参与其中[①]。至东汉，随着专制皇权体制的发展与巩固，由汉章帝代表皇权“称制临决”而成就的《白虎通》，被标签为“永为万世则”。其不仅代表了皇权的利益，更是宣告了汉帝国意识形态的最终完备成型。

自汉武帝立五经博士始，儒学遂登堂入室，在帝国政治体制内部确立

---

① 在此过程中，吕不韦以秦相国之尊主持编纂《吕氏春秋》，一方面旨在“欲以并天下”，然另一方面其“尝得学黄帝之所以诲颛顼矣”，用之训导秦王，则是开启了帝国意识形态构筑过程中相权与皇权博弈的序幕。在这场博弈中，以吕不韦的最终“迁蜀”，彰显了大一统中央集权之下皇权的至上与不可觊觎。时至西汉，刘安借淮南王的尊显，汇集众多宾客谋士成就《淮南鸿烈》，以求“帝王之道备矣”。《淮南子》虽然也旨在为西汉刘氏王朝谋求长治久安，但更多的是基于其作为地方诸侯王的政治考量与政治诉求，这与其时最高统治者拟欲加强大一统中央集权皇权统治的政治主题相悖，故最终不仅《淮南子》被“秘藏之”，淮南王刘安也因“妄作妖言”而国除，透视出大一统视域之下，地方王侯与中央皇权之间的张力与博弈。

了其实体地位和结构序列。然而，基于西汉开国“功臣多出于亡命无赖”[①]，故对于西汉前中期的“汉家制度”而言，依旧多为“霸王道杂之”[②]。儒学真正的兴盛，当在西汉中后期至东汉。先有孝元皇帝“柔仁好儒”[③]，后光武中兴，“爰好经术，未及下车，而先访儒雅，采求阙文，补缀漏逸。先是四方学士多怀协图书，遁逃林薮。自是莫不抱负坟策，云会京师”[④]。对此，范晔论曰：

> 自光武中年以后，干戈稍戢，专事经学，自是其风世笃焉。其服儒衣，称先王，游庠序，聚横塾者，盖布之于邦域矣。若乃经生所处，不远万里之路，精庐暂建，赢粮动有千百，其耆名高义开门受徒者，编牒不下万人，皆专相传祖，莫或讹杂。……然所谈者仁义，所传者圣法也。故人识君臣父子之纲，家知违邪归正之路。[⑤]

随着儒学的兴盛，其也遭遇内外挑战。在内，有经今、古文争立学官的纷争；在外，谶纬泛滥，东汉更是立谶为宪，在政治思想实践中大有取儒学而代之之势。此外，时至东汉，作为正统官学的今文经，其自身流弊也不断呈现，“一经说至百万余言，大师众至千余人”[⑥]，“信口说而背传记，是末师而非往古，至于国家将有大事，若立辟雍封禅巡狩之仪，则幽冥而莫知其原”[⑦]。在

① 赵翼著，王树民校证：《廿二史札记校证》，北京：中华书局，2013年，第91页。

② 班固撰，颜师古注：《汉书》卷九《元帝纪》，北京：中华书局，1962年，第277页。

③ 班固撰，颜师古注：《汉书》卷九《元帝纪》，北京：中华书局，1962年，第277页。

④ 范晔撰，李贤等注：《后汉书》卷七十九上《儒林列传上》，北京：中华书局，1965年，第2545页。

⑤ 范晔撰，李贤等注：《后汉书》卷七十九下《儒林列传下》，北京：中华书局，1965年，第2588-2589页。

⑥ 班固撰，颜师古注：《汉书》卷八十六《儒林传》，北京：中华书局，1962年，第3620页。

⑦ 班固撰，颜师古注：《汉书》卷三十六《楚元王传》，北京：中华书局，1962年，第1970页。

此情形下，为正本清源，构筑大一统中央集权帝国意识形态，以及规范社会秩序，建初初年（76 年），校书郎杨终上奏汉章帝，希望其效法汉宣帝石渠阁会议，论定经义，“永惟后世则”：

> 宣帝博征群儒，论定《五经》于石渠阁。方今天下少事，学者得成其业，而章句之徒，破坏大体。宜如石渠故事，永惟后世则。①

建初四年（79 年），章帝召集太常、将、大夫、博士、议郎、郎官及诸生、诸儒会白虎观，诏曰：

> 盖三代导人，教学为本。汉承暴秦，褒显儒术，建立《五经》，为置博士。其后学者精进，虽曰承师，亦别名家。孝宣皇帝以为去圣久远，学不厌博，故遂立大、小夏侯《尚书》……此皆所以扶进微学，尊广道蓺也。中元元年诏书，《五经》章句烦多，议欲减省。至永平元年，长水校尉儵奏言，先帝大业，当以时施行。欲使诸儒共正经义，颇令学者得以自助。……于是下太常，将、大夫、博士、议郎、郎官及诸生、诸儒会白虎观，讲议《五经》同异，使五官中郎将魏应承制问，侍中淳于恭奏，帝亲称制临决，如孝宣甘露石渠故事，作《白虎议奏》。②

此即白虎观会议。一方面，与会者大都是其时经学名家，精通一经或数经，“他们之中有的明于《春秋》，如杨终，有的精习鲁《诗》，如鲁恭，还有丁鸿、桓郁专精欧阳《尚书》，李育擅长《公羊春秋》，楼望善《严氏春秋》。……另外，兼通今、古文经学者有贾逵、李育、汉章帝。其中贾逵以古文为宗，兼习今文；李育则立基今文，旁通古

---

① 范晔撰，李贤等注：《后汉书》卷四十八《杨李翟应霍爰徐列传》，北京：中华书局，1965 年，第 1599 页。

② 范晔撰，李贤等注：《后汉书》卷三《肃宗孝章帝纪》，北京：中华书局，1965 年，第 137-138 页。

文。至于担任仲裁的汉章帝，不但今、古文兼通，而且还于欧阳《尚书》、鲁《诗》、韩《诗》、《左传》、《古文尚书》等都接受过专业的教育"[①]。由此，可以毫不夸张地说，白虎观会议是一次高水平的经学讨论会。另一方面，汉章帝"称制临决"，表面上是因为当时"经学发展过于烦琐、支离破碎，缺乏作为帝国指导思想的作用，所以必须整合经义，钦定经学的要旨，使之能有效地为朝廷服务"[②]。然而，究其实质，则是经过西汉两百年政局的风云变幻，使得应该建构一个怎样的社会政治秩序，以及应该颁布怎样的典章制度确保社会秩序的稳定，成为摆在东汉统治者面前急需解决的问题。白虎观会议利用经义为汉制法，不仅彰显出当权者对"儒学扮演帝国意识形态的重要性的高度认知"，同时也透视出"皇权有计划地介入儒学解释权"。[③] 白虎观会议的直接成果是"如孝宣石渠故事，作《白虎议奏》"，后经班固整理而为《白虎通义》[④]。"'通义'二字表示它不是代表某一家的看法，而是统一的、可以通行天下的结论。"[⑤] 即如葛兆光所言，"根据《白虎议奏》的资料而撰写成的《白虎通》，并不是班固个人的思想而是经过当时君主认可的国家意识形态的理论表述"[⑥]。

---

① 姜广辉主编：《中国经学思想史》（第二卷），北京：中国社会科学出版社，2010年，第383页。

② 林聪舜：《儒学与汉帝国意识形态》，上海：上海人民出版社，2017年，第239-240页。

③ 林聪舜：《儒学与汉帝国意识形态》，上海：上海人民出版社，2017年，第233页。

④ 关于白虎观会议之成果，历来有所争议。一为据《汉书·章帝纪》形成《白虎议奏》，一为据《后汉书·班固传》成《白虎通德论》。《后汉书·班固传》言："天子会诸儒讲论《五经》，作《白虎通德论》，令固撰集其事。"还有以为班固撰集为《白虎通义》，唐李贤注《后汉书》，于《白虎议奏》下云："今《白虎通》。"以为《白虎议奏》与《白虎通》实为一部书。然而，宋《崇文总目》著录《白虎通》时，却称之为"《白虎通德论》"。现在通行的认知则是：《白虎议奏》是由会议当时的奏章及汉章帝的批答编辑成的一部书，是对于白虎观会议最为原始的记录。而班固依据这些材料，将"议论产生的统一的看法、皇帝的决断等集中编写成书，就称为《白虎通义》"。（陈立撰，吴则虞点校：《白虎通疏证》，北京：中华书局，1994年，第1-2页。）

⑤ 陈立撰，吴则虞点校：《白虎通疏证》，"出版说明"，北京：中华书局，1994年，第2页。

⑥ 葛兆光：《中国思想史》（第一卷），上海：复旦大学出版社，2001年，第273页。

第一节　“天子”圣德：皇权合法性的确立

在中国传统社会中，皇权是统治权之核心，皇权又系于皇帝。“从秦始皇登场到清帝国崩溃这一历史时期，中国的国家基本表现为，皇帝是唯一拥有最高权力的人，并且君临于中央集权的统一国家之上。这种由皇帝统治的国家形态，在辽阔的中国大陆上，不论怎样，其命脉能够被维持两千余年，这在世界史上，也是极其特殊的现象。”① 这种“极其特殊的现象”之所以能够被维持两千余年，一个重要的因素则在于对皇权合法性的信仰。法国哲学家让-马克·夸克认为：“合法性这一观念首先并且特别地涉及到统治权利。合法性即是对统治权利的承认。从这个角度来说，它试图解决一个基本的政治问题，而解决的办法即在于同时证明政治权力与服从性。”② 就是说，权力合法性的来源是一个政府合法性的根本保证。马克斯·韦伯则言：“一切经验表明，没有任何一种统治自愿地满足于仅仅以物质的动机或仅仅以情绪的动机，或者仅仅以价值合乎理性的动机，作为其继续存在的机会。毋宁说，任何统治都企图唤起并维持对它的合法性的信仰。”③ 对于统治合法性的信仰，是保证政府权力有效运作和实施的前提与基础。而构筑这一信仰体系的则是封建帝国意识形态中不断层垒的对于皇权合法性的论证。换言之，对于皇权合法性的论证就成为构筑封建王朝意识形态的核心要旨。

秦王嬴政假秦国数百年基业最终“初并天下”，并凭其功业创“皇帝”之尊号。对于其皇权统治而言，原本具有不言自明的合法性。即便如此，秦帝国依旧要借助“五德终始”说，为其帝国寻得“水德”之运，

---

① 尾形勇著，张鹤泉译：《中国古代的“家”与国家》，北京：中华书局，2010 年，第 1 页。

② 让-马克·夸克著，佟心平、王远飞译：《合法性与政治》，北京：中央编译出版社，2002 年，第 12 页。

③ 马克斯·韦伯著，林荣远译：《经济与社会》（上卷），北京：商务印书馆，1997 年，第 239 页。

从而让帝国拥有一份源自“天”的德运支撑，以论证其统治的合法性。秦帝国尚且如此，对于草莽起家而骤登皇位的汉帝国统治者而言，寻求对于皇权统治“正当性”“合法性”的论证无疑更为迫切。“且尤可奇者……而最后之成功，转落于一辈纯粹平民之手。此尤当时民间心理所未始逆料也。”①“新王朝的统治原本出身于市井无赖，缺乏任何历史的和精神的资源，他们显然不具备‘内圣’之资。这在许多事情上都出现了问题，即你推行什么政令也好，子孙世代继位也好，人们凭什么要拥戴你呢？这就需要借助一种具有强大威慑作用的超自然的神秘力量，即天命鬼神的力量。”② 由汉初高祖刘邦的“患之”，到武帝诏策贤良时所“欲闻”的“大道之要，至论之极”，核心要旨莫不在此。“天人之道，何所本始？”“天命之符，废兴何如？”③ 本身就是希望士人们从“天”这一时人普遍的信仰中为西汉王朝统治的合理性尤其是皇权的绝对权威性寻求理论上与本原上的依据。“当人间的最高权威出现并开始从意识形态方面寻求其统治依据时，天（帝）作为天上的最高权威必然成为论证其统治秩序正当性与合法性的终极依据。”④ 至东汉，豪强地主渐兴渐盛，其在和皇权结成利益同盟的同时，亦对皇权形成挑战。因此，进一步巩固并论证皇权合法性遂成为其时核心要旨。这在由汉章帝亲临称制所参与制定的大典——《白虎通义》中得以充分彰显。“《白虎通义》的全部理论，都是为封建帝王的皇权统治论证和寻找理论根据的。”⑤

考之《白虎通义》，其对皇权“合法性”的论证，主要基于两方面：一是皇帝是“天之子”——天子的神圣性与至上性，二是“天子”圣德

① 钱穆：《秦汉史》，北京：生活·读书·新知三联书店，2018 年，第 35 页。

② 姜广辉主编：《中国经学思想史》（第一卷），北京：中国社会科学出版社，2010 年，第 45 页。

③ 班固撰，颜师古注：《汉书》卷五十八《公孙弘卜式兒宽传》，北京：中华书局，1962 年，第 2614 页。

④ 王四达：《试论〈白虎通义〉的总体特征》，《中山大学学报（社会科学版）》，2001 年第 4 期。

⑤ 姜国柱、辛旗：《中国思想通史（秦汉卷）》，武汉：武汉大学出版社，2011 年，第 360 页。

的“圣王”观。即《白虎通义》从“天”的神性与“圣”的道德性两个维度构筑起皇权的“合法性”。

一、“天之子”：君王的神圣性、至上性

《白虎通义》沿袭西汉董仲舒所构筑的天人相与的宇宙模式，以“天”为“万物之主”的至上存在：“天者，何也？天之为言镇也。居高理下，为人镇也。”[①] 以天为“人”之所以为“人”的依据：“人所以十月而生者何？人，天之子也。任天地之数五，故十月而备，乃成人也。”[②] 当然，所谓的人乃“天之子”也，并非指向凡夫俗子，而是旨在借“天”的至上性确立人世君王的独尊性。在政治体制中，“天”是为世俗社会组织的“中心”——人世君王的权威性、至上性保驾护航的：

> 王者易姓而起，必升封泰山何？报告之义也。始受命之日，改制应天，天下太平功成，封禅以告太平也。[③]
>
> 王者受命必改朔何？明易姓，示不相袭也。明受之于天，不受之于人。[④]

新王所施行的易姓、封禅、改朔等系列举措，旨在“明受之于天”，其要旨就在于“认为帝王的权力授自于天，惟有天才是王权存在合理性的最终依据”[⑤]。诚如牟宗三先生所说：“统治者之取政权，于现实方面是凭其德与

---

① 陈立撰，吴则虞点校：《白虎通疏证》卷九《天地》，北京：中华书局，1994年，第420页。

② 陈立撰，吴则虞点校：《白虎通疏证》卷九《姓名》，北京：中华书局，1994年，第413页。

③ 陈立撰，吴则虞点校：《白虎通疏证》卷六《封禅》，北京：中华书局，1994年，第278页。

④ 陈立撰，吴则虞点校：《白虎通疏证》卷八《三正》，北京：中华书局，1994年，第360页。

⑤ 姜广辉主编：《中国经学思想史》（第二卷），北京：中国社会科学出版社，2010年，第398页。

力。及其德足以服众，力足以驭众，在现实上无足与竞，其自身便成一实际上之无限，顿觉其生命遥与天接，因而便谓其统治是受命于天。”[①]“受命之君，天之所兴。”[②]“尊天”就要“尊君”，同样的，“尊君”即为“尊天”。

在《白虎通义》中，“君王”的神圣性与至上性首先来自“天子”名号。“古者尊卑共之，贵贱不嫌，则可同号之义也。……至秦，天子独以为称，汉因之而不改也。”[③]作为一种爵位，在“以法五行”[④]的五等爵制中，“天子”高居爵位之顶端，为帝王所独享，“天子者，爵称也”[⑤]。之所以如此，在于“王者父天母地”，实“为天之子也”，“天覆地载，谓之天子，上法斗极”。[⑥]故即便“帝王之德有优劣，所以俱称天子者何？以其俱命于天”[⑦]。确立了天子“俱命于天”，也就确立了天子“作民父母”，为“天下王”[⑧]的合理性、神圣性与至上性。《白虎通义》之所以“特别强调君王四号中‘天子’一号”，其旨就在于“天子观念的产生既保证天在王权政治中的最高权威，同时又确保天站在天子一边”。[⑨]《白虎通义》之所以将“天”作为一种最高政治象征纳入政治体系，在于世俗君主政治体制本身并不能为自身存在的合理性提供充足的说明。换句话说，“王权存在

---

① 牟宗三：《政道与治道》，长春：吉林出版集团有限责任公司，2010年，第5页。

② 陈立撰，吴则虞点校：《白虎通疏证》卷八《瑞赘》，北京：中华书局，1994年，第349页。

③ 陈立撰，吴则虞点校：《白虎通疏证》卷二《号》，北京：中华书局，1994年，第48页。

④ 陈立撰，吴则虞点校：《白虎通疏证》卷一《爵》，北京：中华书局，1994年，第6页。

⑤ 陈立撰，吴则虞点校：《白虎通疏证》卷一《爵》，北京：中华书局，1994年，第1页。

⑥ 陈立撰，吴则虞点校：《白虎通疏证》卷一《爵》，北京：中华书局，1994年，第2页。

⑦ 陈立撰，吴则虞点校：《白虎通疏证》卷一《爵》，北京：中华书局，1994年，第2-3页。

⑧ 陈立撰，吴则虞点校：《白虎通疏证》卷一《爵》，北京：中华书局，1994年，第4页。

⑨ 姜广辉主编：《中国经学思想史》（第二卷），北京：中国社会科学出版社，2010年，第397页。

的合理必须由一个外在的权威即天或天命来保障"[1]。而置身于天人相与的宇宙模式中，"神道设教"就始终是维护专制统治的不二法门[2]。"在中国古代，君权崇拜首先是来自一种神秘主义的信仰，即君是神圣之体。为了巩固政治大一统的格局，《白虎通义》用各种方式论证皇权的崇高性与正当性。君权神授是论证君权合法性的基本模式。"[3]

不仅如此，作为皇权拥有者的天子，其至上性还体现在对于郊祀祭天、封赏、诛伐等权力的独占：

> 王者所以祭天何？缘事父以事天也。祭天必以祖配何？自内出者，无匹不行，自外至者，无主不止。故推其始祖，配以宾主，顺天意也。[4]
>
> 王者所以巡狩者何？巡者，循也。狩者，牧也。为天下巡行守牧民也。道德太平，恐远近不同化，幽隐不得所者，故必亲自行之，谨敬重民之至也。[5]
>
> 王法天诛者，天子自出者，以为王者乃天之所立，而欲谋危社稷，故自出，重天命也。[6]

"天子"通过对宗教的（祭祀）、政治的（行诛）、社会的（巡狩）系列权限的"独占"，彰显其神圣性与至上性，从而引发臣民的认同与膜拜。

---

① 姜广辉主编：《中国经学思想史》（第二卷），北京：中国社会科学出版社，2010年，第397页。

② 王四达：《试论〈白虎通义〉的总体特征》，《中山大学学报（社会科学版）》，2001年第4期。

③ 席俊杰：《〈白虎通义〉天子观研究》，河北师范大学硕士学位论文，2019年。

④ 陈立撰，吴则虞点校：《白虎通疏证》卷十二《郊祀》，北京：中华书局，1994年，第561页。

⑤ 陈立撰，吴则虞点校：《白虎通疏证》卷六《巡狩》，北京：中华书局，1994年，第289页。

⑥ 陈立撰，吴则虞点校：《白虎通疏证》卷五《三军》，北京：中华书局，1994年，第205页。

如此，《白虎通义》以政典的形式，通过对“天子”名号的规范化论述以及对天子赋予独一无二的权力，从而完成对皇权神圣性的论证，对君王在权力中心主导地位的确立，由此奠定了传统社会中对于皇权论证维护的主要基础。而对于皇权神圣性的论证与构筑，“保证了传统社会的基本稳定性，皇帝作为象征性政治符号，上承天命，下抚人心，一度成为整个社会稳定秩序的基本支撑点，成为其治理下臣民百姓的精神支柱”①。

二、“帝”“王”“皇”：天子圣德

君王作为俗世最高统治者，不仅据有“天子”之爵称，更享有“帝”“王”“皇”等名号：

> 帝王者何？号也。号者，功之表也。所以表功明德，号令臣下者也。德合天地者称帝，仁义合者称王，别优劣也。《礼记·谥法》曰：“德象天地称帝，仁义所生称王。”②
>
> 王者，往也。天下所归往。……王者自谓一人者，谦也。欲言己材能当一人耳。故《论语》曰：“百姓有过，在予一人。”臣下谓之一人何？亦所以尊王者也。以天下之大，四海之内，所共尊者一人耳。③
>
> 皇者，何谓也？亦号也。皇，君也，美也，大也。天人之总，美大之称也。④

---

① 肖航：《王道之纲纪——〈白虎通义〉政治思想研究》，北京：商务印书馆，2017年，第402页。

② 陈立撰，吴则虞点校：《白虎通疏证》卷二《号》，北京：中华书局，1994年，第43页。

③ 陈立撰，吴则虞点校：《白虎通疏证》卷二《号》，北京：中华书局，1994年，第45-47页。

④ 陈立撰，吴则虞点校：《白虎通疏证》卷二《号》，北京：中华书局，1994年，第44页。

“皇”“帝”“王”名号有别，但最终又指向同一人，即大一统中央集权的最高统治者——天子。所不同者，相较于“天子”上承于天的爵称，“帝”“王”“皇”则是从名号而论，彰显的是其“接下”的功德与“号令臣下”的至尊，“或称天子，或称帝王何？以为接上称天子者，明以爵事天也。接下称帝王者，明位号天下至尊之称，以号令臣下也”①。从“以爵事天”的“天子”，到“接下”功德的“帝”“王”，揭示出作为最高统治者，其合法性除了要具备上承于天的神圣性、至上性外，同时亦还要有“接于下”的“事功”与“圣德”，“非圣人莫之能王”②。就是说，欲为“王”者还应具备“圣”的道德品质，“圣人，备道全美者也，是县天下之权称也”③。只有两者结合而成的“圣王”，方能成为理想政治的统治者，其统治亦才具有不言自明的合法性，“圣王是理想的实现者，是最伟大的仁慈者和创造者，圣王几乎都是崇拜的对象，都是希望所在，都是社会政治问题的核心”④。“‘圣王’二字在古代是无以复加的美号。”⑤

《白虎通义》之所以凸显天子当为“圣王”，在于大一统中央集权社会中，天子高居权力之巅，缺乏制度性的规约，但其个人行为又与社会兴衰、国家治乱休戚相关，“天下之命，悬于天子”⑥。“有乱君，无乱国。……得其人则存，失其人则亡。”⑦ 换言之，“中国古代社会的君主之所以对于国家的兴衰具有直接的影响，乃是因为在古代政治中君主个人始

---

① 陈立撰，吴则虞点校：《白虎通疏证》卷二《号》，北京：中华书局，1994 年，第 47 页。

② 王先谦：《荀子集解》卷十二《正论篇第十八》，《诸子集成》（二），北京：中华书局，2006 年，第 216 页。

③ 王先谦：《荀子集解》卷十二《正论篇第十八》，《诸子集成》（二），北京：中华书局，2006 年，第 217 页。

④ 刘泽华：《先秦士人与社会》，天津：天津人民出版社，2004 年，第 202 页。

⑤ 姜广辉主编：《中国经学思想史》（第一卷），北京：中国社会科学出版社，2010 年，第 78 页。

⑥ 范晔撰，李贤等注：《后汉书》卷三十七《桓荣丁鸿列传》，北京：中华书局，1965 年，第 1255 页。

⑦ 王先谦：《荀子集解》卷八《君道篇第十二》，《诸子集成》（二），北京：中华书局，2006 年，第 151 页。

终充当着全部政治体系的核心和灵魂，整个政治体制完全是围绕君主个人而展开的”。“这种缺乏政治运作的游戏规则实际上赋予君主个人至高无上的权力。而一种缺乏约束的权力往往同时也意味着极大的危险性。因此在中国几千年来的政治实践中如何适度限制君权，使其不至逸出国家政治之外以毁坏国家机器本身就是一个值得认真思考的问题。”《白虎通义》作为一部由儒学士大夫参与制定的制度化的经学施政大典，尤其强调“天子”当“约之以德”。[①]

为了使君主能够自觉承担政治责任、道德义务，汉代儒生一方面高扬“天”之权威，强调“天”通过灾变而对君主发出“谴告”，间接以“天”的宗教性权威来限制君权[②]。另一方面，则是赋予与“天子”相等同的“帝”“王”“皇”系列名号以“圣”“德”的内在意蕴，“德合天地者称帝，仁义合者称王”[③]。“皇者，何谓也？亦号也。皇，君也，美也，大也。天人之总，美大之称也。”[④] 就是说，“帝”“王”“皇”作为“天子”的别号，实乃“功之表也”[⑤]，其本身即内含着“功德”的考量：

> 号言为帝何？帝者，谛也。象可承也。王者，往也。天下所归往。……号之为皇者，煌煌人莫违也。烦一夫，扰一士，以劳天下，不为皇也。不扰匹夫匹妇，故为皇。[⑥]

---

① 姜广辉主编：《中国经学思想史》（第二卷），北京：中国社会科学出版社，2010年，第387–388页。

② 朱汉民：《〈白虎通义〉：帝国政典和儒家经典的结合》，《北京大学学报（哲学社会科学版）》，2017年第4期。

③ 陈立撰，吴则虞点校：《白虎通疏证》卷二《号》，北京：中华书局，1994年，第43页。

④ 陈立撰，吴则虞点校：《白虎通疏证》卷二《号》，北京：中华书局，1994年，第44页。

⑤ 陈立撰，吴则虞点校：《白虎通疏证》卷二《号》，北京：中华书局，1994年，第43页。

⑥ 陈立撰，吴则虞点校：《白虎通疏证》卷二《号》，北京：中华书局，1994年，第45页。

既然称之为“帝”“王”“皇”，也就说明了其所内含的仁义德行，“‘帝’所推崇的是道德，所向往的是成圣人，他们的德是最高的；‘王’推崇的是教化，所向往的是成仁人，他们的功业是最显著的”[①]。《白虎通义》通过对君王名号的阐述，揭示其内含的道德意蕴，从中体现出儒学士大夫们“意图通过确立帝王个人道德的方式使帝王自觉将一己行为与政治体制相调适，这样就能从主观上自觉消除帝王权力因为缺乏外在约束而产生的任意性及由此带来的危险性”[②]。就是说，儒学在与皇权结盟的同时，仍然“企图通过以建立帝德的方式来限制君王极端的个人权力，这也是意图通过强化封建帝王对自身政治角色的认同，使其实现自我约束，从而确保政治体制能够正常、健康地运行”[③]。为此，《白虎通义》历数上古帝王，通过论证伏羲、神农、黄帝、尧、舜既为“帝王”又为“圣人”，从而“为当朝的帝王是圣人提供历史和理论依据”[④]，同时为其“圣王”政治作论。

观之秦汉，秦续六世之余烈，最终并得天下，创建了“自上古以来未尝有，五帝所不及”[⑤] 的帝国伟业。一方面，秦帝国的凭“力”而胜，与儒者们所希冀的由“圣”而“王”的期许相去甚远；另一方面，秦二世而亡的历史教训似乎又佐证了儒家“非圣人莫之能王”的论说。“天令之谓命，命非圣人不行。”[⑥] 汉代秦而兴，儒学重新活跃于政治舞台。在大一统视域下，现实的帝王成为儒学实现其王道之治亦即圣王之治的唯一希望所在，唯有“王”者方能具备为“圣”的可能，故理论上“王”与“圣”

---

① 肖航：《王道之纲纪——〈白虎通义〉政治思想研究》，北京：商务印书馆，2017年，第157页。

② 姜广辉主编：《中国经学思想史》（第二卷），北京：中国社会科学出版社，2010年，第390页。

③ 姜广辉主编：《中国经学思想史》（第二卷），北京：中国社会科学出版社，2010年，第393页。

④ 朱汉民：《〈白虎通义〉：帝国政典和儒家经典的结合》，《北京大学学报（哲学社会科学版）》，2017年第4期。

⑤ 司马迁：《史记》卷六《秦始皇本纪》，北京：中华书局，1959年，第236页。

⑥ 班固撰，颜师古注：《汉书》卷五十六《董仲舒传》，北京：中华书局，1962年，第2515页。

也就渐趋合一。“‘圣上’也逐渐成为臣民对皇帝的尊称。圣王作为儒家一切宗教人伦与政治理念的人格化展现跃至云端，俯瞰历史和现实，成为中国文化的符号。”[①] 至东汉，随着皇权的加强，进一步演变为唯有“王”方可称“圣”，故一旦被称为王，亦就意味着其具有“圣”之德了。正是借助这种倒果为因，在《白虎通义》中，圣、神、王是同义词。圣、神、王合一，这就是君主。“圣、神与王的合一，是政治权力大一统的产物。”[②] 帝、圣合一的君道观一方面无疑是在理论上极大增强了专制集权下君主制度的政治合理性，另一方面亦是大一统视域之下，儒生士人对于高居权力之巅的统治者所寄予的一种道德期许。换言之，《白虎通义》将帝王与圣人相联系，着力宣扬“圣王”观，不仅突出帝王受命于天的神圣性，同时彰显帝王的事功道德。统治者的合法性不仅仅在于上承天命，同时还要下得民心，这就需要统治者以德施政。

《白虎通义》“圣王”观的凸显，不仅昭显儒学与皇权的结盟，而且透视出政治的儒学化。“《白虎通义》作为汉代士大夫与帝王合作而达成的政治盟约”，故“其政治利益、政治视角必须首先确立以帝王为首的帝国政治立场”。同时，“汉代士大夫与帝王之间能够达成文化共识，则是因为他们确立了以士大夫为主体的文化理念、思想形态”，表现在皇权上，则是“天子”的圣王化，即“天子”“圣王”的合二为一。[③] 换言之，君王作为“天子”至上性的论证，使得《白虎通义》充分彰显了其作为政典维护皇权至上性的意识形态功能；“天子”的圣人化则揭示出东汉政治与儒学的结盟，抑或叫政治的儒学化。《白虎通义》采取对相关概念内涵的阐述来宣扬天子圣王以及最高统治者的至上至圣，这揭示出经过两汉数百年的发展，大一统帝国意识形态的构筑已然理论化体系化。

---

① 席俊杰：《〈白虎通义〉天子观研究》，河北师范大学硕士学位论文，2019 年。

② 席俊杰：《〈白虎通义〉天子观研究》，河北师范大学硕士学位论文，2019 年。

③ 朱汉民：《〈白虎通义〉：帝国政典和儒家经典的结合》，《北京大学学报（哲学社会科学版）》，2017 年第 4 期。

第二节　引经学以定礼制：经典与政典的结合

一般认为，对社会秩序的追求是儒家思想的基本价值。儒学具有一种天然的“秩序情结”，不仅有明确的秩序诉求与实现路径，而且有完整的理论体系。

一、儒学经典地位的确立

在大一统中央集权的帝国体系确立后，如何建立有效可行的社会政治秩序一直是思想界所要探索的问题。有学者认为，汉代经学兴盛的一个很重要原因在于当时的儒生试图通过孜孜不倦研习经学来探索贯通社会生活实践中的经学大义。当时人们坚信宇宙是可以认识并且利用的，人类社会作为宇宙的一部分，其治理方式也是有法则可以遵循的。经学乃是提供这种宇宙法则的最为权威可靠的经典。[①]

观之白虎观会议，除了有最高统治者——汉章帝亲临称制外，与会者亦均为其时名硕大儒，这揭示出《白虎通义》是君主主持、士大夫参与制定的国家治理、典章制度方面的政典[②]，即在《白虎通义》中，基于政治利益、政治视角，其必须首先确立以帝王为首的帝国政治立场；另一方面，汉代士大夫与帝王之间能够达成文化共识，则是因为白虎观会议还确立了以士大夫为主体的文化理念、思想形态。即为了确立国家典章、礼乐制度、经世大法的历史合理性，《白虎通义》由政典溯源经典，选择大量引用儒家经典来论证这些政典[③]。汉代儒家士大夫希望在具有政典地位的《白虎通义》中确立儒家思想的主导作用，就必须确立儒家经艺的经典地

---

① 肖航：《王道之纲纪——〈白虎通义〉政治思想研究》，北京：商务印书馆，2017年，第245-246页。

② 朱汉民：《〈白虎通义〉：帝国政典和儒家经典的结合》，《北京大学学报（哲学社会科学版）》，2017年第4期。

③ 朱汉民：《〈白虎通义〉：帝国政典和儒家经典的结合》，《北京大学学报（哲学社会科学版）》，2017年第4期。

位。为此，《白虎通义》专列《五经》一章，以确立“五经”的地位和价值。

首先，“五经”作为儒家思想的主要载体，是孔子通过整理、诠释上古先王留下的经典而建构起来的：

> 《五经》何谓？《易》《尚书》《诗》《礼》《春秋》也。《礼经解》曰：“温柔宽厚，《诗》教也。疏通知远，《书》教也。广博易良，《乐》教也。洁静精微，《易》教也。恭俭庄敬，《礼》教也。属词比事，《春秋》教也。”①

在《白虎通义》中，孔子删定“五经”并不是纯粹的学术传承，其旨在于救治衰世弊政：

> 孔子所以定《五经》者何？以为孔子居周之末世，王道陵迟，礼乐废坏，强陵弱，众暴寡，天子不敢诛，方伯不敢伐，闵道德之不行，故周流应聘，冀行其道德。自卫反鲁，自知不用，故追定《五经》，以行其道。故孔子曰“《书》曰‘孝乎惟乎，友于兄弟，施于有政，是亦为政’也”。②
>
> 孔子未定《五经》如何？周衰道失，纲散纪乱，五教废坏，故五常之经咸失其所，象《易》失理，则阴阳万物失其性而乖，设法谤之言，并作《书》三千篇，作《诗》三百篇，而歌谣怨诽也。③

《白虎通义》以为，“五经”乃“圣人象天五常之道而明之”，旨在“教人

---

① 陈立撰，吴则虞点校：《白虎通疏证》卷九《五经》，北京：中华书局，1994 年，第 448 页。

② 陈立撰，吴则虞点校：《白虎通疏证》卷九《五经》，北京：中华书局，1994 年，第 444-445 页。

③ 陈立撰，吴则虞点校：《白虎通疏证》卷九《五经》，北京：中华书局，1994 年，第 445 页。

成其德也”：

> 经所以有五何？经，常也。有五常之道，故曰《五经》。《乐》仁，《书》义，《礼》礼，《易》智，《诗》信也。人情有五性，怀五常不能自成，是以圣人象天五常之道而明之，以教人成其德也。①

《白虎通义》之所以确立“五经”的崇高地位，是为了强调以五经的“五常之道”完全能够解决现实政治的“纲散纪乱，五教废坏”。因为孔子修定“五经”本来就与三代先王的君主施政、国家治理、制礼作乐等政治事务密切相关。

汉武帝时期实施“表章六经”的方略，同时设立“五经”博士，其实就是以儒家经典作为依据，确立国家的典章制度、治理方法②。而至《白虎通义》，相较之前儒家经典与民众间的悬隔③，其文本包含经义 43 条，都是以“所以……何？”问答的方式，援引大量古代典籍，对文本中所列经义条目的由来、作用等进行了详细具体的解释，以“托古维新”的方式使这些经义条目具有合理性，由此更容易被大众所理解和接受，故更具有可“践履”性④，亦更符合其时构筑社会秩序的需要。

《白虎通义》确立的全部政典大事，以及它们得以确立、规范的思想基础、历史依据全部来源于儒家经典。具体言之，四十四篇中引《尚书》及传八十四条，礼类（包括《三礼》及《逸礼》）一百七十四条，《春秋》

---

① 陈立撰，吴则虞点校：《白虎通疏证》卷九《五经》，北京：中华书局，1994 年，第 447 页。

② 朱汉民：《〈白虎通义〉：帝国政典和儒家经典的结合》，《北京大学学报（哲学社会科学版）》，2017 年第 4 期。

③ 董仲舒奏议“表章六经”获得汉武帝认可，儒学作为官学成为西汉帝国意识形态。然而，其时儒学的影响很大程度上还囿于思想家以及部分上层社会，于广大社会民众而言，还有些迂远而阔于事情，影响尚有限。其后经历将近两百余年的发展，至东汉章帝时，儒学于社会民众方有了现实的践履性。

④ 白幽兰：《从〈白虎通义〉管窥东汉社会人伦秩序建构——以“忠孝”为视角》，华东师范大学硕士学位论文，2013 年。

经传一百零八条，《论语》六十三条，《诗》类六十九条，《易》类二十三条，《孝经》九条，《尔雅》两条，各类纬书三十三条[①]。为此，清代经学家皮锡瑞称《白虎通义》“集经学之大成”[②]。《白虎通义》大量引用儒家经典来表达士大夫的政治思想与文化理念，使得《白虎通义》在内容和形式上均具有儒家经学著作的特点，是汉代士大夫的思想表达[③]。《白虎通义》彰显并确立了儒家经典在汉代国家政治中的重要地位，明确了儒家经典作为汉代政典对政治的指导关系，与此同时，也凸显了掌握儒家经学话语权的士大夫的重要地位。

二、礼乐之治的确立

《白虎通义》不仅确立了儒学的经典地位，还进一步强化凸显儒家礼乐之治。“礼乐是中华文明的核心”[④]，也是儒家思想的根源[⑤]。汉代礼乐的复兴以陆贾、贾谊为代表，在礼乐教化的目的上，继承了孔孟的“仁义”思想；在具体的教化措施上，吸取了荀子“化性起伪”的思想。董仲舒通过阴阳五行化的自然天道观论证礼乐教化的合理性，实现了礼乐教化观从“人性论”向“天道观”的转型。

至东汉，《白虎通义》对之更是予以概念化的总结：

---

① 姜广辉主编：《中国经学思想史》（第二卷），北京：中国社会科学出版社，2010年，第386页。

② 皮锡瑞撰，吴仰湘校点：《皮锡瑞集》，长沙：岳麓书社，2012年，第1162页。

③ 朱汉民：《〈白虎通义〉：帝国政典和儒家经典的结合》，《北京大学学报（哲学社会科学版）》，2017年第4期。

④ 彭林：《儒家礼乐文明讲演录》，桂林：广西师范大学出版社，2008年，第1页。

⑤ 李泽厚提出，原始巫术礼仪、西周礼乐制度、孔子“以仁释礼”构成了先秦礼乐文化延续发展的基本脉络（李泽厚：《孔子再评价》，《中国社会科学》，1980年第2期）；杨向奎提出，宗周时期的礼乐文化以“德礼”思想为主，春秋时期的礼乐文化以“仁礼”为代表（杨向奎：《宗周社会与礼乐文明》，北京：人民出版社，1997年，第285页）；陈来提出三代礼乐文化的模式为“巫觋文化”“祭祀文化”“礼乐文化”（陈来：《古代宗教与伦理：儒家思想的根源》，北京：生活·读书·新知三联书店，2009年）；杨华提出先秦礼乐文化发展经历了“原始礼乐文化时期”“礼乐制度时期”“礼乐文化的世俗时期”（杨华：《先秦礼乐文化》，武汉：湖北教育出版社，1997年）。

礼乐者，何谓也？礼之为言履也。可履践而行。乐者，乐也。君子乐得其道，小人乐得其欲。王者所以盛礼乐何？节文之喜怒。乐以象天，礼以法地。人无不含天地之气，有五常之性者。故乐所以荡涤，反其邪恶也。礼所以防淫佚，节其侈靡也。故《孝经》曰："安上治民，莫善于礼。""移风易俗，莫善于乐。"[①]

礼乐被视为缘天地而作[②]，具"安上治民"与"移风易俗"之功效。正是如此，礼乐为"王者所以盛"，用之以"节"喜怒，因为"喜则天下和之，怒则暴乱者畏之"[③]，故"天子之于天下，喜怒节之以礼乐"[④]。就是说，王者用礼乐以"正民"，可以实现其王道之治，享天下太平。

《白虎通义》从政治秩序的目的、国家治理的功效方面，确立了儒家所倡导的礼乐的重要性：

夫礼者，阴阳之际也，百事之会也，所以尊天地，傧鬼神，序上下，正人道也。[⑤]

乐在宗庙之中，君臣上下同听之，则莫不和敬。在族长乡里之中，长幼同听之，则莫不和顺。在闺门之内，父子兄弟同听之，则莫不和亲。故乐者，所以崇和顺，比物饰节，节奏合以成文，所以和合父子君臣，附亲万民也。是先王立乐之方也。……故乐者，天地之

① 陈立撰，吴则虞点校：《白虎通疏证》卷三《礼乐》，北京：中华书局，1994年，第93–94页。

② "乐由天作，礼以地制。"见陈立撰，吴则虞点校：《白虎通疏证》卷三《礼乐》，北京：中华书局，1994年，第94页。

③ 陈立撰，吴则虞点校：《白虎通疏证》卷三《礼乐》，北京：中华书局，1994年，第93页。

④ 陈立撰，吴则虞点校：《白虎通疏证》卷三《礼乐》，北京：中华书局，1994年，第93页。

⑤ 陈立撰，吴则虞点校：《白虎通疏证》卷三《礼乐》，北京：中华书局，1994年，第95页。

命，中和之纪，人情之所不能免焉也。[①]

礼贵忠何？礼者，盛不足，节有余。使丰年不奢，凶年不俭，贫富不相悬也。[②]

乐尚雅何？雅者，古正也。所以远郑声也。[③]

礼乐作为“先王之道”，其首要在于规范整饬以君臣、父子为核心的政治秩序与伦常秩序，由此保障社会的有序化，“天子八佾，诸侯四佾，所以别尊卑”[④]，“防淫泆，节其侈靡也”[⑤]；其次则是以“乐”饰喜怒，“崇和顺”，调适和睦因“礼”而紧张的君臣、父子秩序。借助于“礼乐”的“尚忠”“尚雅”，可以充分实现王道之治：

朝廷之礼，贵不让贱，所以明尊卑也。乡党之礼，长不让幼，所以明有年也。宗庙之礼，亲不让疏，所以明有亲也。此三者行，然后王道得，王道得，然后万物成，天下乐之。故乐用磬也。[⑥]

君父有节，臣子有义，然后四时和。四时和，然后万物生。故谓之瑟也。[⑦]

由此可知，礼乐不仅可以实现王道之治，更是天下太平之产物，“太平乃

---

① 陈立撰，吴则虞点校：《白虎通疏证》卷三《礼乐》，北京：中华书局，1994 年，第 94 页。

② 陈立撰，吴则虞点校：《白虎通疏证》卷三《礼乐》，北京：中华书局，1994 年，第 96 页。

③ 陈立撰，吴则虞点校：《白虎通疏证》卷三《礼乐》，北京：中华书局，1994 年，第 96 页。

④ 陈立撰，吴则虞点校：《白虎通疏证》卷三《礼乐》，北京：中华书局，1994 年，第 104 页。

⑤ 陈立撰，吴则虞点校：《白虎通疏证》卷三《礼乐》，北京：中华书局，1994 年，第 94 页。

⑥ 陈立撰，吴则虞点校：《白虎通疏证》卷三《礼乐》，北京：中华书局，1994 年，第 126 页。

⑦ 陈立撰，吴则虞点校：《白虎通疏证》卷三《礼乐》，北京：中华书局，1994 年，第 125 页。

制礼作乐何？夫礼乐所以防奢淫。……功成作乐，治定制礼”[①]。就是说，礼乐不仅仅应当是王者始起所治就该施行的手段方略，更是王道之治所达成后的天下太平的总结，“功成作乐，治定制礼”。此外，作为王道之治所成就的太平之世，其最终更是在于由“礼”而“乐”，故“乐言作，礼言制何？乐者，阳也。动作倡始，故言作。礼者，阴也。系制于阳，故言制。乐象阳也，礼法阴也”[②]。以“尊卑”“长幼”秩序为要旨的法“阴”之“礼”，最终还应该消融于向“阳”的“乐”之状态，如此天下和顺，万世太平，长治久安，“所以和合父子君臣，附亲万民也。是先王立乐之方也。……故乐者，天地之命，中和之纪，人情之所不能免焉也”[③]。

三、“三纲六纪”：社会秩序的构筑

“整饬人伦是儒家为政的基础。”[④] 为了构筑人伦秩序，《白虎通义》在董仲舒三纲五常之道的基础上，更是规范化出一套“三纲六纪”之序。

首先，何谓“纲纪”？《白虎通义》释曰：

> 纲者，张也。纪者，理也。大者为纲，小者为纪。所以张理上下，整齐人道也。人皆怀五常之性，有亲爱之心，是以纲纪为化，若罗网之有纪纲而万目张也。[⑤]

对此，陈立疏证曰：“郑《笺》云：‘张之为纲，纪之为理。’……《说

---

① 陈立撰，吴则虞点校：《白虎通疏证》卷三《礼乐》，北京：中华书局，1994年，第98页。

② 陈立撰，吴则虞点校：《白虎通疏证》卷三《礼乐》，北京：中华书局，1994年，第98-99页。

③ 陈立撰，吴则虞点校：《白虎通疏证》卷三《礼乐》，北京：中华书局，1994年，第94页。

④ 陈侃理：《儒学、数术与政治：灾异的政治文化史》，北京：北京大学出版社，2016年，第54页。

⑤ 陈立撰，吴则虞点校：《白虎通疏证》卷八《三纲六纪》，北京：中华书局，1994年，第374页。

文·糸部》：‘纲，纲纮也。纪，别丝也。’《书·盘庚》云：‘若网在纲，有条而不紊。’罗网有纲纪，纲举而纪不乱，而万目以张，喻人三纲既举，而六纪自不乱，而庶务亦举也。”[①] 对于社会而言，“纲纪”就是社会秩序的构筑。

其次，对于“三纲”“六纪”，《白虎通义》陈述为：

> 三纲者，何谓也？谓君臣、父子、夫妇也。六纪者，谓诸父、兄弟、族人、诸舅、师长、朋友也。故《含文嘉》曰：“君为臣纲，父为子纲，夫为妻纲。”又曰：“敬诸父兄，六纪道行，诸舅有义，族人有序，昆弟有亲，师长有尊，朋友有旧。”[②]

在《白虎通义》“三纲六纪”所指涉的所有社会关系中，君臣、父子、夫妇“三纲”是最基本最重要的三种关系，其次才是诸父、兄弟、族人、诸舅、师长、朋友“六纪”。前者统领后者，后者从属于前者。“六纪者，为三纲之纪者也。师长，君臣之纪也，以其皆成己也。诸父、兄弟，父子之纪也，以其有亲恩连也。诸舅、朋友，夫妇之纪也，以其皆有同志为己助也。”[③]“此谓六纪以纪三纲，意三纲为纲，六纪为纬也。”[④]

为了说明“三纲六纪”是万世不移的法则，《白虎通义》不仅用其时流行的阳尊阴卑来附会三纲，甚或通过文字训诂的方法，对“三纲”“六纪”社会主体名号进行论说。这种所谓的“训诂”大多牵强附会，并不都是真正文字学意义上的训诂，然而，虽然不少训释穿凿附会，与汉代其他训诂著作中的声训相比可信者不多，却具有“历史的理性”，体现了当时

---

① 陈立撰，吴则虞点校：《白虎通疏证》，卷八《三纲六纪》，北京：中华书局，1994年，第374页。

② 陈立撰，吴则虞点校：《白虎通疏证》卷八《三纲六纪》，北京：中华书局，1994年，第373-374页。

③ 陈立撰，吴则虞点校：《白虎通疏证》卷八《三纲六纪》，北京：中华书局，1994年，第375页。

④ 陈立撰，吴则虞点校：《白虎通疏证》卷八《三纲六纪》，北京：中华书局，1994年，第375页。

的文化理解、观念形态诸端[1]。所谓“历史的理性”，当指现代看来有点荒诞的训诂在当时同样获得文化认同的社会效果，故成为“借以表达思想、传递政见的工具”[2]。

东汉时期，国家政权的经济基础发生变化，地方上出现了宗族大姓和豪强地主。不同于西汉初年的“编户齐民”，此时豪强地主和大姓大户的农业经济结构的形成，给皇权造成了相当大的威胁，故东汉王朝迫切需要完善以“三纲”为核心的尊尊亲亲的等级关系，借此巩固皇权。纵观《白虎通义》论述的43个专题，多是环绕“三纲”强化君权父权的目标，以及强化统治秩序的目标进行的论述。而其核心又落脚于君臣之间的政治关系与父子为主的家庭家族血缘关系，即所谓的“君统”与“宗统”。其中，用君权来统领政治关系，用父权来统领血缘关系，就构成了社会秩序的核心环节。即“以纲纪为化”，使整个国家社会秩序得以“张理”“整齐”，如此，即可以实现儒家所倡导的“王道”政治。

“三纲六纪”被载入《白虎通义》，一方面呈现出自秦汉伊始的大一统帝国历经数百年的发展，已然形成了以君道为核心的规范化的社会秩序，另一方面则彰显出自先秦儒家就倡导的社会伦常秩序正式被官方所推崇，也就是说，“三纲六纪”是皇权政治与儒家伦常秩序结合的产物。故“三纲六纪”不仅是《白虎通义》的核心思想，在中国传统文化中也占有重要地位。陈寅恪认为，它是中国传统文化的核心部分，“吾中国文化之定义，具于白虎通三纲六纪之说，其意义为抽象理想最高之境，犹希腊柏拉图所谓 Eidos 者”[3]。

---

① 臧克和：《中国文字学与儒学思想》，《学术研究》，1996年第11期。

② 向晋卫：《〈白虎通义〉思想的历史研究》，北京：人民出版社，2007年，第66页。

③ 陈寅恪：《诗集　附唐篔诗存》，北京：生活·读书·新知三联书店，2001年，第12-13页。

第三节　“永惟后世则”：帝国意识形态的构筑

“意识形态”作为帝国体系中一个不可或缺的组成部分，其功效“除了应付现实问题的能力外”，还“应该能够解决更深层、更根本的社会与政治问题”，比如“传播统治阶级的价值观与世界观；赋予统治权力‘正当性’；对现存秩序规范的顺从态度的再生产；深入各生活领域，作为行动的指导原则；表面上能顾及各阶层的利益”①。以之观照由皇权与士人通力合作完成的《白虎通义》，其不仅赋予了皇权统治“正当性”，同时倡导的天子“圣德”，使其“表面上能顾及各阶层的利益”，亦有“三纲六纪”作为全社会秩序的行动指南，可谓是构筑起了其时帝国王朝所需的完备而成熟的意识形态。

观之《白虎通义》的内容组成，共分四十四篇（今存四十三篇，陈立辑有阙文一篇），统摄四十三大经学主题，衍生为三百一十四个子问题，都是与经国理政、人伦日常有关的制度、规范②。《白虎通义》集中讨论了包括朝廷礼宪与日常生活准则在内的四十三个专题，其中又有维护东汉政权所迫切需要的“三纲六纪”等核心观念，就重新将儒学论证为帝国意识形态的历史进程而言，正是东汉自光武、明帝以来的尊儒活动的高峰③。观之《白虎通义》之行文特点与内容主旨，可以得出其“利用经义为汉制法”的旨归④。

---

① 此处主要参考韦伯的“正当性”观念、葛兰西的“文化霸权”观念、阿尔都塞的“意识形态的国家机器”观念。（见韦伯著，康乐编译：《正当性的基础》，《支配的类型　韦伯选集三》，台北：允晨文化实业公司，1985年，第25-30页；葛兰西：《关于根本危机时期政党结构》，《狱中札记》，台北：谷风出版社，1988年，第180-240页；阿尔都塞著，杜章智译：《意识形态和意识形态的国家机器》，《列宁和哲学》，台北：远流出版事业公司，1990年，第151-206页。）

② 张广保：《〈白虎通义〉制度化经学的主体思想》，见《经学今注三编》，辽宁：辽宁教育出版社，2002年。

③ 林聪舜：《儒学与汉帝国意识形态》，上海：上海人民出版社，2017年，第241-242页。

④ 侯外庐等：《中国思想通史》（第二卷），北京：人民出版社，1957年，第225-236页。

首先，从行文来看，《白虎通义》对字词意义进行了某种规范性的解释，体现了其作为政治思想文献的一面，因为“政治哲学探讨的是规范性命题。政治哲学关心的是目标和价值观念，它是对于人类政治活动的意义和基本价值的评价体系，它是关于政治活动的一般准则和导向的知识。在对于政治问题的讨论中，它采用的是所谓应然的规范命题，而与实然命题相区别”[①]。《白虎通义》对于各种规范意义的阐释蕴含了对于价值的辨析，它所要提供的正是政治生活所需要的一般准则与导向性知识。

其次，就涉及内容主题来看，《白虎通义》涉及古代中国社会的政治生活、人伦日常等有关制度规范的方方面面，其中所记录的问题都是关系当时国家大政方针的重要问题，“《白虎通义》从四十四大主题区分出三百一十四个子题并非一种逻辑的分类，而是直接源于政治和社会制度。实际上，它们都与当时现实的政治、社会生活密切相关，是帝王施政、百姓实际生活急需解决的问题”[②]。这代表了一种时代的导向与需求，是当时知识阶层所必须思考与回答的问题，可以说是他们的时代使命[③]。

再次，就与会者身份而论，一方面，白虎观会议的召集者为皇帝，“其本身的地位就代表了这种问话的严肃性与神圣性。他所提出的问题对回答者产生的约束力也非常强烈”[④]。汉章帝的“亲称制临决”，显示出最高统治者对于构建新型的国家意识形态和礼制模式的高度重视；同时也反映出汉代最高统治者运用行政力量干预学术思想文化，利用儒家思想为其现实的政治统治服务的特质。故有学者认为，“《白虎通》是东汉章帝时期，皇权有计划地介入儒学解释权下的产物，它的出现，代表章帝对儒学扮演帝国意识形态的重要性的高度认知”[⑤]。另

---

① 刘晓：《政治哲学初探》，《政治学研究》，2000年第3期。

② 姜广辉主编：《中国经学思想史》（第二卷），北京：中国社会科学出版社，2010年，第384-385页。

③ 肖航：《王道之纲纪——〈白虎通义〉政治思想研究》，北京：商务印书馆，2017年，第89页。

④ 肖航：《王道之纲纪——〈白虎通义〉政治思想研究》，北京：商务印书馆，2017年，第89页。

⑤ 林聪舜：《儒学与汉帝国意识形态》，上海：上海人民出版社，2017年，第233页。

一方面，作为与会主体，即针对皇权关心的问题的回答者，“大部分兼有深厚的学术修养和实际的行政能力，他们提供的答案所具有的针对性与现实性是不言而喻的”[①]。

冯友兰曾说：“一种社会的上层建筑名目繁多，有许多方面，但它又是一个统一的整体，必须有一个广泛的包括宇宙、社会、人生各方面的哲学体系作为中心。这个广泛的体系能够把一种上层建筑的各个方面、各个部门统一起来，联贯起来，使它们‘如网在纲’。”[②] 时至东汉，以白虎观会议的召开而最终形成的《白虎通义》，很大程度上可谓是完成了这种哲学体系的构筑。《白虎通义》借助国家政治权势一统经学的学术分歧，成为规范国家和社会生活的官方礼典以及经过君主认可的国家意识形态的理论表述。一方面，其是由君主主持、士大夫参与制定的关涉国家治理、典章制度方面的政典，“中心思想是神化帝王为中轴的社会等级体系以及维护这种体制的三纲五常观念”[③]，而汉章帝的钦定奏议，“也就是赋予这样的‘国宪’以神学的理论根据的谶纬国教化的法典”[④]，使其具有源自皇权的权威性；另一方面，为了确立这些国家典章、礼乐制度、经世大法的历史合理性，则是大量引用儒家经典来论证这些政典[⑤]。这些使得《白虎通义》具有经典性、价值规范性。故有学者认为《白虎通义》的真正意义是“引经书以定礼制，以为治国的凭借”，“礼制人伦的制定才是最主要的目的”。[⑥] 就是说，《白虎通义》的形成一方面反映出君主对儒学经典和经学价值的认同，使君主与儒学阶层之间拥有了共同话语，经学由此成为联

---

① 肖航：《王道之纲纪——〈白虎通义〉政治思想研究》，北京：商务印书馆，2017年，第89页。

② 冯友兰：《中国哲学史新编》（第三册），北京：人民出版社，1985年，第41页。

③ 刘泽华、葛荃主编：《中国古代政治思想史》，天津：南开大学出版社，2001年，第244页。

④ 侯外庐：《中国思想通史》（第二卷），北京：人民出版社，1957年，第225页。

⑤ 朱汉民：《〈白虎通义〉：帝国政典和儒家经典的结合》，《北京大学学报（哲学社会科学版）》，2017年第4期。

⑥ 林丽雪：《〈白虎通〉“三纲”说与儒法之辨》，《中国哲学史研究》，1984年第4期。

系皇权政治与儒士阶层的思想纽带①；另一方面，“由于儒家经典与帝国政治的结合，既强化了儒家文化的政治功能，又增加了帝国政治的文明元素，为中华儒教文明的成型奠定了基础”②。

再则，《白虎通义》不仅说明了汉帝国意识形态的最终成型，更是揭示了思想与政治的结盟，为大一统中央集权统治下的每个人提供了行为处事的秩序规范。《白虎通义》中“贯穿着一种强烈而鲜明的全面安排人间秩序的意识形态意图”③。秩序是人类社会生存和发展的客观基础，自秦汉开创中国历史大一统伊始，如何保障大一统政权的长治久安，构筑上下尊卑有序的社会秩序就成为政权统治者以及思想家们共同关注与探究的主题。产生于春秋末年的儒家，面对其时的“天下无道”，遂以“建立秩序为终极关怀”④。然而，先秦儒家虽然旨在“修身齐家治国平天下”，但是，在孔子那里，修、齐、治、平的思想路线不是一条直线，而是一个循环圈，也就是说，治国平天下并不是为了建立一个强盛的帝国，而是为人民百姓提供一个安定合理的生存环境，即老者安之，少者怀之，朋友信之，“富之”而后“教之”，进而使人人都可以修身齐家，使生命的本质和意义得到实现。这是孔子的生命哲学。历史的目的是人，而不是某一政体或集团⑤。这对于其时凭“力”胜的当权者而言，其说无疑是“迂远”难用的。自汉武帝立五经于学官，儒学取得独尊地位，并进入政治体制，成为政治的一部分为西汉王朝政治服务。由此，汉儒们的理想就与汉帝国的兴衰相关联。为帝国构筑长治久安的统治秩序也就成了汉儒们

---

① 白幽兰：《从〈白虎通义〉管窥东汉社会人伦秩序建构——以“忠孝”为视角》，华东师范大学硕士学位论文，2013 年。

② 朱汉民：《〈白虎通义〉：帝国政典和儒家经典的结合》，《北京大学学报（哲学社会科学版）》，2017 年第 4 期。

③ 林存光主编：《中国政治思想通史·秦汉卷》，北京：中国人民大学出版社，2014 年，第 469 页。

④ 张德胜：《儒家伦理与秩序情绪》，台北：台湾巨流出版公司，1997 年，第 17 页。

⑤ 姜广辉主编：《中国经学思想史》（第二卷），北京：中国社会科学出版社，2010 年，第 678 页。

的理想①。白虎观会议透过群儒们“讲议五经同异”的方式，最后由章帝“亲称制临决”，制定了从皇权至上的政治秩序到“三纲六纪”的社会秩序，以“永惟后世则”。自此，先秦时期被视为“迂远而阔于事情”的儒学，经过不断的发展与自我修正，最终与政治结盟，成为论证专制统治尤其是专制皇权合法性最为有效的思想学说，并由此成为其后长达两千余年专制社会意识形态。诚如学者所言，“《白虎通义》是汉代一部儒家经典与帝国政典结合为一的重要大典。如果说，董仲舒《春秋繁露》是汉代士大夫为了与帝王建立合作关系而提出的文化思考与政治建议；那么，《白虎通义》则是士大夫与帝王在合作过程中成型的文化共识与政治盟约”②。亦如庞绍堂、季芳桐在《中国社会思想史》中所认为，《白虎通》是《春秋繁露》的继续、发挥且具体化、规范化、条理化，不仅是东汉一代的国宪、经典，还成为此后中国历代王朝的意识形态。③

白虎观会议上，汉章帝大会群儒，讨论五经异同，实则是要为其治域下的王朝统治确定一个“永惟后世则”的秩序规范，“《白虎通》是东汉章帝时期，皇权有计划地介入儒学解释权下的产物，它的出现，代表章帝对儒学扮演帝国意识形态的重要性的高度认知”④，更是“统治阶级透过统一经义的方式来统一思想，是皇权透过控制经学解释权的方式达到意识形态控制的目的，由此企求《白虎通》整合的价值观成为全民的价值观，《白虎通》的规范成为帝国的规范。皇权整理、认可的经学遂成为帝国意识形态的核心，扮演为体制服务的工作”⑤。要之，《白虎通义》以皇帝的

---

① 汉儒的目的是维护大一统帝国的强盛，并从中央集权制中分享礼仪，维护帝国和爱民这两个政治概念是不完全重合的，因而虽然儒家在两汉政治上获得了很大成果，却是以偏离原始儒家的人道主义原则为代价的。[姜广辉主编：《中国经学思想史》（第二卷），北京：中国社会科学出版社，2010 年，第 678 页。]

② 朱汉民：《〈白虎通义〉：帝国政典和儒家经典的结合》，《北京大学学报（哲学社会科学版）》，2017 年第 4 期。

③ 庞绍堂、季芳桐：《中国社会思想史》，武汉：华中科技大学出版社，2011 年，第 161-165 页。

④ 林聪舜：《儒学与汉帝国意识形态》，上海：上海人民出版社，2017 年，第 233 页。

⑤ 林聪舜：《儒学与汉帝国意识形态》，上海：上海人民出版社，2017 年，第 251 页。

亲临称制确定了其权威性（尽管皇帝的权威性是《白虎通义》所论证的核心）、价值规范性、系统性，不仅为东汉帝国政权提供了意识形态的支撑，亦为东汉社会提供了行为处事的秩序规范，更是为其后两千余年的传统社会提供了一套安身立命的价值尺度[①]。

---

① 对于此，学者多有论说，任继愈曾言："总的说来，《白虎通义》是神学经学化、经学神学化双重关系指导编纂的一部经学官方答案，又是两千年前比较完整的'圣谕广训'。"（任继愈：《中国哲学史》，北京：人民出版社，2003年，第110页。）金春峰认为："《白虎通》虽然以学术形式出现，但它的政治性质是鲜明而强烈的。在封建社会，经学既是学术，又是政治的指导思想和封建意识形态的核心。"（金春峰：《汉代思想史》，北京：中国社会科学出版社，1997年，第417页。）

下篇

秦汉信仰与社会整合

第七章
秦代的民间信仰

本章旨在考察秦代的民间信仰，即以民众为参与主体的信仰行为。所涉民间信仰无分地域、无分人群，只要涉及秦治域之下的民众信仰的史料，均在考察范围之内[①]。

第一节　秦代民间信仰的概况

文化的形成、发展受到地理环境的深刻影响，地理环境为文化提供了成长的土壤，同时也施加了诸多限制。生于斯长于斯的人群受此环境熏陶、掣肘，所缔造的文化也往往带有鲜明的地域烙印。秦统一前，各国画地而治，由于山川阻隔、言语不通，加之各国对人口、物资出入国境管控甚严，各国之间的往来实在有限，且多维持在外交、贸易层面，人口的流

① 关于秦帝国的宗教政策、宗教文化，前贤考论甚详，林剑鸣、杨华等珠玉在前，笔者受益良多。见林剑鸣：《秦汉政治生活中的神秘主义》，《历史研究》，1991 年第 4 期；吴小强：《论秦人宗教思维特征——云梦秦简〈日书〉的宗教学研究》，《江汉考古》，1992 年第 1 期；吴小强：《论秦人的多神崇拜特点——云梦秦简〈日书〉的宗教学研究》，《文博》，1992 年第 4 期；杨华：《秦汉帝国的神权统一——出土简帛与〈封禅书〉、〈郊祀志〉的对比考察》，《历史研究》，2011 年第 5 期；杨华：《战国秦汉时期的里社与私社》，《天津师范大学学报（社会科学版）》，2006 年第 1 期。相关研究甚多，恕不一一烦举。

动性极弱。这种封闭隔绝的地缘格局阻碍了不同地域间的文化交流，但也无形中竖起护卫的高墙，维护了各地域文化的专属特色，齐鲁、三晋、关中（秦）、荆楚、吴越等富有鲜明个性的地域文化逐渐成型。作为民众精神世界的重要组成部分，各国的民间宗教也呈现出各自的特点。当时各地都有自己的地方神祇，尤其是与江河山海及历史人物有关的自然神。比如，楚地信仰极为丰富，楚辞《九歌》中提到的东皇太一、大司命、少司命等就是楚人长期崇祀的鬼神；齐鲁地区则崇拜泰山，并有齐地八神之说，以邹衍为代表的阴阳五行学派的形成、发展更是受到燕齐海滨神仙学说的滋养。秦统一之后秦始皇巡游海滨甚至泛舟于海上，迷信方士追求长生不死等均与燕齐神仙信仰密不可分。

战国时期各地风俗不一，所谓九州异俗的境况在秦汉统一帝国建立后仍在延续。政治疆域的统一呼唤着文化的统一，权力的扩张性和排他性促使新帝国致力于消弭域内文化的边界，实现定于一尊的文化格局。如此则异彩纷呈的地方信仰与强调整齐划一的政治权力之间就难免生出龃龉，二者之间的关系充满张力。一方面，地方信仰是地方文化长期积累的产物，与各地的自然环境、生活习惯等密不可分，是地方上的一种文化共识，具有强烈的地域特色；另一方面，政治权力以维护国家统一及君主权威为己任，追求治理手段的简洁、高效，必然对地方文化的多样性保持警惕，意图加以整合，塑造、推广更符合统治需要的文化。为此，秦帝国大力推行“书同文”政策，统一各国文字，打破文化流通的壁垒，同时借助地方官僚的力量改造地方文化，如云梦睡虎地秦简中的《语书》，专门明确移风易俗是地方官的重要职责。从秦帝国官方的角度来看，推进文化的统一是确保民心归附、政令通达的必然选择。但就普通民众，尤其是原东方各国民众看来，帝国官员极力推进的文化统一是一种精神上的压迫，此举可能会迫使他们失去原先的精神依赖。如此，官民之间的冲突难以避免，这也迫使秦人作出让步，以一种相对缓和的方式去处理新占地的信仰问题。

一、对山水神祇的崇拜

中华先民对山水神祇的崇拜由来已久。原始社会时期，人类的生存严重依赖周遭的自然环境，因此，作为一种朴素的理解世界的方式，万物有灵观念深入人心。自然界中的山川为古人的生存、发展提供最基本的资源，也在视觉和心理层面给古人带来压迫感和神秘感。先秦典籍中往往山、水对言：

> 知者乐水，仁者乐山。——《论语·雍也》
> 挟太山以超北海。——《孟子·梁惠王上》
> 若然者，其神经乎大山而无介，入乎渊泉而不濡。
> ——《庄子·田子方》
> 山高而不崩，则祈羊至矣；渊深而不涸，则沈玉极矣。
> ——《管子·形势》
> 积土成山，风雨兴焉；积水成渊，蛟龙生焉。
> ——《荀子·劝学》
> 是以太山不让土壤，故能成其大；河海不择细流，故能就其深。
> ——李斯《谏逐客书》

其他如“山川”“山泽”者往往多见。由此推之，山、水在先秦士人的观念体系中是一组互相映照、密不可分的概念，不仅具有具象层面的地理意义，还具有抽象层面的文化意义。《慎子》指出“山川为天下衣食”[①]，为人类生存提供了物质基础。《韩诗外传》云：“夫山者万民之所瞻仰也。草木生焉，万物植焉，飞鸟集焉，走兽休焉，四方益取与焉。出云道风嵸乎天地之间。天地以成，国家以宁。”[②] 认为山是集合万物之所，

---

① 许富宏：《慎子集校集注·慎子逸文存疑》，北京：中华书局，2013年，第101页。

② 韩婴撰，许维遹校释：《韩诗外传集释》卷三第二十六章，北京：中华书局，1980年，第111页。

维系着自然界、人类社会（国家）的和谐安定。《礼记·祭法》则着重从神秘主义的视角去解释山水的重要性："山林、川谷、丘陵能出云，为风雨，见怪物，皆曰神。"[①]

因古人将山水视为神异之地，对此怀有崇敬之心，相应的祭祀活动也逐渐兴起并发展出系统的祭祀礼仪，甚至成为政治制度的一部分。在国家祭祀层面，并非任何山川都拥有享祭资格，而是存在明显的等秩区分。《公羊传》僖公三十一年云："山川有能润于百里者，天子秩而祭之。"[②]从规模上对祭祀对象进行了界定。《礼记·王制》云："天子祭天下名山大川，五岳视三公，四渎视诸侯。诸侯祭名山大川之在其地者。"[③]则从祭祀范围上进行了规范，即天子可以祭祀境内所有山川，而诸侯只能祭祀封国内的山川。当时各地祭祀山川之神颇为普遍，至今可查者甚众。故秦之地的山水神祇包括以华山、岐山、蒲山等为代表的山神系统和以黄河、渭河、沔水等为代表的水神系统。[④]楚地山水神祇包括二天子、三危山、武夷等山神系统及依托长江、湘水、沅水等衍生出的大水神、江神、湘君、湘夫人等水神系统。[⑤]齐鲁地区的民众信仰以泰山及"八神"最为人所知，八神即天主、地主、兵主、日主、月主、阴主、阳主和四时主。除兵主祭祀蚩尤于鲁西平原外，其他祭祀对象或祭祀地点均位于今鲁中及胶东半岛

---

① 郑玄注，孔颖达疏：《礼记正义》卷第四十六《祭法》，李学勤主编：《十三经注疏》（标点本），北京：北京大学出版社，1999年，第1296页。

② 公羊寿传，何休解诂，徐彦疏：《春秋公羊传注疏》卷第十二，李学勤主编：《十三经注疏》（标点本），北京：北京大学出版社，1999年，第268页。

③ 郑玄注，孔颖达疏：《礼记正义》卷第十二《王制》，李学勤主编：《十三经注疏》（标点本），北京：北京大学出版社，1999年，第385页。

④ 详参司马迁：《史记》卷二十八《封禅书》，北京：中华书局，1959年，第1371-1374页。

⑤ 楚地神祇资料可见于《楚辞》及《包山简》《葛陵楚简》《睡虎地秦简》《里耶秦简》等新出简帛当中。相关研究详参刘信芳：《包山楚简神名与〈九歌〉神祇》，《文学遗产》，1993年第5期；晏昌贵：《楚卜筮简所见神灵杂考（五则）》，武汉大学简帛研究中心主办：《简帛》第一辑，上海：上海古籍出版社，2006年，第229-238页；杨华：《楚地山神研究》，《史林》，2010年第5期；杨华：《楚地水神研究》，《江汉论坛》，2007年第8期；刘玉堂、贾海燕、曾浪：《楚国尚卜隆祀之风和祭祀神谱的地区差异》，《湖北社会科学》，2018年第11期。

的山岳、丘陵，属山神系统。其中地主信仰的祭祀对象为泰山、梁甫，影响力最大，其他如芝罘、成山、莱山等处均有官方神祠，至西汉成帝时才被废黜。齐地濒海，其水神则以海神为代表。此外见诸史籍的还有尼丘、峄山、蒙山、沂山、沂水、泗水等接受祭祀的山川。其他地区亦存在诸如霍山、嵩山、洛水等享有高规格祭祀的名山大川。

与官方高度制度化的祭祀不同，民间对于山川之神的信仰更富地域性和自由度。由于文化的在地性，我们首先应关注其地域特征。由于交通条件及政府管控的影响，古人的活动范围往往局限于居住地的周边，对活动区域内的自然环境依附性极强，所信奉的山水神祇也直接诞生于当地的山陵川泽，并受到当地历史人文的影响。以齐鲁地区为例，泰山在本地区山川神祇序列中无疑占据首位，其影响力非普通山陵可比。但我们也需理解这样一个事实：在秦汉时期，并不是所有人都知晓泰山的存在，更遑论对泰山的崇奉。对于不少人来说，他们发自内心崇敬的是目光所及尤其是近在咫尺的山陵，哪怕那只是一个矮小的土丘。远处的山川或许魁伟雄壮，但直接左右他们生存状况的是眼前每天注视着他们的神灵。当我们以一种局外人的超然视角去审视，难免会忽视空间阻隔导致的地域性特征，直接按照神祇序列的高低去判断其影响力。基于同样的方式，湘水之神为楚地主要神祇之一，在楚国享有高规格的祭祀仪典。但湘水之神的影响力主要针对湘江两岸的民众，对广大长江下游地区的民众而言，其影响力肯定大打折扣。因此，考察当时的民间信仰状况，须谨慎处理地域性与普适性的关系。其次，与国家祭祀相比，民间信仰天然不具有政治色彩，它是民众个人精神需求锻造的产物，并非基于国家立场生发而出。因此，民众对神祇的诉求也以个人、家庭的趋吉避祸为主，根据民众身份、处境的不同，所祈求之事也是五花八门，极具功利性。比如，耕作者祈求粮食丰收，染病者祈求身体健康。祭祀的时间、祭品的陈设也因人而异，并无统一规定。

二、鬼神信仰

“鬼”字出现很早，在甲骨文中已大量出现，为头部异样或头戴面具的人物形象。《礼记·祭法》云："大凡生于天地之间者皆曰命，其万物死皆曰折，人死曰鬼，此五代之所不变也。"① 《礼记·祭义》云："众生必死，死必归土，此之谓鬼。"② 《说文》云："人所归为鬼。从人，象鬼头。"总之，鬼乃人死后所化乃是当时共识。古人敬鬼、畏鬼，一方面与祖先崇拜有关，希望死去的祖先予以庇佑，《左传》中便有死去的祖先为子孙复仇或干预子孙生活的记载。另一方面，鬼意味着死亡，而且鬼往往被赋予特殊的能力，给生者造成巨大威胁，这是古人畏惧死亡的反映。③ "神"最早出现在金文中，本义与闪电有关，指具有超然能力的神灵。《说文》云："神，天神引出万物者也。"将神释作万物的创造者。

古人往往鬼神并言，然鬼神在人们的观念中有明显的区分：神在天，乃宇宙的缔造者和维护者，掌握对人间的生杀予夺大权，乃光明、公义的象征，应无条件崇拜；鬼在地，乃人死所化，是宇宙的一部分，起初人们对鬼崇敬大于畏惧，但最迟到春秋时期人们已经将部分鬼（邪祟）描述为人世的威胁，畏惧心理占了上风，甚至利用巫术手段予以厌胜。鬼神在道德禀赋上的分流，跟古人对于天、地的认知有莫大关系。无论知识精英还是普罗大众，他们对待天、地的态度是截然不同的。天被视为最高主宰，无可辩驳地占据道德制高点，不可加以指摘。即便天灾为祸人间，也会被视为上天对人间罪恶的不满，人应该反躬自省。与此相反，地被视为上天意志的承载者，虽然大地哺育了万物，是人类立身之所，但人们却归功于神灵。④ 自商周以降，土地神在中国基层社会受到普遍崇拜，至今在部分地区依然保留。"社会"一词即源出于土地神——社。地上的奉献被人们归功于神，地上的罪恶则被归咎于大地自身。由于人死之后埋葬入土，人

① 郑玄注，孔颖达疏：《礼记正义》卷第四十六《祭法》，李学勤主编：《十三经注疏》（标点本），北京：北京大学出版社，1999 年，第 1298–1299 页。

② 郑玄注，孔颖达疏：《礼记正义》卷第四十七《祭义》，李学勤主编：《十三经注疏》（标点本），北京：北京大学出版社，1999 年，第 1325 页。

③ 例如，殷人认为梦与鬼魂有关，尤其凶梦乃先公先妣降祟所致。详见胡厚宣：《殷人占梦考》，《甲骨学商史论丛初集（外一种）》，石家庄：河北教育出版社，2002 年；宋镇豪：《甲骨文中的梦与占梦》，《文物》，2006 年第 6 期。

④ 尽管存在地祇（地神），但他们也属于神的范畴，从属于天。

们便想象出一个黑暗、幽冥的地下世界，作为鬼魅的栖身之所。

虽然鬼神相去迥异，但二者之间亦有紧密联系。殷墟卜辞中，可见商王卜问哪位先王“宾于帝”，《逸周书·太子晋》亦云：“吾后三年将上宾于帝。”“宾于帝”指能与上帝沟通。[①] 可见商人存在这样一种观念，认为人死后可以升天觐见上帝。先王先公死后成神，说明此时鬼与神之间的界限并不是泾渭分明。及至春秋战国时期，鬼、神往往连称，且语义摇摆。《左传》中的“鬼神”，有时指鬼和神，有时偏指鬼，有时偏指神。如《左传》襄公二十年云：“若不能，犹有鬼神，吾有馁而已，不来食矣。”此处“鬼神”一词显然指的是鬼。在秦代，“鬼神”一词的使用依然如此。如《史记·秦始皇本纪》中有两处出现“鬼神”，其中“假威鬼神，以欺远方”中的“鬼神”更像是鬼与神，“燕人卢生使入海还，以鬼神事，因奏录图书”中的“鬼神”则明显指神。我们推测，鬼神之所以屡屡合为一词出现，除鬼、神均享祭祀，可庇佑或降祸人间这一共同点，另一个原因恐怕在于鬼神的身份转化问题。大部分祖先神依然属于祖先鬼，但部分生前曾做出过重大贡献的祖先神被奉入神灵序列。《吕氏春秋》十二纪中记载了八位神灵：太皞、炎帝、少皞、颛顼、句芒、祝融、蓐收、玄冥。他们均是死后成神，其中前四位为先代圣王，后四位则是圣王后裔。与先天神不同，他们经历了由人到鬼再到神的转变。而时人对于“鬼”的定义有些宽泛，直接将这类神囊括其中，从而导致“鬼神”一词在使用过程中的混乱。

传世文献中与秦有关的史料基本都在《史记》中，与鬼神相关者并不是很多。因为秦始皇慕求成仙不死，所以留下一些与此有关的记载，又有秦二世疑泾河河神作祟，沉四白马祭之，皆散见于《秦始皇本纪》和《封禅书》。此外，《陈涉世家》中记载陈胜、吴广谋划起义时“装神弄鬼”，假扮狐妖呼喊：“大楚兴，陈胜王。”[②]《高祖本纪》记载刘邦之母刘媪与

---

① 详参朱凤瀚：《商周时期的天神崇拜》，《中国社会科学》，1993 年第 4 期。张荣明：《商周时期的祖、帝、天观念》，收入南开大学历史研究所编：《南开大学历史研究所建所二十周年纪念文集》，天津：南开大学出版社，1999 年。

② 司马迁：《史记》卷四十八《陈涉世家》，北京：中华书局，1959 年，第 1950 页。

蛟龙交媾而孕刘邦，及刘邦斩蛇（白帝之子）故事。陈胜、刘邦相关事迹皆在秦末，且与人为造作有关。狐妖呼号事假，但陈胜、吴广假扮狐妖引得人心惶惶却真，说明当时人对此类事件的认可，相信狐妖的存在。刘媪遇神与刘邦斩蛇事虽不经，但均为刘邦带来血统上的提升，使得一介平民一跃而为“龙子”“赤帝子”。这些事迹的传播本身就证明它们符合当时的思想氛围，当时人能够接受这些看似神异的现象。

在目前已公布出土秦简牍中，与鬼神有关的记载多出现在数术文献当中，比如睡虎地秦简《日书》、放马滩秦简《日书》、周家台秦简《祠先农》、北大秦简《祠祝之道》《祓除》等。大概由于数术文献喜语“怪力乱神”，因此我们可以从中发现许多不为史籍所载的鬼神。这些鬼神时刻影响着人们的日常生活，衣食住行、婚丧嫁娶等大小琐事莫不受其节制。它们有的是按照规则（比如四时阴阳五行）督导人们的日常生活，有的则是以破坏者、骚扰者的面目出现，轻则作弄人，重则害人性命。在目前已知的出土数术文献中，尤以睡虎地秦简《日书·诘咎篇》记鬼最多。据刘乐贤先生统计，《诘咎篇》中仅“比较确定的鬼名就有刺鬼、丘鬼、夆鬼、哀鬼、棘鬼、㝅鬼、阳鬼、欨鬼、故丘鬼、祷鬼、凶鬼、暴鬼、游鬼、不辜鬼、粲迓之鬼、饿鬼、遽鬼、哀乳之鬼、疠鬼、夭鬼等二十种”①。谨举数例如下：

人毋（无）故鬼攻之不已，是=刺鬼。以桃为弓，牡棘为矢，羽之鸡羽，见而射之，则已矣。②

人毋（无）故而鬼惑之，是夆鬼，善戏人，以桑心为丈（杖），鬼来而毄（击）之，畏死矣。③

一宅之中毋（无）故室人皆疫，多瞢（梦）米（寐）死，是是㝅（字，一说为孕）鬼貍（埋）焉，其上毋（无）草，如席处屈（掘）

① 刘乐贤：《睡虎地秦简日书研究》，台北：文津出版社，1994年，第252页。
② 刘乐贤：《睡虎地秦简日书研究》，台北：文津出版社，1994年，第226页。
③ 刘乐贤：《睡虎地秦简日书研究》，台北：文津出版社，1994年，第226页。

而去之，则止矣。[1]

鬼恒为人恶瞢（梦），譽（觉）而弗占，是图夫为桑丈（杖）奇（倚）户内，复（覆）鬴户外，不来矣。[2]

《诘咎篇》详举诸鬼之事，各条结构严格统一，先言症状，次言何鬼为祟，再言解除之法。与《史记》中所载秦代鬼神相比，《诘咎篇》中的鬼生活气息更为浓厚。《秦始皇本纪》和《封禅书》所呈现出的神与人的关系是疏离的，神高高在上被人间仰望而不可得见。《诘咎篇》中的鬼虽然是负面形象，但有一种贴近生活日常的鲜活感，与其说他们是鬼，不如说他们是一群心怀歹意却能够制服的恶人。由此，我们可以看到，在秦代神与鬼的界限已经逐渐变得清晰起来。

在秦国以外的其他地区，我们有必要特别强调一下楚人对鬼神的崇拜。荆楚文化向来以浪漫、神秘著称，宗教氛围浓厚。《汉书·地理志》云，楚人"信巫鬼，重淫祀"。《楚辞·九歌》就被认为是祷神之辞。秦灭楚后，虽然有意整齐风俗，但秦朝统治急速崩溃，使得楚文化依然可以保持旧貌，甚至与秦文化尝试融合。睡虎地秦简《日书》当中就同时汇集了秦、楚两国的建除术及其他择日之法，以供新占领区的旧楚民众使用。

三、怒特祠、陈宝祠为代表的动物崇拜

（一）怒特祠

怒特，即发怒的公牛。此信仰源于关中地区，与怒特有关的事迹始见于秦文公时期。《史记·秦本纪》云："二十七年，伐南山大梓，丰大特。"丰即沣水，大特即"怒特"。《集解》引徐广曰："今武都故道有怒特祠，图大牛，上生树本，有牛从木中出，后见于丰水之中。"[3]《正义》征引他书，叙述较为详细：

---

① 刘乐贤：《睡虎地秦简日书研究》，台北：文津出版社，1994年，第226页。

② 刘乐贤：《睡虎地秦简日书研究》，台北：文津出版社，1994年，第229页。

③ 司马迁：《史记》卷五《秦本纪》，北京：中华书局，1959年，第180页。

> 《括地志》云："大梓树在岐州陈仓县南十里仓山上。《录异传》云'秦文公时，雍南山有大梓树，文公伐之，辄有大风雨，树生合不断。时有一人病，夜往山中，闻有鬼语树神曰："秦若使人被发，以朱丝绕树伐汝，汝得不困耶？"树神无言。明日，病人语闻，公如其言伐树，断，中有一青牛出，走入丰水中。其后牛出丰水中，使骑击之，不胜。有骑堕地复上，发解，牛畏之，入不出，故置髦头。汉、魏、晋因之。武都郡立怒特祠，是大梓牛神也'。"[①]

关于南山大梓与怒特的传说还有其他版本，彼此相去不远，均是通过厌胜之术伐梓，树断牛出的情节。梓树无法伐断，殆因牛在其中，方赋予这般神异。因此，祭祀的主角是牛神而非树神。至于秦人祭祀怒特的规格，实在无迹可寻，怒特作为神祇的功能亦无所见。不过怒特信仰在秦统一后逐渐传播到其他地区，可能由一种地区性信仰升格为全国性信仰。因为我们在汉代画像石中发现不少牛首人身和鸡首人身的形象，主要分布于鲁南苏北及陕北地区，被认为与怒特、陈宝有关。其中陕西绥德县博物馆收藏的一块东汉时期的汉画像石，其上牛首人身形象附有榜题：丰怒特，因此我们可以据此断定汉画像石中出现的牛首人身形象即秦代的怒特神。郑红莉、姜生、曾磊、李零等先后就此问题讨论过。[②]

目前可以确定的是，怒特最初的形象是一头公牛，后来演变为牛首人身的形象。但怒特传说的原型究竟是什么，迄今尚无定论。温乐平认为怒特传说中的青牛是黄牛的一个品种。[③] 李零先生认为，秦代所信仰的怒特，

---

① 司马迁：《史记》卷五《秦本纪》，北京：中华书局，1959年，第180-181页。

② 参见郑红莉：《陕北汉画像石所见"鸡首人身"与"牛首人身"图像辨析》，《中国汉画学会第十二届年会论文集》，2010年；曾磊：《怒特与陈宝——秦汉信仰图谱的生成与变异》，第二届汉代图像研究青年论坛，华东师范大学，2021年6月19日；李零：《陈宝怒特解：陨铁与羚牛》，《读书》，2021年第11期。另外，姜生先生曾认为汉画像石中的牛首人身形象为炎帝，后又据画像石的"丰怒特"榜题修正其观点承认牛首人身为秦代出现的怒特神，但他认为怒特传自古埃及。

③ 温乐平：《论秦汉养牛业的发展及相关问题》，《中国社会经济史研究》，2007年第3期。

应该就是秦岭地区特有的羚牛。[1] 姜生认为怒特源自古埃及，是法老死后的保护神努特（Nut 或 Nûît）传入中国的译名。[2] 怒特的形象毫无疑问是一头雄壮的公牛，但是否羚牛尚有疑问，并无证据可以证明怒特与羚牛之间有何关联。其次，怒特源自埃及的说法，也缺乏坚实证据，我们无法确定怒特的确源自努特，抑或只是同音巧合而已，而且后者的可能性看起来更大。归根到底，关于怒特起源的历史信息丢失太多，我们目前可以尝试做出各种推测，但真相究竟如何恐将长久成谜。

另外，怒特崇拜的内容到底是什么呢？现存文献中未留下相关说明。姜生在论证怒特源自埃及的死后保护神努特时，特别提到了努特具有使人复活的神力，认为秦人将努特本土化为梓树神怒特，梓木也因此被赋予了复活的功能，因而梓木所制棺椁受到推崇。虽然我们对怒特西来说持保留态度，但认为其中谈到的梓木具有复活功能可能接近怒特崇拜的真相。梓树化为牛符合化生说。植物化生为动物的例子在《礼记·月令》中已出现，"季夏"章云："腐草为萤。"动物化为植物的例子在《夏小正》中也能找到，其十月章云："玄雉入于淮，为蜃。蜃者，蒲卢也。"化生说的观念核心是物质不灭，生命循环。秦怒特故事中，梓树强大的自我修复能力或曰不死之神异，是秦人植物崇拜的遗迹。植物经历四季循环的枯荣变化依旧不断生长，这种周而复始的强大生命力正好符合古人对长生的期待。因此，我们推测，秦人的怒特崇拜，可能跟追求健康、长生有关。

（二）陈宝祠

陈宝祠在秦汉时期地位显赫，陈宝为官民所崇祀，至唐宋而不绝。"陈宝"二字意为陈仓之宝，陈仓位于今陕西省宝鸡市。陈宝到底为何物，历来众说纷纭，计有石头说、石鸡说、玉鸡说、陨石说、雕塑说等等。关于陈宝的起源，目前我们所能依赖的文献记载，是《史记·秦本纪》及《史记·封禅书》中的寥寥数语。

---

① 李零：《陈宝怒特解：陨铁与羚牛》，《读书》，2021 年第 11 期。

② 姜生：《汉镜画像范式三题》，万物毕照：中国古代铜镜文化与艺术学术研讨会，清华大学艺术博物馆，2021 年 6 月 19 日。

《史记·秦本纪》只是简单记载“（文公）十九年，得陈宝”。《史记·封禅书》则云：

> 作鄜畤后九年，文公获若石云，于陈仓北阪城祠之。其神或岁不至，或岁数来，来也常以夜，光辉若流星，从东南来集于祠城，则若雄鸡，其声殷云，野鸡夜雊。以一牢祠，命曰陈宝。①

1. 石头说、陨石说

在注解《封禅书》中这段史料时，苏林等人就已经产生分歧，但苏林所说“质如石，似肺”，后郦道元《水经注》中言“其色如肝”，其形貌特征倒颇为符合陨石多孔、色黑赤的特征。《封禅书》中所言夜间出没、似流星般光亮，也符合陨石降落的场景。苏秉琦先生就认为：“所谓‘若石’，所谓‘陈宝’，原不过为‘流星’‘陨石’，特神乎其说而已。”② 梁云赞同这一看法，同时他结合陕西凤翔羽阳宫遗址与陈宝祠的毗邻关系，推断羽阳宫为秦公祠祀陈宝的斋宫，而且羽阳宫与秦人的玄鸟崇拜有关，陈宝可能被视为玄鸟之卵或金乌之卵，因此他推断羽阳二字的得名与陈宝有关。③

2. 石鸡说、野雉说

至汉魏时期，陈宝的形象开始与鸡发生联系，并向野雉靠拢。《史记正义》引《三秦记》《括地志》云陈宝乃山中石鸡（或玉鸡），与普通野鸡一样可以自由活动。近代王国维认为：“秦所得陈宝，其质在玉石间，盖汉益州金马碧鸡之比，秦人殆以为《周书·顾命》之陈宝，故以名之。”他认为陈宝应是形似鸡的玉石。④ 今人吴郁芳认为陈宝乃是秦先人制作的鸡形雕塑，象征秦人的高禖之神，反映了秦人的鸟崇拜。⑤

---

① 司马迁：《史记》卷二十八《封禅书》，北京：中华书局，1959 年，第 1359 页。
② 苏秉琦：《苏秉琦考古学论述选集》，北京：文物出版社，1984 年，第 7 页。
③ 梁云：《鄜畤、陈宝祠与汧渭之会考》，《秦始皇帝陵博物院》，2011 年。
④ 王国维：《陈宝说》，《观堂集林》，北京：中华书局，1959 年，第 67-68 页。
⑤ 吴郁芳：《“陈宝”考》，《文博》，1985 年第 2 期。

3. 童子、女神说

《史记索隐》引《列异传》云：

> 陈仓人得异物以献之，道遇二童子，云："此名为媦，在地下食死人脑。"媦乃言云："彼二童子名陈宝，得雄者王，得雌者伯。"乃逐童子，化为雉。秦穆公大猎，果获其雌，为立祠。祭，有光，雷电之声。雄止南阳，有赤光长十余丈，来入陈仓祠中。①

所记童子化雉一事颇为神异，再结合所谓雄雌、王霸之说，可见故事的套路与谶纬、祥瑞如出一辙，不过是为秦穆公称霸西戎、汉光武帝建东汉张目罢了。

《史记集解》引臣瓒曰：

> 陈仓县有宝夫人祠，或一岁二岁与叶君合。叶君神来时，天为之殷殷雷鸣，雉为之雊也。②

宝夫人祠则是呼应陈宝有雄雌之说，以宝夫人为雌雉，叶君为雄雉，二者皆为可化作人形的动物神。而且其中隐含雌雄交媾意，苏秉琦先生认为陈宝祠后期转为送子娘娘之类的神职，吴郁芳先生认为陈宝祠乃秦人祈求子息的高禖祠，殆与此有关。

陈宝祠由秦文公建立，官方以一太牢祭祀，规格很高。但陈宝信仰并未被官方垄断，《史记·封禅书》曰："唯雍四畤，上帝为尊，其光景动人民唯陈宝。"可见秦国民众对陈宝祠的热情。陈宝形象的演化历程是由无生命体变为动物，再变为动物神，其世俗意味愈发强烈，而世俗化是陈宝信仰传播扩散过程中不可避免的畸变，这也反映出其信众的日渐广泛。

---

① 司马迁：《史记》卷二十八《封禅书》，北京：中华书局，1959年，第1359–1360页。

② 司马迁：《史记》卷二十八《封禅书》，北京：中华书局，1959年，第1359页。

以上便是秦代民间信仰的基本概况。故秦之地一仍其旧，较统一前变化不大。至于原东方六国地区，秦廷推行“书同文字”“匡饬异俗”的文化政策，运用行政手段整肃各地风俗信仰。秦统一后官方屡屡强制人口迁徙，也必然带动民间信仰的跨区域传播。

第二节　秦代的知识、权力与信仰秩序

法国学者福柯曾提出著名的“知识—权力”论，认为权力创造知识，知识蕴含权力。此说在学界引发强烈反响，作为一种分析方法风靡众多学科领域。当我们尝试从知识—权力的视角审视秦代的民间信仰秩序时，亦有所斩获。当然，在正式展开分析之前，我们需要明确一个前提：在秦代民间信仰这一主题下，知识意味着什么？

一、知识与巫者

一般意义上，我们习惯于从学理的角度去严苛界定“知识”，在这种思路的指引下，知识往往等同于研究性的学问，之于秦代，便是诸子百家之学。“知识”一词舶自日本，虽见于中国古籍却非今义。[①] 古语“智识”与我们当下使用的“知识”一词语义颇近，解作“智慧、见识”，含义广博。经义礼乐为知识，运筹指挥为知识，稼穑工巧亦为知识。举凡一切经验、创造皆可视为知识。[②] 对于秦朝人而言，有关信仰的一切皆可称为知识，而且此类知识对秦朝百姓日常生活的影响要远胜诸子之学这类精英学问在民间的影响。林剑鸣先生曾据睡虎地秦简《日书》指出神秘主义因素在秦代政治生活中影响巨大。[③] 其实，秦代各阶层民众的日常生活同样笼

---

① 如《墨子·号令》云：“其有知识、兄弟欲见之，为召，勿令入里巷中。”其中“知识”指的是认识的人。

② “知识”是中性词，本身不存在善恶、褒贬，知识的这些属性是人类运用自身标准作出的主观评述。

③ 林剑鸣：《秦汉政治生活中的神秘主义》，《历史研究》，1991年第4期。另可参见吴小强：《论秦人宗教思维特征——云梦秦简〈日书〉的宗教学研究》，《江汉考古》，1992年第1期；《论秦人的多神崇拜特点——云梦秦简〈日书〉的宗教学研究》，《文博》，1992年第4期。

罩着神秘主义的氛围。无论故秦之地，还是原东方六国之地，皆是如此。

古人慑服于自然的伟力，却无法洞悉其中究竟，便想象出有一种不受人力控制的神秘力量支配着世界的运转。为解释神秘力量的来源，人们发明出神明的概念，并在此基础上分化出两条路径：一条路径是无条件信奉神明，虔诚祭祀祷拜；另一条路径则是发明天干、地支、阴阳等概念来解释各种现象，试图破译宇宙运行的法则。在古代中国，这两条路径并行不悖，却未能完全剥离开来，反而经常混合交融。当神明、鬼怪等成为观念世界中无可置疑的存在后，一个新的问题摆在古人面前：如何与神鬼沟通？与神鬼建立联系，可以准确了解神鬼的要求，避免惩罚、报复；同时也可以借此向神鬼表达自己的诉求，以期获得庇佑，趋吉避祸。正因有此需求，巫应时而生。

《国语·楚语下》观射父论“绝地天通”时，提到了巫觋诞生的背景及巫觋的特质：

> 古者民神不杂。民之精爽不携贰者，而又能齐肃衷正，其智能上下比义，其圣能光远宣朗，其明能光照之，其聪能听彻之，如是则明神降之，在男曰觋，在女曰巫。是使制神之处位次主，而为之牲器时服，而后使先圣之后之有光烈，而能知山川之号、高祖之主、宗庙之事、昭穆之世、齐敬之勤、礼节之宜、威仪之则、容貌之崇、忠信之质、禋絜之服，而敬恭明神者，以为之祝。使名姓之后，能知四时之生、牺牲之物、玉帛之类、采服之宜、彝器之量、次主之度、屏摄之位、坛场之所、上下之神祇、氏姓之所出，而心率旧典者为之宗。于是乎有天地神民类物之官，是谓五官，各司其序，不相乱也。民是以能有忠信，神是以能有明德，民神异业，敬而不渎，故神降之嘉生，民以物享，祸灾不至，求用不匮。①

① 徐元诰撰，王树民、沈长云点校：《国语集解·楚语下》，北京：中华书局，2002年，第512-514页。

在观射父看来，上古时代神人悬隔，出于建立神人之间联系的需要，一部分虔诚而优秀的男女被神明选中，作为神明降世的载体。同时又选拔圣王后裔（“先圣之后”）及大姓子孙（“名姓”）中的优秀者作太祝和宗伯，与巫觋一同管理与神有关的事务。巫觋的诞生在此被描述为神明主动选择的结果。而被神明选中担任巫觋、祝、宗者，无一例外都是部族中的佼佼者，品行优良、聪慧博学。选择精英担任巫并非中国古代独创，在其他文明中也能寻到类似情形。李零先生比较了多种语言中的巫，其中英文中“巫”（wizard/sorcerer/sorceress）、古突厥语中的“巫”本义均为“智者”（bögü）或“善于占卜的人”。[①] 可见，在多个文明中，巫者都被视为掌握知识的智者。同时，由高素质的精英来担任服务神灵的神职，一方面说明时人对巫祝身份的重视，另一方面也意味着巫祝借神职掌握了重要话语权。

巫凭借垄断神人沟通在古代社会获得了权威，并逐渐发展出多种与之相关的巫术。李零先生曾将各时期的巫术归纳为以下十六种：（1）方向之祭，（2）乞雨止雨，（3）请风止风，（4）见神视鬼，（5）祈禳厌劾，（6）转移灾祸，（7）毒蛊，（8）巫蛊，（9）媚道，（10）星算，（11）卜筮，（12）占梦，（13）相术，（14）医术，（15）祝由，（16）房中。[②] 巫术种类繁多反映了巫术在漫长历史进程中的不断发展、分化，其职能定位愈发清晰，巫者群体也实现了分化，各司其职，各谋其业。在上述巫术中，其中部分与古人的日常生活息息相关，属于精神上的必需品；部分则有违道德，不为社会主流认可，这也是巫术被后世士大夫轻贱的重要原因之一。在出土秦简牍中，我们也发现了与此相关的文献。比如王家台秦简《归藏》，是一篇非常重要的易学文献；睡虎地秦简、放马滩秦简、周家台秦简、北大秦简等简牍中的日书文献，则向我们展示了秦代择日术的丰富内容；岳麓秦简《占梦书》及睡虎地秦简当中的占梦内容，可以帮助我们了解秦代占梦术的发展；里耶秦简、周家台秦简、北大秦简当中的众多医

---

① 李零：《中国方术续考》，北京：中华书局，2006年，第30，35页。
② 李零：《中国方术续考》，北京：中华书局，2006年，第52-57页。

方，为了解当时的医学进展、巫医关系提供了宝贵资料。其他诸如乞雨、星算之类的文献在出土汉简中也已经发现。众多巫术文献的发现，说明了当时巫术的成熟化，同时也说明当时学习、了解巫术的已经超出巫者群体，基层小吏乃至士大夫也在主动接触巫术，死后也要这些巫术文献与之随葬。我们试举几例。

睡虎地秦简《日书》、放马滩秦简《日书》及周家台秦简《病方》均提到“禹步”的问题，周家台秦简《病方》中留下了利用禹步治疗龋齿的记载：

> 已龋方：见东陈垣，禹步三步，曰：“皋！敢告东陈垣君子，某病龋齿，笱（苟）令某龋已，请献骊牛子母。”前见地瓦，操；见垣有瓦，乃禹步，已，即取垣瓦貍（埋）东陈垣止（址）下。置垣瓦下，置牛上，乃以所操瓦盖之，坚貍（埋）之。所谓“牛”者，头虫也。[《已龋方（一）》]
>
> 已龋方：以叔（菽）七，税（脱）去黑者。操两瓦，之东西垣日出所烛，先貍（埋）一瓦垣止（址）下，复环禹步三步，祝曰：“嘑（呼）！垣止（址），笱（苟）令某龋已，予若叔（菽）子而徼之龋已。”即以所操瓦而盖□。其一曰：以米亦可。男子［以］米七，女子以米二七。[《已龋方（二）》]
>
> 已龋方：见车，禹步三步，曰：“辅车=（车车）辅，某病齿龋，笱（苟）能令某龋已，令若毋见风雨。”即取车䡅（舝），毋令人见之，及毋与人言。操归，匿屋中，令毋见=（见，见）复发。[《已龋方（三）》][①]

利用禹步治疗龋齿，只是口中念念有声走几步便能治疗现代人都备受困扰的病症，在今人看来肯定觉得不可思议，但在当时人们很可能选择相

---

① 湖北省荆州市周梁玉桥遗址博物馆编：《关沮秦汉墓简牍》，北京：中华书局，2001年，第129，130页。

信。就如现代人相信现代医学一般，当时人认为禹步治疗龋齿是值得重视的知识，因此才将它记录在册。除治疗龋齿外，周家台《病方》中还保留禹步治疗心脏疾病的操作方法。在长沙马王堆汉墓帛书《五十二病方》中，则记载了止血的祝由术："伤者血出，祝曰'男子竭，女子灭'。五画地【□】之。"① 出土病方、医方中主要记载的是使用药物治疗的方法，使用巫术治疗只占其中小部分。不过这未必符合当时疾病诊疗的普遍情况。通过出土信息来看，医方、病方的持有者或是贵族或是官吏，因此这些治疗方案更可能出自高水平的医者之手，是在医疗实践中探索总结出来的经验之谈，具备一定的可验证性，才得以被抄写传播。病方、医方反映的是医者自身的医学见解，但其中保留了少部分的巫术治疗方法，说明当时即便高水平的医者也无法完全抗拒巫术对医学的影响。药物治疗代表了医学正确的发展方向，毕竟单纯通过禹步、念咒即可治愈疾病，恐怕医学也就没有了存在、发展的必要。但从客观条件来看，在医疗资源极为短缺的时代，巫术治疗恐怕是很多人的第一选择。在两千多年后的今天，依然有极少数人在现代医学治疗无望的情况下会选择巫术治疗的方式。

非止医学，巫的权威性几乎遍布古代社会的各个角落，其影响力不容小觑。从孕育、出生到死亡、下葬，古人的一生都贯穿着巫术的影响。巫术紧扣社会需求，选择就人们关心的切身问题进行解答，证明了巫群体的世俗化和适应性，来源于社会并反馈于社会，与社会完全融合。在普遍信仰神鬼的时代，巫提供了一种让普通人可以和神鬼共存，甚至沟通交流的可能。尽管这种"可能"大概只是一种想象，但并不妨碍巫术成为普罗大众尊重、信赖的"知识"，而巫自然就成了大众眼中的权威。

二、巫与官：双重秩序的可能性

巫凭借其掌握的独特而丰富的知识成为秦代基层社会中的权威人士，在地方社会的日常运转中扮演着极为重要的角色。首先，在崇信鬼神但

---

① 裘锡圭主编，湖南省博物馆、复旦大学出土文献与古文字研究中心编纂：《长沙马王堆汉墓简帛集成》（伍），北京：中华书局，2014 年，第 217 页。

“绝地天通”的背景下，巫作为世人沟通神鬼的桥梁，满足了民众的精神需求，成为民众信仰世界不可或缺的重要组成部分。其次，巫的诸多专业技能是其能够获取民众信赖的直接原因，也是其得以长期立足基层社会的保障。

巫群体的成功得益于古代浓厚的信仰氛围。在当时人看来，他们是与各种具有神秘力量的神鬼精怪生活在一起的，在日常生活中遇到的幸与不幸也是被神鬼操纵的结果。这种观念影响着秦汉人生活的方方面面，因此他们寻求巫的帮助，借以与鬼神沟通，甚至在必要时借助巫术杀死妨害自己的鬼怪。据刘源先生研究，商代后期已经出现以禳祓祸难、祈求福佑为目的的祭祖仪式。[①] 在“巫风大兴”的楚国，求告于鬼神很是普遍，《楚辞·九歌》就被视为献给鬼神的祭歌。近几十年楚简大量出土，如《包山楚简》《望山楚简》《葛陵楚简》中都发现了一种卜筮祭祷简，其内容是占卜吉凶休咎，向鬼神、祖先祷求福佑，尤其是希望治愈疾病。[②] 在秦国，通过祭祷方式来向神鬼表达诉求亦有佐证，秦骃祷病玉版中有一句“吾敢告之，余无辠（罪）也。使明神智（知）吾情”。[③] 语气可谓诚惶诚恐，生怕惹怒神明。

除去祈祷个人健康的例子，我们还能看到以国家名义进行的诅咒。诅楚文是秦惠文王通过宗祝向神祷告，揭发楚王罪行，祈求神明帮助秦国，大败楚国。我们将诅楚文之一的《告大沈厥湫文》引用于此：

> 又秦嗣王，敢用吉玉宣璧，使其宗祝邵鼛，布愍告于不显大神厥湫，以底楚王熊相之多罪。昔我先君穆公及楚成王，是僇力同心，两邦若壹。绊以婚姻，袗以斋盟。曰枼万子孙，毋相为不利。亲卬大沈厥湫而质焉。今楚王熊相，康回无道，淫㚔甚乱，宣侈竞从，变输盟剌。内之则暴虐不姑，刑戮孕妇，幽剌亲戚，拘圉其叔父，置者冥室

① 刘源：《商代后期祭祖仪式类型》，《历史研究》，2002 年第 6 期。
② 参见陈伟等：《楚地出土战国简册（十四种）》，北京：经济科学出版社，2009 年。
③ 侯乃峰：《秦骃祷病玉版铭文集解》，《文博》，2005 年第 6 期。

> 棂棺之中。外之则冒改厥心，不畏皇天上帝及大沈厥湫之光列威神，而兼倍十八世之诅盟，衛者侯之兵以临加我。欲刬伐我社稷，伐灭我百姓，求蔑法皇天上帝及大神厥湫之恤祠、圭玉、羲牲，述取衙边城新郢及於、长、莘，衙不敢曰可。今又悉兴其众，张矜意怒，饰甲底兵，奋士盛师，以逼吾边竞，将欲复其凶逑。唯是秦邦之羸众敝赋，輪輸栈舆，礼傻介老，将之以自救也。亦应受皇天上帝，及大沈厥湫之几灵德赐，克剂楚师，且复略我边城。敢数楚王熊相之倍盟犯诅，箸者石章以盟大神之威神。①

这篇诅楚文有几个值得注意的地方：首先，秦王并不能直接向大沈厥湫求祷，必须通过专门的神职人员——宗祝来完成。这篇诅楚文就是由宗祝邵鼛代替秦王献给水神大沈厥湫的。其次，秦王指责楚王荒淫无道，内政不修，这只是“锦上添花”的罪名，指责的核心在于背叛昔年秦楚之盟诅，兴兵犯秦。盟诅即对神发誓，共结友好，若有违背，当受天谴神罚云云。在崇祀鬼神的时代，盟诅相当于一份具有神圣性的契约，神明被赋以公平无私的道德，充当督查裁判的角色。正因如此，秦王才会自认道义在自己一方，向神明控诉楚王“倍盟犯诅”。只是盟诅真的是无比神圣吗？巫祝在其中又是何种角色？此次楚国大军压境，细究起来，源头是秦国遣张仪欺诈楚国，秦国的道义是很难站住脚的。而且东周时期盟诅之事比比皆是，违背盟诅者不知凡几。若果真相信天罚，各国国君还敢如此践踏盟诅吗？从此次秦楚交战就可以看出，在统治者眼中，现实利益已经压过道义，向神明申诉对方破坏盟诅，更像是一场鼓动军心的表演。而主持这场仪式的宗祝只是配合秦王完成演出的傀儡。当统治者将神灵的惩罚抛诸脑后之时，巫祝已然跌落祭坛，由神的使者沦为王的臣仆。

李禹阶先生曾论及巫在中国文明起源中的角色及演变历程，其指出：

---

① 郭沫若：《诅楚文考释》，郭沫若著作编辑出版委员会编：《郭沫若全集·考古编》第九卷，北京：科学出版社，1982 年，第 295-298 页。

> 随着国家职能的发展及宗教的二元分化，巫师群体也出现进一步的二元分化与细致的职能分工。这种分化表现在两方面：其一，随着王朝领域的扩大、官僚职能的细化，王者逐渐成为象征性的“大巫”角色，而日常的巫、卜事务则由专门为王室服务的巫、祝、卜等“祭司”一类的神职人员承担；其二，由于国家与民间在权力距离上的加大，宗教、祭祀的二元分离更加突出，在民间形成许多涉及社会性事务的卜、祝、医之类的民间巫，他们以替民众禳灾祛病、占卜算卦、趋吉避凶等为职能，成为专门的群体活跃在民间。①

其说切中肯綮，在文明发展过程中，尤其是国家出现以后，原先的神权、王权、族权集于一人的管理方式已经无法满足大型国家统治的需要，神权与王权的分化剥离是历史必然。统治阶层的规模、结构日益复杂，专业分工越来越明显。西方有句名言：上帝的归上帝，凯撒的归凯撒。在文明发展的进程中，神权独立，将最高权力让与世俗王权/民权是各大文明共同的发展趋势。对于中国古代来说，巫群体的地位逐渐下降是无可避免的，世俗权力的扩张不会容许神权在其卧榻酣眠，二者的冲突是无可避免的。但同时，二者也是互相需要的，需要彼此借重来谋求发展。世俗王权需要神权的认可，巩固其统治根基；而巫者需要植根于社会土壤，继续发挥自己的专长。于是，巫者群体分化后，部分为上层统治阶级服务，换取其供养；另一部分下沉到基层社会，成为基层社会的“智者”。

官方并不打算放弃在信仰领域的话语权，当行政权力与宗教力量发生冲突时，官方往往选择积极应对。西门豹禁河伯娶妇的故事正是一例：

> 魏文侯时，西门豹为邺令。豹往到邺，会长老，问之民所疾苦。长老曰：“苦为河伯娶妇，以故贫。”豹问其故，对曰：“邺三老、廷掾常岁赋敛百姓，收取其钱得数百万，用其二三十万为河伯娶妇，与

① 李禹阶：《中国文明起源中的巫及其角色演变》，《中国社会科学》，2020 年第 6 期。

> 祝巫共分其余钱持归。当其时，巫行视小家女好者，云是当为河伯妇，即娉取。……其人家有好女者，恐大巫祝为河伯取之，以故多持女远逃亡。以故城中益空无人，又困贫，所从来久远矣。民人俗语曰'即不为河伯娶妇，水来漂没，溺其人民'云。"……
>
> 至其时，西门豹往会之河上。三老、官属、豪长者、里父老皆会，以人民往观之者三二千人。其巫，老女子也，已年七十。从弟子女十人所，皆衣缯单衣，立大巫后。西门豹曰："呼河伯妇来，视其好丑。"即将女出帷中，来至前。豹视之，顾谓三老、巫祝、父老曰："是女子不好，烦大巫妪为入报河伯，得更求好女，后日送之。"即使吏卒共抱大巫妪投之河中。有顷，曰："巫妪何久也？弟子趣之！"复以弟子一人投河中。……凡投三弟子。西门豹曰："巫妪弟子是女子也，不能白事，烦三老为入白之。"复投三老河中。……欲复使廷掾与豪长者一人入趣之。皆叩头，叩头且破，额血流地，色如死灰。……邺吏民大惊恐，从是以后，不敢复言为河伯娶妇。[①]

在这段故事中，西门豹作为世俗权力的代表出现，他维护的是治下的安定；女巫及贪腐的地方官沆瀣一气，利用神权的名义敛财，严重损害了民众的利益，间接危害魏国对邺的统治。因此，双方的矛盾是不可避免的。西门豹采用"以子之矛攻子之盾"的方法迅速瓦解了这股以神权为旗帜的敌对势力。在河伯娶妻事件中，普通民众不敢质疑，不敢反抗，要么顺从，要么逃避。而代表官方形象的西门豹却可以轻松洞察到其中的玄机，毫不顾忌地拆穿假象。对比之下，这充分说明巫者在基层社会无可辩驳的影响力，基层社会的世俗领导者三老、廷掾也看中其影响力而与之同流合污。

在基层社会，巫者是政治权力之外的一股可以规训、整肃地方秩序的精神力量。他们可以借助鬼神之威，将自身意志以鬼神的名义讲述出来，从而对民众施加影响。基层官吏和地方领袖——三老相配合，可以解决绝

---

① 司马迁：《史记》卷一百二十六《滑稽列传》，北京：中华书局，1959年，第3211-3212页。

大多数世俗事务，但唯独信仰领域，他们往往鞭长莫及。因此，我们大胆提出这样一种推测：在秦代的基层社会，除去世俗政权、族权维系的秩序之外，还存在一种以巫为主导，以巫医、占卜、相人等多种相关巫术知识为支撑的信仰秩序。在世俗力量无法触及之地，巫者群体成为基层社会在信仰世界的“统治者”。

三、余论

前文曾提到过，目前已知的秦（汉）出土数术文献，基本都出自官吏、贵族的墓葬。秦有焚书之令：“史官非秦记皆烧之。非博士官所职，天下敢有藏《诗》、《书》、百家语者，悉诣守、尉杂烧之。有敢偶语《诗》《书》者弃市。以古非今者族。吏见知不举者与同罪。令下三十日不烧，黥为城旦。所不去者，医药卜筮种树之书。若欲有学法令，以吏为师。”[①] 严禁私藏诸子百家语之类的书籍，源出巫术的数术类文献却不在禁毁之列。其原因大概是因为数术类文献偏于实用，被认为对日常生活有很大的参考价值，同时这类文献基本不谈政治，不会在意识形态领域蚕食秦的正统。那为何官吏和贵族往往随葬数术文献呢？

首先，官吏和贵族们本人信奉巫术，至少不会排斥。诸如日书之类，可能也是他们经常查阅的工具书。秦代对官吏的选拔有读写方面的严格要求，官吏们尽管接受了教育，但这并不妨碍他们相信鬼神，在有需要时他们也会求助于巫和巫术。

其次，掌握日书这类数术知识恐怕不是基层官吏的个人行为，而是官方有意推行的一种教化手段。正如林剑鸣先生所指出的，秦汉时期，数术是官员“必备的基础知识”，以《日书》为代表的数术文献中有“相当大的一部分是与官吏从事公务活动有关的……这些内容往往能起到直接指导官吏处理政务的作用”。[②]

作为个人，官员可以选择信奉巫术，但作为统治集团代表，官员对巫

---

① 司马迁：《史记》卷六《秦始皇本纪》，北京：中华书局，1959 年，第 255 页。

② 林剑鸣：《秦汉政治生活中的神秘主义》，《历史研究》，1991 年第 4 期。

术的态度必然复杂。一方面，官方需要巫术在基层社会发挥功能；另一方面，官方对巫术怀有警惕心理，担心巫术失去控制危及统治。比如“今年祖龙死”事件带来的影响：

> 秋，使者从关东夜过华阴平舒道，有人持璧遮使者曰：“为吾遗滈池君。”因言曰：“今年祖龙死。”使者问其故，因忽不见，置其璧去。使者奉璧具以闻。始皇默然良久，曰：“山鬼固不过知一岁事也。”退言曰：“祖龙者，人之先也。”使御府视璧，乃二十八年行渡江所沈璧也。于是始皇卜之，卦得游徙吉。迁北河榆中三万家。拜爵一级。①

“默然良久”四字可谓点睛之笔，传神地表现出了秦始皇受到的巨大冲击。他一边自我安慰山鬼所言不值得关注，一边又悄悄派人辨认玉璧。就在这一年，荧惑守心的异常天象，以及被人刻石诅咒，都令秦始皇感到不安。突然发生鬼神传语“祖龙死”事件，由不得秦始皇不怀疑。最后占卜吉凶，为应卦象而迁徙了三万家并赐爵。这一系列举动说明秦始皇非常在乎巫术，但同时也厌恶对自己不利的结果，处于一种紧张矛盾的心理状态。

有史事可以证明秦官方曾采取措施限制民间的巫术活动。写于始皇二十年的睡虎地秦简《语书》云：“凡法律令者，以教道（导）民，去其淫避（僻），除其恶俗，而使之之于为善殹（也）。今法律令已具矣，而吏民莫用，乡俗淫失（泆）之民不止，是即法（废）主之明法殹（也），而长邪避（僻）淫失（泆）之民，甚害于邦，不便于民。”② 这是南郡太守腾对治下的训诫之辞，可以看出他对楚国浮夸、重巫的风气并不乐见，希望用法律手段移风易俗。由此不难看出秦人占领南郡几十年，在旧楚之地依然立足未稳。此外，秦始皇三十三年派遣蒙恬率军北上攻击敌人，同时迁徙人口来充实新县，而被贬谪至此的人，都被禁止参加祭祀活动（禁不

---

① 司马迁：《史记》卷六《秦始皇本纪》，北京：中华书局，1959 年，第 259 页。

② 睡虎地秦墓竹简整理小组编：《睡虎地秦墓竹简》，北京：文物出版社，1990 年，释文第 13 页。

得祠）。[1] 民间祭祀有公共的祭祀场所——社，因此公共祭祀本质上就是一场大型集会。秦廷担心这些背井离乡之人借祭祀集会之机图谋串联，行“不轨”之事，因此直接取缔其祭祀权。

里耶秦简中的“祠先农简”及周家台秦简中的“先农简”展现了秦对祭祀先农的时间、祭品等方面的规定。

先农：以腊日，令女子之市买牛胙、市酒。过街，即行捧（拜），言曰：“人皆祠泰父，我独祠先农。”到囷下，为一席，东乡（向），三腏，以酒沃，祝曰：“某以壶露、牛胙，为先农除舍。先农笱（苟）令某禾多一邑，先农桓（恒）先泰父食。”到明出种，即□邑最富者，与皆出种。即已，禹步三，出种所，曰：“臣非异也，农夫事也。”即名富者名，曰：“某不能肠（伤）其富，农夫使其徒来代之。”即取腏以归，到囷下，先侍（持）豚，即言囷下曰：“某为农夫畜，农夫笱（苟）如□□，岁归其祷。”即斩豚耳，与腏以并涂囷廥下。恒以腊日塞祷如故。[2]

岳麓秦简中则出现了迄今最早的《祠令》，对祭祀的各个环节予以明确规定，若违令则有相应惩处措施。《祠令》的出现说明了秦人企图通过法律手段推广、维护代表正统的官祀，打击不受官方控制的民间淫祀，以此来限制民间自发的宗教活动。[3] 将民间的祭祀进行规范化管理，是秦人在新占领区移风易俗，完成神权统一的重要步骤。

---

① “禁不得祠明星出西方”一句，因为断句及对音问题，歧见迭出。岑仲勉等人认为“不得”指佛教，后又改“不得”为拜火教。陈槃、辛德勇、胡文辉等人先后讨论过这一问题，我们认为胡文辉的意见更加妥当：禁不得祠。明星出西方。明星出西方属于奇异天象，与禁祠无关。详见陈槃：《“禁不得祠明星出西方”之诸问题》，《历史语言研究所集刊》第 21 本第 1 分册。辛德勇：《秦始皇禁祠明星事解》，《文史》，2012 年第 2 期。胡文辉：《〈史记〉“禁不得祠明星出西方”问题再议》，《中国文化》，2014 年第 2 期。

② 湖北省荆州市周梁玉桥遗址博物馆编：《关沮秦汉墓简牍》，北京：中华书局，2001 年，第 132 页。

③ 杨勇：《岳麓秦简〈祠令〉与秦代官祀》，武汉大学简帛研究中心主办：《简帛》第二十一辑，上海：上海古籍出版社，2020 年。

第八章
汉代的时空观与生死观

随着汉代社会的发展，民间信仰秩序随之演进以因应现实，影响最大的变革是道教的崛起。民间信仰的核心乃两大主题：宇宙论、生死观。前者是为了回答“这个世界是怎么回事”，表达了人们对自身生活环境的疑惑，是一种向外的探求；后者是为了回答“我是谁，从哪里来，到哪里去”的问题，表达了人们对自身的追问，是一种向内的探索。宇宙即时空，宇宙论可以视为时空观念的总和，考察人们对宇宙的认知也须从时间观念和空间观念的角度着手切入。生死问题是民间信仰最为关心的议题，解除生死困惑是人们产生信仰行为的根本出发点，由此出发衍生出一系列的呈网络式联结的信仰行为。时间和空间是人类思考的基本维度，生死问题可以从时间和空间的层面进行解构，于是生死问题乃至汉代民间信仰从整体上被转化为时间观念和空间观念的问题。

第一节　时间观念与汉代的日常生活节奏

时间是宇宙存在的基本形式之一，其重要性不言而喻，为此华夏先民也早早迈出了探索时间奥秘的步伐。从观念层面来说，战国时期的思想家已经开始有意识地去思考、总结时间的本质。《墨子·经上》曰：“久，弥异时也。”[1]《尸子》曰：“往古来今曰宙。”[2] 这是迄今所见华夏先贤对时间的最早定义。《管子·宙合》则进一步提出：“天地，万物之橐也；宙合有橐天地。”[3] 认为时空包裹天地万物，无所不在。在实践层面，大至国家政令，小至日常起居，莫不有时间上的约束。时间原本无形，人们靠着对天文现象的观测来追索时间流逝的脚步，发明出年、月、日、时等纪时单位，构建起日益复杂而精确的纪时体系。纪时体系是层层嵌套的结构，大小时称顺次排列，规矩森严。循着如此有序的纪时标准进行活动，人类社会必然会呈现出秩序井然的一面。

与此同时，时间被视为甄别吉凶的标准，即人们认为一切事务在着手操作之前就已经被规划、安排出种种结果，其中或吉或凶。对此，人们能够做的就是认清形势，把握规则，选择合适的时间来做合适的事，以趋吉避凶。需要说明的是，在当时人的观念中，时间本身并没有吉凶之分，造成这种结果的是嵌入时间中的超然力量。当然这股无所不在的超然力量表现出清晰明确的规律性，甚至这力量本身即规则、规律。这种规则构建出时间与人类行为的匹配关系，以供人们选择，借此支配人们的日常生活。进一步明确的话，人们的日常生活处于被支配的体系当中。由于时间单位存在不同层级，不同人的知识结构和生活处境亦存在差异，因此，即便处于同一体系当中，人们对时间的感受也是异彩纷呈的，时间观念的多样性不可避免。要而言之，我们可以将古人的时间观念分为两大类：政治的与生活的。若以相关文献论，则前者对应月令，后者对应日书。在创制历法的同时，古人还创造了一种与时间有关的文献——月令。

---

① 孙诒让撰，孙启治点校：《墨子间诂》卷十《经上》，北京：中华书局，2001 年，第 316 页。

② 汪继培辑，魏代富疏证：《尸子疏证》卷下，南京：凤凰出版社，2018 年，第 78 页。

③ 黎翔凤撰，梁运华整理：《管子校注》卷四《宙合》，北京：中华书局，2004 年，第 235 页。此句释义有一定争议，有人认为这句话与时间并无关系，描述的只是一种层层嵌套包裹的空间结构，即万物在其中，外层为天地，最外层为宙合。其实此处“宙”指时间，“合”指空间，“宙合”即宇宙，其下文讲宙合无处不在，不为天地所拘限，“散之至于无间”“大之无外，小之无内”，不仅仅是对空间的描述，也完全符合时间的特性。

月令是古代一种描述各个月份天象、物候变化及相应时令的文献，其典型代表为《礼记·月令》（以下简称《月令》）。与《月令》近乎同版本的文字又见于《吕氏春秋》“十二纪”（以下简称《吕纪》）及《淮南子·时则训》，另《管子》的《四时》《幼官》诸篇及《大戴礼记·夏小正》与之意旨相近但内容不同，且稍嫌简略，应该早于《月令》，或为《月令》文本的早期形态，至少源于同一系统。[①] 得益于考古发现，出土的月令类文献也纷纷呈诸世人眼前，如敦煌悬泉置《四时月令诏条》、银雀山汉简的《四时令》及北大汉简《节》等。历来对月令的研究史不绝书，早在东汉，蔡邕就撰有《明堂月令章句》专门用以解读《月令》，此后致力于月令研究者代不乏人。[②] 及至现当代，学界对月令的研究兴趣依然不减，研究重点也逐渐从经学向思想史、社会史、政治史方向转移。容肇祖、杨宽、王梦鸥、张小稳等学者对月令的发展源流问题有所创见，邢义田、杨振红等学者则对月令与政治的关系进行了详细阐发。王利华、薛梦潇等学者对《月令》思想的传播与实践进行了讨论。[③] 相关著述甚多，不再一一烦举。

月令以时间为纲，系以天象、人事，其服务对象为君主及各级官员，

---

① 刘宗迪《古代月令文献的源流》（《节日研究》，2010 年第 2 期）一文对上述月令类文献的关系进行了阐述，所论颇有精彩之处，但文章的结论将《月令》视为《夏小正》和《管子》诸篇的糅合。从思想属性上来看，这种可能性是存在的，但缺乏文本上的证据，只能视为一种可能。不排除这些文献具有一个共同的知识来源，具有不同的演进路径，并非线性的继承损益关系。

② 蔡邕《明堂月令章句》早已散佚，清人多次辑佚，今据马国翰所辑，见马氏《玉函山房辑佚书》第 24 册，嫏嬛馆，光绪九年版。

③ 容肇祖：《月令的来源考》，《燕京学报》第 18 期，1935 年；杨宽：《月令考》，原刊《齐鲁学报》第 2 期，1941 年，收入杨宽著作集之《古史探微》，上海：上海人民出版社，2016 年；王梦鸥：《月令之五行数及十干日解》，《文史学报》第 1 期，1971 年；张小稳：《月令源流考》，《中国史研究》，2020 年第 4 期；邢义田：《月令与西汉政治》，收入氏著：《治国安邦：法制、行政与军事》，北京：中华书局，2011 年；杨振红：《月令与秦汉政治再探讨——兼论月令源流》，《历史研究》，2004 年第 3 期；王利华：《〈月令〉中的自然节律与社会节奏》，《中国社会科学》，2014 年第 2 期。以上著述的观点颇具代表性。此外，薛梦潇《早期中国的月令与“政治时间”》（上海：上海古籍出版社，2018 年）一书对月令的讨论非常值得关注，此书“序论”部分对迄今的月令研究成果作了系统梳理，本文不再置喙。

其目的是借此指导人们的农事、行政，成为治国理政、日常起居的指南。月令类文献之所以受古人重视，不断丰富、系统化，与古人的时间观念有莫大关系。

一、《月令》的基本特征

目前所知的传世及出土月令类文献中，《月令》的内容最为丰赡、完整，流传度最广，其思想的包容性和深刻性也最为突出，基本可以视为古代月令衍化的最终形态。我们暂以它为例，参以《管子》诸书，就其文本及思想特征展开分析。《月令》依春夏秋冬四时之序，每季又分孟、仲、季三个月份，顺次胪陈各月时令。因《月令》文字较多，且各月时令内容的结构一致，故取“孟春之月”章为例引述如下：

孟春之月，日在营室，昏参中，旦尾中。其日甲乙。其帝大皞，其神句芒。其虫鳞。其音角。律中大蔟。其数八。其味酸，其臭膻。其祀户，祭先脾。

东风解冻，蛰虫始振，鱼上冰，獭祭鱼，鸿雁来。天子居青阳左个。乘鸾路，驾仓龙，载青旂，衣青衣，服仓玉，食麦与羊，其器疏以达。

是月也，以立春。先立春三日，大史谒之天子曰：“某日立春，盛德在木。”天子乃齐。立春之日，天子亲帅三公、九卿、诸侯、大夫，以迎春于东郊。还反，赏公、卿、诸侯、大夫于朝。命相布德和令，行庆施惠，下及兆民。庆赐遂行，毋有不当。乃命大史，守典奉法，司天日月星辰之行，宿离不贷，毋失经纪，以初为常。

是月也，天子乃以元日，祈谷于上帝。乃择元辰，天子亲载耒耜，措之于参保介御之间，帅三公、九卿、诸侯、大夫躬耕帝藉。天子三推，三公五推，卿诸侯九推。反，执爵于大寝，三公、九卿、诸侯、大夫皆御，命曰劳酒。

是月也，天气下降，地气上腾，天地和同，草木萌动。王命布农事，命田舍东郊，皆修封疆，审端经术。善相丘陵、阪险、原隰，土

> 地所宜，五谷所殖，以教道民，必躬亲之。田事既饬，先定准直，农乃不惑。
>
> 是月也，命乐正入学习舞。乃修祭典。命祀山林川泽，牺牲毋用牝。禁止伐木。毋覆巢，毋杀孩虫、胎、夭、飞鸟，毋麛毋卵。毋聚大众，毋置城郭。掩骼埋胔。
>
> 是月也，不可以称兵，称兵必天殃。兵戎不起，不可从我始。毋变天之道，毋绝地之理，毋乱人之纪。
>
> 孟春行夏令，则雨水不时，草木蚤落，国时有恐。行秋令，则其民大疫，猋风暴雨总至，藜莠蓬蒿并兴。行冬令，则水潦为败，雪霜大挚，首种不入。[①]

其文本结构可总结如下：先言星象，次言吉日、古帝、神格、虫、音律、数、味、臭、祀神、祭品等，次言自然物候及天子的衣食住行，次言立春君臣迎春之礼，次言藉田及教民农事，次言修祭毋杀，次言不称兵，最后言不以时行令之危害。此乃《月令》的基本格式，其他月份与此如出一辙，只是具体时令内容随月份加以调整。类似内容也或多或少出现在先秦两汉时期其他月令文献中，可见这些均是月令编撰者普遍关心的问题。其中《吕纪》及《时则训》的文字与《月令》几乎相同，只在一些细微之处存在差异，而三者之间的关系也是一个争讼不休的话题，迄今尚无定论。[②] 但我们可以确定的是：如果三者之间具有共同的“祖本”，那一定出

---

① 郑玄注，孔颖达疏：《礼记正义》卷十四《月令》，李学勤主编：《十三经注疏》（标点本），北京：北京大学出版社，1999 年，第 442-467 页。

② 三者文字高度接近，意味着它们有前后承继关系或有同一来源。因此，梳理出三者之间的联系对于探明月令发展源流意义重大，自然引发了众多月令研究者对三者关系的种种考证、推测，然而迄今尚无定论。容肇祖认为《吕纪》割裂《邹子·月令》的内容以为十二纪之首章，《时则训》与《月令》均取自《吕纪》。杨宽认为《月令》早有成说，出自晋地，吕不韦宾客割裂《月令》而为十二纪之首。（见氏著《月令考》）杨振红比较《吕纪》与《管子》后发现，二者存在相当大的相似性，据此认为《吕纪》成书前就已经存在一种源自邹衍一派的明堂月令，它应该是传世月令的祖本。张小稳认为，战国后儒运用五行学说改造《周书·月令》，遂成《明堂月令》，后为戴圣收入《礼记》，是为《月令》，《吕纪》及《时则训》均依《明堂月令》而来。

现在战国时期，与齐国的阴阳学派有直接联系；同时也不能排除三者之间有前后继承的关系。

参考上引《月令》“孟春章”的文字，我们可以总结出《月令》内容的两点显著特征：

第一，始于天象，终于人事。这既是其行文叙述框架，也是其思想意蕴的基本逻辑。在《月令》的作者看来，开篇的天象并非简单记录，而是天道的一种呈现方式，统治者需要从天象中领悟把握上天给予的讯息，来指导人间的种种行为。而且，天道并非温柔宽厚的慈母，一旦悖逆其意志，她就会施以严惩。文中谆谆告诫道：“毋变天之道，毋绝地之理，毋乱人之纪。”天道—地理—人纪，正是贯穿《月令》全文的思想线索，一切文字均围绕这三者展开。在其他月令类文献和天文律历文献中，我们也可以看到有关天、地、人关系的表述，比如《淮南子·天文训》指出了天时与万物之间的普遍联系，当冬至、夏至来临之时，众多事物开始随之而变：

> 日冬至，井水盛，盆水溢，羊脱毛，麋角解，鹊始巢；八尺之修日中而景丈三尺。日夏至而流黄泽，石精出，蝉始鸣，半夏生，蚊虻不食驹犊，鸷鸟不搏黄口；八尺之景修径尺五寸。[①]

《史记·天官书》列举了天生异象与人事巨变之间的关联：

> 汉之兴，五星聚于东井。平城之围，月晕参、毕七重。诸吕作乱，日蚀，昼晦。吴楚七国叛逆，彗星数丈，天狗过梁野；及兵起，遂伏尸流血其下。元光、元狩，蚩尤之旗再见，长则半天。[②]

---

① 何宁：《淮南子集释》卷三《天文训》，北京：中华书局，1998年，第210－211页。

② 司马迁：《史记》卷二十七《天官书》，北京：中华书局，1959年，第1348－1349页。

古人不厌其烦描写天地万物与人事的关系，其内在的逻辑便是天、地、人的一体化，人类无法孤立存在于天地之间，必须与天地发生联系，并受到天地的约束。这种整体式或关联式思维在先秦典籍中比比皆是，在早期神话中也散布着它的踪迹，史华兹称之为“相关性宇宙论”（correlative cosmology）[①]。其来源或可追溯到早期人类对世界的观察与想象，即列维-斯特劳斯所说的“野性思维”阶段。这种思维方式乃是月令类文献普遍遵循的法则，《月令》作为月令类文献的集大成者，利用阴阳五行学说将天象、物候、人事紧密捆绑在一起，试图以一种系统而严谨的方式清晰勾勒出一幅天、地、人三者互相联系的宇宙图景。与其说这是思想的创造，毋宁说是新瓶装旧酒，对古老观念进行重新包装，本质未变。

第二，强调顺时而动，逆时则受祸殃。这其实是第一点特征的延续。由天象到人事，反映的是自然时间到社会时间的融通、转化，其本质上是自然节律规定了人们的社会节律。所谓顺时而动，就是承认人在自然（天、地）面前的从属地位，要求人们按照自然节律的变化安排自己的活动。逆时而行意味着破坏规则，最终招致祸殃，遭受上天的惩罚，这是从反面对自然的主导地位进行强化论证。由《月令》的内容来看，大部分是对君主施政的规范、指导，因此是针对君主而发，即要求君主将顺时而动作为治国牧民的根本原则加以贯彻实践。从知识来源上来讲，月令思想主要来自劳动人民的生产、生活实践，然后由知识分子整理成文。原本民众自发遵行的规则，一种近似于集体无意识的观念，在被整理成文后，转而成为统治者的施政指南，借助国家权力加以推广。在此过程中，统治者扮演了训导者与被训导者的双重角色。一方面，作为天道意志的承接者，统治者需要遵守各种规则，如《管子·七臣七主》所言：

> 故明主有六务四禁。六务者何也？一曰节用，二曰贤佐，三曰法度，四曰必诛，五曰天时，六曰地宜。四禁者何也？春无杀伐，无割大

---

① 本杰明·史华兹著，程钢译，刘东校：《古代中国的思想世界》，南京：江苏人民出版社，2004 年，第 363 页。

> 陵，倮大衍，伐大木，斩大山，行大火，诛大臣，收谷赋。夏无遏水，达名川，塞大谷，动土功，射鸟兽。秋毋赦过释罪缓刑。冬无赋爵赏禄，伤伐五藏。故春政不禁，则百长不生。夏政不禁，则五谷不成。秋政不禁，则奸邪不胜。冬政不禁，则地气不藏。四者俱犯，则阴阳不和，风雨不时，大水漂州流邑，大风漂屋折树，火暴焚，地燋草，天冬雷，地冬霆。草木夏落而秋荣，蛰虫不藏，宜死者生，宜蛰者鸣，苴多螣蟆，山多虫蠹。六畜不蕃，民多夭死，国贫法乱，逆气下生。[①]

另一方面，统治者自视代天牧民，常以训诫的口吻直接道明不合时令的行为，“禁……”“毋……”等此类表述在月令文献中频频出现。甚至有时会将月令内容置于律令之中，如睡虎地秦简《田律》云：“春二月，毋敢伐材木山林及雍（壅）堤水。不夏月，毋敢夜草为灰，取生荔……”[②] 司马谈言阴阳家的学说“使人拘而多所畏”，正符合这一特征。

《月令》关注天人关系，以顺天而行作为自己的宗旨，这种观念在董仲舒笔下被明确为“天人感应”。《易传·系辞下》在解释六爻的起源时，曾云：“有天道焉，有人道焉，有地道焉。兼三才而两之，故六。六者非它也，三才之道也。”[③] “三才”说影响甚大，以致古人长期习惯以“三才”来指称天、地、人。不过在表述时，三才结构常常被天—人结构所代替，天、地、人三者之间的关系也被简化为天人关系。古人在讨论天人关系时，往往讨论的是天、地、人三者之间的关系。[④]

---

① 黎翔凤撰，梁运华整理：《管子校注》卷十七《七臣七主》，北京：中华书局，2004 年，第 995 页。

② 睡虎地秦墓竹简整理小组编：《睡虎地秦墓竹简》，北京：文物出版社，1990 年，释文第 20 页。

③ 周振甫译注：《周易译注》，北京：中华书局，1991 年，第 271 页。

④ 李零先生曾指出，秦汉时期在谈及天人关系时，喜言“天人之分”“天人之际”，强调天人的分别。（李零：《中国方术正考·序言》，北京：中华书局，2006 年，第 5 页。）这似乎与上文刚刚提到的月令对天人关系的描述针锋相对，实则不然。对于当时人来说，天人之间存在的联系是一种无需证明的“公理”，是静默的知识背景。所谓的分，寻求区别，是为了探索人在天人关系中扮演的角色，乃是在天人相合、无法分离的基础之上进行的思考。

二、时间神圣化对月令经典化的推动

月令实现经典化，与古人的时间神圣观念密不可分。何谓经典化？经典化是指形成能够完整表达其思想内涵的固定文本。时间之神圣性源自古人的自然崇拜。自然界的万事万物随时间的变迁而生出不同的面貌，并大多以一年为周期周而复始地循环。人的生存也因自然环境的周期变化呈现出周期性律动。寒来暑往、风霜雨雪决定了人们生产生活的基本轨迹，昼夜之分直接塑造了人们的作息规律。古人最初无法解释这一现象，便以为上天的意志使然。在此背景下，人们对自然产生崇拜之情是情理中的事。此外，气候、气象状况直接影响农业生产，使得农耕民族对季节更替、天象变化十分敏感，不得不主动观察、掌握与农事相关的天文现象及其变化规律。言及对天文的重视，东西方的农耕民族概莫能外。

古希腊诗人赫西俄德的著名长诗《工作与时日》（又译作《田功农时》），就是教导人们在不同季节和日期如何安排自己的工作和生活，堪称古希腊版的《月令》。[①] 赫西俄德将星象作为季节转移的标志，与《月令》以星宿位置判断时节同属观象定时；按照季风风向、气温变化等安排人们的活动亦是人主动适应环境的表现，这与古埃及人根据天狼星的出没判断尼罗河水的涨落，并依此安排农事等实有异曲同工之处。这些共性说明了“自然为人类立法”乃人类文明的必经阶段。顾炎武曾言上古时代人人熟知天文：

> 三代以上，人人皆知天文。“七月流火”，农夫之辞也。“三星在天”，妇人之语也。“月离于毕”，戍卒之作也。“龙尾伏晨”，儿童之谣也。后世文人学士，有问之而茫然不知者矣。[②]

---

① 参见赫西俄德著，张竹明、蒋平译：《工作与时日·神谱》，北京：商务印书馆，1991年。

② 顾炎武著，陈垣校注：《日知录校注》卷三十，合肥：安徽大学出版社，2007年，第1695页。

虽未必尽如其言，但在历法粗疏且难以普及的时代，躬耕稼穑的农民需时时与物候、天气打交道，就不得不掌握一些常见的天文知识以辅助生产、生活。及至历法渐趋周密，国家管理渐趋严格，用以指导生产、生活的手段愈来愈多，普通人对天文知识的需求便随之减弱。在先秦时期，人们对天文知识的了解，显然是非常迫切的。

不过一如中国早期思想中一贯的风格，“天”“自然”并非人格神，而是一套不为人所控制的运行机制。东周诸子对“天”和“自然”的强调虽各有侧重，但基本都把它们视为人世存在的前提，在孔、孟、墨那里，天成了带有道德意味的裁判者，荀子则强调天具有无所偏倚的自然理性。老、庄则将自然抽象为一种自由精神，其内核为顺物理、应自然、任变化。阴阳家则发挥阴、阳二分学说，作为其解释天地万物存在与发展的根本动力。稷下学者则将这种自由精神转化为价值观引入政治领域，发展出重因循、尚自然的黄老之学。诸子之别，在于是否将自然之道引为施政的指导原则。在尊重季节变化，借以安排生产、生活方面，诸家并无相悖之处。其根由在于人必须从周围的环境中获取生存所需，同时环境是随季节的推移而调整的，顺时而行就成了人类生存的基本经验。因此，在人类文化的根柢上就打上了时间的烙印，尊重时节变化对人事安排的启示无疑会成为思想家们共同的知识背景。正如王利华先生所总结的：“《月令》这套东西既非阴阳五行家所独创，更非儒家所专有，而是得到了当时思想界的普遍认同，属于一种‘公共思想知识’。”[①] 尊崇四时运行的节奏，并引为行事的规矩，意味着对“时间”的崇拜，这应该是一种古老的观念，不过古人似乎并未发展出专门的神祇来供人们瞻仰。长沙子弹库楚帛书绘有十二个造型奇特的“神像”来搭配十二个月，李学勤先生称之为“十二月神”，不过这套月神组合并未流传下来。[②]《月令》将四时与古帝、神人相配，显然是有意将四时神格化，巩固其神圣地位。

① 王利华：《〈月令〉中的自然节律与社会节奏》，《中国社会科学》，2014年第2期。

② 详见李学勤：《简帛佚籍与学术史》，南昌：江西教育出版社，2001年；李零：《楚帛书研究（十一种）》，上海：中西书局，2013年。

月令的经典化是时间神圣性诉诸文本的必然结果。此处的经典化并不专指《礼记·月令》成为儒家经典，当然，《礼记·月令》乃月令文献经典化过程中的里程碑之作，却非这一过程的起点。其实，《夏小正》、《逸周书·时训解》及《管子·四时》诸篇已经开始了这种尝试，《吕纪》《淮南子·时则训》《月令》是在它们的基础上继续发展。霍耀宗考察了《管子》在先秦月令体系变迁中发挥的作用，指出《管子》承上启下，加速了月令的衍化。[①] 我们可以看到，在《管子·四时》中，作者已经将阴阳、刑德理论引入：

> 唯圣人知四时。不知四时，乃失国之基。不知五谷之故，国家乃路。故天曰信明，地曰信圣，四时曰正。其王信明圣，其臣乃正。……是故阴阳者，天地之大理也。四时者，阴阳之大径也。刑德者，四时之合也。[②]

《月令》则进一步将明堂制度吸收进来，并糅合了阴阳、五行学说，使阴阳五行成为月令的思想核心，一切物候及相应人事莫不与所处季节的阴阳五行的状况具有内在一致性。这说明月令的传承、增补者已经不拘于一家一派，而是采取兼收并蓄的态度，力图将月令打造成统合所有主流知识的纲领性文献。

为什么是由月令而不是其他形式的文本来呈现时间的神圣性呢？月令为何会受到欢迎呢？

表现时间神圣性的形式不止一种，除去月令这种以月份为线索依次说明之外，还有一种我们熟知的形式——日书。相比于日书的偏中下层路线，月令走的是上层路线，在思想的精纯程度和内容的整齐程度上拥有极大的优势。[③] 士

---

① 详见霍耀宗：《论〈管子〉与先秦月令变迁》，《山东理工大学学报（社会科学版）》，2021 年第 3 期。

② 黎翔凤撰，梁运华整理：《管子校注》卷十四《四时》，北京：中华书局，2004 年，第 837-838 页。

③ 日书的使用遍及各个阶层，但若以雅俗而论，《月令》已进入“经”的范畴，而日书显然属于俗的范畴，用于处理日常俗务。

大夫虽然也理会刚日、柔日之说，但日书内容芜杂，多为术士所学。月令类文献则文辞相对雅驯，更易在知识阶层流传，所以会出现在诸子书中，尤其是《月令》，经历了由阴阳家作品向儒家作品的过渡。[①] 之所以被儒家吸收进礼书之中，首先，《月令》的部分内容与儒家学说有契合之处，不至于龃龉相斥，比如不违农时，这些先秦儒家已经在讲了。《论语·学而》记孔子言："道千乘之国，敬事而信，节用而爱人，使民以时。"孟子更是将敬慎农时与王道政治联系起来：

> 不违农时，谷不可胜食也。数罟不入洿池，鱼鳖不可胜食也。斧斤以时入山林，材木不可胜用也。谷与鱼鳖不可胜食，材木不可胜用，是使民养生丧死无憾也。养生丧死无憾，王道之始也。[②]

其次，《月令》可加强或补充儒家思想的薄弱之处。比如阴阳学说和五行学说的引入。这本是燕齐一带以邹衍为代表的方士的创造，后来也被编入月令中来，《管子·四时》中已经出现春气生木、夏气生火、秋气生金、冬气生水、土德辅四时这样的五德观念，《吕纪》则吸纳进来更多的与五德相配的事物。五德终始循环，生生不息，构成了一个自洽的逻辑环，既可以解释自然界的生长盛衰，又可以用来解释人事的成败兴废。这种动态的解释相比先秦儒家所提倡的以"德"为核心的历史发展观更能揭示出历史的多变性与复杂性。五德说乃至后来董仲舒提出的三统说，都致力于寻求历史进程的内在逻辑，二者后来都为儒家的革命嬗代说提供了有力的解释工具。这是先秦儒学未曾阐发过的知识，是后世儒生之所以接受并积极利用阴阳、五行学说的原因所在。

---

① 陈侃理先生对此有过论述，参氏撰：《从阴阳书到明堂礼——读银雀山汉简〈迎四时〉》，《中华文史论丛》，2010 年第 1 期。

② 焦循撰，沈文倬点校：《孟子正义》卷二《梁惠王上》，北京：中华书局，1987 年，第 54-55 页。

三、月令的世俗化及与日书的比较

世俗化是指月令文献从文字、思想落地为具体的现实操作，这一过程与月令的经典化存在先后顺序。经典化是观念凝结为文本，并积极向官方靠拢的过程，是自下而上。世俗化则正与之相反，是文本化完成后尤其是获得官方认可后向社会反馈的过程，是自上而下。《管子》《吕纪》等即为经典化的产物，因未包含世俗化的信息，我们尚难据此推知当时社会是如何运用月令的。所幸我们在出土简牍中发现了一些可资利用的材料。如青川秦牍《为田律》、睡虎地秦简《田律》、张家山汉简《田律》，以及居延汉简中反映边地生活状况的简牍及悬泉置壁书《四时月令诏条》等，都是当时政府正式颁布的律令、诏书，正符合我们对世俗化的理解，这些文献与秦汉社会生活的联系显然比《管子》《吕纪》等更为直接。邢义田、杨振红、薛梦潇等人先后对月令与两汉政治的关系做了梳理，现在已基本可以明确：月令自汉文帝时期起一步步渗入汉代政治的实际运作中，顺时施政逐渐成为汉代政治文化的一部分。当然，如同其他思想一样，月令所代表的“时政”观念只是官方统治的工具而已，其施行状况取决于官僚系统的态度，这种理想化的蓝图难免遭遇挫折，薛梦潇已经通过实例指出了这一点。①

《月令》成为儒家经典无疑使月令类文献获得更大的传播空间，尤其对于两汉政府而言，《月令》的知识结构使他们在面对星象、农事、礼仪诸问题时有了更为系统而条理的言说之道。如汉成帝阳朔二年春诏：

> 昔在帝尧立羲、和之官，命以四时之事，令不失其序。故《书》

---

① 参见邢义田：《月令与西汉政治——从尹湾集簿中的“以春令成户”说起》《月令与西汉政治——重读尹湾牍“春种树”和“以春令成户”》，均收入氏著《治国安邦：法制、行政与军事》一书，北京：中华书局，2011 年。杨振红：《月令与秦汉政治再探讨——兼论月令源流》，《历史研究》，2004 年第 3 期。薛梦潇所撰《东汉的行刑时间——以〈月令〉的司法实践为中心》（《魏晋南北朝隋唐史资料》，2012 年）及《东汉郡守“行春”考》（《中国史研究》，2014 年第 1 期），都是从《月令》参与汉代政治实践的角度来进行考察，其结论值得重视。

云“黎民于蕃时雍”，明以阴阳为本也。今公卿大夫或不信阴阳，薄而小之，所奏请多违时政。传以不知，周行天下，而欲望阴阳和调，岂不谬哉！其务顺四时月令。[①]

简短的几句话将《尚书》与月令的阴阳四时理论结合得非常自然，显然此时月令学说已经与儒学实现了交融。其中提到有大臣不相信阴阳学说，这大概是因为阴阳学最初多为术士掌握，故而有些士大夫对此不屑。不过由成帝的态度来看，他本人极为推崇阴阳四时之说，故而下诏对群臣加以诫勉。居延汉简中保存了一份与此有关的奏疏：

御史大夫吉昧死言：丞相相上大常昌书言，大史丞定言，元康五年五月二日壬子日夏至，宜寝兵，大官抒井、更水火、进鸣鸡，谒以闻，布当用者。臣谨案，比原泉御者，水衡抒大官御井，中二千石、二千石令官各抒，别火。(10.27) 官先夏至一日，以隂燧取火，授中二千石、二千石官在长安、云阳者，其民皆受，以日至易故火。庚戌寝兵不听事，尽甲寅五日。臣请布，臣昧死以闻。(5.10)[②]

君臣称引《月令》于朝堂之上，并昭告于下，自然会提升它的影响力，两汉社会对月令的重视就是官方态度引发的回响。其中最著名的例子当属《四民月令》。东汉崔寔模仿《月令》编制《四民月令》，将士、农、工、商的活动安排统统置于时节的框架之中。这与先秦士人罕言稼穑、工商之事形成了鲜明对比。

在前文所引《月令》“孟春月”章的末句，作者告诫不按照时令活动会带来危害，这在其他月令文献中也存在，悬泉置《四时月令诏条》中就

① 班固撰，颜师古注：《汉书》卷十《成帝纪》，北京：中华书局，1962年，第312页。

② 分别见于中国社会科学院考古研究所编：《居延汉简甲乙编》，北京：中华书局，1980年，下册第7、3页。二简的缀联参考罗琨先生的意见，见氏撰《说“改火”》，载《简帛研究》第二辑，北京：法律出版社，1996年，第301页。

记述了一年十二个月中的宜忌，我们以仲冬月的内容条列如下：

> ·土事无作。·谓掘地深三尺以上者也，尽冬。
> ·慎毋发盖。·谓毋发所盖藏之物，以顺时气也，尽冬。
> ·毋发室屋。·谓毋发室屋，以顺时气也，尽冬。
> ·毋起大众，□固而闭。·谓聚民缮治也，尽冬。
> ·涂阙廷门闾，筑囹圄。【·】（中略）□□□（中略）。[①]

月令以月份作为划分区间，因它坚持每个月有专属的时气，需顺从这时气行事，否则便会遭殃。我们通过上引几条文字，不难看出这所谓的宜忌其实颇符合人们的现实经验，与其说是巫术观念的指引，毋宁说这是人们长期生活经验的总结。

与月令一样规定人们活动时间宜忌的还有一种文献——日书。月令与日书的共通之处不少：究其思想来源，二者均重视天文历法，尤其是星象；二者都大量吸收阴阳、五行方面的知识。就功能而言，二者都意在指导人们在某时间该做什么，不该做什么，且有时会产生融合交叉。孔家坡汉墓简牍《日书·岁》篇就是月令与日书中常见择日方法的混合。但二者本身性质不同，这就导致其差异远胜共同之处。下面我们主要说一下月令与日书的不同之处。

首先，二者所采用的时间单位不同。月令是以月为单位，规定每个月该如何如何；日书有时也会如此，但大多数情况是以日为单位，谈具体每一天的吉凶休咎。我们以睡虎地秦简《日书》中的《鼠襄户》和《取妻》篇为例：

> 鼠襄户，见之，入月一日二日吉，三日不吉，四日五日吉，六日不吉，七日八日吉，九日恐。廿二日廿三日吉，廿四日恐，廿五日廿

---

① 黄人二：《敦煌悬泉置〈四时月令诏条〉整理与研究》，武汉：武汉大学出版社，2010年，第8页。

六日吉，廿七日恐，廿八日廿九吉。[①]

取妻龙日，丁巳、癸丑、辛酉、辛亥、乙酉，及春之未戌，秋丑辰，冬戌亥。丁丑、己丑取妻，不吉。戊申、己酉，牵牛以取织女，不果，三弃。[②]

以上两个例子分别用数字（一般称序数）和干支纪日，这是秦汉日书中常见的两种纪日方式，其中干支纪日占绝大多数。一方面是由于干支纪日出现早并长期作为主流的纪日方式，序数纪日大规模使用则是东汉以后。序数纪日是基于某日距当月朔日的天数间隔来标注时间，即以朔日为1开始顺数，每日一格，所得序数即某日日期。这是一个需要做加减法的数学问题。如陈侃理先生指出的，不同历法调制朔闰的周期不同，这就会导致不同历法下的日期序数不同。干支纪日则不然，它是以天干地支搭配纪日，六十日为一周期，每日所配干支不受历法年始、月朔的影响，非常稳定。[③] 再参考日书写就的年代，它们以干支纪日实属正常。另一方面，也是我们重点要说的，干支纪日具有序数纪日不可比拟的优势。干支的起源及使用颇具神秘色彩，十天干可能源自人的十指，十二地支则源自一年十二个月，《说文》对干支的解释明显附会，不足为训。殷商流行日名制，贵族的庙号采用天干命名，如武丁、祖甲、帝乙等，商人的周祭制度亦与此有关。《左传》序春秋十二公，秦公钟、秦公簋铭皆言“十又二公”，是乃法天之数。[④] 可见商周之时干支已经具有重要的宗教意义。干支又与阴阳、四时、五行、八卦等存在对应关系，共同构成了一个复杂而系统的宇宙图式。

---

① 睡虎地秦墓竹简整理小组编：《睡虎地秦墓竹简》，北京：文物出版社，1990年，释文第186页。

② 睡虎地秦墓竹简整理小组编：《睡虎地秦墓竹简》，北京：文物出版社，1990年，释文第206页。

③ 陈侃理：《序数纪日的产生与通行》，《文史》，2016年第3辑。

④ 张政烺：《“十又二公”及其相关问题》，收于张岱年等：《国学今论》，沈阳：辽宁教育出版社，1991年。

其次，二者判定吉凶的标准不同，这与编撰者的目的有关。月令的作者将“时政”理念注入文字当中，期待月令成为指导国君和地方官治理国家的“教材”，所以月令判定吉凶的标准是人的行为是否与其时气相符，悖逆时气就会受到惩罚，本质上是希望人们能够遵循自然环境的变化来调节自身的生活节奏。日书择定吉凶的标准多种多样，因为它是为人们的衣食住行、婚丧嫁娶服务，编纂者也不强求整齐划一，所以就成了大杂烩。但要而言之，日书所关注的并非季节、时气这些要素，它遵守的是数术原则，其中包含了阴阳、五行及其他很多我们并不知晓其内在依据的内容。而且因为使用者或者说言说对象的不同，二者所提出的惩罚也是大不同的。月令中多是针对整个国家的天灾人祸，而日书中则是针对行事者本人及其家人，经常伤及性命。

以伐木为例。《月令》在春夏两季禁止伐木，因为此时正值树木生长之际，季秋之月则可以“伐薪为炭”。今人喜以生态保护称之，其实本是一种经济利益上的考虑。又《论语·阳货》“宰我问三年之丧”章，何晏集解引马融曰：

> 《周书·月令》有更火之文。春取榆柳之火，夏取枣杏之火，季夏取桑柘之火，秋取柞楢之火，冬取槐檀之火。[①]

是以五季配十木。睡虎地秦简《日书·木日》云：

> 木良日，庚寅、辛卯、壬辰，利为木事。·其忌，甲戌、乙巳、癸酉、丁未、癸丑、□□□□□寅、己卯，可以伐木。木忌，甲乙榆、丙丁枣、戊己桑、庚辛李、壬辰膝（漆）。[②]

---

① 程树德撰，程俊英、蒋见元点校：《论语集释》卷三十五《阳货下》，北京：中华书局，1990年，第1235页。

② 睡虎地秦墓竹简整理小组编：《睡虎地秦墓竹简》，北京：文物出版社，1990年，释文第235页。

并无季节之禁忌，而是规定伐木需讲究时日，以十天干配五木说明宜忌。孔家坡汉简《日书·伐木》则云：

> 壬……甲子、乙丑伐榆，父死。庚辛伐桑，妻死。丙寅、丁卯、己巳伐枣□母死。壬癸伐□□少子死。①

漫漶部分“壬……”无法推知是何内容，或许如上引是“木良日”及戊日伐木的禁忌。接下来以干支相配分为四组对应榆、桑、枣、□（或为槐、漆），且与不同家人有对应关系。尽管各材料配对不尽相同，但仍可寻出大致的线索。所谓春榆、夏枣之类的五木次序乃是共识，只是在取干支配对时出现了分歧。《周书·月令》与睡虎地秦简《木日》取十天干两个一组跟五木配对。孔家坡汉简《伐木》则既有天干地支一组跟树木配对，又有天干两两一组与树木配对，显然是另一种择日技术了。按，五时、五方与十干的配对关系为：东方—春—甲乙、南方—夏—丙丁、中央—长夏—戊己、西方—秋—庚辛、北方—冬—壬癸。《伐木》中仅余下戊日没有配对，家庭成员中仅剩伐木者本人未列出，所以《伐木》中的配对关系是：

> （春）甲子、乙丑—榆—父
> （夏）丙寅、丁卯、己巳—枣—母
> （长夏）戊—？—己（伐木人）
> （秋）庚辛—桑—妻
> （冬）壬癸—槐或漆—少子

由于《伐木》与《周书·月令》、睡简《木日》对干支—树木配对不同，《伐木》中戊日所对应的树木实在无从着手，只好付之阙如。

① 湖北省文物考古研究所、随州市考古队编：《随州孔家坡汉墓简牍》，北京：文物出版社，2006年，第130-131页。

我们之所以不厌其烦地讨论并复原《伐木》中干支与树木、人的对应关系，只是为了进一步确认日书与月令之间有共同的思想背景，但二者各取所需，形成了不同的发展路径，而且日书自身也处在变化中。万变不离其宗，无论其形式及方法如何演变，归根究底，都是时间与人的关系。与风水术中空间与人的关系类似，时间也被分割裁剪为各种样态，或碎片化，或类型化，然后被分散到社会大秩序与个人小生活中。干支就像链条一样将各种要素捆绑在一起，牢牢维系了这种复杂关系。

人与自然的相对关系决定了人们活动的时间和空间范围。随着对自然认识的加深，人类能够更从容地适应并利用自然条件为自己的生存服务。整部人类发展史就是不断从自然中汲取力量并不断摆脱自然条件束缚的双向过程。依靠观察日月星辰、花鸟鱼虫的活动和利用测试工具度量出的时间，是以自然为尺度，我们应称之为自然时间。毫无疑问，人类对自然时间的把握是越来越明晰、精确了，可以不断分割、细化它们的计量单位，但是人类无法改变它们运行的迟速，人力所能改变的是自己的活动节奏。以人类活动为尺度的社会节奏，我们称之为社会时间。社会时间以自然时间为背景构建起来，其节奏由人自主选择却以自然时间为存在前提。月令和日书虽然路径不同，但均承认“天道”（自然）的决定性作用，有意识地营造一个神秘的存在，作为人们行事的指引和约束。与此同时，个人对自我节奏的选择并非全由个人决定，在不少领域个体要接受来自集体的制约。若由社会时间的角度看，政府为降低其管理成本，非常欢迎整齐划一的社会节奏，月令和日书遂成为规范社会节奏、稳定社会秩序的工具，这是二者之所以能够获得官方认可并有意推广的重要原因。

第二节　时空中的生死

有生即有死，在生命开始绽放的刹那，人就踏上了通往死亡的路途，这是人类乃至一切生物都无法摆脱的铁律。人类诞生至今，生活方式经历了巨大变化，物质享受也不断丰富提高，但死亡的威胁始终是人类难以抹去的阴影。因此，人对死亡有天然的恐惧，恐惧激发了人类的求生欲望，遂使求生成为生物的本能。受此本能影响，人类采取因应措施以对抗各种可能危及自身及同类生命的威胁，比如说躲避洪水、猛兽，寻求食物及保暖之物，利用医药治疗创伤、疾病等等。花样虽多，无非“求生”二字。死亡既不可免，遂迫使人类运用自己的智慧去理解和超越死亡。

民间信仰的展开主要围绕两大问题：如何生？如何死？前者关心的是人如何提升生活质量，追求的是现世的幸福；后者关心的是人如何延长生命的长度，着眼于未来。接下来我们就这两个问题来探讨汉代的民间信仰。

一、与现实福祉有关的民间信仰

趋吉避凶乃人之常情，殷人好占卜，正是为此。而吉凶被视为超自然力量管理人世的结果，因此，在通过占卜“窥探”未来之事的同时，向神鬼祈祷以寻求因应之策的观念也逐渐兴起。蒲慕州曾将汉代民间信仰活动分为五类：与自然秩序有关、与生命循环有关、与日常生活有关、地方性习俗和信仰、怪祥和符兆之观念。[①] 我们也将通过生产劳作、衣食住行、婚嫁生育、治病祛疾、功名利禄五个方面来描述汉代民间信仰的基本状况。

（一）生产劳作

前节已述及，农业社会对农时极为重视，月令正是脱胎于农业社会的实践。有人认为月令是精英阶层的创造，服务于统治者，与基层社会关系不大，实在是天大的误解。月令的文本或许出自士人之手，但月令背后的“天时”观念，实则是“农时”观念由经济领域向政治、宗教、军事等其他社会领域扩张的衍生品。

月令文献被儒家吸收，成为《礼记》的一篇，成为帝王施政的指导文献。按照农时进行耕作本是依循自然规律进行的生产活动，然而因古人深信农时乃神祇所掌控，遂将对自然的拜服升华为对神祇的崇信。

---

① 详参蒲慕州：《追寻一己之福：中国古代的信仰世界》，上海：上海古籍出版社，2007年，第116-164页。

在秦简日书中，我们已经可以看到农事被时间“操控”的观念。睡虎地秦简《日书·甲种》“五种忌”云：

禾良日，己亥、癸亥、五酉、五丑。

禾忌日，稷龙寅、秫丑。稻亥，麦子，菽、荅卯，麻辰，葵癸亥，各常□忌，不可种之及初获出入之。辛卯不可以初获禾。[①]

大约西汉初年的孔家坡汉简《日书》中有“始种”篇，专门讲述作物种植的良日与忌日，其内容与“五种忌”有相似之处：

己亥，癸亥、丑、酉，皆禾吉日也。

麦龙子，稷龙寅，黍龙丑，稻龙戌，叔（菽）龙卯，麻龙辰。[②]

大约成书于西汉末期的《氾胜之书》亦有类似记载：

小豆忌卯，稻麻忌辰，禾忌丙，黍忌丑，秫忌寅未，小麦忌戌，大麦忌子，大豆忌申卯。凡九谷有忌日，种之不避其忌，则多伤败，此非虚语也。[③]

三者的作物良忌匹配不尽一致，但其相同之处居多，可能是同一体系不断演变的结果。《齐民要术》引《杂阴阳书》，同样记载了大量关于不同作物的耕种在时日上的宜忌，其内容则偏理论化，介绍了作物良忌日的匹配原则：

---

① 睡虎地秦墓竹简整理小组编：《睡虎地秦墓竹简》，北京：文物出版社，1990年，释文第184页。

② 湖北省文物考古研究所、随州市考古队编：《随州孔家坡汉墓简牍》，北京：文物出版社，2006年，第184页。

③ 万国鼎辑释：《氾胜之书辑释》，北京：农业出版社，1980年，第100页。

凡种五谷，以“生”“长”“壮”日种者多实，“老”“恶”“死”日种者收薄，以忌日种者败伤。又用“成”“收”“满”“平”“定”日为佳。[①]

在后世此类观点依然流行，其共同点是认为种植作物必须按照固定的时间进行，不同作物还会有不同的宜忌日。秦汉时期粮食产量不高，收成的丰歉直接关乎农民的身家性命，“五种忌”所反映的良日、忌日观念无疑反映了人们对收成的关切与忐忑，在无法决定自然气候的背景下，农民只能求助于神祇的指示。当然，这种宜忌的确立并非信手为之，金良年探讨了“五种忌”的数术原理，认为“‘五种忌’系统的栽种忌辰基本上是依据与该作物所属五行相冲克的支辰来排比的”[②]。这与以阴阳五行学说为核心的宇宙观相契合。

除农时外，虫害、气象等也被视为神祇掌控之事。在商代甲骨卜辞中，我们就能看到关于病虫害的卜问之辞：

贞：螽其至。

庚申卜，出贞：今岁螽不至于商。(《合集》24225)

其告螽上甲二牛。(《合集》28206)

上引卜辞中，商王不仅卜问了是否会发生虫灾，还在虫灾发生后向祖先祷告祈求消灭虫灾。汉代盛行天人感应学说，董仲舒提出“国家将有失道之败，而天乃先出灾害以谴告之……善治则灾害日去”[③]，认为灾异乃上天对国君的警示，若改弦更张治理得当，则灾害自会消除。

---

① 贾思勰著，缪启愉校释，缪桂龙参校：《齐民要术校释》，北京：农业出版社，1982年，第45页。

② 金良年：《“五种忌”研究——以云梦秦简〈日书〉为中心》，《史林》，1995年第2期。

③ 班固撰，颜师古注：《汉书》卷五十六《董仲舒传》，北京：中华书局，1962年，第2498-2505页。

《史记·天官书》有所谓“八风”之说：“风从南方来，大旱；西南，小旱；西方，有兵；西北，戎菽为，小雨，趣兵；北方，为中岁；东北，为上岁；东方，大水；东南，民有疾疫，岁恶。”认为风从不同方向吹来，会带来不同的灾害。并认为正月初一这天的气象直接关乎全年的收成：“旦至食，为麦；食至日昳，为稷；昳至餔，为黍；餔至下餔，为菽；下餔至日入，为麻。欲终日有云，有风，有日。”如果正月初一这天天气晴好，风云齐备，那么一整年就会风调雨顺。如果太阳、云、风三者未能齐聚，那这年的收成将会很糟糕：“日当其时者，深而多实；无云有风日，当其时，浅而多实；有云风，无日，当其时，深而少实；有日，无云，不风，当其时者稼有败。如食顷，小败；熟五斗米顷，大败。则风复起，有云，其稼复起。各以其时用云色占种所宜。其雨雪若寒，岁恶。”①

北大汉简《雨书》及孔家坡汉简《日书》中均有关于雨的内容，《雨书》通过二十八星宿来占断降雨量，孔家坡汉简则认为不同日子下雨会使得田地出现不同状况：“正月甲乙雨，雨膏；丙丁雨，田嚣；戊己雨，禾饶；庚辛雨，田多蒿；壬癸雨，禾消。”②

（二）衣食住行

在汉代民众看来，不仅生产活动受到超自然力量支配，日常生活中的衣食住行也弥散着神秘主义的力量。我们以“衣”为例简单谈一下。

量体裁衣是常识，但除此之外，在汉代人的观念世界中也须量日裁衣，选择合适的日子剪裁衣物，否则会招致祸殃。王充在《论衡·讥日》中曾提及裁衣之书：“裁衣有书，书有吉凶。凶日制衣则有祸，吉日则有福。”③孔家坡汉简《日书》“裁衣”云：“……以裁衣，必衣丝。入月旬七，不可裁衣，不播（燔）乃亡。……及冠必燔亡。八月、九月癸丑、

① 司马迁：《史记》卷二十七《天官书》，北京：中华书局，1959年，第1340页。

② 湖北省文物考古研究所、随州市考古队编：《随州孔家坡汉墓简牍》，北京：文物出版社，2006年，第179页。

③ 黄晖：《论衡校释（附刘盼遂集解）》卷第二十四《讥日篇》，北京：中华书局，1990年，第994页。

寅、申、亥，不可裁衣常（裳），以之死。"[①]"裁衣"简虽有残缺，就其现有部分来看，谈的是裁衣的时日禁忌，违逆的后果非常严重，会危及性命。《武威汉简》之日忌汉简亦云："申毋财衣不烦必亡。"[②]在某些特定日子里剪裁、制作衣服竟然会危及性命，确实骇人听闻。但这种观念至今尚有残留，民间流传"正月里剃头死舅舅"、生日这天要吃面、出门远行要选择特定日期等等，均认为生活中存在时日禁忌，不同日期匹配不同的行为宜忌，特殊日期须从事某些特定行为等等。

与裁衣类似，当时人认为人世间的生活处于神祇的注视之下，衣食住行、起行坐卧都会与神秘力量打交道。神祇按照某种原则将时间分割，配以不同行事的宜忌。人通过数术，掌握了时间的吉凶分配密码，并且必须顺从，不可违逆，否则后果严重。

（三）婚嫁生育

婚嫁和生育是个人乃至家庭的大事，古今皆然。在传世典籍和出土文献中，关于婚嫁、生育的时间问题有大量记载。我们以婚嫁为例予以简要说明。

结婚的年龄问题上，《周礼·地官司徒·媒氏》中规定："凡男女自成名以上，皆书年月日名焉。令男三十而娶，女二十而嫁。"规定男子三十岁前必须结婚，女子满二十岁必须出嫁。《礼记·内则》认为女子"十有五年而笄，二十而嫁；有故，二十三年而嫁"。在婚龄的规定上，我们不易察觉出神秘主义的气氛，但在婚嫁的具体日期上，神秘主义色彩极为浓厚。《史记·日者列传》篇末，褚少孙补述了汉武帝时的一件事：

> 孝武帝时，聚会占家问之，某日可取妇乎？五行家曰可，堪舆家曰不可，建除家曰不吉，丛辰家曰大凶，历家曰小凶，天人家曰小

---

① 湖北省文物考古研究所、随州市考古队编：《随州孔家坡汉墓简牍》，北京：文物出版社，2006年，第153页。整理者的句读为"八月、九月、癸丑、寅、申、亥"，窃以为九月与癸丑应连读，不宜断开。

② 中国科学院考古研究所、甘肃省博物馆编：《武威汉简》，北京：文物出版社，1964年，第136页。

吉，太一家曰大吉。辩讼不决，以状闻。制曰："避诸死忌，以五行为主。"①

婚嫁选择良辰吉日，在汉代皇家亦不能外，至今仍然盛行。在其他汉代文献中我们也能看到关于婚嫁择日的资料，例如孔家坡汉简《日书》"嫁女"篇，节录如下：

子取（娶）妻，有[忧]。酉嫁，三更夫。亥不可取（娶）妻、嫁女，姱夫之建，姱妇之日也。以之，不字，夫恐死。（孔 176 壹+残 48+174 下）

壬申、癸酉，百事不吉，不可取（娶）妻。（孔 175 壹）

戊申、己酉以取（娶）妻，妻不出三岁弃、亡。（孔 175 贰）②

在睡虎地秦简《日书》中，我们能看到不少某日宜婚娶、某日不宜婚娶的内容，在孔家坡汉简《日书》"嫁女"中，通篇讲某日不宜娶妻、某日不宜嫁女，并申明种种严重后果，如妻子被抛弃、无子、夫妻丧命等，营造出一种严肃而阴郁的气氛。孔家坡汉简《日书》"嫁女"篇中的部分内容又见于周家寨汉墓竹简《日书》"嫁女"，二者应有共同来源或存在继承关系。③

（四）治病祛疾

早期人类多将疾病的产生归结于鬼魂的作祟，这在殷人占梦的卜辞中就有所体现，及至秦汉时期，医学取得长足进步，以《黄帝内经》为代表的医类文献开始解释人类疾病的起因可能在于"气"，这种理性思考在当

---

① 司马迁：《史记》卷一百二十七《日者列传》，北京：中华书局，1959 年，第 3222 页。

② 李天虹、凡国栋、蔡丹：《随州孔家坡与周家寨汉简〈日书〉"嫁女"篇的编次与缀合》，《考古》，2017 年第 8 期。整理者释文见湖北省文物考古研究所、随州市考古队编：《随州孔家坡汉墓简牍》，北京：文物出版社，2006 年，第 151 页。

③ 据李天虹等人的说法，孔家坡汉墓与周家寨汉墓属于同一墓群，年代非常接近而孔家坡汉墓略早，《日书》文字也非常相似。因此二者可能存在紧密联系。

时难能可贵。但这种思考可能仅局限在极少数人当中，大部分人还是将自身的健康问题归咎于鬼魂或其他神秘力量，一旦生病就去向巫师寻求帮助。睡虎地秦简《日书》甲种“病”、乙种“有疾”中就持此类观点。孔家坡汉简日书“有疾”云：

> 庚辛金也，有疾，白色日中死。非白色，丙有瘳，丁汗（间）。街行、人炊、兵桊（患）。壬癸水也，有疾，黑色季子死。非黑色，戊有瘳，己汗（间）。蚕神及水桊（患）。①

上述材料将疾病的起因归结于五行及鬼祟。具体为：五行对应的某日生病，则面色与此行匹配的人将死去，若面色与此不符则会在克制此行的五行日痊愈。如金行之日，面色发白的人会在日中时分死去；由于火克金，所以面色不发白的人会在火行所对应的丙丁日痊愈恢复。孔家坡汉简《日书》又有一篇“血忌”谈出血的忌日：“春心，夏舆鬼，秋娄，冬虚，不可出血若伤，必死。血忌，帝启百虫口日也。甲寅、乙卯、乙酉不可出血，出血，不出三岁必死。”② 意为在特定的节日一旦出血就会死去。王充曾提出“血忌不杀牲”③，认为血忌避免杀牲见血，则是另一种说法。

（五）功名利禄

功名利禄同样是汉代人关心的问题，在汉代典籍中，与此有关的表述往往而是。比如秦始皇巡游会稽时，项羽观看仪式后情不自禁发出感慨：“彼可取而代也。”④ 而刘邦游长安观礼之后的反应是：“嗟乎，大丈夫当如此也！”⑤ 二人均表达了个人的理想抱负。陈涉、吴广起兵反秦时也高

---

① 湖北省文物考古研究所、随州市考古队编：《随州孔家坡汉墓简牍》，北京：文物出版社，2006 年，第 171 页。

② 湖北省文物考古研究所、随州市考古队编：《随州孔家坡汉墓简牍》，北京：文物出版社，2006 年，第 179 页。

③ 黄晖：《论衡校释（附刘盼遂集解）》卷第二十四《辨祟篇》，北京：中华书局，1990 年，第 1013 页。

④ 司马迁：《史记》卷七《项羽本纪》，北京：中华书局，1959 年，第 296 页。

⑤ 司马迁：《史记》卷八《高祖本纪》，北京：中华书局，1959 年，第 344 页。

呼："且壮士不死即已，死即举大名耳，王侯将相宁有种乎！"① 在三人建立功业的过程中，也能见到鬼神的影子。陈涉举事，伪造鱼腹中书和狐狸夜鸣鼓噪舆论；刘邦起兵，编造赤帝子斩白帝子的神异故事；项羽兵败，不反躬自省反而认为是"天亡我"。建功立业，谋求功名利禄实乃人之本性驱动，又因关系个人前途命运，故而更加谨慎对待，祈求得到神鬼相助也就无足为奇。为达到借助神鬼之力的目的，当时人主要通过以下几种方式来操作：祭祷，由本人或借助巫觋向神鬼献祭求祷；卜筮，通过占卜判断吉凶，辅助决事；相术，借相面推断命途、运势；伪造，通过制造鬼神降临的假象达到欺诈宣传的目的。② 谨以相术为例，略作说明。

> 吕公曰："臣少好相人，相人多矣，无如季相，愿季自爱。臣有息女，愿为季箕帚妾。"③
>
> 吕后与两子居田中耨，有一老父过请饮，吕后因餔之。老父相吕后曰："夫人天下贵人。"令相两子，见孝惠，曰："夫人所以贵者，乃此男也。"相鲁元，亦皆贵。老父已去，高祖适从旁舍来，吕后具言客有过，相我子母皆大贵。高祖问，曰："未远。"乃追及，问老父。老父曰："乡者夫人婴儿皆似君，君相贵不可言。"④
>
> 及诸侯畔秦，魏豹立为魏王，而魏媪内其女于魏宫。媪之许负所相，相薄姬，云当生天子。⑤
>
> 条侯亚夫自未侯为河内守时，许负相之，曰："君后三岁而侯。侯八岁为将相，持国秉，贵重矣，于人臣无两。其后九岁而君饿死。"亚夫笑曰："臣之兄已代父侯矣，有如卒，子当代，亚夫何说侯乎？

---

① 司马迁：《史记》卷四十八《陈涉世家》，北京：中华书局，1959年，第1952页。

② 拙作《感生梦与西汉政治发微》曾探讨西汉政治人物利用感生梦为己张目，谋求政治利益的现象。详参崔立军：《感生梦与西汉政治发微》，《宁夏大学学报（人文社会科学版）》，2016年第6期。

③ 司马迁：《史记》卷八《高祖本纪》，北京：中华书局，1959年，第344页。

④ 司马迁：《史记》卷八《高祖本纪》，北京：中华书局，1959年，第346页。

⑤ 司马迁：《史记》卷四十九《外戚世家》，北京：中华书局，1959年，第1970页。

然既已贵如负言，又何说饿死？指示我。”许负指其口曰：“有从理入口，此饿死法也。”[①]

上举四例，前两例与刘邦、吕后一家有关，后两例同时出现当时著名的相师许负。无论这四例究竟属于确实发生的史实，抑或杜撰、讹传，都足以证明相术在当时人心目中的地位。相术本身并非命运的推手，只是古人用以洞悉、揭示未来的一种手段。因此，按照这种逻辑，吕公相信自己的眼光，坚持将自己的女儿吕雉嫁给当时并不显贵的刘邦，是看到了刘邦的未来不可限量。许负相面采用何种方法，太史公并未说明，但当推知被相之人未来可能遭受的噩运时，她也未曾避讳。这背后是古人的天赋命运观在起主导作用。天赋命运，意味着从出生的那一刻起，人的命运就已被规划完毕，此后便沿着既定的轨道前进。古人相信相术是可以窥伺命运轨迹的手段，而相术的执行者相师本人只是一个观察者，无法扭转必然的趋势。

生产生活诸多领域都被鬼神控制，是古人在面对世界时采取的一种自我保护手段。由于自身能力有限，未知的疑惑太多，无能为力的事情纷至沓来。此时，他们需要在内心寻找一个精神支撑点，拥有强大力量的鬼神精灵便担当了这一角色。通过崇拜鬼神，古人获取了被强者庇佑的安全感和战胜险阻的希望。而祭祷、数术等则是古人尝试与鬼神沟通，借助其力量的方法、手段。需要特别指出的是，数术与儒家礼制都强调对秩序的遵从，但二者存在根本性的不同。儒家的思路是通过规范人尤其是作为群体的人的行为来建立一个符合礼法标准的秩序，实现全社会（包括不同阶级之间及同阶级之间）的和谐共处。所以，它更强调人应该如何去做。数术文献虽然也有引导人如何具体行事的内容，但其追求明显更加日常化、世俗化，缺少宏大叙事的关怀，主要作用在具体的个人或小家庭上。因此，择日类数术文献在述及触犯时日禁忌的后果时，往往语出惊悚，以本人或

① 司马迁：《史记》卷五十七《绛侯周勃世家》，北京：中华书局，1959 年，第 2073-2074 页。

家人的健康甚至性命相挟，但不会论及国家、社会层面的影响。因此，相比之下，数术反而更能反映大众的日常情态，将大众的需求与恐惧一并道来。

二、与死亡有关的民间信仰

如何活着这个问题固然重要，如何面对死亡同样萦绕在古人心头。死亡到底是不是终结？有没有可能避免？这是自先秦时期就已经被反复思考的问题，最迟在战国时代，天界、人界、冥界三重时空的区分即已产生，这种划分更强调的是空间上的分割，其思想被道教吸收。战国秦汉时期产生了复生与长生这两种试图超越死亡的认识，希望在时间层面保持生命的延续。在佛教传入中国后，受轮回观念的影响，前世、今世、来世观念在中国传播开来。

（一）复生

顾名思义，复生指的是死而复生，又称复活。传世文献中秦汉以前的复生事件记载极少，为人熟知的是《史记·扁鹊仓公列传》所载扁鹊复生虢国太子一事。不过虢国太子的案例更像是假死的症状，与复生究竟不同。《汉书·五行志》载哀帝时山阳小儿葬三日而活，平帝时朔方女子赵春病死六日后复生；《后汉书·五行志》载献帝时长沙桓氏棺敛月余后复活，武陵女子李娥下葬十四日后复活。[①]《五行志》好记荒诞诡谲之事，此四例暂不论其真假，单就事件内容来看，包括两例已下葬，两例仅棺敛，复活所需时间从三日到月余不等。其中赵春的案例信息量最大，由本人解释了复活的原因，即阳寿未尽。这几个例子还是有些简单，不若秦汉出土

① 《汉书》卷二十七《五行志上》："哀帝建平四年四月，山阳方与女子田无啬生子。先未生二月，儿啼腹中，乃生，不举，葬之陌上，三日，人过闻啼声，母掘收养。平帝元始元年二月，朔方广牧女子赵春病死，敛棺积六日，出在棺外，自言见夫死父，曰：'年二十七，不当死。'"《后汉书·五行志五》："献帝初平中，长沙有人姓桓氏，死，棺敛月余，其母闻棺中声，发之，遂生。……建安四年二月，武陵充县女子李娥，年六十余，物故，以其家杉木槥敛，瘗于城外数里上，已十四日，有行闻其冢中有声，便语其家。家往视闻声，便发出，遂活。"

简牍中所记复生故事所提供的信息详细、完整。迄今所见，有放马滩秦简《丹》[①] 与北大秦简《泰原有死者》二例。

《丹》云：

八年八月己巳，邸丞赤敢谒御使：大梁人王里□□曰丹，□□七年，丹矢伤人垣雍里中，因自刺殹，弃之于市三日，葬之垣雍南门外。三年丹而复生。丹所以得复生者，吾（俉）犀武舍人。犀武论，其舍人尚命者，以丹未当死，因告司命史公孙彊，因令白狐穴屈出丹，立墓上三日。因与司命史公孙彊北出赵氏之北地柏丘之上。盈四年乃闻犬吠鸡鸣而人食。其状类益、少麋、墨，四支不用。丹言曰：死者不欲多衣。死人以白茅为富，其鬼贱于它而富。丹言：祠墓者毋敢嗀，嗀，鬼去敬走。已，收腏而釐之，如此鬼终身不食殹。丹言：祠者必谨骚除，毋以淘滄祠所，毋以羹沃腏上，鬼弗食殹。[②]

北大秦简《泰原有死者》：

泰原有死者，三岁而复产，献之咸阳，言曰：死人之所恶，解予死人衣。必令产见之，弗产见，鬼辄夺而入之少内。

死人所贵黄圈。黄圈以当金，黍粟以当钱，白菅以当繇。

女子死三岁而复嫁，后有死者，勿并其冢。祭死人之冢，勿哭。

---

① 整理者未发现本文篇题，或磨灭或佚失，后李学勤先生据本文内容性质拟之为《志怪故事》，为学界广泛接受。亦有学者仿早期文献命名方式，获取篇首曰《邸丞赤敢谒御使书》，或取故事主人公之名，称之为《丹》或《丹记》，窃以为《丹》较《志怪故事》更接近当时拟定篇题的方式，故采之。更多命名观点详参郳文玲《读放马滩秦简〈志怪故事〉札记》注①，《国学学刊》，2015 年第 4 期。

② 本篇释文系笔者综合诸家观点后得出的版本，重点参考了程少轩：《放马滩简式占古佚书研究》（复旦大学博士学位论文，2011 年）及姜守诚：《放马滩秦简〈志怪故事〉考释》（见氏著：《出土文献与早期道教》，北京：中国社会科学出版社，2016 年，第一章）的成果。其中“吾”读作“俉”或“牾”及“犀武论，其舍人尚命者，以丹未当死”一句的句读均采自郳文玲的观点，见氏撰《读放马滩秦简〈志怪故事〉札记》。

须其已食，乃哭之，不须其已食而苦之，鬼辄夺而入之厨。

祠，勿以酒与羹沃祭。而沃祭钱，收死人，勿束缚。勿决其履，勿毁其器。令如其产之卧殹，令其鬼（魄）不得茖（落）思。

黄圈者，大菽殹，剺（剺）去其皮，置于土中，以为黄金之勉。

先后有多位学者对这两篇文字的释文进行了详细考释①，本文恕不一一赘述，对其中所反映的秦代丧葬习俗也不再涉及，仅就其中的复生思想略陈己见。夏德安先生注意到丹复活程序中表现出的官僚化（行政化）倾向，并认为“战国宗教的有关复活信仰也许滋生出了尸解这概念”。② 不过他也发现了尸解与战国时期的复活之间的区别，认为“尸解是作为一种求仙信仰之后得以复活的一种专门形式而出现的，它代表着一种处理那些养生求仙人中死亡的方法”，这就与普通人的死而复活划清了界限。③ 姜守诚先生则提出古人观念中存在三种生死转换状态：“复生、鬼魂显形、尸解”，彼此不可混淆，批评了夏德安将复活与尸解混为一谈的表述。他认为秦汉复生故事是“以‘假死’为原型”，经过二次创作后形成的。而尸解则为求道者进阶成仙的步骤，与丹等人的复活大异其趣。④ 二人分歧之处在于对“复活”一词的理解和使用。夏德安显然将复活理解为死而复醒，认为人死后尸解成仙也是复活；姜守诚对复活的理解更为严苛，他理

---

① 目前已知的有李学勤先生的《放马滩简中的志怪故事》（《文物》，1990 年第 4 期）、孙占宇《放马滩秦简日书整理与研究》（西北师范大学博士学位论文，2008 年）、李零《秦简的定名与分类·附录：放马滩秦简〈志怪故事〉》（武汉大学简帛研究中心主办：《简帛》第六辑，上海：上海古籍出版社，2011 年）、程少轩《放马滩简式占古佚书研究》、陈侃理《秦简牍复生故事与移风易俗》（武汉大学简帛研究中心主办：《简帛》第八辑，上海：上海古籍出版社，2013 年）、姜守诚《放马滩秦简〈志怪故事〉中的宗教信仰》及邬文玲《读放马滩秦简〈志怪故事〉札记》等等。

② 夏德安：《战国民间宗教中的复活问题》，陈松长、熊建国译，中国社会科学院简帛研究中心编：《简帛研究译丛》（第一辑），长沙：湖南出版社，1996 年，第 35 页。

③ 夏德安：《战国民间宗教中的复活问题》，陈松长、熊建国译，中国社会科学院简帛研究中心编：《简帛研究译丛》（第一辑），长沙：湖南出版社，1996 年，第 37 页。

④ 姜守诚：《出土文献与早期道教》，北京：中国社会科学出版社，2016 年，第 100-103 页。

解的复活专指人死后复为人，尸解专指死而成仙，二者适用于不同群体。其实两人都意识到了尸解不同于普通的复活，只是表述上存有差异。关于尸解，后文将专门讨论。

姜守诚先生将复生观念的缘起归诸“假死”现象，有其合理之处，前引《汉书》及《后汉书》中的复活案例就颇似假死者复苏。不过若继续深究的话，则不得不考虑魂魄观念发挥的作用。有学者讨论了复礼与汉人的魂魄观念，认为及至汉代灵魂二元论已经定型。我们相信，以呼唤灵魂回归为目的的“复礼”之所以成为丧仪中极为重要的环节，是兼具宗教意义与一定现实意义的。假死作为一种正常的生理现象，无需多言，值得说一说的是古人如何理解、应对假死。《礼记·丧大记》详细记载了从濒死到下葬的完整流程。其中“属纩以俟绝气”[1]，即为了确认呼吸是否停止，一旦确认就如《礼记·礼运》所说“及其死也，升屋而号，告曰：‘皋某复！’”[2] 此即传统的招魂之法，若依旧无法唤醒，则开始着手准备更衣入殓事宜。接下来几天，尸体停放在家中，亲友前来吊唁，然后方入土下葬。检验呼吸、登屋招魂及停尸待葬，其实都隐含着对假死的应对之策。但古人并未提出假死一说，而是运用魂魄理论来解释这种现象，假死实际上被理解为魂魄的暂时离开。死亡被视为魂魄离散，而在死者停止呼吸后立即招魂则是为了呼唤刚刚游离出形体的魂气重新回归，故曰复。

《礼记·丧大记》详细记述了招魂的各项事宜：

> 复，有林麓则虞人设阶，无林麓则狄人设阶。小臣复，复者朝服。君以卷，夫人以屈狄，大夫以玄赪，世妇以襢衣，士以爵弁，士妻以税衣，皆升自东荣，中屋履危，北面三号。卷衣投于前，司服受之，降自西北荣。其为宾，则公馆复，私馆不复。其在野，则升其乘车之左毂而复。复衣不以衣尸，不以敛。妇人复，不以袡。凡复，男

---

① 郑玄注，孔颖达疏：《礼记正义》卷四十四《丧大记》，李学勤主编：《十三经注疏》（标点本），北京：北京大学出版社，1999 年，第 1236 页。

② 郑玄注，孔颖达疏：《礼记正义》卷二十一《礼运》，李学勤主编：《十三经注疏》（标点本），北京：北京大学出版社，1999 年，第 666 页。

子称名，妇人称字。唯哭先复，复而后行死事。①

尽管根据死者身份的不同，招魂的细节有所不同，但其基本内容和目的则是一致的，都希望灵魂归来，从而起死回生。就本节所论的复生与长生二者相比较，从实际操作层面来讲，复生是最易实现的，不过实际发生率并不高，否则也不会被当作异象列入《五行志》了。前面说到，招魂对于假死者可能会起到一定效果，但一方面专门招魂的复礼深深植根于丧仪之中，另一方面复生被视为异象载入《五行志》，这种冲突应该是其宗教意义上升、实践意义衰弱的结果。

对于《丹》与《泰原有死者》，我们尝试从文本、观念、功能三个层面予以解构。

首先，其文本内容已经接近后世的志怪小说，然其中蕴含的教化意义却格外明显，此即李零先生和陈侃理先生所说的用以“移风易俗”，教导生者在坟前祭祀时的宜忌。在悬泉汉简中也存在类似内容：“其死者，毋持刀刃上冢，死人不敢近也。上冢，不欲哭，哭者，死人不敢食。去。即上冢，欲其□。（V1410③：72）”② 两篇文字在描写复活事件及祭祀宜忌上的侧重各有不同，而内容却多有一致之处，这很可能与编纂者所接触的材料的多寡及写作手法的异同有关。

其次，其中的复生观念是非常明显的，尤其是《丹》，提到了能够复生的理由是“未当死”，这与《汉书·五行志》所记朔方赵春复活一事属同类。因阳寿未尽而重返人间是后世传奇、小说常见的套路，而其背后的深意则是人世国家对编户民的人身控制。生属国家控制，死则受冥界鬼吏约束。《太平经》中提到过“死籍”③，即死者在冥界的户籍，后世所称生

① 郑玄注，孔颖达疏：《礼记正义》卷四十四《丧大记》，李学勤主编：《十三经注疏》（标点本），北京：北京大学出版社，1999 年，第 1237-1239 页。

② 胡平生、张德芳编撰：《敦煌悬泉汉简释粹》，上海：上海古籍出版社，2001 年，第 183 页。

③ 王明编：《太平经合校》卷一百十四《不用书言命不全诀》，北京：中华书局，2014 年，第 632 页。

死簿，殆由此发展而来。人、鬼殊方，彼此严守界限，所谓“不当死”者尚属人界的国家管理，冥界鬼司不得收留，乃令重返人间。生、死在时间上的交接流动被化约为空间上的穿越，这与秦汉时期严控人口流动，制定大量关于“亡人”的律条何其相似！现实政治中的规则就是对冥界规则进行想象的直接思想来源。

最后，就其功能来讲，这两则复生故事作为随葬品下葬，也不排除存在这样的可能，即墓主人对于复生尚抱有期待。随葬品的选择一般都是有目的性的，或者是死者生前常用之物，或者是一些新置办的有利于死者在冥界生活之物。其中随葬的简帛文献的性质并不容易归类，我们的确很难判断哪些书是死者生前喜欢读的，哪些是家人为死者特意准备的。常被人提及的马王堆T形帛画被认为具有引导死者升天的功能，那以文字方式呈现的复生故事也可能具有引导死者复活之意。当然，这种功能更多是宗教意义上的，不能拘泥于现实操作层面。

综上，复生故事所反映的复生观念与秦汉时期的魂魄观念有关，应该脱胎于假死现象，但复生故事在文本、观念和功能上展现出了多重内涵。

（二）长生

“夫人情莫不贪生恶死”，以死刑作为最严酷的刑罚已足以说明死亡对人类的震慑力。如何面对死亡、处理死亡始终困扰着人类，并直接推动了宗教的产生。大大小小的宗教都试图回答这道难题，由此而衍生出五花八门的信仰和实践操作。这些信仰、实践几乎都指向一个目标——长生，即便佛教信仰轮回，但参之佛家因果论，一世善恶对下世轮回有直接影响，这分明是不灭论的体现，以轮回为纽结，前世、今生、来世的生命被紧紧联系在一起，其实也是一种变相的长生观念。考虑到佛教在秦汉时期的社会影响力并不大，佛教的生死观本文暂拟不论。

1. 寿夭有数

杜正胜先生指出：“在后世语汇中，‘长生’往往表示‘神仙不死’，此义却为春秋以前所无，不死的奢望是战国以后逐渐发展出来的。”① 按照他的分析，战国时人的“长寿”往往不是指永生不死，而是走完先天赋予他们的“天年”。

“天年”之类的说法，屡见于先秦两汉之典籍，试举如下。

《庄子·养生主》：

> 缘督以为经，可以保身，可以全生，可以养亲，可以尽年。②

《吕氏春秋》中有多处提到“天年”“全生”“尽年”等类似词汇。

> 故圣人之制万物也，以全其天也。(《本生》)
> 全生为上，亏生次之，死次之，迫生为下。(《贵生》)
> 年寿得长焉，长也者，非短而续之也，毕其数也。(《尽数》)
> 凡事之本，必先治身，啬其大宝。用其新，弃其陈，腠理遂通。精气日新，邪气尽去，及其天年。(《先己》)
> 终其寿，全其天。(《大乐》)

《韩非子·解老》云：

> 能保其身，必能终其天年。

至于天年的长短，则有上中下三寿之说。据杜文所引，汉代三寿说具体如下：

> 凡人中寿七十岁。(《淮南子·原道训》)

---

① 杜正胜：《从眉寿到长生：中国古代生命观念的转变》，《“中研院”史语所集刊》第六十六本第二分，1995年。

② 郭庆藩撰，王孝鱼点校：《庄子集释》卷二上《养生主》，北京：中华书局，2004年，第115页。

上寿九十，中寿八十，下寿七十。(《论衡·正说》)

人生百二十上寿，八十中寿，六十下寿，过此皆夭折。(《太平经·盛身却灾法》)

人生上寿一百二十年，中寿百年，下寿八十年，而竟不然者，皆夭耳。(《文选·养生论》李善注引《养生经》)

具体数字不一，究竟有无唯一标准亦难断定，我们暂且搁置一旁。就上述材料可以看出，当时人们认为自己的寿夭由上天决定，然后在整体上为人的寿命划出了三条标准，并未明确说人们的寿命属于哪一个，究竟是生来就注定的，还是后天可以改变的。所谓的“天年”是人被赋予的定数，还是可能达到的潜力值，面对这一问题，有不同回答。战国时就已经成气候的养生论认为这是人的潜在寿命，经过适当的养护，可以达到。另一部分人，如王充提出了相反意见，他认为人的生命是与形体紧密相关的，人的形体不可变化成他物，自然人的寿命也就无法更改：

人禀元气于天，各受寿夭之命，以立长短之形，犹陶者用土为簋廉，冶者用铜为柈杅矣。器形已成，不可小大；人体已定，不可减增。[1]

人禀气于天，气成而形立，则命相须，以至终死，形不可变化，年亦不可增加。[2]

明确指出所谓“寿夭之命”是人诞生起即被赋予的一个计量数字，后天操作已无意义。王充的分析颇有些唯物论的色彩，不过显然养生论者所秉持的观念要更受欢迎，至少为人们提供了延长自身寿命，将上

① 黄晖：《论衡校释（附刘盼遂集解）》卷第二《无形篇》，北京：中华书局，1990年，第59页。

② 黄晖：《论衡校释（附刘盼遂集解）》卷第二《无形篇》，北京：中华书局，1990年，第65页。

天赋予的生命燃烧殆尽的希望。试图延寿长生的渴望也刺激了由“尽天年”向“不死”的发展。

2. 改造肉身——不死药与养生术

突破死亡的圈禁始自对肉身的改造，在实践开始之前，则是观念的先行。尽管深知死亡不可免，人们仍保留着对长生不死的想象。彭祖传说在周代就已流传开来，《山海经》中也有“不死民”的记载。或许是为了让“不死”看起来更为合理，战国时已经出现不死药的记载。《韩非子·说林》中有楚王卫士偷食“不死药”的故事，《淮南子·览冥训》则记述了姮娥窃不死之药而奔月的传说。秦皇、汉武不惜重金，广延方术之士以求仙药，将不死药情结表现得淋漓尽致。这一系列记载足以说明当时有人深信通过服食不死之药，可以改造肉身，跳脱出原有的寿夭之限。这着实是人们在生命观上的一大突破。死亡本是注定难逃之事，如今却因不死药而被打开了缺口，既有如此一击，后来者便纷至沓来，服药、呼吸、导引、房中等方技涌现出来，名曰“养生”，实则是用来改造肉身，试图完成对死亡的超越。

古人对生命的认知多半来自对周遭各种生物和自然现象的观察，自然界中不同生物寿夭长短不一必然给人们带来刺激，蜉蝣和龟因其寿命比较极端而经常出现在文学作品中，成为古人借以抒发生命感慨的比照物，诱发他们去思考人在自然界的新陈代谢中处于何等位置，及人与自然之间具有何种关系。阴阳元气学说大概就是这种观察—思考过程的产物。不死观念的来源多半与四时循环及月亮的周期性盈缺有关。以月亮为例，金文中即常见生魄、死魄，已将月之盈缺与生死相勾联，当然，此处之生死仅指月亮，并未涉及人的生死，不过却为后来二者的联系打开了方便之门。屈原在《天问》中提出疑问：“夜光何德，死则又育？厥利维何，而顾菟在腹？”其中已经隐含着对人之生死的关注。汉代墓葬装饰的图像创作，经常取月亮作为素材，月有阴晴圆缺，周而复始，象征着万物的生死更替、生生不息。而月中的兔子也因繁殖能力极强被视为生命力的象征。汉代画像石中有不少兔子捣药的形象。①

关于对不死的追求，有求救与自救两种方式。求救者，即借助于神仙的帮助，如赐不死药、传授法术等。秦汉时期流传西王母处有不死药，后羿正是得药于西王母处，又，方士宣称赤松子等仙人赐教，引诱秦皇、汉武遣人去往东海寻仙访药。求救的本质是交换。通过斋戒、祭祷等方式与神仙沟通，利用自己的虔诚和贡品赢取神仙的欢心，换来他们的帮助。自救则是通过自我修炼，达成长生之目的。修炼不仅包括技术上的实践，如导引术，还包括心智、意识上的领悟、提升，此尤为道家学者所重。上文提及《韩非子》及《淮南子》中记有不死药故事，我们从中可以看出当时有人迷信不死药的魔力，不过这两个故事的主旨却是对这种迷信的批评。以《淮南子·览冥训》中的故事为例，其文曰："羿请不死之药于西王母，姮娥窃以奔月，怅然有丧，无以续之。何则？不知不死之药所由生也。"② 前面的故事大家熟悉，后边的一句评论的话语才是作者的真正目的所在。结合上下文来看，作者所欲强调的是以虚无为本，不必纠结于不死之药，而要更求不死之根本奥义。《淮南子·精神训》云："若吹呴呼吸，吐故内新，熊经鸟伸，凫浴猿躩，鸱视虎顾，是养形之人也，不以滑心。使神滔荡而不失其充，日夜无伤，而与物为春，则是合而生时于心也。"③ 正是此意。这种观念在先秦道家尤其是庄子那里可以寻到根源，使精神跳脱出拘束人身心的实有之物，遨游于飘渺之境，消弭有无之别、生死之界。

3. 摆脱肉身——升仙思想的发展

升仙比长生不死又进了一步，起初追求不死只是对肉身进行改造，身

---

① 汉代帛画、画像石等作品中，月中兔子的形象有一个转变过程，早期是奔跑的兔子，汉代中期以后原先出现在仙境中的兔子捣药形象被移植到了月亮中。具体演变过程，可参见刘惠萍：《玉兔因何捣药月宫中？——利用图像材料对神话传说所做的一种考察》，《长江大学学报（社科版）》，2014 年第 11 期。

② 何宁：《淮南子集释》卷六《览冥训》，北京：中华书局，1998 年，第 501－502 页。

③ 何宁：《淮南子集释》卷七《精神训》，北京：中华书局，1998 年，第 527－528 页。

依旧是那身，人依旧是那人，只是停止了衰变。升仙则不同，首先是肉身发生了质的变化，成为仙体，相应的，拥有此身者也不复为人，变而为仙。身体与身份的变化是晋升为仙的两大要素，缺一不可。升仙之途有生、死两种方法，前者是生前直接飞升为仙，后者是死后尸解为仙。

神、仙本各有所指，秦汉时期已有合流迹象。神本指造物主及管理自然万物的精灵，后来国君逝去的祖先被称为祖神，再后来一些生前具有功绩、地位的人死后接受人们的普遍祭祀，也被称为神。而“仙”本作“僊”。《说文解字》释“僊”曰：“长生僊去。”已有摆脱肉身之意。后“僊”为“仙”所替代，《释名》曰：“老而不死曰仙。”又“䙴”象人攀高取鸟巢，有高升之义。段玉裁注曰：“仙，遷也。遷入山也。”考诸秦汉文献，所记仙人行迹或在内陆山中，如昆仑，或在海上，如蓬莱。故段注不无道理，仙人当指通过修炼褪去凡胎，长生不死并远离人境的人。《抱朴子》引《仙经》言仙有三品：“上士举形升虚，谓之天仙。中士游于名山，谓之地仙。下士先死后蜕，谓之尸解仙。”其中上士和中士皆是生前为仙，下士则是死后为仙。

首先，生前为仙者，为修道者所重，与其思想来源有关。自老子始，道家形成了自己的一套修身养性的理论和方法，其要旨在加强对意识的控制，克制物欲，使身心归于素朴。此其长生久视之道。庄子及其后学则进一步使这种观念具象化，引入神仙学说，通过精神上的修炼达到逍遥无待的境界。《庄子》和《淮南子》中所称道的“至人”“神人”“圣人”“真人”已经超脱生死，与仙人无异。道家学者属“养神”一派，他们批评方技之士的“养形”如隔靴搔痒。就升仙学说而言，道家学者完成了理论上的建构，实践层面的补充则由众多方士承担。所谓方术之士多可归入方仙道，因为他们也自认为求道者，只是借助炼丹、服药等外力来改善自己的身体，与道家学者纯靠意识训练大相径庭。由于同以升仙为目标，“养神”与“养形”渐渐融合，欲求长生者多会兼顾身心的双重修炼，只是各有侧重而已。秦汉时期白日飞升的例子见诸史传的并不多，王充在《论衡·道虚》中提到淮南王刘安修奇方异术而举家升天为仙，鸡犬亦得随行。这就是成语“鸡犬升天”的来历。另外，现藏于西安碑林的《仙人唐公房碑》

记述了碑主唐公房一家服仙药而拔宅升天的故事。今节选如下：

耆老相传，以为王莽居摄二年，君为郡吏，□□□□（暇同僚佐），土域啖瓜，旁有真人，左右莫察，而君独进美瓜，又从而敬礼之。真人者遂与君期婿谷口山上，乃与君神药曰："服药以后，当移意万里，知鸟兽语言。"是时，府在西成，去家七百余里。休谒往徕，□（转）景（影）即至，阖郡惊焉。白之府君，徙为御吏。鼠啮輀车，被具，君乃画地为狱，召鼠诛之，果有被具。府君□（设）宾燕，欲从学道，公房顷无所进，府君怒，敕尉部吏，收公房妻子。公房乃先归于谷口，呼其师，告以危急。其师与之归，以药饮公房妻子曰："可以去矣！"妻子恋家不忍去。又曰："岂欲得家俱去乎？"妻子曰："固所愿也。"于是，乃以药涂屋柱，饮牛马六畜。须臾，有大风玄云迎，公房、妻子、屋宅、六畜倏然与之俱去。昔乔、松、崔、白，皆一身得道，而公房举家俱济，盛矣！[①]

这则故事向我们展示了神药的威力，不仅人可以借此升仙，就连屋宅、牛马都会随之而去。神药威力的背后是汉人对服药成仙的信仰。真人赐药与西王母赐予后羿不死药其实是同一种故事格套，而现实中仙人赐药之事实难有此幸运，遂有炼丹术的出现。丹药的威力也从最初的益寿强化为直接令人升仙。[②] 对于服食丹药可以延寿的原理，《抱朴子·内篇·仙药》有云："服金者寿如金，服玉者寿如玉。"总结一下就是服食丹药可以实现能量的转移，将组成丹药的金、玉等所具有的坚固不坏的特性交流给人的肉身。另外，丹砂炼为黄金被视为质的转变，暗示人类通过服食丹砂炼成的药丸也可以拥有化生的机能，令肉体凡胎进化为仙体。汉斯-魏尔纳·舒特对炼金术与时间的关系有出色的见解：

① 释文参考陈显远：《汉"仙人唐公房碑"考》，《文博》，1996年第2期。

② 《史记·孝武本纪》中李少君言于武帝曰："祠灶则致物，致物而丹沙可化为黄金，黄金成以为饮食器则益寿，益寿而海中蓬莱仙者可见，见之以封禅则不死，黄帝是也。"见《史记》卷十二《孝武本纪》，北京：中华书局，1959年，第455页。

> 在炼金术士看来，人工制造黄金不是别的，而是缩短自然生产黄金需要的时间；炼制长生不老药不是别的，而是延长自然规律赋予事物存在的本来时间；而哲人石不是别的，哲人石是使人摆脱生存局限的一种手段，是摆脱时间限制的一种方法。①

归根到底，古人之所以甘冒中毒身亡的风险也要炼制、服食丹药，为的就是希望借此改善肉身的性质，摆脱时间的拘限，其实就是摆脱死亡笼罩的阴影。从少有白日飞升的记载来看，这一途径似乎效果不佳。不过相比于死后尸解成仙，长生不死并飞升显然更具吸引力，历世不绝，直至明清时期，皇室仍热衷于服丹药。②

其次，死而为仙，谓之“尸解”，即人在死后，像蝉蜕皮一样，脱离原有的肉身，经历几重程序到达天宫仙境。《抱朴子·论仙》记载了几则尸解故事：

> 又按《汉禁中起居注》云，少君之将去也，武帝梦与之共登嵩高山，半道，有使者乘龙持节，从云中下。云太乙请少君。帝觉，以语左右曰，如我之梦，少君将舍我去矣。数日，而少君称病死。久之，帝令人发其棺，无尸，唯衣冠在焉。按《仙经》云，上士举形升虚，谓之天仙。中士游于名山，谓之地仙。下士先死后蜕，谓之尸解仙。今少君必尸解者也。近世壶公将费长房去。及道士李意期将两弟子去，皆托卒死，家殡埋之。积数年，而长房来归。又相识人见李意期将两弟子皆在郫县。其家各发棺视之，三棺遂有竹杖一枚，以丹书符于杖，此皆尸解者也。③

关于尸解的具体流程，姜生先生有过专门研究，结合传世道教经典和出土汉代墓葬明器，他将汉代的尸解仪式总结为三步：“（1）‘三官’守

---

① 汉斯-魏尔纳·舒特著，李文潮、萧培生译：《寻求哲人石：炼金术文化史》，上海：上海科技教育出版社，2006年，第459-460页。

② 参见杨启樵：《明清皇室与方术》，上海：上海书店出版社，2010年。

③ 王明：《抱朴子内篇校释》，北京：中华书局，1986年，第19-20页。

护墓主‘太阴炼形’；（2）获神界致送之神仙饮食——壶和鼎所象征的‘神药’，伴以仙人歌戏，神吏侍迎；（3）‘太一帝君’遣车马来迎，欢庆之后，上登仙界。”[①] 通过对马王堆一号汉墓出土的T形帛画的研究，他提出：“帛画从下向上分别表达了人死后经历的蓬莱、昆仑、九天等三个逐步递升的境界。”[②] 夏德安认为东汉时期的复活信念源自尸解是不正确的，恰恰相反，“战国宗教的有关复活信仰也许滋生出了尸解这概念”，“尸解是作为一种求仙信仰之后得以复活的一种专门形式而出现的，它代表着一种处理那些养生求仙人中死亡的方法”。[③] 韩吉绍及张鲁君延续了夏德安的观点，认为“在汉代尸解观念流行以前，许多相关思想在战国时期就已广为流传”，并进而指出，“方仙道的‘形解销化’方术可能是死后复生思想与神仙思想相结合的产物……秦汉时期，相关观念进一步发展，于是出现了尸解观念。由于此前死后复生思想的复杂性，尤其是它融合了灵魂飞升与肉体不死两种观念，尸解在汉代时并无统一模式以及表现出不同倾向也就不必奇怪了”。[④]

对于尸解的具体内容和分类，研究道教的学者所论甚多，兹不赘述，仅就与本文主旨相关者略抒己见。无论尸解的具体内容如何变化，它的功能和所欲解决的问题却是不变的。尸解同本节所论的复生一样，同为死后生命的转化形式之一，它们的功用在于给那些期待死后生命可以延续的人们提供希望。而在这三种形式中，复活是人们最原始最朴素的期待，是出于对死亡的本能抗拒，而自然界中生生不息的草木无疑是人们艳羡的对象，对于身处北温带的黄河流域的先民来说，春风吹又生的生命循环必然影响他们对于自我生命力的想象，希望在死后加以复制也就在情理之中了。偶尔出现的假死又复苏的现象更加剧了人们的思想冲动。如人们所知，死而复活并不现实，于

① 姜生：《汉墓的神药与尸解成仙信仰》，《四川大学学报（哲学社会科学版）》，2015年第2期。

② 姜生：《汉帝国的遗产：汉鬼考》，北京：科学出版社，2016年，第308页。

③ 夏德安：《战国民间宗教中的复活问题》，陈松长、熊建国译，中国社会科学院简帛研究中心编：《简帛研究译丛》（第一辑），长沙：湖南出版社，1996年，第35，37页。

④ 韩吉绍、张鲁君：《试论汉代尸解信仰的思想缘起》，《宗教学研究》，2012年第2期。

是人们转而模仿自然界中动植物之间的嬗变，寻求通过改变肉身的方法来突破死亡的壁垒。如同人类思想的根基来自对大自然的观察和模仿，在解决死亡难题时，人们仍遵循着这种古老的习惯，抓住周围自然界万事万物给自己带来的灵感，设法将它们所拥有的特性转移到自己身上。尽管人们利用仿生学发展出了技术和哲学，包括用以治疗病患延续寿命的医药学，但是，在面对死亡时，仿生学暴露出了它的局限性。其一，自然界的化生无法在人类世界复制，人化作动植物、石头等只出现在神话传说中。其二，化生只是生命形式的转变，相当于灵魂暂时栖居另一个躯壳，虽然有循环论和不灭论的色彩，但并不等于长生。人追求的是以人的形式存在而非以物的形式反复迁转，化生并不能满足这一点。尽管如此，化生仍提供了生命以别种方式存在的可能，尸解正是利用了这一点。

尸解成仙的原理是通过化生的方式复活而达到长生的目的。与白日升仙不同，尸解必须发生在尸体下葬之后，而且往往还要经历一段时间才会完成。至于太阴炼形则是道教徒对学道者尸解的解释，以示与普通人下葬之后赴冥界为鬼无法升天的区别。无论白日升仙，还是尸解成仙，都俘获了大批信众。由于白日升仙容易检验其有无，而尸解成仙则不易断其成败，毕竟一般人不会去发丘验棺，所以更容易宣传。

从复生到长生的一系列观念，反映的是古人最基本的求生本能，为达此目的而生发出的生命观构成了中国早期哲学的重要源头之一，与此同时，为改善身体状况而发明出的医学、炼丹术和其他养生方技则成为古代科技史的宝贵财富。汉斯-魏尔纳·舒特曾作如是说：

> 从时间里脱离出来并在一个新的时间段里获得重生。无论是熔炉里的金子还是炼金术士烧瓶里的哲人石，再次死亡即是再次摆脱时间，只是这一次是永生不死。这是炼金术士在炼金的最后一步要达到的，也就是他们一再以大量辞藻描绘得天花乱坠却从未讲清楚的境界。①

---

① 汉斯-魏尔纳·舒特著，李文潮、萧培生译：《寻求哲人石：炼金术文化史》，上海：上海科技教育出版社，2006年，第464页。

生死观本质上是从时空观念的角度对生死的想象与理解。生死观的主要任务之一是处理“生”与“死”的关系。从今人的角度，普遍认为生与死存在天然的鸿沟，死亡意味着生命在时空上的彻底斩断、消失。而古人基于灵魂不灭的观念，认为生与死之间并非断裂，而只是一种转折，死亡并不意味着结束，而是向另一种存在形态的时空转换。从时间上来说，古人认为人死后为鬼，可以继续存在下去，在时间上是一种延续关系，并未断绝。从空间上来说，人世与鬼域（或冥界）分别是生者、死者的居所，而“天”最初只是天神的居所，先王死后可以升天配享上帝，被称为祖神，一般人则入鬼域。后来成仙思想萌生，对成仙者的身份没有阶级限制，普通人通过服食、修炼等亦可成仙，打破了过去诸王对升天资格的垄断。由此，原先划分的人、鬼双重时空进化为人世、鬼域、仙界三重时空。

第九章
从巫鬼到方术——秦皇汉武的精神世界

战国秦汉之际方术和方术之士逐渐受到重视，在这一段时期的史料记载中，早年的齐宣王和燕昭王，后来的秦始皇，以及汉武帝、汉宣帝、汉成帝、汉哀帝，再到王莽，都曾受到方术士的影响。其中尤以秦始皇和汉武帝的求仙最为引人注目，然二人对于神仙的理念也存在明显的区别，其中最突出的表现是汉武帝对于仙境有着更为强烈的向往，在求仙中个人的信仰体验占了主要的内容，这自然是和汉武帝时代的历史背景有关。

第一节　《仙真人诗》与始皇之政

《仙真人诗》是秦始皇命令博士创作的，主题在于宣扬皇帝与神仙之间的神秘关系，对皇帝进行神化，以对抗秦始皇将要去世，天下会再次面临分裂的谶言。而与此同时，秦始皇时代《仙真人诗》有“弦歌”表演，跟随秦始皇的车队四处巡游，其实也是尝试对当时民间的舆论进行影响。事实上，当时帝国的统治还面临诸多问题，秦始皇意识到这些问题的解决只能依靠自己，他必须通过求仙的方式获得长生，以期永远维持帝国的运转，那么就不会出现“始皇帝死而地分”的局面。或者退一步讲，如果秦始皇能够让臣民们相信仙人和不死药确实是存在的，求仙是有可能成功的，皇帝终将会长生不死，那么也可以在一定程度上维系大一统的局面。

一、《仙真人诗》源流考

秦始皇三十六年命博士作《仙真人诗》，所谓“仙真人”，指的是仙人和真人，这两者其实并没有本质不同。《说文解字》说：“仙，长生仙去。”[①]《释名·释长幼》说：“老而不死曰仙。仙，迁也，迁入山也。故其制字，人旁作山也。”[②]《说文解字》和《释名》的解读指出了仙的最主要特点——长生和不死。不死而成仙并不是太过久远的观念，顾炎武指出“仙论起于周末，鬼论起于汉末。……三代以上无仙论”[③]。徐中舒也认为西周以前人们只是祈求能够长寿，然而到了春秋时期，人们开始变得贪心，祈求“难老”和“毋死”。[④] 杜正胜考察生命观念，认为直到春秋时期，人们开始认为自己的生命不再完全掌握于天神手中，突破生理的限度进行某些养生行为。[⑤]《说文解字》释“真”说：“真，仙人变形而登天也，从匕目乚，丨丨所以承载之。”也就是说，真人是仙人的一种，所谓“变形而登天”，与方术中的尸解之术极为类似。另外，“眞”字被拆分成上下两个部分，段玉裁解释上半部分匕和目是眼睛，并引道书说，养生之道耳目为先，耳目为寻真之阶梯，乚读隐，仙人能隐形；下半部分的两个竖是根基，并引《抱朴子》中所谓“乘蹻可以周流天下”[⑥]，认为这两个竖可能是仙人所乘之蹻。

---

① 许慎撰，段玉裁注：《说文解字注》，上海：上海古籍出版社，1981年，第383页。

② 刘熙撰，毕沅疏证，王先谦补：《释名疏证补》，北京：中华书局，2008年，第150页。

③ 顾炎武著，黄汝成集释，栾保群、吕宗力点校：《日知录集释》，上海：上海古籍出版社，2006年，第1718-1719页。

④ 徐中舒：《金文嘏辞释例》，《中央研究院历史语言研究所集刊》第四本（南京，1936），第24-25页。

⑤ 杜正胜：《从眉寿到长生——中国古代生命观念的转变》，《“中研院”历史语言研究所集刊》第六十六本第二分册（台北，1995）。另参见氏著：《从眉寿到长生——医疗文化与中国古代生命观》，台北：三民书局，2005年。

⑥ 许慎撰，段玉裁注：《说文解字注》，上海：上海古籍出版社，1981年，第384页。

汉代人所说的“真人”通常指的也就是仙人，例如《淮南子》提到真人与至人，和《庄子》中的论述并没有本质的不同。[①] 另外，贾谊《鹏鸟赋》说：“真人淡漠兮，独与道息。”[②] 贾谊对真人“淡漠”的印象，与卢生所谓真人“恬倓”的性格如出一辙。再者，司马相如《大人赋》说：“邪绝少阳而登太阴兮，与真人乎相求。”从后文来看，司马相如是把伯侨、羡门、岐伯、祝融、句芒等都当成了“真人”。[③] 再如《王子乔碑》说“王子乔者，盖上世之真人也”[④]，而《列仙传》中的《老子》《毛女》《负局先生》《朱璜》等篇中都提到了“真人”，他们也都被认为是仙人，或者与仙人有关，而在传说中这些人已经具备了不死或者长寿的特性。

然而在秦汉史料中，也有把最高统治者称为“真人”的记载，如《吕氏春秋·季春纪》记载商汤和伊尹讨论如何取天下，伊尹说：“精气日新，邪气尽去，及其天年，此之谓真人。”[⑤] 同样，《焦氏易林·否之》载：“豫：南山之峻，真人所在。德配唐虞，天命为子。保佑歆享，身受大庆。”[⑥] 这两处所谓的“真人”显然指的是统治者，而并不是具有不死特征的仙人。再如《史记·秦始皇本纪》提到“楚兵已屠关中，真人翔霸上”[⑦]，《秦楚之际月表》“索隐述赞”云“真人霸上，卒享天禄”，这两处“真人”很明显指的是汉高祖刘邦。我们认为，《史记》使用“真人”这个词汇指代最高统治者，很可能与秦始皇自称“真人”，以及命博

---

① 参见李建光：《论〈淮南子〉的“真人”信仰及其证明》，《湖南社会科学》，2010年第3期。

② 司马迁：《史记》卷八十四《屈原贾生列传》，北京：中华书局，1959年，第2500页。

③ 司马迁：《史记》卷一百一十七《司马相如列传》，北京：中华书局，1959年，第3085页。

④ 蔡邕：《蔡中郎集》，文渊阁四库全书本。

⑤ 许维遹撰，梁运华整理：《吕氏春秋集释》卷三《先己》，北京：中华书局，2009年，第70页。

⑥ 焦延寿著，尚秉和注，常秉义点校：《焦氏易林注》，北京：光明日报出版社，2005年，第125页。

⑦ 司马迁：《史记》卷六《秦始皇本纪》，北京：中华书局，1959年，第292页。

士作《仙真人诗》有关。[1]

秦始皇对于真人的认识来源于方术士卢生，据《史记·秦始皇本纪》载，秦始皇三十五年（公元前212年）：

> 卢生说始皇曰："臣等求芝奇药仙者常弗遇，类物有害之者。方中，人主时为微行以辟恶鬼，恶鬼辟，真人至。人主所居而人臣知之，则害于神。真人者，入水不濡，入火不爇，陵云气，与天地久长。今上治天下，未能恬倓。愿上所居宫毋令人知，然后不死之药殆可得也。"于是始皇曰："吾慕真人，自谓'真人'，不称'朕'。"[2]

真人入水不湿，入火不被燃烧，可以在云气中飞行，显然卢生对真人的认识与《庄子》同源。然与庄子不同的是，卢生着重强调了真人"与天地久长"的特征，这也就是所谓的长生不死，可能正是这点打动了秦始皇，所以他才会羡慕真人，而且自称"真人"，不称"朕"。

司马迁说卢生是燕人，作为方术士，卢生真正擅长的是医药和养生之术，其基本要求是"恬倓"，也就是不能过分劳动精神，包括不能过分操劳行政等"俗务"。另外卢生所擅长的方术中也应当包含一些饮食方面的注意事项，例如蔬食辟谷之类，这也是秦汉时代人们对养生求仙的基本认识，比较著名的例子是留侯张良入关以后"性多病，即道引不食谷，杜门不出岁余"[3]。张良修行的辟谷之术大概与治愈疾病有关，为了修行此术，张良杜门不出，不过问政务，目的即在于休养精神。然而这些是秦始皇难以做到，也不愿意做的，他更希望能找到一劳永逸的办法，也就是传说中的不死之药，服用之后即可长生不死。但方术士们并没有真正见过不死之药，于是这就形成了一种矛盾，即皇帝需要不死之药，但方术士们希望皇

---

① 《后汉书》中提到"刘氏真人，当更受命"，这里真人的含义应是"真其人也"，与秦始皇仰慕的真人并不相同。

② 司马迁：《史记》卷六《秦始皇本纪》，北京：中华书局，1959年，第257页。

③ 司马迁：《史记》卷五十五《留侯世家》，北京：中华书局，1959年，第2044页。

帝养生。为了解决这个矛盾，方术士们一方面多方努力求取这种仙药，一方面也在试图劝说皇帝注意养生，所以卢生在秦始皇三十五年的时候提出真人的生活方式，根本目的还是劝皇帝不要过分操劳工作，所谓“时为微行”，从实际上考虑恐怕不是为了避恶鬼，而是为了避免过多政务烦扰。

同年卢生和侯生逃亡，真实的原因很可能是他们已经意识到自己的方术和皇帝需求之间矛盾的不可调和，而所谓不死之药迟早会被证明不存在。在逃亡之前，侯生和卢生散播言论，否认了秦始皇求得仙药的可能性，秦始皇大为震怒，并由此引发著名的“坑儒”事件。然而秦始皇对真人的羡慕并没有因为卢生的逃亡而减少，例如次年秦始皇就命博士作《仙真人诗》：

> 三十六年，荧惑守心。有坠星下东郡，至地为石，黔首或刻其石曰“始皇帝死而地分”。始皇闻之，遣御史逐问，莫服，尽取石旁居人诛之，因燔销其石。始皇不乐，使博士为《仙真人诗》，及行所游天下，传令乐人歌弦之。①

由史料的记载可知，《仙真人诗》的创作背景是荧惑守心和陨石下东郡事件。在传统的占星术中，荧惑守心预示最高统治者的死亡，是极不吉利的星象。然而有学者研究发现，秦始皇三十六年并没有发生所谓荧惑守心的星象②，那么编造这则预言的政治意图就十分明显了。与之类似，“始皇帝死而地分”也是一个不吉利的预言，同样带有极为明显的政治信号，即秦始皇一旦死去，大一统的局面就会终结。这两则预言都暗示皇帝可能不久于人世，大一统帝国即将崩塌。为了应对可能出现的糟糕局面，抵消预言的负面影响，秦始皇继续相信真人说，并命令博士作《仙真人诗》，向民众表明求仙已经获得了成功，皇帝不会死去。基于此可以认为，无论仙人

① 司马迁：《史记》卷六《秦始皇本纪》，北京：中华书局，1959年，第259页。

② 黄一农：《中国星占学上最凶的天象：“荧惑守心”》，收入氏著：《社会天文学史十讲》，上海：复旦大学出版社，2004年。

还是真人指的都是秦始皇，《仙真人诗》的基本内容应当是歌咏和赞叹皇帝成仙。

也就是说，所谓《仙真人诗》其实是官方采用弦歌的形式进行宣传，从而影响和控制民间舆论。在秦始皇之前，文献记载中民间对统治者的赞美形式被称为“讴歌”，或者“歌讴”，例如《史记·五帝本纪》说：“诸侯朝觐者不之丹朱而之舜，狱讼者不之丹朱而之舜，讴歌者不讴歌丹朱而讴歌舜。”[①] 得到百姓的讴歌与接受朝觐和狱讼一样，被认为是获得民众拥戴的重要标志之一。另外，《荀子·儒效》也提到：“故近者歌讴而乐之，远者竭蹶而趋之，四海之内若一家，通达之属莫不从服。”在《议兵》中荀子也说：“故近者歌讴而乐之，远者竭蹶而趋之，无幽闲辟陋之国莫不趋使而安乐之，四海之内若一家，通达之属莫不从服，夫是之谓人师。”[②] 同样以歌讴作为统治者获得民众拥戴的重要标志。秦始皇的《仙真人诗》也具有类似歌讴的性质，只不过这种讴歌是官方制定的，而非来自民间。

秦始皇时期博士所作《仙真人诗》的内容已不可知，但有学者指出，《仙真人诗》和《楚辞》一样，都是歌，而且都有对非现实世界的描写，所以认为《离骚》和《仙真人诗》有关[③]。民国时期学者廖平最早提出《离骚》就是秦始皇时代博士所作的《仙真人诗》，他的主要证据是《离骚》开头几句：“帝高阳之苗裔兮，朕皇考曰伯庸。”“名余曰正则兮，字余曰灵均。”秦的祖先是高阳氏，而秦始皇名政，所以廖平认为这几句说的就是秦始皇自己。然而廖平否定《离骚》为屈原所作，并认为《离骚》就是秦博士《仙真人诗》的判断明显过于武断了，闻一多就非常尖锐地批评了廖平的观点，他认为《离骚》是秦博士所作属于无稽之谈。但闻一多并没有全然否定廖平的观点，他认为《离骚》虽然不是秦博士所作，但在性质上确实可以归类于“仙真人诗”，也就是说《离骚》是屈原所作的

---

① 司马迁：《史记》卷一《五帝本纪》，北京：中华书局，1959年，第30页。

② 王先谦撰，沈啸寰、王星贤点校：《荀子集解》，北京：中华书局，1988年，第121，279页。

③ 闻一多：《屈原问题——敬质孙次舟先生》《廖季平论离骚》，收入氏著：《神话与诗》，上海：上海人民出版社，2006年。

“仙真人诗”。之所以会得出这样的结论，是因为闻一多在《离骚》中读到了很多与神仙及神仙世界有关的内容，例如在《离骚解诂》中闻一多对《离骚》的诠释，就以神仙及游仙为主题进行的。[①]

闻一多实际上是把“仙真人诗”当成了一种特殊的文学形式，而这种文学形式很可能就是后世游仙诗的滥觞，例如闻一多说“仙真人诗”就是“游仙诗不祧之祖”。由于秦始皇《仙真人诗》仅有其名，所以暂时没有办法根据内容判断它的性质，以及是否也如同《离骚》及游仙诗那样有描绘神仙生活的内容。

再者，秦乐府编钟和乐府封泥的发现，让人们相信秦已经设置了乐府机构。[②] 根据学者们的研究，秦的乐府机构主要负责在宗庙和陵寝祭祀中使用音乐。虽然《仙真人诗》歌词的作者是博士，但是招募歌者以及弦乐人员，编队训练应当都是乐府的职责，史料中虽未明言，但秦乐府与《仙真人诗》的关系是不容忽视的。

总的来说，《仙真人诗》在形式上和《离骚》以及后世的游仙诗有相似之处，归于同一文学类别并无不可。但要注意《仙真人诗》背后错综复杂的政治背景，它是官方用音乐和歌咏的形式进行宣传，歌颂和赞美的仙人和真人就是秦始皇帝本人。这样做其实是在向民众宣示皇帝已经成为仙人，获得了长生不死的能力，以此影响民众思想，打击那些期望“始皇死而地分”的各地分裂势力。也就是说，《仙真人诗》是带有维护统一目的的作品，也是秦始皇统治晚期面对日渐严重的政治危局不得已采用的应对措施。而且《仙真人诗》缘起于秦始皇时代的求仙活动，其背后同样是秦帝国试图影响和控制民众思想的努力。

---

① 闻一多：《离骚解诂》，上海：上海古籍出版社，1985年。另参马达：《〈离骚〉与“仙真人诗”——兼评闻一多论〈离骚〉》，《衡阳师专学报（社会科学）》，1989年第1期。

② 相关研究参见寇效信：《秦汉乐府考略——由秦始皇陵出土的秦乐府编钟谈起》，《陕西师大学报（哲学社会科学版）》，1978年第1期；周天游：《秦乐府新议》，《西北大学学报（哲学社会科学版）》，1997年第1期；陈四海：《从秦乐府钟秦封泥的出土谈秦始皇建立乐府的音乐思想》，《中国音乐学》，2004年第1期；陈瑞泉：《秦“乐府”小考》，《天津音乐学院学报（天籁）》，2005年第4期。

二、求仙与秦始皇统治晚期政局

以往学者在讨论秦始皇求仙的时候，倾向于认为是皇帝个人对于死亡的恐惧和对长生的欲望，导致了一场极为荒诞的、以国家为主体推动的重大工程。正如清人丘琼山所言："始皇既平六国，凡平生志欲无不遂者，所不可必得者，寿耳。"[①] 吕思勉也批评道："奇药何与于治，而与致大平并言？尊方士侔于道术之士，谓非自私得乎？"[②] 然而也有学者指出，秦始皇的求仙其实关系的是帝国的信仰问题，他因为是有史以来第一位皇帝，跟"煌煌上帝"一样处于生死之外，所以他不应该死。[③] 秦始皇求仙到底是为了"追寻一己之福"，还是为帝国的长治久安，这仍然是一个可以继续讨论的话题。[④] 然细心梳理秦始皇二十八年以后的历史可以发现，政治局势的演变迫使秦始皇必须"不死"，因为在他看来只有这样才能够维持帝国的继续统一。[⑤]

根据顾颉刚的研究，神界和不死药的传说来自西部《山海经》神话系统，后来逐渐向东传播，到达东部海滨之后与当地固有的仙人传说以及特殊的海市蜃楼景致结合，就有了蓬莱海上仙山传说系统。[⑥] 而方术士们又继承了邹衍以来的阴阳五行学说，使得海上仙山及仙药的传说更加完整和丰富，《史记·封禅书》中提到的宋毋忌、正伯侨、充尚、羡门高，包括到汉代比较著名的海外仙人安期生，他们原本都是在滨海地域活跃的方术士，其中的一些人以医药为事，不排除某些人为了神化自己的药方，谎称

① 袁了凡、王凤洲：《纲鉴合编》卷四《秦纪》，北京：中国书店，1985年，第195页。

② 吕思勉：《秦汉史》，上海：上海古籍出版社，2020年，第18页。

③ 西嶋定生：《白话秦汉史》，台北：文史哲出版社，1983年，第35页。

④ 关于这一问题的讨论参见蒲慕州：《追寻一己之福：中国古代的信仰世界》第一章引论，上海：上海古籍出版社，2007年，第3页。

⑤ 王绍东认为秦始皇求仙是为了补救志愿无尽而生命有穷的缺憾，皇帝的不死成了秦政权的政治需要，此说可从。见王绍东：《论神仙学说对秦始皇及其统治政策的影响》，《内蒙古大学学报（人文社会科学版）》，2000年第1期。

⑥ 顾颉刚：《〈庄子〉和〈楚辞〉中昆仑和蓬莱两个神话系统的融合》，《中华文史论丛》，1979年第2辑。

是来源于海外仙山，于是一整套海外仙境的传说就这样建构起来，然其中最关紧要者还是所谓不死之药。[①]

实际上秦始皇对于不死之药的传说始终都是将信将疑的态度。秦统一之初，秦始皇对未来王朝继承方式的设计是“二世三世至于万世，传之无穷”[②]，个人的生命终将终结，始皇帝并非没有意识到这一点，他把希望寄托于后人，希望后世能够继承自己的事业。生命通过繁衍后代的方式延续，这是符合自然规律的认知。只是在秦始皇统治的最后几年，一系列特殊事件的发生对他有不小的触动，让他对“不死”有了更为浓厚的兴趣。

首先是秦始皇三十二年“亡秦者胡”的谶语，据司马迁记载：

> 因使韩终、侯公、石生求仙人不死之药。始皇巡北边，从上郡入。燕人卢生使入海还，以鬼神事，因奏录图书，曰“亡秦者胡也”。始皇乃使将军蒙恬发兵三十万人北击胡，略取河南地。[③]

根据《蒙恬列传》的说法，秦并天下之后不久，蒙恬就率领三十万人北逐戎狄，《史记》说蒙恬“暴师于外十余年”[④]，则可以肯定蒙恬出击匈奴在卢生奏录图书之前。可以认为，作为帝国的基本政策，出击匈奴和修筑长城在秦统一之后不久就已经开始进行，似均与“亡秦者胡”的所谓谶语无关。[⑤] 然这则谶语的出现让秦始皇意识到他辛苦建立的帝国仍然有覆亡的

---

① 相关研究参见朱钢：《“安期生”考》，《文化遗产》，2008 年第 1 期；洪伟民：《松乔考——关于赤松子和王子乔的传说》，《复旦学报（社会科学版）》，1996 年第 4 期；魏代富：《太子晋与王子乔的融合——兼论“天下王氏出太原”的形成》，《甘肃社会科学》，2013 年第 3 期。

② 司马迁：《史记》卷六《秦始皇本纪》，北京：中华书局，1959 年，第 236 页。

③ 司马迁：《史记》卷六《秦始皇本纪》，北京：中华书局，1959 年，第 252 页。另外，《剑桥中国秦汉史》对“亡秦者胡”预言的真实性提出怀疑，原因有三点，一是这件预言后来应验了，二是这样的预言能够最终献给秦始皇有些荒谬，三是卢生献预言的方式非常奇怪。崔瑞德、鲁惟一编：《剑桥中国秦汉史：公元前 221—公元 220 年》，北京：中国社会科学出版社，1992 年，第 93 页。

④ 司马迁：《史记》卷八十八《蒙恬列传》，北京：中华书局，1959 年，第 2566 页。

⑤ 陈苏镇：《两汉之际的谶纬与〈公羊〉学》，《文史》，2006 年第 3 辑。

危险，为了消除这种潜在的危险，秦始皇刻意强化在北边的军事行动，恐怕也是有的。[①] 所以，卢生奏录图书这件事对秦始皇最大的触动恐怕在帝国的安全方面，正因此，尽管谶语图书事颇虚妄，皇帝还是采取了相应的行动。帝国内外的安全、统一局面的维持等问题，是秦帝国建立后一系列政策的基本出发点，这是考察秦始皇统治后期历史不能不留意的。

第二件事是侯生和卢生的逃亡，这也是影响极为深远的所谓“坑儒”事件的直接导火索。卢生在和侯生密谋时提到秦始皇贪于权势，所以不可以为他求仙药：

> 始皇为人，天性刚戾自用，起诸侯，并天下，意得欲从，以为自古莫及己。专任狱吏，狱吏得亲幸。博士虽七十人，特备员弗用。丞相诸大臣皆受成事，倚辨于上。上乐以刑杀为威，天下畏罪持禄，莫敢尽忠。上不闻过而日骄，下慑伏谩欺以取容。秦法，不得兼方不验，辄死。然候星气者至三百人，皆良士，畏忌讳谀，不敢端言其过。天下之事无小大皆决于上，上至以衡石量书，日夜有呈，不中呈不得休息。贪于权势至如此，未可为求仙药。[②]

在听闻侯生卢生逃亡之后，秦始皇大为愤怒：

> 吾前收天下书不中用者尽去之。悉召文学方术士甚众，欲以兴太平，方士欲练以求奇药。今闻韩众去不报，徐市等费以巨万计，终不得药，徒奸利相告日闻。卢生等吾尊赐之甚厚，今乃诽谤我，以重吾不德也。诸生在咸阳者，吾使人廉问，或为訞言以乱黔首。[③]

---

① 《史记集解》引郑玄曰：“胡，胡亥，秦二世名也。秦见图书，不知此为人名，反备北胡。”（《史记》卷六《秦始皇本纪》，北京：中华书局，1959 年，第 253 页。）郑玄其实是基于后来事实所作的判断，当然后来的事实证明，无论是北胡，还是胡亥，都与秦帝国的覆亡有直接的关系。

② 司马迁：《史记》卷六《秦始皇本纪》，北京：中华书局，1959 年，第 258 页。

③ 司马迁：《史记》卷六《秦始皇本纪》，北京：中华书局，1959 年，第 258 页。

可见在秦始皇看来，他把文学和方术士召集在身边的主要目的是“兴太平”。所谓“兴太平”可以理解为一种文化上的怀柔政策，有学者认为秦始皇的文化怀柔政策可以追溯到吕不韦编著《吕氏春秋》[①]，此说可从，而且秦一直以来都善待东方士人，其历史或者更为悠久。而根据前文的说法，秦始皇其实一开始就对方术士们求仙药将信将疑，从所谓“奸利相告日闻”来看，秦始皇对方术士们的行为也并非完全没有怀疑，但即便如此，他还是只惩罚了其中一部分诽谤他，或者“为訞言以乱黔首”的方术士。对于其他的文学和方术士，秦始皇还是愿意继续支持，例如徐市的出海求仙尽管传出各种不轨行迹，却还是在继续进行。正如钱穆所说：“所谓自除犯禁者，即犯诽谤上及訞言乱黔首之禁，决非谓兴太平及炼求奇药为犯禁也。诽上之禁，即去年李斯奏请焚书所谓以古非今偶语诗书之类矣。故曰‘使天下知之以惩’，正使皆惩于诽上与訞言，决不惩其望星气，炼奇药，为方术，及以文学兴太平也。后世乃谓秦廷所坑尽属术士，亦失其真。”[②] 也就是说，真正令秦始皇愤怒的是方术士们对他的“诽谤”。

然而从相关记载来看，秦始皇确实非常勤于政事，侯生和卢生对他行政风格的评价是符合实际的，这一点即便是秦始皇本人恐怕也不会否认。那么秦始皇究竟把什么当成诽谤了呢？

首先，秦始皇把方术士们的诽谤行为导致的结果总结为“重吾不德”，这里的“德”指的是前面所谓的“尊赐之甚厚”，也就是说，秦始皇认为自己给予方术士们极好的待遇，但这些方术士们反而在背后诽谤他，让他的“德”受到了影响。其根本的逻辑还是对于文学和方术士们，或者也包含“客”的尊崇是秦国自战国以来的基本政策。然而侯生和卢生，以及部分方术士和文学公然批评秦国的这项基本政策，无视始皇帝的德政，这才导致了皇帝的盛怒。另外，侯生和卢生的言论也揭示了秦国包容人才政策的虚伪性，例如他们说秦始皇身边有博士七十人，“特备员弗用”，另外还

---

① 参李禹阶：《秦始皇“焚书坑儒”新论——论秦王朝文化政策的矛盾冲突与演变》，《重庆师范大学学报（哲学社会科学版）》，2004 年第 6 期。

② 钱穆：《秦汉史》，北京：生活·读书·新知三联书店，2005 年，第 26 页。

有候星气者三百人，“畏忌讳谀，不敢端言其过”，甚至还说丞相和大臣们都“受成事，倚辨于上”，这些也让秦始皇极为愤怒。但秦始皇的言论表明，他会对无视皇帝德政的人和言论进行坚决的镇压和打击，但秦国一贯的文化怀柔政策依然会持续下去。

当然，这只是始皇帝盛怒的第一层原因，也是展现给臣民的表面上的原因。皇帝盛怒的第二层原因是关于求仙和不死之药。实际上，当时没有人确切地知道是否真的存在仙人和仙药，在这种情况下求仙和求仙药就有行动的必要。作为求仙和求仙药的重要负责人，侯生和卢生接受了秦始皇的大力支持，秦始皇甚至听从他们的建议加强在北边的军事行动，以及自称“真人”等等，但即便如此，他们还是否定了皇帝获得仙药的可能性，这是秦始皇不能够接受的。而且应当注意，侯生和卢生并不否认仙人和不死药的存在，他们只是认为秦始皇过于贪于权势，所以不能给他求仙药，这当然更让秦始皇愤怒。

最后一层原因，侯生和卢生的“诽谤”言论和逃亡事件也让秦始皇意识到，他并没有能够真正控制帝国臣民的思想。正如秦始皇自己所言，他召集文学方术士的目的是“兴太平”，秦始皇关心的“太平”其实是帝国的统一和天下的安宁。也就是说，文学和方术士们被征召到中央，其实是让他们为统一的帝国服务，当然也包含把他们集中起来以便于控制的意思。对于这些人的思想，秦帝国的统治者一直非常重视，在坑儒前不久发生的焚书事件，也可以说就是对文学方术士言论进行管制的一种特殊方式。侯生和卢生的逃亡让秦始皇意识到，他所进行的努力并没有明显的成效，帝国内部的思想统一还未完成，这应当是真正令秦始皇愤怒的。

如果说前面两件事情只是引起了秦始皇的警惕和愤怒，那么三十六年发生的一系列事件则对秦始皇的内心造成了不小的触动。这一系列事件包括秦始皇三十六年的荧惑守心和“始皇帝死而地分”刻石，以及山鬼献璧等事件。《史记·秦始皇本纪》载：

> 三十六年，荧惑守心。有坠星下东郡，至地为石，黔首或刻其石

曰“始皇帝死而地分”。始皇闻之，遣御史逐问，莫服，尽取石旁居人诛之，因燔销其石。始皇不乐，使博士为《仙真人诗》，及行所游天下，传令乐人歌弦之。[①]

荧惑守心是对最高统治者极为不利的星象[②]，这件事给秦朝的臣民一种暗示，即始皇帝可能不久于人世。前面提到，秦始皇对帝国的继承者问题早已有打算，他希望帝国能够以二世、三世以至万世这样统治下去，然史料中并没有提到始皇帝立太子，而就在不久之前，长子扶苏也被他派去北方监蒙恬之兵，远离了政治中心。一年后也就是三十七年，秦始皇最后一次出巡，少子胡亥请从被允许，这或许有考察帝国未来继承人的意思。或者在秦始皇看来，再好的继承人也不如依靠自己统治，所以最理想的情况是方术士们能够求得仙药，服用后不死。

紧接着荧惑守心发生的是陨石坠落，有人在上面刻上了“始皇帝死而地分”字样。陨石坠落的地点是东郡，原属于魏国统治地区，这一地区至迟在秦王政二十二年的时候就已经被秦占领，在被秦人统治十余年之后，依然有反秦的势力活动，这件事情恐怕对秦始皇也有较大的触动。而且“始皇帝死而地分”这句话透露出来的政治信号极为明显，即秦始皇一直追求的大一统很可能会在他死后化为泡影，所以始皇“不乐”，而这可能会让秦始皇对于不死有更强烈的欲望。秦始皇对这次刻石事件的处置十分坚决果断，甚至不惜把石旁之人尽皆诛杀，同时燔销其石，以彻底消除这次事件的影响。同时他也使博士作《仙真人诗》，巡游天下的时候令乐人歌弦之。实际上，秦始皇意在通过《仙真人诗》传递这样的政治信号，即方术士们的求仙已经获得成功，或者有可能获得成功，皇帝已然成为仙真人，或者即将成为仙真人，无论如何皇帝不会很快死去，国家还会在皇帝的统治下继续有序运转。

---

① 司马迁：《史记》卷六《秦始皇本纪》，北京：中华书局，1959年，第259页。

② 但有学者推算，秦始皇三十六年实际上并没有发生荧惑守心的天象。见黄一农：《中国星占学上最凶的天象：“荧惑守心”》，收入氏著：《社会天文学史十讲》，上海：复旦大学出版社，2004年，第23-48页。

其目的自然是消除不安定因素和各地分裂势力的觊觎之心。

三十六年秋天发生的山鬼献璧事件同样也在暗示皇帝可能会很快死去。据《史记·秦始皇本纪》载：

> 秋，使者从关东夜过华阴平舒道，有人持璧遮使者曰："为吾遗滈池君。"因言曰："今年祖龙死。"使者问其故，因忽不见，置其璧去。使者奉璧具以闻。始皇默然良久，曰："山鬼固不过知一岁事也。"退言曰："祖龙者，人之先也。"使御府视璧，乃二十八年行渡江所沈璧也。于是始皇卜之，卦得游徙吉。迁北河榆中三万家。拜爵一级。[①]

从"默然良久"的反应来看，这次的事件对始皇帝的心理造成了较大的冲击。二十八年秦始皇在封禅泰山、东游海上、祭祀八神、派遣徐市出海求仙、过彭城祷祠出周鼎之后，南下过淮河到衡山、南郡，在湘山祠附近遇到大风，"几不得渡"意味着秦始皇的船有倾覆的危险，这令他非常生气，在听闻湘君乃是尧女舜妻之后，"使刑徒三千人皆伐湘山树，赭其山"[②]，沉璧于江或者就是此时之事。伐树赭山有着极强的神秘主义意义[③]，也是对当地神灵极大的不尊重。根据博士的说法，湘山祠中祭祀的湘君神是帝舜的两位妻子，《史记索隐》说："《楚词·九歌》有湘君、湘夫人。夫人是尧女，则湘君当是舜。今此文以湘君为尧女，是总而言之。"[④] 无论如何，这件事对当地楚人是极大的不尊重，也必然会引起楚人思想的反弹，山鬼献璧事件或许就是这种反弹的结果。[⑤]

---

① 司马迁：《史记》卷六《秦始皇本纪》，北京：中华书局，1959年，第259页。

② 司马迁：《史记》卷六《秦始皇本纪》，北京：中华书局，1959年，第248页。

③ 相关问题参见曾磊：《秦汉人色彩观念中的神秘象征》，北京师范大学博士学位论文，2011年。

④ 司马迁：《史记》卷六《秦始皇本纪》，北京：中华书局，1959年，第249页。

⑤ 秦楚之间的矛盾由来已久，统一帝国建立以后，在秦人的统治下，楚人承受着远比其他各国沉重的痛苦，相关研究参见陈苏镇：《〈春秋〉与"汉道"：两汉政治与政治文化研究》第一章第一节"取守异术与亡秦必楚"，北京：中华书局，2011年，第8-38页。

总的来说，荧惑守心、“始皇帝死而地分”刻石以及山鬼献璧事件都有着非常明显的人为痕迹，联系三十二年“亡秦者胡”的谶语，以及侯生和卢生的逃亡，在秦始皇统治的最后几年中频繁发生类似的事件，至少表明大一统帝国的统治并不十分稳固，各种分裂思想和分裂势力一直都在以各种方式活跃。这些带有神秘主义性质的预言固然可怕，然而对于一个政治家来说，这背后凸显的大一统帝国内部分裂思想以及离心力可能更加可怕。秦始皇意识到这些问题的解决只能依靠自己，他必须通过求仙的方式获得长生，以期永远地维持帝国的运转。或者退一步讲，如果秦始皇能够让臣民们相信仙人和不死药确实是存在的，求仙是有可能成功的，皇帝终将会长生不死，那么也可以在一定程度上维系大一统的局面。所以在这种情况下，秦始皇必须尽力支持方术士们的求仙行为，至于他自己是否真的相信不死药的存在，反而已经不是那么重要了。

史料中极少见到秦始皇身体健康状态的记载，只是提到他最后一次巡游时患病，但学者们愿意相信秦始皇晚年饱受疾病的困扰，郭沫若推测秦始皇患有鸡胸、哮喘病①，李开元则推测秦始皇有高血压和脑溢血之类的疾病②。那么秦始皇的求仙应该带有求医问药的意味，或许也寄希望于仙药维持健康，延长寿命。

秦始皇求仙自然首先着眼于为自己求福佑，但他更为真实的目的还应从政治角度进行考察。秦统一之后分裂思想和分裂势力在山东各地普遍存在，他们慑于秦始皇的权威暂时还不敢有所作为，但秦始皇一旦去世，局面就会一发不可收拾。后来秦二世统治时期秦帝国的迅速崩溃即证实了这一点。为了应对可能出现的严重危局，秦始皇强力钳制思想言论，大力镇压不利统一的“异端”思想和学说，无论焚书还是坑儒都可以从这个角度进行理解。另外秦始皇做的最重要的工作就是求仙。秦始皇支持方术士们

---

① 郭沫若：《吕不韦与秦王政的批判》，收入氏著：《十批判书》，北京：人民出版社，1982 年，第 427 页。

② 李开元：《秦崩：从秦始皇到刘邦》，北京：生活·读书·新知三联书店，2015 年，第 88 页。

的求仙活动，如果当真能获得仙药最好，即便仙药一时不可得，求仙也有利于影响人们的思想，是对期盼皇帝去世的分裂势力的有力回击；另一方面秦始皇召集文学和方术士以“兴太平”，相比于留存各地的传统巫祝势力，方术士不仅有一整套“先进”的神仙和不死之药理论，在政治倾向上也更认同统一的秦帝国，所以秦始皇刻意提高方术士的地位，借以压制传统巫祝势力。在以上种种原因共同影响下，秦始皇的求仙活动一直持续到他去世。

《仙真人诗》是求仙活动中极为精彩而又无奈的举措。秦始皇意在通过《仙真人诗》的弦歌表演告诉各地百姓，求仙即将成功，皇帝是很有可能升仙的，抑或说皇帝已经是仙人。这种努力在当时所取得的成效不可知，但一切都随着秦始皇的去世而终结。

第二节　汉武帝的求仙之路

一、汉武帝时代的神君故事

汉武帝在早年和中年都曾经切身体验巫者之术，尤其是中年患有严重疾病的时候，汉武帝认为自己是依靠巫者降神而痊愈，这让皇帝对巫术有着极为深切的信赖，“神君”一度有极高的礼遇。应该注意到，巫者最为重要的工作是为巫术的参与者提供巫术体验，而具有经验的优秀巫者带来的巫术体验是非同凡响的，早年让汉武帝着迷的长陵神君应当就是这样的一位巫者。

《史记·封禅书》载：“是时上求神君，舍之上林中蹏氏观。神君者，长陵女子，以子死，见神于先后宛若。宛若祠之其室，民多往祠。平原君往祠，其后子孙以尊显。及今上即位，则厚礼置祠之内中。闻其言，不见其人云。”[①] “以子死”，《孝武本纪》作“以子死悲哀”，所以多有学者认

① 司马迁：《史记》卷二十八《封禅书》，北京：中华书局，1959 年，第 1384 页。

为长陵女子因儿子之死悲哀，然后自己不久也死了。[①] 然《汉书·郊祀志》作“以乳死”，颜师古注引孟康曰“产乳而死”，是说长陵女子是产子不顺死亡，这在医学落后的时代是较为常见的现象。所谓“见神”也就是“降神”，即长陵女子死后“附身”在妯娌宛若身上。据说长陵女子极为灵验，所以被称为“神君”。

值得注意的是，《封禅书》记载汉武帝即位以后“则厚礼置祠之内中。闻其言，不见其人云”[②]，王先谦《汉书补注》认为这里所谓“内中”就是蹄氏观之中，而并不是通常理解的宫廷之中。“蹄氏观”，《汉书》作“磃氏馆”，司马相如《封禅文》有“鬼神接灵圉，宾于闲馆”一句，《汉书》颜师古注引文颖曰：“是时上求神仙之人，得上郡之巫长陵女子，能与鬼神交接，治病辄愈，置于上林苑中，号曰神君。有似于古之灵圉，礼待之于闲馆舍中也。”[③]

“神君”最先引起人们注意的是“说家人小事有验”，所谓“有验”也就是灵验的意思，这里是说“神君”能够预测邻里家人的小事。这种现象其实很容易理解，乡里社会中的巫者能够描述他人隐秘之事，以此取得他人信赖。清代姚东升辑录鬼神之事，说：“今俗淫祠，每称神君，而司巫者言神君，又甚夥焉。”[④]

---

① 白寿彝主编《中国通史》第四卷说：“所谓神君，实是长陵县的一个女子，因儿子死去而装神弄鬼，骗得不少愚民往祠。”（上海：上海人民出版社，2015 年，第 1309 页。）此说恐怕受《汉武故事》所谓“生一男，数岁死，女悼痛之，岁中亦死”影响，然《汉书·郊祀志》明确说长陵女子“以乳死”，所以彭卫和杨振红《中国妇女通史》认为神君应当确实为难产而死，并指出如果平原君微时就开始侍奉神君，那么神君信仰产生的年代应当在汉文帝时代。另外，彭卫和杨振红曾提到古希腊有主管妇女分娩之神阿尔忒弥斯（Artemis），如果妇女分娩顺利，要向分娩女神献祭，如果难产而死，就要把衣服献给这位女神。产乳而死是女子非正常死亡的重要原因之一，所以也会因此而产生出各种相关的信仰，详见彭卫和杨振红《中国妇女通史·秦汉卷》相关的讨论（杭州：杭州出版社，2010 年，第 383 页）。

② 司马迁：《史记》卷二十八《封禅书》，北京：中华书局，1959 年，第 1384 页。

③ 班固撰，颜师古注：《汉书》卷五十七下《司马相如传下》，北京：中华书局，1962 年，第 2602，2604 页。

④ 姚东升辑，周明校注：《释神校注》卷十《杂神》，成都：巴蜀书社，2015 年，第 189 页。

日本学者幸田露伴推测，“所谓神君，只不过类似于巫师骗人的腹语术和反言技。所谓腹语术，就是巫师自己说话而声音不从口中发出；所谓反言技，就是巫师自己说话，但是声音就像从远处传来的一样。这些都是妖妄之徒标新立异、故弄玄虚来欺瞒人的诈术陋技”①。这种推测显然是有一定道理的。

事实上，如果不是汉武帝的祖母平原君臧儿在还是平民的时候也参与了对这位“神君”的祭祀，并且后来富且贵，那么这位乡里中的女巫怕是没有什么机会出现在史家的视野之中，所以臧儿是长陵神君故事中的重要角色。臧儿原本的生活确实比较平静，直到她占卜得出的结果是“两女当贵”，据《汉书》记载，“臧儿长女嫁为金王孙妇，生一女矣，而臧儿卜筮曰两女当贵，欲倚两女，夺金氏。金氏怒，不肯与决，乃内太子宫。太子幸爱之，生三女一男”②。《汉武故事》记载：“相工姚翁善相人，千百弗失，见后而叹曰：‘天下贵人也，当生天子。’”③《汉武故事》把《史记》所载的卜筮换成了相面，更符合古来贵人多有神异面相的传统。这里所谓的“长女”是槐里王仲之女，也就是后来汉武帝生母，文献中称她为“王娡”。就因为占卜说“两女当贵”，臧儿就想要把已经出嫁并且已经生子的女儿夺回改嫁，臧儿本人笃信鬼神占卜之事，由此也可见一斑。或者也可认为，类似臧儿这种普通的民众，正是当时巫鬼信仰的主要信众。而臧儿经历的特殊之处在于，她的祭祀和占卜行为都被完美验证了。后来汉武帝即位，臧儿被封为平原君，其家族一度极为显耀。李开元曾经统计，臧儿共生有二女三男，长女皇后，次女贵妃，三男皆为列侯。五位刘姓外孙，一位为皇帝，四位为国王，其他姓氏的外孙儿女不可尽数。④由普通平民而大富大贵，显然年老之后的臧儿会把这一切归功于当时的“神君”

---

① 幸田露伴著，范宏涛译：《东方朔和猛犸象》，北京：清华大学出版社，2015年，第135页。

② 班固撰，颜师古注：《汉书》卷九十七《外戚传上》，北京：中华书局，1962年，第3946页。

③ 陆楫编，刘新生校译：《古今说海·说纂部·汉武故事》，成都：巴蜀书社，1996年，第2页。《太平广记》卷三《神仙》载有汉景帝时姚翁占卜之事，可参。

④ 李开元：《臧荼一家的吊诡命运》，《国家人文历史》，2017年第8期。

之灵力，也会极力宣扬当时卜筮是如何灵验。年轻的汉武帝不可能不受臧儿的影响，也随之笃信鬼神之事。

武帝时代还有一位巫者被称为“神君”，这位“神君”出现的时候汉武帝正在经受一次严重的疾病，根据《史记·封禅书》的记载：

> 文成死明年，天子病鼎湖甚，巫医无所不致，不愈。游水发根言上郡有巫，病而鬼神下之。上召置祠之甘泉。及病，使人问神君。神君言曰：“天子无忧病。病少愈，强与我会甘泉。”于是病愈，遂起，幸甘泉，病良已。大赦，置寿宫神君。寿宫神君最贵者太一，其佐曰大禁、司命之属，皆从之。非可得见，闻其言，言与人音等。时去时来，来则风肃然。居室帷中。时昼言，然常以夜。天子祓，然后入。因巫为主人，关饮食。所以言，行下。又置寿宫、北宫，张羽旗，设供具，以礼神君。神君所言，上使人受书其言，命之曰“画法”。其所语，世俗之所知也，无绝殊者，而天子心独喜。其事秘，世莫知也。①

这位“神君”的身份清楚明白就是巫者，因为他居于上郡，所以有学者怀疑他可能是“胡巫”②，而汉武帝不得已起用“胡巫”，是因为“巫医无所不致”，但依然无法治愈疾病。由此可见，胡巫的手段其实和中原地区的巫者并没有太大不同，基本都是宣称鬼神能够依附在自己身上，并因此而获得了神秘的能力，能够帮助人们解决疾病等方面的问题。所谓“病而鬼神下之”，《孝武本纪》和《汉书·郊祀志》皆作“病而鬼下之”，颜师古解释为“本尝遇病，而鬼下之，故为巫也”，后文也提到“因巫为主人，关饮食”，王叔岷《史记斠证》卷二八引俞樾的考证云：“‘神君’乃巫之神，以巫为主人，居帷幄中与人言，即所谓‘上郡有巫，病而鬼神降之’

---

① 司马迁：《史记》卷二十八《封禅书》，北京：中华书局，1959年，第1388-1389页。

② 王子今：《西汉长安的“胡巫”》，《民族研究》，1997年第5期。

者也。”[①] 然而巫者居于帷幄中为鬼神代言，可能都用不到前引幸田露伴所谓的腹语术或者反言技。无论如何，汉武帝身体的疾病是被“神君”治愈了，汉武帝对于神君自然是极为礼遇。

总的来说，汉武帝在巫术之中获得了极佳的体验，无论是早年遇到的长陵“神君”还是中年时期遇到的上郡“神君”，汉武帝都给予他们极高的礼遇。但同时也应该注意的是，“神君”并不能够持续提供这样良好的巫术体验，当时旁观了神君巫术表演的司马迁等人已经隐约意识到其中可能存在的问题。而最为关键的是，神君无法满足皇帝的诉求，仅仅是治疗疾病或者是承诺富贵这样的目标，并不是皇帝所追求的，所以汉武帝主要关注的就是方术士了。

二、龙马与汉武帝的升仙想象

战国秦汉时代西部地区一直流传有关神异马匹的传说，在《山海经》时代，人们认为这些马匹是高山上更神异马匹的后裔。后来这一传说在传播过程中与敦煌地区固有的龙的传说结合，形成了渥洼水中有龙与马结合产下龙马的传说。这两种传说都为汉朝人们接受，并与中原地区原有的乘龙游览神界的传说结合，逐渐演绎成黄帝乘龙升仙的故事，并影响汉武帝对天马的想象，即天马被认为是天降祥瑞，是承载人们升仙的坐骑。而“天马”的政治符号被方术士公孙卿利用，自此黄帝乘龙升仙以及龙和马的神秘渊源更为人们所熟知。

汉武帝元鼎四年秋天，齐人公孙卿把据说传自申公的“鼎书”进献给汉武帝：

> 黄帝得宝鼎宛朐，问于鬼臾区。鬼臾区对曰：“(黄）帝得宝鼎神策，是岁己酉朔旦冬至，得天之纪，终而复始。”于是黄帝迎日推策，后率二十岁复朔旦冬至，凡二十推，三百八十年，黄帝仙登于天。[②]

---

① 王叔岷：《史记斠证》，北京：中华书局，2007 年，第 437 页。
② 司马迁：《史记》卷二十八《封禅书》，北京：中华书局，1959 年，第 1393 页。

随后在汉武帝的询问之下，公孙卿讲述了黄帝乘龙升天的故事：

> 黄帝采首山铜，铸鼎于荆山下。鼎既成，有龙垂胡顩下迎黄帝。黄帝上骑，群臣后宫从上者七十余人，龙乃上去。余小臣不得上，乃悉持龙顩，龙顩拔，堕，堕黄帝之弓。百姓仰望黄帝既上天，乃抱其弓与胡顩号，故后世因名其处曰鼎湖，其弓曰乌号。于是天子曰："嗟乎！吾诚得如黄帝，吾视去妻子如脱躧耳。"①

公孙卿还直言"汉之圣者在高祖之孙且曾孙"。然而公孙卿真正高明之处还不在于他逢迎武帝的爱好，而是他在新的乘龙故事中加入了几个极为鲜明的神秘政治文化符号：其一是"宝鼎"，也就是在之前的元鼎四年六月，"得宝鼎后土祠旁"②，当时朝廷对这件祥瑞十分珍视，"公卿大夫皆议请尊宝鼎"，"闻昔泰帝兴神鼎一，一者壹统，天地万物所系终也"，公孙卿说黄帝铸鼎成而成仙，这样的话无疑是极为切合当时政治文化特点的。其二是"封禅"，这在武帝政治文化中的意义已不消多说了。第三个因素是黄帝，黄帝和太一崇拜在西汉中后期信仰领域中的重要意义也是不言而喻的。③ 第四，公孙卿的乘龙故事还巧妙地借用了当时另外一个政治符号——天马。在公孙卿的描述中，天马就如同垂胡须下迎黄帝的龙一样，也

① 司马迁：《史记》卷二十八《封禅书》，北京：中华书局，1959年，第1394页。

② 班固撰，颜师古注：《汉书》卷六《武帝纪》，北京：中华书局，1962年，第184页。

③ 有关黄帝和太一信仰的讨论可参见《顾颉刚读书笔记》卷十六《史林杂识初编》"黄帝"条，顾颉刚：《顾颉刚读书笔记》卷十六，北京：中华书局，2011年，第407-408页；孙作云：《黄帝与尧之传说及其地望》，《中央亚细亚》1943年第2卷第1期；钱穆：《神农与黄帝》，《说文月刊》第四卷合订本，1944年；吕思勉：《三皇五帝考》，吕思勉、童书业编著：《古史辨》第七册中编，上海：上海古籍出版社，1982年，第367页；王青：《黄帝神话的发展与演变》，收入氏著《汉朝的本土宗教与神话》，台北：洪叶文化事业有限公司，1998年，第349-409页；李凭：《黄帝历史形象的塑造》，《中国社会科学》，2012年第3期。而关于太一崇拜可参见津田左右吉：《太一について》，《白鸟博士还历记念东洋史论丛》，东京：岩波书店，1925年，第632页；钱宝琮：《太一考》，《燕京学报》，1932年第12期；葛兆光：《众妙之门——北极与太一、道、太极》，《中国文化》第3期，北京：生活·读书·新知三联书店，1991年；胡其德：《太一与三一》，《东方宗教研究》，1993年新3期；李零《"太一"崇拜的考古研究》《"三一"考》，收入氏著：《中国方术续考》，北京：中华书局，2006年，第158-181，182-192页。

是天神派遣下来迎接武帝升仙的，而这也是马和龙的神秘关系极为重要的体现。

天马和宝鼎一样，被武帝君臣认为是天赐祥瑞，据《汉书·武帝纪》元鼎四年："六月，得宝鼎后土祠旁。秋，马生渥洼水中。作宝鼎、天马之歌。"① 太始二年，武帝在追述自己所获祥瑞时总结性地说道："有司议曰，往者朕郊见上帝，西登陇首，获白麟以馈宗庙，渥洼水出天马，泰山见黄金，宜改故名。今更黄金为麟趾褭蹄以协瑞焉。"② 而马生渥洼水中的时间有元狩三年（公元前 120 年）和元鼎四年（公元前 113 年）两说，《汉书·武帝纪》及荀悦《汉纪》都系此事于元鼎四年，而《汉书·礼乐志》及《资治通鉴》则系于元狩三年。③ 但两说均在公孙卿向武帝献"鼎书"之前，公孙卿之所为应当是充分理解了天马对武帝君臣的政治文化意义，并加以利用的。

而渥洼水所出天马对武帝政治的重要意义，也可以从武帝君臣为天马所作之歌知晓：

> 太一况，天马下，沾赤汗，沫流赭。志俶傥，精权奇，籋浮云，晻上驰。体容与，迣万里，今安匹，龙为友。元狩三年马生渥洼水中作。④

---

① 班固撰，颜师古注：《汉书》卷六《武帝纪》，北京：中华书局，1962 年，第 184 页。

② 班固撰，颜师古注：《汉书》卷六《武帝纪》，北京：中华书局，1962 年，第 206 页。

③ 有学者指出汉得河西地在元狩三年，但当时军政范围不可能达到酒泉以西千里之遥的渥洼水附近，也不可能马上征调戍卒在此处屯田。参钱伯泉：《渥洼水天马史事辨正》，《甘肃社会科学》，2006 年第 3 期。然这种说法其实也存在问题。首先，"匈奴昆邪王杀休屠王，并将其众合四万人来降"是在元狩二年，而非该学者所谓的元狩三年；其次，李斐所言之事真伪难定。是以在没有更多材料的情况下，元狩三年和元鼎四年得天马两说可两存之。另参李正宇：《渥洼水天马史事综理》，《敦煌研究》，1990 年第 3 期。

④ 班固撰，颜师古注：《汉书》卷二十二《礼乐志》，北京：中华书局，1962 年，第 1060 页。《史记》卷二十四《乐书》作"太一贡兮天马下"，《史记索隐》认为"贡"与"况"两字意思相同，颜师古云："言此天马乃太一所赐，故来下也。"

渥洼天马产于敦煌附近，品质无法与乌孙或者大宛的天马相比，所以太初四年汉武帝征伐大宛，终于得汗血宝马，并作《西极天马歌》：

> 天马徕，从西极，涉流沙，九夷服。天马徕，出泉水，虎脊两，化若鬼。天马徕，历无草，径千里，循东道。天马徕，执徐时，将摇举，谁与期？天马徕，开远门，竦予身，逝昆仑。天马徕，龙之媒，游阊阖，观玉台。太初四年诛宛王获宛马作。[①]

无论“龙为友”，还是“龙之媒”，都明白显示天马和龙的关系。而所谓“游阊阖”“观玉台”则应当是乘龙上天的意思，例如颜师古注引应劭云：“阊阖，天门。玉台，上帝之居所。”另外，司马相如《大人赋》有“招翠黄乘龙于沼”一句，张揖曰：“乘龙，四龙也。”孟康曰：“翠黄，乘黄也，龙翼马身，黄帝乘之而仙。言见乘黄而招呼之。《礼乐志》曰‘訾黄其何不来下’。余吾渥洼水中出神马，故曰乘龙于沼也。”但颜师古认为：“此说非也。言招致翠黄及乘龙于池沼耳。乘音食证反。《春秋传》曰‘帝赐之乘龙’。”[②] 孟康说乘龙于沼说的是渥洼水中出神马，看来是更为可靠的看法，而孟康所谓“訾黄”见《汉书·礼乐志》“安世房中歌”：“吾知所乐，独乐六龙，六龙之调，使我心若。訾黄其何不徕下！”颜师古注引应劭曰：“訾黄一名乘黄，龙翼而马身，黄帝乘之而仙。武帝意欲得之，曰：‘何不来邪？’”[③]

其实史家们都注意到，汉武帝经营西域绝不只有政治、军事上的目的，还应当包含有探寻西域方物，甚至是打听西王母确切下落的附

---

① 班固撰，颜师古注：《汉书》卷二十二《礼乐志》，北京：中华书局，1962年，第1060-1061页。

② 班固撰，颜师古注：《汉书》卷五十七下《司马相如传下》，北京：中华书局，1962年，第2602，2603，2604页。

③ 班固撰，颜师古注：《汉书》卷二十二《礼乐志》，北京：中华书局，1962年，第1059，1060页。

带使命。[①] 有学者认为，汉武帝迫切想要得到大宛马更深层次的原因是他坚定地相信“天马”是沟通人世与仙界的媒介，作为龙种的“天马”能够将皇帝载上昆仑山与西王母相会，而这正是黄帝乘龙稍加变通之后的想法。[②] 这样的看法无疑是正确的，正如《西极天马歌》所云：“天马徕，开远门，竦予身，逝昆仑”，而颜师古引文颖也说：“武帝好仙，常庶几天马来，当乘之往发昆仑也。”[③] 在汉代人看来，神异的马是龙的子孙，与龙具有相同的载人升仙的功能，所以汉人也常说“天用莫如龙，地用莫如马”[④]。

三、蓬莱与方术士的仙界想象

在历史早期，人们想象的神仙世界大多和西部的昆仑高山有关，后来西部高山的传说逐渐与东方海上仙山的传说相遇，人们关于仙界的想象又大多集中于东部的海上了。

在《山海经》的记载中，昆仑神界是通过高不可攀的山峰、难以逾越的城墙和城门、令人恐惧的神兽、清雅洁净的水源，以及世人想要而不可得的食物等意象构建出来的，其中神泉、不死之药、金精玉英等能给人带来长寿不死的神秘饮料和食物无疑给世人以极大的吸引力。是以相对于黄帝在天上虚无缥缈的“上都”，作为下都的昆仑神界与人的距离似乎近了些，至少有巫者可以往来，可以带回某些治愈疾病的药物，甚或是不死之药；而一些想象力丰富的文学家，如屈原、司马相如以及扬雄等人也开始在他们的作品中描绘昆仑的景象。

---

① 参见吕思勉《秦汉史》第五章第九节“武帝求神仙”，上海：上海古籍出版社，2020年，第117-121页；钱穆《秦汉史》第三章第二节“武帝之政治”，北京：生活·读书·新知三联书店，2018年，第86-135页；伊濑仙太郎：《中国经营西域史研究》，东京：岩南堂书店，1968年；羽溪了谛著，贺昌群译：《西域之佛教》，北京：商务印书馆，1999年；白鸟库吉：《西域史研究》，《白鸟库吉全集》，东京：岩波书店，1969-1971年。

② 如余嘉锡：《余嘉锡论学杂著》，北京：中华书局，2007年，第175-180页。

③ 班固撰，颜师古注：《汉书》卷二十二《礼乐志》，北京：中华书局，1962年，第1060-1061页。

④ 司马迁：《史记》卷三十《平准书》，北京：中华书局，1959年，第1427页。

然而，昆仑山高远无比，天上世界的荒凉寂寞与恐惧也是普通人难以忍受的，例如《楚辞·招魂》说："魂兮归来！君无上天些。虎豹九关，啄害下人些。一夫九首，拔木九千些。豺狼从目，往来侁侁些。悬人以娭，投之深渊些。致命于帝，然后得瞑些。归来！往恐危身些。"[①] 对于天上世界的生活表现出了极大的恐惧。而司马相如在想象他见到西王母之后对昆仑山上的生活不以为意："必长生若此而不死兮，虽济万世不足以喜"[②]；扬雄也说"乘云霓之旖柅兮，望昆仑以樛流，览四荒而顾怀兮，奚必云女彼高丘"[③]，两赋所要表达的意思都是对昆仑神界生活的不向往。相比之下，战国秦汉之际人们对蓬莱仙界的感情就截然不同了。顾颉刚认为海岛作为神仙居所的观念要晚于昆仑神山，很可能是东方人撷取了昆仑神话的中心意义，加上自己所处的海洋环境重新创造的一套说法。[④] 闻一多也认为海与神仙没有直接的关系，神仙并不特别好海，他们的最终归宿是位于西方的昆仑山。[⑤] 关于海岛作为神界的兴起，顾颉刚说："昆仑的失势是命定的。那些巧妙的方士索性把黄帝和西王母也请来作了仙人，在蓬莱区里安置了他们的宫殿，昆仑区就更寂寞了。"[⑥] 事实上黄帝和西王母的面貌也被方士们改造了，西王母从"山怪"变成了女仙[⑦]，黄帝也变成了一个包治百病无所不能的神仙。司马相如的一句话充分地说明了这种转化的

① 洪兴祖撰，白化文、许德楠、李如鸾、方进点校：《楚辞补注·招魂》，北京：中华书局，1983年，第201页。

② 司马迁：《史记》卷一百一十七《司马相如列传》，北京：中华书局，1959年，第3060页。

③ 班固撰，颜师古注：《汉书》卷八十七上《扬雄传上》，北京：中华书局，1962年，第3521页。

④ 顾颉刚：《〈庄子〉和〈楚辞〉中昆仑和蓬莱两个神话系统的融合》，《中华文史论丛》，1979年第2辑。

⑤ 闻一多：《神仙考》，收入氏著：《神话与诗》，上海：上海人民出版社，2006年，第128-147页。

⑥ 顾颉刚：《〈庄子〉和〈楚辞〉中昆仑和蓬莱两个神话系统的融合》，《中华文史论丛》，1979年第2辑。

⑦ 许地山：《道教史》第六章"神仙底信仰与追求"，北京：商务印书馆，2015年，第103-119页。

原因："列仙之传居山泽间，形容甚臞，此非帝王之仙意也。"[1] 有学者认为传统的仙是隐居的和彼世的，帝王对这样的仙没有兴趣，而方士对神仙世界的改变其实是将世间帝王的生活移植到另一个世界，在这个世界中，帝王的欲望不是熄灭，而可以更好地被满足。这种神仙世界实际上是人间世界的衍伸。[2] 方术士们把神仙世界迁移到东部海上，并改造神仙世界的目的，自然和寻求不死之药有关。

战国秦汉以来的人们对于海上仙境投入了极大的热情：

> 自威、宣、燕昭使人入海求蓬莱、方丈、瀛洲。此三神山者，其傅在勃海中，去人不远；患且至，则船风引而去。盖尝有至者，诸仙人及不死之药皆在焉。其物禽兽尽白，而黄金银为宫阙。未至，望之如云；及到，三神山反居水下。临之，风辄引去，终莫能至云。世主莫不甘心焉。[3]

按照太史公的说法，早在战国时代沿海地区的齐国就有人将求仙的目光投向东部的汪洋大海之中，并开始进行求仙实践，而类似实践的地域性是应当特别注意的问题。虽然这些实践都以失败告终，但"世主"之所以"莫不甘心"，恐怕是出于对海上仙境生活的向往，以及对仙人、仙方和不死之药的祈求和渴望。虽然与昆仑一样难以抵达，但海上仙境毕竟少了许多的恐怖气息。

作为生长在西北内陆的皇帝，秦始皇同样出于对不死药的追求，一再资助方术士入海求仙，《史记·秦始皇本纪》载：

---

① 司马迁：《史记》卷一百一十七《司马相如列传》，北京：中华书局，1959 年，第 3056 页。

② 见闻一多《神仙考》，收入氏著：《神话与诗》，上海：上海人民出版社，2006 年，第 128-147 页。

③ 司马迁：《史记》卷二十八《封禅书》，北京：中华书局，1959 年，第 1369-1370 页。

(二十八年)齐人徐市等上书，言海中有三神山，名曰蓬莱、方丈、瀛洲，仙人居之。请得斋戒，与童男女求之。于是遣徐市发童男女数千人，入海求仙人。[①]

徐市虽然只是说要入海求仙，但从前引《封禅书》对于海上仙境的描述中有“诸仙人及不死之药皆在焉”等句，知徐市出海的真正目的是求神仙赐给他不死之药，或者是制作不死之药的药方。九年之后，徐市等人再一次请求入海求仙，并且得到秦始皇的批准，据《秦始皇本纪》载：

(三十七年)还过吴，从江乘渡。并海上，北至琅邪。方士徐市等入海求神药，数岁不得，费多，恐谴，乃诈曰：“蓬莱药可得，然常为大鲛鱼所苦，故不得至，愿请善射与俱，见则以连弩射之。”[②]

徐市强调的“蓬莱药”，应当指的就是不死之药。不死之药有大鲛鱼守护，让人不禁联想起昆仑神界内不死树附近有神怪守护的情形。徐市此说虽然只是诈言，但他能令秦始皇相信，本身说明来自昆仑神话的这一套“不死药—神兽守护”观念是为时人认可的。

而汉武帝时代的方术士对于蓬莱的描述更为具体而真切，也更迎合汉武帝的胃口，甚至更切合汉武帝时代的政治需求：

少君言上曰：“祠灶则致物，致物而丹沙可化为黄金，黄金成以为饮食器则益寿，益寿而海中蓬莱仙者乃可见，见之以封禅则不死，黄帝是也。臣尝游海上，见安期生，安期生食巨枣，大如瓜。安期生仙者，通蓬莱中，合则见人，不合则隐。”于是天子始亲祠灶，遣方士入海求蓬莱安期生之属，而事化丹沙诸药齐为黄金矣。[③]

---

① 司马迁：《史记》卷六《秦始皇本纪》，北京：中华书局，1959年，第247页。
② 司马迁：《史记》卷六《秦始皇本纪》，北京：中华书局，1959年，第263页。
③ 司马迁：《史记》卷二十八《封禅书》，北京：中华书局，1959年，第1385页。

将丹沙制作成黄金的美好愿望，恐怕与汉武帝时代巨大的黄金使用量导致的黄金需求暴增有关[①]；至于延年益寿，应是自齐威王和齐宣王以来“人主”们的普遍追求；而将入海求仙与封禅事及黄帝信仰结合起来，则是汉代方术士的一大杰作，《史记·封禅书》载：

> 天子既闻公孙卿及方士之言，黄帝以上封禅，皆致怪物与神通，欲放黄帝以上接神仙人蓬莱士，高世比德于九皇，而颇采儒术以文之。[②]

就这样，作为昆仑上的神人、上古帝王的黄帝，又和蓬莱海外仙人的信仰联系在了一起。[③] 到汉武帝后期，前往海中求仙的人数一度达到数千人之多，虽然同样“终无有验”，而且汉武帝“益怠厌方士之怪迂语”，但他终痴心不改，对于求仙之事一直“羁縻不绝，冀遇其真”。[④]

总的来说，方术士对升仙的方式和神仙世界进行了改造，这种改造使得成为神仙具有实践上的可能性，即通过神异的马匹可以实现飞升；而且神仙的世界被改造之后也更适合人类居住，不再是汉武帝以前人们想象中的孤寂清冷的天上世界。方术士们对升仙方式和神仙世界的改造都是为了呼应秦始皇和汉武帝等人升仙的诉求，然而我们知道，这种改造无论如何完美，升仙在实际上也是不可能完成的任务，因此方术士们主要以欺瞒为主，而秦始皇和汉武帝实际上也一直没有放松对方术士的管理。

---

① 《史记》卷三十《平准书》说：“捕斩首虏之士受赐黄金二十余万斤，虏数万人皆得厚赏，衣食仰给县官；而汉军之士马死者十余万，兵甲之财转漕之费不与焉。于是大农陈藏钱经秏，赋税既竭，犹不足以奉战士。”

② 司马迁：《史记》卷二十八《封禅书》，北京：中华书局，1959年，第1397页。

③ 有关此一时期的黄帝升仙的研究可参见大渊忍尔：《初期の仙说について》，收入氏著：《初期道教》，东京：创文社，1991年，第32–36页。

④ 司马迁：《史记》卷二十八《封禅书》，北京：中华书局，1959年，第1403–1404页。

第三节 秦汉对方术士的管理

一、“不得兼方”

据《史记·秦始皇本纪》，方术士侯生和卢生在准备逃亡之前曾有一段对话，提到：

> 上乐以刑杀为威，天下畏罪持禄，莫敢尽忠。上不闻过而日骄，下慑伏谩欺以取容。秦法，不得兼方不验，辄死。然候星气者至三百人，皆良士，畏忌讳谀，不敢端言其过。[①]

侯生和卢生等方术士真正擅长的是一些医药和养生类的技术，对于秦始皇要求的长生不死，他们显然是无能为力的，所以面对秦法，两人只好选择逃亡。本文关心的是其中“秦法，不得兼方不验，辄死”一句。这条“秦法”显然令方术士们非常恐惧，即如果方术得不到验证，那么就可能会被诛杀，也就是说侯生和卢生等方术士为秦始皇求取仙药，如果不能成功，秦人就可以使用这条法律惩罚他们，这是他们逃亡的直接原因。

历来学者对什么是“兼方”有不同的理解，例如《史记正义》认为：“言秦施法不得兼方者，令民之有方伎不得兼两齐，试不验，辄赐死。”[②]所谓“两齐”就是“两剂”，也就是两种方技，泷川资言《史记会注考证》引冈白驹曰：“秦法，凡方士不得兼两伎”[③]，大体上同意《史记正义》的说法。然对于《史记正义》的解读，姚范《援鹑堂笔记》认为不妥，他认为“方”字应该连下读，即此句应该读为“秦法不得兼，方不

---

① 司马迁：《史记》卷六《秦始皇本纪》，北京：中华书局，1959年，第258页。

② 司马迁：《史记》卷六《秦始皇本纪》，北京：中华书局，1959年，第258页。

③ 司马迁撰，泷川资言考证，杨海峥整理：《史记会注考证》卷六《秦始皇本纪》，上海：上海古籍出版社，2015年，第362页。

验，辄死”[①]，姚范此说显然是因为不理解何为“兼方”，而且也没有办法解释“秦法不得兼”是何意。所以中华书局点校本没有采纳这个建议，依然读为“秦法，不得兼方不验，辄死”。郭嵩焘《史记札记》首先对“方”的字义进行了辨析，认为《说文解字》中“方”为“并船”之意，而《大射礼》中说“左右曰方”，所以这里“方”的意思应该是辨方、居方，所以他认为“谓若东西方向有定位，不得参差交互为说也。疑此‘方’字不当为方伎，惟不听其参差互易，是以其言之验否易辨也”[②]。这种解释其实过于迂曲了，这里的“方”还是应当作“方技”“方术”解。

杨宽理解“不得兼方”为“人民有方术的不能把多种方术兼试”[③]，是《史记正义》意思的进一步延伸。另外也有人将这一句翻译为“秦朝规定每一方士只许掌握一种方技，不准同时持两种以上方技”[④]。后来也有人进一步联想，认为“因为他们的方术和药方，直接关系皇帝的生命安全，故立此专条，规定一个人不得兼营两种方术，他们的方术和药方，如果没有效验，便要立即处以死刑”[⑤]，显然这种说法有太多想象的成分。

也有人认为“兼”有“美”意，吴国泰引《孟子·公孙丑下》“王馈兼金一百”句赵注“兼金，好金也。其价兼倍于常者，故谓之兼金”，认为“兼方”应当就是好方、良方，此句的文意应当就是秦法规定如果得不到良好之方，或方不验，就会被赐死。[⑥] 此说有一定道理，然过于迂曲，据《说文解字》，“兼”的本意是手持两禾，而金文中的写法也是单手握两禾，与之类似的是“秉”字的意思是单手握一禾。是以兼方之兼还应理解为“兼有”“兼持”为是。

另外对“方”的理解，自《史记正义》以来学者们大都认为“方”

---

① 姚范：《援鹑堂笔记》十五，徐德明、吴平主编：《清代学术笔记丛刊》14，北京：学苑出版社，2006年。

② 郭嵩焘：《史记札记》卷一，上海：商务印书馆，1957年，第43页。

③ 杨宽：《秦始皇》，上海：上海人民出版社，1956年，第99页。

④ 李梓编：《秦始皇资料选编》，北京：中华书局，1976年，第40页。

⑤ 蒲坚主编：《中国法制史》，北京：光明日报出版社，1999年，第70页。

⑥ 吴国泰遗著：《〈史记〉解诂》，《文史》第43辑，北京：中华书局，1997年，第37页。

指的就是方术、方技，但也有人认为“方”指的是“方案”“药方”，例如有学者就认为“秦朝的法律，方士不得同时搞两个方案（如医生不得开两个药方），而当一个方案无效时就往往赐死”①。与之类似，也有人说：“方士不得献两种以上药方，一种试验不灵，就得处死”②，径直把“方”理解为“药方”。

尽管《史记》中“不得兼方”的说法来源于方术士之口，但也没有必要一定把“方”理解为方术。另外也应当认识到，这条法律显然并非针对方术士而设立，“不得兼方”的主语除了方术士，还有可能是医者、巫者、农人、工匠以及其他技术类人员，那么这里的“方”就包括医术、巫术、农业技术以及手工业、工程技术等等，这是以往学者在讨论这个问题时所没有留意到的。

二、“禁民二业”

虽然“兼方”的说法仅见于《秦始皇本纪》，但文献中屡见“兼技”“兼官”“兼事”等说法，应当与本文讨论的“兼方”类似，这里一并讨论。对于“兼技”之类，古人常有否定意见，其基本思想来源于“禁民二业”，也就是反对民众同时从事两种及以上的职业。

《盐铁论·贫富》文学曰：“古者，事业不二，利禄不兼，然诸业不相远，而贫富不相悬也。”王利器校注广引史籍中关于“事业不二”的记载，现摘录如下：

> 《荀子·富国》篇：“能不兼技，人不兼官。”《慎子·威德》篇：“古者，工不兼事，士不兼官。工不兼事则事省，事省则易胜，士不兼官则职寡，职寡则易守。故士位可世，工事可常。”《韩非子·难一》篇：“一人不兼官，一官不兼事。”《史记·秦始皇本纪》：“秦法

---

① 山西师范学院中文政史系编：《正确评价秦始皇》，1973 年，第 197 页。

② 赵淡元主编：《中国历史要籍介绍及选读》，北京：高等教育出版社，1988 年，第 91 页。

不得兼方。”《淮南子·主术》篇：“工无二技，士不兼官。”又《齐俗》篇：“是以人不兼官，官不兼事，士农工商，乡别州异。是故农与农言力，士与士言行，工与工言巧，商与商言数。是以士无遗行，农无废功，工无苦事，商无折货。”《后汉书·文苑黄香传》引《田令》：“商者不农。”又《刘般传》：“先是时，下令禁民二业，般上言：‘郡国以官禁二业，至有田者不渔捕。’”注：“谓农者不得商贾也。”又《桓谭传》：“先帝禁人二业。”又《张衡传》：“官无二业，事不并济。”张之象注曰：“《齐俗》训曰：‘治世之体易守也，其事易为也，其礼易行也，其责易偿也。是以人不兼官云云。’《诠言》曰：‘贾多端则贫，士多技则穷，心不一也。’”①

很显然这些材料都是在讨论战国秦汉时代的“禁民二业”政策②，这项政策规定民众只能在士农工商四者中择一而为，不能同时兼营两种职业；而且同一职业内部也不允许“兼职”，例如《淮南子》所谓的“工无二技”，以及“漆者不画，凿者不斫，工无二伎”之类。

专业进行巫术活动的巫者，有着明确的职事划分，且不能从事其他无关职业。据《史记·封禅书》，西汉建立以后在长安设置祠祝官、女巫，其中“九天巫，祠九天……河巫祠河……南山巫祠南山秦中”③，所谓秦中就是二世皇帝。也就是说巫者有专门祭祀的鬼神，这与医者“一人专事一技”的现象极为类似。另外，《后汉书·高凤传》提到高凤拒绝仕宦时说：“本巫家，不应为吏”④，巫者之家不能成为政府官员的现象引起了学者的重视⑤，当然这应当也可以视为“禁民二业”现象。而“巫家”的提法，

① 王利器校注：《盐铁论校注》卷四《贫富》，北京：中华书局，1992年，第224-225页。

② 朱绍侯：《秦汉“禁民二业”政策浅析》，《信阳师范学院学报（哲学社会科学版）》，1984年第2期。

③ 司马迁：《史记》卷二十八《封禅书》，北京：中华书局，1959年，第1379页。

④ 范晔撰，李贤等注：《后汉书》卷八十三《逸民传·高凤传》，北京：中华书局，1965年，第2769页。

⑤ 详参林富士：《汉代的巫者》，台北：稻乡出版社，1988年，第38页。

以及《后汉书·百官志》刘昭注提到的“家巫”[①]，提示我们巫者这类以家族为单位活动的特殊群体，其职业具有世袭性特征，“不兼方”除了来自政府法令规定之外，其自身应当也考虑了技术传承的持续性以及纯粹性等问题。

与巫者类似，在祭祀活动中尸、祝和庖人也都有各自的职事，通常情况下他们也不能从事与自己职事无关之事。《庄子·逍遥游》有“越俎代庖”的典故：“庖人虽不治庖，尸祝不越樽俎而代之矣”，这里的庖人和尸、祝都参与祭祀活动，并有各自不同的职事，庖人负责准备牺牲，尸代表鬼神接受祭祀，而祝则负责念诵祝词一类活动，庄子告诉我们尸和祝不能够代替庖人的职事。而尸祝之所以不越俎代庖的深层次原因，或者也可以从“禁民二业”的传统理念中寻找。

到了汉代，出现某一种占家专司某一种方术的现象。《史记·日者列传》中的一段材料提到：“孝武帝时，聚会占家问之，某日可取妇乎？五行家曰可，堪舆家曰不可，建除家曰不吉，丛辰家曰大凶，历家曰小凶，天人家曰小吉，太一家曰大吉。辩讼不决……”[②] 所谓五行、堪舆、建除、丛辰、历、天人、太一诸家都负责占卜择日，但每家专营一种占卜技术，所以有各自不同的名称，而且他们的方术也大相径庭，在同一日占卜同一件事会有截然不同的吉凶结果。有学者认为这是秦法“不得兼方”在汉武帝时代的继续实施，也有一定道理。[③]

总的来说，“不得兼方”并非针对方术士，也不是秦法所独有，后来汉代法律中也有类似内容。实际上无论“不得兼方”还是“禁民二业”，都是自战国以来知识阶层基于当时社会现象和社会问题而产生的共识，其中道家学说强调其不扰民的层面，而儒家强调其“以德化民”的层面。后

---

① 司马彪撰，刘昭注补：《后汉书》志第二十六《百官三》，北京：中华书局，1965年，第3595页。

② 司马迁：《史记》卷一百二十七《日者列传》，北京：中华书局，1959年，第3222页。

③ 张铭洽：《秦代“巫现象”杂谈——兼谈秦代的“日者”》，《陕西历史博物馆馆刊》第11辑，西安：三秦出版社，2004年。

来这一思想逐渐为统治阶层接受，并成为政府法令，其根本目的还是出于财富平均、社会稳定的考虑限制某一部分民众获得高利，同时考虑专业技术的发展，以及不同职业之间的互相促进。

三、“不验辄死”

在前引侯生和卢生的那段对话中，比“不得兼方”更严重的是“不验，辄死”，侯生和卢生恐怕正是因此而逃亡。这里所谓“验”指的是方术被证明有效，在秦汉语境中也常用“雠”，例如《史记・封禅书》说栾大“其方尽，多不雠”，颜师古注《汉书・郊祀志》说：“雠，应当也。不雠，无验也”，可见“验”和“雠”语意相同。秦汉语境里“中”字也有相似含义，例如《史记》说李少君善于“巧发奇中”，大意是其预测言论往往被验证。另外，《二年律令・史律》提到对卜者的考核，说“卜六发中一以上，乃得为卜”[①]，即占卜六次至少要有一次被验证成功才能够成为卜者，此处的“中”也是能够验证的意思。

文献记载秦汉时期的方术中有许多“小术”或者“小方”被验证的例子，例如齐人李少君，《史记》记载说他“资好方，善为巧发奇中”，后来李少君见汉武帝，“上有故铜器，问少君。少君曰：‘此器齐桓公十年陈于柏寝。’已而案其刻，果齐桓公器”[②]。当时在场的人都觉得很惊骇，以为少君可能已经有几百岁了。关于此事，有学者怀疑齐桓公时无柏寝，但也有人认为，“齐桓公时虽无柏寝之台，未必无此铜器”[③]，王充曾经怀疑“或时闻宫殿之内有旧铜器，或案其刻以告之者，故见而知之”。王充还认为：“今时好事之人，见旧剑古钩，多能名之，可复谓目见其铸作之时乎？”[④] 其实王充说的就是早期的金石学研究了，这种学问在宋代以后有

① 彭浩、陈伟、工藤元男主编：《二年律令与奏谳书：张家山二四七号汉墓出土法律文献释读》，上海：上海古籍出版社，2007 年，第 299 页。

② 司马迁：《史记》卷二十八《封禅书》，北京：中华书局，1959 年，第 1385 页。

③ 王叔岷：《史记斠证》，北京：中华书局，2007 年，第 1192 页。

④ 黄晖：《论衡校释（附刘盼遂集解）》卷第七《道虚篇》，北京：中华书局，1990 年，第 332 页。

较大发展，而现代专业人士可以根据青铜器的器形和纹饰判断大致年代，或者少君也掌握了相关的专业知识，而在当时掌握了青铜器相关知识的也不乏其人[①]。无论如何，少君的方术得到“验证”，这是他后来继续进行方术活动的基础。

再例如《史记·封禅书》载栾大见汉武帝时“上使验小方，斗棋，棋自相触击”，《孝武本纪》《史记正义》引高诱注《淮南子》云：“取鸡血与针磨捣之，以和磁石，用涂棋头曝干之，置局上，即相拒不止也。”[②] 而《封禅书》《史记索隐》则作“取鸡血杂磨针铁杵，和磁石棋头，置局上，即自相抵击也”[③]。这说明在长期的社会生活中，古人已经掌握了磁学方面的基础知识。另外关于“斗棋”，《史记正义》引《说文》云“棋，博棋也”，指的是六博棋的棋子。而《资治通鉴》则作“斗旗”，梁玉绳《史记志疑》认为“斗棋”和“斗旗”两说可并存。应当认为，“斗旗”说是受到了《汉武故事》影响，其中提到“（栾）大尝于殿前树旍数百枚。大令旍自相击，翻翻竟庭中去地十余丈。观者皆骇”[④]。显然《汉武故事》对栾大的故事进行了神化和渲染，栾大所使用的应该是博棋之棋，而非旌旗之旗。这里应当注意的是，栾大的“小方”能够验证，也是他后来一系列方术活动的基础。

再后来齐人少翁有所谓“鬼神方”，《封禅书》载：“齐人少翁以鬼神方见上。上有所幸王夫人，夫人卒，少翁以方盖夜致王夫人及灶鬼之貌云，天子自帷中望见焉。”[⑤] 显然少翁掌握了光学的基本知识。事实上，到了汉代的时候光学知识已经有了长足的进步，春秋战国时代的人们就已经认识到了光的折射和反射现象，例如《墨子》就已经对于光学现象有详细

---

① 李学勤先生讨论中国古代青铜器相关问题，曾经提到李少君辨认青铜器之事，另外还提到汉宣帝时代张敞考释美阳所出尸臣鼎一事，见氏著：《中国青铜器的奥秘》，香港：商务印书馆，1987 年。

② 司马迁：《史记》卷十二《孝武本纪》，北京：中华书局，1959 年，第 462-463 页。

③ 司马迁：《史记》卷二十八《封禅书》，北京：中华书局，1959 年，第 1390 页。

④ 转引自王叔岷：《史记斠证》，北京：中华书局，2007 年，第 442 页。

⑤ 司马迁：《史记》卷二十八《封禅书》，北京：中华书局，1959 年，第 1387 页。

的记载[①]。虽然少翁的“小方”其实很容易辨别，但汉武帝深信不疑[②]，少翁因此被封为文成将军，受到许多的赏赐。

需要注意的是，被验证的方术有很多建立在历史学和物理学知识的基础之上，例如少君能够辨别青铜器的年代，栾大能认识磁学的基础原理，而少翁能利用光学的基础原理等等。这些也都可以归之于早期的科学探索，尽管这种探索的目的是为方术获得信赖做准备，但其中的进步意义仍然是不能忽视的。

然而无法持续得到有效验证正是各类“巫术”“方术”永远无法解决的问题。有学者指出，恰恰正是“无验”制约着方术的发展，使得它根本无法成为宗教，因为宗教提供的是美丽的诺言，其应验的期限的预约在遥远的未来甚至是来生，而方术的成效必须立竿见影或者在指日可待的时间内取得成效，否则方术士就要面临严厉的惩罚，所以方术士的活动始终在幻想和现实的夹缝中挣扎。[③] 另外也有学者指出，方术士们如果想要听众相信他们的话，就要强调仙人和仙境的“真实性”，而这种刻意强调的“真实性”往往会把方术士们置于非常危险的境地，因为他们许下的诺言需要仙人降临或者真的找到不死之药，不幸的是这根本是不可能的。[④]

事实上，方术士们真正擅长的只是一些养生类的技术，这与他们向秦皇汉武承诺的“不死”的效果产生了基本的矛盾。秦始皇和汉武帝的目的都是不死升仙，也因此资助方术士们求仙，然而仙人和不死之药在事实上都不存在，这种不可解的难题，也就注定了神仙方术不可能得到验证。面

---

① 相关的研究参见姜宝昌：《墨学与现代科技》，北京：中国书店，1997 年；邵长杰：《墨子科技思想中的人文关怀》，《中国文化报》，2012 年 12 月 4 日；于光胜、刘长明：《墨子的科技思想及其当代价值》，《自然辩证法研究》第 31 卷第 4 期，2015 年。

② 王充在《论衡·乱龙篇》中曾尝试推测汉武帝当时的心态，谓“道士以术为李夫人，夫人步入殿门，武帝望见，知其非也，然犹感动，喜乐近之”。[黄晖：《论衡校释(附刘盼遂集解)》卷第十六《乱龙篇》，北京：中华书局，1990 年，第 702 页。] 王充认为汉武帝“知其非也”，是比较贴近史实的判断。

③ 孙机：《仙凡幽明之间——汉画像石与“大象其生”》，《中国国家博物馆馆刊》，2013 年第 9 期。

④ 巫鸿著，李清泉、郑岩等译：《中国古代艺术与建筑中的“纪念碑性”》，上海：上海人民出版社，2009 年，第 220 页。

对这样的情况，方术士们和秦皇汉武展开博弈，其基本策略是进行美好承诺，以“小术”博取信赖，然后尽可能拖延兑现承诺。而秦始皇的策略则是沿用秦法管理方术士，这里所谓的“秦法”就是前面提到的“不得兼方，不验，辄死”。

“不验辄死”一向被当成秦法严酷的例证，例如《史记正义》说，“试不验，辄赐死，言法酷”。然因其术不验而要被处死的规定并不始于秦汉时代，《左传》僖公二十一年载：“夏，大旱，公欲焚巫尪”[①]，一般的观点认为焚巫尪是为了求雨，而巫或者尪被当成牺牲，例如王充说：“天旱阳胜，故愁阳之党。巫为阳党，故鲁僖遭旱，议欲焚巫。”[②] 此后学者们也大都持这种观点。[③] 然而郑众却认为：“鲁僖公欲焚巫尪，以其舞雩不得雨”，是说鲁僖公之所以要焚巫尪是因为其求雨的巫术没有得到验证。这样的观点也有一定道理，因为女巫的主要职责是求雨[④]，如果求雨而没有应验，那么女巫就要受到惩罚。这或许是理解先秦时期“焚巫”习俗的另外一个思路。

史料中秦代并没有人因方术不验而被处死，到了汉代却屡屡出现因为方术不验而被处死，甚至是“夷三族”的事件。汉武帝时方士齐人少翁因为方术不验被杀。《史记·封禅书》记载：“居岁余，其方益衰，神不至。乃为帛书以饭牛，详不知，言曰此牛腹中有奇。杀视得书，书言甚怪。天子识其手书，问其人，果是伪书，于是诛文成将军，隐之。”[⑤] 少翁“方益衰”的意思是方术得不到验证，属于秦法所谓“不验”。也许是为了证明自己的方术有验，以求得皇帝的继续信任，少翁铤而走险，以假冒的方术欺瞒皇帝，后被汉武帝识破诛杀。栾大的经历也类似。栾大虽然宣称自己

---

① 左丘明传，杜预注，孔颖达正义：《春秋左传正义》卷第十四“僖公二十一年”，李学勤主编：《十三经注疏》（标点本），北京：北京大学出版社，1999年，第398页。

② 黄晖：《论衡校释（附刘盼遂集解）》卷第二十二《订鬼篇》，北京：中华书局，1990年，第944页。

③ 参裘锡圭：《说卜辞的焚巫尪与作土龙》，收入氏著：《古文字论集》，北京：中华书局，1992年。

④ 陈梦家：《商代的神话与巫术》，《燕京学报》，1936年第20期。

⑤ 司马迁：《史记》卷二十八《封禅书》，北京：中华书局，1959年，第1388页。

的方术非常神奇，但除了被验的“小方”外，其他方术始终无法得到验证，后来终于因“方尽，多不雠”而被武帝诛杀。①

成帝时代也有人因巫术不验而被诛杀，据《汉书·杜周传》记载，杜周后人杜业与翟方进不和，翟方进死后杜业上书言事，提到翟方进与司直师丹相善，而师丹曾经举荐同乡为巫降神：

> 丹前亲荐邑子丞相史能使巫下神，为国求福，几获大利。幸赖陛下至明，遣使者毛莫如先考验，卒得其奸，皆坐死。假令丹知而白之，此诬罔罪也；不知而白之，是背经术惑左道也：二者皆在大辟。②

汉成帝统治时期灾异现象频发，翟方进之死就与此有关，而汉成帝久无继嗣，因而复兴神仙方术，这就给了各类术士活跃的机会。师丹举荐的并不是职业的巫者，而是作为政府官员的丞相史，他只是被认为具有善于下神的巫术。杜业推测师丹举荐丞相史使巫下神是为了“获大利”，确实是有原因的，《史记·封禅书》记载汉武帝曾经“病甚”，游水发根告诉他上郡有巫，能够下神，武帝信之，结果身体果然好了，所以汉武帝后来对“神君”极为优待。汉成帝身体状况也不好，史书说他“继位数年，无继嗣，体常不平”③，因此信任巫术也是可以理解的。但汉成帝对巫术行为十分谨慎，他事先派遣使者“考验”，结果果然有问题，这些人“皆坐死”就是因其巫术不验而死。另外杜业还认为举荐者师丹如果知道丞相史巫术诈伪，则是诬罔之罪，应当“大辟”。

---

① 司马迁：《史记》卷二十八《封禅书》，北京：中华书局，1959 年，第 1389，1390，1395 页。

② 班固撰，颜师古注：《汉书》卷六十《杜周传》，北京：中华书局，1962 年，第 2680 页。

③ 班固撰，颜师古注：《汉书》卷九十八《元后传》，北京：中华书局，1962 年，第 4019 页。

第十章
谶纬与东汉皇权

东汉建立之初的几位皇帝都信仰谶纬，史料记载说："光武善谶，及显宗、肃宗因祖述焉。"[①] 学者们也注意到，汉光武帝刘秀在礼仪制度的设计层面倾向于采用谶纬中的内容，其中最主要的原因是谶纬文献中包含了实际的解决方案，而且自西汉中后期以来相关的内容逐渐被接纳，并在一部分儒生之中形成共识，另外还在王莽时期被贯彻到实际的政治之中，获得极为宝贵的实践机会。

第一节　以谶制礼

东汉建立初期的许多重要礼仪都与谶纬有着密切的关系，汉光武帝在祭祀制度的建设等方面都曾参考谶纬文献的相关记载，所以东汉时期的重要国家祭祀礼仪，包括郊祀、三雍祭祀以及封禅等等之中都有谶纬方面的内容。而刘秀君臣设计的礼乐制度，显然也参考了王莽和刘歆等人在元始年间的相关工作，"元始故事"在东汉礼制中的影响也是不容忽视的。至于在礼仪制度中参考谶纬方面内容的原因，一方面是因为谶纬文献提供了

① 范晔撰，李贤等注：《后汉书》卷五十九《张衡列传》，北京：中华书局，1965年，第1911页。

部分典礼的详细细节，为一些儒家经典之中的礼仪提供了可以操作的方式和方法；另外一方面也是为了利用谶纬文献统合不同的意见。

一、五郊迎气

西汉从汉文帝的时候开始设计郊祀制度，到汉武帝的时候在甘泉宫祭天，在后土祠祭地，西汉中后期以后在长安城南祭天，在城北祭地，可见汉代的郊祀制度一直在不断改变之中。汉平帝元始年间在王莽的主持之下曾经对郊祀制度进行了改革，是为“元始改制”。元始改制可以说是西汉儒生对汉武帝以来的郊祀制度进行改革的综合成果，而其中增添了许多谶纬相关的内容。另外也应当注意到，刘秀打算“以谶断之”，也是因为当时儒家士大夫阶层对汉武帝时期形成的郊祀制度不满，而不同派别的儒生争论不休，也让礼制建设迟迟无法推动。在这种情况之下以谶纬文献的记载统合不同意见，显然会取得比较良好的效果。

学者们已经注意到，刘秀中兴汉世，但郊庙礼仪却并未采用汉武帝时代以来建立的汉家制度，而是多仿“元始中故事”。“元始”是汉平帝的年号，“元始改制”是王莽统治时期的一个重要工作①，也是后来王莽获得普遍支持的重要因素。从相关的记载来看，“元始改制”除了采用传统文献记载中的所谓西周制度之外，还有许多谶纬方面的内容。平帝元始四年的春天，王莽“郊祀高祖以配天，宗祀孝文皇帝以配上帝”。次年也就是元始五年正月，王莽率领群臣“祫祭明堂，诸侯王二十八人，列侯百二十人，宗室子九百余人，征助祭”。② 关于这次祭祀，《后汉书·张纯传》提到张纯的奏疏中说：“元始五年，诸王公列侯庙会，始为禘祭。”张纯上疏是建武二十六年的事情，他在上书之中还对禘祭和祫祭进行了规划：

---

① 谢谦：《汉代儒学复古运动与郊庙礼乐的正统化》，《四川师范大学学报（社会科学版）》，1996 年第 2 期。另参夏增民：《儒学传播与汉晋南朝文化变迁》，武汉：华中科技大学出版社，2009 年，第 48 页。

② 班固撰，颜师古注：《汉书》卷九十九上《王莽传上》，北京：中华书局，1962 年，第 4070 页。

> 礼说三年一闰，天气小备；五年再闰，天气大备。故三年一祫，五年一禘。禘之为言谛，谛定昭穆尊卑之义也。禘祭以夏四月，夏者阳气在上，阴气在下，故正尊卑之义也。祫祭以冬十月，冬者五谷成孰，物备礼成，故合聚饮食也。斯典之废，于兹八年，谓可如礼施行，以时定议。①

光武帝刘秀同意了张纯的意见，于是东汉禘祭和祫祭的礼仪制度就这么确定了下来。张纯说“斯典之废，于兹八年”，指的是在光武帝十八年的时候，刘秀君臣曾经在长安举行过禘祭的典礼，李贤注引《续汉志》曰：“十八年上幸长安，诏太常行禘礼于高庙，序昭穆。父为昭，南向，子为穆，北向。”而正如张纯所说的那样，光武帝的这次禘祭典礼也来自元始年间王莽和刘歆等人制作的相关礼仪，由此也可见“元始故事”对东汉时期的影响。

张纯是张汤和张安世的后人，东汉建立以后他也参与了朝廷祭祀礼仪的建设工作，《后汉书》本传说“建武初，旧章多阙，每有疑议，辄以访纯，自郊庙婚冠丧纪礼仪，多所正定”。张纯本人在王莽时期曾为列卿，其思想似亦多受王莽以及刘歆等人影响。《后汉书》也记载说他准备根据谶纬内容建议修建辟雍：“纯以圣王之建辟雍，所以崇尊礼义，既富而教者也。乃案七经谶、明堂图、河间《古辟雍记》、孝武太山明堂制度，及平帝时议，欲具奏之。未及上，会博士桓荣上言宜立辟雍、明堂，章下三公、太常，而纯议同荣，帝乃许之。”② 由此可见，东汉士大夫在进行礼仪制度建设的时候，确实参考了王莽和刘歆等人的做法，并吸收了谶纬文献中的内容。

东汉时期还有所谓的“五郊迎气”的说法，所谓“五郊迎气”，指的是在都城的南郊、北郊、东郊、西郊和中郊进行的祭祀礼仪，其中南郊和

---

① 范晔撰，李贤等注：《后汉书》卷三十五《张曹郑列传》，北京：中华书局，1965年，第1195页。

② 范晔撰，李贤等注：《后汉书》卷三十五《张曹郑列传》，北京：中华书局，1965年，第1196页。

北郊祭祀天地，东郊祭日，西郊祭月。在东汉郊祀制度的设计之中，也采用了谶纬之中的相关记载，例如《后汉书·董钧传》说："时草创五郊祭祀，及宗庙礼乐，威仪章服，辄令钧参议，多见从用，当世称为通儒。"李贤注引《续汉志》说："永平中，以《礼仪谶》及《月令》有五郊迎气，因采元始中故事，兆五郊于洛阳四方，中兆在未，坛皆三尺。"[①]

关于《礼仪谶》，有学者认为是礼仪类的谶纬文献，例如《礼含文嘉》之类的，并不是一本专门的谶书的名称，这种说法是值得注意的[②]。事实上，留存至今的《礼含文嘉》确实有关于"五郊迎气"的内容：

> 五祀，南郊，北郊，西郊，东郊，中郊，兆正谋。五者，天子公侯伯子男卿大夫士，所以承天也。[③]

《礼含文嘉》中的这些内容应当与王莽和东汉初年"五郊迎气"具有相同的思想源头，另外宋均注说："《周礼》王畿内千里二十分其一以为近郊，近郊五十里，倍之为远郊，迎五气，盖于近郊。"赵在翰注说："东郊去都城八里，南郊九里，西郊七里，北郊六里，中郊西南去城五里，兆者作封畔，兆，域也，谋者方欲迎气，斋戒自端正，谋虑其事也。"另外赵在翰引杨应阶曰："此迎气于郊之祀也。证之经传，则《月令》之迎春、迎夏、迎秋、迎冬，《大宗伯》之礼东方、礼南方、礼西方、礼北方，《小宗伯》之兆五帝于四郊，郑注谓黄帝于南郊者，是也。其曰五祀者，迎气祀五天帝，配以五人帝、五人神，故《左氏传》谓五官祀为贵神，社稷五祀是尊是奉。"从杨应阶的判断来看，"五郊迎气"确实是有着"经传"的传统，学者们也注意到，东汉王朝参考的应该是《礼记·月令》一系的版本。

---

① 范晔撰，李贤等注：《后汉书》卷七十九下《儒林列传下》，北京：中华书局，1965年，第2577页。董钧习庆氏礼，有关庆氏礼学的问题，可以参看杨华：《庆氏礼学述论》，《人文论丛》，2017年第1期。

② 杨英：《祈望和谐——周秦两汉王朝祭礼的演进及其规律》，北京：商务印书馆，2009年，第415页。

③ 赵在翰辑，钟肇鹏、萧文郁点校：《七纬（附论语谶）》，北京：中华书局，2012年，第272页。

在东汉时期五郊迎气被赋予了较强的政治文化意义，《后汉书·李固传》李贤注“王者父天母地”一句引《春秋感精符》曰：“人主日月同明，四时合信，故父天母地，兄日姊月。”宋均注曰：“父天于圜丘之祀也，母地于方泽之祭也，兄日于东郊，姊月于西郊。”[①] 除了南郊和北郊的祭祀之外，还将东郊与西郊的祭祀用了“兄日姊月”的方式来表现。从《春秋感精符》的说法来看，天地和日月与“王者”或者“人主”之间的关系类似于人伦关系，其实是用当时人们所习见的家庭成员之间的关系，比喻王者和天地日月之间的关系，有了这样的比喻使得五郊迎气与东汉王朝一直在推行的“孝道”有了联系。原本郊祀天地的礼仪具有了世俗化的意义。

洛阳城的“五郊”能够基本确定方位的只有南郊和北郊。根据《后汉书》和《后汉书·祭祀志》的相关记载，建武二年的时候，刘秀在洛阳“起高庙，建社稷于洛阳，立郊兆于城南，始正火德，色尚赤”。所谓“立郊兆于城南”，也就是在南郊祭天，一直到中元元年的时候，“初起明堂、灵台、辟雍，及北郊兆域。宣布图谶于天下”，第二年春正月，“初立北郊，祀后土”，至此东汉王朝南郊祭天、北郊祭地的模式基本形成。

另外《续汉书》详细叙述了当时东汉南北郊的制度，其中提到南郊位于洛阳城南七里的地方：

> 制郊兆于洛阳城南七里，为坛，八陛，中又为重坛，天地位皆在坛上。其外坛上为五帝位，青帝位在甲寅，赤帝位在丙巳，黄帝位在丁未，白帝位在庚申，黑帝位在壬亥。其外为壝，重营皆紫，以象紫宫。营有通道以为门，日月在营内南道，日在东，月在西。北斗在北道之西。外营、中营凡千五百一十四神，高皇帝配食焉。[②]

---

① 范晔撰，李贤等注：《后汉书》卷六十三《李杜列传》，北京：中华书局，1965年，第2074页。

② 范晔撰，李贤等注：《后汉书》卷一上《光武帝纪上》，北京：中华书局，1965年，第27页。

还有北郊的制度：

> 北郊在洛阳城北四里，方坛，四陛。地祇位在南面，西上；高皇后配，西面，皆在坛上；地理群后从食，皆在坛下；中岳在末（未）；四岳各依其方，淮、海俱在东，河在西，济在北，江在南，余山川各如其方。[①]

李贤注引《汉官仪》也记载了当时的北郊制度，可与《续汉书》的记载作为对比：

> 北郊坛在城西北角，去城一里所。为方坛四陛，但有坛祠舍而已。其鼓吹乐及舞人御帐，皆徙南郊之具。地祇位南面西上，高皇后配，西面，皆在坛上。地理群神从食坛下。南郊焚犊，北郊埋犊。[②]

《续汉书》和《汉官仪》关于北郊与洛阳城的位置关系的记载略有差异，有学者也注意到了这两种史料记载的出入，判断迎气郊坛与洛阳城的里数没有遵循五行之数[③]。

史料中关于东郊和西郊以及所谓的“中兆”的记载并不太多，前引《后汉书·李固传》李贤注“王者父天母地”一句引《春秋感精符》曰：“人主日月同明，四时合信，故父天母地，兄日姊月。”宋均注曰：“父天于圜丘之祀也，母地于方泽之祭也，兄日于东郊，姊月于西郊。”[④] 另外，当时也有人说西郊的祭祀与军事行为有关，例如《后汉书·陈蕃传》记载

---

① 范晔撰，李贤等注：《后汉书》卷一上《光武帝纪上》，北京：中华书局，1965年，第27页。

② 范晔撰，李贤等注：《后汉书》卷一下《光武帝纪下》，北京：中华书局，1965年，第84页。

③ 薛梦潇：《早期中国的月令与“政治时间”》，上海：上海古籍出版社，2018年，第148页。

④ 范晔撰，李贤等注：《后汉书》卷六十三《李杜列传》，北京：中华书局，1965年，第2074页。

在延熹六年的时候，汉桓帝到广成校猎，陈蕃上疏谏曰：“臣闻人君有事于苑囿，唯仲秋西郊，顺时讲武，杀禽助祭，以敦孝敬。如或违此，则为肆纵。”① 所谓“仲秋西郊，顺时讲武”说的就是在西郊的祭祀，与《春秋感精符》中的“兄日姊月”含义相同。而“仲秋西郊，顺时讲武”的说法，显然也和五行之中西方属金的观念有关，那么据此推断，东郊的祭祀应该与耕种之类的事情有关。

另外前文提到说“中兆”的祭坛在“未”，十二地支之中“未”的位置在正南方“午”位偏西的位置。所以可以推测，东汉时期“中兆”的祭坛也应该位于洛阳城的南郊，与祭天的南郊祭坛的位置距离应该不是很远。根据目前所知，洛阳城南郊有南郊祭天的祭坛，也有明堂、灵台和辟雍“三雍”，这对于理解洛阳城的礼仪空间具有重要的意义。

大概到了东汉中后期的时候，“五郊迎气”的礼仪逐渐废弛，在汉顺帝的时代，本来应该由皇帝亲自前往的五郊迎气礼仪，已经委托有司代为祭祀了。黄琼曾经上书劝谏汉顺帝说：“迎春东郊，既不躬亲，先农之礼，所宜自勉，以逆和气，以致时风。”② 后来到了汉灵帝的时候，蔡邕也上书劝谏皇帝，论证郊祀礼仪的重要作用，其中提到：

> 明堂月令，天子以四立及季夏之节，迎五帝于郊，所以导致神气，祈福丰年。清庙祭祀，追往孝敬，养老辟雍，示人礼化，皆帝者之大业，祖宗所祗奉也。而有司数以蕃国疏丧，宫内产生，及吏卒小污，屡生忌故。窃见南郊斋戒，未尝有废，至于它祀，辄兴异议。岂南郊卑而它祀尊哉？孝元皇帝策书曰：“礼之至敬，莫重于祭，所以竭心亲奉，以致肃祗者也。”③

---

① 范晔撰，李贤等注：《后汉书》卷六十六《陈王列传》，北京：中华书局，1965年，第2162页。

② 范晔撰，李贤等注：《后汉书》卷六十一《左周黄列传》，北京：中华书局，1965年，第2035页。

③ 范晔撰，李贤等注：《后汉书》卷六十下《蔡邕列传》，北京：中华书局，1965年，第1993-1994页。

蔡邕的这封上疏起到了很好的效果，史料记载说“书奏，帝乃亲迎气北郊，及行辟雍之礼”。但汉灵帝时代多荒废之政，汉灵帝有次前往迎气的时候遭遇风雨，此后也不亲往郊祀了。《后汉书·五行志》记载说：“其后晨迎气黄郊，道于雒水西桥，逢暴风雨，道卤簿车或发盖，百官沾濡，还不至郊，使有司行礼。迎气西郊，亦壹如此。”①

需要注意的是，东汉君臣采“元始故事”作为郊祀的根本依据，但“元始故事”原本是王莽和刘歆等人设计，其中有一些内容援引自谶纬文献，也有一些设计有违背传统礼制的内容，当然最主要的问题是王莽和刘歆等人的设计背后有着“代汉立新”的政治意图。而东汉王朝建立以后采用王莽君臣制作的礼仪，如何对待其中有问题的内容，东汉君臣有不同意见。例如《后汉书·祭祀志》有“车旗服饰皆黄歌朱明”条，校勘记认为：黄山谓武帝乐歌本别有《帝临》一篇，祀中央黄帝。王莽始作五郊迎气之祭，中兆迎气祭黄帝，不歌《帝临》而歌《朱明》，盖别有用意，明帝不察，妄仍之耳。②

另外比较重要的问题是关于帝尧的祭祀。东汉建立之初，光武君臣曾经讨论过郊祀之中要不要祭祀帝尧的问题，《后汉书·祭祀志》说：“至七年五月，诏三公曰：‘汉当郊尧。其与卿大夫、博士议。’时侍御史杜林上疏，以为‘汉起不因缘尧，与殷周异宜，而旧制以高帝配。方军师在外，且可如元年郊祀故事。’”光武帝同意了群臣的意见，而李贤注引《东观书》载有杜林的上疏，其中也提到“民无愚质，思仰汉德，乐承汉祀。基业特起，不因缘尧。尧远于汉，民不晓信，言提其耳，终不悦谕。后稷近于周，民户知之。世据以兴，基由其祚，本与汉异。郊祀高帝，诚从民望，得万国之欢心，天下福应，莫大于此。民奉种祀，且犹世主，不失先俗。”③

---

① 司马彪撰，刘昭注补：《后汉书》志第十六《五行四》，北京：中华书局，1965年，第3335页。

② 司马彪撰，刘昭注补：《后汉书》志第八《祭祀中》，北京：中华书局，1965年，第3190页。

③ 司马彪撰，刘昭注补：《后汉书》志第七《祭祀上》，北京：中华书局，1965年，第3160页。

杜林认为，东汉王朝在郊祀中不应该再奉帝尧。将帝尧作为先祖，是王莽时期儒家士大夫所认可的“汉为尧后”观念的产物，显然这个观念曾经为王莽篡汉提供合法性的依据。对于这个问题，东汉的知识阶层应该还是有所警觉的，所以拒绝再奉帝尧为先祖。

《后汉书·祭祀志》也说：“陇、蜀平后，乃增广郊祀，高帝配食，位在中坛上，西面北上”，而这样的处理方式显然也受到谶纬的影响，李贤注引《汉旧仪》说：“祭天居紫坛帷幄。高皇帝配天，居堂下西向，绀帷帐，绀席。”《钩命决》曰：“自外至者，无主不止；自内出者，无匹不行。”这里所引的《钩命决》并不见于《七纬》以及《纬书集成》，但其中体现的祭祀思想非常重要，也就是说，古人认为如果要祭祀天神，必须要有自家的祖先为之作主，也就是所谓的“配食”，只有这样天神才会降临享用，接受人们的祭祀。

但这里仍然有一个重要问题，那就是汉高祖配食神灵的话，那光武帝刘秀去世之后，应当如何处理光武帝与神灵之间的关系，这是摆在汉明帝刘庄君臣面前的重要问题。后来汉明帝的时候推行上陵的礼仪，也是基于这样的思想和认识基础。

总的来说，光武帝时期参考汉平帝元始年间王莽和刘歆制作的礼仪，建立和完善了郊祀典礼。儒家传统经典中记载的祭祀天地的场所终于固定了下来，至少东汉初年的时候帝王还是会认真勤勉地前往郊外祭祀天地。不仅如此，汉光武帝晚年的时候，还参考王莽和刘歆制作的礼仪，根据儒家经典和谶纬文献的记载，在洛阳城南郊修建了明堂、辟雍和灵台，也就是“三雍”。

二、明堂、辟雍与灵台

明堂、辟雍与灵台在汉代文献之中也被称为“三雍”或者“三宫”，例如《汉书·终军传》说：“建三宫之文质，章厥职之所宜，封禅之君无闻焉”，颜师古注引服虔曰：“三宫，明堂、辟雍、灵台也。”郑氏曰：“于三宫班政教，有文质者也。”① 汉武帝曾经和河间献王刘德讨论“三雍宫”

---

① 班固撰，颜师古注：《汉书》卷六十四下《终军传》，北京：中华书局，1962 年，第 2815 页。

的问题，到东汉，明堂、辟雍和灵台机构完善以后也被称为“三雍”。明堂和辟雍、灵台都是儒家王政教化的象征，也是学者们重点关注的问题，相关的研究浩如烟海①，此处的讨论建立在前人研究的基础上，主要关注的是明堂、辟雍和灵台与谶纬之间的关系。

学者们注意到，谶纬中有与明堂、辟雍和灵台有关的内容，例如钟肇鹏整理《七纬》就认为：“《礼纬》中，如关于九锡、明堂、灵台、辟雍之礼，可以补《礼经》传记之逸。”② 从现存的相关记载来看，谶纬文献中关于明堂、辟雍和灵台的记载，晚于汉武帝时代，大致出现于汉平帝和王莽时代前后，这和学者们对于谶纬文献出现的时间的基本认知相符。另外也可以发现，谶纬文献中关于明堂、辟雍和灵台的内容，在儒家文献的基础上增补了许多内容，这些增补的内容有的能够符合王莽、刘歆或者光武帝、汉明帝的需求；但也有许多内容没有满足需要，或者没有被采用，而彻底遗失了。③

明堂和辟雍在儒家士大夫的精神世界里具有至高无上的地位，《汉书·郊祀志》追述西周时代说：“周公相成王，王道大洽，制礼作乐，天子曰明堂辟雍，诸侯曰泮宫。郊祀后稷以配天，宗祀文王于明堂以配上帝。四海之内各以其职来助祭。”在这样的叙述之中，明堂的作用是作为

---

① 相关的研究可以参看戴震撰，张岱年主编：《戴震全书》（五），合肥：黄山书社，1995年；阮元：《揅经室续集》卷一《明堂图说》，北京：中华书局，1985年；焦循：《群经宫室图》卷下《明堂图五》，《续修四库全书》，第173册；王国维：《明堂庙寝通考》，《观堂集林》，北京：中华书局，1959年；田中淡：《先秦时代宫室建筑序说》，《东方学报》第52册，1980年；王世仁：《明堂形制初探》，《中国文化研究集刊》第4辑，上海：复旦大学出版社，1987年，第4页；杨鸿勋：《破解“周人明堂”的千古之谜——“周人明堂”的考古学研究》，另参见氏著《今文学派九室明堂论的体现——东汉雒阳明堂》，收入《杨鸿勋建筑考古学论文集》（增订版），北京：清华大学出版社，2008年。另外也可参考张一兵：《明堂制度研究——明堂制度的源流》，吉林大学博士学位论文，2004年。薛梦潇的研究也尝试对《考工记》中的“周人明堂”的形制进行了复原，可参看《早期中国的月令与“政治时间”》，上海：上海古籍出版社，2018年，第110页。

② 赵在翰辑，钟肇鹏、萧文郁点校：《七纬（附论语谶）》，北京：中华书局，2012年，第5页。

③ 相关的研究参任蜜林：《谶纬与古文经学关系之再检讨——以刘歆为中心》，《哲学动态》，2019年第7期。

“宗祀”的场所，也就是祭祀祖先神灵的，但是在明堂祭祀祖先要“配上帝”，也就是说祖先神灵和上帝一起在明堂内部接受祭祀。前文引《钩命决》曰：“自外至者，无主不止；自内出者，无匹不行。”也就是说，古人认为如果要祭祀天神，必须要有自家的祖先为之作“主”，也就是所谓的“配食”，只有这样天神才会降临享用，接受人们的祭祀。

另外，明堂还是“正四时，出教化”的场所，所以明堂在建筑形式上模仿“四时”，颜师古注引应劭说：“明堂上圜下方，八窗四达，布政之宫，在国之阳。上八窗法八风，四达法四时，九室法九州，十二重法十二月，三十六户法三十六旬，七十二牖法七十二候。……辟雍者，象璧圜，雍之以水，象教化流行。”① 应劭的这个说法应该是受《大戴礼记》以及谶纬文献的影响。也就是说在儒者看来，明堂是一座具有强烈象征意义的建筑。而到了王莽统治时期，明堂被赋予了符瑞的性质，所谓“羲和刘歆等四人使治明堂、辟廱，令汉与文王灵台、周公作洛同符”②。《汉书·司马迁传》也说：“五年而当太初元年，十一月甲子朔旦冬至，天历始改，建于明堂，诸神受记”，“明堂”与“诸神受记”的关系，颜师古注引张晏曰：“以元新改，立明堂，朝诸侯及郡守受正朔，各有山川之祀，故曰诸神受记。”孟康曰：“明堂班十二月之政，历纪四时，故改建于明堂。诸神受记，若勾芒祝融之属皆受瑞记。迁因此而作。”③ 也就是说，太初改元以及颁布新的历法这件事在以司马迁为代表的汉武帝时代士大夫看来具有非常重要的意义，而这种意义等同于明堂完善和整合了对诸神的祭祀。

明堂还是象征对“天下”进行统治的场所。汉武帝明堂修建完成之后，参与祭祀的重要成员是地方诸侯王以及地方上计吏，所谓“祠高祖于明堂，以配上帝，因朝诸王列侯，受郡国计”，诸王列侯和郡国来的上计

---

① 班固撰，颜师古注：《汉书》卷十二《平帝纪》，北京：中华书局，1962 年，第 357 页。

② 班固撰，颜师古注：《汉书》卷十二《平帝纪》，北京：中华书局，1962 年，第 359 页。

③ 班固撰，颜师古注：《汉书》卷六十二《司马迁传》，北京：中华书局，1962 年，第 2716 页。

吏代表着地方，他们随同皇帝一起祭祀天神上帝和祖先神灵，然后朝拜皇帝，其中的象征性意味也就不言而喻了。后来王莽时期在明堂“授诸侯茅土”，也是将明堂作为中央统治天下的标志性建筑。

在谶纬文献之中，详细记载了明堂的位置、形制等信息：

> 明堂，文王之庙，夏后氏曰世室，殷人曰重屋，周人曰明堂。东西九筵，筵九尺，南北七筵，堂崇一筵五室。凡室二筵，盖之以茅。宗祀文王于明堂，以配上帝。明堂上圆下方，八窗四闼，布政之宫在国之阳。
>
> 明堂有五室，天子每月于其室听朔布教，祭五帝之神，配以有德之君。
>
> 明堂之制，东西九筵，筵长九尺也。明堂东西八十一尺，南北六十三尺，故谓之太室。周之明堂，在国之阳，三里之外，七里之内，在辰巳者也。①

《纬书集成》《孝经援神契》也有与“明堂”相关的记载，与赵在翰辑录的《七纬》略有不同：

> 明堂者，天子布政之宫，八窗四闼，上圆下方，在国之阳。
>
> 明堂有五室，天子每月于其室听朔布教，祭五帝之神，配以有功德之君。
>
> 得阳气明朗，谓之明堂。以明堂义大，故所合理广也。②

汉代之前关于明堂的记载中，很少描述明堂的具体形制，后来人们关于明堂形制的了解，与纬书有非常密切的关系，例如郑玄解释经典文献中

---

① 赵在翰辑，钟肇鹏、萧文郁点校：《七纬（附论语谶）》，北京：中华书局，2012年，第680-681页。

② 安居香山、中村璋八辑：《纬书集成》，石家庄：河北人民出版社，1994年，第967-968页。

关于明堂的记载之中也引用了纬书的记载，正如赵在翰注释引杨应阶曰："明堂五室。郑说据纬，确不可易也。"是对这种情况的准确判断。而到了王莽时代，刘歆等人之所以能够在较短的时间内就建设完成明堂，应当就是参考了谶纬文献，毕竟在《孝经援神契》之中，明堂的位置以及建筑格局等都有了具体的规划，按照这个规划进行实施，已经没有太大的难度了。而且纬书中的相关记载被认为与"圣人"有关，所以能够统一不同派别的思想，明堂制度的设计形式也就能够获得尽可能广泛的接受了。

其他谶纬文献之中也有关于明堂的记载，而这些都曾为王莽时代刘歆以及后来光武帝时代设立明堂提供依据，例如《尚书帝命验》论述明堂制度，也认为皇帝应当立"五府"，与所谓"五室"的观念有所联系：

> 帝者承天，立五府以尊天重象。五府，五帝之庙，苍曰灵府，赤曰文祖，黄曰神斗，白曰显纪，黑曰玄矩。唐虞谓之五府，夏谓世室，殷谓重屋，周谓明堂，皆祀五帝之所也。[①]

《尚书帝命验》中的这段论述经常为各类文献所征引，《史记索隐》引述的内容比《七纬》更为详细，其中提到：

> 唐虞谓之天府，夏谓之世室，殷谓之重屋，周谓之明堂，皆祀五帝之所也。文祖者，赤帝熛怒之府，名曰文祖。火精光明，文章之祖，故谓之文祖。周曰明堂。神斗者，黄帝含枢纽之府，名曰神斗。斗，主也。土精澄静，四行之主，故谓之神斗。周曰太室。显纪者，白帝招拒之府，名显纪。纪，法也。金精割断万物，故谓之显纪。周曰总章。玄矩者，黑帝汁光纪之府，名曰玄矩。矩，法也。水精玄味，能权轻重，故谓之玄矩。周曰玄堂。灵府者，苍帝灵威仰之府，

① 赵在翰辑，钟肇鹏、萧文郁点校：《七纬（附论语谶）》，北京：中华书局，2012年，第221页。

名曰灵府。周曰青阳。①

赵在翰认为："《史记》载高祖立黑帝祠，先郑注：掌次五帝，五色之帝。盖已言五天帝矣。且五人帝何以分属五时也？古帝出，治法五行，非大昊独法木行、炎帝独法火行也。其先感五色帝之精而生，殁而其神从所感生者，故可以配五色帝也。五人帝本五天帝，是感生帝之说非诬也。天有太微，五色五精之帝，是耀魄宝之为上帝，又可信矣。至明堂享祀之制，五室是象五行，祀五天帝。五人帝以配其色，周制大享，以文王配五天帝，武王配五人帝，五时迎气于郊，还于明堂，祭其当时之帝。"可见"五室"之说是汉代谶纬文献中关于明堂记载中最为主要的特点之一。

在王莽主持的元始改制之中，明堂制度至关紧要，《汉书·王莽传》记载，元始五年正月，王莽率领群臣"祫祭明堂，诸侯王二十八人，列侯百二十人，宗室子九百余人，征助祭"②。王莽对完成明堂建设非常在意，参与明堂设计和建设的刘歆等人都被封为列侯，如《汉书·王莽传》说："刘歆、陈崇等十二人皆以治明堂，宣教化，封为列侯。"③ 在王莽与刘歆等人的设计之中，明堂是举行"宗祀"礼仪的所在地，这是西周留下来的制度，据说"周公居摄，郊祀后稷以配天，宗祀文王于明堂以配上帝，是以四海之内各以其职来祭，盖诸侯千八百矣"④。后来王莽称假皇帝的时候"郊祀天地，宗祀明堂，共祀宗庙，享祭群神"，始建国二年的时候，在孙建的建议之下，王莽也在明堂里祭祀汉高祖刘邦，也就是所谓的"汉高皇帝为新室宾，享食明堂"。除此之外，明堂也可以举行其他的重要礼仪，

① 司马迁：《史记》卷一《五帝本纪》，北京：中华书局，1959年，第23-24页。

② 班固撰，颜师古注：《汉书》卷九十九上《王莽传上》，北京：中华书局，1962年，第4070页。

③ 班固撰，颜师古注：《汉书》卷九十九上《王莽传上》，北京：中华书局，1962年，第4077页。而在《汉书·外戚恩泽侯表》中，这次被封侯的还有防乡侯平宴，所谓"以长乐少府与刘歆、孔永、孙迁四人使治明堂辟雍得万国欢心功侯，各千户"。(《汉书》卷十八《外戚恩泽侯表》，第716页。)

④ 班固撰，颜师古注：《汉书》卷九十九上《王莽传上》，北京：中华书局，1962年，第4089页。

例如王莽也曾经“行大射礼于明堂，养三老五更，成礼而去”。王莽也在明堂内授诸侯茅土。[①] 另外，地皇四年秋，“莽愈忧，不知所出。崔发言：‘《周礼》及《春秋左氏》，国有大灾，则哭以厌之。……’莽自知败，乃率群臣至南郊，陈其符命本末……因搏心大哭，气尽，伏而叩头”[②]，是以哭厌胜灾难。南郊有重要的礼制性建筑，包括新莽的九庙，以及明堂、辟雍和灵台等等，王莽在南郊“陈其符命本末”的对象应当是天神，所以举行这种礼仪的地方可能是明堂。

虽然史料中没有直接提到王莽明堂的形制，但东汉建立以后光武帝刘秀的明堂制度据说采自“元始故事”，两者可以相互印证进行研究。

后来汉光武帝刘秀即位的时候，修建了明堂、辟雍和灵台等礼制建筑，《汉书·礼乐志》说：“世祖受命中兴，拨乱反正，改定京师于土中。即位三十年，四夷宾服，百姓家给，政教清明，乃营立明堂、辟雍。显宗即位，躬行其礼，宗祀光武皇帝于明堂，养三老五更于辟雍，威仪既盛美矣。”[③] 班固回顾秦汉以来的祭祀制度，对于东汉王朝设立明堂制度的自豪之情是溢于言表的，而且前文也提到说，明堂制度对于儒者的精神世界来说具有极为关键的作用。但明堂和辟雍等修建完成之后不久，光武帝刘秀就去世了，所以光武帝的时代并没有在明堂举行过礼仪。

李贤注引《大戴礼记》等文献介绍明堂的基本形制，其中《大戴礼记》中的记载与东汉明堂形制极为相似：“明堂者凡九室，一室有四户八牖，三十六户，七十二牖。以茅盖上，上员下方。赤缀户也，白缀牖也。”李贤注另外引《礼图》记载了东汉明堂的制度，其中提到：“建武三十一年，作明堂，上员下方。十二堂法日辰。九室法九州。室八窗，八九七十二，法一时之王。室有十二户，法阴阳之数。”胡伯始云：“古清庙盖以

---

① 班固撰，颜师古注：《汉书》卷九十九上《王莽传上》，北京：中华书局，1962年，第4082页。

② 班固撰，颜师古注：《汉书》卷九十九下《王莽传下》，北京：中华书局，1962年，第4187-4188页。

③ 班固撰，颜师古注：《汉书》卷二十二《礼乐志》，北京：中华书局，1962年，第1035页。

茅，今盖以瓦，下藉以茅，存古制也。”李贤还引用《汉官仪》的记载说：“明堂四面起土作堑，上作桥，堑中无水。明堂去平城门二里所，天子出，从平城门，先历明堂，乃至郊祀。”《汉官仪》中的记载似乎是说明堂和辟雍相合，但这种说法受蔡邕影响，光武帝时期修建的辟雍和明堂应该还是两组不同的建筑。

此外，从李贤所引的《礼图》等文献的记载来看，经典文献记载之中明堂“上员下方”的观念也被东汉时期接受，而且平城门是洛阳城的“正阳之门”，明堂位于平城门外符合西汉中后期以来儒家的基本认识。而且东汉时期的明堂“赤缀户也，白缀牖也”，显然是进行了特意的装饰，这和汉武帝时期明堂“中有一殿，四面无壁”格局已经截然不同，但也保留了“盖以瓦，下藉以茅”的基本形制。

值得注意的是，东汉初年明堂“九室”的说法与谶纬文献中“五室”的说法相左，关于明堂是“亚字型”的五室结构，前文已经进行过讨论。而“五室”的结构也与《大戴礼记》等传统经典文献的记载相符。然东汉以后，明堂“九室”“十二堂”“三十六户”的说法为儒者们所接受。

此外，《后汉书·祭祀志》保留了东汉明堂之内的座位摆放方式，也是非常重要的资料，其中提到：

> 明帝即位，永平二年正月辛未，初祀五帝于明堂，光武帝配。五帝坐位堂上，各处其方。黄帝在未，皆如南郊之位。光武帝位在青帝之南少退，西面。牲各一犊，奏乐如南郊。卒事，遂升灵台，以望云物。[①]

汉明帝时代的祭祀典礼，尤其是五帝和光武帝的座位关系，很可能就来自当时王莽祭祀天帝，以汉高祖刘邦配。事实上，除了“升灵台”之外，汉

① 司马彪撰，刘昭注补：《后汉书》志第八《祭祀中》，北京：中华书局，1965年，第3181页。

明帝时期的这一系列礼仪应该都是来源于“元始故事”。

和明堂一样，辟雍作为儒家经典中的礼仪性建筑，同样具有非常重要的政治文化意义。在儒家经典的记载之中，辟雍是学校机构，汉明帝的时候在辟雍内举行了养三老的礼仪，一度成为礼仪盛事。

《汉书》没有记载汉武帝的时候修建辟雍，但《三辅黄图》有“汉辟雍”，其中提到：

> 汉辟雍，在长安西北七里。《汉书》河间献王来朝，献雅乐，武帝对之三雍宫，即此。《礼乐志》曰：“成帝时，犍为郡水滨得古磬十六枚，刘向说帝宜兴辟雍焉。”①

《三辅黄图》明确记载汉武帝的时候就修建了辟雍，位置在长安西北七里。此外，《三辅黄图》还引用了《汉书·河间献王传》的记载：“武帝时，献王来朝，献雅乐，对三雍宫及诏策所问三十余事”，颜师古注引应劭认为“三雍宫”指的是“辟雍、明堂、灵台也。雍，和也，言天地君臣人民皆和也”。② 河间献王在“三雍宫”奏对不太可能，因为汉武帝时期的明堂在汶上，河间献王既然是“来朝”，就没有在汶上明堂奏对的可能性，而且史料中也没有提到汶上有灵台和辟雍。

对于《三辅黄图》中关于“汉辟雍”的记载，何清谷校释引王先谦《汉书补注》引《通鉴》胡三省注认为，召对三雍宫的意思是：“对三雍宫之制度，非召对于三雍宫也”，何清谷认为此说与《三辅黄图》的记载相左，录以备考。其实胡三省和王先谦都认识到了，这句话确实不能理解为在三雍宫召对，河间献王刘德去世于元光五年（公元前130年），而汉武帝修建汶上明堂是在元封年间（公元前110至公元前105年）的事情，既然明堂都没有修建，那么在“三雍”召对的说法也就没有依据了。所以

① 何清谷：《三辅黄图校释》卷五《辟雍》，北京：中华书局，2005年，第292页。

② 班固撰，颜师古注：《汉书》卷五十三《景十三王传》，北京：中华书局，1962年，第2411页。

对于这个记载正确的理解应该是，汉武帝跟刘德讨论了三雍宫的设计和形制等内容。事实上，《后汉书·张纯传》“孝武太山明堂制度”之下李贤注释也说：“武帝时，河间献王德献雅乐，对三雍宫，有其书记也。”[①] 意思也是说河间献王向武帝陈述有关三雍宫的建设规划等问题，当时的讨论内容也流传了下来。

后来王莽修建明堂的时候，也同时修建了辟雍，王莽辟雍的位置应当就在明堂的附近，但具体的形制不详。在典籍的记载之中，辟雍的形制都比较清晰，也比较简单，基本都是说辟雍像是玉璧一样的圆形，例如《汉书·平帝纪》颜师古注引应劭说：“辟雍者，象璧圜，雍之以水，象教化流行。”[②]《白虎通》的记载更为详尽，其中有《论辟雍泮宫》一篇说：

> 天子立辟雍何？辟雍所以行礼乐，宣德化也。辟者，璧也。象璧圆，以法天也。雍者，壅之以水，象教化流行也。辟之言积也。积天下之道德。雍之为言壅也。天下之仪则，故谓之辟雍也。《王制》曰：“天子曰辟雍，诸侯曰泮宫。”外圆者，欲使观者均平也。又欲言外圆内方，明德当圆，行当方也。[③]

从《白虎通》的记载来看，辟雍的形制也就是“象璧圆”以及“壅之以水”，《孝经援神契》赵在翰引杨应阶说：“辟雍之制如明堂，但其外有水耳。明堂之外以水环之则为辟雍。蔡邕等合明堂于辟雍，盖有由也。”也就是说，辟雍原本就是水池，可以环绕在明堂的外围，是两组原本具有不同功能的建筑，可以组成一组建筑。

另外《孝经援神契》也提到：

---

① 范晔撰，李贤等注：《后汉书》卷三十五《张曹郑列传》，北京：中华书局，1965年，第1196页。

② 班固撰，颜师古注：《汉书》卷十二《平帝纪》，北京：中华书局，1962年，第357页。

③ 陈立撰，吴则虞点校：《白虎通疏证》卷六《辟雍》，北京：中华书局，1994年，第259-260页。

天子亲临辟雍，袒割。尊事三老，兄事五更。三者道成于三，五者训于五品。言其能以善道改己也。三老五更皆取有妻男女完具者。[①]

辟雍是天子在辟雍举行尊事三老和兄事五更的仪式，汉明帝统治的时候曾经多次“临辟雍，初行大射礼”“幸辟雍，初行养老礼”，汉明帝在诏书中也说：“光武皇帝建三朝之礼，而未及临飨。眇眇小子，属当圣业。间暮春吉辰，初行大射；令月元日，复践辟雍。尊事三老，兄事五更。”李贤注引《孝经援神契》说：“尊事三老，父象也。”宋均注曰：“老人知天地之事者。”从李贤注引《续汉志》“其日乘舆先到辟雍礼殿，坐于东厢”的记载来看[②]，东汉初年修建的辟雍是和明堂相对独立的建筑，而且辟雍之中还有专门的礼仪性建筑。

此外，根据文献的记载，东汉初年修建的辟雍有“四门”，《后汉书·儒林列传》李贤注引《汉官仪》解释“圜桥门”说：“‘辟雍四门外有水，以节观者。’门外皆有桥，观者水外，故云圜桥门也。”[③]

前文提到，明堂和辟雍在东汉初年的时候还是两组不同的建筑，但是到蔡邕作《明堂论》，将明堂和辟雍合在一起，组成了一组建筑，而这也成为后来辟雍的基本形制。蔡邕的想法也很简单，既然辟雍原本只是一个圆璧形状的水池，那么将水池环绕在明堂四周也是可以的，他说：“明堂者，天子太庙，所以崇礼其祖，以配上帝者也……取其宗祀之清貌，则曰清庙。取其正室之貌，则曰太庙。取其尊崇（矣），则曰太室。取其（堂）〔向明〕，则曰明堂。取其四门之学，则曰太学。取其四面水圆如璧，则曰辟雍。异名而同事，其实一也。”[④]

---

① 赵在翰辑，钟肇鹏、萧文郁点校：《七纬（附论语谶）》，北京：中华书局，2012年，第682页。

② 范晔撰，李贤等注：《后汉书》卷二《显宗孝明帝纪》，北京：中华书局，1965年，第102-103页。

③ 范晔撰，李贤等注：《后汉书》卷七十九上《儒林列传上》，北京：中华书局，1965年，第2546页。

④ 司马彪撰，刘昭注补：《后汉书》志第八《祭祀中》，北京：中华书局，1965年，第3178页。

前引李贤注释来自《大戴礼记·明堂》，与现在流传的《大戴礼记》版本大致相同，但今本《大戴礼记》中有“外水曰辟雍”一句，王聘珍解诂引《牛弘传》引《明堂阴阳录》云：“明堂之制，周圜行水，左旋以象天。”蔡邕云：“水阔二十四丈，象二十四气，于外以象四海。”卢注云：“《韩诗》说辟圆如璧，雍以水。不言圆言辟者，取辟有德。不言辟水言雍，雍，和也。”王聘珍引《礼记·王制》说：“大学在郊，天子曰辟廱”[①]，似乎也认识到辟雍和明堂原本是两种建筑，但《大戴礼记》和蔡邕把两者混而为一了。辟雍本来就是环绕的水池，如果修建在明堂的外围，两者本来是可以组成一组建筑的，这也是后来蔡邕设计的明堂和辟雍的基本理念。但这种理念在东汉早期并没有出现，所以《大戴礼记》“外水曰辟雍”出现的时间存疑，我们认为，《大戴礼记》关于明堂的记载应该是在东汉中后期以后出现的。事实上，现在能够见到的文献中关于明堂的记载也存在很多问题，其中问题比较多的就是《三辅黄图》关于“汉明堂”“汉辟雍”的记载。

前文已经讨论过《三辅黄图》中关于“三雍宫”的说法，此外《三辅黄图》有“汉明堂”，另外还有“汉辟雍”的记载，但从相关资料来看，《三辅黄图》关于汉代“明堂”和“辟雍”的记载都存在不同程度的问题：

> 汉明堂在长安西南七里。《汉书》曰：“武帝初即位，向儒术，以文学为本，议立明堂于城南，以朝诸侯。”应劭注云：“汉武帝造明堂，王莽修饰令大。”[②]

值得注意的是这里应劭的说法“汉武帝造明堂，王莽修饰令大”，汉武帝所造的明堂在泰山之下，汶水之上，王莽的明堂在长安城南，应劭的说法

① 王聘珍撰，王文锦点校：《大戴礼记解诂》卷八，北京：中华书局，1983年，第150页。

② 何清谷：《三辅黄图校释》卷五《明堂》，北京：中华书局，2005年，第297页。

不知有什么依据。何清谷也觉得《三辅黄图》和相关文献的记载存在歧异，他在校释引用了四条记载，都与《三辅黄图》所载的明堂位置不同，何清谷最后认为“好像立明堂城南已行，但未成而辍，已有部分堂屋而被称作三雍宫。前注三雍宫，即辟雍、明堂、灵台”①。现在看来，《三辅黄图》的相关记载，应劭的解释，以及何清谷先生的“好像”都有问题，汉武帝时代在长安城没有修建明堂，明堂和辟雍都是元始年间王莽修建的，位置在长安城南，凡与此相左的，都不能认为是明堂。所谓王莽拆三雍宫改建明堂之事，应当并不存在。

灵台和明堂、辟雍一样，也是非常重要的礼仪性建筑，比较特殊的是儒家经典中的文王灵台原本就有天文台的形制，而灵台在后来也逐渐成为天文台的名称。至于汉武帝的时候是否修建了灵台，现在仍存有疑问，而史料记载中明确说王莽的时候在长安城外修建灵台，王莽灵台是否具有天文台的形制也相当可疑，另外王莽灵台显然是受到了谶纬文献的影响。

在儒家经典之中，周文王曾修建灵台，《汉书·王莽传》颜师古注解“《诗》之灵台，《书》之作雒”认为：“灵台，所以观气象者也。文王受命，作邑于丰，始立此台，兆庶自劝，就其功作。”② 灵台被当成西周鼎盛的符瑞，《大雅》有《灵台》之诗：“经始灵台，经之营之，庶民攻之，不日成之。”所以王莽、刘歆等人修建明堂和辟雍之后，认为汉的明堂和辟雍同周的灵台以及周公作洛具有相同的意义，所谓“羲和刘歆等四人使治明堂、辟廱，令汉与文王灵台、周公作洛同符”③。

从这里的记载来看，王莽似乎并未修建灵台。但王莽又在诏书中多次将“灵台”与“明堂”“辟雍”并列，而且《王莽传》又明确说：“莽奏起明堂、辟雍、灵台，为学者筑舍万区，作市、常满仓，制度甚盛”，史料中有王莽在明堂和辟雍举行礼仪活动的记载，却不见在灵台有任何活

① 何清谷：《三辅黄图校释》卷五《明堂》，北京：中华书局，2005年，第298页。

② 班固撰，颜师古注：《汉书》卷九十九上《王莽传上》，北京：中华书局，1962年，第4074页。

③ 班固撰，颜师古注：《汉书》卷十二《平帝纪》，北京：中华书局，1962年，第359页。

动。灵台与天文信仰有关，而王莽向来信仰“时日小数”，如果王莽当时确实曾经建设完成灵台，不太可能完全没有在灵台活动的记载，毕竟到了东汉时期，“登灵台”“望云物”是在“三雍”举行仪式的重要环节。所以可以推测王莽的时代并没有修建灵台建筑。

到了东汉光武帝时期开始着手修建灵台，《后汉书·桓谭传》记载刘秀和桓谭的冲突：

> 其后有诏会议灵台所处，帝谓谭曰：“吾欲以谶决之，何如?”谭默然良久，曰：“臣不读谶。”帝问其故，谭复极言谶之非经。帝大怒曰：“桓谭非圣无法，将下斩之。”谭叩头流血，良久乃得解。出为六安郡丞，意忽忽不乐，道病卒，时年七十余。①

从这里的记载来看，东汉初年君臣对灵台应该所在的位置不是十分清楚。这从另外一个方面也可以说明之前没有修建过灵台，如果王莽修建了灵台，那么光武帝君臣完全可以参考“元始故事”，而不必再“会议”其处了。

《后汉书·光武帝纪》李贤注引《汉宫阁疏》曰：“灵台高三丈，十二门。天子曰灵台，诸侯曰观台”②，这大概就是光武帝灵台的基本形制了。张衡《东京赋》说：“左制辟雍，右立灵台”，薛综注曰：“于上班教曰明堂，大合乐射飨者辟雍，司历记候节气者曰灵台。”③ 灵台和辟雍的相对位置关系，以及主要的用途是十分清晰的。东汉的灵台与明堂和辟雍一样，是一处重要的礼仪性的建筑，汉明帝以后在明堂和辟雍举行典礼的过程中，一般都会有“登灵台”“望云物”的内容。此外，从所谓“司历记

---

① 范晔撰，李贤等注：《后汉书》卷二十八上《桓谭冯衍列传》，北京：中华书局，1965年，第961页。

② 范晔撰，李贤等注：《后汉书》卷一下《光武帝纪下》，北京：中华书局，1965年，第84页。

③ 司马彪撰，刘昭注补：《后汉书》志第八《祭祀中》，北京：中华书局，1965年，第3178页。

候节气者曰灵台”的记载来看，东汉的灵台同样具有观测天文的实际功能，灵台上放置有浑仪、圭表等天文观测仪器，也有太史系统的官员在这里工作，负责观测天文等等，皇帝在灵台举行仪式的时候，也有接见太史系统官员的内容。

谶纬文献中有不少关于灵台的记载，但也只是论证灵台的意义，而没有提供太多的细节。只是从前述光武帝依靠图谶来决策的情况来看，刘秀看到的谶纬文献里是有更为详细记载的。

在谶纬文献之中，灵台是通过观测天文现象和上天进行交流的场所，《诗汎历枢》说：“灵台，候天意也，经始灵台，天下附也。”赵在翰引杨应阶曰：“《乾凿度》言‘文王伐崇，作灵台’，《含神雾》言‘作邑于丰，起灵台’，故此《纬》及《诗叙》俱云：‘灵台民始附也。’台以观天文，故云候天意。说灵台者，郑君谓辟雍三灵同处在郊，袁准《正论》申明郑意，言之详矣。《三辅黄图》载三灵相去数里，皆在长安西郊，是同处也。《说苑》元：‘积仁为灵。’《黄图》云：‘灵台高二丈，周二百四十步。’”[①] 此外，《礼含文嘉》也说：“礼，天子灵台，所以观天人之际，阴阳之会也。揆星度之验，征六气之端，应神明之变化，睹日气之所验，为万物获福于无方之原，招太极之清泉，以与稼穑之根。仓廪实，知礼节；衣食足，知荣辱。天子得灵台之礼，则五车三柱，明制可行，不失其常。水泉川流，无滞寒暴暑之灾，陆泽山陵，禾尽丰穰。”[②]

总体而言，东汉光武帝时期修建明堂、辟雍和灵台，并作为国家重要的礼仪性建筑，汉明帝以后经常在此举行重要的礼仪活动，儒生们自西汉初年就呼吁推动建设的国家礼仪建筑终于成为现实。应该注意的是，先秦儒家文献中有关于这些礼仪建筑的零碎记载，西汉时期的儒生对这些记载奉若圭臬，极力宣扬“三雍”对于国家政治的重要意义。然而儒者们的解释又言人人殊，明堂、辟雍和灵台到底是什么样子，相关的礼仪又该如何

① 赵在翰辑，钟肇鹏、萧文郁点校：《七纬（附论语谶）》，北京：中华书局，2012年，第249-250页。

② 司马彪撰，刘昭注补：《后汉书》志第八《祭祀中》，北京：中华书局，1965年，第3178页。

进行，都没有统一的结论，所以相关的建筑一直没有修建完成，即便是完成之后不同的儒生也互相攻击，相关礼仪活动难以为继。

正史的记载之中，一直到刘向时期儒生们才又开始讨论明堂、辟雍和灵台的问题，事实上汉武帝以后的儒生们依托传世经典中零碎和片段的记载，根据西汉的实际情况，逐渐完成了明堂、辟雍和灵台的建构工作。而为了获得更广泛的认同，儒生们假托圣人之言，以“纬书”的形式呈现相关内容，同时与王莽、刘歆等人合作，在王莽篡汉成功以后，掺杂了谶纬相关内容的“三雍”理念被付诸实践。东汉建立以后，明堂在王莽时代的成功建设已经深入人心，至少儒家化的士大夫阶层对相关的礼仪已经接纳，所以尽管光武帝等人极力反对王莽以及新朝政权，对于明堂等礼仪性建筑却全盘接纳。儒生们和东汉王朝理念趋同，以“文治”为主要特征的国家意识形态建设完成。

三、光武封禅

光武帝刘秀统治时期以谶制礼之中最关键的就是封禅，而刘秀封禅同样与谶纬有关。只是现存谶纬文献中与封禅有关的内容大都是片段的记载，并没有太多的细节。

《易通卦验》说：

> 封于太山，禅于梁阴，易姓之起，刻石明号。[①]

《诗含神雾》说：

> 五岳视三公，岱宗为之长，封禅往焉。[②]

---

① 赵在翰辑，钟肇鹏、萧文郁点校：《七纬（附论语谶）》，北京：中华书局，2012年，第131页。

② 赵在翰辑，钟肇鹏、萧文郁点校：《七纬（附论语谶）》，北京：中华书局，2012年，第256页。

《春秋汉含孳》说：

冢宰奉图，宗人共观，九日悉见后日之过、方来之害，以告天曰：请封禅，到岱宗，画期过数，告请命。①

《春秋演孔图》说：

帝当会昌，成封岱宗。宋均注："应会之期耳。"②

相对来说，《孝经钩命决》中关于封禅的内容最多：

刑罚藏，颂声作，凤皇至，麒麟臻，封泰山，禅梁甫。

封禅刻石纪号也。

封乎泰山，考绩燔燎。禅乎梁甫，刻石纪号。焕炳巍巍，教化显著。

予谁行，赤刘用，帝三建孝，九会备，专兹竭行，封岱青。

五岳：东岳岱，南岳衡，西岳华，北岳恒，中岳崧高。③

《礼纬》中关于封禅的内容与《孝经钩命决》类似：

刑法格藏，世作颂声，封于太山，考绩柴燎，禅于梁甫，克石纪号，英炳巍巍，功平世教。④

---

① 赵在翰辑，钟肇鹏、萧文郁点校：《七纬（附论语谶）》，北京：中华书局，2012年，第590页。

② 赵在翰辑，钟肇鹏、萧文郁点校：《七纬（附论语谶）》，北京：中华书局，2012年，第380页。

③ 赵在翰辑，钟肇鹏、萧文郁点校：《七纬（附论语谶）》，北京：中华书局，2012年，第730-731页。

④ 赵在翰辑，钟肇鹏、萧文郁点校：《七纬（附论语谶）》，北京：中华书局，2012年，第319页。

总的来看，谶纬文献中称泰山为“岱宗”，并且刻意提升岱宗的地位，由此可见关于封禅的谶纬文献与齐鲁地域文化有关。

而刘秀决定封禅则是因为《河图会昌符》中关于“会命岱宗”的记载，据《后汉书·祭祀志》：

> 三十二年正月，上斋，夜读《河图会昌符》，曰“赤刘之九，会命岱宗。不慎克用，何益于承。诚善用之，奸伪不萌”。感此文，乃诏松等复案索《河》《雒》谶文言九世封禅事者。松等列奏，乃许焉。

李贤注引《东观书》曰：“群臣奏言：‘登封告成，为民报德，百王所同。陛下辄拒绝不许，臣下不敢颂功述德业。《河》《雒》谶书，赤汉九世，当巡封泰山，凡三十六事，傅奏左帷。陛下遂以仲月令辰，遵岱岳之正礼，奉《图》《雒》之明文，以和灵瑞，以为兆民。’上曰：‘至泰山乃复议。国家德薄，灾异仍至，图谶盖如此！’”[①] 这里明确说明刘秀想要封禅是因为受到了《河图会昌符》的影响，而真正让刘秀动心的，除了“赤刘之九”可以标明自己是汉高祖刘邦直接继承人身份之外，还有所谓的“诚善用之，奸伪不萌”的未来效果。建武三十二年是“建武”的最后一年，封禅泰山之后刘秀就决定改元为“中元”，刘秀此时最关心的除了东汉王朝的合法性问题之外，王朝能否长治久安是更为重要的问题，所以“和灵瑞”“为兆民”被反复提及。

刘秀虽然受到谶纬的影响打算进行封禅，但封禅的具体礼仪谶纬文献里并没有提到，史料记载说：“乃求元封时封禅故事，议封禅所施用”，也就是说梁松等人在谶纬文献里寻找了很久，最终也没有找到具体而详细的仪式，所以汉光武帝的封禅典礼采用了汉武帝元封时期封禅，并且根据当时的情况进行了整理。这是汉光武帝刘秀时期关于制礼的一个特殊的细节，即谶纬并没有提供足够详尽的资料。

---

① 司马彪撰，刘昭注补：《后汉书》志第七《祭祀上》，北京：中华书局，1965年，第3163页。

《后汉书·光武帝纪》记载，中元元年春正月，“丁卯，东巡守。二月己卯，幸鲁，进幸太山。北海王兴、齐王石朝于东岳。辛卯，柴望岱宗，登封太山；甲午，禅于梁父。”[①] 关于汉光武帝的封禅礼仪，《后汉书》中有较为详细的记载。

总的来说，可以发现东汉初期的许多重要礼仪都与谶纬有着密切的关系，汉光武帝本人深受谶纬的影响，对谶纬在国家治理和信仰建构方面所能起到的作用十分信赖，所以在祭祀制度的建设等方面都参考谶纬文献的相关记载。然而同时也应该注意到，光武帝采信谶纬记载的原因还包括整合不同派别儒生的意见，也就是说，在不同派别儒生对于礼制建设争论不休的情况之下，以谶纬文献的记载统合不同的意见，能够使得礼制建设顺利推行。所以东汉时期的重要国家祭祀礼仪，包括郊祀、三雍祭祀以及封禅等之中都有谶纬方面的内容。从现在看到的谶纬文献之中可以发现，西汉中后期的时候有人尝试补充了相关的内容，到了王莽和刘歆的时代也被使用，现在仍然可以在谶纬文献之中看到部分内容，这些内容对于王莽、刘歆以及光武君臣来说都极为重要。

然而谶纬也没有提供所有的解决方案，举例来说，儒家经典之中特别强调明堂、辟雍和灵台的重要作用，但仅有零星的记载，西汉初年的时候儒生们就致力于建设明堂，而西汉中后期以后谶纬文献之中也对相关的问题进行论述，但也很少有更为具体的解决方案。其实早在东汉初年的时候，从统治阶层到儒家士大夫，也都意识到谶纬可能带来的危害，所以尽可能地把谶纬限制在一定范围内传播，或者官方规定谶纬的内容，以及由官方对这些谶纬进行解释，这也就是刘秀晚年所谓的“宣布图谶于天下”政策的初衷了。

---

① 范晔撰，李贤等注：《后汉书》卷一下《光武帝纪下》，北京：中华书局，1965年，第82页。

第二节　颁布图谶于天下

刘秀后来“宣布图谶于天下”[①]，基本的意思就是对图谶的内容进行规定，禁绝有人随意增添和篡改，另外应当也是规定只能够由官方进行谶纬的解释，而杜绝民间私自解释谶纬的含义。这说明刘秀对于图谶可能带来的危害后果不是没有留意。再后来史料中出现了“扶风人苏朗伪言图谶事，下狱死”的记载[②]，以及楚王英之狱发生，其中也包含有谶纬方面的因素，说明东汉早期的时候伪造谶纬的现象时有发生，所以东汉王朝的统治者在图谶的管理方面也逐渐收紧。明显可以注意到，东汉中央似乎也刻意对诸侯王的谶纬问题进行约束和管理，防止地方诸侯王借助谶纬对抗中央。

一、楚王英之狱中的谶纬问题

有识之士早就意识到谶纬虽然对政治统治比较有利，可是也存在着巨大的政治风险。窦融曾经给刘秀上疏说：“臣融年五十三。有子年十五，质性顽钝。臣融朝夕教导以经艺，不得令观天文，见谶记。诚欲令恭肃畏事，恂恂循道，不愿其有才能，何况乃当传以连城广土，享故诸侯王国哉?”[③] 从窦融的言辞来看，“不得令观天文，见谶记”的含义不仅是不能有觊觎之心，甚至连相关的想法都不能有，这是向刘秀表白自己和家人完全没有非分之心，当然窦融也是担心私下里研读谶纬可能会引起刘秀的猜忌。从具体的表现来看，窦融归顺刘秀以后，在政治上一直非常低调谨慎，向刘秀表示不让子孙研读谶纬，也是这种谨慎心

---

① 范晔撰，李贤等注：《后汉书》卷一下《光武帝纪下》，北京：中华书局，1965年，第84页。

② 范晔撰，李贤等注：《后汉书》卷四十上《班彪列传》，北京：中华书局，1965年，第1334页。

③ 范晔撰，李贤等注：《后汉书》卷二十三《窦融列传》，北京：中华书局，1965年，第807页。

态的一个表现。事实上，东汉建立之初，政治权力并不十分稳固，权贵和诸侯王借助谶纬表达政治诉求也是时有发生，而窦融作为晚期归顺东汉的势力，能够在政治局势不十分稳固的情况之下保持荣华富贵，也足见窦融的先见之明了。

事实上，当时的权贵如果与谶纬之事有牵连，也很可能会成为罪证，例如后来楚王英之狱，有司给他定的罪名就包括“招聚奸猾，造作图谶”[①]，这当然是非常严厉的指控了。楚王英之狱牵涉甚广，具体的原因也非常复杂，之前也有学者进行过系统的研究[②]。那么楚王英之狱中关于图谶方面的指控是否属实呢？

《后汉书》本传说楚王英“少时好游侠，交通宾客，晚节更喜黄老，学为浮屠斋戒祭祀”[③]。而对于楚王英斋戒祭祀浮屠，汉明帝是知情的，而且给予了谅解，明帝曾经在给楚王的诏书中说：“楚王诵黄老之微言，尚浮屠之仁祠，洁斋三月，与神为誓，何嫌何疑，当有悔吝？其还赎，以助伊蒲塞桑门之盛馔。”[④] 但随后不久楚王英就“交通方士，作金龟玉鹤，刻文字以为符瑞”[⑤]，这也就是前文所说的“造作符瑞”了。也就是说，当时确实有方士以及擅长图谶的人在楚王英国中活动。

《后汉书·楚王英传》还记载说：“十三年，男子燕广告英与渔阳王平、颜忠等造作图书，有逆谋，事下案验。”[⑥] 至于“渔阳王平、颜忠”的身份，有学者曾经做过考证，但从史料的记载来看，这两个人并不是擅

---

① 范晔撰，李贤等注：《后汉书》卷四十二《光武十王列传》，北京：中华书局，1965 年，第 1429 页。

② 陈苏镇：《〈春秋〉与“汉道”：两汉政治与政治文化研究》，北京：中华书局，2011 年，第 535-543 页。

③ 范晔撰，李贤等注：《后汉书》卷四十二《光武十王列传》，北京：中华书局，1965 年，第 1428 页。

④ 范晔撰，李贤等注：《后汉书》卷四十二《光武十王列传》，北京：中华书局，1965 年，第 1428 页。

⑤ 范晔撰，李贤等注：《后汉书》卷四十二《光武十王列传》，北京：中华书局，1965 年，第 1429 页。

⑥ 范晔撰，李贤等注：《后汉书》卷四十二《光武十王列传》，北京：中华书局，1965 年，第 1429 页。

长造作图谶的“方士”之属。在当时造作图谶的应该另有他人。

史料记载，楚王英之狱中受到牵连的薛汉擅长图谶，也参与了汉光武帝时期“定图谶”的工作，他很可能就是帮助楚王英实际制作图谶的人，据《后汉书·儒林列传》记载：

> 薛汉字公子，淮阳人也。世习《韩诗》，父子以章句著名。汉少传父业，尤善说灾异谶纬，教授常数百人。建武初，为博士，受诏校定图谶。当世言《诗》者，推汉为长。永平中，为千乘太守，政有异迹。后坐楚事辞相连，下狱死。弟子犍为杜抚、会稽澹台敬伯、巨鹿韩伯高最知名。[①]

薛汉擅长谶纬，但因为牵涉进楚王英之事而下狱被处死，这两者之间应当有所关联。看来楚王英确实曾经制作图谶为造反做准备，而且其中也有像薛汉这样具有重要影响的儒者参与。图谶的事情想必也让汉明帝非常紧张，毕竟这牵涉东汉王朝的立国根基问题。

另外一个牵涉进谶纬之事的诸侯王是阜陵质王刘延，他是刘秀和郭皇后之子，史料记载说他“性骄奢而遇下严烈。永平中，有上书告延与姬兄谢弇及姊馆陶主婿驸马都尉韩光招奸猾，作图谶，祠祭祝诅”[②]。汉明帝严厉地处置了参与制作图谶、祠祭祝诅的谢弇与韩光，但他认为刘延的罪行要比楚王英小，所以只是将刘延徙为阜陵王。由此也可以看到东汉初年对抗中央的势力都有造作图谶的行为，这也是东汉时期的特殊现象。

然而同样是诸侯王，沛王刘辅喜好谶纬却没有任何问题，史料记载说他：“矜严有法度，好经书，善说《京氏易》、《孝经》、《论语》传及图谶，作《五经论》，时号之曰《沛王通论》”，沛王刘辅终得保有荣华富

---

① 范晔撰，李贤等注：《后汉书》卷七十九下《儒林列传下》，北京：中华书局，1965年，第2573页。

② 范晔撰，李贤等注：《后汉书》卷四十二《光武十王列传》，北京：中华书局，1965年，第1444页。

贵的主要原因是“在国谨节，终始如一，称为贤王”。[①] 若非如此，如果牵涉进政治事件，加上谶纬因素的影响，他的下场也不会比楚王刘英以及阜陵王刘延好很多。

二、谶纬的验与不验

验与不验，是各类技术最关键的问题。从巫术到方术，再到谶纬，能否得到有效验证至关重要，进入汉代的时候，人们发现巫术在验证方面存在问题，也就是说人们通过祭祀请求神灵降福，当这种行为进行了许多次以后，人们总会发现它并不灵验；而汉武帝以后方术也逐渐失去了说服力，主要的原因是汉武帝进行了太多次的尝试，方术并没有被明确地验证。汉武帝之后，谶纬是否能够验证就成了人们最为关心的问题。

《廿二史札记》“光武信谶书”篇指出，光武帝其实知道许多谶纬文献是伪造的，而且自夏贺良谶言以来，多不应验：

> 独是王莽、公孙述亦矫用符命。光武与述书曰：“图谶言公孙，即宣帝也。代汉者当涂高，君岂高之身耶？王莽何足效乎。”则光武亦明知谶书之不足信矣。何以明知之，而又深好之？岂以莽、述之谶书多伪，而光武所得者独真耶。同时有新城蛮贼张满反，祭天地，自云当王，为祭遵所擒，乃叹曰：“谶文误我！”遂斩之。又真定王刘扬造作谶记云：“赤九之后，瘿扬为主。”扬病瘿，欲以惑众，为耿纯所诛。是当时所谓图谶者，自夏贺良等实有占验外，其余类多穿凿附会，以惑世而长乱。[②]

赵翼指出了一个非常重要的问题，就是谶纬是否能够验证，是谶纬能否持续获得信赖的至关重要的原因。从刘秀给公孙述的书信来看，他也是知道

---

① 范晔撰，李贤等注：《后汉书》卷四十二《光武十王列传》，北京：中华书局，1965 年，第 1427 页。

② 赵翼著，王树民校证：《廿二史札记校证》，北京：中华书局，2013 年，第 90 页。

谶纬有许多是伪造的。事实上，谶纬是否是伪造的，或者说谶纬到底是否能够和儒家经典发生关系，并不是统治阶层以及普通民众关心的问题。人们关心更多的还是这些谶言对未来的预测能否验证，以及通过什么样的方式验证。就像赵翼所指出的那样，从夏贺良以来，真正能够验证的谶纬其实并不很多，所以赵翼说这些内容都是“穿凿附会”“惑世”，这也是赵翼的时代人们对谶纬的基本态度，因为经过漫长历史时期的检验，谶纬不能够预测未来，已经是人们的基本认识，可是这个认识并不是两汉之际的人们就能够有的。而与之相反的是，当时人们其实坚信谶纬是能够得到有效验证的。

皮锡瑞也注意到汉代儒生说灾异现象应验的例证，他认为：

> 汉儒言灾异，实有征验。如昌邑王时，夏侯胜以为久阴不雨，臣下有谋上者，而应在霍光。昭帝时，眭孟以为有匹夫为天子者，而应在宣帝。成帝时，夏贺良以为汉有再受命之祥，而应在光武。王莽时谶云：“刘秀当为天子”，尤为显证。故光武以赤伏符受命，深信谶纬。五经之义，皆以谶决。贾逵以此兴左氏，曹褒以此定汉礼。于是五经为外学，七纬为内学，遂成一代风气。光武非愚暗妄信者，实以身试有验之故。①

皮锡瑞的论断解释了为什么到汉光武帝时代深信谶纬符命之说，是因为其中的许多内容被验证，例如夏侯胜久阴不雨的预言就应验了，而汉代“再受命”的预言到刘秀这里其实也算是应验了；王莽时代“刘秀当为天子”的预言，也是神奇地应验了。

也可以这么说，谶纬能够“有验”是当时人们基本的认识，而且与传统的巫术和方术不同，谶纬其实有更为完善的理论可以让人们相信“有验”。在《廿二史札记》“光武信谶书”篇之中，赵翼也指出光武帝信谶

① 皮锡瑞著，周予同注释：《经学历史》，北京：中华书局，2004 年，第 108－109 页。

的主要原因：

> 哀帝建平中，有方士夏贺良上言赤精子之谶，汉家历运中衰，当再授命，故改号曰太初元将元年，称陈圣刘太平皇帝。其后果篡于王莽，而光武中兴。又光武微时，与邓晨在宛，有蔡少公者学谶，云刘秀当为天子。或曰："是国师公刘秀耶？"光武戏曰："安知非仆。"西门君惠曰："刘氏当复兴，国师姓名是也。"李通素闻其父说谶云，刘氏复兴，李氏为辅，故通与光武深相结。其后破王郎，降铜马，群臣方劝进，适有旧同学强华者，自长安奉《赤伏符》来，曰："刘秀发兵捕不道，四夷云集龙斗野，四七之际火为主。"群臣以为受命之符，乃即位于鄗南。是谶记所说实与光武有征，故光武尤笃信其术，甚至用人行政亦以谶书从事。①

所谓"谶记所说实与光武有征"确实是当时的实情，至少东汉建立以后的刻意宣传让这种观念深入人心，这也是东汉王朝有意采取的策略性手段。问题是这些谶言都是如何应验的。

首先是关于"再受命"的说法，夏贺良的"赤精子之谶"是两汉之际最重要的谶言。光武帝中兴，其实也是一种形式的"再受命"，所以光武帝君臣对这则谶言极为重视。然而这则谶言在出现的时候与刘秀的东汉无关，而且与王莽也没什么关系。从相关的记载来看，夏贺良等人是擅长历法的方术士，其改革方向也在历法方面，想要通过历法制度的改革，实现"更新"的社会愿望。后来王莽篡汉的过程之中发现这则谶言对自己有利，所以广为宣传，汉朝将会"再受命"也成为人们广泛的共识。再后来刘秀实现中兴汉室的目标，其实也可以说是一种"再受命"，所以这则谶言就这样神奇地被借用，但和它产生的本意已经相差太远了。

其次是关于"刘秀当为天子"这则谶言。这也是两汉之际流行深远的

---

① 赵翼著，王树民校证：《廿二史札记校证》，北京：中华书局，2013年，第88-89页。

谶言，但其原本所指应该是刘歆，而非刘秀。刘歆后来改名为刘秀，改名是为了避汉哀帝刘欣之讳，制造这则谶言的应当是刘歆的支持者。具体的时间应该是在王莽统治的后期，王莽政权内部对新朝割裂与刘氏关系的做法产生不满，这部分人围绕在刘歆等人周围，试图颠覆王莽政权，而“刘秀当为天子”这则谶言应当就是在这种情况之下产生的。刘秀以及当时的人们并没有意识到这则谶言和刘秀有什么关系，刘秀当初说“安知非仆”的时候，人们还都嘲笑他。只不过后来刘秀个人因缘际会成就一番事业，这则谶言才应在刘秀的身上。

最后是所谓的“赤伏符”，其人为因素就更加明显了。《后汉书》记载说，刘秀的同舍强华奉赤伏符，沈约《宋书·符瑞志》说：“光武平定河北，还至中山，将军万脩得《赤伏符》，言光武当受命。群臣上尊号，光武辞。前至鄗县，诸生强华又自长安诣鄗，上《赤伏符》，文与脩合。”[①]《汉书·楚元王传》记载刘歆改名刘秀的时候，颜师古注引应劭说：“《河图赤伏符》云‘刘秀发兵捕不道，四夷云集龙斗野，四七之际火为主’，故改名，几以趣也。”[②] 前文提到，刘歆改名是为了避讳，所谓“几以趣也”是应劭个人的推测。但应劭指出《赤伏符》是《河图》的纬书，并且认为这则谶言出于刘歆之前，则是应当注意的。由此也可以推测，当时人们传说的“刘秀当为天子”的谶言，应当就是来自《赤伏符》中的“刘秀发兵捕不道，四夷云集龙斗野，四七之际火为主”。另外，《赤伏符》中也有“王梁主卫作玄武”一句，所以刘秀就因此拜梁为大司空，封为武强侯。

实际上，谶纬的验证方式与之前的巫术和方术之类有很大的不同。巫术和方术通常都会提供一个可以预期的结果，例如巫术会承诺通过求神的方式获得福佑或者加害别人，这其实很容易被证伪；而方术则许诺长生不死，这其实也很容易被证伪，如果不死之药或者药方无法获得，或者神灵

---

① 沈约：《宋书》卷二十七《符瑞上》，北京：中华书局，1974 年，第 770 页。

② 班固撰，颜师古注：《汉书》卷三十六《楚元王传》，北京：中华书局，1962 年，第 1972 页。

没有下降，那么方术就会很容易被拆穿，而做出承诺的方术士就会面临巨大的危险，所以很多人在面对查验的时候，就会选择逃亡。然而谶纬的验证方式则是先做出预测，然后静待事情的发展，最后对结果进行“合理化”的解读。大部分的谶言都可以有相对比较合理的解释，所以在人们的心目之中谶言也就比较容易应验了。当然还有一个重要的问题，即承诺提供不死之药的人，通常会有巨大的好处；而提供对未来的预测的人，则通常很难在当时就得到实际的好处，甚至会因为预测不符合当时统治者的需要，而遭受严苛的对待，例如夏侯胜被刘贺下狱，而眭弘因为“公孙病已立”的谶言要求汉昭帝禅让帝位，而被霍光以“妖言惑众，大逆不道”的罪名诛杀，直到汉宣帝即位以后才征召他的儿子为郎。当然王莽时代哀章是个例外，主要的原因是哀章其实并不是在预测未来，而是伪造上天的符命，和预测未来有明显的不同。

其实谶纬预测未来也有被发现“不验”，然后言谶纬者被诛杀的记载。《三国志·蜀书·周群传》记载，张裕曾经与刘备互相讽刺，刘备将张裕下狱，“先主常衔其不逊，加忿其漏言，乃显裕谏争汉中不验，下狱，将诛之”。所谓“谏争汉中不验”，是因为之前张裕曾说“不可争汉中，军必不利”。当时周群也曾经对刘备与曹操争汉中提出了不同意见，他认为：“当得其地，不得其民也。若出偏军，必不利，当戒慎之。”对于刘备尝试夺取汉中之地这件事情，周群和张裕都给出了有可能会“不利”的意见，但刚开始刘备在汉中的军事行动总体较为顺利，所以对张裕的预测就非常不满。刘备后来在汉中地区的军事行动总体上被认为是“不利”的，所谓“得其地，不得其民”，所以当时的人们总体上认为这个预测是对的。

洪迈《容斋随笔》中有“谶纬之学”篇，其中也讨论了谶纬能不能验证的问题：

> 图谶星纬之学，岂不或中，然要为误人，圣贤所不道也。眭孟睹“公孙病已”之文，劝汉昭帝求索贤人，禧以帝位，而不知宣帝实应之，孟以此诛。孔熙先知宋文帝祸起骨肉，江州当出天子，故谋立江州刺史彭城王，而不知孝武实应之，熙先以此诛。当涂高之谶，汉光

武以诘公孙述，袁术、王浚皆自以姓名或父字应之，以取灭亡，而其兆为曹操之魏。①

洪迈指出一个很有趣的问题，谶纬确实是会应验的，问题是以什么样的方式应验。洪迈认为，眭孟被杀，孔熙先也被杀，以及公孙述后来败亡，这并不能说明谶纬是无验的，他们并没有能够预测到谶言真正的“应”的所在。就像前面提到的张裕的预言一样，刘备只是取得了阶段性的胜利，但在张裕被杀的时候，这个预言其实还没有出现最终的结果。这其实涉及谶纬的解释方式问题，谶纬是结果取向的解释方式，也就是说谶纬是基于结果对以往的预测性言论进行解释，所以通常情况下如果进行妥善的解读，谶纬不会有太大的问题。

谶纬的解释基于结果导向，那么关注结果，同时反推谶言就会成为常用的手段，所以别有用心者就会搜集以往的谶言，然后基于自身的需要进行解释。这样确实能够找出大量的“天意”之证明，然而人们对谶纬的信赖就会逐渐降低，谶纬所能够取得的宣传效果也就要差很多了。

此外“应”是谶纬以及相关方术体系中另外一个关键性的问题，人们会根据自身的需要对谶纬预言进行解释，例如袁术解释自己的名字与“当涂高”之间的关系；而且有时候还会为了满足谶纬的要求而刻意创造某些条件。当然这里有太多刻意的人为方面的因素。

总的来说，谶纬的“应验”明显和巫术及方术之类的应验有较大的差异，谶纬的应验方式以结果为导向，使得当权者可以针对之前出现的谶纬进行各种有利于自身的解读。虽然谶纬的大范围流行在东汉以后就不再出现，但谶纬预测未来的方法为以后历代王朝的人们所掌握，在中国古典时代的政治生活中扮演着非常重要的角色。

① 洪迈撰，孔凡礼点校：《容斋随笔》卷十六《谶纬之学》，北京：中华书局，2005年，第216页。

三、代汉者当涂高

从西汉中后期开始就有一则谶言流行，那就是“代汉者当涂高”。对于这则谶言的真实含义，有不同的人进行解读，通过这些不同的解读方式，也可以发现谶纬传播的基本规律，以及谶纬方术究竟是如何验证的。

“代汉者当涂高”这则谶言引起人们的注意是缘于光武帝刘秀给公孙述的书信，其中提到：“图谶言‘公孙’，即宣帝也。代汉者当涂高，君岂高之身邪？乃复以掌文为瑞，王莽何足效乎！君非吾贼臣乱子，仓卒时人皆欲为君事耳，何足数也。君日月已逝，妻子弱小，当早为定计，可以无忧。天下神器，不可力争，宜留三思。”李贤注引《东观汉记》曰：“光武与述书曰：‘承赤者，黄也；姓当涂，其名高也。’”[①] 所谓“代汉者当涂高，君岂高之身邪”以及“姓当涂，其名高也”，意思都在否认公孙述和“当涂高”之间的关系。至于“代汉者当涂高”究竟是什么意思，刘秀没有进行进一步的阐释，主要是因为当时刘秀给公孙述写这封信的主要目的是解构他一直强调的“公孙”谶言，也就是“公孙病已立”以及公孙述引用的《录运法》所谓的“废昌帝，立公孙”，这些谶言在西汉中后期流行更为深远，而且确实对公孙述本人极为有利，所以刘秀要尽量消除这些内容对当时人们的影响。另外，在当时“代汉”并非思想之主流，所以“代汉”的谶言尽管存在，但并未广泛流行，也不是刘秀想要解决的主要问题。

东汉建立以后，“代汉者当涂高”的谶言就不见流行了，主要的原因是刘秀曾经“宣布图谶于天下”，并且严厉打击涉及“造作图谶”的造反行为。一直到东汉的中后期，人们开始思考汉朝的命运的时候，“代汉”的思想开始高涨，人们才又想起了“代汉者当涂高”的谶言，也有不同的人利用这则谶言为自己的政治目的服务。

《后汉书·袁术传》记载袁术僭号称帝，“建安二年，因河内张炯符

---

① 范晔撰，李贤等注：《后汉书》卷十三《隗嚣公孙述列传》，北京：中华书局，1965年，第538页。

命，遂果僭号，自称‘仲家’”[1]。至于“河内张炯符命”，应该就是“代汉者当涂高”的谶言，“又少见谶书，言‘代汉者当涂高’，自云名字应之”，李贤注释认为：“当涂高者，魏也。然术自以‘术’及‘路’皆是‘涂’，故云应之。”[2]《三国志·魏书·袁术传》说：“用河内张炯之符命，遂僭号。”裴松之注引《典略》曰：“术以袁姓出陈，陈，舜之后，以土承火，得应运之次。又见《谶》文云：‘代汉者，当涂高也。’自以名字当之，乃建号称仲氏。”[3] 河内张炯的身份不详，有学者认为他可能是“术士”，并指出河内张氏有“信道”的传统[4]，如果此说可信，那么，东汉中后期活跃在社会中下层的术士阶层也开始使用谶纬和符命，在社会动乱之际试图寻找政治上的可能性。

也就在东汉末年，出现了对“代汉者当涂高”这则谶言的新的解释。《三国志·蜀书·周群传》记载有周群的父亲周舒的故事，“时人有问：‘《春秋谶》曰代汉者当涂高，此何谓也？’舒曰：‘当涂高者，魏也。’”[5]周舒是广汉杨厚的学生，与董扶、任安等人同时。

再后来任安的学生杜琼曾经对当涂高进行过解释，谯周问杜琼：“昔周征君以为当涂高者魏也，其义何也？”琼答曰：“魏，阙名也，当涂而高，圣人取类而言耳。”此外，《三国志》本传还留有两个人之间一段意味深长的对话，杜琼问谯周说，你是不是有所奇怪，谯周说自己没有明白，然后杜琼解释说：“古者名官职不言曹；始自汉已来，名官尽言曹，吏言属曹，卒言侍曹，此殆天意也。”[6] 曹也就是曹魏也，杜琼的这番言论显然

---

① 范晔撰，李贤等注：《后汉书》卷七十五《刘焉袁术吕布列传》，北京：中华书局，1965 年，第 2442 页。

② 范晔撰，李贤等注：《后汉书》卷七十五《刘焉袁术吕布列传》，北京：中华书局，1965 年，第 2439-2440 页。

③ 陈寿撰，裴松之注：《三国志》卷六《魏书·董二袁刘传》，北京：中华书局，1959 年，第 209-210 页。

④ 龙显昭：《论曹魏道教与西晋政局》，《世界宗教研究》，1985 年第 1 期。

⑤ 陈寿撰，裴松之注：《三国志》卷四十二《蜀书·杜周杜许孟来尹李谯郤传》，北京：中华书局，1959 年，第 1020 页。

⑥ 陈寿撰，裴松之注：《三国志》卷四十二《蜀书·杜周杜许孟来尹李谯郤传》，北京：中华书局，1959 年，第 1022 页。

有将谶言庸俗化的倾向。这里特别需要注意的是任安是杨厚的学生，杨氏家族及其子弟在蜀中活跃，对于蜀地士大夫的思想影响较深，就这里讨论的谯周来说，后来蜀汉政权的灭亡，也与以谯周为代表的蜀汉士大夫有密切关系。

《三国志·文帝纪》裴松之注释提到，曹魏的时候，太史丞许芝曾经“条魏代汉见谶纬于魏王”，其中提到与当涂高有关的内容：

> 《春秋佐助期》曰：“汉以许昌失天下。”故白马令李云上事曰：“许昌气见于当涂高，当涂高者当昌于许。”当涂高者，魏也；象魏者，两观阙是也；当道而高大者魏。魏当代汉。今魏基昌于许，汉征绝于许，乃今效见，如李云之言，许昌相应也。[①]

这里虽然解释了“当涂高者，魏也”，但没有直接提到“代汉者当涂高”的谶言。需要注意的是，前文李贤注释提到的“当涂高者，魏也”，也是站在后人的角度上对前事进行的追溯，是因为后来曹魏政权接受东汉的“禅让”，所以才有的这种说法。但当“代汉者当涂高”这则谶言在流行的时候，人们都没有意识到这则谶言指的究竟是什么。

裴松之注释里提到的太史许芝整理的谶言，是在为曹丕篡汉提供合法性的依据，但相比王莽时代以及汉光武帝刘秀的时代对谶纬的态度，已经有明显的不同。前文提到，刘秀在政治活动中对谶纬极为信赖，各种事项都采信谶纬的记载，但曹丕时代人们对谶纬的态度，更像是将之视为“禅让”的必要程序，所以随后就有群臣“劝进”的上奏说：“伏见太史丞许芝上魏国受命之符；令书恳切，允持谦让，虽舜、禹、汤、文，义无以过……”[②] 符瑞与天命被放置在这则劝进奏疏的最前端，是为了表示上天的意见仍然是最重要的因素，但这其实只是个必要的程序而已，真正起到

---

① 陈寿撰，裴松之注：《三国志》卷二《魏书·文帝纪》，北京：中华书局，1959年，第64页。

② 陈寿撰，裴松之注：《三国志》卷二《魏书·文帝纪》，北京：中华书局，1959年，第65页。

决定性作用的仍然是现实的政治因素。这是东汉末年政治和社会动荡带给人们最直观的认识，也就是说谶纬之类的“天命”是必要的程序，但天命已经不再是决定性的因素，甚至都已经不再是必要的因素。经过两汉之际以及东汉末年的历史发展，不仅是当时的有识之士有这样的认识，当时的普遍社会意识也已经发生了重要的转变。

许芝提到的“白马令李云”是汉桓帝时代的人物，《后汉书》本传说他“性好学，善阴阳”，受阴阳之术影响，但也擅长谶纬方面，他曾经“露布”上书汉桓帝，指出当时存在的皇后德不配位的问题，并且依据谶纬对汉朝的国运进行了预测，他说：“高祖受命，至今三百六十四岁，君期一周，当有黄精代见，姓陈、项、虞、田、许氏，不可令此人居太尉、太傅典兵之官。”① 李贤注释说：“黄精谓魏氏将兴也。陈、项、虞、田并舜之后。舜土德，亦尚黄，故忌也。”② 应当说，在汉桓帝的时代，这位白马令李云断不会意识到“黄精谓魏氏将兴也”，他依据的其实是王莽时代就已经出现的谶纬方面的理论，这一套关于“陈、项、虞、田并舜之后”的说法，其实是王莽为自己篡汉提供的依据。这套理论后来被曹魏方面巧妙套用了，李云的言论也就成了后来曹丕君臣取代汉朝的证据。当然李云说出那句“帝欲不谛”的言论，在当时产生了重要影响，而且他也确实因为这件事情被汉桓帝杀死。李云的言论在当时儒家士大夫之中具有很大的影响力，这也是曹丕君臣采用李云言论的一个重要原因。

《资治通鉴·魏纪》胡三省注“魏”的含义说：“操破袁尚，得冀州，遂居于邺。邺，汉之魏郡治所。魏，大名也；遂封为魏公。又谶云：‘代汉者当涂高。’当涂高者，魏也。文帝受汉禅，国遂号魏。”③ 胡三省认为“魏”的起源有两个，一个是魏郡，一个是“代汉者当涂高”的谶言，显

---

① 范晔撰，李贤等注：《后汉书》卷五十七《杜栾刘李刘谢列传》，北京：中华书局，1965 年，第 1852 页。

② 范晔撰，李贤等注：《后汉书》卷五十七《杜栾刘李刘谢列传》，北京：中华书局，1965 年，第 1853 页。

③ 司马光编著，胡三省音注，“标点资治通鉴小组”校点：《资治通鉴》卷六十九《魏纪一》，北京：中华书局，1956 年，第 2175 页。

然这两个因素对于曹操父子来说都是比较重要的。

也就是说，“代汉者当涂高”这则谶言在西汉后期就已经出现了，但在当时并没有引起人们特别的注意，和其他许多谶言一样，如果不是后来曹魏政权建立并注意到这则谶言，那么它也很难会产生如此巨大的影响力。正如前文所言，谶纬的传播具有非常明确的结果导向，通常都是在结果出现之后对之前谶言进行逆推，并根据自身的需要进行合理化的解读。当然，对于谶纬的这种预测方式，人们很容易就会发现其中的问题，因而相关的谶言即便后来被认为预测成功，也只是会被当成论证王朝合法性的部分依据，或者是沦为人们的谈资。

第十一章
秦汉信仰的整合与控制

虽然秦始皇和汉武帝的求仙活动丰富多彩，方术成为一时显学，但民间的巫鬼祠祀从未消沉。汉代民间的鬼神祭祀并非单纯以祈福禳灾为目的，它还包含以祝诅等巫术伤害他人，被伤害者甚至有可能是最高统治阶层。祭祀中害人巫术的存在，无疑会对社会治安、统治阶层本身乃至统治秩序的正常运行造成影响。面对这样的挑战，汉代的统治阶层设立严刑峻法、设置祠祝官进行抵御；而统治阶层中的知识分子则将先秦以来限制祭祀规模的传统理念用于现实政治，致力于革新鬼神观念、宣扬“淫祀无福”，试图在思想上对民众进行引导。

第一节　鬼神祭祀与秦汉信仰整合

人们相信在古代历史上曾经出现过“家为巫史”的情况，也就是说人人都可以通过祭祀与天神进行沟通。然而在很早的历史时期民众就不再被允许祭祀天神，这也就是传说中“绝地天通”的历史背景。人们可以祭祀各自的祖先神灵，这属于家族内部私人的祭祀行为，政府通常不会对这种祭祀进行干涉，但后来知识阶层也在认真讨论祭祀祖先究竟是为了求取祖先的福佑，还是为了报答祖先的恩德，显然后者是受到知识阶层支持的祭祀目的，但求祖先赐福仍然是民间祭祀最为重要的原因。在天神和祖先祭祀之外，是山川鬼神的祭祀，这和万物有灵的观念有关，名山大川以及怪石、巨木，还有曾有重要影响力的历史人物，都可能成为祭祀的对象。对于这些祭祀行为，秦汉两朝都曾经采取措施进行整合，编制类似于“祀典”的国家祭祀体系，并且由中央政府进行集中和统一的祭祀，但其中涉及的仍然是较大规模的祭祀对象，在地方和基层社会仍然存在各种类型的相对较小的祭祀对象。对于地方的神灵祭祀，一般由地方政府负责集中祭祀，但各地由于情况不同，对地方神灵的祭祀管理方式也各不相同，一些管理相对较为松散的地区，就给巫者等各种操控地方神灵信仰的人留下了活动的空间。

一、自然鬼神的祠祀

在秦汉时代，山川和河流之神具有地域性强且种类繁多的特点。根据学者们的研究，仅仅是在楚地，祭祀的山神就有二天子、三土皇、三公主、峗山、五山、五主山、武夷山、复山、不周山等；水神有江、汉、睢、漳，以及大水、大川、汉女、湘君、湘夫人、大波、淮河、曲池等。由楚地的情况可以想见，其他各地的神灵祭祀也是颇为繁杂，而这些地方神灵的祭祀在秦汉帝国之前通常都掌握在地方实权势力的手中，秦汉帝国建立以后，这些势力就会依托这些神灵，对抗中央的统治，所以秦汉帝国也曾经试图将各地分散的信仰整合成统一神权。①

山川鬼神也能够给人带来灾害。《史记·秦始皇本纪》载秦二世“梦白虎啮其左骖马，杀之，心不乐，怪问占梦。卜曰：‘泾水为祟。’二世乃斋于望夷宫，欲祠泾，沈四白马”②。所谓“泾水为祟”，也就是泾河的水神作祟。

---

① 参杨华：《楚地山神研究》，《史林》，2010年第5期；《楚地水神研究》，《江汉论坛》，2007年第8期；《秦汉帝国的神权统一——出土简帛与〈封禅书〉、〈郊祀志〉的对比考察》，《历史研究》，2011年第5期。

② 司马迁：《史记》卷六《秦始皇本纪》，北京：中华书局，1959年，第273-274页。

人们与山川之神沟通的方式也是祭祀，春秋战国时代的《诅楚文》和秦骃华山玉版就是向水神和山神——丕显大神和华山神祷告。其中《诅楚文》秦王使“宗祝”告祷丕显大神：

又秦嗣王，敢用吉玉宣璧，使其宗祝邵鼛布憝告于丕显大神厥湫，以底楚王熊相之多罪……敢数楚王熊相之倍盟犯诅，箸者石章，以盟大神之威神。[①]

《诅楚文》的用意是将敌方的过恶告诉丕显大神（另外被祭祷的还有巫咸神），并请求大神加以惩罚。郭沫若认为，《诅楚文》祭祀的地点是朝那湫，与《史记·封禅书》中所记载的秦“祠官所常奉天地名山大川鬼神”中的“湫渊祠朝那”地望正好相合，而且《诅楚文》中所祭祀的丕显大神可能就是水神，这与秦重水德也不无关联。[②]《诅楚文》是在战争进行之前在鬼神前诅咒对方，请求鬼神保佑己方胜利，因而称之为“诅楚军文”亦未尝不可。而这种祭祀山川与国家的军事行为有关，属于基于国家福祉进行的祭祀活动。

与《诅楚文》不同，秦骃华山玉版用意是祈求山川之神解除秦王的疾病，应该属于“追寻一己之福”的范畴：

小子骃敢以芥（玠）圭、吉璧、吉叉以告华大山。大山又（有）赐，八月已腹心以下至于足髀之病能自复如故。请有祠用牛牺贰，其齿七，洁及羊、豢、路车四马，三人壹家，壹璧先之；用贰牺、羊、豢，壹璧先之，而复（覆）华大山之阴阳，以咎，咎既，其里，世万子孙，以此为尚（常）。句（苟）令小子骃之病日复，故告太一、大

① 与《诅楚文》相关的问题参见郭沫若：《诅楚文考释》，《郭沫若全集·考古编》第九卷，北京：科学出版社，1982 年，第 295－298 页；杨宽：《秦〈诅楚文〉所表演的“诅”的巫术》，《文学遗产》，1995 年第 5 期。

② 相关讨论参见王子今：《秦汉时期的朝那湫》，《固原师专学报（社会科学版）》，2002 年第 2 期。

将军，人壹家，王室相如。①

根据学者们的考察，秦小子骃可能是秦惠文王或者是秦庄襄王，华山就在当时的秦国境内，他因身患疾病而向华山大神祷告，并说明自己没有犯下什么罪恶，请求山神治愈自己的疾病，为此他愿意奉上牺牲、车马、玉璧等祭品。向山川神灵请求解除疾病看来是固有的传统，后来秦始皇在外出行的时候病重，也派人回到秦国祭祀山川鬼神，请求解除皇帝的疾病。

秦汉时期祭祀山川鬼神的场所被称为“祠”“坛”“庙”，另外还有秦和汉在雍地修建的“畤”，《史记正义》引《括地志》云：

> 汉有五畤，在岐州雍县南，则鄜畤、吴阳上畤、下畤、密畤、北畤。秦文公梦黄蛇自天而下，属地，其口止于鄜衍，作畤，郊祭白帝，曰鄜畤。秦宣公作密畤于渭南，祭青帝。秦灵公作吴阳上畤，祭黄帝；作下畤，祠炎帝。汉高帝曰“天有五帝，今四，何也？待我而具五”。遂立黑帝，曰北畤是也。②

雍地祭祀鬼神的祠庙绝非五畤而已，《汉书·郊祀志》载：“而雍有日、月、参、辰、南北斗、荧惑、太白、岁星、填星、辰星、二十八宿、风伯、雨师、四海、九臣、十四臣、诸布、诸严、诸逐之属，百有余庙。”③《史记·封禅书》所载大致相同，只是“诸逐”作“诸逑”，这些都说明秦人在雍地修建了为数众多的祠庙。

---

① 释文参考李零：《中国方术续考》，北京：中华书局，2006年，第345-346页。相关研究另参见李学勤：《秦玉牍索隐》，《故宫博物院院刊》，2000年第2期；曾宪通、杨泽生、萧毅：《秦骃玉版文字初探》，《考古与文物》，2001年第1期；李家浩：《秦骃玉版铭文研究》，《北京大学中国古文献研究中心集刊》2，北京：北京燕山出版社，2001年，第99-128页；连劭名：《秦惠文王祷祠华山玉简文研究》，《中国历史博物馆馆刊》，2001年第1期；王辉：《秦曾孙骃告华大山明神文考释》，《考古学报》，2001年第2期。

② 司马迁：《史记》卷五《秦本纪》，北京：中华书局，1959年，第185页。

③ 班固撰，颜师古注：《汉书》卷二十五上《郊祀志上》，北京：中华书局，1962年，第1206-1207页。

这些祭祀场所的设立很显然与当时人们对能够带来疾病、灾难的恶鬼、厉鬼的恐惧有关，祭祀的目的自然是祈求鬼神免除灾病。至于巫者在其中扮演的角色，《风俗通义·怪神》中“鲍君神”的例子可资参考：

> 汝南鲖阳有于田得麕者，其主未往取也，商车十余乘经泽中行，望见此麕著绳，因持去，念其不事，持一鲍鱼置其处。有顷，其主往，不见所得麕，反见鲍君，泽中非人道路，怪其如是，大以为神，转相告语，治病求福，多有效验，因为起祀舍，众巫数十，帷帐钟鼓，方数百里皆来祷祀，号鲍君神。其后数年，鲍鱼主来历祠下，寻问其故，曰：“此我鱼也，当有何神。”上堂取之，遂从此坏。[①]

鲍君神因意外而具有神性，在当时类似的例子并不鲜见。应当注意的是，人们因治病求福多有灵验而为鲍君神修建祠庙，却有“众巫数十”在其中活动，这些人数众多的巫者显系利用了鲍君神的传说，并以之牟利，这或许是“淫祠”受到限制的一个重要原因。

总的来说，秦汉时期山川自然鬼神祭祀的情况较为繁杂，各地都有不同的祭祀对象以及不同的祭祀行为。通常情况之下，重要的山川河流都会有相应的神灵祭祀，一些重要的历史人物以及传说人物也会成为自然神灵接受人们的祭祀，另外也偶然会有一些意外出现的神灵祭祀形式。而这种神灵祭祀场所大多没有太大的规模，设置比较容易，取消或者废弃也没有太大的难度，但如果某些祭祀场所有“巫者”或者具有特殊能力的人来经营，则会持续相当长一段时间，成为在地方上具有影响力的祠庙。历史记载中秦地的诸多神畤，以及所谓齐地的八神庙之类，大都是经营有方的祭祀场所。对于这样的祭祀场所，官方则不能不给予充分的注意。

---

① 应劭撰，王利器校注：《风俗通义校注》卷九《怪神》，北京：中华书局，1981年，第403页。

二、国家祭祀体系的整合

秦始皇之所以一直支持方术士们求仙，也和巫鬼祭祀暴露出的问题有关，崇方术、抑巫鬼其实也是当时秦统治政策的一部分，同时这也是秦始皇进行国家祭祀体系整合的一部分。

秦始皇本人对于巫鬼祭祀的态度较为复杂，一方面对于所谓“恶鬼”他也要有所避忌，例如方术士跟他说“恶鬼避，真人至”，他也会相信，而对于“山鬼”之言，他也是将信将疑；另一方面受到传统“祭不越望”观念的影响，他对山东六国的鬼神却并不如何尊敬。根据规定，各国君主负责祭祀各自国内的山川鬼神，例如在《诅楚文》中秦王通过祭祀自己国内的水神来诅咒楚王[①]，楚昭王也说“祭不越望”。总之人们相信祭祀不属于自己国内的鬼神，不会得到福佑。据《史记·蒙恬列传》：“始皇三十七年冬，行出游会稽，并海上，北走琅邪。道病，使蒙毅还祷山川，未反”[②]，秦始皇在行旅途中生病还要派近臣返回秦国祭祀山川鬼神，实际上就是受传统的“祭不越望”观念的影响，不相信秦地以外的鬼神能够治愈自己的疾病。所以虽然秦始皇几乎每次出游都要祭祀经过的名山大川，但这看上去更像是一种表面上的礼遇，秦始皇既不寄希望这些鬼神能够给自己带来福佑，也不畏惧他们的威力。例如前文提到二十八年秦始皇行至湘山祠附近遇大风，几不得渡，一怒之下砍掉湘山上的树木，这是一种厌胜巫术，也是对鬼神极为不敬的行为。另外，秦始皇还梦见与海神战，并乘船追杀巨鱼，足可见他在心理上并不畏惧神怪，还想要与之一争高下。值得一提的是，同样是做梦，《资治通鉴》记载汉武帝昼寝梦到被木人持杖攻击，醒来后“体不平，遂苦忽忽善忘”[③]，并由此引发对汉代历史影响深

---

① 郭沫若：《诅楚文考释》，收入《郭沫若全集·考古编》第九卷，北京：科学出版社，1982年，第295–298页；杨宽：《秦〈诅楚文〉所表演的“诅”的巫术》，《文学遗产》，1995年第5期。

② 司马迁：《史记》卷八十八《蒙恬列传》，北京：中华书局，1959年，第2567页。

③ 司马光编著，胡三省音注，“标点资治通鉴小组”校点：《资治通鉴》卷二十二《汉纪十四》，北京：中华书局，1956年，第728页。

远的巫蛊之祸。秦皇汉武内心深处对于鬼神的不同态度颇堪玩味。

实际上，秦统一之后也在试图整合各国山川祭祀，通过这样的方式影响人们的信仰，即《史记·封禅书》所谓“令祠官所常奉天地名山大川鬼神可得而序也”①，并把祭祀分为太祝常主、上过则祠、民各自奉祠三个等级，其中太祝常主的祭祀主要在咸阳和雍附近，是秦人原有的祭祀场所；“上过则祠，去则已”的主要是山东六国的名山大川，例如齐地的八神等；民间祭祀则散布在各地。有学者认为秦政权此举用意在于统一神权，是说甚确。② 而没有被官方列入祀典或者祠令者都属于“淫祀”，这一类的祠祀是被严令打击的对象，例如秦始皇时代就有禁绝淫祀的政令，如三十三年“徙谪，实之初县。禁不得祠”③，睡虎地秦简也有“擅兴奇祠，赀二甲”的说法，整理者认为“奇祠，不合法的祠庙，后世称为‘淫祠’”。④

而作为国家的基本政策，除了整合祭祀系统、禁绝淫祀之外，秦始皇也在尝试放弃通过鬼神之说统治民众，努力摆脱巫鬼之术的影响，例如早在二十八年在琅琊刻石中秦始皇就批评五帝三王假借鬼神之力：“古之五帝三王，知教不同，法度不明，假威鬼神，以欺远方，实不称名，故不久长”，《史记正义》解释说“言五帝、三王假借鬼神之威，以欺服远方之民，若苌弘之比也”。⑤ 也就是说，秦始皇认为对于民众的统治不能够依靠鬼神之说进行欺骗，五帝三王这么做，与他们的名号是不相称的。秦始皇还指出五帝三王不久长的原因在于法度不明，所以需要明法律。秦始皇虽然是在批评历史上的五帝三王，但他有着明确的现实政治需求，即以秦人一直以来贯彻实行的明确的法律取代假威鬼神——实际上也就是山东各国

---

① 司马迁：《史记》卷二十八《封禅书》，北京：中华书局，1959年，第1371页。

② 杨华：《秦汉帝国的神权统一——出土简帛与〈封禅书〉、〈郊祀志〉的对比考察》，《历史研究》，2011年第5期。

③ 司马迁：《史记》卷六《秦始皇本纪》，北京：中华书局，1959年，第253页。

④ 睡虎地秦墓竹简整理小组编：《睡虎地秦墓竹简》，北京：文物出版社，1990年，释文第131页。

⑤ 司马迁：《史记》卷六《秦始皇本纪》，北京：中华书局，1959年，第246-247页。

原有的统治方式。在统治思想上以律令取代鬼神是秦为维护统一的政治需要，当然某种程度上也可以说它是一种政治文明的进步。

然而在当时普遍的信仰背景之下，彻底放弃鬼神思想似乎是不太可能的，如果宣扬新的鬼神之说，也就是不死成仙的思想，这样就可以一方面脱离传统的巫祝祭祀，一方面维护皇帝的权威，同时也扶植一批支持秦统治的势力集团，也就是方术士们。所以说秦始皇对方术士们求仙活动的支持，实际上应当也有着维护统治的需求。

首先，传统的巫鬼祭祀之术的根本思想理念和实践模式是相信鬼神的存在，然后向鬼神祭祀祈求给人们带来福佑，或者给他人带去灾难。然而在长期的实践过程中，此类巫术很容易被证伪，即巫师们宣扬的效果实际上实现的可能性不大，所以秦始皇会对巫鬼之术将信将疑。而且巫术可以用于求取福佑，也可以用于攻击他人，在某种程度上可能引发社会秩序混乱，这也是政府力图控制祭祀，包括禁绝淫祀的思想根源。相对于巫术而言，秦统一时代的方术还处于新兴阶段，海外仙人和仙山的传说颇具蛊惑人心的魅力，所谓不死之药是否真正存在在当时社会确实并无定论，所以秦始皇资助求仙活动就有一定的合理性。

其次，与遍布各地的民间巫师不同，方术士们的活动比较集中，这样就利于控制。从相关记载来看，战国秦汉社会巫者在官方和民间都存在，官方的巫者主要负责比较重要的山川鬼神祠祀活动，在官方祭祀场所活动；而民间的巫者主要帮助民众祭祀祈福，在散落各地的小型祠祀场所活动。从留存于史料中的原山东六国祠祀地点来看，它们的分布相当广泛，而且由于政府对基层的控制能力有限，民间巫者在一定程度上能够挑战政府在地方的权威。如何对这些遍布各地的民间祠祀进行有效的管理和控制，对于刚刚统一的秦帝国可能是一个非常棘手的问题。相比之下，方术士们的活动比较集中，秦始皇二十八年第一次到海边的时候，他们就纷纷主动来到皇帝周围，后来他们中的一部分人如侯生、卢生等也来到秦的首都咸阳。正如前文所述，秦始皇召集文学和方术士到中央去是一种“兴太平”的手段，其实也就是为了便利就近控制，后来方术士和儒生们因“犯禁”而被“坑之咸阳”也恰恰印证了这一点。曹魏时代曹植《辩道论》

说："卒所以集之于魏国者，诚恐斯人之徒，接奸宄以欺众，行妖慝以惑民"[①]，曹操的用意与秦始皇大致相同。

再次，与巫师相比，方术士们没有明显的地域性特征。巫师祭祀的是当地的鬼神，与本土势力和本土文化有千丝万缕的联系，这也构成了统一集权政府的离心力。例如在魏文侯时西门豹治邺的故事中，巫祝和地方势力三老、廷掾勾结，作为邺令的西门豹打击巫祝和地方势力，其历史背景是逐渐成熟的中央政府开始尝试控制地方民众的信仰行为。[②] 再例如陈胜吴广起义时篝火狐鸣所谓"大楚兴陈胜王"，其实也是通过巫鬼祭祀的手段，依托楚地特殊的地域文化对抗统一政府。再例如刘邦起兵的时候"祷丰枌榆社""祠蚩尤"[③]，同样是借助楚地本土鬼神的力量凝聚人心。而方术士们宣言的仙人和仙药都在"海上"，其地域性特征并不十分明显，也就不会囿于地域之见而排斥统一。他们曾为齐宣王、齐威王和燕昭王求仙，秦始皇来到海边，他们又纷纷建议皇帝资助入海求仙，他们关注的是求仙，而并不是统治者的身份，这可以说是秦始皇信任方术士们的一个重要原因。例如前文提到卢生的活动，他给秦始皇"亡秦者胡"的谶语以及建议皇帝要像真人那样生活，至少这些都是从维护秦始皇的角度出发思考问题，对于秦的统治是有利的，可以说，方术士们在政治上是倾向于维护秦帝国的统一的。秦始皇信任这些便于统治管理，在政治上又维护统一的方术士，其实是不难理解的。

最后一层原因是秦始皇对齐、楚文化的不同态度。秦始皇对滨海地域文化有极为浓厚的兴趣，例如同样是祭祀巡游所到之处的山川鬼神，秦始皇对齐地"八神"表现出了极为恭敬的礼拜，正如王子今所言："秦始皇来到最后征服的齐国，他在以威服为主要目的的巡行途中，却不得不受到齐人创造的海洋文化的感染。"[④] 对比在楚地砍伐湘山树木，秦始皇对齐、

---

① 陈寿撰，裴松之注：《三国志》卷二十九《魏书·方技传》，北京：中华书局，1959年，第805页。

② 司马迁：《史记》卷一百二十六《滑稽列传》，北京：中华书局，1959年，第3211-3213页。

③ 参王子今：《汉代"蚩尤"崇拜》，《南都学坛》，2006年第4期。

④ 王子今：《东方海王：秦汉时期齐人的海洋开发》，北京：中国社会科学出版社，2015年，第48页。

楚文化的不同态度也可见一斑。而之所以会有这样不同的态度，一方面是楚系外戚对秦始皇的影响①，另一方面恐怕是因为楚人对新生的秦帝国表现出的强烈不满情绪，所谓“楚虽三户，亡秦必楚”这样的思想在楚地有着深厚的民众基础，再加上统一进程中在攻灭楚国时遇到的巨大阻力，这些当然都会让秦的统治者对楚地有特别的防备。《史记》记载秦始皇常说“东南有天子气”，从秦的角度看东南方向，自然就是楚国，这足以证明秦人在心理上对楚人的提防。后来的历史也证明楚人一直致力于推翻秦帝国。

我们知道，虽然先秦时期不同地域都有信奉巫鬼的习俗，例如史料中提到陈国“俗巫鬼”，越人“俗信鬼”，但楚人对巫鬼的信仰可以说是独特而鲜明的，这一点在传世和出土文献中都有所反映②，而后来陈胜吴广和刘邦初起之时也都有依靠鬼神力量维系人心的表现。前文已经提到，秦始皇对于楚人的信仰并不如何尊重，这当然可以理解为对楚地离心力量的提防。而相比之下秦始皇却对活跃于滨海地域的方术士给予了极大的信任，一再支持他们的求仙活动，其出发点或者也在于压制巫鬼信仰，同时刻意打压楚人和楚地文化。三十七年秦始皇最后一次出行直奔楚地云梦，且“望祀虞舜于九疑山”③，此举或者是受到山鬼献璧的影响，对之前行为的反悔，然这已经是后话了。

早期的统治阶层，包括执政者和知识阶层，对于民间的祭祀行为应当并无过多干涉。蒲慕州也注意到，民间立足于“追寻一己之福”的鬼神祭祀不会引起统治阶层的干涉，直到西汉建立以后，中央政府对于县以下的祭祀仍采取放任的态度，例如高祖十年春“有司请令县常以春二月及腊祠稷以羊彘，民里社各自裁以祠。制曰：‘可。’”④ 汉代县以下的宗教活动

---

① 李开元推测楚系外戚势力对秦始皇的政权构成影响，秦始皇的皇后以及扶苏的个人遭遇，都可能和秦始皇打击楚系外戚势力有关。见氏著：《秦始皇的秘密》，北京：中华书局，2009 年，第 120 页。

② 见晏昌贵：《巫鬼与淫祀——楚简所见方术宗教考》，武汉：武汉大学出版社，2010 年。

③ 司马迁：《史记》卷六《秦始皇本纪》，北京：中华书局，1959 年，第 260 页。

④ 班固撰，颜师古注：《汉书》卷二十五上《郊祀志上》，北京：中华书局，1962 年，第 1212 页。

没有受到官方的限制，地方里社的祭祀听由民间自办，这样的看法可能确实合乎历史之实情。[①] 但是当鬼神祭祀行为可能伤及统治阶层本身，或者引发社会秩序的混乱，甚至酿成大规模社会动乱的时候，统治阶层对于民间的祭祀活动就不会无动于衷了。

总体上来看，中央政府对国家信仰的整合能够贯彻到的层面是有限的，大部分民间基层社会的信仰行为无法得到有效的控制，这也就给巫者等各类神秘主义力量的活动提供了空间，他们基于各自的立场会维护地方的权益，对抗中央在地方的拓展，对大一统国家的整体整合带来一定程度的阻力。而在某些特殊的历史时期，活跃在民间的神秘主义力量也会煽动起规模宏大的地方动乱，给中央的统治带来极大的危害。

第二节　祝官与秦汉信仰控制

在我国古代政治文化中，对天、地、祖先的崇敬和祭祀一直都是极为重要的内容，所谓“国之大事，在祀与戎”，因而具体负责祭祀中的祝词以及迎送神等事务的祝官一直在古代官僚体系中占有重要地位。具体到秦汉时期来说，政治文化中依然充斥着神秘文化氛围，祝官活动仍较为频繁，而且祝官不仅有完整的体系，还有着较为完善的选拔和培养机制。同样，秘祝的取缔也标志着秦汉政治文化中的原始思维和神秘因素开始消退，儒家文化与理性思维在政治思想中逐渐占据主导地位。

一、秦汉时期的祝官体系

张家山汉简《二年律令·史律》中保存了关于“祝学童”的教育、选拔和考核方面的内容，为认识秦汉时期的祝官提供了更多真实可靠的细节，现将相关材料罗列于下：

---

① 蒲慕州：《追寻一己之福：中国古代的信仰世界》，上海：上海古籍出版社，2007年，第102页。

史、卜子年十七岁学。史、卜、祝学童学三岁，学佴将诣大（太）史、大（太）卜、大（太）祝，郡史学童诣其守，皆会八月朔日试之。 四七四[①]

以祝十四章试祝学童，能诵七千言以上者，乃得为祝，五更。大（太）祝试祝，善祝、明祠事者，以为冗祝，冗之。 四七九[②]

不入史、卜、祝者，罚金四两，学佴二两。 四八〇[③]

□□学佴敢擅繇（徭）使史、卜、祝学童者，罚金四两。 四八四[④]

祝年盈六十者，十二更，践更大祝。 四八六[⑤]

所谓“史、卜子年十七岁学……皆会八月朔日试之”，意思是他们不用以“学童”的身份完整参加官方组织的为期三年的学习，只要到了一定年龄，就可参加考试，这或许说明史和卜的官职是可以世袭的[⑥]。而祝学童必须学满三年才可以参加太祝举行的考试。祝学童在学期间，有“学佴”负责对他们的监督和管理，考试的时候有“学佴”带领。学佴不得擅自让正在学习的史、卜、祝学童服徭役，否则的话要罚金四两，此举恐是

---

① 彭浩、陈伟、工藤元男主编：《二年律令与奏谳书：张家山二四七号汉墓出土法律文献释读》，上海：上海古籍出版社，2007 年，第 296 页。

② 彭浩、陈伟、工藤元男主编：《二年律令与奏谳书：张家山二四七号汉墓出土法律文献释读》，上海：上海古籍出版社，2007 年，第 301 页。

③ 彭浩、陈伟、工藤元男主编：《二年律令与奏谳书：张家山二四七号汉墓出土法律文献释读》，上海：上海古籍出版社，2007 年，第 301 页。

④ 彭浩、陈伟、工藤元男主编：《二年律令与奏谳书：张家山二四七号汉墓出土法律文献释读》，上海：上海古籍出版社，2007 年，第 303 页。

⑤ 彭浩、陈伟、工藤元男主编：《二年律令与奏谳书：张家山二四七号汉墓出土法律文献释读》，上海：上海古籍出版社，2007 年，第 304 页。

⑥ 有学者根据睡虎地秦简《秦律十八种》中的“非史子也，毋敢学学室，犯令者有罪”等材料认为“史子”就是“史”的儿子，“学室”就是学校，就是说，史学童的培养制度在秦代就已经出现。参见黄留珠：《“史子”、“学室”与“喜揄史”——读云梦秦简札记》，《人文杂志》，1983 年第 2 期；张金光：《论秦汉的学吏制度》，《文史哲》，1984 年第 1 期；曹旅宁：《张家山汉简〈史律〉考》，收入氏著：《张家山汉律研究》，北京：中华书局，2005 年，第 175-183 页。

为了保证学童们有相对稳定的学习时间和学习环境。而且学童们如果学习成绩不够理想，不能够按照要求成为史、卜或者祝，除了本身要被罚金四两，监督和管理他们的“学佴”也要处以二两罚金，学佴任务之繁苛也可见一斑[①]。

另外，祝学童能够背诵七千言以上的“祝十四章”，才可以成为祝五更，意思是可以享受“五更”的待遇[②]。应当注意，“祝五更”并不是正式的祝官，而是具有某种“预备”的性质。但是如果通过了八月朔举行的考试，被认为能够熟练背诵或者使用祝词，对于祭祀的知识有足够多的了解之后，就可以成为“冗祝”，这应当是正式的祝官了。《二年律令》整理小组认为，冗官是一种只有官名并没有固定职务的散官，冗祝也就是有员额，但没有固定职事的祝[③]。祝官的待遇可能随年龄增长提高，年满六十岁以后可以“十二更”。

《史律》中的这几则关于祝官的材料揭示了祝官系统的主要人员构成。祝官系统的主要领导者是太祝令和太祝丞，东汉时各一人，西汉时不详。然后是普通的祝，他们虽然有职事，但没有固定职务，被称为“冗祝”。这些人虽然已经进入“祝官”体系，但级别较低且仍然需要服徭役，只是可以享受“五更”以上的待遇；如果年满六十岁，还可以享受“十二更”的待遇。冗祝的职事包括协助太祝令举行与祝祷有关的仪式，收集或者整理祝词，或者主持某些低级别、小型的祝祷仪式。普通祝官之下尚有“祝五更”，应当是尚处于“预备”阶段，而未经过正式考核的祝官。而祝学童尚处于学习阶段，未进入祝官系统。

---

① 参见王子今：《张家山汉简〈二年律令·史律〉“学童”小议》，《文博》，2007年第6期。

② 根据学者们的看法，更数也可能就是表示轮到践更的比例，意为践更几个月轮到一次。就是说，六更是六个月轮到一次践更，八更是八个月一次，十二更是十二个月一次。参见广濑薰雄：《张家山汉简所谓〈史律〉中有关践更之规定的探讨》，收入《人文论丛》2004年卷，武汉：武汉大学出版社，2005年；陈伟：《简牍资料所见西汉前期的“卒更”》，《中国史研究》，2010年第3期。

③ 彭浩、陈伟、工藤元男主编：《二年律令与奏谳书：张家山二四七号汉墓出土法律文献释读》，上海：上海古籍出版社，2007年，第301页。

另外，前文提到太祝令和太祝丞是有属官的，《后汉书·百官二》说："太祝令一人，六百石。本注曰：凡国祭祀，掌读祝，及迎送神。丞一人。本注曰：掌祝小神事。"刘昭注引《汉旧仪》曰："庙祭，太祝令主席酒。"《汉官》曰："员吏四十一人，其二人百石，二人斗食，二十二人佐，二人学事，四人守学事，九人有秩。百五十人祝人，宰二百四十二人，屠者六十人。"① 这里提到四十一名"员吏"也就是太祝的属吏，他们无论是百石、斗食、佐、学事，还是守学事、有秩，都是可以从官府领取俸禄的。而"百五十人祝人"应当就是冗祝，他们和祝五更、祝学童一样，都没有俸禄，只是可以免除或者减轻徭役②。总的来说，从太祝令、丞到员吏，再到冗祝、祝五更、祝学童，构成的是一个相对完整的祝官系统。

另外应当注意的是，《二年律令》中没有提到太祝令如何选拔。《东观汉记》卷十九提到阴猛"好学温良，称于儒林，以郎迁为太祝令"③，太祝令从郎官系统中选拔，究竟是属于常态还是特例，就不得而知了。

和《百官公卿表》中同属奉常的太宰、博士等职官一样，太祝令的秩级也是六百石，《二年律令·秩律》提到："大（太）卜，大（太）史，大（太）祝……秩各六百石，有丞、尉者半之"，整理小组认为"太祝"就是奉常属官太祝令。④ 到了东汉时期，太祝令的秩级依然是六百石，如《后汉书·百官二》说"太祝令一人，六百石"⑤。根据阎步克所作相关分

---

① 司马彪撰，刘昭注补：《后汉书》志第二十五《百官二》，北京：中华书局，1965年，第3572-3573页。

② 同在《后汉书·百官二》中有"大予乐令"，刘昭注引卢植《礼》注说："大予令如古大胥。汉大乐律，卑者之子不得舞宗庙之酎。除吏二千石到六百石，及关内侯到五大夫子，取适子高五尺已上，年十二到三十，颜色和，身体修治者，以为舞人。"（《后汉书》志第二十五《百官二》，第3573页。）这里强调在宗庙中舞蹈的应当是官员的儿子，其他如祝官并未强调，平民之子应当是被允许的。

③ 刘珍等撰，吴树平校注：《东观汉记校注》卷十九，北京：中华书局，2008年，第882页。

④ 彭浩、陈伟、工藤元男主编：《二年律令与奏谳书：张家山二四七号汉墓出土法律文献释读》，上海：上海古籍出版社，2007年，第270，285页。

⑤ 司马彪撰，刘昭注补：《后汉书》志第二十五《百官二》，北京：中华书局，1965年，第3572页。

析，周爵制中的“大夫”大概可比二十等爵制中的“五大夫”[①]，而“五大夫”有时“比五百石”，有时比“八百石”，是“划等中的临界性爵级，涉及具体权益时，大多属下……有时亦上挂”[②]。即周爵制中的大夫和汉代五百石到八百石之间的官吏等级大致相同，是以《周礼》中爵制为下大夫的太祝令和秦汉时期六百石的太祝令等级基本相当。也就是说，从《周礼》写作的时代直到东汉时期，祝官地位大体平稳，一直维持着六百石左右的秩级，在整个官僚系统中属于中低级别。

至于汉代祝官系统的规模，《汉书·韦玄成传》提到宗庙祭祀中“一岁祠，上食二万四千四百五十五，用卫士四万五千一百二十九人，祝宰乐人万二千一百四十七人，养牺牲卒不在数中”[③]，所谓“祝宰乐人”也就是祝官、宰和乐人，其总数达到 12147 人，此规模不可谓不庞大，这也是西汉中后期儒生们要求进行祭祀改革的一个首要理由。这一规模到东汉时期可能大大缩小，如前引《汉官》提到太祝令丞各一人，员吏四十一人，祝人百五十人，总数不到二百人。祝官规模的变化背后是两汉之际人们思想意识变化和政治文化的演进，也可以说是神秘思维对政治文化影响渐少的一个重要例证。

最后，汉代宫廷内也设置有祝官，负责宫廷内部较小规模的祭祀。《后汉书·百官三》有“祠祀令一人，六百石。本注曰：典中诸小祠祀。丞一人。本注曰：宦者”[④]，《百官五》也提到祠祀长原本属于太常，后来才转归少府，也是负责宫廷内部的祭祀，所以需要使用宦者，这大概是东汉时期的情形。而负责宫廷内部祭祀的祝官在西汉初年就已出现，据《史记·封禅书》：“长安置祠祝官、女巫……皆以岁时祠宫中”[⑤]，之所以强

---

① 阎步克：《从爵本位到官本位：秦汉官僚品位结构研究》，北京：生活·读书·新知三联书店，2009 年，第 74 页。

② 李均明：《张家山汉简所反映的二十等爵制》，《中国史研究》，2002 年第 2 期。

③ 班固撰，颜师古注：《汉书》卷七十三《韦贤传》，北京：中华书局，1962 年，第 3116 页。

④ 司马彪撰，刘昭注补：《后汉书》志第二十六《百官三》，北京：中华书局，1959 年，第 3595 页。

⑤ 司马迁：《史记》卷二十八《封禅书》，北京：中华书局，1959 年，第 1378–1379 页。

调巫者的性别，很可能是因为祭祀的场所就在宫廷内部。而西汉初年设置的女巫后被取消①，东汉改用宦者。

秦汉时期的祝官属于奉常官系统，而奉常官又与《周礼》的春官系统有密切的关系，他们的职事基本上都与祭祀有关②，据《汉书·百官公卿表》记载：

> 奉常，秦官，掌宗庙礼仪，有丞。景帝中六年更名太常。属官有太乐、太祝、太宰、太史、太卜、太医六令丞，又均官、都水两长丞，又诸庙寝园食官令长丞，有廱太宰、太祝令丞，五畤各一尉。又博士及诸陵县皆属焉。景帝中六年更名太祝为祠祀，武帝太初元年更曰庙祀，初置太卜。③

是知太祝有令有丞，而且有属官，只是是否如同《周礼》那样设置小祝、丧祝等，就不得而知了。另外，所谓“廱太宰”，颜师古注引如淳曰：“五畤在廱，故特置太宰以下诸官。”④ 秦和西汉初年设置的五畤就在雍地，所以特别设置太祝负责相关的祭祀仪式，这也证明汉代的祝官并非仅设置于中央，在地方某些重要祭祀地点也会设置祝官。但显然地方上祝官的设置不具备普遍性，并不是每一地区都设有祝官，否则如淳也就不会说“特

---

① 见董涛：《汉代方术活动中的女性角色》，《华南师范大学学报（社会科学版）》，2012年第4期。

② 有关奉常官的讨论可参见孙毓棠：《汉代的太常》，收入《孙毓棠学术论文集》，北京：中华书局，1995年，第257-267页；袁刚：《汉官太常寺的组织学分析》，《北京理工大学学报（社会科学版）》，2002年第4期；禹平、王柏中：《两汉太常的祭祀礼事职能问题考述》，《学术交流》，2006年第9期；安作璋、熊铁基：《秦汉官制史稿》第一编，济南：齐鲁书社，2007年，第87-100页；万尧绪：《〈二年律令·秩律〉所见汉初的奉常》，《鲁东大学学报（哲学社会科学版）》，2011年第1期；李炳泉：《〈汉书·百官公卿表上〉“奉常”条疏证》，《潍坊学院学报》，2011年第5期。

③ 班固撰，颜师古注：《汉书》卷十九上《百官公卿表上》，北京：中华书局，1962年，第726页。

④ 班固撰，颜师古注：《汉书》卷十九上《百官公卿表上》，北京：中华书局，1962年，第727页。

置”了。然地方上名山大川的祭祀应当是由中央的祝官负责的，例如建元元年五月，汉武帝下诏曰：“河海润千里，其令祠官修山川之祠，为岁事，曲加礼。”[1] 所谓“为岁事”，也就是将对山川的祭祀作为国家的常祭，并由祝官负责，此举至宣帝时期最终确定，如《汉书·郊祀志》说：“自是五岳、四渎皆有常礼。”[2]

只是地方上除名山大川之外的祭祀活动，就不统于中央之祝官了。首先，太祝令主管的祭祀规模是有限的，《史记·封禅书》说：

> 今天子所兴祠，太一、后土，三年亲郊祠，建汉家封禅，五年一修封。薄忌太一及三一、冥羊、马行、赤星，五，宽舒之祠官以岁时致礼。凡六祠，皆太祝领之。至如八神诸神，明年、凡山他名祠，行过则祠，行去则已。方士所兴祠，各自主，其人终则已，祠官不主。他祠皆如其故。[3]

很明显，西汉中期以前的祭祀等级大致分四层，第一层是天子亲自批准修建的祭祀如“太一”“后土”，以及泰山封禅等，皇帝每隔一段时间亲自前往祭祀，具体的祭祀礼仪由祝官负责；第二层是普通规模的国家祭祀，如薄忌太一，以及西汉中后期地方上的名山大川，由祝官负责，皇帝并不亲往；第三层是像齐地八神这样的地方祭祀，以及地方普通的山川祭祀，皇帝经过才会前往祭祀，此种祭祀不归太祝管辖；第四层是方术士们建立的祠祀，国家可能会拨给一定经费，但皇帝不前往祭祀，也不归太祝管辖。

其次，地方郡县的祭祀并没有祝官活动的记载，董仲舒《春秋繁露·

---

① 班固撰，颜师古注：《汉书》卷六《武帝纪》，北京：中华书局，1962 年，第 157 页。有关这一问题的详细讨论可参杨华：《秦汉帝国的神权统一——出土简帛与〈封禅书〉、〈郊祀志〉的对比考察》，《历史研究》，2011 年第 5 期；田天：《西汉末年的国家祭祀改革》，《历史研究》，2014 年第 2 期。

② 班固撰，颜师古注：《汉书》卷二十五下《郊祀志下》，北京：中华书局，1962 年，第 1249 页。

③ 司马迁：《史记》卷二十八《封禅书》，北京：中华书局，1959 年，第 1403 页。

止雨》记载止雨仪式所需要的成员：

> 雨太多，令县邑以土日，塞水渎，绝道，盖井，禁妇人不得行入市。令县乡里皆扫社下。县邑若丞合史、啬夫三人以上，祝一人；乡啬夫若吏三人以上，祝一人；里正父老三人以上，祝一人，皆斋三日，各衣时衣。①

无论是县、乡还是里，参与祭祀都至少需要三名官吏，而“祝一人”明显不属于“官吏”。另外，《求雨》中也提到“择巫之洁清辩利者以为祝”，在祭祀仪式中担任祝的其实是巫者，是知地方并无专门的祝官存在。

比较特殊的现象是，汉代的诸侯国也设置有祝官。《史记·封禅书》说：“始名山大川在诸侯，诸侯祝各自奉祠，天子官不领”，这里所谓的“诸侯祝”可能就是诸侯国内设置的祝官，显然这一现象是得到中央许可的。《封禅书》又提到“及齐、淮南国废，令太祝尽以岁时致礼如故”②，则是将祭祀诸侯国内名山大川的事务收归中央，由太祝统辖。齐国和淮南国祝官的废除与汉武帝想要“五岳皆在天子之郡”以便封禅的政治理想有关，至于其他诸侯国内的祝官或废或存则不得而知了。另外，《汉印文字征》第十收有“齐大祝印”“齐祠祀印”“沛祠祀长”等印③，应当是齐国和沛国祝官的印章。再者，《后汉书·百官五》记载诸侯王国的职官有“祠祀长。本注曰：主祠祀。皆比四百石”④，为诸侯王主持祭祀的祠祀长，应当属于诸侯国祝官系统，大致相当于中央的太祝令。汉代曾一度设立郡国庙，诸侯国的祝官是否即主要负

---

① 苏舆撰，钟哲点校：《春秋繁露义证》卷第十六《止雨》，北京：中华书局，1992年，第437页。

② 司马迁：《史记》卷二十八《封禅书》，北京：中华书局，1959年，第1380页。

③ 罗福颐编：《汉印文字征》第一，北京：文物出版社，1978年，第3页。

④ 司马彪撰，刘昭注补：《后汉书》志第二十八《百官五》，北京：中华书局，1965年，第3629页。

责郡国庙的祭祀亦未可知①。

秦汉时期的祝官在整个官僚体系中处于中下层，主要负责在国家规模的祭祀活动中念诵祝词、迎送神等，是具有一定神秘色彩的官员。汉代建立以后大体上继承了秦人的祭祀模式，但西汉后期的祝官体系一度十分庞大，到了东汉时期祝官系统通常由太祝令、丞，以及员吏、冗祝、祝五更、祝学童等人员构成，约二百人。祝官的职事以祭祀鬼神为主，在祭祀礼仪中，祝官负责迎送鬼神、念诵祝词、献祭等；而祝官的职事中还有隐秘不足为外人道的职事，即为国君本人祭祀以求福免灾，或者帮助国君抵御来自臣下和民间的祝诅，被称为秘祝。然秘祝官在汉文帝时代被取缔，是汉代政治文化摆脱神秘文化和原始思维束缚的一个特殊事件，此后随着儒家文化以及理性因素在政治思想中的影响渐趋扩大，祝官的活动范围更多被限制在宗庙祭祀之中。

也就是说，祝官基于鬼神思想而设置，这种思想在秦汉以及更早的历史时期在社会上影响广泛，但也就是在秦汉时期原始的鬼神等神秘思想和思维对人们的影响开始发生转变，至少在政治领域内的影响渐趋缩小。因而秦汉时代祝官在整个官僚体制中不再占重要地位，祝官系统的规模在两汉之间也呈缩减的趋势。然而作为一种在祭祀活动中扮演重要角色的职官，祝官在深受历代王朝重视的宗庙祭祀中一直被保存和延续下来。

二、祝官职事

祝官的职事是参与国家的大规模祭祀活动，并管理国家的祭祀场所，另外还要管理在这些祭祀场所内执行具体任务的人员，如祝者、巫者等。通常来说，较大规模的祭祀场所都由祝官管辖，只是到汉武帝时期，如果获得批准，“方术士”们也可以设立祭祀坛场，不统属于天子的祝官，但

① 有关郡国庙的研究参见高明士：《皇帝制度下的庙制系统——以秦汉至隋唐作为考察中心》，台湾大学《文史哲学报》，1993年第40期；钱杭：《西汉礼制建设之一——“庙议”》，收入汤志钧、华友根、承载、钱杭：《西汉经学与政治》，上海：上海古籍出版社，1994年，第239页；林聪舜：《西汉郡国庙之兴废——礼制兴革与统治秩序维护的关系之一例》，《南都学坛（人文社会科学学报）》，2007年第3期。

这些地方性的祭祀场所被取缔也非常容易，总是不如祝官管理的祭祀场所，可以持续获得国家的支持。

祝官的日常活动之一是向鬼神祭祷，为国君祈福。例如《新序·杂事》中记载了一则春秋时期的故事："中行寅将亡，乃召其大祝，而欲加罪焉，曰：'子为我祝，牺牲不肥泽邪？且斋戒不敬邪？使吾国亡，何也？'祝简对曰：'……且君苟以为祝有益于国乎，则诅亦将为损世，亡矣。一人祝之，一国诅之，一祝不胜万诅，国亡，不亦宜乎……'"[①]"祝简"是中行氏"太祝"，他负责祭祀鬼神为中行氏祈福。祝简因为祈祷没有效验而受到责难，说他奉献给鬼神的牺牲不够"肥泽"，祭祀时的心态不够虔诚，导致神灵没有庇佑中行寅。这透露出为国君本人祷告求福是祝官的一项重要职事。据《史记·孝文本纪》载：

> 今吾闻祠官祝釐，皆归福朕躬，不为百姓，朕甚愧之。夫以朕不德，而躬享独美其福，百姓不与焉，是重吾不德。其令祠官致敬，毋有所祈。[②]

汉文帝强调"德"的重要性，对祠官祭祀的时候只为自己求福，而没有顾及百姓有所不满，是以要求祠官在祭祀的时候只需要对鬼神表达诚挚的敬意即可，不要有所祈求。通过这里的记载可以知道，汉代初年祠官的一部分重要责任是为国君祈福。汉文帝对于西汉初年的祭祀状况已颇有不满之意，此事发生于"黄龙见成纪"的前一年，此后文帝君臣开始讨论"改正朔易服色"事，对祠祝官的改革可以视作是文帝祭祀改革的先声。

祝官通过祭祀鬼神，不仅为国君本人求取福佑，还将可能会降临到国君身上的灾祸转移于下，包括大臣或者普通百姓。据《史记·孝文本纪》：

---

① 刘向编著，石光瑛校释，陈新整理：《新序校释》，北京：中华书局，2017年，第88-93页。

② 司马迁：《史记》卷十《孝文本纪》，北京：中华书局，1959年，第429页。

> 十三年夏，上曰："盖闻天道祸自怨起而福繇德兴。百官之非，宜由朕躬。今秘祝之官移过于下，以彰吾之不德，朕甚不取。其除之。"①

所谓"移过于下"，也就是将灾祸转移给国家的臣民，《史记集解》引应劭曰："秘祝之官移过于下，国家讳之，故曰秘。"② 同样，《封禅书》中也说"祝官有秘祝，即有灾祥，辄祝祠移过于下"③。也就是说，如果发生灾异现象，秘祝官负责将灾异转移到臣民身上，时人相信，如果灾异应在臣民身上，那么国君就可免除灾难。因此事有涉国君之"德"，所以需要十分隐秘，故而从事此事的祝官被称为秘祝。

类似的移过思想早已有之，周公曾祝祷，请求以自己代替成王，其实也是一种"移过"思想的体现。另外，《史记·楚世家》记载楚昭王二十七年"十月，昭王病于军中，有赤云如鸟，夹日而蜚。昭王问周太史，太史曰：'是害于楚王，然可移于将相。'将相闻是言，乃请自以身祷于神。昭王曰：'将相，孤之股肱也，今移祸，庸去是身乎！'弗听"④。王充针对齐景公时的移过事件有一段反驳意见：

> 天使荧惑加祸于景公也，如何可移于将、相若岁与国民乎？天之有荧惑也，犹王者之有方伯也。诸侯有当死之罪，使方伯围守其国。国君问罪于臣，臣明罪在君，虽然，可移于臣子与人民。设国君计其言，令其臣归罪于国。方伯闻之，肯听其言，释国君之罪，更移以付国人乎？方伯不听者，自国君之罪，非国人之辜也。方伯不听，自国君之罪，荧惑安肯移祸于国人？⑤

---

① 司马迁：《史记》卷十《孝文本纪》，北京：中华书局，1959年，第427页。
② 司马迁：《史记》卷十《孝文本纪》，北京：中华书局，1959年，第427页。
③ 司马迁：《史记》卷二十八《封禅书》，北京：中华书局，1959年，第1377页。
④ 司马迁：《史记》卷四十《楚世家》，北京：中华书局，1959年，第1717页。
⑤ 黄晖：《论衡校释（附刘盼遂集解）》卷第四《变虚篇》，北京：中华书局，1990年，第207-208页。

王充认为天不会听命于人的意志，将本来应该降临在国君身上的灾祸转移给臣民。这种反驳多少有些主观，但从一个侧面反映“移过”在当时是比较普遍的现象，可能也为多数时人接受。

与“移过”观念并存的是“应”的观念，也就是说，当时人们相信一旦灾异现象应在某事或某人上，灾异也即消除。比较明显的例子是后汉末年太史告诉董卓今年会有大臣被杀死，董卓害怕灾异降临在自己身上，于是将大臣张温杀死，以应灾异。[①] 汉代三公每因灾异而被罢免甚至被处死，背后固然有复杂的政治斗争背景，但将灾异“应”在三公身上，以免对最高统治者本人及帝国带来更多伤害，应当也是一个重要的原因。

秦汉时期，尤其是西汉，祝诅引发的重大政治案件时有发生，防范可能来自民间的祝诅依然是统治阶层极为关心的内容。汉文帝时期针对祝诅行为曾专门颁布法令，说：“民或祝诅上以相约结而后相谩，吏以为大逆，其有他言，而吏又以为诽谤。此细民之愚无知抵死，朕甚不取。自今以来，有犯此者勿听治”[②]，这一法令只是减免了对祝诅“未遂”的惩罚，祝诅案件一旦确认，惩罚依然是十分严厉的。但即便如此，西汉中后期臣下或民间“祝诅上”的事件依然屡有发生，延至武帝时代，巫蛊之祸爆发，其观念根源恐怕就在于武帝晚年身体健康每况愈下，而他将导致这一状况的原因归结为臣下和民间的祝诅行为。[③] 既然汉代的皇帝们相信会受到臣下或民间的祝诅，那专门负责祭祀以求福免灾的祝官，具有抵御民间诅祝的职事应当并不奇怪。但祝官的此项职事应当也是在隐秘中进行的，也许有秘祝参与其中。

后来由于汉武帝本人的崇信，各地掌握各种神秘方术的人士获得了展示自身能力的机会，于是各地出现了大量的鬼神祭祀场所，只是这些场所

---

① 此据《后汉书·窦武传》李贤注引《汉官仪》“温字伯慎，穰人也，封互乡侯。太史奏言有大臣诛死，董卓取温笞杀于市以厌之”。(《后汉书》卷六十九《窦何列传》，北京：中华书局，1965 年，第 2246 页。)

② 司马迁：《史记》卷十《孝文本纪》，北京：中华书局，1959 年，第 424 页。

③ 相关问题的讨论可参见王子今：《晚年汉武帝与“巫蛊之祸”》，《固原师专学报(社会科学)》，1998 年第 5 期。另外有关“祝诅”问题的讨论可参见蒲慕州：《追寻一己之福：中国古代的信仰世界》，上海：上海古籍出版社，2007 年，第 56-58 页。

是在国家的支持之下建立的，这在客观上形成了中央政府管理和掌握各地信仰的特殊局面。各地方信仰通过获得皇帝的支持变得“合法化”，这使得原先危害地方统治的信仰力量消失，掌握神秘方术的人士对民众的影响也不再成为突出的社会问题。各种掌握神秘方术的人士成为国家的神职人员，开始在政治和社会的上层活动，他们的方术逐渐为人们所了解，方士和儒生的身份也渐趋融合。而方术中的一些内容后来被儒学改造和吸收，成为汉代经学的重要内容。

其实从本源上可以说，汉代的祝官是具有官方性质的与鬼神沟通和交流的特殊人群，他们的身份其实是政府的官员，代表政府处理人与鬼神的沟通问题。作为政府官员，其行为自然会受到严格的限制，而人与鬼神的沟通也经由这样的方式为统治阶层掌控。然而这种掌控其实只能解决部分的问题，民众日常的祭祀行为仍不在限制之中，是以“淫祀无福”的理念开始被推广和宣扬。

第三节　淫祀无福——知识阶层的信仰重构

如果说在制度层面进行整合和控制民间鬼神祭祀更多的是统治阶层中“执政者”的努力的话，那么在思想层面的努力大多来自“知识阶层”，尽管在汉代的时候这两阶层在某些情况下是难以清晰划分的。知识阶层的努力包含规定祭祀的等级和范围，把超出等级和范围的祭祀认定为“淫祀”[①]，并加以禁止；宣扬“淫祀无福”的理念，从思想深处解构鬼神祭祀的效果；另外还包括讨论鬼神的“德性”问题，宣扬鬼神的“道德性”，宣扬鬼神不会无缘无故地降福和降灾的观念，也就是所谓的“淫祀无福”。

---

① 所谓“淫祀”指的是超出规定等级和范围的祭祀行为，《礼记·曲礼》说：“非其所祭而祭之，名曰‘淫祀’，淫祀无福”，《礼记正义》认为：“此明祭有常典，不可辄擅废兴，如殷时废柱祀弃，则后人不得复举柱而祭之也。”见郑玄注，孔颖达疏：《礼记正义》卷第五《曲礼下》，李学勤主编：《十三经注疏》（标点本），北京：北京大学出版社，1999年，第155页。

一、汉代的淫祀问题

进入汉代以后，限定祭祀对象与祭祀规模的努力并未停止，汉代士大夫阶层对“淫祀”的批判，就是这种努力的延续。《礼记》认为“非其所祭而祭之，名曰‘淫祀’”，然而所谓“淫祀”其实并没有固定的概念，大约祭祀的对象和规模超过一定程度就会被认定为“淫祀”。[①]《汉书·叙传》说：“昔在上圣，昭事百神，类帝禋宗，望秩山川，明德惟馨，永世丰年。季末淫祀，营信巫史，大夫胪岱，侯伯僭畤，放诞之徒，缘间而起。瞻前顾后，正其终始。述《郊祀志》第五。”[②] 另外，学者们也注意到，同样是大规模地举行国家规模的祭祀活动，王莽被班固严厉地批评为“淫祀”，而汉武帝却没有受到这样的批评[③]，而王莽本人也曾经发布过禁绝“淫祀”的法令，这说明对于淫祀的规定和限制需要政治话语权的辅助和支持。

《汉书·霍光传》之中有关于海昏侯刘贺祭祀的记载，“发长安厨三太牢具祠阁室中，祀已，与从官饮啖”，应劭批评其为淫祀。应当说刘贺的这次祭祀行为具有私人祭祀的性质，是和非常亲近的随从一起在“阁室”之中秘密进行的，其目的或者为自身祈福，当然也有可能是要加害他人。而在当时类似的私人祭祀行为应当是比较常见的，但很少被官方资料记载下来。刘贺的这次祭祀之所以被认为是“淫祀”，还被作为罪证揭露出来，是因为刘贺本人后来在政治上的失败，失去了政治上的话语权。然而由此也可以让今天的人们有机会认识当时私人祭祀的一个侧面，刘贺祭祀用的是长安厨的“太牢具”，而祭祀结束之后刘贺与从官“饮啖”，证明和当时民间里社的祭祀行为类似，也有宴饮的环节。

汉代知识阶层对淫祀的不满是由于过分的祭祀造成了严重的奢侈浪费

---

① 蒲慕州：《追寻一己之福：中国古代的信仰世界》，上海：上海古籍出版社，2007年，第206页。

② 班固撰，颜师古注：《汉书》卷一百下《叙传下》，北京：中华书局，1962年，第4242-4243页。

③ 然《后汉书·祭祀志》也批评汉武帝“淫祀妄祭”。

现象，这给民众带来沉重的经济负担，所以要尽可能地限制祭祀的规模，而这种限制并不局限于民间，官方的祭祀如果不合礼法，或者过度泛滥，有时候也会被认为是淫祀，会被限制。例如《汉书·郊祀志》把王莽的郊祀改革称为“淫祀”，并批评道：

莽遂崇鬼神淫祀，至其末年，自天地六宗以下至诸小鬼神，凡千七百所，用三牲鸟兽三千余种。后不能备，乃以鸡当鹜雁，犬当麋鹿。①

从这里的记载来看，王莽祭祀的时候耗费甚巨，而祭祀活动中的祭品，尤其是大型牲畜——牛、羊、猪“三牲”的备办可能耗资尤多，而王莽要用到的鹜雁和麋鹿更是难得，所以不得已用鸡和犬代替。人力的付出也是类似祭祀活动中的一项重要开支，例如桓谭说王莽“笃于事鬼神，多作庙兆，洁斋祀祭，牺牲肴膳之费，吏卒辨治之苦，不可称道”②。由此可知，国家祭祀活动会造成严重的经济负担——事实上成帝以来的郊祀改革措施都是以节省费用为名义进行的——那么民间祭祀给民众生活带来的困苦也就可想而知了，如《风俗通义》就说：

会稽俗多淫祀，好卜筮，民一以牛祭，巫祝赋敛受谢，民畏其口，惧被祟，不敢拒逆；是以财尽于鬼神，产匮于祭祀。或贫家不能以时祀，至竟言不敢食牛肉，或发病且死，先为牛鸣，其畏惧如此。③

会稽地区巫祝主持的祭祀活动，竟然会造成民众“财尽”“产匮”的现

① 班固撰，颜师古注：《汉书》卷二十五下《郊祀志下》，北京：中华书局，1962年，第1270页。

② 桓谭撰，朱谦之校辑：《新辑本桓谭新论》卷五《见征篇》，北京：中华书局，2009年，第15页。

③ 应劭撰，王利器校注：《风俗通义校注》卷九《怪神》，北京：中华书局，1981年，第401页。

象，这是致力于地方管理并以推行教化为己任的东汉士大夫所不能接受的。其实在传统以农为本的社会中，任何妨碍农业生产的行为都可能被禁止，超过规模的鬼神祭祀被限制，也就很容易理解了。然而在知识阶层看来，百姓在祭祀上的经济负担过重其实还只是表面上的原因，更为严重的情况是这些财富在不断地向“巫祝”等人手中倾斜，这就会在社会上造成严重的不平均问题，而这对于政府在地方上的统治是非常不利的。对此王符有十分清醒的认识：

> 《诗》刺“不绩其麻，女也婆娑”。今多不修中馈，休其蚕织，而起学巫祝，鼓舞事神，以欺诬细民，荧惑百姓。妇女羸弱，疾病之家，怀忧愦愦，皆易恐惧，至使奔走便时，去离正宅，崎岖路侧，上漏下湿，风寒所伤，奸人所利，贼盗所中，益祸益祟，以致重者不可胜数。或弃医药，更往事神，故至于死亡，不自知为巫所欺误，乃反恨事巫之晚，此荧惑细民之甚者也。[①]

农民离开土地从事巫、祝这样的工作，这向来是令统治阶层恐慌的事情。而巫者不仅控制财富，还“欺诬细民，荧惑百姓”，使得民众“弃医药，更往事神”，因此国家对民众的控制能力就会减弱。而大批的民众往往会以这样的方式组织起来，脱离政府的控制。正如前文已经提到的那样，这种现象发展到一定程度就会挑战地方乃至中央的统治，造成严重的社会秩序紊乱，东汉史料中常见的“妖巫”“妖贼”动乱，张鲁的“鬼道”政权，以及更为严重的黄巾起义，都是这样发生的。

汉代人们已经注意到，淫祀通常都和巫者及巫术有关，例如匡衡曾批评“陈夫人好巫，而民多淫祀”，显然巫者是汉代淫祀现象的核心问题。而所谓“妖巫”“妖贼”等民间的叛乱行为，背后也多有巫者的煽动与组织。所以想要解决社会的动乱问题，就需要限制巫者的活动，革除淫祀的

---

① 王符著，汪继培笺，彭铎校正：《潜夫论笺校正》卷三《浮侈》，北京：中华书局，1985 年，第 125 页。

风俗和习惯，彻底铲除滋生叛乱的土壤。对于这样的问题，东汉的知识阶层一直都有非常清醒的认识。东汉殇帝时期，在邓太后的主持之下，曾经对当时的祭祀进行过清理，据《后汉书·殇帝纪》的记载："夏四月庚申，诏罢祀官不在祀典者。"李贤注引《东观汉记》说："邓太后雅性不好淫祀。"①《和熹邓皇后纪》也说邓太后"常以鬼神难征，淫祀无福，乃诏有司罢诸祠官不合典礼者"②。然而这里所谓的祀典可能未必真的是记录在典籍中的祭祀体系。后来应劭作《风俗通义》，其中专有一篇名为"祀典"，将当时存在的祭祀对象和祭祀行为进行整合，将一些适合民众祭祀的对象和祭祀方式归入"祀典"，而将在此之外的其他内容归为"淫祀"。

另外东汉知识阶层中的有识之士一直努力革除"淫祀"风习，东汉初年的宋均就是其中的典型。据《后汉书·宋均传》记载，宋均二十多岁的时候担任了"辰阳长"，据说这一地区的风俗"少学者而信巫鬼"，宋均到任以后"为立学校，禁绝淫祀，人皆安之"。③ 另外，宋均还曾致力于革除九江浚遒县以人为牺牲祭祀山神的风俗：

> 浚遒县有唐、后二山，民共祠之，众巫遂取百姓男女以为公妪，岁岁改易，既而不敢嫁娶，前后守令莫敢禁。均乃下书曰："自今以后，为山娶者皆娶巫家，勿扰良民。"于是遂绝。④

为山神或者河神娶妻这样的风俗在各地各时期都可见到，它之所以屡有发生，背后的原因是山神河神在民众中的信仰根深蒂固，而又有巫者等别有用心的人通过这样的方式谋取私利。而"守令莫敢禁"则说明地方行

---

① 范晔撰，李贤等注：《后汉书》卷四《孝和孝殇帝纪》，北京：中华书局，1965年，第196页。

② 范晔撰，李贤等注：《后汉书》卷十上《皇后纪上》，北京：中华书局，1965年，第422页。

③ 范晔撰，李贤等注：《后汉书》卷四十一《第五钟离宋寒列传》，北京：中华书局，1965年，第1411页。

④ 范晔撰，李贤等注：《后汉书》卷四十一《第五钟离宋寒列传》，北京：中华书局，1965年，第1413页。

政统治者无力，或者也没有勇气对抗以巫者为中心的控制着当地民心的神秘主义力量。然而通常情况下，巫者也未必敢于挑战统治阶层，所以很可能在较长的时间内形成了守令控制民众政治行为，而巫者控制民众心灵或者精神的局面。不得不说的是，这种局面对于统治阶层来说是极其危险的，长此以往会形成极为严重的社会问题，是以东汉甫一建立，像宋均这样“好经书”“通诗礼”，有着深厚儒学背景的知识阶层就开始尝试对地方的淫祀风俗进行变革。再例如第五伦担任会稽太守的时候，就曾经改革淫祀之风浓厚的巫鬼风俗，据《后汉书·第五伦传》：

> 伦到官，移书属县，晓告百姓。其巫祝有依托鬼神诈怖愚民，皆案论之。有妄屠牛者，吏辄行罚。民初颇恐惧，或祝诅妄言，伦案之愈急，后遂断绝，百姓以安。[1]

第五伦主要针对的也是地方的巫祝势力，严厉地打击巫祝恐吓民众的行为，这其实与史料记载中西门豹治邺的故事有相似之处[2]。需要注意的是，耕牛在当时是极为重要的生产工具，同时也是祭祀鬼神最高规格的祭品，因而知识阶层和巫者的对抗往往围绕耕牛展开。

后来曹操担任济南相的时候也曾经禁绝淫祀，《三国志·魏书·武帝纪》说：“禁断淫祀，奸宄逃窜，郡界肃然”，裴松之注说：“初，城阳景王刘章以有功于汉，故其国为立祠，青州诸郡转相仿效，济南尤盛，至六百余祠。贾人或假二千石舆服导从作倡乐，奢侈日甚，民坐贫穷，历世长吏无敢禁绝者。太祖到，皆毁坏祠屋，止绝官吏民不得祠祀。及至秉政，遂除奸邪鬼神之事，世之淫祀由此遂绝。”[3] 裴松之的注释不仅提到曹操在

---

① 范晔撰，李贤等注：《后汉书》卷四十一《第五钟离宋寒列传》，北京：中华书局，1965 年，第 1397 页。

② 西门豹治邺的故事见于《史记》褚少孙补充的内容，也有不少学者怀疑褚少孙讲述西门豹故事的时候，应当是套用了当时社会的现实。地方政府与巫祝力量进行对抗是西汉和东汉时期历史的状况，春秋战国时期发生类似现象的可能性并不很大。

③ 陈寿撰，裴松之注：《三国志》卷一《魏书·武帝纪》，北京：中华书局，1959 年，第 4 页。

做济南相的时候禁绝关于城阳景王的祭祀，还提到他在当政之后“除奸邪鬼神之事”，所以曹魏统治时期相关的淫祀就“禁绝”了，当然这样的说法也有些绝对了。曹操禁绝淫祀的举动，据说受到了道教徒的重视，所以有学者认为曹操可能也是道教徒。

应劭也曾经禁绝关于城阳景王的祭祀。应劭在担任营陵令的时候曾移书说：“到闻此俗，旧多淫祀，糜财妨农，长乱积惑，其侈可忿”，营陵地区过度祭祀城阳景王的现象，给当地人的生产和生活造成恶劣影响，因而作为地方长官的应劭决定缩减祭祀规模，“自今听岁再祀，备物而已，不得杀牛，远近他倡，赋会宗落，造设纷华，方廉察之，明为身计，而复僭失，罚与上同”。[①] 应劭并未完全禁止对于城阳景王的祭祀，而是规定每年最多祭祀两次，而且不准杀牛，对于耕牛以及农业生产的保护，由此可见一斑。

《三国志·魏书·邴原传》裴松之注释也提到，邴原在辽东，“尝行而得遗钱，拾以系树枝，此钱既不见取，而系钱者愈多。问其故，答者谓之神树。原恶其由己而成淫祀，乃辨之，于是里中遂敛其钱以为社供”。需要注意的是，像邴原这样由于意外而成就了“淫祀”的情况，在应劭《风俗通义》中还有许多记载，这说明在当时这种小型的“淫祀”应当是相当普遍的情形。而这种祭祀规模虽然比较小，但还是需要祭祀者提供金钱等，所以邴原对这样的情况非常不满，也在努力改革这样的风俗。所谓“敛其钱以为社供”，里社显然是受到官方支持与认可的祭祀活动。

二、鬼神的“道德性”问题

所谓鬼神的“道德性”问题，也可以说是鬼神是否有知的衍生问题。在汉代以前，普遍的信仰是鬼神有知，这种有知就是能够接受人们的祭祀，为人们降下祸福，如果鬼神无差别地降下祸福，那么鬼神就是没有道德性的，这显然是知识阶层无法接受的。

---

① 应劭撰，王利器校注：《风俗通义校注》卷九《怪神》，北京：中华书局，1981年，第395页。

王充曾经对鬼神观念进行过解释，并试图否认鬼神的存在，他认为“凡天地之间有鬼，非人死精神为之也，皆人思念存想之所致也”①，是说鬼神存在于人的思想观念之中。这种思想显然是非常超前的。另外王充还说“经传所载，贤者所纪，尚无鬼神”②，这其实是从根本上否定鬼神的存在，也就无所谓“鬼神祸福”了。然而否定鬼神的存在，在当时社会显然有点曲高和寡了，汉代人还是普遍相信人死之后会变成鬼的，事实上王充也无法从根本上脱离鬼神观念深入人心的时代背景。正是因为鬼神观念深入人心，所以汉人普遍相信祭祀，王充也试图颠覆汉代人祭祀以求福的理念，他认为之所以要祭祀，只是为了“报功”和“修先”，“报功以勉力，修先以崇恩”，所以说祭祀不应该只是求得鬼神的福佑，还有酬报有功之人和敬奉祖先这样“高尚”的目的。王充还认为，“圣人知其若此，祭犹斋戒畏敬，若有鬼神，修兴弗绝，若有祸福。重恩尊功，殷勤厚恩，未必有鬼而享之者”③。也就是说，王充主张祭祀目的是满足个人自身心理上的需要，也是后代对祖先纪念性的象征，而非对祖先灵魂的实际供养。④ 是以王充就有充足的理由否定祭祀求福的观念，他还说：

> 世间淫祀非鬼之祭，信其有神为祸福矣。好道学仙者，绝谷不食，与人异食，欲为清洁也。鬼神清洁于仙人，如何与人同食乎？论之以为人死无知，其精不能为鬼。假使有之，与人异食。异食则不肯食人之食，不肯食人之食则无求于人，无求于人则不能为人祸福矣。凡人之有喜怒也，有求得与不得。得则喜，不得则怒。喜则施恩而为福，怒则发怒而为祸。鬼神无喜怒，则虽常祭而不绝，久废而不修，

---

① 黄晖：《论衡校释（附刘盼遂集解）》卷第二十二《订鬼篇》，北京：中华书局，1990年，第931页。

② 黄晖：《论衡校释（附刘盼遂集解）》卷第二十五《祭意篇》，北京：中华书局，1990年，第1067页。

③ 黄晖：《论衡校释（附刘盼遂集解）》卷第二十五《祭意篇》，北京：中华书局，1990年，第1067页。

④ 相关研究也可参见胡适：《说儒》，收入《胡适论学近著》第一集，上海：商务印书馆，1935年，第76–79页。

其何祸福于人哉?[①]

王充的这段话，其实就是对“淫祀无福”理念的延伸，他认为鬼神根本就不会食用人的食物，而且喜怒无常，祭祀和不祭祀都没什么关系，因为鬼神根本就不会给人带来祸或者是福。然而王充认为鬼神喜怒无常，同时也否定了鬼神的“明”和“道德性”。而在汉代鬼神能够给人带来祸福的观念深入人心，是以王充的言论怕是很难为时人所接受。

与王充的言论类似，王符也认为，“夫鬼神与人殊气异务，非有事故，何奈于我？故孔子善楚昭之不祀河，而恶季氏之旅泰山。今俗人策于卜筮，而祭非其鬼，岂不惑哉!”可见王符试图明晰人与鬼神的界限，认为人与鬼神其实处于不同的领域，如果不是有某些固定的联系，也不会对人的生活造成影响。王符还说：“及诸神祇太岁、丰隆、钩陈、太阴将军之属，此乃天吏，非细民所当事也。天之有此神也，皆所以奉成阴阳而利物也，若人治之有牧守令长矣。向之何怒？背之何怨？君民道近，不宜相责，况神致贵，与人异礼，岂可望乎?”[②] 王符认为天神并不会管理民间的事务，人与天神之间的沟通是无效的，这种想法也是要断绝人们“淫祀”的行为，这一思想其实与王充有类似之处。

另外，应劭《风俗通义》致力于解构当时的鬼神现象，其中《祀典》一章致力于整理当时适合民间祭祀的鬼神和祭祀方式，而《怪神》一章则尝试说明和解构当时的鬼神现象。在《怪神》一章序言之中，应劭首先引用了《礼记》中的相关规定，说不同阶层的人有不同的祭祀对象，如果祭祀不属于自己阶层的鬼神，则属于谄媚行为，鬼神是不会给予福佑的，这样的祭祀行为都会被认为是无效的。另外，应劭还列举了历史上的若干典故，“隐公将祭钟巫，遇贼芀氏；二世欲解淫神，阎乐劫弑；仲尼不许子

---

① 黄晖:《论衡校释（附刘盼遂集解)》卷第二十五《祭意篇》，北京：中华书局，1990年，第1067-1068页。

② 王符著，汪继培笺，彭铎校正:《潜夫论笺校正》卷六《卜列》，北京：中华书局，1985年，第299页。

路之祷，而消息之节平；荀罃不从桑林之祟，而晋侯之疾间”等具体例证，说明“淫祀无福”。其中隐公祭祀钟巫的典故见于《春秋公羊传》，《史记·鲁周公世家》中亦有记载，说的是公子翚在祭祀钟巫的仪式中谋杀鲁隐公的事件；“二世欲解淫神”中二世就是秦二世，他梦见有一只白虎咬死了他的左骖马，经过占卜之后认为是泾水为祟，于是二世就在望夷宫斋戒，想要祭祀泾河神，后来赵高派遣阎乐在望夷宫杀死二世；“仲尼不许子路之祷”典自《论语》，是说孔子生病了，子路祷祠祭祀上下神祇，孔子说“丘之祷久矣”，表示自己日常的许多行为鬼神都可看见，用不着祭祀；“荀罃不从桑林之祟”是说宋平公以桑林之舞招待晋悼公，但悼公不敢观看，后晋悼公生病，占卜是因为桑林之神下降，有人认为应该回去祭祀桑林神，但荀罃认为悼公没有观看，如果桑林神作祟，应当应在宋国。后来晋悼公的病就痊愈了。这几则事例中尤其以孔子和荀罃拒绝祭祀而后痊愈的事例屡为应劭引用，用以证明“则淫躁而畏者，灾自取之，厥咎向应，反诚据义，内省不疚者，物莫能动，祸转为福矣”①。

可以发现，知识阶层限制淫祀行为有一个共同的思路，即不合理的祭祀是不会得到福佑的，这也就是所谓的“淫祀无福”观念。事实上，获得鬼神的福佑是祭祀的最终目的，“淫祀无福”的观念是说如果祭祀对象不当，或者祭祀的规模过大，那么就不会得到鬼神的福佑，这样祭祀也就变得毫无意义。汉代士大夫之所以屡次强调这样的理念，其实是试图解构鬼神赐福的功能，鬼神既然不能赐福，也就无由降灾。但在鬼神能够降灾赐福的观念深入人心的情况下，遽然如此论述，很难令人信服，于是一种近乎于“折中”的方式被屡次提及，那就是强调鬼神的“道德性”。

其实自先秦以来，就有人开始讨论鬼神有无“道德性”的问题，这其中的核心内容是，有“道德性”的鬼神具有“赏善罚恶”的功能，不会无缘无故地实现人们的欲望；而无“道德性”的鬼神会没有任何目的地帮助人们，只要人们进行祭祀就可以获得福佑，满足欲望。鬼神有没有“道

---

① 应劭撰，王利器校注：《风俗通义校注》卷九《怪神》，北京：中华书局，1981年，第386页。

德性”关系到人们如何建构与鬼神之间的关系，也关系到祭祀行为的合法性问题。《墨子》最为强调鬼神“赏善罚恶”的功能，在《明鬼》这一篇中，中心点就是论证鬼神是人类善良和正义的化身，是会爱人和帮助人的[①]，墨子还以杜伯被杀复仇来论证鬼神惩罚的必然性：

周宣王杀其臣杜伯而不辜，杜伯曰：“吾君杀我而不辜，若以死者为无知，则止矣；若死而有知，不出三年，必使吾君知之。”其三年，周宣王合诸侯而田于圃，田车数百乘，从数千，人满野。日中，杜伯乘白马素车，朱衣冠，执朱弓，挟朱矢，追周宣王，射之车上，中心折脊，殪车中，伏弢而死。当是之时，周人从者莫不见，远者莫不闻，著在周之《春秋》。为君者以教其臣，为父者以儆其子，曰：“戒之慎之，凡杀不辜者，其得不祥，鬼神之诛，若此之憯遬也！”以若书之说观之，则鬼神之有岂可疑哉？[②]

墨子其实在用这样的故事说明鬼神是存在的，正因为鬼神存在，所以不能够滥杀无辜。但墨子引用杜伯的话说“吾君杀我而不辜，若以死者为无知，则止矣；若死而有知，不出三年，必使吾君知之”，这种说法其实是对人死是否有知表示疑惑。而这种有知如何、无知如何的态度，对后世的知识阶层也有着非常重要的影响。

另外，荀子认为鬼神观念在民间是一种信仰，但作为统治者，应该善于利用鬼神观，以之为工具，维护统治，他说：“故君子以为文，而百姓以为神。以为文则吉，以为神则凶也。”[③] 荀子虽然没有明言，但他宣扬鬼神存在的目的恐怕也如同墨子一样，都是为统治秩序服务。

---

① 相关研究参见王中江：《〈鬼神之明〉与东周的“多元鬼神观”》，《中国哲学史》，2008年第4期。

② 孙诒让撰，孙启治点校：《墨子间诂》卷八《明鬼下》，北京：中华书局，2001年，第224-227页。

③ 王先谦撰，沈啸寰、王星贤点校：《荀子集解》卷十一《天论篇》，北京：中华书局，1988年，第316页。

总的来说，先秦诸子中如此肯定鬼神存在的不多，他们大多对鬼神的有无抱着一种“两可”的态度，如孔子说“敬鬼神而远之”，其中隐含的意思是，对鬼神的祭祀自然要有，但亦不可过分依赖；而“祭神如神在”则更强调自己内心的“存思”；进一步来说，祭祀是自己内心的满足，至于鬼神是否真的在，不必过多关心。庄子对于鬼神的存在也持一种怀疑的态度：“有以相应也，若之何其无鬼邪？无以相应也，若之何其有鬼邪”①，以人们对逝者音容笑貌往往有可以感应，也有不可感应的情况，对鬼神的存在持怀疑的态度。

对于鬼神有无两可的态度也为汉代知识阶层所继承，其中最为精彩的例子是班婕妤巧妙化解“祝诅”的指控：

> 鸿嘉三年，赵飞燕谮告许皇后、班倢伃挟媚道，祝诅后宫，詈及主上。许皇后坐废。考问班倢伃，倢伃对曰：“妾闻‘死生有命，富贵在天’。修正尚未蒙福，为邪欲以何望？使鬼神有知，不受不臣之诉；如其无知，诉之何益，故不为也。”上善其对，怜悯之，赐黄金百斤。②

班婕妤所谓的“有知”与“无知”的句式和前引《墨子》之中杜伯之言相似，意思却大为不同，班婕妤这句话其实是在说鬼神的道德性问题。在面对“媚道”和“祝诅”的指控的时候，班婕妤的鬼神“有知”“无知”的应对无疑是十分高明的。祝诅巫术的操作方式是请求鬼神降灾祸、疾病给他人，如果鬼神无知那自不必说，如果鬼神有知（有道德性），那对于这样“不臣”的请求自然是不会答应的，这就从思想根源上颠覆了对于祝诅巫术的信仰，也可减轻人们对于祝诅的恐惧心理，是以颇得汉成帝的认可。

---

① 郭庆藩撰，王孝鱼点校：《庄子集释》卷九上《寓言》，北京：中华书局，1961年，第958页。

② 班固撰，颜师古注：《汉书》卷九十七下《外戚传下》，北京：中华书局，1962年，第3984–3985页。

后来王莽拆除汉元帝的宗庙，太后王政君表达出了强烈的不满，《汉书·元后传》记载：

> 莽以太后好出游观，乃车驾置酒长寿宫，请太后。既至，见孝元庙废彻涂地，太后惊，泣曰："此汉家宗庙，皆有神灵，与何治而坏之！且使鬼神无知，又何用庙为！如令有知，我乃人之妃妾，岂宜辱帝之堂以陈馈食哉！"私谓左右曰："此人嫚神多矣，能得久祐乎！"饮酒不乐而罢。[①]

王政君对于王莽毁坏宗庙的行为极为愤怒。王政君具有王氏大家长和刘氏媳妇的双重身份，如果说原来让她以汉元帝皇后的身份在宗庙之中接受后人的祭祀，她尚能够接受，但王莽拆毁了汉元帝的宗庙，单独为王政君修建了宗庙，这就让王政君的地位很尴尬。王政君所谓"且使鬼神无知，又何用庙为！如令有知，我乃人之妃妾，岂宜辱帝之堂以陈馈食也"的说法非常精妙，她说如果鬼神无知的话那根本不需要宗庙，如果鬼神有知，自己是别人的妻子，反而是将丈夫的宗庙拆毁作为"馔食堂"，这是如何的不敬的行为。王政君的这番话与班婕妤有异曲同工之妙，应当就是从班婕妤那里化用而来的，但王政君身份和地位特殊，她是必须承认祖先鬼神是"有知"的，所以宗庙是必须要修建的。她认为王莽"嫚神"的行为太多，是不会得到鬼神福佑的。

《风俗通义》中记载第五伦在会稽禁绝淫祀的时候，面对掾吏的劝谏，首先引用"淫祀无福"和"非其鬼而祭之，谄也"，最后说道，"令鬼神有知，不妄饮食民间；使其无知，又何能祸人"。[②] 第五伦认为如果鬼神无知，应当不会祸害人间，如果有知，不会随意享用民间的祭祀，尤其不会令民间违犯"不得屠杀少齿"的律令。这种句式无疑应当是来自班婕妤的。

---

① 班固撰，颜师古注：《汉书》卷九十八《元后传》，北京：中华书局，1962年，第4034页。

② 应劭撰，王利器校注：《风俗通义校注》卷九《怪神》，北京：中华书局，1981年，第401页。

三、理性与务实的精神

西汉中后期以来，儒生士大夫阶层倾向于复古改制，而这种理想经过王莽改制的失败而彻底破灭，为此整个社会都付出了巨大的代价，儒家士大夫阶层中的有识之士也开始对复古改制进行反思，从中可以发现整个东汉时期士大夫的精神逐渐转向理性和务实的方面。

关于西汉中后期以后儒家士大夫的精神，陈苏镇曾经引用班固和桓谭对王莽的评价，所谓“王翁嘉慕前圣之治，而简薄汉家法令，故多所变更，欲事事效古，美先圣制度，而不知己之不能行其事。释近趋远，所尚非务，故以高义退致废乱。此不知大体者也”①。陈苏镇认为，在当时“不知大体”的并非王莽一人，而是西汉后期的整个儒学士大夫阶层，以及他们所处的那个社会和那个时代。②

而到了东汉建立以后，许多儒生配合朝廷兴谶纬的想法，积极投身谶纬的整理和研究，使用谶纬文献论证东汉王朝的合法性；但也有不少士人拒绝讨论谶纬，有些人直言顶撞当权者，因而离开政治中心，也有一些人积极投身社会实践之中，积极教化民众，认真进行移风易俗的工作，这种务实的精神也是需要注意的。以下主要选取《风俗通义》和《四民月令》两本书，讨论应劭和崔寔对巫风和淫祀等内容的整理。

1.《风俗通义》中的信仰整合

《风俗通义》是东汉时期应劭的著述，这本书关注的就是移风易俗的问题，王利器指出其立言的宗旨是“辩风正俗，观微察隐，于时流风轨，乡贤行谊，皆著为月旦，树之风声，于隐恶扬善之中，寓责备求全之义；故其考文议礼，率左右采获，期于至当，而不暖姝于一先生之言，至于人伦臧否之际，所以厚民风而正国俗者，尤兢兢焉”。应当注意的是，所谓“厚民风而正国俗”正是《风俗通义》这本书的基本价值取向。

---

① 桓谭撰，朱谦之校辑：《新辑本桓谭新论》卷四《言体篇》，北京：中华书局，2009年，第13页。

② 陈苏镇：《〈春秋〉与“汉道”：两汉政治与政治文化研究》，北京：中华书局，2011年，第377页。

其中尤为值得注意的是本书的《祀典》和《怪神》两篇，应劭对当时的祭祀问题进行了整理，除了国家和官方的祭祀之外，整理出允许民众祭祀的神灵和祭祀方式，而将其他的内容归之于“淫祀”，并且深入剖析这些淫祀现象产生的原因，其实多少有一些“解魅”的意思了。总体来看，应劭的基本主张是回归传统，依靠的是儒家传统典籍的记载，如果是曾经出现在儒家经典中的祭祀行为，哪怕只是名字相合，应劭认为也应该归入“祀典”之中；而对于那些明显和儒家经典内容不合的内容，则一概归之于“淫祀”，这是应劭的基本思路。应劭并没有受谶纬太多影响，在著作中也很少引用谶纬方面的文献，他关于祭祀典礼方面引述的文献也以儒家经典为主。

《风俗通义·祀典》的序言部分非常重要，应劭在这段序言中阐述了自己的基本主张，他指出：

> 《礼》：“天子祭天地山川，岁遍。”《春秋国语》：“凡禘郊宗祖报，此五者，国之典礼；加之以社稷山川之神，皆有功烈于民者也；及前哲令德之人，所以为质者也；及天之三辰，所昭仰也；地之五行，所生殖也；九州名山川泽，所出财用也：非是族也，不在祀典。”礼矣。《论语》：“非其鬼而祭之，谄也。”又曰：“淫祀无福。”是以泰山不享季氏之旅，而《易》美西邻之禴祭，盖重祀而不贵牲，敬宝而不求华也。自高祖受命，郊祀祈望，世有所增，武帝尤敬鬼神，于时盛矣。至平帝时，天地六宗已下，及诸小神，凡千七百所。今营夷寓泯，宰器阙亡，盖物盛则衰，自然之道，天其或者，欲反本也，故记叙神物曰《祀典》也。[①]

在这段序言之中，应劭认为祭祀应该限定在一定的范围之内，每个地域或者社会阶层都有固定的祭祀对象，不能随意逾越自己的阶层或者地域

① 应劭撰，王利器校注：《风俗通义校注》卷八《祀典》，北京：中华书局，1981年，第350页。

进行祭祀活动。也就是说，应劭和西汉以来儒生士大夫阶层的理念基本相同，也是强调要限制祭祀范围，杜绝所谓的“淫祀”之风，为此他也主张“淫祀无福”，认为如果超过规定的范围进行祭祀，就不会得到神灵的福佑。其实应劭也是尝试从根本上解决过度祭祀的问题。

在这段序言之中，应劭还对西汉以来的祭祀问题进行了总结。应劭认为，汉代从高祖时代开始一直增加祭祀场所，到汉武帝的时代达到高潮，到汉平帝的时候一度有一千七百多个祭祀场所，但到了应劭生活的时代，这些祭祀场所就都已经不在了。应当说，应劭站在了新的历史高度，他尝试告诉人们汉代尤其是汉武帝时代兴起的许多祭祀行为其实根本就没有什么实际的效验，否则也不会到现在湮灭无存。但他使用“物盛则衰”来解释这种现象，其实也没有注意到其中的真实原因。

接着应劭对当时的祭祀体系进行了整理。应劭整理的“祀典”，主要是在国家祭祀典礼之外，民众可以参与祭祀的神灵，以及主要的祭祀方式等等。在应劭总结的“祀典”之中，最重要的是与农业有关的神灵，包括先农、社神、稷神等，以及风伯、雨师，另外一些是与人们日常生活有关的祭祀行为，例如与鬼神和祭祀有关的桃梗、苇茭、画虎以及雄鸡、磔狗等，这些与厌胜巫术有关，但应劭认为其中也有可取之处。应劭的“祀典”中还有一些与岁时有关的祭祀典礼，例如膢、腊、祖、禊以及司命的祭祀等等，这些原本是民俗，应劭也认可其中的作用。

在“祀典”之中，应劭所做的最重要的工作是对一些神灵进行了“改造”，例如“灶神”，《风俗通义》提到《礼器记》中记载说：“臧文仲安知礼？燔柴于灶，灶者，老妇之祭也，故盛于盆，尊于瓶。”并引用《周礼》和《明堂月令》中的相关记载，认为：“颛顼氏有子曰黎，为祝融，祀以为灶神”，另外还说“孟冬之月，其祀灶也。五祀之神，王者所祭，古之神圣，有功德于民，非老妇也”。灶神明显有两个不同的传说系统，一说灶神是老妇人，一说灶神是祝融，后世的儒者一直试图融合这两种传说体系①。应劭

① 相关的内容见应劭撰，王利器校注：《风俗通义校注》卷八《祀典》，北京：中华书局，1981年，第361-362页注释。

接纳了灶神的祝融说，并且又讲述了一个关于灶神的故事，说："南阳阴子方积恩好施，喜祀灶，腊日晨炊，而灶神见，再拜受神，时有黄羊，因以祀之。其孙识，执金吾，封原鹿侯。兴卫尉，鲖阳侯。家凡二侯，牧守数十。其后子孙常以腊日祀灶以黄羊。"应劭讲述的阴子方的后人阴识是光武帝刘秀的皇后阴丽华同父异母的兄长，阴兴是阴丽华的弟弟，东汉建立以后这两人都被封侯，阴氏家族是东汉最为荣华富贵的家族之一。可以注意到，应劭讲的这个故事和汉武帝的外祖母平原君臧儿讲述的"神君"故事相似。前述司马迁记述的臧儿的故事之中，臧儿祭祀"神君"，后来家族富贵；同样在应劭讲述的这个故事之中，以黄羊祭祀灶神，可以获得灶神的福佑，整个家族都因此而获得无上的富贵。祭祀神灵以获得福佑这种基本的逻辑在民众心目之中有着非常重要的影响，并不会轻易改变，应劭讲述这个故事也不是为了改变人们的这种思维方式，而是尝试改变祭祀的对象。前文也提到过，统治者一般会要求民众在一定的范围内进行祭祀，不能随意选择祭祀对象，否则的话会挑战国家的社会控制。而在应劭的故事讲述模式中，如果人们祭祀的是"祀典"中的神灵，也同样可以得到神灵的福佑，所以"祀典"的重要性就因此而体现出来了。《风俗通义》一直在反对随意选择祭祀对象，"祀典"规范祭祀的范围和祭祀方式的根本之意图也就在此了。

总的来看，应劭在《风俗通义》的《祀典》篇之中，尝试对当时存在的祭祀行为进行归纳和总结，当然前文也已经交代，应劭的"祀典"之中并没有包含由国家负责祭祀的神灵，例如天地山川诸神以及皇家的祖先神灵等等。应劭采用当时被广泛接受的阴阳五行的观念解释祭祀行为，并进行合理化，同时也纳入"祀典"之中。总体上来看《祀典》篇对于鬼神祭祀的规定，其实也可以与《怪神》篇的批判相对应，可以更深刻理解应劭如何从整体上对当时的信仰和祭祀行为进行归纳和总结。另外，在当时也确实有许多儒家化的士大夫在地方上任职的时候，以实际的行动进行移风易俗的工作，其中就包括主持地方的祭祀活动，并对一些祭祀活动进行改革等等。从应劭和当时士大夫阶层的努力来看，汉代民间的巫风在某种程度上有所改变，但这并不是一蹴而就的，知识阶层与民间信仰之间的互动还要持续相当长的历史时期。

2. 知识阶层对民间巫术风俗的改造——以《四民月令》为中心

《四民月令》和《风俗通义》并不是性质相同的文献，崔寔的思想和应劭也有较大的差异，总体来看，崔寔的视角更多投向民众的社会生活，而应劭其实立足于管理的层面。从某种程度上可以说《风俗通义》是为统治者了解和管理民风提供参考的依据。而《四民月令》是一种月令类的文献，其中也包含了对当时民间巫术之风习进行改革的内容，而且其中主要的内容都与阴阳五行有关。但两者也并非完全没有相同点，例如与应劭类似，崔寔其实也在尝试使用阴阳五行的观念，对民间社会存在的巫术风习进行合理化的解释，并努力摈弃其中过于神秘的内容。另外，《四民月令》也类似于民众社会生活的实践指导，那么崔寔的用意就也包括将原本巫术的内容合理化之后，运用到社会生活实践中去。

应当注意到，从《风俗通义》到《四民月令》，阴阳五行的观念都是贯穿在其中最为重要的内容。可以说，阴阳观念是人们选择时日所依赖的最为根本的观念，而这在《四民月令》中体现得非常明显。事实上，在农业生产活动之中，农作物的生产方式使人们对于时间的流逝有更直观的认知，人们必须依从时间的变换进行春耕夏耘秋收冬藏等不同的工作，这就使得时间不再是简单的抽象认识，而成了能够为人们所感知的具体事物，而且是与自己的生活息息相关，所以《四民月令》中阴阳观念可以说起到了更为关键的作用。此外，阴阳观念自产生之时起，就一直被视作消息生长的矛盾体，因此也被用于解释农作物从生长到成熟再到死亡的过程。而人们的活动自然要顺应阴阳的消长变化，所以统治阶层会在某些特定的时刻进行特定的农业以及其他社会活动，也就有了我们今天看到的“月令”。

总体而言，月令虽然是根据时间转换对人们的社会生活进行的安排，但它本身带有类似“预测学”的性质，是对未来的生产和生活做出的预测性安排。从表面上看，它的根据是阴阳两种势力的消长变化，但从实质上来说，月令根据的是以往生活和生产经验，其建立的基础是机械的逻辑。值得注意的是，虽然逻辑基础是机械的，但有相当一部分这样的“经验”是准确的，即便在今天看来也是符合自然规律的科学的认知。然而也必须承认，这些经验也有很多是不够“科学”的，有时候人们会在事物之间建立虚拟的联系，有人称之为“巫术”，也有人一概斥之为迷信。也就是说，月令对社会生活的安排，是建立在一种朴素的机械的逻辑基础之上，即如果以往在这个时间上曾经发生过吉利或凶恶的事情，那么以后如果再遇到这个时间，也会有同样吉利或者凶恶的事情发生。也就是基于这样的原则，选择吉利的时间，而刻意避免不利的时间，这是古代择日民俗中最关键的内容。

《四民月令》中农作物种植时间的选择显然是根据以往经验进行的总结，虽然未必完全如今日农业生产合理与科学，但毕竟相对符合自然规律，例如“正月”条提到的“可移诸树”“可种瓜”“酿春酒”“可作诸酱”，以及所谓“自是月以终季夏，不可以伐竹木，必生蠹虫”等，都基本符合自然规律。而“四月”条也说：“四月立夏节后……蚕入簇，时雨降，可种黍、禾——谓之上时——及大小豆、胡麻”，这里所谓的“上时”也就是吉利的利于农作物生长的时间，“五月”条也说：“时雨降，可种胡麻。”事实上，农历的四月份春雨降落之后有利于作物的生长，而且《四民月令》中也屡次出现有关“上时”的说法，提醒人们要抓紧耕种，千万不要“失时”，否则会导致收成受到影响。这些显然都是古人经过长期的生产实践总结出来的经验。

而在长期的社会生产实践过程中，人们也总结出来一些时日禁忌，例如春季之时万物生长，宜于种植农作物，然春季却不可以伐竹木，一则是竹木砍伐之后容易生蠹虫，另外也是因为万物生长的季节不利于杀伐之事。《孟子·梁惠王上》说：“不违农时，谷不可胜食也。数罟不入洿池，鱼鳖不可胜食也。斧斤以时入山林，材木不可胜用也”①，所谓“斧斤以时入山林”的时间选择，自然也考虑了林木生长的基本规律。再例如前文提到五月夏至前后阴气开始滋长，会影响人的消化，所以不利于吃过于油腻的食物，《四民月令》说：“是月也，阴阳争，血气散，先后日至各五日，

① 焦循撰，沈文倬点校：《孟子正义》卷二《梁惠王上》，北京：中华书局，1987年，第54–55页。

寝别外内。阴气入，藏腹中塞，不能化腻，先后日至各十日，薄滋味，毋多食肥醲。”这些显然也是在长期的社会生活实践中总结出来的。

《四民月令》按照月份安排农业生产活动，这本身就可以看作是一种择日术，可以发现，影响和决定时日选择的是阴阳观念。我们知道，汉代人笃信阴阳，当时的知识阶层如董仲舒等人试图以阴阳来解释整个社会运行的基本方式。同中国历代社会一样，汉代也是农业社会，其根本问题是农业问题，所以农业生产活动中的阴阳问题也是知识阶层和统治阶层思考如何“调阴阳”的重要层面。然农业生产活动是长期社会实践的总结，农作物的生长决定了人们必须要按自然规律做事，所以知识阶层会特意强调对以往实践经验的总结。同时也应当注意到，经验的总结和累积过程中某些僵化的或者超出实践范围的思考方式会产生错误的认识，也就是我们讨论的巫术或者方术中非科学的成分。这种谬误并非刻意歪曲事实，而是在缺乏正确理论指导下产生的。久而久之这种错误的认识也成为民众社会生活习俗的一部分，人们将之视为传统，而不再深究其产生之根源。

总的来说，相比西汉，东汉知识分子阶层于宣扬“淫祀无福”观念、革新鬼神祭祀理念用力最勤；当然这与东汉时期统治阶层面临来自民间鬼神祭祀的挑战更为严峻不无关系，证据就是东汉时期的“妖巫”“妖贼”动乱屡有发生，最后整个东汉政权都被以鬼神祭祀为方式组织起来的黄巾之乱动摇了根基。也就是在这样的情势之下，统治阶层，尤其是其中的知识分子阶层，在思想领域对民众进行引导，努力革新鬼神观念，规范民间的祭祀行为，这样的一种趋势是考察汉代历史时所不能忽略的。然这一趋势又在于其时士大夫逐渐转向理性和务实的精神。

参考文献

一、历史和考古文献

班固撰，颜师古注：《汉书》，北京：中华书局，1962 年。

刘熙撰，毕沅疏证，王先谦补：《释名疏证补》，北京：中华书局，2008 年。

蔡邕：《蔡中郎集》，文渊阁四库全书本。

陈寿撰，裴松之注：《三国志》，北京：中华书局，1959 年。

陈立撰，吴则虞点校：《白虎通疏证》，北京：中华书局，1994 年。

陈伟等：《楚地出土战国简册（十四种）》，北京：经济科学出版社，2009 年。

戴震撰，张岱年主编：《戴震全书》（五），合肥：黄山书社，1995 年。

戴望：《管子校正》，《诸子集成》（五），北京：中华书局，2006 年。

范晔撰，李贤等注：《后汉书》，北京：中华书局，1965 年。

房玄龄等：《晋书》，北京：中华书局，1974 年。

谷斌、张慧姝、郑开注译：《黄帝四经注译》，北京：中国社会科学出版社，2004 年。

高诱注：《吕氏春秋》，《诸子集成》（六），北京：中华书局，2006 年。

葛洪：《抱朴子》，《诸子集成》（八），北京：中华书局，2006 年。

顾炎武著，黄汝成集释，栾保群、吕宗力点校：《日知录集释》，上海：上海古籍出版社，2006 年。

顾炎武著，陈垣校注：《日知录校注》，合肥：安徽大学出版社，2007 年。

何宁：《淮南子集释》，北京：中华书局，1998 年。

桓谭撰，朱谦之校辑：《新辑本桓谭新论》，北京：中华书局，2009 年。

黄晖：《论衡校释（附刘盼遂集解）》，北京：中华书局，1990 年。

洪迈撰，孔凡礼点校：《容斋随笔》，北京：中华书局，2005 年。

胡平生、张德芳编撰：《敦煌悬泉汉简释粹》，上海：上海古籍出版社，2001 年。

何建章注释：《战国策注释》，北京：中华书局，2020 年。

贾谊撰，阎振益、钟夏校注：《新书校注》，北京：中华书局，2000 年。

焦循：《孟子正义》，《诸子集成》（一），北京：中华书局，2006 年。

李学勤主编：《十三经注疏》（标点本），北京：北京大学出版社，1999 年。

黎翔凤撰，梁运华整理：《管子校注》，北京：中华书局，2004 年。

刘宝楠：《论语正义》，《诸子集成》（一），北京：中华书局，2006 年。

高诱注：《淮南子》，《诸子集成》（七），北京：中华书局，2006 年。

贾思勰著，缪启愉校释，缪桂龙参校：《齐民要术校释》，北京：农业出版社，1982 年。

皮锡瑞著，周予同注释：《经学历史》，北京：中华书局，2004 年。

皮锡瑞：《今文尚书考证》，北京：中华书局，2015 年，

皮锡瑞著，吴仰湘点校：《经学通论》，北京：中华书局，2018 年。

阮元：《揅经室续集》，北京：中华书局，1985 年。

司马迁：《史记》，北京：中华书局，1959 年。

司马光编著，胡三省音注，“标点资治通鉴小组”校点：《资治通鉴》，北京：中华书局，1956年。

苏舆撰，钟哲点校：《春秋繁露义证》，北京：中华书局，1992年。

焦延寿著，尚秉和注，常秉义点校：《焦氏易林注》，北京：光明日报出版社，2005年。

孙诒让：《墨子间诂》，《诸子集成》（四），北京：中华书局，2006年。

汪继培辑，魏代富疏证：《尸子疏证》，南京：凤凰出版社，2018年。

沈约：《宋书》，北京：中华书局，1974年。

王斯睿：《慎子校正》，上海：商务印书馆，1935年。

王明编：《太平经合校》，北京：中华书局，2014年。

魏徵等：《隋书》，北京：中华书局，1973年。

王符著，汪继培笺，彭铎校正：《潜夫论笺校正》，北京：中华书局，1985年。

万国鼎辑释：《氾胜之书辑释》，北京：农业出版社，1980年。

王明：《抱朴子内篇校释》，北京：中华书局，1986年。

应劭撰，王利器校注：《风俗通义校注》，北京：中华书局，1981年。

王利器校注：《盐铁论校注》，北京：中华书局，1992年。

王利器：《新语校注》，北京：中华书局，2012年。

皮锡瑞撰，吴仰湘校点：《皮锡瑞集》，长沙：岳麓书社，2012年。

王先谦补注：《汉书补注》，北京：书目文献出版社，1995年。

王先谦：《荀子集解》，《诸子集成》（二），北京：中华书局，2006年。

王先谦注：《庄子集解》，《诸子集成》（三），北京：中华书局，2006年。

王先慎撰，钟哲点校：《韩非子集解》，北京：中华书局，1998年。

王弼注：《老子道德经》，《诸子集成》（三），北京：中华书局，2006年。

王符著，汪继培笺：《潜夫论》，《诸子集成》（八），北京：中华书局，2006年。

王充著，张宗祥校注，郑绍昌标点：《论衡校注》，上海：上海古籍出版社，2010年。

王夫之著，舒士彦点校：《读通鉴论》，北京：中华书局，2013年。

王益之撰，王根林点校：《西汉年纪》，北京：中华书局，2018年。

王文锦译解：《礼记译解》，北京：中华书局，2020年。

徐元诰撰，王树民、沈长云点校：《国语集解》，北京：中华书局，2002年。

韩婴撰，许维遹校释：《韩诗外传集释》，北京：中华书局，1980年。

刘向撰，向宗鲁校证：《说苑校证》，北京：中华书局，1987年。

许维遹撰，梁运华整理：《吕氏春秋集释》，北京：中华书局，2009年。

蒋礼鸿：《商君书锥指》，北京：中华书局，1986年。

姚东升辑，周明校注：《释神校注》，成都：巴蜀书社，2015年。

杨伯峻编著：《春秋左传注》，北京：中华书局，2018年。

朱熹：《四书章句集注》，北京：中华书局，1986年。

周振甫译注：《周易译注》，北京：中华书局，1991年。

赵在翰辑，钟肇鹏、萧文郁点校：《七纬（附论语谶）》，北京：中华书局，2012年。

赵翼著，王树民校证：《廿二史札记校证》，北京：中华书局，2013年。

章学诚撰，叶瑛校注：《文史通义校注》，北京：中华书局，2014年。

国家文物局古文献研究室编：《马王堆汉墓帛书（壹）》，北京：文物出版社，1980年。

湖北省荆州市周梁玉桥遗址博物馆编：《关沮秦汉墓简牍》，北京：中华书局，2001年。

湖北省文物考古研究所、随州市考古队编：《随州孔家坡汉墓简牍》，北京：文物出版社，2006年。

彭浩、陈伟、工藤元男主编：《二年律令与奏谳书：张家山二四七号汉墓出土法律文献释读》，上海：上海古籍出版社，2007年。

裘锡圭主编，湖南省博物馆、复旦大学出土文献与古文字研究中心编纂：《长沙马王堆汉墓简帛集成》（伍），北京：中华书局，2014年。

睡虎地秦墓竹简整理小组：《睡虎地秦墓竹简》，北京：文物出版社，1978年。

中国科学院考古研究所、甘肃省博物馆编：《武威汉简》，北京：文物出版社，1964年。

中国社会科学院考古研究所编：《居延汉简甲乙编》，北京：中华书局，1980年。

二、研究论著

阿尔都塞著，杜章智译：《意识形态和意识形态的国家机器》，见《列宁和哲学》，台北：远流出版事业公司，1990年。

艾兰著，杨民等译：《早期中国历史、思想与文化》，沈阳：辽宁教育出版社，1999年。

白钢：《中国皇帝》，天津：天津人民出版社，1993年。

白寿彝主编：《中国通史》，上海：上海人民出版社，2015年。

陆威仪著，王兴亮译：《早期中华帝国：秦与汉》，北京：中信出版社，2016年。

崔瑞德、鲁惟一编：《剑桥中国秦汉史：公元前221—公元220年》，北京：中国社会科学出版社，1992年。

程树德：《九朝律考》，北京：中华书局，2003年。

陈来：《古代宗教与伦理：儒家思想的根源》，北京：生活·读书·新知三联书店，2009年。

陈苏镇：《〈春秋〉与“汉道”：两汉政治与政治文化研究》，北京：中华书局，2011年。

陈侃理：《儒学、数术与政治：灾异的政治文化史》，北京：北京大学出版社，2016年。

杜正胜：《编户齐民：传统政治社会结构之形成》，台北：联经出版事业有限公司，1988 年。

段熙仲著，鲁同群等点校：《春秋公羊学讲疏》，南京：南京师范大学出版社，2002 年。

中国社会科学院近代史研究所编：《范文澜历史论文选集》，北京：中国社会科学出版社，1979 年。

冯友兰：《中国哲学史新编》，北京：人民出版社，1985 年。

弗兰克·帕金著，刘东、谢维和译：《马克斯·韦伯》，成都：四川人民出版社，1987 年。

弗雷德里克·杰姆逊著，唐小兵译：《后现代主义与文化理论》，西安：陕西师范大学出版社，1987 年。

冯友兰：《中国哲学史》，上海：华东师范大学出版社，2000 年。

郭沫若：《十批判书》，北京：人民出版社，1982 年。

葛兰西：《关于根本危机时期政党结构》，见《狱中札记》，台北：谷风出版社，1988 年。

甘怀真：《皇权、礼仪与经典诠释：中国古代政治史研究》，上海：华东师范大学出版社，2008 年。

葛兆光：《中国思想史》（第一卷），上海：复旦大学出版社，2001 年。

工藤元男著，广濑薰雄、曹峰译：《睡虎地秦简所见秦代国家与社会》，上海：上海古籍出版社，2010 年。

侯外庐：《中国思想通史》，北京：人民出版社，1957 年。

黑格尔：《历史哲学讲演录》，北京大学哲学系外国哲学史教研室编译：《十八世纪末—十九世纪初德国哲学》，北京：商务印书馆，1975 年。

华友根：《董仲舒思想研究》，上海：上海社会科学院出版社，1992 年。

赫西俄德著，张竹明、蒋平译：《工作与时日·神谱》，北京：商务印书馆，1991 年。

韩德民：《荀子与儒家的社会理想》，济南：齐鲁书社，2001 年。

胡厚宣：《甲骨学商史论丛初集（外一种）》，石家庄：河北教育出版社，2002 年。

汉斯-魏尔纳·舒特著，李文潮、萧培生译：《寻求哲人石：炼金术文化史》，上海：上海科技教育出版社，2006 年。

黄觉弘：《左传学早期流变研究》，北京：中国社会科学出版社，2010 年。

黄人二：《敦煌悬泉置〈四时月令诏条〉整理与研究》，武汉：武汉大学出版社，2010 年。

姜宝昌：《墨学与现代科技》，北京：中国书店，1997 年。

金春峰：《汉代思想史》，北京：中国社会科学出版社，1997 年。

蒋庆：《公羊学引论》，沈阳：辽宁教育出版社，1995 年。

翦伯赞：《秦汉史》，北京：北京大学出版社，1999 年。

翦伯赞：《中国史纲要》，北京：北京大学出版社，2006 年。

姜广辉主编：《中国经学思想史》，北京：中国社会科学出版社，2010 年。

姜国柱、辛旗：《中国思想通史（秦汉卷）》，武汉：武汉大学出版社，2011 年。

姜生：《汉帝国的遗产：汉鬼考》，北京：科学出版社，2016 年。

姜守诚：《出土文献与早期道教》，北京：中国社会科学出版社，2016 年。

罗福颐编：《汉印文字征》，北京：文物出版社，1978 年。

吕思勉：《三皇五帝考》，吕思勉、童书业编著：《古史辨》（第七册中编），上海：上海古籍出版社，1982 年。

李泽厚：《中国古代思想史论》，北京：人民出版社，1985 年。

李学勤：《中国青铜器的奥秘》，香港：商务印书馆，1987 年。

林富士：《汉代的巫者》，台北：稻乡出版社，1988 年。

刘元彦：《〈吕氏春秋〉：兼容并蓄的杂家》，北京：生活·读书·新知三联书店，1992 年。

林聪舜：《西汉前期思想与法家的关系》，台北：大安出版社，1991 年。

刘乐贤：《睡虎地秦简日书研究》，台北：文津出版社，1994 年。

李家骧：《吕氏春秋通论》，长沙：岳麓书社，1995 年。

刘泽华主编：《中国传统政治哲学与社会整合》，北京：中国社会科学出版社，2000 年。

李开元：《汉帝国的建立与刘邦集团——军功受益阶层研究》，北京：生活·读书·新知三联书店，2000 年。

李学勤：《简帛佚籍与学术史》，南昌：江西教育出版社，2001 年。

刘泽华、葛荃主编：《中国古代政治思想史》，天津：南开大学出版社，2001 年。

刘泽华：《先秦士人与社会》，天津：天津人民出版社，2004 年。

梁启超：《先秦政治思想史》，天津：天津古籍出版社，2003 年。

吕思勉：《秦汉史》，上海：上海古籍出版社，2020 年。

李零：《中国方术续考》，北京：中华书局，2006 年。

雷戈：《秦汉之际的政治思想与皇权主义》，上海：上海古籍出版社，2006 年。

泷川资言：《史记会注考证》，北京：新世界出版社，2009 年。

林义光：《诗经通解》，上海：中西书局，2013 年。

李零：《楚帛书研究（十一种）》，上海：中西书局，2013 年。

李开元：《秦崩：从秦始皇到刘邦》，北京：生活·读书·新知三联书店，2015 年。

林聪舜：《儒学与汉帝国意识形态》，上海：上海人民出版社，2017 年。

李禹阶主编：《秦汉社会控制思想史》，北京：中国社会科学出版社，2017 年。

李祥俊：《秦汉价值观变迁史论稿》，北京：中国社会科学出版社，2017 年。

刘泽华：《中国的王权主义》，天津：天津人民出版社，2019 年。

刘泽华主编：《中国政治思想史》，杭州：浙江人民出版社，2020 年。

劳榦：《秦汉简史》，北京：中华书局，2018 年。

雷依群：《秦政治文化研究》，西安：西北大学出版社，2021 年。

马克思、恩格斯：《德意志意识形态》，北京：人民出版社，1961 年。

牟钟鉴：《〈吕氏春秋〉与〈淮南子〉思想研究》，济南：齐鲁书社，1987 年。

麦克唐纳著，陈璋津译：《言说的理论》，台北：远流出版事业公司，1990 年。

马勇：《汉代〈春秋〉学研究》，成都：四川人民出版社，1992 年。

马克斯·韦伯著，林荣远译：《经济与社会》，北京：商务印书馆，1997 年。

马克斯·韦伯著，康乐、简惠美译：《法律社会学　非正当性的支配》，南宁：广西师范大学出版社，2010 年。

牟宗三：《政道与治道》，长春：吉林出版集团有限责任公司，2010 年。

蒲慕州：《追寻一己之福：中国古代的信仰世界》，上海：上海古籍出版社，2007 年。

彭林：《儒家礼乐文明讲演录》，桂林：广西师范大学出版社，2008 年。

庞慧：《〈吕氏春秋〉对社会秩序的理解与构建》，北京：中国社会科学出版社，2009 年。

钱穆：《两汉经学今古文平议》，北京：商务印书馆，2001 年。

钱穆：《秦汉史》，北京：生活·读书·新知三联书店，2018 年。

彭卫、杨振红：《中国妇女通史·秦汉卷》，杭州：杭州出版社，2010 年。

庞绍堂、季芳桐：《中国社会思想史》，武汉：华中科技大学出版社，2011 年。

让-马克·夸克著，佟心平、王远飞译：《合法性与政治》，北京：中央编译出版社，2002 年。

沈玉成、刘宁：《春秋左传学史稿》，南京：江苏古籍出版社，1992 年。

施觉怀：《韩非评传》，南京：南京大学出版社，2002 年。

本杰明·史华兹著，程钢译，刘东校：《古代中国的思想世界》，南京：江苏人民出版社，2004 年。

孙闻博：《初并天下——秦君主集权研究》，西安：西北大学出版社，2021 年。

汤志钧、华友根、承载等：《西汉经学与政治》，上海：上海古籍出版社，1994 年。

田余庆：《秦汉魏晋史探微（重订本）》，北京：中华书局，2004 年。

唐雄山：《贾谊礼治思想研究》，广州：中山大学出版社，2005 年。

王国维：《观堂集林》，北京：中华书局，1959 年。

韦伯著，康乐编译：《支配的类型：韦伯选集三》，台北：允晨文化实业公司，1985 年。

王育民：《秦汉政治制度》，西安：西北大学出版社，1996 年。

王叔岷：《史记斠证》，北京：中华书局，2007 年。

巫鸿著，李清泉、郑岩等译：《中国古代艺术与建筑中的“纪念碑性”》，上海：上海人民出版社，2009 年。

闻一多：《神话与诗》，上海：上海人民出版社，2006 年。

王兴国：《贾谊评传》，南京：南京大学出版社，1992 年。

尾形勇著，张鹤泉译：《中国古代的“家”与国家》，北京：中华书局，2010 年。

王光松：《在“德”“位”之间》，上海：华东师范大学出版社，2010 年。

王子今：《秦汉称谓研究》，北京：中国社会科学出版社，2014 年。

王子今：《东方海王：秦汉时期齐人的海洋开发》，北京：中国社会科学出版社，2015 年。

西嶋定生：《白话秦汉史》，台北：台北文史哲出版社，1983 年。

向晋卫：《〈白虎通义〉思想的历史研究》，北京：人民出版社，2007 年。

安作璋、熊铁基：《秦汉官制史稿》，济南：齐鲁书社，2007 年。

徐连达、朱子彦：《中国皇帝制度》，广州：广东教育出版社，1996年。

徐复观：《两汉思想史》，上海：华东师范大学出版社，2001年。

夏增民：《儒学传播与汉晋南朝文化变迁》，武汉：华中科技大学出版社，2009年。

邢义田：《天下一家：皇帝、官僚与社会》，北京：中华书局，2011年。

幸田露伴著，范宏涛译：《东方朔和猛犸象》，北京：清华大学出版社，2015年。

肖航：《王道之纲纪——〈白虎通义〉政治思想研究》，北京：商务印书馆，2017年。

萧公权：《中国政治思想史》，北京：商务印书馆，2019年。

杨宽：《秦始皇》，上海：上海人民出版社，1956年。

宇野精一主编，洪顺隆译：《中国思想（一）：儒家》，台北：幼狮文化事业公司，1977年。

杨向奎：《宗周社会与礼乐文明》，北京：人民出版社，1997年。

羽溪了谛著，贺昌群译：《西域之佛教》，北京：商务印书馆，1999年。

于迎春：《秦汉士史》，北京：北京大学出版社，2000年。

阎步克：《从爵本位到官本位：秦汉官僚品位结构研究》，北京：生活·读书·新知三联书店，2009年。

阎步克：《官阶与服等》，上海：复旦大学出版社，2010年。

晏昌贵：《巫鬼与淫祀——楚简所见方术宗教考》，武汉：武汉大学出版社，2010年。

杨启樵：《明清皇室与方术》，上海：上海书店出版社，2010年。

尤锐著，孙英刚译，王宇校：《展望永恒帝国：战国时代的中国政治思想》，上海：上海古籍出版社，2013年。

朱维铮：《音调未定的传统》，沈阳：辽宁教育出版社，1995年。

朱维铮：《中国经学史十讲》，上海：复旦大学出版社，2002年。

刘泽华、张分田等：《思想的门径：中国政治思想史研究方法论》，天津：天津古籍出版社，2006年。

张荣明：《信仰的考古——中国宗教思想史纲要》，天津：南开大学出版社，2010年。

周桂钿：《秦汉思想史》，石家庄：河北人民出版社，2000年。

周桂钿、李祥俊：《中国学术通史（秦汉卷）》，北京：人民出版社，2004年。

张涛：《经学与汉代社会》，石家庄：河北人民出版社，2001年。

曾亦、郭晓东：《春秋公羊学史》，上海：华东师范大学出版社，2017年。

张荫麟：《中国史纲》，天津：天津人民出版社，2016年。

臧知非：《秦思想与政治研究》，西安：西北大学出版社，2021年。

三、学术论文

晏昌贵：《楚卜筮简所见神灵杂考（五则）》，《简帛》第一辑，上海：上海古籍出版社，2006年。

白欲晓：《圣、圣王与圣人——儒家“崇圣”信仰的渊源与流变》，《安徽大学学报（哲学社会科学版）》，2012年第5期。

白幽兰：《从〈白虎通义〉管窥东汉社会人伦秩序建构——以“忠孝”为视角》，华东师范大学硕士学位论文，2013年。

白效咏、黄朴民：《贾谊：西汉政治与文化重建第一人》，《文史知识》，2016年第8期。

陈梦家：《商代的神话与巫术》，《燕京学报》，1936年第20期。

陈丽桂：《〈淮南鸿烈〉思想研究》，台湾师大国文研究所博士学位论文，1983年。

陈四海：《从秦乐府钟秦封泥的出土谈秦始皇建立乐府的音乐思想》，《中国音乐学》，2004年第1期。

陈瑞泉：《秦“乐府”小考》，《天津音乐学院学报（天籁）》，2005年第4期。

陈苏镇：《两汉之际的谶纬与〈公羊〉学》，《文史》，2006 年第 3 辑。

陈广忠：《试析刘安冤案》，《安徽大学学报（哲学社会科学版）》，2007 年第 4 期。

陈伟：《简牍资料所见西汉前期的“卒更”》，《中国史研究》，2010 年第 3 期。

程少轩：《放马滩简式占古佚书研究》，复旦大学博士学位论文，2011 年。

陈仁仁：《“圣”义及其观念溯源》，《伦理学研究》，2011 年第 6 期。

成祖明：《帝国创生与董仲舒的皇权本体公共性建构》，《哲学研究》，2012 年第 1 期。

成祖明：《封建、郡县之变中儒学演进的历史考察——层累成长的古史与记忆重构中的今古文经学》，《文史哲》，2017 年第 5 期。

陈松长：《岳麓秦简中的几个官名考略》，《湖南大学学报（社会科学版）》，2015 年第 3 期。

陈侃理：《序数纪日的产生与通行》，《文史》，2016 年第 3 辑。

崔立军：《感生梦与西汉政治发微》，《宁夏大学学报（人文社会科学版）》，2016 年第 6 期。

曹胜高：《阴阳刑德与秦汉秩序认知的形成》，《古代文明》，2017 年第 2 期。

林丛：《论〈春秋〉“为汉制法”的三重功能》，《孔子研究》，2018 年第 3 期。

杜正胜：《从眉寿到长生：中国古代生命观念的转变》，《“中研院”史语所集刊》第六十六本第二分，1995 年。

戴黍：《经典的源流及其意义——从思想史的角度看〈淮南子〉》，《学术研究》，2005 年第 6 期。

董涛：《汉代方术活动中的女性角色》，《华南师范大学学报（社会科学版）》，2012 年第 4 期。

东方朔：《荀子的“圣王”概念》，《杭州师范大学学报（社会科学版）》，2018 年第 6 期。

顾颉刚：《“圣”“贤”观念和字义的演变》，《中国哲学（第一辑）》，北京：生活·读书·新知三联书店，1979年。

顾颉刚：《〈庄子〉和〈楚辞〉中昆仑和蓬莱两个神话系统的融合》，《中华文史论丛》，1979年第2辑。

高恒《“啬夫”辨证——读云梦秦简札记》，《法学研究》，1980年第3期。

高旭：《论〈淮南子〉对秦王朝的政治省思》，《光明日报》，2013年3月4日第016版“国学”。

高旭：《汉代黄老新“道治”的历史阐说——论〈淮南子〉著述意图、文本结构、思想体系及其政治理想》，《南昌大学学报（人文社会科学版）》，2017年第5期。

黄留珠：《“史子”、“学室”与“喜揄史”——读云梦秦简札记》，《人文杂志》，1983年第2期。

华友根：《叔孙通为汉定礼乐制度及其意义》，《学术月刊》，1995年第2期。

洪伟民：《松乔考——关于赤松子和王子乔的传说》，《复旦学报（社会科学版）》，1996年第4期。

黄克剑：《从史“义”说思想与社会的互系》，《天津社会科学》，2001年第4期。

惠吉兴：《汉代经今古文之争新探》，《人文杂志》，2004年第2期。

韩吉绍、张鲁君：《试论汉代尸解信仰的思想缘起》，《宗教学研究》，2012年第2期。

霍耀宗：《论〈管子〉与先秦月令变迁》，《山东理工大学学报（社会科学版）》，2021年第3期。

姜生：《汉墓的神药与尸解成仙信仰》，《四川大学学报（哲学社会科学版）》，2005年第2期。

金禹含：《论〈吕氏春秋〉中的大一统思想》，中共中央党校硕士学位论文，2012年。

寇效信：《秦汉乐府考略——由秦始皇陵出土的秦乐府编钟谈起》，

《陕西师大学报（哲学社会科学版）》，1978 年第 1 期。

侯乃峰：《秦骃祷病玉版铭文集解》，《文博》，2005 年第 6 期。

侯旭东：《逐鹿或天命：汉人眼中的秦亡汉兴》，《中国社会科学》，2015 年第 4 期。

雷海宗：《皇帝制度之成立》，《清华学报》，1934 年第 4 期。

李泽厚：《孔子再评价》，《中国社会科学》，1980 年第 2 期。

林丽雪：《〈白虎通〉“三纲”说与儒法之辨》，《中国哲学史研究》，1984 年第 4 期。

林剑鸣：《从秦人价值观看秦文化的特点》，《历史研究》，1987 年第 3 期。

林剑鸣：《以君主意志为法权的秦法》，《学术月刊》，1987 年第 2 期。

林剑鸣：《秦汉政治生活中的神秘主义》，《历史研究》，1991 年第 4 期。

刘森：《秦“都官”考》，《人文杂志》，1991 年第 5 期。

刘信芳：《包山楚简神名与〈九歌〉神祇》，《文学遗产》，1993 年第 5 期。

罗新：《从萧曹为相看所谓“汉承秦制”》，《北京大学学报（哲学社会科学版）》，1996 年第 5 期。

李均明：《张家山汉简所反映的二十等爵制》，《中国史研究》，2002 年第 2 期。

雷健坤：《〈淮南子〉的中心思想及其理论架构》，《天府新论》，2002 年第 5 期。

雷健坤：《〈淮南子〉与〈春秋繁露〉的思想比较》，《晋阳学刊》，2002 年第 6 期。

雷戈：《意识形态与皇权意识形态：理论与实践的双重建构》，《晋阳学刊》，2006 年第 4 期。

刘源：《商代后期祭祖仪式类型》，《历史研究》，2002 年第 6 期。

李禹阶：《秦始皇“焚书坑儒”新论——论秦王朝文化政策的矛盾冲突与演变》，《重庆师范大学学报（哲学社会科学版）》，2004 年第 6 期。

李禹阶：《论商鞅、韩非的国家思想及“法”理念——兼论商、韩法家理论的结构性缺陷》，《暨南学报（哲学社会科学版）》，2015 年第 1 期。

李禹阶：《战国中后期法家政治思想的转型——从〈商君书〉到〈韩非子〉的观察》，《南国学术》，2019 年第 3 期。

李禹阶：《“汉制”新探——论西汉前期的“汉承秦制”与“汉家法周”》，《华南师范大学学报（社会科学版）》，2020 年第 2 期。

李禹阶：《中国文明起源中的巫及其角色演变》，《中国社会科学》，2020 年第 6 期。

李宗桂：《汉代礼治的形成及其思想特征》，《哲学研究》，2007 年第 10 期。

刘宗迪：《古代月令文献的源流》，《节日研究》，2010 年第 2 期。

梁云：《鄜畤、陈宝祠与汧渭之会考》，《秦始皇帝陵博物馆》，2011 年。

李国娟：《国家意识形态的缺失与秦亡的宿命》，《道德与文明》，2011 年第 3 期。

李国娟：《试论〈吕氏春秋〉意识形态构建的尝试与中断》，《理论探讨》，2011 年第 5 期。

李振宏：《秦至清皇权专制社会说的思想史论证》，《清华大学学报（哲学社会科学版）》，2016 年第 4 期。

李开元：《臧荼一家的吊诡命运》，《国家人文历史》，2017 年第 8 期。

李天虹、凡国栋、蔡丹：《随州孔家坡与周家寨汉简〈日书〉“嫁女”篇的编次与缀合》，《考古》，2017 年第 8 期。

刘玉堂、贾海燕、曾浪：《楚国尚卜隆祀之风和祭祀神谱的地区差异》，《湖北社会科学》，2018 年第 11 期。

刘力：《“置主法之吏，以为天下师”和“以法为教”“以吏为师”——先秦法家由“国家本位”向“君主本位”政治思想的转型》，《贵州社会科学》，2020 年第 4 期。

刘力、李烁：《叔孙通“起朝仪”的礼乐之制与皇帝制度的重塑》，《重庆师范大学学报（社会科学版）》，2020 年第 6 期。

李零：《陈宝怒特解：陨铁与羚牛》，《读书》，2021 年第 11 期。

马育良：《汉初治政与贾谊的礼治思想》，《孔子研究》，1993 年第 4 期。

马彦：《〈吕氏春秋〉之“春秋”义趣考辨》，《福建论坛（人文社会科学版）》，2014 年第 2 期。

卜宪群：《秦制、楚制与汉制》，《中国史研究》，1995 年第 1 期。

乔松林：《秦亡于法家说质疑》，《史学月刊》，2013 年第 6 期。

容肇祖：《月令的来源考》，《燕京学报》第 18 期，1935 年。

任蜜林：《谶纬与古文经学关系之再检讨——以刘歆为中心》，《哲学动态》，2019 年第 7 期。

宋镇豪：《甲骨文中的梦与占梦》，《文物》，2006 年第 6 期。

孙家洲：《汉初的“过秦”思潮及其影响》，《光明日报》，2008 年 1 月 1 日第 03 版“史学”。

史党社：《阴阳五行说与秦之关系探析》，《贵州社会科学》，2020 年第 4 期。

汤其领：《秦汉五德终始初探》，《史学月刊》，1995 年第 1 期。

田天：《西汉末年的国家祭祀改革》，《历史研究》，2014 年第 2 期。

吴郁芳：《“陈宝”考》，《文博》，1985 年第 2 期。

吴小强：《论秦人宗教思维特征——云梦秦简〈日书〉的宗教学研究》，《江汉考古》，1992 年第 1 期。

吴小强：《论秦人的多神崇拜特点——云梦秦简〈日书〉的宗教学研究》，《文博》，1992 年第 4 期。

王子今：《西汉长安的“胡巫”》，《民族研究》，1997 年第 5 期。

王子今：《晚年汉武帝与“巫蛊之祸”》，《固原师专学报（社会科学）》，1998 年第 5 期。

王子今：《汉代“蚩尤”崇拜》，《南都学坛》，2006 年第 4 期。

王子今：《张家山汉简〈二年律令·史律〉“学童”小议》，《文博》，2007 年第 6 期。

王子今：《〈吕氏春秋〉“大忠”“至忠”宣传及其政治文化影响》，

《宝鸡文理学院学报（社会科学版）》，2008 年第 1 期。

王子今：《秦始皇议定“帝号”与执政合法性宣传》，《人文杂志》，2016 年第 2 期。

王绍东：《论神仙学说对秦始皇及其统治政策的影响》，《内蒙古大学学报（人文社会科学版）》，2000 年第 1 期。

王保顶：《游士文化传统及其终结——西汉武帝以前士人阶层的演变》，《江海学刊》，2001 年第 1 期。

王四达：《试论〈白虎通义〉的总体特征》，《中山大学学报（社会科学版）》，2001 年第 4 期。

温乐平：《论秦汉养牛业的发展及相关问题》，《中国社会经济史研究》，2007 年第 3 期。

王中江：《〈鬼神之明〉与东周的“多元鬼神观”》，《中国哲学史》，2008 年第 4 期。

王伟：《〈吕氏春秋〉体道和治道思想研究》，南开大学博士学位论文，2010 年。

吴涛：《西汉政治变迁与〈春秋〉三传影响的消长》，《郑州大学学报（哲学社会科学版）》，2012 年第 4 期。

魏代富：《太子晋与王子乔的融合——兼论“天下王氏出太原”的形成》，《甘肃社会科学》，2013 年第 3 期。

王利华：《月令中的自然节律与社会节奏》，《中国社会科学》，2014 年第 2 期。

邬文玲：《读放马滩秦简〈志怪故事〉札记》，《国学学刊》，2015 年第 4 期。

谢谦：《汉代儒学复古运动与郊庙礼乐的正统化》，《四川师范大学学报（社会科学版）》，1996 年第 3 期。

徐进：《商鞅法治理论的缺失——再论法家思想与秦亡的关系》，《法学研究》，1997 年第 6 期。

薛梦潇：《东汉郡守“行春”考》，《中国史研究》，2014 年第 1 期。

席俊杰：《〈白虎通义〉天子观研究》，河北师范大学硕士学位论文，

2019 年。

姚静波：《试析东汉末年太学生离心倾向之成因》，《史学集刊》，2001 年第 1 期。

余治平：《“王正月”与“〈春秋〉新王”论——董仲舒〈春秋〉思想略论》，《河北学刊》，2014 年第 1 期。

杨宽：《月令考》，《齐鲁学报》第 2 期，1941 年。

杨宽：《秦〈诅楚文〉所表演的“诅”的巫术》，《文学遗产》，1995 年第 5 期。

杨振红：《月令与秦汉政治再探讨——兼论月令源流》，《历史研究》，2004 年第 3 期。

杨华：《战国秦汉时期的里社与私社》，《天津师范大学学报（社会科学版）》，2006 年第 1 期。

杨华：《楚地水神研究》，《江汉论坛》，2007 年第 8 期。

杨华：《楚地山神研究》，《史林》，2010 年第 5 期。

杨华：《秦汉帝国的神权统一——出土简帛与〈封禅书〉、〈郊祀志〉的对比考察》，《历史研究》，2011 年第 5 期。

杨丽容：《从〈吕氏春秋〉看吕不韦的治国思想》，华南师范大学硕士学位论文，2007 年。

张金光：《论秦汉的学吏制度》，《文史哲》，1984 年第 1 期。

朱凤瀚：《商周时期的天神崇拜》，《中国社会科学》，1993 年第 4 期。

赵潇：《论五德终始说在秦的作用和影响》，《中国哲学史》，1994 年第 4 期。

周天游：《秦乐府新议》，《西北大学学报（哲学社会科学版）》，1997 年第 1 期。

朱钢：《“安期生”考》，《文化遗产》，2008 年第 1 期。

臧知非：《秦“以吏为师、以法为教”的渊源与流变》，《江苏行政学院学报》，2008 年第 4 期。

张万军、赖世力：《阴阳五行学说对秦汉行刑思想的影响》，《内蒙古电大学刊》，2010 年第 5 期。

郑红莉:《陕北汉画像石所见“鸡首人身”与“牛首人身”图像辨析》,《中国汉画学会第十二届年会论文集》,2010 年。

曾磊:《秦汉人色彩观念中的神秘象征》,北京师范大学博士学位论文,2011 年。

曾磊:《怒特与陈宝——秦汉信仰图谱的生成与变异》,第二届汉代图像研究青年论坛,华东师范大学,2021 年 6 月 19 日。

朱汉民:《〈白虎通义〉:帝国政典和儒家经典的结合》,《北京大学学报(哲学社会科学版)》,2017 年第 4 期。

张小稳:《月令源流考》,《中国史研究》,2020 年第 4 期。